KB271224

사주 용신의 발톱을 찾아라

법사.원담 엮음

두원 출판미디어

사진을 역광(逆光) 으로 촬영하면,
노출(露出) 이 부족하여, 전면의 부각이 어려워진다.
용신(用神) 도 마찬가지이다.
제대로 찾았는데, 방향을 잘못 정하면 ,
어둠을 헤매는 것이나 같은 것이다.

보통, 사람들은 "첫인상"이라는 것의 중요성에 대하여 많은 관심을 갖고, 신경을 쓴다. 왜 일까? 처음 보는 그 자체에서 느껴지는 모든 것에 대한 평가(評價)인 것이다.

그것은 누구나 다 상(象)을 본다는 것이다. 그리고 상(相)또한 다 같이 포함이 된다는 의미(意味)인 것이다. 서로가 서로를 평가(評價)하여 본다는 것이다.

각자의 판단(判斷)하는 기준(基準)에 의하여 나름대로 전체적(全體的)인 면, 또는 부분적(部分的)인 면에 점수를 매기는 것이다.

첫인상은 참으로 오래간다. 그 자체에 대한 기억 때문이기도 하지만, 그만큼 강열한 인상을 준다는 것이다. 새로운 것에 대한 일종의 기대(期待)심리(心理)가 많이 작용을 한 탓일 것이다. 각인(刻印)이 되는 것이다.

취업(就業)시 면접(面接)이라는 과정이 바로 그것인 것이다. 글자 그대로 보이는 면을 접하는 것이다. 언어의 구사와, 몸가짐, 기타 여러 가지를 보는 것이다. 대화(對話)라는 매체를 통한 상법(相法)인 것이다.

첫인상은 격국(格局)인 것이다. 보고, 주고받고, 접하면서, 짧은 시간에 많은 것을 판단(判斷)하는 어려운 작업인 것이다. 그 다음은 어떻게 될까? 변화가 시작이 되는 것이고 그에 대한 대처(對處)와 처신(處身)이 따르는 것이다.

아! 내가 사람을 잘못 봤어, 이런 낭패가 있나! 탄식(歎息)을 한다.

첫인상인 격국(格局)을 잘못 정한 것이다. 용신(用神) 또한 잘못 정하여 실수(失手)를 한 것이다. 그로인한 대가(代價)가 따르는 것이다.

첫인상이 격국(格局)이라면, 용신(用神)은 그에 대한 다음의 모든 처리인 것이다. 결론은 격국(格局)을 정확하게 짚어야 된다는 것이다. 그래야만 용신 (用神)을 올바르게 제대로 쓴다는 것이다.

길거리에 아파서 갑자기 쓰러진 사람을 보았다고 하자. 이때의 첫인상은 위급한 상황에 처한 격국(格局)인 것이다. 이때 어떻게 하여야 할 것인가? 구급신고를 해야 할 것이 아닌가? 이때 구급신고(救急申告)를 하는 것이 바로 용신(用神)인 것이다. 이것이 격국(格局)에 대한 올바른 용신(用神)의 사용(使用)법인 것이다.

- 만약 여기에서 그냥 지나쳤다면 --- 아마 다른 사람이라도 발견을 하고 처리를 하였을 것이다. 다음의 상황은 모르는 것이다. 다행(多幸)일 수도 있고, 불행(不幸)일 수도 있을 것이다.

- 쓰러진 사람을 보고 우왕좌왕하여 더 위험한 환경으로 치닫는다면 ?

- 격국(格局)을 알고도, 용신(用神)을 못 찾은 것이다.

- 산 속에서 쓰러진 사람을 보았다고 가정(假定)을 하여보자. 격국(格局)을 알고, 열심히 용신(用神)을 사용한다고 하여도 환경이 너무 열악한 것이다. 용신(用神)이 제대로 빛을 발하지 못하는 것이다. 그래도 제대로 응급조치라도 하고, 다음의 행동을 신속, 정확히 한다면, 곤경(困境)에 처한 사람을 능히 구할 수도 있는 것이다.

- 최소한의 피해(被害)로 줄인다는 의미도 있는 것이다.

- 자동차의 간단한 응급조치 정도는 스스로 하여야 만이 진정한 운전자로써의 자격을 갖추는 것이나 마찬가지인 것이다.

- 첫인상에 대한 아무런 개념이 없는 사람은 발전이 없는 것이다. 생활에서의 격국(格局)과 용신(用神)인 것이다.

- 요사이 인기를 얻고 있는 선덕여왕이라는 프로에서 격물(格物)에 대한 단어가 자주 등장을 한다. 거기에서는 격물(格物)이란 과학(科學)이다. 라고 설명을 하고 있는데 그것은 너무나 추상적이고, 서구적인 사고방식

에 의한 해석인 것이다.

- 삼라만상(森羅萬象) 모든 것이 첫인상처럼 다 갖고 있는 격(格)이 있는 것이다. 그것이 바로 격물(格物)인 것이다. 돌멩이도 다 격이 있는 것이다. 바위는 바위대로 웅장함이 있는 것이요, 작은 강가의 돌은 그 나름대로의 격(格)이 다 있는 것이다. 그것은 우리가 직접 가서 보지 않더라도 생각만 하여도 어느 정도는 알 수가 있는 것이다.

- 그래서 나온 말이 "앉아서 천리(千里)를 본다는 것이다."

- 격(格)을 알면 용신(用神)의 답이 절로 나온다는 의미도 되는 것이다. 그 사람의 성격, 품행 이야기만 들어도 어느 정도 격(格)이 나오니, 그에 대한 처방(處方)이 나올 수도 있다는 것이다. 그렇다면 사주(四柱)를 일일이 보지 않아도 어느 정도의 운(運)을 가름할 수도 있다는 이야기가 성립이 되는 것이다. 각자의 능력(能力)에 따른 차이가 나오는 것이요, 책력(冊曆)의 중요함이 또 한 번 나오는 것이다.

- 바늘이란 물체(物體)는, 그 끝이 중요(重要)한 것이다.

- 바늘의 시발점은 끝의 뾰족하고, 예리한 부분이다. 몸에 살짝 찌르기만 하여도 피가 나는 바로 그 부분인 것이다. 다른 부분은 아무리 찔러도 피가 나지 않는다. 바늘귀에 실이 걸려있어도 끝이 부러져 제 기능을 못한다면 아무 소용이 없는 것이다. 실질적(實質的)인 주체(主體)의 역할을 하는 것이다.

- 용신(用神)도 마찬가지인 것이다. 사주(四柱)에서 월지(月支)의 중요성(重要性)을 부각하듯, 용신(用神)도 그처럼 중요한 부분이 있는 것이다.

- 월지(月支)에서 어디에 해당하는 가? 를 살피는 것이다. 그리고 그 진단과 처방(處方)을 내리는 것이다. 때로는 전체(全體)가 될 수도 있고, 소용(所用)이 안 될 때도 있는 것이다.

- 병(病)도 약(藥)으로 치료가 안 되고, 스스로 치료를 하여야 하는 경우도 있는 것이다. 모든 것이 이와 같은 원리(原理)인 것이다.

눈에 안 보이는 것도 격(格)으로 하여 용신(用神)으로 하여야 하고, 격(格)을 정하였어도, 눈에 안 보이는 것을 용신(用神)으로 하기도 하는 것이다.

격국(格局)과 용신(用神)은 시작과 끝을 항상 같이 하는 것이라, 사주(四柱)를 감명(感銘)함에 있어서 변화(變化)라는 것은 항상 움직이며 지속되는 것이기에 변화(變化)라고 하는 것이다.

쉬지 않고 관심을 갖고, 변화(變化)의 추이를 살피는 것이 진정한 승자가 되는 것이라 생각을 하며 함께 공부하며, 연구하는 인연으로 이어지기를 바라면서 부족한 부분이 아직 많지만 열심히 계속 나아가렵니다. 그동안 전화를 주시어 격려와, 조언을 아끼지 않으신 많은 분들에게 감사드리면서 더욱 더 정진하여 많은 내용을 독자 여러분과 함께 의논하고, 나누도록 하렵니다.

항상 건강하시고, 많은 진전이 있으시기를 기원합니다.

2010년 03월 12일   춘천에서 법사 원담 올림.

차례

"사주, 용신(用神)의
　　　발톱을 찾아라"를 펴내면서. --3

제1장

제2장

제3장

제4장

제5장

제1장

. 용신(用神)의 분석(分析).

. 용신(用神)의 분류(分類).

. 용신(用神)의 정법(定法).

. 일주(日主)의 강약(强弱)에 따른 기본적인 판단(判斷).

. 육친(六親)의 과다(過多)로 판단하는 용신(用神).

어둠의 바다란, 안개자욱한 고속도로와 같은 것이다.
선뜻 나서기가 어려운 것이다.
용신(用神)을 찾지 못한다면,
사주 감명이 불안(不安)한 것이다.

● . 용신(用神)의 분석(分析).

● . 용신(用神)의 정의(正意).

격국(格局)과 용신(用神)은 불가분(不可分)의 관계(關係)인데, 격국(格局)은 이미 책으로 나왔으므로, 용신(用神)에 대하여 설명을 하기로 한다. 한 번 용신(用神)은 영원한 용신(用神)이라고 하는 경우도 있는데, 이것은 매우 위험한 발상(發想)인 것이다. 물론 타당성(妥當性)이 있는 말임에는 틀림이 없다. 그러나 그것은 "한 번 정하여진 격국(格局)이 영원한 격국(格局)이다."라는 논리(論理)와도 같은 것이다.

격국(格局)은 변(變)하는 것이다. 고로 용신(用神) 자체도 자연 변화(變化)하는 것이 당연한 것이다.

한 번 정(定)하여진 격국(格局)이 영원한 격국(格局)이라면, 용신(用神)도 한 번 용신(用神)이, 영원(永遠)한 용신(用神)이라고 우기는 것은 참으로 위험한 발상(發想)이다. 이것은 선천적(先天的)으로 정하여진 운명(運命)만을 기준하여 판단한 논리(論理)인 것이다. 물론 끝까지 가는 경우도 있다.

그러나 한 번 정하여진 격국(格局)도 변화(變化)한다는 논리(論理)에 수긍(首肯)을 한다면, 용신(用神) 또한 그에 준(準)하는 것이다. 그렇지 않다고 반대적인 논리를 편다면 차차 용신(用神)에 대한 설명을 한 후 하도록 하자. 우선 용신(用神)이란 자체(自體)가 의미(意味)하는 것은 무엇인가를 알아보기로 하자.

● . 눈에 안 보이는 용신(用神).

사람의 성장(成長)과정(過程)을 살펴보자. 어렸을 때는 누구나 부모(父母)에게 모든 것을 의존(依存)한다. 본인(本人)이 무엇인가를 추구하고 하고 싶어도, 아직은 성숙하지 못하여, 부족한 부분이 많은 것이다. 꿈을 먹고 사는 것이다. 부모(父母)의 동의(同意)가 없이는 어려운 것이다.

오히려 부모의 강권(強勸)에 의하여, 모든 것을 이끌려 행해지는 형국이 된다. 이때는 모든 것이 부모(父母)의 의사(意思)에 달린 것이다.

그렇다면 어린아이일 경우, 이 시절 용신(用神)은 무엇으로 볼 것인가?

물론 아이의 사주(四柱)에는 부모(父母)의 모든 것이 다 나타난다.

설사 용신(用神)이 부모와 관련이 없는 부분이라도, 어쩔 수 없이 부모(父母)의 기운(氣運)에 영향을 받는 것이다. 환경(環境) 또한 무시할 수가 없을 것이다.

성장(成長)하여 나름대로 자기의 의사 표현(表現)을 하고, 자기의 뜻을 관철한다 하여도 경제적(經濟的)인 문제가 항상 가로막는 것이다.

청소년 시절에는 모든 것이 중요하지만, 특히 경제적(經濟的)인 면이 생활환경에 있어서 아이에게 차지하는 비중(比重)도 큰 것이다.

사람에겐 누구나 다 필요한 부분이지만 의탁(依託)하여 지내는 시기(時期)에는 더더욱 중요한 것이다.

용신(用神)이 정해 진다하여도, 연령(年齡)에 따른 중요 부분에 대한 관찰이 필요하다는 것을 설명하는 것이다.

신혼시절에는 부부간의 기운이 비중(比重)있게 처리가 되고, 중년시절에는 자녀(子女)양육(養育) 부분이 중요 사항(事項)이 되고, 늙어서는 자신의 모아놓은 역량(役糧)이 문제가 되고, 자손(子孫)들의 영화(榮華)가 끼치는 영향(影響)도 큰 것이다. 가족관계라는 한 면을 본 경우이다.

물론 용신(用神)과 부합(附合)이 된다면 좋지만, 항상 그것이 다르기 때문에 삶이 고단한 것이다. 삶이 편안하고, 행복한 사람은 시간적(時間的)으로 바뀌는 눈에 안 보이는 용신(用神)이 부합(附合)되기 때문에 행복(幸福)한 것이다.

● .용(用)이란 ?

용 (用)이란 체(體)와 상관(相關)되는 말이다. 일반적으로 사주(四柱)란 그 운명(運命)을 갖고 태어난 사람의 전부(全部)를 말하는 것이다. 일간(日干)은 그 대표자로써 사주전체를 대표(代表)하는 것이다.

실질적(實質的)으로 본다면 일간(日干)은 체(體)요, 나머지 부분은 용(用)이 되는 것이다. 한 쪽이 좋다고 영원히 좋은 것은 아닌 것이다.

즉 사주 여덟 글자 가운데 일간(日干)인 일(日)천간(天干)을 제외한 년(年), 월(月), 시(時)의 3천간(天干)과, 지지(地支)의 년(年), 월(月), 일(日), 시(時)의 4지지(地支)가 용(用)이 되는 것이다.

주역(周易)에서의 해석을 빌린다면 용(用)이란 동(週)이고, 동(週)이란 통(通)이다. 결국 용(用)이란 통(通)이란 삼단 논법이 나온다.

의미야 동(週)이나, 통(通)이나 통한다는 같은 의미이지만 결국 용(用)이란 통(通)한다는 것이다.

사용(使用)을 하더라도 통(通)하여야 제대로 사용이 된다는 설명인 것이다.

그것도 유용(有用)하게 말이다. 때로는 흉(凶)으로 작용(作用)도 하지만 서로 간에 유기적(有機的)인 관계가 형성이 된다는 말이다.

그것은 사주 자체가 물 흐르듯 흐른다는 것이다.

사주자체를 체(體)와 용(用)으로 구분을 할 경우, 일간(日干)과 다른 천간(天干)과 지지(地支)의 관계가 설정이 되지만 대운(大運)이나, 세운(歲運)과를 비교하면 또 다른 관계가 되어 사주전체가 체(體)로 변하는 것이다.

✪ 신(神)이란?

기 (氣)를 말하는 것인데, 육체적(肉體的)인 면으로 보는 기운(氣運)과, 정신적(精神的)인 면으로 보는 기운(氣運)이 있는 것이다.

음양(陰陽)의 원리(原理)에 따라 정(靜)적인 기운(氣運)과, 흐름으로 이어지는 유동적(流動的)인 기운(氣運)으로 분류(分類)가 되는 것이다.

여기에서 말하는 신(神)은 보탬이 되는, 도움이 되는 요소(要素)를 말하는 것이다. 신(神)도 종류는 많다.

용 ● 용신(用神)의 역할(役割).

신(用神)이란 그 내포(內包)하고 있는 의미(意味)가 많다.

용신(用神)이란 사주 자체에 있어서 일간(日干)인 아(我)를 울리고, 웃기는 내조자(內助者)요, 이끌어주는 나의 혈육(血肉)과도 같은 존재(存在)요, 둘도 없는 친구요, 동료와도 같은 것이다.

환경(環境)이라든가, 변화(變化)에 의하여 본인(本人)의 의지(意志)와는 무관하게 일간(日干)인 주인공에게 피해(被害)를 주기도 하고, 때로는 기대 이상의 기쁨을 주기도 하는 것이 또한 용신(用神)인 것이다. 카멜레온과도 같은 것이다.

반대적(反對的)인 의미로 본다면, 기운(氣運)이 지나쳐 주인(主人)을 제치고 객(客)이 주인 노릇을 하는 경우도 종종 발생하는데, 일단 주인(主人)인, 일간(日干)은 기본적으로 강(强)하여야 모든 일에 솔선수범(率先垂範)하고, 적극적으로 일을 처리하여 나아가는 것이고, 자기 것을 잘 지키고, 보존(保存)도 하는 것이다. 용신(用神)은 아무리 잘라도 그로인해 편할지는 몰라도, 결코 내가 될 수가 없는 것이다.

실전사주

乙 癸 戊 丙	⇨ 술(戌)월의 계(癸)수 일간(日干)이다.
卯 丑 戌 辰	지지(地支)가 복잡하다. 간합지형(干合支刑)이다.

건명(乾命)

⬆ 계(癸)수 일간(日干)의 힘이 허약(虛弱)하다. 관성(官星)의 힘이 지대하

니 맥을 못 춘다. 지혜(知慧)는 있으나 영악하지가 못하다.

- 9월의 왕한 토기(土氣)의 기세(氣勢)에 물의 흔적도 찾기가 어렵다.

- 가을의 끝이요, 겨울로 접어들기 전(前)이지만 화기(火氣)가 있는 토(土)인 것이다. 정관(正官)격의 사주인데, 관살(官殺)이 혼잡(混雜)된 것이 흠이다. 눈치는 구단(九段)이다.

- 왕(旺)한 토(土)의 기운을 억제하기 위하여 식상(食傷)의 기운이 필요하다. 그러나 관(官)의 기운을 억제(抑制)하기에는 약간 부족하여 인성(印星)인 금(金)의 도움이 필요한데 보이지는 않고, 전부 매장(埋藏)이 되어 있다.

- 남성(男性)의 사주인데, 지나치게 위축(萎縮)이 되어 있는 것이 흠이고, 용기(勇氣)를 북돋워주는 말 한마디가 그리운 사람이다. 간합지형(干合支刑)격이다.

● . 용신(用神)은 무엇으로 정할까?

우 선은 내가 살고 볼일이다. 운(運)의 흐름을 보면서 사사(私事)로운 안목(眼目)으로 살펴보자.

- 대운(大運)이 목운(木運)으로 흘러가지만 공망(空亡) 대운(大運)이다.

- 방합(方合)으로 어느 정도 기대를 하여도 충(沖)이 연결이 되니 아쉬운 것이다. 왕(旺)한 관(官)의 기운을 억누르는 것은 좋은데, 내가 기운(氣運)이 있어야 밀어줄 것이 아닌가? 다행히 대운(大運)에서 천간(天干)이 비겁(比劫)으로 흘러가지만 간합지형(干合地刑)이 문제인 것이다.

- 식상(食傷)이 관(官)의 기운을 어느 정도 억제(抑制)한다 하여도, 내가 기운(氣運)이 없으면 무엇 하나! 또한 존재(存在)가 있어야 진행(進行)이 되는 것이다. 여기에서 용신(用神)은 금(金)을 찾는 것이다. 수맥(水脈)을 찾아야 한다.

- 물의 근원(根源)을 찾는데, 금(金)은 신(辛)금만이 있을 뿐이다. 그런데 장간(藏干)으로 지지(地支)에서 을(乙)-신(辛) 충(沖)이 되어 세상 밖으로 나오기도 힘들어지니 제 능력(能力)을 발휘하지 못하는 것이다.
- 비겁(比劫)은 진(辰)중 계(癸)수도 나타나고, 용신(用神)이 금(金)인데 희신(喜神)인 토(土)가 기운(氣運)이 지나쳐 오히려 기신(忌神)작용을 한다.
- 용신(用神)을 생(生)하는 것이 희신(喜神)이라고 하였는데, 그럼 잘못 정한 것일까? 그것은 보는 관점(觀點)의 차이인 것이다.
- 일간(日干)인 아(我)만을 생각하는 것과, 눈에 보이는 사주 전체적인 흐름만을 생각할 경우는 용신(用神)이 달라지는 것이다.

● **. 여기서 식신(食神)인, 을(乙)목을 용신(用神)으로 선택한다면 어떨까?**

- 토(土)와 전면전(全面戰)을 벌리는 것이다. 산사태를 막기 위해 나무를 심어 놓는 것이 주효하는 것이다. 용신(用神)을 목(木)으로 한다면 ?
- 기신(忌神)은 인성(印星)인 금(金)이 되는 것이요,
- 희신(喜神)은 비겁(比劫)인 수(水)가 되는 것이요,
- 구신(仇神)은 식상(食傷)인 토(土)가 되는 것이요,
- 구신(救神)은 재성(財星)인 화(火)가 되는 것이다.

무엇인가 문제가 있는 것이다. 구신(救神)이 구신(仇神)을 돕는 것이다.

이제 종합적(綜合的)인 측면에서 살펴보자.

전쟁(戰爭)이란 승리(勝利)를 쟁취하기 위한 것이다.

사주(四柱)에서의 승리(勝利)란 중화(中和)를 기하는 것이다.

거기의 중심에는 일간(日干)이 있는 것이다. 한 쪽에서는 소모전(消耗戰)을 벌리고 한 쪽에서는 기세(氣勢)를 충당하는 것이다.

있는 자원(資源)을 다 활용(活用)하는 것이다. 이것이 용신(用神)을 찾는 방법이요, 전쟁(戰爭)에서 승리(勝利)를 하는 것이요, 사주(四柱)의 중화(中和)를 이루는 것이다.

그럼 결론은 무엇인가? 목(木)인 식상(食傷)은 관(官)을 억제한다. 직접 전투를 하는 것이다. 그 사이 일간(日干)인 계(癸)수는 자원(資源)을 활용하고, 보급품(補給品)을 충당하는 것이다. 즉 금(金)인 인수(印綬)를 사용하여 관성(官星)인 토(土)의 기운을 흡입(吸入)하여 기세(氣勢)를 줄이는 것이다.

이때 관성(官星)인 토(土)는 일간(日干)인 계(癸)수를 극(剋)하려 하여도 식상(食傷)인 목(木)의 견제(牽制)에 쉽게 공격(攻擊)을 못하는 것이다.

결론은 양수겸장(兩首兼掌)을 한다는 원리(原理)인 것이다.

🔲 용신(用神)은 항상 이러한 원리(原理)로 정하여 지는 것이다. 이 사주에서 중요한 사항을 밝힌다면, 이 사주의 장본인은 편인(偏印)을 갖추고 있으나 그것을 용신(用神)으로 사용하기에는 무리가 따른다는 것이다.

🔲 희망사항(希望事項)이라는 이야기가 된다. 지지의 기운(氣運)은 무(戊)토와 기(己)토가 장년(長年)기까지 차지하고 말년(末年)에 가서나 을(乙)목인 식신(食神)의 기운이 나타나는 것이다.

🔲 식신(食神)이 있고 편인(偏印)이 있는 것이다. 왜 이것을 언급할까?

🔲 편인(偏印)이 식신(食神)을 극(剋)하니 도식(徒食)이라고 보기만 하면 안 된다는 것이다. 식신(食神)의 성향(性向)이 편인(偏印)의 길을 추구한다는 것이다. 자기는 열심히 한다고 하는 일도 남이 보면 탐탁치가 않은 것이다. 남에게 떳떳하게 이야기할 정도가 못 된다는 것이다. 이 자체로 이 사주에 대한 해석은 이미 어느 정도 답은 나온 것이다. 그것이 용신(用神)이니 이 사람은 하는 행동(行動)이 매사 떳떳하지가 못하다는 것이다. 인간성(人間性)을 엿볼 수가 있는 것이다.

🔲 우리가 물체를 구별할 때 입체감(立體感)이 있음으로 인하여 확실하게 그 특징(特徵)을 아는 이유 중의 하나는 음양(陰陽)으로 인한 밝기의 차

이인데, 회화적(繪畵的)인 면에서 본다면 여러 사항이 나올 것이다. 용신
(用神)은 이와 같이 똑같은 사안(事案)이라도, 확실하게 구별 할 수 있도
록 능력(能力)을 발휘(發揮)하고, 구체적인 설명을 하는 것이다. 크던, 작
던, 높던, 낮던 그 구별하는 기준(基準)을 제시하여야 하는 것이다.

● .용신(用神)의 분류(分類).

❶ 용신(用神)도 여러 부류(部類)로 나누어진다.

한 번 용신(用神)은 영원한 용신(用神)이라고 하여 정(定)하여진 자
기의 역할을 죽을 때 까지 갖고 가는 경우가 있는 것이다.

이 경우는 변화(變化)하지 않고, 항상 자기의 역할을 충실히 하는 것이다.

용신(用神)도 튼튼하여 외부(外部)의 영향(影響)을 받지 아니하는 것이다.

사주(四柱) 자체도 그만큼 견실하고, 팔자(八字)도 편한 것이다.

그러나 여기에서도 변화(變化)는 필히 생기기 마련이다.

🔘 극히 일부분의 경우는 예외이지만, 보편적으로 변화(變化)는 변화(變化)
인 것이다. 충격파(衝擊波)로 인하여 잠시 잠깐이라도 어느 한 부분적인
경우라도 이탈하는 경우가 생기는 것이다.

🔘 전체적으로 평균치가 높다는 것이지, 결코 변화가 없는 것은 아니다. 이
러한 사주의 주인공은 잘 토설(吐說)을 하지 않는다. 비밀(秘密)을 잘 지
키는 것이다. 보안(保安)유지(維持)가 확실한 것이다. 무덤까지 말이다.

🔘 단점(短點)으로는 외길 인생(人生)이라는 것이다. 장인(匠人)으로 가는
길로 본다면 대단히 바람직한 것이기도 하고-----

❷ "한 번 해병은, 영원한 해병"이라고 평생 죽을 때 까지 용신(用神)은 해병
대를 제대한 것이나 같은 것이다. 중간(中間)에 변화(變化)가 생겨 잠시 외

도 (外道)를 하더라도, 결국(結局) 용신(用神)의 역할을 하는 경우인 것이다.

🔹 이러한 사주의 주인공은 일시적(一時的)인 변화(變化)로 인한 반응(反應)은 하였으나, 결국 자기의 길을 가는 사람이다.

❸ "한 번 용신(用神)은, 결코 영원한 용신(用神)이 될 수 없다." 하는 경우.

🔹 여럿이 잘못을 저질러 사고가 날 경우, 나 혼자 결코 죽을 수는 없는 일이다. 왜 내가 혼자 총대를 메어야 하는가 하면서 줄줄이 다 불어버리는 경우, 혼자서 감당할 수가 없으니 그러기도 하겠지만 그것이 가능하다면 배신을 한 경우나 마찬가지라고 보기에도 그렇고, 안 그렇다고 보기에도 판단이 에매하다. 그러나 중요한 것은 그러한 잘못을 안했으면 문제는 없었을 것이다. 그러나 사주(四柱)에 있어서는 종종 그런 일이 발생(發生)을 하는 것이다.

🔹 변화(變化)가 생기면 무조건 반응(反應)을 하는 것이다. 기운(氣運)이 워낙 강(强)하고 처지가 튼튼하다면 문제가 없는데 휘청거리는 경우, 문제의 요소(要素)가 있는 경우는 항상 불씨를 갖고 있는 것이다.

🔹 이러한 사주의 주인공은 믿을 수가 없는 사람이다. 평생동지(平生同志)가 못된다. 아는 정도로 끝나는 사람인 것이다.

❹. <u>잠수(潛水)하는 용신(用神)의 경우.</u>

어 지간히 일간(日干)의 속을 썩이는 경우이다.
속을 알 수가 없는 사람이다. 급하면 돌아가기도 하는 것이 상례이지만 그것이 지나친 경우인 것이다.

🔹 뒤통수를 치는 사람이다. 임기응변(臨機應變)에 능하고 처세에 일가견(一家見)이 있는 사람이다. 사기(邪氣)성이 농후하다.

🔹 지극히 평범한 이야기인 것 같아도 사주에서 용신(用神)의 존재(存在)를 보면 일단 그 사주의 주인공의 성향을 알 수가 있는 것이다. 용신(用神)

과 일맥상통(一脈相通)한다는 것이다.

❺. 기본적(基本的)인 용신(用神).

- 월지(月支)는 일간(日干)의 모든 것을 표출하는 것이다.
- 일간(日干)의 속내를 나타내는 것이다. 아(我)의 근본인 것이다.
- 일간(日干)은 그것을 나타내는 하나의 상징이고, 사주 판단의 모든 기준은 이것을 근본적으로 참고하여 비교를 하여야 하는 것이다.
- 변화(變化)가 생겨도 일간(日干)과, 월지(月支)의 연관(聯關)관계(關係)의 기준(基準)에 입각하여 판단(判斷)을 하여야 한다는 것이다.

● .용신(用神)의 필요성(必要性)과 효용성(效用性).

용신(用神)은 왜 필요할까? 용신은 실질적(實質的)으로 본다면 사주(四柱) 구성원(構成員) 자체가 용신(用神)이라고 볼 수도 있는 것이다. 필요악(必要惡)이란 관점에서 본다면 말이다.

- 독(毒)도 약(藥)이 된다는 원리(原理)에서다. 음(陰)이라는 자체도 실질적으로 그 안에 차지하고 있는 양(陽)의 부분은 무시할 수는 없는 것이다. 악화(惡貨)는 양화(良貨)를 구축한다는 이야기인 것이다.
- 용신(用神)도 100% 용신의 역할을 다 하는 것이 아니다. 산술적(算術的)인 면에서 합격(合格)점을 줄만한 수준이라는 것이요, 가능성(可能性)인 면에서 충분(充分)하다고 판단이 되기 때문인 것이다.
- 정치(政治)를 하려면 뒷받침이 되는 자금(資金)이 필요한 것이다. 장수(將帥)가 전쟁터에서 승리를 거두기 위해서는 지략(智略)과, 용맹(勇猛)이 필요하듯, 어느 부문이든, 생활의 실상(實狀)이든, 생(生)을 영위하기 위하여든, 모든 움직임에는 그 행위를 연속하기 위한 기본적이고, 지속적인 에너지가 필요한 것인데 그 에너지가 바로 용신(用神)인 것이다.

- 결국은 생명선(生命線)과도 같은 존재가 되는 것이다. 그러한 에너지가 없으면 존재(存在) 자체가 무의미(無意味) 한 것이요, 성립(成立)이 어려워지는 것이다. 존립(存立)의 바탕이 되는 것이요, 실질적인 기운(氣運)인 것이다.

- 용신(用神)이란 바로 지칠 줄 모르는 에너지요, 힘의 원천(源泉)이다.

- 댐이란 물을 저장하는 담수(潭水)의 역할도 하지만, 저장한 물을 보내고, 또 새로운 물을 가두어 물의 흐름과, 양(量)의 조절에 만전(萬全)을 기하는 것이다. 이러한 기능이 제대로 이루어지지 않는다면, 수자원(水資源)의 불균형(不均衡)으로 인하여 많은 피해(被害)가 발생할 것이다.

- 용신(用神)의 역할(役割)이 바로 이러한 것이다. 적절하다고 판단하여 용신에 임명(任命)을 하였더니, 자기의 본분을 망각하고 엉뚱한 행동을 한다면 참으로 난감할 것이다.

- 사주(四柱)에 있어서, 믿었던 용신(用神)이 변화(變化)하는 것을 자주 볼 것이다. 그것은 극히 정상적(正常的)인 것이다. 때로는 이(利)로운 면으로, 때로는 해(害)로운 면으로 말이다. 그래도 다른 아이 보다는 나으니 선택을 한 것이다. 그 점이 용신(用神)이라는 것의 특징인 것이다.

- 용신(用神)은 항상 모든 것을 좌우(左右)하는 특수한 기능을 갖고 있다. 그러므로 항상 예의주시하여 관찰을 하는 것이 항상 불여튼튼인 것이다. 없어서는 안 될 요소(要素)이지만, 물가에 내보낸 아이처럼 항상 옆에서 돌보고, 감시하여야 하는 존재인 것이다.

- 언제나 사주(四柱) 안에서 자기 역할의 영역(領域)을 벗어나지 않아야 한다는 것이다.

- 내격(內格)과 외격(外格)을 구별하여, 용신을 찾는 방법이 다르다는 것을 알면 커다란 밑그림은 일단 완성이 되는 것이다. 우선 정격(正格)을 먼저 보고, 그에 해당하지 않을 경우 변격(變格) 이라 하여 하나하나 구별하면 쉬울 것이다.

● . 용신(用神)의 갖추어야 할 덕목(德目).

용신(用神)은 일간(日干)인 회장(會長)을 필두로 하여, 사주의 운명을 움직이는 최대의 주주(株主)이자, 의결권을 갖고 있는 막강한 권력(權力)의 소유자이다.

사 주라는 국가(國家)를 통치하는데 있어서 제 2인자와도 같은 것이다. 용신(用神)으로써 갖추어야 할 조건(條件)은 과연 무엇일까?

❶. 상태(狀態)로 보는 경우.

기운(氣運)의 상태를 보는 것이다. 실(實)한가? 부실(不實)한가?

즉 건강(健康)한가? 병(病)들어 있는가를 보는 것이다.

- 목(木) : 뿌리가 썩은 나무는 결코 오래가지를 못하는 것이다.
- 화(火) : 화력이 약한 불은 오래가지를 못하고 꺼지고 만다.
- 토(土) : 땅이 기름지지 못하면 생육(生肉)이 어려워지는 것이다.
- 금(金) : 쇠가 단단하지 못하면 연장을 만들 수가 없는 것이다.
- 수(水) : 물이 탁하면 썩고 마는 것이다.

건 강(健康)하다는 것은 사주가 약(弱)하지 않다는 것을 단적(端的)으로 말하는 것이다.

- 사람도 병(病)든 사람보다는, 건강하여 열심히 일하고, 활기찬 나날을 보내는 사람을 원할 것이다. 건강해야 장수(長壽)하는 이유나 같은 것이다.
- 사람의 최대(最大)의 삶의 목적(目的)은 무엇일까?

물론 여러 가지 많겠지만 그 중의 으뜸은 역시 오래 사는 것이다.

죽고 나면 모든 것이 소용이 없는 것이다. 사주(四柱)를 본들 무엇 하며, 성공(成功)을 한들 무엇 하겠는가! 튼튼하여야 오래 사는 것이다.

용신(用神)이 병(病)들어 있거나, 기력(氣力)이 지나치게 약(弱)하여 오히려 도움을 받아야 할 정도라면 계륵과도 같은 것이다. 4번 타자가 아쉬워 물질적이나, 정신적으로 기대를 많이 하여 비싼 대가(代價)를 치루며 용병을 맞이하였는데, 수준이하(水準以下)의 결과를 보인다면 참으로 난감한 것이나 같은 것이다.

애쓴 대가가 너무 허망한 것이다. 이런 경우 방출(放出)이라는 수단(手段)이 있지만 용신(用神)의 경우는 그것이 쉽게 되지가 않는다.

없애버릴 수가 없기 때문인 것이다. 두고두고 한 많은 인생(人生)인 것이다. 물론 운(運)에서 어느 정도의 가능성도 있지만, 일단은 낙제점을 주는 것이 상례인 것이다.

● . 남(男),여(女) 간의 바람직한 사주의 건강수치(健康數値)는?

답 녀(男女)간의 건강(健康)수치(數値)란?

각자가 타고난 사주의 성향(性向)을 분석하고 강약(强弱)을 구분하여 그에 따른 불균형에 대한 운(運)과의 처방에 대한 정도를 살피는 것이다.

● 여기에서 가능성(可能性)이란 치유(治癒)가 가능한가? 불가능(不可能)한가? 를 판단하여 결정(決定)을 하는 것이다.

● 설사 방법이 있다하여도 치유(治癒)할 수가 없다면 문제는 심각해지는 것이다.

● . 남(男) : 일단은 강(强)한 것이 좋은 것이다.

지나치게 강(强)한 것은 흉(凶)으로 화(化)할 염려도 있지만, 보통의 기준(基準)을 넘어 약간 강(强)한 쪽으로 기세(氣勢)가 흐르는 것이 바람직한 남성(男性)의 기운(氣運)이다.

사회활동(社會活動), 가정(家庭), 모든 분야(分野)에서 이끌어가는 입장을 견지(堅持)하여야 하므로 약간의 강(强)함이 요구(要求)되는 것이다.

그래야 여성의 본능적(本能的)인 기대고자 하는 심리를 충족하는 것이다.

● 여(女) : 강(强)한 듯하면서, 약(弱)한 것이 여자의 매력이다.

강 약(强弱)을 겸비(兼備)한 것이다.
　　　사주가 신왕(身旺)한 것 같으면서도 약한 것이 묘(妙)한 것 같으나,
　　　여성(女性)에게는 바람직한 사주(四柱)의 기운(氣運)인 것이다.

● "약(弱)한 자(者)여 그대 이름은 여자(女子)니라", 우리는 어머니라는 존재(存在)를 표현 할 때 종종 이런 표현을 하곤 한다. 바로 이러한 면이 여성에게는 제일 좋은 사주(四柱)의 기운(氣運)인 것이다.

● 강(强)함에는 부드러움을, 연약함에는 강(强)함을 나타내는 것이 여성의 기본(基本)인 것이다.

● 이것 또한 남성(男性)의 본능적(本能的)인 보살펴 주고자 하는 성향(性向)을 자극(刺戟)하는 것이다.

❷. 위치(位置)로 살펴보는 경우.

용 신(用神)에 해당하는 오행(五行)이 어디에 있는가를 보는 것이다.
　　　년(年), 월(月), 일(日), 시(時) 어디에 있는 가? 에 따라 그 가치
(價値)의 기준(基準)이 달라지는 것이다.

"멀리 있는 친척도 이웃사촌만 못 하다."고 한다. 왜 일까?

급할 때는, 가까이 있는 사람이 더 활용가치가 있다는 설명이다.

용신(用神)도 지나치게 거리가 멀면 쓰임새에 있어서는 손이 닿지가 않는다.

사주(四柱)의 대표자가 일간(日干)이므로 년주(年柱)에 있으면 일단은 효용(效用)성이 떨어진다. 한 다리 건너야 하기 때문인 것이다.

이것은 다른 경우에 있어서도 마찬가지인 것이다. 합(合)의 경우도 요합(遙合)이 되어 크게 작용을 못하는 것이다.

파급효과(波及效果)나, 힘의 영역(領域)에 있어서 차이가 난다는 것이다.

● 그렇다면 월주(月柱), 일주(日柱), 시주(時柱)라는 답이 나온다. 좌우로 팔을 뻗어도 다 손이 닿는 것이다. 일반적으로 용신(用神)을 찾는 경우

"반드시 월(月)을 기준(基準)으로 한다." 당연한 것이다.

🌰 일단은 근본(根本)을 찾아서 싹을 키우기도 하고, 유전자(遺傳子)를 분석하기도 하고, 출생(出生)의 기본 성향을 을 알아야 탑을 쌓아올리기도 하니 말이다. 그리고 다른 주(柱)와의 연관성이나, 유기적인 관계도 살펴보는 것이다. 그리고 다음으로 운(運)과의 관계도 살펴보는 것이다.

🌰 격국(格局)을 정할 때의 기준(基準)이 되는, 기준(基準)으로 이에 상응한다. 뿌리가 없는 나무가 없으며, 조상이 없는 자손이 없다는 논리인 것이다. 뿌리가 튼튼하면 삶이 순탄한 것이다. 비빌 언덕이라도 있는 것이다. 그러나 그렇지가 않은 경우는, 자수성가(自手成家)를 하듯 노력(努力)의 수반(隨伴)이 더 많이 요구되는 삶을 설명하는 것이다.

🌰 보다 넓은 의미로 사주(四柱)를 보기로 하자. 전후(前後)로 나눈다면 년(年)과 월(月)은 전(前)에 해당이 된다. 사주의 주인이 활동하는 시기(時期)가 아니라 보살핌을 받는 시기인 것이다. 과거지향(過去指向)적인 면이 강한 것이다. 반면에 일(日)과 시(時)는 미래지향적이요, 앞날을 설명한다. 실질적(實質的)인 부분을 보는 것이다.

🌰 일을 추진하다 실패를 하였다고 하자. 년(年), 월(月)에 해당하는 사람은 그 자체에 집착(執着)을 한다. 반면에 일(日)과, 시(時)에 해당하는 사람은 그것을 반성하고 재기(再起)의 발판으로 삼아 더욱 분발을 하고, 무엇인가 새로운 결론(結論)을 창출하여 보다 능동적(能動的)으로 처신한다.

얼 마전에 주식으로 20억을 손해 본 사람이 하던 말이 기억에 남는다. 그로인한 물질적(物質的), 정신적(精神的)인 피해가 매우 컸다고 한다. 집도 작은 곳으로 옮기고, 모든 면에 있어서 매우 위축이 되었을 것이다. 그러나 그들 부부는 담담히 그 일에 대한 집착이나 생각을 않기로 하였다고 한다. 오히려 "자꾸만 생각하고, 후회하는 그 자체가 더욱 더 괴롭게 하는 일이다." 라고 말이다. "어차피 잊어야 할 일이라면 깨끗하게 잊고 더욱 분발(分發)하여 새로운 방안을 모색(摸索)하자."고 말이다. 물론 그렇게 말하는 본인들이야 얼마나 속이 상하겠는가? 그러나 그것을 더욱 더 확실한 성공을 하기위한 채찍으로 알고 열심히 매진하기로 했다는 것이다.

🙂 바로 이것이다. 용신(用神)이 일(日)과 시(時)에 있는 사람들은 이러한 성향의 소유자인 것이다. 그러나 년(年)이나, 월(月)에 용신(用神)이 있는 경우는 그렇지가 않다. 자꾸만 되새기며 그에 대한 생각과 회한(悔恨)을 갖는 것이다. 원망(怨望)하고, 쓰라린 마음을 자꾸 더 괴롭히는 것이다. 스스로 자학(自虐)을 하기도 하면서 말이다. 용신(用神)을 찾을 때 이미 그 사람의 성향(性向)이 나오는 것이다.

❸. 기세(氣勢)의 정도(程度)를 가늠한다.

용신(用神)이 정(定)하여 지면 어느 정도의 세력(勢力)이 있는 가 살펴야 한다. 용신(用神)도 자기의 세력(勢力)이 있어야 제대로 뜻을 이룰 수가 있는 것이다.

건강하고, 확실한 용신(用神)이라도, 홀로 서기를 하는 용신(用神)이라면 불안하기는 똑같은 것이다. 세상에는 독불장군(獨不將軍)이 없는 것이다.

육합(六合)이던, 방합(方合)이던, 삼합(三合)이던 덩어리를 형성(形成)한 용신이 자연 그 위세(威勢)를 나타내는 것이다.

연합(聯合)체를 형성한 용신(用神)이라면 와해(瓦解)되는 것이 그리 쉽지가 않은 것이다.

국회에서도 무소속(無所屬)은 자기의 역량(力量)이 아무리 출중하여도 백분 발휘하기가 힘든 것이다. 그래서 검을 흑(黑)자를 안고 있는 당(黨)의 일원이 되어 힘을 발휘하는 것이다. 당(黨)이라는 글자를 분석하여보자.

당(黨)이란 좋게 이야기 하면 동아리요, 의미가 상통(相通)하는 연합(聯合)체인 것이다. 그런데 흑(黑)자 위를 보자. 입이 맨 위에 있다. 그것도 검은 색(色)을 밑으로 하고 말이다. 자기의 이기적(利己的)인 욕심(慾心)을 깔고, 안 그런 척 하면서 삼색(三色)의 지붕 밑에서 서로 이야기를 하는 것이다.

어쨌든 보리를 밟을 때는 발의 수가 많은 것이 좋은 것이다.

용신(用神)이 국(局)을 형성한다면 일단은 합격(合格)인 것이다.

폭이 넓으냐? 좁으냐의 차이인 것이다. 깊으냐? 얕으냐의 차이인 것이다.

❹. 투명성(透明性)에 대하여.

용신(用神)은 떳떳함을 원칙으로 한다.

뒷전에 숨어서 "나는 몰라요, 정말 몰라요 그 손짓이 무얼 말하는 지!" 하면서 유행가 가사를 읊조리며 발을 뺀다면 이미 사주(四柱)의 장본인(張本人)은 항상 그런 사람이다. 일을 처리하여도 한 것인지, 안 한 것인지 알 수 없는 사람이다.

- 뒤에서 웬 말은 그리 많은지. 노래도 못하니 음치요, 춤도 못 추니 몸치요, 분위기 깨는 일엔 일등공신(一等功臣)이다. 내성적(內性的)인 성격에 우울증(憂鬱症)이요, 심하면 자살사이트나 기웃거리는 사람이요, 파파라치 성향이 강(强)한 사람이다. 이런 사람이 종교(宗敎)에 심취하면 광신도(狂信徒)가 되는 것이다.

- 용신(用神)이 잘 보이지가 않는 사주일 경우인 것이다. 용신(用神)이 잘 보인다고 하면, 그 다음은 천간(天干)인가? 지지(地支)인가? 당연히 천간(天干)이 더 나은 것이다. 지지(地支)는 그만큼 변화가 더 많은 것이다. 천간(天干)도 변화가 있기는 하여도, 지지(地支)와는 비교가 안 된다.

- 지지(地支)는 직접적(直接的)인 변화요, 천간(天干)은 어느 정도 간접적(間接的)인 요소가 많은 것이다. 여기에서 반응의 속도(速度) 차이도 나오는 것이다. 천간(天干)은 단순하지만 지지(地支)는 복잡한 것이다.

❺. 바람직한 용신(用神)의 실체(實體).

용신(用神)은 일단 강(强)한 것이 좋은 것이다.

(强)한 자만이 살아남는 냉혹한 현실의 세계와 같은 것이다. 골골 거리면서

강 피곤함을 가중시킨다면 차라리 없는 것이 오히려 나을지도 모르는 것이다. 줄을 잘서야 하는 것이다.

- 깔고 앉은 자리가 편하고, 실(實)해야 하는 것이다. 여기에서 문제가 발생한다. 용신(用神)이 튼튼하면 좋기야 좋지만, 그것은 일간(日干)이 강(强)할 경우 능히 활용을 하지만, 일간(日干)이 약(弱)할 경우는 용신(用神)에게 휘둘리어, 전권(全權)을 용신(用神)에게 양도(讓渡)하는 상황으로 변한다.

- 일간(日干)은 완전한 바지사장에 불과한 존재(存在)로 전락(轉落)하는 것이다. 라는 중간 결론이 나온다. 일간(日干)이 지나치게 허약(虛弱)하면 용신(用神)이 전횡을 하더라도 감당을 하기가 힘들어지는 것이다.

- 고려 시대의 무인(武人)들이 판치던 시절이나 같은 것이다. 일간(日干)이 일단은 강(强)하여야 자기의 모든 뜻을 펼 수가 있고, 자기 인생을 자기가 의도(意圖)한 데로 살 수가 있는 것이지, 일간(日干)이 약(弱)하다면 내 인생 남의 손에 이끌려 사는 것이나 마찬가지인 것이다.

- 용신(用神)이 튼튼하다고 하여 일간(日干)이 자기의 인생(人生)을 뜻대로 잘 산다고 보면 안 되는 것이다. 실로 좋은 용신(用神)은 약(弱)한 듯 하며, 강(强)한 용신이 좋은 것이다.

- 변함없는 충성(忠誠)을 보이는 용신(用神)이 좋은 것이다. 그러나 용신(用神)은 100% 일간(日干)에게 충성(忠誠)을 다 바치지는 않는다는 것을 알아야 한다.

- 용신(用神) 자체의 고유성(固有性)을 항상 발휘(發揮)한다는 것이다. 자신에게 필요하면 취하고, 별 볼일이 없으면 가차 없이 버린다는 것이다. 일간(日干)의 일방적인 구애(求愛)에 불과한 것이다.

- 용신(用神)의 입장에서 본다면 용신(用神)이 필요 없을 경우, 용신(用神)이 본의 아니게 변화(變化)할 경우, 일간(日干)은 사정없이 등을 돌린다는 사실이다. 각자가 서로의 필요에 의하여 모이고, 흩어지는 것이다.

🔹 사람에게 중요한 것이 의(衣), 식(食), 주(住)이듯 근본적인 격(格)에 대한 용신(用神)을 판단하는 원칙(原則)이 있는 것이다. 이것은 상담할 때의 원칙(原則)이나 다 같은 것이다.

🔵 자신의 본성(本性)이 무엇 인가를 알아야 한다.

근 본적인 특성(特性)의 파악을 먼저 하여야 하는 것이다. 우선 음(陰)과 양(陽)의 판단을 먼저 하여야 하고 존재(存在)를 알아야 하는 것이다. 일간(日干)인 아(我)에 대한 성분(性分)의 분석이다. 일단 아(我)가 무엇인가? 가 첫째이고, 그 다음은 환경(環境)과 반응(反應), 시작(始作)의 출생(出生)의 근본(根本)을 아는 것이다.

🔵 .월지(月支)에 대한 분석(分析)이다.

음 (陰)과 양(陽)을 판단(判斷)하고, 체질적(體質的)인 특성(特性) 및, 여러 사항을 분해(分解)하는 것이다.

🔹 차량을 구입할 경우 우리는 용도 및, 연식, 기타 여러 가지를 종합하여 생각하고, 장고(長考)를 거듭한 후에 차량을 선택하지를 않는가?

🔹 거기에는 금전적(金錢的)인 상황도 고려하여 신차, 중고차 하는 식으로 최종 결론을 내리는 것이다. 물론 수동(手動)인가, 자동(自動)인가? 연비며, 기타 세부적(細部的)인 상황(狀況)도 다 포함이 되는 것이다.

🔹 이것은 차량에 탑승(搭乘)하여 출발(出發)하기 이전에, 먼저 나의 소유물(所有物)로 정(定)하는 과정인 것이다.

🔵 . 먼저 가까운 주변을 살핀다.

내 가 생(生)하고, 생(生)을 받을 존재(存在)의 유무(有無)와 강약(强弱)이다. 자기 자신부터 먼저 추스르는 것이다. 그렇다면 생(生)을 받는 것이 먼저인 것이다. 아래를 보고, 뒤를 보는 것이다.

🔘 출발(出發)을 하기 전에 연료가 어느 정도 있는 지를 확인하고, 기타 유무상태, 안전(安全)상태를 최종적으로 점검하고, 여타사항이 완료가 되었으면 운전석에 앉아 안전벨트를 착용(着用)하고 출발을 하는 것이다.

● .통변(通辯)의 차이(差異)점.

"그것은 니 생각이고------"

참으로 멋있는 말이다. 간단명료한 것이다. 어떻게 생각을 하느냐? 의 차이인 것이다. 주체(主體)가 무엇인가가 나오는 것이다.

🔘 식신(食神)과 재성(財星)이 있다고 하자. 식신(食神) 왈 식신생재격(食神生財格)이 성립이 되는 것이다. 재성(財星)의 존재(存在)는 나로 인하여 존립(存立)하는 것이다. 물론 맞는 말이기도 하다. 그러나 다른 면(面)으로 살펴보자.

🔘 재성(財星)이 다른 오행(五行)과 합(合)이 되어 관(官)으로 변하였다면 그때도 식신(食神)의 생(生)으로 인하여 존재(存在)하는 것일까? 그것은 아닌 것이다. 식신(食神)은 재성(財星)을 창출(創出)하는 것이다. 물론 단순적인 면으로 본다고도 할 것이다.

● . 재성(財星)의 입장에서, 재성(財星)의 소리를 들어보자.

자신은 내가 스스로 존재(存在)하지만, 식신(食神)의 도움을 받는 것이다. 이것이 정답인 것이다.

▲ 재성(財星)이 인성(印星)으로 변(變)하기도 하는 것이다.

🔘 식신(食神)을 극(剋)하는 것이다. 그때는 무엇이라고 말을 할 것인가?

🔘 화(火)란 토(土)를 생(生)한다. 그러나 불을 끌 때 우리는 흙을 덮어 끄지를 않는가? 토(土)가 수(水)와 같은 역할을 하는 것이다.

🔘 오행(五行)이란 항상 변화하는 것이다. 처음부터 끝까지 항상 그 기능만

100% 활용하는 것이 아니다. 항상 변화하는 것이다. 다만 그 기능을 제일 많이 나타내고 있다는 것 뿐 인 것이다.

🌑 변화가 없다면 단순하게 오행으로만 판단을 하고, 그것으로 끝날 것이 아닌가? 복잡하게 이것저것 살필 필요가 없는 것이 아닌가 말이다. 통변(通辯)에 있어서 이 점을 알아야 제대로 올바른 통변이 되는 것이다.

🌑 용신(用神)도 마찬가지인 것이다. 바뀌고 변화하는 것이다. 다만 그 성향을, 역할을 제일 많이 표출(表出)한다는 것 뿐 이다.

● . 창(槍)과 방패(防牌)인 것이다.

창(槍)을 먼저 볼 것인가? 방패(防牌)를 먼저 볼 것인가?

선뜻 답이 안 나오는 부분이 많은 것이다. 생각하기에 따라서는 논란(論難)이 많은 것이다. 각자가 알아서 판단을 하시기를----.

🌑 아(我)를 극(剋)하는 것이 무엇이고, 상태(常態)는 어떤가? 하고 판단(判斷)을 하는 것이다. 나를 극(剋)하는 것이 무엇이고, 기운(氣運)의 정도, 변화(變化)하는 관계로 형성(形成)되는 정도(程度)를 판단하는 것이다.

🌑 내가 극(剋)하는 것이 무엇이고, 기운(氣運)의 정도, 변화(變化)하는 관계, 그로 인한 여파(餘波), 그것이 아(我)인 나에게 미치는 영향(影響)의 정도, 모든 것을 하나씩 판단을 하는 것이다.

🌑 병(病)이 드는 것이 그 원인(原因) 인데, 자의적(恣意的)이냐, 타의적(他意的)인가? 그것이 차이가 되는 것이다.

🌑 자의적(恣意的)인 것은 내가 극(剋)하는 것이요,

🌑 타의적(他意的)인 것은 내가 극(剋)을 당하는 것이다.

❻. 추명(推命)시 사용되는 역할, 기능에 따른 명칭(名稱)의 분류.

인간은 누구나 자기가 행복(幸福)하기를 원한다.

불행(不幸)해지기를 원하는 사람은 아무도 없을 것이다.

그렇다면 행복해지기 위해서는 무엇이 필요하고, 불행해지는 원인(原因)은 무엇인가? 를 알아야 그에 대한 대책(對策)을 강구할 것이다.

그 각각의 요소(要素)를 찾아 분석을 하는 것이다.

강(强)하고, 약(弱)하고, 여러 변화(變化)에 따라 항상 그 역할(役割)이 바뀌기도 하는 경우가 빈번하므로 항상 유의하여야 할 것이다.

● . 용신(用神).

주체(主體)인 일간(日干)을 대신 할 정도로 그 역할(役割)이 막강하고, 중요한 위치에 있다.

- 일주(日主)를 가정(家庭)의 아버지라고 한다면, 용신(用神)은 어머니와 같다고 할 수도 있다. 어머니는 아버지가 시원치 않을 경우 아버지의 대역(代役)을 망설이지 않고 하는 것이다.

- 용(用)이란 능력에 따른 철저한 산물(産物)이다. 노력한 만큼, 그릇의 크기만큼, 자기가 갖고 갈 만큼 갖고 가는 것이다. 더도 말고 덜도 말고 말이다. 용신(用神)을 정(定)하는 기준(基準)은 일단 일간(日干)을 살펴보고 월지(月支)와의 관계를 연계시켜 그에 합당한 조치를 취하는 것이다.

- 결국 용신(用神)이란 선천적(先天的)인 사주의 운명에 대한 후천적(後天的)인 작용을 하는 사주(四柱)의 길라잡이인 것이다.

비록 용신(用神)자체는 그 역할이 일간(日干)과, 월지(月支)라는 기둥위에 집을 짓는 것이지만, 그 여하에 따라 초가집도, 기와집도, 빌딩도, 아파트도, 특수하게 설계하여 독특한 집도 지을 수가 있는 것이다.

무엇을 하다가보면 가지가지 잡다한 일이 많이 생긴다. 그때마다 우리는 희로애락(喜怒愛樂)의 많은 과정을 거친다. 개중에서 우리는 그것을 잘 살펴 선별(選別)을 하여 대응을 하여야 하는 것이다. 그러려면 용신(用神)과 작용하는 다른 귀신(鬼神)들을 알아야 하는 것이다. 그것이 바로 **용신(龍神)의 발톱**인 것이다.

그것은 아래에 설명하는 것들인데 용신(用神)이 없으면 존재(存在)하지를 못하는 것이다.

- 사주(四柱)자체가 용신(用神)이 불투명(不透明)하면, 그 인생(人生) 또한 불투명(不透明)한 것이다.
- 탁(濁)한 가운데서 가끔씩 보이다, 또다시 혼탁(混濁)하여 지는 것이다.

● . 희신(喜神).

은 의미의 희신(喜神)은, 사주(四柱)란 인생(人生)에 활력(活力)을 불어넣어주고, 원기(元氣)왕성하여 많은 복록(福祿)을 취하고, 명(命)이 다하는 순간까지 만사형통(萬事亨通)하고, 태평(太平)함을 누리도록 도와주고, 이끌어주는 각각의 신(神)들을 말하는 것이다.

그러나 자기의 신분(身分)이나 처한 환경(環境)에 따라 그것이 약간의 변화(變化)가 생길 수도 있는 것이다.

- 물고기에게 비란 존재(存在)는 반가운 것이다. 자기들의 생명수(生命水)와도 같은 존재이니 말이다. 당연히 희신(喜神)인 것이다. 물이 부족한 곳에서 사는 고기는 물이 용신(用神)인 것이다. 일간(日干)인 주체는 물고기이지만 물이 없으면 곤란한 것이다.
- 새에게는 희신(喜神)이 아니다. 하늘을 날며 살아야 하는 그들에게는 반가운 존재는 아니다. 물이란 존재는 생명을 유지하는 필수(必須)요건(要

件)의 갖추어야할 신(神)이지만, 활동하는 데는 거추장스러운 신(神)인 것이다.

- 필수적인 사항임에는 틀림이 없다. 그런 식으로 본다면 공기, 숲,----다 필요한 것이니 전부 희신(喜神)인가? 물론 당연히 다 희신(喜神)이다. 그러나 상황에 따라 불필요한 경우도 생긴다. 비가 너무 많이 오면 나가서 활동을 못하니 먹이를 구하지 못한다.

- 희신(喜神)이 기신(忌神)의 역할을 하는 것이다. 그렇다면 어떻게 하여야 할 것인가? 여기에서 역할(役割)의 분담(分擔)이 생기는 것이다. 기본적(基本的)으로 갖추어진 희신(喜神)을 다 갖고 사는데, 사주(四柱)의 구성(構成)에 따라 필요로 하는 희신(喜神)이 다 다른 것이다.

- 동물의 경우를 보자. 넓은 의미의 희신(喜神)인 기본조건은 다 갖추어졌다. 이빨이 날카로운 육식동물(肉食動物)의 특징은 깨물어서, 찢어서 먹이를 먹는다. 물론 어금니야 다 있으니 어느 정도 씹기야 씹는다. 위의 구조도 초식동물(草食動物)과는 다르다.

- 여기서 용신(用神)의 기준이 달라지는 것이다. 필요로 하는 먹이의 차이가 나는 것이다. 풀이냐? 짐승이냐? 간단한 기준(基準)으로 보자는 것이다.

- 희신(喜神)이란 누구에게나 필요한 신(神)이지만, 경우에 따라서는 불필요할 경우도 많이 생긴다는 것이다. 여기에서 논(論)하는 것은 사주 자체를 놓고 보았을 때의 각각의 경우를 말하는 것이다. 그러므로 각자의 상황에 따라 달라지는 것이다.

- **.희신(喜神)이란 사주 자체에 기쁨을 주는 반가운 신(神)이다.**

희 (喜)란? 기뻐하다, 좋아하다, 즐기다, 라는 의미인데 속된 표현을 한다면 너무 좋아 뚜껑이 열리는 그런 상황도 연출이 된다.

- 용신(用神)이 곤경에 처하지 않도록 힘을 실어주는 존재인 것이다.

🌰 용신(用 神)을 생하여 주는 존재(存在)인 것이다. 가끔은 용신(用神)이 지나치게 기 운(氣運)이 강(强)할 경우는 엑기스를 용신(用神)에게 전부 다 빨리어 허탈한 상태가 되기도 한다. 용신(用神)의 기쁨조인 것이다.

🌰 용신(用神)은 희신(喜神)이 없으면 삶이 무력해지는 것이다. 자동차는 멋지고, 신차인데 운전(運轉)하는 사람이 없는 것이다.

🌰 여기에 또 필요한 것이 있다. 기름이 없으면 차가 가지를 못하지를 않는가? 줄줄이 자꾸 이어진다. 필요한 사항이 말이다.

⬤ . 기신(忌神).

많 나고 싶지 않고, 이야기 자체도 듣기가 싫은 존재(存在)이다. 꿈에라도 볼 까 두려운 존재인 것이다.

🔲 남들은 좋을지 몰라도 나에게는 아닌 것이다.

🌰 사주(四柱)자체에 대하여 막대한 해(害)를 끼치는 존재인 것이다. 백해무익(百害無益)이요, 일간(日干)의 나아가는 길을 방해(妨害)하는 것이요, 용신(用神)에 대하여 태클을 거는 아주 부도덕(不道德)한 존재(存在)인 것이다.

🌰 여기에서 제일 문제가 되는 것은 격(格)을 파격(破格)으로 몰아가려하는 것이 문제이다. 부부간에도 좋다가 싫증이 나고, 소원해지고, 귀찮아지고, 짜증이 나고, 미워지고, 원망으로 바뀌더니 급기야는 원수지간으로 변하는 것이 이별(離別)의 순서이다.

🌰 이혼을 할 때 법정에 가보았는가? 같이 자리도 하지 않는 경우가 있다.

🌰 한계(限界)점에 달해 극(極)한 상태로 가는 것이다. 그러다 심하면 욕설에, 난투극이 벌어지는 것이다. 이러한 상태의 존재(存在)인 것이다.

◐ . 구신(救神).

선 발진의 난조로 중간(中間)에 들어오는 계투(繼投)요원이요, 다 이긴 승리를 막판에 놓치기 직전에 등장하여 승리를 지켜내는 구원(救援)투수인 것이다.

🔹 기신(忌神)을 타이르고, 어우르는 역할을 한다. 그것이 여의치 않을 경우는 강압적인 방법을 동원하여 기신(忌神)을 다스린다. 법치주의를 구현하는 정의(正義)의 사나이인 것이다. 구신(救神)이 작용을 하여 기신(忌神)을 제압할 경우 기신(忌神)으로 인한 흉(凶)이나 해(害)가 기신(忌神)의 세력(勢力) 약화(弱化)로 정상적인 분위기를 조성한다.

🔹 구(救)란 도와주는 의미이지만 고치다, 치료하다, 막아주다, 건져주다 즉 개입하여 처리를 하는 것이다. 기사도(騎士道) 정신(精神)을 발휘하는 것이다. 비가 오는데, 우산이 없어 온 몸이 다 젖으려하는데 난데없이 우산 장사가 나타나는 것이다. 그것이 바로 구신(救神)의 역할인 것이다. 흠뻑 비에 젖은 다음에 나타난다면 구신(救神)의 역할도 소용이 없는 것이다.

🔹 사주추명(四柱推命)시 구신(救神)운(運)이 오는 것은 대체적으로 기신(忌神)의 다음에 온다. 물론 중간에 변화가 있을 수 있다는 것은 당연한 것이고, 다 망가진 다음에 고치는 것이다.

🔹 구신(救神)과, 구신(仇神)과의 구별을 잘 하여야한다.

◐ . 구신(仇神).

구 (仇)란 원망(怨望)하고, 미워하고 시기(猜忌)하고, 투정하고 정상적인 상태가 아닌 것이다.

➧ 원래 근본(根本)이 그렇다는 이야기가 아니다. 각자가 자기의 성향을 착

실하게 지키는데, 상대적(相對的)인 존재만 만나면 자신도 모르게 확 변화하는 것이다. 희신(喜神)을 괴롭히는 것이다. 남이 잘되는 것을 못 보는 것이다. 어떻게 해서든 망가트리려고 하는 것이다. 추방을 당하여야 할 정도로 항상 유혹을 하는 것이다.

- 희신(喜神)을 극(剋)하는 것이 기신(忌神)이라면, 극(剋)을 당하는 것이 구 신(救神)인 것이다.

- 희신(喜神)에 대하여 기신(忌神)은 관살(官殺)의 역할을 하는 것이요, 구신 (仇神)은 재성(財星)의 역할을 하는 것이다. 그렇다면 구신(救神)은 당연히 식상(食傷)의 역할을 하는 것이다.

● . 한신(閑神).

한신(閑神)은 한가로운 신(神)이다. 라고 하는데 그렇다고 무조건 한가(閑暇)한 것은 아니다.

- 다른 의미로 한(閑)자를 보면 가로막는다, 차단(遮斷)한다, 한정(限定)짓고, 경계(警戒)한다는 의미도 있다. 즉 문턱이라는 의미인 것이다.

- 느긋하게 한가로운 것이 있다면 무엇일까? 양반(兩班)인 것이다. 크게 싸움에 끼어들지 아니하고, 용신(用神)에게 누(累)가 되지 않는 것이다. 용신(用神)에게 인성(印星)과 같은 역할을 하는 것이요, 용신에게 해(害)가 미치지 않도록 중간(中間)에 막아서서 문턱과 같은 역할을 하는 것이다.

● . 그렇다면 여기서 한신(閑神)이 하는 역할은 무엇일까?

희신(喜神)과 구신(救神)인 것이다. 희신(喜神)은 앞으로의 나감에 있어 완급을 조절하는 것이요, 구신(仇神)의 용신(用神)에 대한 유혹을 몸으로 막아주는 것이다. 구신(救神)은 뒤로 역류하는 것을 완급 조절하는 것이고, 기신

(忌神)의 방해를 막아주는 것이다.

🔘 여기서 한신(閑神)끼리 만나면 어떻게 될까? 혈전이 벌어진다. 둘이니 당연한 것이다. 그래서 중재(仲裁)안이 나온다. 한신(閑神)끼리 싸우면 집안이 망한다. 용신(用神)을 지켜줄 사람이 없는 것이다. 그래서 둘이 활동을 할 때는 한 쪽에서 양보하여 쉬기로 말이다. 같이 움직이면 끝장이니까. 그래서 한 번씩 쉬니까 한신(閑神)인 것이다.

● . 결국 한신(閑神)의 의미는 두 가지인 것이다.

하 나는 창과, 방패의 역할을 하는 것이요, 하나는 한 번씩 양보하며 쉬는 것이다.

🔘 쉴 경우는 이것도 용신(用神)을 도와주는 것이다. 결국 이름이야 별 볼일 없는 것 같아도 제대로 제 역할을 하는 귀(貴)한 신(神)인 것이다.

실전사주

戊	丙	辛	辛
子	申	卯	亥

↦ 묘(卯)월의 병(丙)화 일간이다.
격(格)이 파괴(破壞)되는 원인(原因)이 무엇일까?

건명(乾命)

⬆ 일지(日支)에는 신(申)금이 있는데 과연 어떠한 역할을 할 것인가?
편안한 상태에서 기본적인 사항을 살펴보자.

🔘 병(丙)화 일간의 사주(四柱)인데, 월지(月支)가 묘(卯)목인 정인(正印)이다. 인성(印星)으로 시작을 하는 것이다. 정인(正印)격의 사주인 것이다.

🔘 2월의 병(丙)화라 목(木)의 기운이 왕(旺)한 계절이다. 태양이 더욱 더 뜨거운 열기(熱氣)가 느껴지는 계절이다. 기운(氣運)적으로는 열기가 지나치지 않을까? 은근히 걱정이 되는 면도 있는 것이다. 그러나 이것은 시작할 당시, 출발상태를 살펴보는 것이다. 년(年)과 월(月)에서 지지로 수생목(水生木)하여 일간(日干)인 병(丙)화로 연결이 된다.

◉ 일단 일간(日干)의 기능을 본다면 목생화(木生火)가 제대로 이루어지는 가? 도 살펴야 한다. 묘(卯)목, 자체로 본다면 습목(濕木)이라 생(生)에 인색(吝嗇)한데, 해(亥)수와 합(合)을 하여 반합(半合)을 이루면서 약간의 변화(變化)가 이루어진다. 여기에서 해(亥)수 역할도 잠깐 살펴보자. 시지(時支)와의 합(合)은 어떻게 될까? 아직은 시간이 남았다. 그것은 자손(子孫)들의 몫이다. 그런데 상황을 보니 금(金),수(水)의 기운(氣運)도 만만치가 않다.

◉ 년지(年地)와 월지(月支)를 반합(半合)으로 본다하여도 대운(大運)에서 천간(天干)과 지지(地支)가 기운(氣運)이 양분되어 별로 바람직하지는 못하다. ☞ 지지(地支)의 작용은 북서(北西)로 흘러간다.

◉ 재관(財官)이 왕(旺)한 사주이다. 천간(天干)에서의 합(合)도 이루어지지가 않는다. 결론은 신약(身弱)으로 귀결이 이루어진다.

◉ 식신(食神)이 시간(時干)에 있으나 어려움이 많다. 인수(印綬)인 묘(卯)목을 용신(用神)으로 정하나, 습목(濕木)이라 생하기는 어려울 것 같다.

◉ 세운(歲運)에서나 인(寅), 묘(卯), 미(未)년이 와야 어느 정도 빛을 볼 것 같다. 자세한 풀이는 차후 **"실전상담편"** 에서 하기로 하고 중략을 하자. 어째 고른 것이 조금 난해한 면이 있다. 차라리 그것이 더 나을 지도 모르겠다. 일단 용신(用神)을 정하였으면, 기신(忌神)은 무엇일까? 당연히 재성(財星)이 기신(忌神)이다.

◉ 사령(司令)은 갑(甲)목이다. 그런데 나이가 들면서 사주의 흐름이 더욱 격랑(激浪)을 일으킨다. 정인용인격(正印用印格)이라, 격(格)이자 용신(用神)인 사주이다.

◉ 재성(財星)이 기신(忌神)이면, 기신(忌神)을 극(剋)하는 비겁(比劫)이 구신(救神)인 것이다. 일단 나타난 구신(救神)은 보이지가 않는다.

◉ 일간(日干)이 직접 나서야 하는데, 일단은 역부족(力不足)이다. 구신(救神)인 비겁(比劫)의 도움을 받아야 하는데 없는 것이다. 구신(救神)이 없

다는 것은 기신(忌神)의 통제(統制)가 어렵다는 설명이다. 오로지 용신(用神)에 의존(依存)하는 방법밖에는 없는 것이다.

● .기신(忌神)은 어떤가?

기 신(忌神)의 기운(氣運)이 강(强)하다. 사주 흐름을 좌우하고 있는 것이다.

● .희신(喜神)은 어떤가?

여기에서 희신(喜神)이 갈등을 한다. 용신(用神)이 지나치게 허약(虛弱)한 것이다. 다행인 것은 희신(喜神)이 기신(忌神)과 합(合)을 하여 희신(喜神)으로 변화하니 다행인 것이다. 희신(喜神)은 용신(用神)과 합하여 용신(用神)으로 화(化)하는 면도 보인다. 문제는 그렇게 해주어도 용신(用神)이 지 나치게 습(濕)하여지니 또 문제인 것이다.

● .구신(仇神)은 어떤가?

구신(仇神)은 용신(用神)을 피곤하게 하여 병(病)들게 하고, 기신(忌神)을 생(生)하는 역할을 한다. 여기서는 무(戊)토가 된다. 육친(六親)의 작용(作用)과 같은 것이다. 이젠 해당한 사항을 설명하면 되는 것이다.

실전사주

丁	庚	壬	庚	▷ 오(午)월의 경(庚)금 일간(日干)이다.
丑	申	午	申	일지(日支)에는 신(申)금을 놓고 있다.

건명(乾命)

⬆ 경(庚)금 일간(日干)의 사주인데, 금(金)이 사주에 왕(旺)하다.

여기에서 용신(用神)은 정(丁)화인데, 관성(官星)이 된다.

기신(忌神)은 용신(用神)을 극(剋)하는 오행(五行)이니 자연 수(水)가 된다.

🔹 희신(喜神)은 무엇일까? 용신(用神)을 생(生)하는 오행(五行)인데, 재성(財星)이 되는 것이다. 목(木)이 재성(財星)인데 보이지가 않는다. 운(運)에서나 기대를 하여 보아야 하는 것이다. 천간(天干)에서의 합(合)의 작용(作用)도 참고하자.

🔹 구신(仇神)은 무엇일까? 희신(喜神)을 괴롭히는 것이니, 금(金)인 비겁(比劫)이 구신(仇神)이다.

🔹 그렇다면 이제 남은 구신(救神)은 무엇일까? 기신(忌神)을 극(剋)하는 것이다. 기신(忌神)인 수(水)를 극(剋)하는 것이니, 자연 토(土)인 인성(印星)이 되는 것이다.

🔹 여기에서 한신(閑神)은 목(木)과 토(土)가 되는 것이다.

🔹 사주성격(成格)에 따라 항상 바뀌는 것이니, 이것 또한 재미있는 일이다.

격 명(格名)은 무엇일까? 정관용정관격(正官用 正官格)인 것이다. 여기에서 정관(正官)은 용신(用神)인데 격(格)이자, 용신(用神)인 것이다. 초지일관(初志一貫)인 것이다. 해석(解釋)은 어떻게 할까?

🔹 정도(正道)만을 고집(固執)하는 사람인 것이다. 용신(用神)만을 상대하고, 찾는다. 다른 곳에 눈을 돌리지를 않는 것이다.

🔹 구신(仇神)이 용신(用神) 보다 강(强)하니, 희신(喜神)과 용신(用神)이 힘을 합하여야 한다. 남성(男性)이라면 처(妻)와 자식(子息)이 힘을 합쳐서 구신(仇神)인 아버지에 대처(對處)를 하여야 한다.

🔹 결혼을 한다면 가장(家長)으로써 지나치게 권위(權威)를 강조하는 사람인 것이다. 처자식을 꼼짝 못하게 할 정도로 엄(嚴)한 사람인 것이다.

🔹 처(妻)의 입장에서 보면 의처증(疑妻症)의 증세도 나타나는 것이다.

실전사주

辛	丁	丁	壬
丑	未	未	子

⇨ 미(未)월의 정(丁)화 일간(日干)이다.
화(火),토(土)가 왕(旺)한 사주이다.

건명(乾命)

⬆ 일지(日支)에는 월지(月支)와 같은 미(未)토가 자리를 하고 있다.
식신(食神)의 기운(氣運)이 강(强)하다. 각각의 구성요소들을 살펴보자.

🧑 용신(用神)은 관성(官星)인 수(水)를 볼 것인가? 아니면 재성(財星)을
택할 것인가? 가 된다. 초년(初年)에 좋았다가, 장(長)중(中)년에 험난한
과정을 거치고, 노후(老後)에 다시 복록(福祿)을 찾는 형상이다. 천간(天
干)으로 합(合)이 이루어지지가 않으니, 지지(地支)도 그에 질세라 해
(害)를 이루고 있다. 이루어지지 않는 사랑이니, 못 먹는 감 찔러나 보자
는 식이다.

🧑 희신(喜神)은 재성(財星)인 금(金)이 된다. 시간(時干)에 나타나 있다.

🧑 기신(忌神)은 식신(食神)인 토(土)가 된다. 자중지란(自中之亂)이 심하
다. 선무당이 사람을 잡는 것이다.

🧑 구신(仇神)은 비겁(比劫)인 화(火)가 된다. 스스로는 힘들어, 환경(環境)
의 변화(變化)를 기다린다.

🧑 구신(救神)은 인성(印星)인 목(木)이 된다. 전면에 부각을 못하니 항상
아쉬운 것이다. 때를 기다린다. 엉뚱한 곳에 합(合)을 하려고 한다.

🧑 한신(閑神)은 희신(喜神)과 구신(仇神)이 된다.

🧑 인성(印星)인 구신(救神)이 묻혀있다. 무엇을 말하는가?

🧑 두각(頭角)을 못 나타낸다. (인성에 해당하는 사항) 관성(官星)에서 밀어
주어야 빛을 본다. 육해(六害)에, 충(沖)이라 도움도, 해(害)도 된다.

🧑 기신(忌神)이 지나치게 많으니, 인생에 있어서 걸림돌의 역할을 한다. 희
신(喜神)이 말년(末年)에 있으니 노후(老後)에 그래도 즐거움은 있단다.
용신(用神)이 건재하나 초년(初年)에 있으니 너무 빠르다. 그 다음은 운
(運)에서 외주어야 한다.

🧑 간합(干合)도 이루어지지가 않는다. 경쟁(競爭)은 금물(禁物)이다.

🧑 아직 미혼인 여성인데 장래의 남편감에 대한 궁금증으로 상담을 한 경우.

남편과는 소원한 관계를 유지한다. 일단은 거리가 멀다. 나이차도 있고 주변에 여자가 많으니 항상 여자문제로 골치가 아프다.

🔸 직업도 많은 여성을 상대로 하는 직업(職業)과도 연관이 된다.

▣ .(용(用), 희(喜), 기(忌), 한(閑), 구(求), 구(仇))신(神)의 간합(干合) .

용신(用神)및 기타 신(神)이 간합(干合)을 한다면? 어떤 변화(變化)가 생길까? 합(合)이란 변화(變化)를 의미하는 것이다. 원론적(原論的)인 의미로 본다면 커지거나, 강해지거나, 늘어나거나 주로 긍정적(肯定的)인 의미로 보지만, 용신(用神)이란 역할(役割)을 놓고 본다면 배반(背反)이요, 반역(反逆)이요, 역성혁명(易性革命)이나 같은 것이다.

◈ .길(吉)로 작용을 하다가 간합(干合)을 할 경우.

깨끗한 종이에 먹물이 번지는 것이다. 자연 틈새가 생기는 것이요, 와해작용이 나오고, 가치가 하락(下落)한다. 주가(株價)가 떨어지는 것이다. 심하면 깡통이 되기도 하는 것이다.

◈ .흉(凶)으로 작용을 하다가 간합(干合)을 할 경우.

각각의 명칭을 보면 그 역할이 나타난다. 본분(本分)을 이행하는 것은 길(吉)로 보는 것이요, 반(反)하는 경우는 흉(凶)으로 보는 것이다.

그것은 선악(善惡)의 차원이 아닌 기능(技能)면으로 보는 것이다.

흉(凶)이니 더 이상 나빠질 것이 없는 것이다. 자연 길(吉)로 바뀌는 것이다.

흉(凶)의 강도(强度)가 약(弱)해지는 것이다. 확 바뀌지는 것이다.

● .용신(用神)의 정법(定法).

사람이 살다보면 이런 저런, 수많은 일로 하여 시달리면서 고통을 받기도 하고, 때로는 기쁜 일로 하여 어려웠던 과정을 돌이켜보며 삶의 보람을 느끼기도 할 것이다.

기쁠 때는 그 순간이 영원하기를 바랄 것이고, 슬플 때는 어렵고 힘든 그 곤란한 처지를 벗어나고 싶은 것이 당연한 것이다.

무슨 뾰족한 수가 없을까? 묘수(妙手)를 찾는 것이다. 그러기 위해서는 무엇인가가 필요한데 시작점이요, 묘수(妙手)의 근원(根源)을 알아야 한다.

즉 모티브가 있어야 하는데, 그것이 바로 용신(用神)인 것이다.

"용신(用神)이 없는 사주(四柱)는 없는 것이다." 잘났거나, 못났거나 다 용신(用神)은 존재 하는 것이다. 잘 나타나든, 안 나타나든 사주전체에 대한 용신(用神)은 반드시 있는 것이다.

간혹 용신(用神)을 잡기가 애매하여 사주의 분석에 애를 먹기도 하는데 이런 경우는 사주의 장본인에게 어느 시점이 좋았고, 흉(凶)했는가를 물어 판단하는 것이 올바른 방법이다.

일일이 물어본다면 추명(推命)을 하는 것이 아니라, 오히려 물어보는 생각이 들지도 모르지만, 부족(不足)함이 나타나는 경우는 항상 배움의 자세로 임하는 것이 최선의 방법인 것이다.

"원숭이도 나무에서 떨어지는 법"인 것이다. 공연히 얼버무리고, 우물쭈물하는 것 보다는 그것이 오히려 상대에게 신뢰(信賴)를 주는 것이다.

"솔직히 내가 볼 적에는 이러이러한 것 같은데 용신(用神)을 잡기가 매우 힘든 사주라 아무래도 한 번 짚고 넘어가는 것이 나을 것 같다."고 하면서 양해를 구하면서 살피는 것이 정도(正道)인 것이다.

과연 용신(用神)을 올바르고, 신속하게 정(定)하려면 어떻게 하여야 할 것인가? 너무나 당연하고 다 아는 사실인 것 같아도 다시 한 번 짚고 넘어가 보자.

● . 일단은 정확한 사주의 기입이 필수이다.

사람이란 누구나 다 실수를 하고, 아차 하면서 무엇인가를 잊고, 자그마한 잘못에 대하여 항상 후회하고, 탄식을 하면서 사는 것이 삶의 일부분이다.

사주(四柱)를 감명(感銘)하다보면 누구나 한 두 번씩은 겪는 것이 바로 정확한 사주의 기입의 실수이다. 물론 안 그런 분도 있겠지만 그래도 항상 재삼 확인을 하여야 하는 것이다. 원숭이도 나무에서 떨어질 때가 있는 것이다.

● . 일간(日干)과 월지(月支)의 관계를 살핀다.

월 지(月支)의 지장간(支藏干)을 살펴 여기(餘氣), 중기(仲氣), 정기(正氣) 어디에 해당하는가를 살핀다.

● 월령(月令)을 얻었는가? 아닌가를 살펴야 한다.

월령(月令)을 득(得)하였다면, 일단 기운(氣運)이 왕(旺)하다고 볼 수는 있는 것이다. 그렇지 못할 경우는 쇠(衰)한 경우로 보는 것이다.

여기에서 유의할 것은 사주가 왕(旺)하다는 것과, 신강(身强)하다는 것은 차이가 있다. 의미상으로는 비슷하나 실질적(實質的)인 면(面)에서는 차이가 생기는 것이다. 월령(月令) 그 자체만을 볼 경우이다. 득령(得領)을 하였을 경우 천간(天干)에 투간(透干)이 되었는가를 살핀다. 그에 따른 차이도 크게 나타난다.

● . 일간(日干)이 기세(氣勢)를 득(得)하였는가? 를 살핀다.

일간(日干)이 자기의 동조(同調)세력(勢力)을 확보하고 있는가를 살피는 것이다. 피부에 와 닿는 기운(氣運)인 것이다.

일간(日干)인 아(我)에 직접적(直接的)인 가세(加勢)세력(勢力)은 생(生)하여 주는 세력인 인성(印星)과, 비(比)인 동조세력의 견겁(肩劫)인 것이다.
헌신적(獻身的)인 세력(勢力)과, 도와주는 세력이 넉넉하다면 기세를 득(得)
하여 강(强)한 기운을 형성(形成)하는 것이다.

년 (年), 월(月), 일(日), 시(時)의 지지(地支)를 살펴 일간(日干)과의 관계를 살피는데 12운성(運星)으로 표현한다.

◆ 물론 천간(天干)의 관계를 살피는 것은 당연한 것이다. 일간(日干)의 강
약(强弱) 구분을 확실히 한다.

● 부모(父母)가 장수(長壽)하시어 오래사시는 경우, 그 자식들은 주변(周
邊)의 사람들로부터 부러움을 사기도 한다. 그런데 치매나, 중병(重病)으
로 인하여 고생(苦生)하시며 사시는 경우도 예를 들 수가 있을 것이다.
그런데 장수(長壽)란 긴 병을 앓는 경우는 해당이 안 되는 것이다. 긴 병
을 앓다보면 자연 장수(長壽)할 수가 없기 때문인 것이다.

● 태클을 걸기 좋아하는 사람들이 하는 사항에 일일이 신경을 쓰면 진전
(進展)에 방해가 되나, 한 편으론 가시밭길을 헤쳐 나가는 확실한 진보
(進步)의 디딤돌이 될 수도 있는 것이다. 일단 부모님이 장수(長壽)를 하
시면 자식에게도 그렇고 가정(家庭)이 화목(和睦)하여 모든 것이 순조로
워진다.

● 자손(子孫)들이 눈에 보이지 않는 기운을 항상 얻는다는 것이다. 형제(兄
弟)가 많은 경우를 보면 건드리는 아이들이 없는 것이다. 이것이 형제의
힘인 것이다. 어려울 때 십시일반(十匙一飯)이라는 것이다. 여기에 태클
을 건다면 형제가 없는 것이 차라리 낫다는 경우도 있을 것이다.

● 항상 양(陽)이 있으면 음(陰)이 있는 것이다. 모든 사안 특히 설명에 있
어서는 일단 긍정적(肯定的)인 면을 설명한다는 것을 알리고 싶다.

● 부정적(否定的)인 면도 쉽게 넘길 사항은 아니지만 일단은 생략을 한다.

실전사주

戊	庚	庚	戊
寅	戌	申	午

▷ 신(申)월의 경(庚)금 일간(日干)이다. 일지(日支)에는 술(戌)토를 놓고 있다.

건명(乾命)

⬆ 여기에서 무엇을 볼 것인가? 건록격(建祿格)의 사주(四柱)인데 일간(日干)의 기세(氣勢)가 왕(旺)하다.

● 내가 힘이 넘치고 기운이 왕(旺)하면 그것으로 다일까? 아니다.

● 신왕(身旺)하고, 관왕(旺)하고, 인성(印星)이 중간에서 통관(通關)의 역할을 잘하고 잘 풀려나가는 사주다. 그러나 없는 부분이 많은 것이다. 그것이 무엇일까?

● 잘 나가면 희생되는 부분이 있는 것이다. 일러주어야 한다는 것이다.

● . 일주(日主)의 강약(强弱)에 따른 기본적인 판단(判斷).

일 주(日柱)가 강(强)하고 약(弱)한가? 에 따라 용신(用神)은 바뀌는 것이다. 월지(月支)를 살피는 것은 일간(日干)의 성분분석이요, 일간(日干)의 강약(强弱)은 용신(用神)을 정(定)하는 수순(手順)인 것이다.

● . 일주(日主)가 강(强) 할 경우.

● 일주(日主)가 강(强)하다는 것은 일간(日干)이 강(强)하다는 설명인데, 여러 경우를 살펴보자. 강(强)함도 그 구분(區分)이 있다. 지나치게, 약간, 보통인 것 같으면서, 약한 것 같으면서 강(强)한 경우 등 등

● 생존경쟁에서 살아남으려면 강해야 하는 것이다. 지진이 발생한 곳에서 제일 급한 것은 식량이다. 던져주면 힘이 강한 자가 받는 것이다.

● <u>강(强)과, 왕(旺)의 용신(用神) 분석.</u>

🌰 강(强)하다는 것은 왕(旺)하다는 것과 같은 의미(意味)이나, 엄밀하게 이야기 한다면 다른 부분이 나타난다.

🌰 생(生)을 받아서 튼튼한 상태를 유지하는가? 아니면 동료나 주변(周邊) 형제의 도움으로 인하여 스스로 튼튼한 형상을 유지하는가? 하고 말이다. 결국은 전부다 튼튼한 의미로 통용(通用)이 되는 것이다.

🌰 왕(旺)하다 함은 스스로 내가 왕(王)이다 하는 것이니 견겁(肩劫)의 도움이 주된 것이요, 강(强)하다는 것은 생(生)의 왕성한 기운(氣運)으로 기세(氣勢)가 커지는 것이다.

🌰 일주(日柱)는 강(强)하면 더 이상의 도움을 필요로 하지를 않는다. 배가 부르면 아무리 좋은 음식을 앞에 내놓아도 쉽사리 손이 가지가 않는다.

🌰 일주(日柱)가 기운이 왕(旺)하면 굳이 타(他)의 도움을 원치 않는다. 아쉬운 것이 없다는 것이다. 이때는 오히려 독선(獨善)과 자만(自慢)이 나오는 것이다.

<table>
<tr><td>○</td><td>壬</td><td>丁</td><td>○</td></tr>
<tr><td>○</td><td>○</td><td>午</td><td>○</td></tr>
</table>

⇨ 정재격(正財格)의 사주(四柱)이다.

임(壬)수 일주(日主)가 신강(身强)하다면 어떨까?

⬆ 임(壬)수가 강(强)하다면 재(財)를 다스릴 수가 있으니 큰 문제가 생기지는 않을 것이다. 오히려 부(富)를 누리는 경우가 될 것이다.

🌰 여기에서 임(壬)수가 신약(身弱)하다면 어떨까? 월(月)의 재성(財星) 기세(氣勢)가 강(强)하다면? 재성(財星)의 기운(氣運)에 억눌려 곤혹스러운 형상이 된다. 당연히 도움을 받아야 할 것이다.

누구의 도움을 받아야 할 것인가? 전체적인 상황을 살펴야 할 것이다.

● . 상황(狀況)이 비슷한 경우인데 비교(比較)를 하여보자.

○	丙	辛	○
○	寅	酉	丑

⇨ 병(丙)화 일간(日干)과, 월지(月支)를 보자.
재(財)의 기세(氣勢)가 만만치가 않다.

⬆ 재(財)의 기세(氣勢)가 강(强)하다. 일간(日干)의 기운과 비교를 한다.

👤 억누르고, 다스리려면 일단 일간(日干)인 병(丙)화가 강(强)하여야 한다.

👤 인성(印星)이나, 견겁(肩劫)의 도움이 필요한데, 여기서는 인(寅)목이 인성(印星)과, 견겁(肩劫)의 기능(機能)을 다 갖추고 있다.

👤 자연 용신(用神)은 인(寅)목이 되는 것이다.

👤 간합(干合)이나, 그 외의 다른 사항은 후에 설명하기로 하고-----

실전사주

丙	戊	壬	戊
辰	辰	戌	戌

⇨ 술(戌)월의 무(戊)토 일간(日干)인데, 일지(日支)도 진(辰)토, 기운(氣運)이 왕(旺)하다.

건명(乾命)

⬆ 무(戊)토 일주(日柱)인데, 지나치게 강(强)하다. 일주가 강하니 격(格)이자, 용신(用神)이 되는 것이다.

👤 남의 도움을 거부하는 것이다. 이런 경우를 말하는 것이다. 신왕(身旺)이다. 어지간하여서는 남의 말을 잘 듣는 사람이 아니다. 그래도 듣는 사람이 있다. 가색(稼穡)격은 어떠한 가 ? 왕(旺)한 세력을 중심으로 하여 전(前),후(後)만을 용납하는 것이다. 양팔을 뻗어 닿는 곳만을 잡는 것이다.

👤 체중이 너무 나가고, 발목에 족쇄가 채워져 움직이지를 못하는 것이다.

실전사주

乙	壬	癸	丁
巳	子	丑	酉

⇨ 축(丑)월의 임(壬)수 일간이다.
일지(日支)에는 겁재(劫財)를 놓고 있다.

곤명(坤命)

⬆ 임(壬)수 일주(日柱)인데 지나치게 강(强)하다. 양(兩)쪽으로 다 협력(協力)을 받는다. 인성(印星)의 도움과, 견겁(肩劫)의 도움 다 받는 것이다.

👤 강(强)하고, 왕(旺)한 것 이다. 남편(男便)이 맥을 못 추는 경우이다. 자손(子孫)인 식상(食傷)이 시(時)간(干)에 있다.

👤 외아들을 두고 있는 여성이다. 상관(傷官) 을(乙)목, 수(水)일간(日干)인데 금(金),수(水)의 기운을 다 받으니 기세(氣勢)가 대단한 것이다.

👤 남편(男便)을 공깃돌 다루듯 하는 여성이다. 이런 여성은 절대로 남편에게 휘어 잡히지 않는다. 겉으로는 잡힌 것 같아도 수단(手段)이 보통이 아니다.

➡ 지나치게 강(强)하여 태강(太强)할 경우는 곡직(曲直)격, 염상(炎上)격, 가색(稼穡)격, 종혁(從革)격, 윤하(潤下)격 등으로 나타나는데, 이럴 경우는 격(格)이자 용신(用神)이 된다.

⬤ .신왕(身旺)할 경우 용신(用神)을 찾는 기본적인 방법.

사주(四柱)가 신왕(身旺)하다는 것은 비겁(比劫)이 많다는 설명인데, 비겁(比劫)이 많으므로 제일 먼저 왕(旺)하여진 아(我)의 기운을 다스려야 한다.

아 (我)의 기운을 다스리는 것은 관(官)이다. 강압적인 다이어트다. 말로써 통하지 않을 때는 매가 최고인 것이다.

관성(官星)이 용신(用神)이 되는 것이다. 그리고 다음은 재성(財星)이 용신(用神)이 되는데, 재성(財星)은 관(官)을 생(生)하기도 하지만 왕(旺)한 아(我)의 기운(氣運)을 소모시키는 데는 일등(一等)이다.

👤 워낙 부자라 아무리 돈을 써도 통장의 잔고가 줄어들지를 않는다고 하면서 당신이야 말로 이 시대가 요구하는 갑부라고 한다면, 그는 아마 죽을 동 살 동 하면서 돈을 퍼 쓸 것이다.

- 일종의 소비(消費)심리(心理)를 자극하는 방법이다.
- 재(財)의 특성인 것이다. 그 다음에는 잘났다고 하면서 능력을 발휘하여 보라며 부추겨서 기운을 빼앗는 식상(食傷)이 다음의 순서로 이어진다.
- 이것을 정리(整理)한다면, 즉 사주(四柱)가 지나치게 신왕(身旺)할 경우는 용신(用神)을 정하는 순서를 살펴보자.

❶ 관성(官星), 특히 관살(官殺)이 우선순위 인 것이다.

❷ 관(官)이 미약(微弱)할 경우, 재성(財星)을 살펴 용신(用神)으로 삼는다.

❸ 재관(財官)이 미약(微弱)할 경우, 식상(食傷)이 용신(用神)으로 선택(選擇)되는 것이다.

● . 사주(四柱)가 신약(身弱)할 경우.

사주(四柱)가 일단 신약(身弱)하다고 하면, 사람이 박력(迫力)이 부족하다. 관상(觀相)으로 본다면 물론 여러 형태가 나오겠지만, 그중 약간의 카리스마적인 형태의 관상을 가진 사람을 예로 들어보자.

- 첫인상은 참 호감(好感)이 가는 상(象)이다. 그러나 시간이 갈수록 매력이 감소가 되고, 볼수록 신뢰감이 사라진다. 주변에서 에이! 하는 소리가 나오는 것이다. 지속성(持續性)이 떨어진다. 진정한 카리스마가 없는 것이다. 풍선과 같은 사람이다.
- 몸을 추스르고, 기력(氣力)을 회복(回復)하는 것이 급선무이다. 우선은 남의 도움을 받아야 하는데 생(生)을 받는 것이 편하다. 헌신적(獻身的)으로 아(我)를 위하여 생(生)을 하여 주는 것이다. 이름 하여 인성(印星)인 것이다. 선착순으로 찾아보는 것이다.

❂ 용신(用神)의 정법(定法)

실전사주

| 丁 壬 丙 甲 |
| 未 午 寅 寅 |

▷ 인(寅)월의 임(壬)수 일간(日干)이다.
일지(日支)에는 정재(正財)를 놓고 있다.

👤 곤명(坤命)　　☞ 화기격(化氣格)이 성립이 되는가를 살펴보라.

⬆ 임(壬)수 일주(日柱)인데 지나치게 약(弱)하다. 목(木),화(火)의 기운(氣運)이 일간(日干)을 괴롭게 한다. 겉으로 보기에는 그럴듯한 연못이요, 제법 활기, 명랑한데 실속이 없는 사람이다. 주변에 남자는 많은데, 다 쓸모없는 사람들 뿐 이다.

👤 무언가 일을 한다고 하여도 제대로 마무리가 이루어지지가 않는다.

👤 강물이 시냇물만도 못한 것이다. 백로도 때로는 까마귀가 되어야 세상을 사는 것이다. 이른 나이에 벌써 이혼(離婚)이다. 여성(女性)의 경우는, 사주가 신약(身弱)할 경우 제일 문제가 되는 것이 가정불화(家庭不和)이다. 이래저래 다 주변에서 멀어져 가는 것이다. 세상 사람이 전부 다 도둑놈이고, 모두 내 것만 빼앗아가는 것만 같은 현실 속에 세상에 대한 원망이 팽배한 사람인 것이다.

실전사주

| 庚 丁 丙 丁 |
| 戌 未 午 巳 |

▷ 오(午)월의 정(丁)화 일간(日干)이다
일지(日支)에는 식신(食神)을 놓고 있다.

건명(乾命)

⬆ 정(丁)화 일주(日柱)인데 지나치게 강(强)하다. 항상 지나치면 모자람과 같은 것이다. 워낙 기운(氣運)이 강(强)하다 보니, 다자무자(多子無子)라 인생이 덧없는 것이다. 아직 장래가 구만리(九萬理) 같으니 자신을 알고 대비(對備)를 하면 될 것이다. 그래서 사주(四柱)를 보는 것이 아닌가?

불속에 불이 있으니, 불이 보이지가 않는 것이다. 지나치게 강(强)한 사주도 약(弱)한 사주(四柱)나 같은 것이다.

불속에 사는 것이 편안한 것이다. 자신을 불태우면서 사는 것이다. 물에 화상(火傷)을 입는 사주(四柱)인 것이다. 목(木), 화(火), 토(土)가 용신(用神)이다. 인성(印星)이나, 비겁(比劫)이나, 식상(食傷)이 길(吉)로 작용을 한다. 염상격(炎上格)의 사주이다.

실전사주

戊	庚	甲	癸
戌	寅	子	亥

↳ 자(子)월의 경(庚)금 일간(日干)이다.
일지(日支)에는 편재(偏財)를 놓고 있다.

건명(乾命)

⬆ 경(庚)금 일주(日柱)인데 신약(身弱)이다. 지지(地支)에서는 수(水),목(木)의 기운이 항상 화(火)로 연결을 지으려 호시탐탐 기회를 엿보고 있다. 인성(印星)이 시(時)에 있으니, 철이 늦게 드는 사주(四柱)이다.

오행(五行)은 고루 갖추었으나, 선천적(先天的)인 운(運)은 별로 좋은 편은 아니다. 다행히 후천(後天)운이 좋으니, 본인(本人)의 노력이 필요한 사주이다. 식상(食傷), 재성(財星)의 기운이 강(强)하고, 관성(官星), 인성(印星)이 나중에 있으니 인생의 흐름을 배우고 사는 사람이다. 누구나 다 본인의 노력(努力)과 판단(判斷)이 중요하지만, 그것이 더욱 강조되는 사주이다.

● . 신약(身弱)의 원인(原因) 분석.

사주(四柱)가 신약(身弱)할 경우 제일 먼저 무엇을 보아야 할 것인가?

우선 신약(身弱)의 원인(原因)이 무엇인가 간파(看破)하여야 한다.

● .나를 억압(抑壓)하는 기운이 강(强)하여 맥을 못 추는 경우.

관살(官殺)이 많은 것이다. 주눅이 들어 사는 인생인 것이다.

👤 용기(勇氣)와 격려(激勵)가 필요(必要)한 경우이다. 인성(印星)이 용신(用神)이 된다. 관살(官殺)의 기운(氣運)을 정상적인 방향으로 흐름을 잡아주고, 나의 부족(不足)한 점을 보완하는 것이다. 때로는 도움을 받아가면서 말이다. 무조건 저축(貯蓄)이다.

👤 학문(學文)이든 기술(技術)이든, 금전(金錢)이든--축적(蓄積)을 해야 한다.

실전사주

癸	辛	丁	甲
巳	未	卯	寅

➮ 묘(卯)월의 신(辛)금 일간이다.

일지(日支)에는 편인(偏印)을 놓고 있다.

곤명(坤命)

⬆ 신(辛)금 일주(日柱)인데 신약(身弱)이다. 음양(陰陽)으로 본다면 음(陰)의 기운이 부족하다. 신(辛)금 일주(日主)가 믿었던 이에게 배신(背信)을 당하는 형국(形局)이다. 나의 편(片) 인줄 알았더니, 결국은 적군(敵軍)의 편(片)인 것이다. 나의 일부분이 아니라는 뜻으로 말하는 것이다.

일이 풀리는 것이 없는 경향이 강하다.

⬇ 물건을 사도 바가지요, 가게를 권리금(權利金)을 주고 인수(引受)하였더니 머지않아 재개발이 되는 곳이다.

👤 이성(異性)을 알아도 양다리 인생을 사는 것이다. 모든 김밥이 그러하지만 말이다. 재관(財官)이 강(强)해 신약(身弱)한 경우이다.

👤 억압(抑壓)을 받고, 억압(抑壓)을 하고, 그러니 화풀이 인생인 것이다. 그 기운이 결국(結局)은 내가 억압을 받는 것으로 결말이 나는 것이다.

👤 화풀이 할수록 억압(抑壓)을 받는 강도(强度)가 더 세어지는 것이다. 홧김에 발길질을 하다가 돌 뿌리를 걷어차는 경우인 것이요, 홧김에 외도(外道)를 하다가 간통죄로 들어가는 경우나 같은 것이요,

- 성병(性病)에 걸리는 것이요, 그것을 빙자하여 금품을 뜯기는 것이요, 자빠져도 코가 깨지는 것이다. 처녀가 임신(姙娠)을 하는 것이다.

- 용신(用神)이 인성(印星)이므로 인성(印星)은 나의 침착함과, 부족함을 채워주고, 억압(抑壓)을 받는 것을 완화시켜주고, 지나친 흔들림을 방지하여 주는 것이다. "윗사람의 말을 잘 들으면 자다가도 떡이 생기는 것이다."

● .사주에 나의 기운(氣運)을 앗아가는 기운(氣運)이 지나치게 강(强)하여 신약(身弱)한 경우. ⇨ 지나치게 흡수를 당한 경우.

메마른 땅에는 한차례 소나기가 필요 없는 것이다. 장마 비가 필요한 것이다.

대지(大地)를 촉촉이 적시는 맛도 있지만, 그것은 일시적인 미봉책이다.

보다 근본적(根本的)인 대책(對策)이 필요한 것이다.

흔히들 하는 말로 "고기 보다는 고기를 잡는 방법"이 필요한 것이다.

식 상(食傷)과 재성(財星)의 기운(氣運)이 강(强)할 경우가 해당이 되는데, 모두다 만용(蠻勇)이요, 생각이 부족(不足)하고, 침착(沈着)성이 부족함이요, 계획성(計劃性)이 없고, 결실(結實)이 약(弱)한 것이 큰 흠이 되는 것이다.

실전사주

癸	乙	戊	戊
未	巳	午	午

⇨ 오(午)월의 을(乙)목 일간(日干)이다.

일지(日支)에 상관(傷官)을 놓고 있다.

곤명(坤命)

⬆ 을(乙)목 일주(日主)인데, 신약(身弱)이다. 식상(食傷)과, 재성(財星)이 극성(極性)을 부린다. 식상(食傷)이 지나치게 강(强)하니, 남편(男便)인 관성

(官星)이 맥을 못 춘다. 녹아버리는 것이다. 여성(女性)의 사주인데 이혼(離婚)을 한 사람이다.

- 재성(財星)이 천간(天干)에 둘이나 있으니 문제가 있는 경우이다. 홀어머니를 모시고 사는 경우인데, 용신(用神)이 인성(印星)이라 어머니와 같이 있는 것이다. 그것도 시(時)에 있으니 노후(老後)를 책임지는 경우인 것이다. 일지(日支)와 시지(時支)가 합(合)을 이루니 더더욱 강(强)한 것이다. 어머니와 의지(依支)하며 사는 것이다.

- 일지(日支)에 경(庚)금이 있으니, 남자는 항상 마음에 있는 것이다. 세상사 모든 것이 뜻대로 안 되는 것이 인생(人生)인 것이다. 불속에 경(庚)금 정관(正官)이 있는데 불속에서 녹아버린다. 화토중탁(火土重濁)이다. 현재 의료관련 분야에 종사(從事)중인 여성의 사주이다.

● . 홀로 버리어야 하는 사주(四柱).

의 지처(意志處)가 없다는 것은 무엇을 의미하는가?
시주(四柱)상 외로운 것이다.

- 이것은 도와주는 육친(六親)도 없고, 고아(孤兒)와 같은 것이다. 자녀(子女)란 부모(父母)가 있어야 생기는 것이다. 그런데 부모가 자식을 등한시 하거나, 외면을 하여 고립(孤立)을 시키는 것이다.

- 자식(子息)의 입장에서는 살기 위한 방편으로 나름대로의 길을 모색하여야 하는 것이다. 남의 집에 양자(養子)로 가던가, 자신을 의탁할 곳을 찾아야 하는 것이다. 스스로 독립 할 때 까지가 될 수도 있고, 영구히 의탁(依託)을 하거나, 성장하여 그 보은(報恩)에 답을 하는 경우도 있을 것이다. 시주(四柱) 상에서는 그것이 평생(平生)을 가는 경우가 많은 것이다. 운(運)에서의 변화(變化)로 인하여 배신(背信)을 때리는 경우도 많지만, 일단은 그렇게 간다고 보는 것이다.

- 대체적으로 종격(從格)의 사주로 나타나는데, 오히려 종격이 훨씬 나은 것이다. 종격(從格)의 경우는 격(格)이자, 용신(用神)이 성립(成立)이 되는 것이다.

- 종격(從格)의 사주는 오히려 약(弱)한 사주가 아니라, 강(强)한 사주로 탈바꿈을 하는 것이다. 성립이 안 되면서 이럴 경우, 참으로 많은 사건이 발생한다. 속된 말로 죽도 밥도 아닌 경우가 되는 것이다.

실전사주

己	丙	戊	辛
亥	子	戌	亥

⇨ 술(戌)월의 병(丙)화 일간(日干)이다.

　　일지(日支)에는 정관(正官)을 놓고 있다.

건명(乾命)

⬆ 병(丙)화 일주(日主)인데, 신약(身弱)이다. 식상(食傷)과, 관성(官星)이 극성(極性)을 부린다. 외로운 사주이다. 도와주는 인간은 보이지가 않고, 지지고 볶고 난리이다. 그래도 찾아야 한다. 그것이 살 길인 것이다. 운(運)에서 많이 도와주고 있다.

- 술(戌)중의 정(丁)화를 찾아 도움을 청하고 싶으나 합(合)을 하느라 정신이 없으므로 편치가 않다. 과거로의 회귀(回歸)인 것이다. 결국에는 시지(時支) 해(亥)중의 갑(甲)목을 용신(用神)으로 택한다.

- 인성(印星)을 택하는 것이다. 관(官)의 기운을 흡수하면서, 일간(日干)을 생조(生助)하는 것이다.

● .조금 약(弱)한 경우의 사주(四柱).

- 금이라는 그 기준(基準)이 애매하다. 이 경우는 조금만 도움을 준다면 강(强)한 사주로 바뀌는 것을 말한다.

- 물론 약(弱)한 사주(四柱)가 도움을 받으면 강(强)해지는 것은 당연한

것이다. 일시적(一時的)으로 강해지느냐?,지속적(持續的)으로 강함을 나타내느냐?

🌑 그 방법(方法)이라든가, 기준(基準)도 판단(判斷)이 쉽지는 않을 것이다. 약(弱)할 경우, 강(强)하여지는 경우는 인성(印星)의 도움을 받거나, 비겁(比劫)의 도움을 받는 경우일 것이다.

🌑 천간(天干)의 경우는 열중의 넷이요, 지지(地支)의 경우는 12중의 4이니 1/3이 되는 것이다. 수치상의 확률인 것이다. 과연 그것이 전부 도움이 된다고 하여도 백퍼센트 장담을 할 수도 없는 것이다.

🌑 변화(變化)라는 요소(要素)가 항상 존재(存在)하기 때문인 것이다. 약(藥)과 독(毒)의 관계로 구분을 한다면, 약(藥)이 되는 경우는 힘이 배가 되는 것이요, 독(毒)이 되는 것은 더 나약해지는 경우인 것이다.

🌑 서로간의 상관관계에 의하여 약(藥)이 되기도 하고, 독(毒)이 되기도 하는 것이다. 때로는 약(藥)도 독(毒)이 되고, 독(毒)도 약(藥)이 되는 경우도 있는데, 다 변화(變化)인 것이다.

🌑 어렸을 때 항상 몸이 약(弱)하여 걱정을 하던 아이가, 성년(成年)이 되어 보니 너무도 늠름하고, 건강(健康)한 경우도 있을 것이다. 그 과정에는 옆에서 많은 분들의 도움이 있었을 것이다. 물론 본인의 노력 또한 컸을 것이다.

🌑 환경(環境)인 운(運)도 좋았을 것이고, 다 자기 복(福)인 것이다. 모든 면에 있어서 부실(不實)하여 인간구실 제대로 하려나 하고 온갖 걱정을 다 하였는데, 비웃기라도 하듯 너무나도 당당히 성장(成長)한 경우도 있을 것이다. 반대로 어렸을 때는 총기(聰氣)가 있고, 장래성(將來性)이 보이던 아이가, 커가면서 거꾸로 실망을 안겨준 경우도 있을 것이고, 인생사가 다 새옹지마(塞翁之馬)인 것이다.

🌑 사주(四柱) 역시 운(運)이 중요하다는 것을 새삼 강조하는 이유가 바로 이러한 연유인 것이다.

● .육친(六親)의 과다(過多)로 판단하는 용신(用神).

사주(四柱)를 보면 항상 어느 한 쪽으로 기운(氣運)이 흐르기 마련이다.
사주가 수평(水平)을 이루듯 기운(氣運)이 아주 공평(公評)한 경우는 드물
것이다. 그것이 또한 정상(正常)인 것이다.

손 가락이나, 발가락의 길이가 같은 것 같아도 좌(左), 우(右)가 다 다
르고, 팔과 다리의 길이, 어깨의 기울기, 눈의 크기, 귀의 모양과 크
기가 차이가 나는 것이 지극히 정상인 것이다.

❶. 인수(印綬)가 지나치게 많을 경우의 용신(用神).

● . 인성(印星)이 왕(旺)할 경우, 용신(用神)을 찾는 법.

- 인성(印星)의 기운(氣運)을 강압적(强壓的)이고, 제일 먼저 영향력(影響
力)을 끼칠 수 있는 것은 재성(財星)이다. 무엇이던 항상 자기의 천적(天
敵)을 제일 무서워한다.

- 스스로 천적(天敵)을 제압할 능력이 있다하여도 일단은 두려움을 느끼는
것이다. 인성(印星)을 극(剋)하는 것이 재성(財星)이므로 무조건이다.

- 다음으로 식상(食傷)을 본다. 인성(印星)의 기운을 소진(消盡)하도록 하
는 방법이다. 재성(財星)은 두들겨 패서, 식상(食傷)은 두들겨 맞아서 인
성(印星)을 괴롭히는 것이다. 병(病)들게 하는 것이다.

실전사주

乙	甲	甲	癸
亥	戌	子	亥

▷ 동짓달의 갑(甲)목 일간(日干)이다.
일지(日支)에는 편재(偏財)를 놓고 있다.

건명(乾命)

⬆ 갑(甲)목 일주(日主)인데, 신강(身强)이다. 인성(印星)이 지나치게 강(强)하다. 인성(印星)이 많기는 하나 국(局)을 형성(形成)하지 못하고 있다.

🌰 문제는 일지(日支)의 술(戌)토이다. 처(妻)의 자리에 있기는 한데, 어떤 역할을 할 것인가? 용신(用神)이란 부족(不足)할 때 채워주고 지나치면 억제(抑制)를 하는 것이다. 여기서는 기운(氣運)이 지나치니 그것을 조절하여야 하는 것이다.

🌰 지나치게 의존(依存)도가 강하고, 박력(迫力)이 부족하고, 자기 위주의 출세 지향적이면서 여성(女性)의 희생(犧牲)을 강요하고 있는 것이다.

🌰 어느 여성이 시집을 오려고 하는가? 몇 번이고 선을 보고, 연애(戀愛)를 하여도 결국에는 성사가 되지를 않았다. 현재 대학원에 재학 중인 사람이다. 박사를 목표로 매진중이다. 운(運)으로 보아서는 경신(庚申) 대운에 진(辰)년이면 목적을 달성할 것 같은데, 문제는 축(丑)년이 오면 방합(方合)국이 되어 어느 정도 목표가 이루어지나, 처궁(妻宮)에 문제가 생기는 것이다. 목적의 달성을 위한 수단으로 보는 것이다.

🌰 이해(理解)하고 같은 길을 걸을 사람을 찾아야 하는 것이다. 재성(財星)이 용신(用神)인 것이다. 술(戌)토 자체는 화(火)-토(土)-금(金)으로 이어져 처(妻)의 내조(內助)를 받을 사람이다.

❶. 재성(財星)의 상태를 점검한다.

재 성(財星)이 용신(用神)인데, 재성(財星)이 보이지가 않을 경우는 어떻게 할 것인가?

🔹 그리고 재성(財星)이 있어도 있으나 마나요, 아무런 쓸모가 없는 경우는 어떻게 할 것인가?

🌰 주전(主戰)인 용신(用神)이 없을 경우는 대타(代打) 용신을 사용하는 것이다. 의외로 제 역할을 하여 안타라도 쳐준다면, 사주인 팀에 커다란 도움을 주는 것이다. 생(生)에 보탬이 되는 것이다.

- 주전(主戰) 용신이 계속하여 결장을 한다면, 대타용신이 계속 주전의 역할을 하여야 하는데 ,이 때 팀인 사주전체는 남을 위하여 헌신하고, 봉사하면서 스스로의 삶을 영위하는 것이다.

- 남을 위하는 것이 결국 자신을 위하는 것이라는 생각으로 살아야 하는 것이다. 실질적인 주도권 없이 삶을 사는 사람인 것이다. 큰소리를 쳐도 나의 힘이 실린 목소리가 아니라 남을 등에 업은 목소리라는 것이다.

- 공처가(恐妻家)요, 셔터맨이요, 더부살이를 하는 것이다. 이런 경우는 용신(用神)이 잠깐 나타났다가도 사라지고 마는 것이다. 대타(代打)가 주전(主戰)의 자리를 꿰차는 것이다. 거의 종격(從格)에 준하는 경우로 변화(變化)하는 것이다.

실전사주

乙	戊	丙	壬
卯	午	午	申

⊢ 오(午)월의 무(戊)토 일간(日干)이다.

일지(日支)에도 오(午)화를 놓고 있다.

곤명(坤命)

⬆ 무(戊)토 일주(日主)인데, 신강(身强)이다. 인성(印星)이 지나치게 강(强)하다. 여기에서 해결방법은 무엇이 될까?

지나친 인성(印星)의 흐름을 잡는 것이 문제가 된다.

관인상생(官印相生)으로 잘 이어지는 것 같으나, 일간(日干) 자체가 너무 허약(虛弱)하다. 그러니 다른 한편으로 본다면 화(火)토(土)는 동격(同格)이라, 인성(印星)이지만 곧 나의 것으로 환원이 되는 시간이 빠르다.

- 결국은 내가 힘이 강(强)하다는 결론이 된다. 남의 덕으로 허세(虛勢)를 부리는 것이다. 인성(印星)이 식신(食神)과, 편재(偏財)의 흐름을 가로막고 있다. 게으름이 나타난다. 일 안해도 먹고 사니까.

- 관(官)을 보호하기 위함인 것이다. 그런데 그것이 역(逆)효과를 내고 있는 것이다. 오행(五行)이 고루 갖추어졌으나 문제가 많다.

👤 외부의 영향으로 인하여 피해를 입고 있는 것이다. 중요한 것은 본인(本人)의 처신(處身)이다. 12세부터 대운이 재(財),관(官)으로 흐른다.

👤 지금 한창 부모의 속을 썩이고 있는 중이다. 특히 대운(大運)이 관(官)운이니 더더욱 그렇다. 인성(印星)을 배 터지게 하고 있다.

세　운(歲運)은 비겁(比劫)으로 흐르고 있다. 재성(財星)을 용신(用神)으로 하여 왕(旺)한 불기운을 재우고 관성(官星)을 생(生)하는 것이다. 받아먹으니 자제하는 능력이 생기는 것이다.

👤 일간(日干)을 극(剋)하려 하여도, 인성(印星)의 흡수로 인하여 여의치가 않다. 관성의 기운을 흡입(吸入)하는 인성의 기운이 지나치게 강하다.

👤 22세부터 대운부터 재관(財官)운으로 바뀌고, 식상(食傷)운이 도래(到來)한다. 본인(本人)의 내실(內室)을 다지는 작업이 필요하다.

❷. 식상(食傷)으로, 인성(印星)의 기세(氣勢)를 삭감(削減)한다.

인　성(印星)이 극(剋)하는 육친(六親)을 내세워 기운(氣運)을 설기(泄氣) 시킨다. 인성(印星)은 점잖게 있는 것을 좋아하지, 설치는 것을 싫어한다. 간지러움을 태우면 절로 웃게 되는 원리인 것이다.

식상(食傷)이 용신(用神)이 되는 것이다. 소화불량(消化不良)이라 소화제(消化劑)를 용신(用神)으로 하는 것이나 같은 것이다. 인성(印星)이 과식(過食) 상태인 것이다. 재고가 넘치는 것이다. 세일이라도 해야 한다.

실전사주

己	辛	己	丙
丑	未	亥	辰

⇨ 해(亥)월의 신(辛)금 일간(日干)이다.
지지(地支)에는 편인(偏印)을 놓고 있다.

곤명(坤命)

⬆ 신(辛)금 일주(日主)인데, 신강(身强)이다. 인성(印星)이 지나치게 강(强)

하다. 일반적으로 관살(官殺)이 많거나, 식상(食傷)의 기운이 지나치게 강(强)하면 대체적으로 여성들은 배우자의 관계에 있어서 순탄치가 않다고 보는데, 여기에 한 가지 더 추가 한다면, 인성(印星)이 지나치게 강(强)하여도 배우자(配偶者)와의 사이가 온전하지 않다고 보는 것이다.

🔵 인수가 왕(旺)할 때, 관(官)의 존재가 미비하면 관운(官運)이 와도 제 기능을 발휘하지 못한다. 관성(官星)에 대한 흡입(吸入)력이 지나치기 때문인 것이다. 소리 없이 녹아나는 것이다.

🔵 이 사주는 여성(女性)의 사주인데 재혼(再婚)하여 살고 있는 여성이다.

🔵 지금도 생각만큼은 편하지 않은 상황인 것이다. 물론 사주(四柱)상에 관(官)의 위치(位置)와 역학적(易學的)인 관계도 영향이 있겠지만, 인성(印星)이 지나쳐 항상 장애(障碍)가 된다는 사실인 것이다. 항상 식상(食傷)으로 하여 인성(印星)의 기세(氣勢)를 삭감(削減)시키는 것이다.

🔵 정관(正官)인 병(丙)화가 있는데, 중간에 기(己)토가 있는 것이다.

🔵 병(丙)화가 신(辛)금과는 합(合)이 들어 어쩔 줄을 모르는데, 기(己)토인 어머니가 항상 중간에서 지키고 있는 것이다. 허락을 받아야만 되는 것이다. 좌우 양쪽에 포진을 하여 신(辛)금을 지키고 있는 것이다.

🔵 일지(日支)의 정(丁)화는 편관(偏官)이라, 항상 재(財)와 연관이 있는 것이다. 미(未)중 정(丁)화이기 때문에 돈으로 맺어지는 사이인 것이다.

❸. 관살(官殺)이 용신(用神)이 되는 경우도 있다.

관살(官殺)은 인성(印星)을 생(生)하는데, 어떻게 관살(官殺)이 용신(用神)이 될 수가 있을까?

🔵 인성(印星)은 비겁(比劫)을 생(生)하고, 아(我)를 생하는 것이다.

🔵 인성(印星)의 기운(氣運)이 강(强)하니 아(我)를 생(生)하는 것은 쉬운 일이다. 관성(官星)이 강(强)할 경우, 관살(官殺)은 항상 아(我)를 극

(剋)한다. 인성(印星)이 아무리 일주(日主)를 생(生)해 주어도 소용(所用) 없는 것이다.

● 관살(官殺)이 튼튼할 경우, 인성(印星), 식상(食傷)이 강(强)하여야 사주(四柱) 전체를 견제(牽制)하는 역할을 충실히 하는 것이다.

● 문제는 관살(官殺)이 부실(不實)할 경우, 강(强)한 인성(印星)의 흡입(吸入)력에 의하여 관살(官殺)의 기운을 전부 헌납(獻納)하는 결과가 되므로, 관살이 실(實)한 가를 살펴야 한다.

● 자체적으로 약간의 부실(不實)이 있더라도 재성(財星)의 도움이 가능한 가도 살펴야 할 것이다. 또 재성(財星)으로서 단독(單獨) 행동이 어려울 때 재(財)와 관(官)이 합동(合同)작전이 멋있게 이루어진다면 충분히 그 역할을 감내하는 것이다.

실전사주

癸	甲	壬	壬
酉	申	子	戌

➡ 동짓달의 갑(甲)목 일간(日干)이다.
지지(地支)에는 신(辛)금을 놓고 있다.

건명(乾命)

⬆ 갑(甲)목 일주(日主)인데, 신강(身强)이다. 관성(官星)과 인성(印星)으로 분주한 사주이다. 이 사주(四柱)를 보면서 우리는 무엇을 생각하게 될까? 꽁꽁 얼어있다. 그 한가운데 한 그루의 나무인 것이다.

인성(印星)이 강(强)한 것은 당연히 나타난다. 관성(官星) 또한 만만치 않게 방합(方合)의 국(局)을 형성한다. 인성(印星)이 강(强)하다는 것은 여러 의미로 해석을 한다. 좋은 의미(意味)도 되고, 나쁜 의미도 된다.

● 그러나 중요한 것은 그 자체가 아니다. 과연 그대로 굳어지는가? 아니면 무엇인가로 변화(變化)를 하는가? 를 보는 것이다. 원국(原局)의 명식(命式)만을 놓고 본다면 심각한 상황이 발생할 수도 있는 것이다. 대운(大運)을 보아야 한다.

이 사주의 주인공은 과거 고교시절에 어머니가 상담을 왔던 학생의 사주인데, 지금은 스스로 길을 찾아 장래가 촉망되는 젊은이로 변한 경우인데, 지금의 설명과 너무도 잘 어울린다. 당시 이 학생은 가출(家出)을 하였던 학생이다.

학교를 다니다 말고 자퇴를 한다며 부모와 다투다 가출(家出)을 한 것이다. 답답한 마음에 어머니가 찾아 오셨던 것이다.

과연 집에 언제쯤 올 것인가? 학업(學業)은 계속 할 것인가?

아버님은 당시 고위직이라고 하기는 그렇고, 그래도 꽤 직급이 있는 공무원 이셨다. 외아들이라 집에서는 꽤 뒷받침을 하고, 노력도 많이 하셨다고 한다. 긍정적(肯定的)인 답을 듣고 가시면서도, 걱정하는 것은 역시 부모의 마음인 것이다. 어느 정도 시간이 흐른 뒤 어머니가 다시 오셨다. 검정고시 시험공부 를 하는데 대학은 갈 것인가? 기도(祈禱)라도 부탁한다는 말씀이셨다.

대학에 입학을 하고, 기뻐하시던 그 모습이 눈에 선한데 이사를 하면서 인사 도 못 드리고 떠나, 지금은 연락이 닿지를 않지만 기억에 남는 손님이시다.

군대를 제대하고 지금은 부모님의 따뜻한 보살핌과, 자신의 확고부동한 신념 으로 좋은 결과를 유지하리라 믿는다.

🌑 관성(官星)은 학생에게는 학업(學業)이요, 더 나아가서는 직장(職場), 공 직(公職)에 있을 수도 있는 것이다.

인성(印星)이 관성(官星)과 중복(重複)이 되니 복잡한 과정을 거치는 것이다.

인성(印星)이 먼저 있고, 관성(官星)이 나중이니 관성(官星)으로 가는 것이 다. 식거선 살거후(食居先 殺居後)요, 살거선 식거후(殺居先 食居後)의 경우 로 비교 생각을 하면 될 것이다.

🌑 선천적(先天的)인 운(運)과, 후천적(後天的)인 운을 비교하여보면 답이 나올 것이다. 금(金), 수(水)기운이 지나치게 강(强)하니 어떤 기운(氣 運)이 필요하고, 그것이 어디에 있는가를 보는 것이다.

용신(用神)을 찾아 그것이 어디에 존재(存在)하는 가? 를 보는 것이다.

실전사주

<table>
<tr><td>乙</td><td>庚</td><td>辛</td><td>己</td></tr>
<tr><td>酉</td><td>子</td><td>未</td><td>未</td></tr>
</table>

▷ 미(未)월의 경(庚)금 이니, 인수국(印綬局)이다.
지지(地支)에는 상관(傷官)을 놓고 있다.

건명(乾命)

⬆ 경(庚)금 일주(日主)인데, 신강(身强)이다. 인성(印星)이 왕(旺)한 사주이나. 인성(印星)이 왕(旺)하고, 비겁(比劫) 또한 왕(旺)한 사주(四柱)이다.

여기에서 용신(用神)은 무엇을 택할 것인가?

미월(未月)은 여름의 기운(氣運)이 극(剋)에 달하여, 이제 조금 지나면 서서히 그 기운이 가라앉을 것이다. 그 기운이 지나면 가을인 금(金)의 계절(季節)이 오는 것이다. 그 사이에 태어난 것이다.

👤 일간(日干)인 경(庚)금이 비겁(比劫)의 힘을 얻으니 더욱 강(强)하여진 것이다. 설상가상으로 인성(印星)인 토(土)의 도움을 받으니, 그 기운이 더 강(强)하여진 것이다. 다리만 굵은 줄 알았더니 팔도 튼튼한 것이다.

제 일 시급한 것이 무엇일까?
우선 왕(旺)한 금(金)의 기운(氣運)을 활용 하는 것이다.

◈ 화(火)를 써야 할 것 같으나 공간(空間)이 부족(不足)하다.

너무 강(强)하여 다른 방법은 통하지가 않는 것이다. 그렇다면 화(火)는 어디에서 구할 것인가? 화기(火氣)가 강(强)하다면 직접 화(火)의 기운을 빌리면 된다. 그러나 두드러진 화(火)의 기운이 없다. 그렇다면 방법이 없을까? 여기서 묘수(妙手)가 나오는 것이다.

👤 경(庚)금의 뿌리인 인성(印星)에서 엑기스를 빼는 것이다. 미(未)토에서 화기(火氣)를 제거하는 것이다.

흙이란 지나치게 차면 흙으로써의 역할을 제대로 하지를 못한다.

오히려 얼어붙어 성장을 억제하는 것이다. 습토(濕土)라 수기(水氣)가 필요한 경우도 있지만, 여기서는 화기(火氣)가 필요한 것이다.

용신(用神)으로 화(火)를 택하여 빼오는 것이다. 금(金)인 결실(結實), 지나친 결실을 막는 것이다. 과일이 전부 설익은 것이다.

미(未)토는 화(火)를 간직한 토(土)인데, 목(木)의 기운(氣運)도 있어서 간접적(間接的)인 효과도 올릴 수가 있는 것이다.

- 양쪽으로 압박을 하면서 기(己)토를 남겨두어 금(金)의 생(生)도 남기는 것이다. 이 사주에서 제일 적합한 방법인 것이다. 용신(用神)은 정(丁)화이다.

❹. 인성(印星)이 강(强)한데 식상(食傷), 재성(財星), 관성(官星)도 모두 미약(微弱)하다면 ? 어떻게 하여야 할 것인가?

실전사주

戊	戊	丙	壬
午	戌	午	寅

▷ 오(午)월의 무(戊)토 일간(日干)이다.
지지(地支)에 화국(局)이 형성이 된다.

건명(乾命)

⬆ 사주가 지나치게 조열(燥熱)하다. 인성(印星)도 강(强)하고, 일간(日干)도 왕(旺)하다. 매우 강(强)한 사주인 것이다. 불 먹은 흙이다.

정인(正印)격의 사주인데 용신(用神)은 무엇으로 정하여야 할 것인가?

- 우선 조후(調候)면으로 본다면 임(壬)수가 용신이 된다. 그런데 병(丙)-임(壬)충(沖)하여 용신(用神)으로 사용하기에는 무리가 생긴다.

- 식상(食傷)을 통하여 인성(印星)의 기운을 삭감(削減)하는 방법을 택한다. 술(戌)중 상관(傷官)인 신(辛)금을 택하여 병신(丙申)암합(暗合)을 하여 수(水)인 재성(財星)을 형성하는 작용도 맛 볼 수가 있다.

● . 비겁(比劫)이 태왕(太旺)할 경우의 용신(用神).

비겁(比劫)이나, 견겁(肩劫)이나 결국은 같은 말이니 앞으로는 비겁(比劫)이

비

라는 단어를 사용하여 표기하기로 하여보자.

♥ 비겁(比劫)이라는 단어가 뜻과 어느 정도 일맥상통하는 맛이 나니 기억하기도 더 나을 것이다.

비겁(比劫)이 많다는 것은, 자기가 왕(王)인 줄로 착각(錯覺)을 하며 사는 사람인 것이다. 사랑의 매가 필요한 사람인 것이다.

실전사주

己	戊	丁	甲
未	辰	丑	寅

⇨ 축(丑)월의 무(戊)토 일간(日干)이다.

지지(地支)에서 토(土)의 기운이 왕(旺)하다.

건명(乾命)

⬆ 무(戊)토 일주(日主)인데, 신왕(身旺)이다. 목(木),화(火),토(土)의 흐름은 이어진다. 비겁(比劫)의 기운(氣運)이 지나칠 정도로 왕(旺)하다.

관(官)인 목(木)의 기운이 있으나 왕(旺)한 기운을 감당하기에는 역부족(力不足)이다. 초년(初年)의 관(官)이라 지나가면 그만이다. 앞으로의 상황을 살펴야한다. 위에서 아래로 흐르니 고집은 있어도, 예의는 잘 지킨다.

🌑 고집이 지나치니 항상 그것이 앞을 가로 막는다. 흐름을 보면 정(丁)화가 중간에 있으나 묘(墓)궁위에 있다. 무엇인가 미약하다. 화기(火氣)가 지장간으로 병(丙)화, 정(丁)화가 있으나 합(合)과 충(沖)으로 인하여 고유성이 사라진다. 화기(火氣)는 암합(暗合)과, 충(沖)으로 제 역할을 못하는 것이다. 여기에서 재관(財官)이 왕(旺)한 기운을 빼는데 한계가 있는 것이다.

🌑 싸움이 되지 않는다. 왕(旺)한 기운을 설기(泄氣)하는 쪽을 택하여 보자.

🌑 식상(食傷)을 찾는 것이다. 축(丑)중의 신(辛)금이 식상(食傷)으로 그 역할을 한다.

🌑 인(寅)중 병(丙)화와 암합(暗合)을 하여 재성(財星)을 생산하기도 한다.

● 비겁(比劫)이 왕(旺)할 경우, 용신(用神)을 정하는 방법.

❶. 비겁(比劫)을 극(剋)하는 관성(官星)을 살펴본다.

지 나친 만용(蠻勇)을 없애주고, 다스리는 관성(官星)이 필요한 것이다. 일종의 충격(衝擊)요법이요, 직접적인 방법인 것이다.

❀ 말로 안 되면, 매가 앞서는 것이다.

실전사주

丁	己	癸	丁
卯	丑	丑	酉

건명(乾命)

⇨ 축(丑)월의 기(己)토 일간이다.

일지(日支) 역시 축(丑)토가 자리를 하고 있다.

⬆ 기(己)토 일주(日主)인데, 신왕(身旺)이다. 화(火),토(土),금(金),수(水)가 보인다. 비겁(比劫)이 식상(食傷)으로 변화(變化)하였다.

오히려 식상(食傷)이 왕(旺)한 사주로 변모한 것이다. 묘(卯)-유(酉)충의 묘수(妙手)가 나온다. 자식(子息)이 부모(父母)의 무모함을 꾸짖는 것이다.

년(年)과 월(月)의 천간(天干)에서 재(財),인(印)이 싸우는 사이에 식상(食傷)은 밑에서 승승장구한 것이다. 웃어른들이 시끄러운 것이다.

집안이 순탄치가 않은 것이다. 비록 어린 시절 환경의 탓이지만 중요한 것은 본인이 스스로 깨달음이 있어야 한다는 것이다. 인생 50부터라고 했던가?

철이 들기 시작하는 것이다. 40대 까지는 관성(官星)이 앞을 서고, 이후로는 인성(印星)이 앞을 선다.

🌑 왕한 식상(食傷)의 기운을 삭감(削減)할 관살(官殺)의 기운이 필요하다.

관살(官殺)을 택하여 비겁과, 식상 양쪽으로 협공(挾攻)을 가하는 것이다.

대운(大運)에서의 변화(變化)를 살펴보라. 비겁이 왕(旺)한 후 식상(食傷)으로 변화하지만, 일단은 비겁이 강(強)한 사항으로 편입을 한 것이다.

❷. 재성(財星)을 택하는 경우.

일차적(一次的)인 방법이 곤란하다면 이차적(二次的)인 방법으로 차선책(次善策)을 택하는 것이다.

🌑 관살(官殺)이 미약(微弱)하거나, 없으면 재성(財星)으로 다스린다.

재성(財星)은 일간(日干)이 만용(蠻勇)을 하도록 유도하는 것이요, 관성(官星)의 부족함을 채워주는 것이다. 일간(日干)의 기운이 더 강하여지지 않도록 보급로인 인수(印綬)를 차단하는 역할도 하는 것이다.

오히려 역할을 따진다면 재성(財星)이 많은 경우도 나타난다.

실전사주

庚	丁	甲	辛
戌	卯	午	酉

▷ 오(午)월의 정(丁)화 일간(日干)이다.
일지(日支)에는 편인(偏印)을 놓고 있다.

건명(乾命)

⬆ 오(午)월의 정(丁)화 일간이다. 지지(地支)에는 묘(卯)목을 놓고 있다.

정묘(丁卯) 일주(日主)인데, 신왕(身旺)이다. 합(合)과 충(沖)이 어우러진 사주이다. 인성(印星)과 식상(食傷)이 합하여 비겁(比劫)으로 변한다.

앞 아서 덕(德)을 보는 것이다. 그런데 기운(氣運)이 지나친 것이다. 배우고 그것을 활용하였으면 이제는 돈을 벌 차례인 것이다.

덕(德)을 입고, 신세를 졌으면 이제는 효도(孝道)를 하고, 식구들의 생계를 책임져야 하는 것이다. 용신(用神)은 재성(財星)을 택한다.

목(木)화(火)인 양(陽)의 기운(氣運)이 강(强)하여, 음(陰)인 금(金)을 용신(用神)으로 하는 것이다.

❸. 식상(食傷)을 용신(用神)으로 하는 경우.

재관(財官)이 부실(不實)하거나, 용신(用神)으로써 쓸 수가 없을 경우는, 부득이 식상(食傷)을 사용한다.

👤 삼차(三次)적인 방법으로 들어가는 것이다. 때리고, 달래고, 말려도 안 되면 결국 본인이 하고자 하는 대로 내버려두는 것이다.

"집을 나가면 개고생 이다."는 것을 알도록 하는 방법 외는 없는 것이다.

실전사주

癸	戊	壬	戊
丑	辰	戌	申

⊨ 술(戌)월의 무(戊)토 일간이다.

지지(地支)에는 비견(比肩)이 있다.

건명(乾命)

⬆ 무(戊)토 일주(日主)인데, 신왕(身旺)이다. 사주(四柱)가 지나치게 신왕(身旺)하다. 가을 9월의 토(土)라 결실(結實)을 거두는 시기이다.

그런데 토(土)인 흙의 기운이 지나치게 강하다. 이제는 결실(結實)을 하고 쉬면서 내일을 위하여 다시 봄에 탄생할 씨앗을 잉태하기 위하여 긴 길을 떠나야 할 차비를 하여야 하는 것이다.

👤 필요 없는 기운(氣運)을 이제는 버려야 할 때인 것이다. 그러기 위해서는 목(木)의 극(剋)이 필요한 것이다.

👤 그런데 토(土)의 기운이 지나치게 강(强)하니 목(木)의 강압적(强壓的)인 극(剋)이 통하지가 않는다.

👤 스스로 기운을 삭감하기 위하여 재성(財星)을 사용하는 방법도 동원이 된다. 그러나 이 사주에서는 부분적인 방법으로 밖에 통하지가 않는다.

👤 달래면서 스스로 보시하면서 자기의 기운을 발산하여 취할 것은 취하고, 버릴 것은 버리도록 하여야 하는 것이다. 제일 좋은 방법은 식상(食傷)을 용신(用神)으로 하는 것이다. 여기에서의 용신(用神)은 식상(食傷)이 되는 것이다. 더욱 강(强)한 식상(食傷)을 형성하기도 하고, 재성(財星)의 국(局)을 형성할 요소(要所)가 농후한 것이다.

👤 운(運)에서의 변화(變化)가 생기면 막강한 영향력(影響力)을 발휘한다.

👤 물론 사주의 구성(構成) 요건(要件)에 따라 각각 변화가 다 다를 것이다.

※ 육친(六親)의 과다로 판단하는 용신(用神)

❹. 종왕격(從旺格)의 경우.

스스로 도취하여 못 말리는 경우이다.

종 왕격(從旺格)의 사주(四柱)가 되는 것이다. 종왕격(從旺格)을 엄밀한 의미에서 분석을 한다면, 비겁(比劫)이 왕(旺)한 것이다.

◆ 일주(日主)자체를 본다면 결국은 하나인 것이다. 비겁에 의탁(依託)하니 결국은 왕(旺)한 세력(勢力)에 종(從)하는 것이나 마찬가지인 것이다. 완장(腕章)을 차는 것이나 같은 것이다. 결국은 토사구팽(兎死狗烹)이다.

실전사주

丙	戊	壬	戊
辰	辰	戌	戌

▷ 술(戌)월의 무(戊)토 일간(日干)이다.

일지(日支)에는 비견(比肩)을 놓고 있다.

건명(乾命)

⬆ 무(戊)토 일주(日主)인데, 신왕(身旺)이다. 사람이란 하나를 가지면 둘을 찾는 법이다. 종왕격(從旺格)에 해당하는 경우가 된다.

● 항상 욕심(慾心)을 버리는 것이 진정한 삶을 위하는 길이다.

사주전체가 비겁(比劫)으로 꽉 차는 경우를 말하는데, 100%가 안 되어도 종오행격(從五行格)으로 이어지는 경우가 많으니 결국은 다 같은 맥락이다

❸. 식상(食傷)이 많을 경우의 용신(用神)은?

식 상(食傷)이 너무 많다는 것은 일주(日主)의 기운(氣運)이 지나치게 새고 있다는 설명이다. "매와, 술에는 장사가 없다."고 하였다.

아무리 건장하고 튼튼하다 하여도 주색(酒色)으로 건강(健康)을 탕진(蕩盡)한다면, 견디지를 못하는 것이다.

그런데 식상(食傷)의 기운(氣運)이 강(强)하여 일주(日主) 자체가 허약(虛弱)한 상태라면 이는 더 볼 겨를이 없는 것이다. 식상(食傷)을 다스리는 육

친(六親)은 인성(印星)인 것이다. 가장 강력한 용신(用神)이다. 다만 여기에서 주의할 것은 식신(食神)과 상관(傷官)인 것이다.

🌑 기둥이 무너져 내리기 전에 버팀목을 받치는 것이다.

🌑 장마철이 오기 전에 새는 지붕을 수리하는 것이다.

실전사주

己	己	辛	辛
巳	酉	卯	亥

▷ 묘(卯)월의 기(己)토 일간(日干)이다.
일지(日支)에는 식신(食神)을 놓고 있다.

건명(乾命)

⬆ 무(戊)토 일주(日主)인데, 신왕(身旺)이다. 득령(得令)은 하지도 못하고, 식신(食神)의 기운이 강(强)하다. 식신(食神)의 기운이 지나치다 보니 상관(傷官)으로 변하는 것이다. 지지(地支)가 금(金)과 목(木)으로 양분이 되어 있고, 지지(地支)가 충(沖)으로 복잡하다. 현재 호프집을 운영을 하는데 아내의 명의(名義)로 운영을 한다.

🌑 인성(印星)이 용신(用神)인데, 시지(時支)의 사(巳)화가 금(金)으로 변할 확률이 많은 가운데, 사(巳)중 병(丙)화가 있어 그나마 다행이다. 식신(食神)의 기운이 지나치니 인성(印星)과 합(合)하여 다시 식상(食傷)으로 변하니 상관(傷官)의 역할을 하는 것이다.

🌑 기(己)토인 전답(田畓)이 자꾸만 철분화(鐵粉化)가 되어가니 농사짓기가 힘들어지는 것이다. 나이가 들어 제대로 나가기는 하나, 어디 그것이 생각처럼 그리 잘되는 가?

🌑 철분을 제거하는 데는 불이 최고인 것이다. 토지(土地)의 형질(形質)을 바꾸어야 한다. 용신(用神)인데 잘나가다가도 한 번은 꼭 삐딱선을 탄다. 지지(地支)로 충(沖)이 복잡하다. 대운(大運)도 역(逆)으로 흐른다. 가을에 추수가 끝나면 땅을 뒤집는 이유인 것이다.

⬩⬩ 지온(地溫)이 약(弱)하여, 작물(作物)의 성장(成長)이 늦어진다.

● .식상(食傷)이 많을 경우, 용신(用神)을 정(定)하는 방법.

❶. 식상(食傷)이 많으면, 일단은 인수(印綬)의 상태를 살펴야 한다.

식상(食傷)을 직접적으로 다스리는 것은 인수(印綬)이기 때문인 것이다. 사주(四柱)의 대표자(代表者)인 일간(日干)의 입장에서는 맹목적(盲目的)인 식상(食傷)에 대한 사랑이요, 배품이라 제어장치(制御裝置)가 없는 것이다. 여기에서 그에 대한 제어(制御)를 하는 것이 인성(印星)인 것이다. 도식(倒食)도 제어(制御)로 보는 것이다.

👤 인성(印星) 왈 "내가 죽어라고 도와주니 당신은 죽 쒀서 개를 주는군요! 하면서 그 원인(原因)과 대상(對象)을 찾는다. 눈에 뜨인다면 용서를 하지 않는 것이다.

👤 인간취급을 안하는 것이다. 마음에서 지우는 것이다. 그것이 인성(印星)의 특징인 것이다. 사주 전체의 흐름을 이어가려면 인성(印星)을 찾아 그의 선택을 보는 것이 첫째인 것이다.

실전사주

庚	戊	庚	己
申	申	午	卯

⇨ 오(午)월의 무(戊)토 일간(日干)이다.
　　지지(地支)에 식신(食神)을 놓고 있다.

곤명(坤命)

⬆ 무(戊)토 일주(日主)인데, 신약(身弱)이다. 백혈병(白血病)을 디디고 일어선 학생의 사주이다. 식상(食傷)의 기운(氣運)이 왕(旺)하다.

백혈병을 앓다가 부모의 헌신적인 노력과, 본인의 노력으로 현재는 학교에 열심히 다니고 있는 여학생의 사주이다. 인성(印星)인 화(火)가 월지(月支)에 자리를 하고 있다. 대운(大運)을 살펴보면 무엇인가가 보일 것이다.

중, 말년의 식상의 기운이 지나치니 장수(長壽)는 힘들 것 같다.

대운(大運)의 방향이 서북(西北)으로 향(向)한다.

❷. 식상(食傷)이 많을 경우는 제살태과(制殺太過)일 경우가 많다.

식상(食傷)이 많을 경우는 여러 경우가 발생이 되는데, 식상(食傷)이 지나치게 관살(官殺)을 극(剋)하는 가를 살펴야 하는 것이다. 식신(食神)도 지나치면 상관(傷官)이 되고, 재(財)를 보아야 맑음이 나타난다.

- 음(陰)과 양(陽)으로 구분을 하고, 비겁(比劫)과 식상(食傷)과의 연관(聯關)관계, 관살(官殺)의 기세(氣勢)정도도 살펴야 하는 것이다.
- 식신과, 상관이 왕(旺)할 경우는 일간이 강(强)하여야하고, 인성의 제(制)함이 필요하다.

실전사주

辛	丙	丁	己
卯	戌	丑	未

↳ 섣달의 병(丙)화이다.

일지(日支)의 술(戌)토는 식신(食神)이다.

건명(乾命)

⬆ 병(丙)화 일주(日主)인데, 합(合)이 형(刑)으로 인하여 무위로 그치고,---- 식상(食傷)의 기운(氣運)이 강(强)한데, 관(官)의 기운이 너무 미약(微弱)하다. 축(丑)중의 계(癸)수가 있는데, 축(丑)-술(戌)-미(未) 삼형살(三形殺)로 인하여 변화(變化)가 형성이 된다. 식상(食傷)의 형(刑)이다.

- 그러나 묘(卯)-술(戌) 합(合)의 작용도 무시는 못하는 것이다. 다행히 묘(卯)-술(戌)합이 형성(形成)이 되는데, 운명이 역전(逆轉)되는 극적인 반전(反戰)의 기회도 보이는 것이다.
- 일(日)과, 시(時)가 간합(干合), 지합(地合)을 이루는 것이다.
- 합(合)과, 형(刑)이 동시(同時)에 어우러져 있으면 둘 다 소용이 없다고 보기도 하는데, 결코 그렇지만은 아닌 것이다. 특징(特徵)은 나타나는 것이다. 직업의 선택에 신중(愼重)을 기하여야 하는 것이다.
- 초년 대운(大運)이 북서(北西)로 흐르면서 흐름이 잡히고, 차차 운(運)에서의 작용(作用)이 많은 변화로 인하여 중요(重要)하게 작용을 한다.

❸. 인성(印星)이 부족(不足)할 경우는 어떻게 할 것인가?

인성(印星)이 부족하다는 것은, 직접적으로 식상(食傷)을 다스리지 못한다는 것이다. 간접적(間接的)인 방법을 동원해야 한다는 것이다. 누르지 못하면 달래야 하는 것이다. "채찍이 아닌 당근을 사용하는 것이다." 비겁(比劫)을 찾아 기운(氣運)을 더 보완(補完)하는 것이다. 우는 아이에게는 젖을 물리는 것이 일단은 빠른 방법인 것이다. 이것이 지나치면 마치 약점(弱點)을 잡혀 흉(凶)한 꼴을 당하는 격(格)이 되는 경우가 있다. "죽 쒀서 개주는 경우"인 것이다.

🍄 이런 사주의 주인공은 항상 매사가 이렇다. 부모, 형제, 친지들이 뒷감당하느라 세월(歲月) 다 가는 것이다. 결국에는 모두에게 버림을 받는 것이다. 진정으로 생각을 한다면, 아예 처음부터 과감성을 보여야 하는 것이다. 어렵고 힘들어 하더라도 적응하고, 스스로 독립하여 정신을 차리도록 말이다. 강(強)하여야 재물(財物)을 지키고, 처자식을 거느리는 것이다.

실전사주

庚	甲	辛	乙
午	戌	巳	巳

▷ 사(巳)월의 갑(甲)목 일간(日干)이다. 지지(地支)에 편재(偏財)인 술(戌)토를 놓고 있다.

곤명(坤命)

⬆ 갑(甲)목 일주(日主)인데, 인성(印星)을 보자. 보이지가 않는다. 정관(正官)과 편관(偏官)이 천간(天干)에 투출(透出)하였다.

천간(天干)을 살펴보자. 갑(甲)-경(庚)충(冲)이요, 을(乙)-신(辛) 충(冲)이고, 문제인 지지가 불바다이다. 물로 불을 끌 것인가? 흙으로 끌 것인가?

🍄 월간(月干)의 신(辛)금은 지지(地支)에 사궁(死宮)이요, 경(庚)금은 목욕궁(沐浴宮)을 놓고 있다. 골치가 아프다. 인성(印星)을 찾아보기가 힘든 것이다. 남성(男性)의 사주(四柱)인데, 지장간(支藏干)에 재(財)가 다 감추어져 있으니 잠재력(潛在力)은 있는 것이다. 활용(活用)을 하자.

- 인성(印星)이 보이지가 않고, 식상(食傷)이 지나치게 강(強)하여 잘 조절이 되지가 않는다. 관성(官星)이 좌충우돌(左衝右突)이다. 월지(月支)의 사(巳)중 경(庚)금이 시간(時干)에 투출(透出)을 하였는데, 이것은 격국(格局)을 논할 때 사용하는 것이다. 편관격(偏官格)이요, 상관격(傷官格)이요, 제살태과(制殺太過)격이요, 시상편관격(時上偏官格)도 성립이 된다.
- 이성관계가 복잡하여 한동안은 시끄러운 사주이다. 비겁(比劫)과 관(官)이 소모전에 몰입하는 동안 식상이 모든 것을 밑에서 좌지우지한다. 이렇게 시끄러운 경우도 운(運)에서 다 해결이 된다. 대운을 살펴보자.

❹. 이도저도 아닐 경우는 종(從)하는 것이 편하다.

사주가 종(從)한다는 것은 일점 비겁(比劫)이 없거나, 인성(印星)이 없거나 비빌 언덕이 없는 경우를 말하는데, 왕한 기운을 거역(拒逆)하는 기운이 존재하여 항상 문제를 일으키고 있을 때, 그래도 비겁(比劫)이 한 점이라도 있어 버티려 할 때 선뜻 답을 내리기가 곤란한 경우가 생긴다.

실전사주

庚	甲	甲	丙
午	寅	午	午

↳ 오(午)월의 갑(甲)목 일간(日干)이다. 지지(地支)가 온통 불바다이다.

곤명(坤命)

⬆ 갑(甲)목 일주(日主)인데, 아! 어찌할거나. 오히려 종(從)하여 자기의 뜻을 펼치는 것이다. 지금 중급 도시에서 학원(學院)업을 하고 계신 분의 사주인데, 그런대로 성공을 하였다고 볼 수 있는 여성(女性)의 사주이다.

식상(食傷)의 기운(氣運)이 왕(旺)하여, 식상(食傷)에 종(從)하는 형태를 취하여 오히려 강(強)해진 사주(四柱)이다. 그러나 문제점은 존재하는 것이다.

- 경(庚)금인 편관(偏官)이 문제가 된다. 천간(天干)에서 충(沖)을 이루고 있다. 경(庚)금은 지지(地支)에 목욕(沐浴)궁을 놓고 있다.

● 일간(日干)인 갑(甲)목이 지지(地支)에 록(祿)을 놓고 있다. 식상으로 변화. 세력(勢力)에 종(從)하는 경우로 보면 어떨까? 편관(偏官)인 경(庚)금이 장애물(障碍物)로 등장을 한다. 월간(月干)의 비견(比肩)인 갑(甲)목도 흉(凶)의 작용을 한다. 힘이 되는 것 같아도 결국에는 흉(凶)으로 작용을 한다.

● 오빠와, 남동생이 있는데 월간(月干)의 오빠는 겁재(劫財)의 작용을 하고, 지지(地支)의 동생은 힘도 되지만, 항상 따지고 보면 손해(損害)다. 그래도 지대(支待)한 도움이 있는 것은 인정(認定)을 하여야 한다.

● 신약(身弱)으로 볼 경우는, 인성(印星)이 용신(用神)이 된다. 항상 관성이 문제가 된다. 오히려 긁어 부스럼이 된다. 실제 상황(狀況)을 알려면, 대운(大運)을 살펴보면 답이 나온다. 한 편으로는 관성(官星)의 존재(存在)가 있음으로 인하여 항상 지나침이 다스려진다는 것을 알아야 한다.

● 대운(大運)의 흐름이 좋다. 세운의 흐름 역시 무난한 편이다.

● 관운(官運)이 오면 항상 큰 홍역을 치른다.

● 신묘(辛卯), 경인(庚寅) 대운에서 고비를 맞아 한동안 어려움을 겪었으나 위기는 넘긴다. 세운(歲運) 역시 마찬가지이다. 2001년 경진(庚辰)대운에 신사(辛巳)세운에 큰 위기를 겪는다. 그 후 약간 고비도 있었지만 무난하게 넘어갔다.

● .재성(財星)이 많을 경우 용신(用神)을 정(定)하는 방법(方法).

재성(財星)은 내가 소유(所有)하고, 부리고, 바꿀 수도 있고, 식복(食復)이요, 재물(財物) 복(福)이요, 욕망(慾望)을 채우는 수단(手 段)이 되기도 하는 재화(財貨)와 용역(用役)인 것이다. 재마(財馬)요, 역마(役馬)인 것이다. 배를 채워주니 기력(氣力)이 살아나고, 정신(精神)이 맑아져 올바른 판단(判斷)과 행동(行動)을 하도록 하는 귀물(貴物)인 것이다.

❶. 첫 번째 로 찾을 수 있는 용신(用神)은 무엇일까?

어느 육친(六親)이던 항상 천적(天敵)이 우선이다.

주인에게 충성(忠誠)을 못하면, 당하는 것이 순리(順理)인 것이다.

👤 재(財)의 천적(天敵)은 겁재(劫財)이다. 직접적으로 응징을 하는 방법이다. 어찌 보면 무자비한 면도 나타나나 제일 확실한 방법인 것이다.

실전사주

己	壬	庚	甲
酉	午	午	子

⇨ 임(壬)수 일주(日主)인데, 아! 어찌할거나. 재(財)와 인성(印星)의 기운(氣運)이 비슷하다.

곤명(坤命)

⬆ 오(午)월의 임(壬)수이다. 한창 더울 때 인 것이다. 당연히 금(金)인 인성이 필요한 것이다. 재성(財星)이 충(冲)을 당한다. 비겁(比劫)과의 쟁투(爭鬪)인 것이다. 천충지충(天冲地冲)을 이루고 있다. 각자가 다 자기들의 입장만을 생각하고 살려고 발버둥을 치고 있는 것이다. 믿을 것은 누구일까?

👤 내 피붙이요, 가까운 사람이 그래도 나은 것이다. 비겁(比劫)이 용신이다.

👤 부모(父母)와 조상(祖上)이 돌보는 것이다.

👤 결국은 인성(印星)이 자기의 역할을 다한다. 전반(前半)부에서는 비겁(比劫)이 역할을 하고, 후반부(後半部)에서는 인성(印星)이다.

❷. 비겁(比劫) 다음은 인성(印星)인 것이다.

간 접적(間接的)인 방법으로 재성(財星)의 약을 살살 올려, 재성(財星)의 기운(氣運)을 빼는 것이다.

💡 원래 무식(無識)한 사람은 아는 척하는 사람을 제일 싫어한다. 돈이 최고라고 하는 숭배(崇拜)하는 사람들의 습성(習性)이 그러한 것이다. 인성(印星)을 극(剋)하기 때문인 것이다.

● 학식(學識)이 부족(不足)하고, 인물(人物)도 출중(出衆)하지 못해도 돈만 있으면 최고라면서 잘생기고, 많이 배우면 무얼 하느냐? 돈이 없으면 항상 궁상(窮狀)이나 떨지 하면서 돈으로 모든 것을 처리하는 사람이다.

● 많이 배워도 간판위주인 것이다. 그러나 시대적(時代的)인 상황이 바꿔어 이제는 배우기도 제법 배우고, 인물(人物)과 품격(品格)도 갖출 만큼 갖춘 상태에서 이와 같은 행세를 하는 것이다. 재(財)가 항상 강(強)하므로 문제는 엉뚱한 곳에서 발생한다.

● 겉의 모습은 그럴듯한데 속이 썩은 것이다. 이런 경우는 재성(財星)의 강(強)함, 즉 재물(財物)로 모든 것을 다 할 수 있다고 생각하는 사람인데, 잘생긴 쭉쭉 빵 빵의 젊은 이성(異性)도, 관직(官職)이나, 명예(名譽)도 다 재물(財物)을 풀어헤쳐 사는 것이다. 그 대상(對象)이 인성(印星)인 것이다.

● 요즈음은 재물(財物)과, 권력(權力)이 야합(野合)을 하여 인성(印星)을 파괴(破壞)하는 경우가 너무나도 많다.
인성(印星)은 항상 그들보다는 항상 위의 자리에 있는 것이다.

● 성상납(性上納)이라는 말도 결국은, 인성(印星)이 재성(財星)에 의하여 파괴(破壞)되는 것이나 같은 것이다.

● 미인계라는 자체도 인성(印星)을 앞세워 결국은 관성(官星), 재성(財星)의 기운을 삭감(削減)시키는 것이나 마찬가지인 것이다.

● 뇌물수수 역시 재성(財星)이 인성(印星)을 상대로 기세(氣勢)를 펴는 것이다. 자존심(自尊心)이나, 양심(良心)을 파는 것이다.

● 신용불량(信用不良)의 경우 면책(免責)이나, 파산신청(破産申請)을 하여 그 해결책을 찾는 것이 바로 이러한 경우인 것이다. 재성(財星)이 강(強)하니 금전적(金錢的)으로 압박(壓迫)을 받는 것이다. 면책이나, 파산신청, 감면 혜택이 바로 인성(印星)인 것이다. 비상구인 돌출구(突出口)를 찾는 것이다.

실전사주

壬	甲	辛	己
申	申	未	未

↳ 미(未)월의 갑(甲)목 일간(日干)이다.
지지(地支)에는 관살(官殺)을 놓고 있다.

곤명(坤命)

⬆ 갑(甲)목 일주(日主)인데, 신약(身弱)하다. 재성(財星)과 관성(官星)의 압력이다. 재성(財星)과 관성(官星)의 기운이 왕(旺)하여 항상 압박(壓迫)을 받는 사람이다. 여기에서의 용신(用神)은 무엇일까? 당연히 인성(印星)이 되는 것이다. 사주의 흐름이 결국은 일간(日干)으로 귀결(歸結)이 되고, 모인다.

❸. 재성(財星)에 종(從)하는 경우.

재성(財星)에 종(從)하는 것은 재성(財星)이 그만큼 기운(氣運)이 강(强)하다는 것이다.

▫ 다른 경우도 마찬가지이지만 육친(六親) 중에서 제일 추(醜)하고, 더러운 것이 재성(財星)이요, 재화(財貨)인 것이다.

이것은 욕심(慾心)이요, 탐욕(貪慾)이요, 사욕(邪慾)이요, 치욕(恥辱)도 되지만 반대(反對)로 작용(作用)을 할 경우는, 항상 인성(印星)이 좌지우지(左之右之)하는 대로 따르면 그것이 빛을 내며, 고귀한 자태(姿態)를 보이지만, 그렇지 않을 경우는 가식(假飾)이 되는 것이다. 숭고(崇高)함이 있어야 한다는 것이다.

🪨 재성(財星)은 항상 중간에 위치하여 모든 것을 아우른다. 추하기도 하지만 없어서는 안 될 요소(要素)인 것이다.

인간의 삼대(三大)요소(要素) 가운데 하나인 식(食)인 것이다. 때로는 주(住)의 역할(役割)도 하는 것이다.

이처럼 중요한 것이다. 그러니 죽기 살기로 눈독을 들이는 것이다.

"있으면 있을수록 좋다".고 하는 것에는 다 이유가 있는 것이다.

※ 육친(六親)의 과다로 판단하는 용신(用神)

실전사주

庚	戊	癸	癸
申	子	亥	丑

▷ 해(亥)월의 무(戊)토 일간(日干)이다.
금수냉한(金水冷寒)의 사주이다.

곤명(坤命)

⬆ 무(戊)토 일주(日主)인데, 신약(身弱)하다. 재성(財星)이 지나치게 왕(旺)하다. 감당하기가 힘들어진다. 차라리 입 다물고 조용히 사는 것이 최고다.
재성(財星)이 지지(地支)를 덮고 있다. 한 쪽의 기운이 지나치게 왕(旺)할 경우는 일단 숨을 돌리면서 상황을 살펴야 한다. 너무 춥다.

🌑 아, 이제는 틀렸구나! 가 아니다. 우선은 종(從)하는 것이 순리이다.
식신(食神)이 있어도 재(財)에 흡입(吸入)이 되어 자신을 잊어버린다.

● ·관성(官星)이 많을 경우, 용신(用神)을 찾는 방법.

관 살(官殺)이 많다는 것은 일주(日主)를 괴롭히고 있다는 설명이다.
학교에서 왕따를 당하는 것은 **비겁(比劫)이 관살(官殺)로 화(化)하**여 일주(日柱)인 나약한 학생을 괴롭히는 것이다.
비겁(比劫)이 관살(官殺)로 변하면 이렇게 무서운 것이다. 이 때 도움을 청하는 곳이 학교요, 선생님이다. 그런데 일부 에서는 인성(印星)의 역할을 제대로 하지를 못한다. 부모(父母) 역시 마찬가지인데, 이 역시 모두 왕따를 당하는 학생의 입장에서는 자신이 직접해결을 하지 못하므로, 인성(印星)인 부모(父母)에게 의논을 하여 대책을 강구하는 것이다.
그리하여 전학(轉學)을 한다던가, 일시적으로 학업(學業)을 중단(中斷)하는 경우도 나타나는 것이다.
그사이 장본인(張本人)인 학생은 많은 상처를 입는 것이다.

🔘 관살(官殺)로 인한 상처(傷處)인 것이다. 여기에서 나타나는 것은 인성(印星)인 부모(父母)나, 주변(周邊)에서 도움으로 인하여 왕따에 대한 상처를 치료한다고 하여도 그 휴유증(遺贈症)은 심히 크다는 것이다. 그 원인은 일주(日主) 자체가 워낙 약(弱)하기 때문인 것이다.

🔘 일반적으로 용신(用神)이 있으면 만사형통(萬事亨通)인 것처럼 착각(錯覺)을 하는 경우가 있는데, 일단 그 파급(波及)된 상처(喪妻)에 대한 배려가 있어야한다는 것이다.

🔘 용신(用神)이 있어 그 작용(作用)을 제대로 한다하여도 과연 얼마나 할 것인가?가 문제인 것이다. 왕따를 당한 학생이 가해자 학생들에 대한 분노(忿怒)와, 그 야말로 형언(形言)하기 어려운 악(惡)한 감정(感情)은 평생(平生)가는 것이다.

🔘 일차적(一次的) 도움자인 부모의 입장에서도 가해자(加害者) 학생들을 죽이고 싶도록 밉고, 한(限)스러운 것이다. 이것은 직접 당해본 그들의 입장이 되어본다면 십분 이해를 할 것이다.

🔘 용신(用神)이 용신(龍神)은 아닌 것이다. 다만 중간에서 곤경에서 헤어나도록 도와주는 것이요, 어려움을 더 이상 방치(放置)하지 않는 것이나 같은 것이다.

용신(用神)의 힘이 강하여 완전무결하게 해결을 한다면 모를까? 어려운 것이다. 일주(日柱)가 강(强)하여 편안한 상태에서 용신(用神)을 찾는다면 바둑의 꽃놀이패나 같은 것이다. 그러나 일주(日主)가 약(弱)하여 도움을 받아야 할 경우는, 항상 뒤집어지는 불안(不安)한 요소가 잠재(潛在)하여 있다는 것을 알아야 한다는 것이다.

운(運)에서 용신(用神)에 변화가 생겨 제 역할을 못 한다면, 생각지도 못한 심각한 문제가 발생(發生)하는 것이다.

초보의 경우는 "일단 용신(用神)이 보이니 괜찮구먼!" 하다가는 진짜 개고생을 하는 경우가 발생(發生)하는 것이다.

🔘 관살(官殺)이 많아 힘든 사주(四柱)일 경우, 용신(用神)이 있다하여도 그 세력(勢力)이 어느 정도인가? 지속성(持續性)은 어떤가?

🔘 변화(變化)의 가능성은 어느 정도인가? 도 파악(把握)을 하여 전체적으로 결론을 내리되, 항시 변화(變化)의 가능성에 많은 염두를 두어야 하는 것이다.

❶. 직접적(直接的)인 조력자(助力者)를 찾아야 한다.

직접적인 조력자란 비겁(比劫)이요, 인성(印星)이다. 나의 한 쪽 부분이라고 생각하여도 될 것이다.

경우에 따라서는 엉뚱한 일을 하기도 하지만, 관성(官星)이 강할 경우의 인성(印星)이 중간에서 통관(通關)의 역할을 하는 것이다.

관성(官星)이 지나치게 강(强)하니, 일주(日主)인 당사자가 직접 대항하기에는 역부족이다. 응원군의 도움을 받아야 하는 것이다. 인성(印星)인 것이다.

관살(官殺)의 기운(氣運)을 설기(泄氣)시키며 기운(氣運)을 보태주는 것이다. 그러나 인성(印星)이 보이지가 않고, 있어도 미력(微力)한 경우는 비겁(比劫)이 직접 나서야 하는 것이다.

실전사주

丁	庚	壬	乙
丑	申	午	巳

↳ 오(午)월의 경(庚)금 일간(日干)이다. 지지(地支)에 비견(比肩)인 신(辛)금을 놓고 있다.

곤명(坤命)

⬆ 경(庚)금 일주(日主)인데, 신약(身弱)하다. 관성(官星)의 기운이 약간 강(强)하다. 여기서는 일간(日干) 자체가 지나치게 신약(身弱)은 아니다. 다만 관성(官星)이 강(强)하여 그 기세(氣勢)를 억누를 필요가 있는 것이다. 강한 불을 잘 다스리어 진검을 만드는 것이다. 오(午)월의 경(庚)금이라 쓰기 나름인 것이다. 검이란 기력이 왕한 청년기에 사용하는 것이다. 기운이 쳐지는

말년(末年)에는 소용이 없는 것이다. 그 때는 식칼이 어울리는 것이다.
여기서는 중간에 인성(印星)이 나서야 되는 것이다.

🍄 보호막을 형성하면서 이(利)롭게 쓰기 위함인 것이다.

❷. 식상(食傷)을 이용한다.

음덕(蔭德)을 베풀어 관재(官災)나, 불운(不運)을 예방하는 것이나 마찬가지
인 것이다. 아무리 좋은 일 많이 하여도 결국 갈 때는 다 가던데!----

🍄 부부(夫婦)싸움이 벌어질 때 자녀들을 앞세우면 싸움이 길어지지 않는다.

🍄 남편이 속을 썩이면, 친정어머니가 제일 먼저 찾아와서 혼을 낸다. 사위
　　사랑은 장모(丈母)라, 또한 제일 무서운 존재요, 고마운 존재인 것이다.

실전사주

辛	辛	丙	丁
卯	亥	午	巳

⇨ 오(午)월의 신(辛)금 일간(日干)이다.
　　일지(日支)에는 해(亥)수를 놓고 있다.

곤명(坤命)

⬆ 신(辛)금 일주(日主)인데, 신약(身弱)하다. 관성(官星)의 기운이 지나치게
강(強)하다. 식상(食傷)인 일지(日支)의 해(亥)수를 용신(用神)으로 하는 것
이다. 남편이 지나치게 월권(越權)을 할 경우는, 자손(子孫)의 기운을 빌리는
것이다. 그런데 여기서는 식상(食傷)이 제 역할을 못하는 것이다.
재(財)와 합(合)을 하여 재성(財星)으로 바뀌는 것이다. 믿는 도끼에 발등을
찍히는 것이다. 지아비 핏줄이라고 친가(親家) 쪽에 기우는 것이다. 결론은
재(財),관(官)에 종(從)한다는 이야기가 나온다. 세력(勢力)에 종(從)하는 것
이다. 사(巳)-해(亥)충(沖)도 한 몫을 거드니 무용지물(無用之物)이 된다.
일점(一點)의 비겁(比劫)이라도 있으면 종(從)하는데 문제가 생기는데, 이
경우는 오히려 호시탐탐 앞을 가리려 하는 것이다. 차라리 종(從)하는 것이
센스가 있는 것이다. 실질적(實質的)인 면을 이야기하는 것이다.

◈ 말이란 사람이 이끄는 곳으로 끌려가는 것이다.

◈ 아이를 이끄는 것은 어른이다.

◈ 길을 잘 찾아 인도 하여야 하는 것이다.

◈ 용신(用神)도 마찬가지인 것이다.

◈ 변화와, 흐름을 잘 판단하여 급소를 찾아야 하는 것이다.

제 2 장

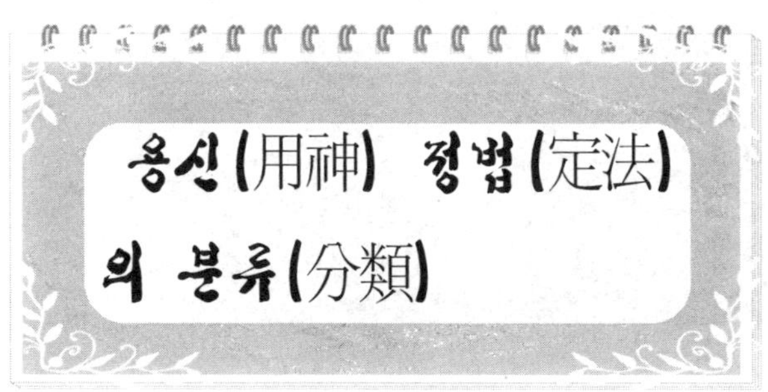

매사 모든 것은, 보는 이의 시각(視覺)에 따라 약간씩의 차이가 생기는 것이 당연한 것이다. 보는 것이 아는 것인 것이다.

그러나 중요(重要)한 것은 항상 그 본질(本質)은 변(變)함이 없이 작용(作用)이 되고, 나타나고 있다는 것이다.

똑같은 의미(意味)로 말을 하여도 영어로 이야기 하는 것과, 한국어로 이야기를 한다는 것이 다를 뿐 그 속뜻과 전달하고자 하는 의미는 같은 것이다.

우리가 오행(五行)을 논할 때, 그 각각의 오행 속에는 다른 오행의 요소가 부분적으로 포함이 되어 있는 것이고, 대표적으로 많은 부분을 차지하고 있는 오행(五行)을 대표자로 하여 정(定)하는 것이나 같은 맥락으로 생각하면 되는 것이다.

각각의 정(定)하는 기준(基準)은 다르지만, 이미 그 속에는 다른 방법(方法)도 포함이 되어있다는 사실을 알아야한다는 것이다.

해가 뜨는 것인지, 지는 것인지 구별하기가 어렵다.
용신(用神)이란 잘못 선택하면, 모든 것이 뒤바뀌는 것이다.

□ 용신(用神)을 찾는 방법에 따른 분류.

❶. 격국(格局)용신(用神).

❷. 억부용신(抑扶用神).

❸. 조후용신(調候用神).

❹. 병약용신(病藥用神).

❺. 통관용신(通關用神)으로 보는 방법.

❻. 기타 종합적(綜合的)인 방법(方法)으로 찾는 용신(用神).

● . 용신(用神)의 종류.

용신(用神)을 자동차(自動車)라고 비유(比喩)를 하여보자.

자동차란 그 사용의 목적(目的)과, 용도(用度), 크기, 형태, 기능 등등에 따라 매우 복잡하고 다양하게 분류가 된다.

용신(用神)도 마찬가지이다. 그 분류하는 기준에 따라 천태만상(千態萬象)으로 변하는 것이다. 용도(用度)와 방법(方法), 기준(基準)등 기타 보는 안목(眼目)에 따른 차이는 있을지라도, 용신(用神)이라는 본연의 기능(機能)과 역할에는 변함이 없어야 진정한 용신(用神)으로 대접(待接)을 받고, 자격(資格)을 갖추었다고 인정(認定)을 받을 것이다.

서울에서 부산을 간다면, 가는 방법(方法)과, 노선(路線)은 달라도 결국 종착(終着)지인 부산에는 도착을 한다는 것이다.

용신(用神)은 크게 다섯 가지의 방법으로 분류를 하는데, 그 근본 원리는 결국 일맥상통(一脈相通)하고 분야별로 구분을 하고, 분별하여 혼돈(混沌)을 최소화(最小化)하고자 하는 목적(目的)인 것이다.

격국(格局)용신, 억부(抑扶)용신, 조후(兆候)용신, 병약(病藥)용신, 통관(通官)용신 다섯 종류로 분류를 한다.

물론 다른 방법으로 하는 경우도 이에 포함이 될 수도 있는 것이다.

그러나 성격(性格)상 본다면 크게 이 범주에서 벗어나지 않으므로 그리 분류를 한 것이다. 이에 대하여 다른 의견은 얼마든지 있을 수가 있는 것은 당연한 것이다. 중요한 것은 어느 방법을 택하든 결론(結論)은 같다는 것이 공통(共通)점인 것이다. 만약 이에 부합(附合)이 되지 않는다면 무엇인가는 문제가 있는 것으로 보는 것이나 이례적(異例的)으로 다른 결론(結論)이 나오는 경우도 있다는 것을 참고하여야 할 것이다.

크게 분류하여 일반적으로 사용하는 방법에 대하여 논하여 보자.

❶. 격국(格局)용신(用神).

격국(格局)이란?

 사주의 커다란 틀인데, 그 틀을 정하고, 그 틀의 범주 내에서 틀에 알맞은 용신(用神)을 찾아내는 방법인 것이다.

격국(格局)을 이용하여 용신(用神)을 정(定)하고, 추명(推命)하는 방법이다.

- 격국(格局)이라는 자체가 큰 의미로 이야기를 한다면, 설명되는 모든 용신(用神)을 찾는 방법 자체가 다 이 틀 안에 들어있다고 볼 수가 있는 것이다. 근원적(根源的)인 설명(說明)을 하여보자.

- 오행의 격국(格局)을 정하였는데, 오행(五行) 중 용신(用神)이 화(火)라고 하자. "격국(格局)이 정하여 지고, 용신(用神)이 정하여 졌으니 이제는 추명(推命)만 남았을 것이다." 라고 생각을 할 것이다.

- 그러나 이것은 극히 일차적(一次的)인 사고방식이다. 화(火)라고 하여도 처한 환경, 요소에 따라 해석과 방법이 다른 것이다. 불도 색깔이 있다. 그 색깔을 보고 다 판단을 하는 것이다. 푸른 빛, 검은 빛, 하얀 빛, 벌건 빛 등등 다 깊은 의미가 있는 것이다.

- 사주를 추명(推命)함에 있어서 화(火)라는 용신(用神)을 그에 따라 분리된 여러 조건에 맞추어 찾아야하는 것이 용신(用神)을 제대로 찾는 방법인 것이다.

- 신경쇠약에 걸린 사람을 예로 들어보자. 신경이니 굳었거나, 나약하고, 제대로 활동을 못하는 것이다. 물론 매사 위축되어 대인기피증(對人忌避症)이나 기타 여러 증세(症勢)가 보일 것이다.

- 이런 경우 용신이 화(火)가 되는 경우도 있는데, 목(木)일주인데 격국(格局)을 정하여 놓고 보니 용신(用神)이 화(火)가 나왔다고 하자. 화(火)란

불이요, 돌출(突出)이요, 발산(發散)이요, 뜨거움이요, 기타 여러 해석이 나오는 것이다.

- 이때 이 사주의 장본인(張本人)에게는 무어라 통변(通辯)을 하여야 할 것인가? 신경쇠약(神經衰弱)이니 스스로 화(火)를 생산하는 능력(能力)이 부족(不足)한 것이다. 옆에서 따뜻하게 감싸주며, 온기(溫氣)를 북돋아주고, 화(火)란 용기(勇氣)가 생기도록 유도(誘導) 해야 하는 것이다.

- 금(金)의 영향으로 인하여 목(木)이 손상이 되었다면 금(金)을 퇴치(退治)하여 주어야 하고, 수(水)의 영향으로 인하여 젖어있다면 말려주어야 하고, 토(土)의 영향으로 인한다면 그 장애요인(障碍要因)을 찾아 목(木)에게 도움이 되는 방법(方法)을 찾아야 하는 것이다.

격 국(格局)이란 영구불변(永久不變)이 아니라고 하였다. 변화(變化)하는 데는 용신(用神)의 역할이 큰 것이다.

둑에 갇힌 물도 용신(用神)이 똑똑하면 썩지 않고 넘어 흘러갈 것이요, 흐르는 물도 용신(用神)이 변변치 못하면 갇혀 마르거나, 썩은 물로 가치(價値)가 하락하거나, 명(命)줄을 달리하는 경우가 되는 것이다.

용신(用神)이란 샘솟는 생수(生水)와 같아 보기만 하여도 힘이 넘치고, 청아하고, 희망을 주는 귀물(貴物)인 것이다.

끝없는 미로(迷路)를 헤매는 어지러운 삶에서 등대의 역할을 하는 것이다.

실전사주

壬	癸	甲	戊
子	丑	寅	午

⇨ 인(寅)월의 계(癸)수 일간(日干)이다. 지지(地支)에는 축(丑)토를 놓고 있다.

건명(乾命)

⬆ 계(癸)수 일주(日主)인데, 변화(變化)를 보자. 우선 출생(出生)과, 기세(氣勢)를 살펴보자. 월지(月支)가 식상(食傷)이라 득령(得領)은 하지를 못하

였다. 일지(日支)를 살펴보니 관성(官星)이라 득지(得地)도 안 된다.

전체적(全體的)인 면은 어떤가?

전반부는 동조(同調)세력(勢力)이 아니지만, 후반부의 세력이 강(强)하여 신약(身弱)은 아니므로 세력(勢力)은 갖추었다고 보는 것이 옳은 것이다.

득세(得勢)를 한 것이다. 일간의 강약(强弱), 득령(得領), 득지(得地), 득세(得勢) 등은 격국편을 참조하시기 바람.

● . 우선 월지(月支)를 살펴보자.

인 (寅)월(月)이다. 초춘(初春)이라 아직도 한기(寒氣)가 남아 있는 것이다. 계(癸)수 자체는 생수(生水)라 초춘(初春)이 어울리는 맛도 있는 것이다. 개울가에 졸졸 흐르는 시냇물을 연상하여보자.

초봄에 산기슭에서 내려오는 아주 정겨운 계곡의 물인 것이다.

심성(心性)으로 친다면, 격(格)에 맞게 운치(韻致)가 있는 것이다.

어찌 보면 겉으로 드러나지는 않지만, 실질적(實質的)으로 득령(得領)을 하였다고도 보는 것이다. 인(寅)목은, 계(癸)수에게는 상관(傷官)이다. 상관(傷官)격인 것이다.

● . 인(寅)의 장간(藏干)을 살펴보자.

무(戊), 병(丙), 갑(甲)이다. 인(寅)월이니 입춘(立春)을 기준하여 날짜 수를 살펴보니, 정기(正氣)인 갑(甲)목 상관(傷官)에 해당이 된다. 월간(月干)에 갑(甲)목이 투간(透干)하였으니, 갑(甲)목이 대표자(代表者)가 되는 것이다.

● . 지지(地支)를 살펴보자.

년(年)과 월(月)이 합(合)을 하여 재성(財星)을 이루고 있다.

식상(食傷)이 변(變)하여 재성(財星)으로 화(化)한 것이다.

식상(食傷)은 재(財)를 생(生)하는데 순리(順理)를 지켜 제대로 앞으로 나아가는 것이다.

- 식상(食傷)으로 태어나, 재성(財星)으로 변하니 재성(財星)으로 사는 것이다. 그렇다면 재성(財星)으로 태어났는데, 관성(官星)으로 변한다면 어떻게 해석을 할 것인가? 출생(出生)은 재성(財星)이지만, 관성(官星)으로 사는 것이다. 한 단계씩 향상(向上)이 되어 사는 것이다. 승격(昇格)이 되는 것이다. 출생(出生)은 관(官)인데, 재성(財星)이면 어떤가?

실전사주

○	壬	○	○
子	戌	戌	午

건명(乾命)

⬆ 임(壬)수 일주(日主)인데, 변화(變化)를 보자.

⇨ 술(戌)월의 임(壬)수 일간(日干)이다. 지지(地支)에도 술(戌)토를 놓고 있다.

- 관성(官星)이 재성(財星)으로 변한다. 임(壬)수 일주(日主)인데 월지(月支)에 관성(官星)을 놓아, 관성(官星)으로 출생(出生)을 한 것이다. 그런데 년지(年地)의 오(午)화와 합(合)을 하여 재성(財星)으로 변한 것이다.

- 요즈음은 금전(金錢)만능(萬能)이라 오히려 좋아할 경우가 될는지 모르지만 결코 그것은 아니다.

관성(官星)에서 재성(財星)으로의 하향(下向)이다. 오히려 한 단계 내려가는 것이다. 출생(出生) 당시 즉, 당면한 환경(環境)이나, 가문(家門), 기타 여러 정황보다 한 등급(等級)이 내려져서 사는 것이다.

- 기본적인 출생시(出生時)의 자질(資質)이라든가, 본인(本人)의 타고난 재능(才能), 기타 모든 것을 제대로 발휘하지 못하고 수준(水準)에 비하여 낮게 사는 것이다. 학교를 다녀도 실력(實力)보다 낮은 학교로 진학을 하고, 직업을 가져도 어울리지 않는 직종(職種)에 몸을 담는 것이다.

- 재성(財星)이므로 남성이라면, 여성(女性)을 택하여도 자신보다는 한 등

급이 낮은, 즉 어울리지 않는 여성(女性)과 결혼(結婚)을 하는 것이다.

🔵 이유는 무엇일까? 늦게 깨닫는 것이 원인(原因)인 것이다. 철이 늦게 들고 깨달음을 빨리 얻지 못한 것이 원인인 것이다. 이끌어주는 사람이 주변(周邊)에 부족(不足)하다는 것이다.

🔵 재성(財性)의 기운(氣運)을 인성(印星)이 타파(打破)하지 못한 것이다.

🔴 . 여기에서 통변(通辯)을 할 때 새로운 것을 알아야 한다.

이 사주가 남성의 사주이니 관성(官星)은 자손(子孫)이다.

관성(官星)이 재성(財星)에 합(合)을 하여 재성(財星)으로 변하니 재성(財星)에 종속(從屬)이 되는 것이다.

재성(財星)이 결국은 관성(官星)을 흡수한 것이다. 이것은 요즈음의 현실에서 많이 나타나는 현상이다.

🔵 관(官)이 둘이니 자손이 둘이다. 오(午)화인 아내가 자손(子孫)을 흡수하여 자기의 권속으로 하나, 시지(時支)의 자(子)수가 자(子)-오(午) 충(冲)을 한다. 그러나 거리가 너무 멀어 별로 영향을 못 준다.

🔵 자기 뜻대로 잘 안 되는 것이다. 어느 정도의 시간은 통제가 되었으나, 일정한 시간이 흐른 후로는 통제가 안 되는 것이다. 그것은 무엇을 의미하는가?

🔵 자녀들이 어렸을 경우는 약간의 강압적(强壓的)인 태도(態度)가 먹혔으나, 성장을 한 후 부터는 그것이 점차 힘들어진다는 것이다.

🔵 충(冲)으로 연결이 되니 사이가 심각할 정도로 안 좋아 진다는 것이다.

🔵 이미 사이가 벌어질 대로 벌어진 사이라는 것이다. 술(戌)중 정(丁)화가 재고(財庫)인데 충(冲)을 받으면 열린다. 이혼(離婚)을 하는 것이다. 그것이 둘이나 있으니 두 번을 하는 것이다. 결손 가정의 자녀들인 것이다.

우리가 주변을 보면 "저 커플은, 참 남자가 아까워!" 하고 혀를 차면서 보는 경우가 있을 것이다. 바로 이런 경우, 그 남성은 사주가 이렇다는 설명인 것이다. 이것이 상법(相法)인 것이다. 부분적인 상황이지만 이것으로 또 다른 면을 본다.

- 여성(女性)의 경우도 보면, 어울리지 않는 남성과 사는 경우를 보기도 하는 데, 이 역시 이런 경우이다. 꼭 외모(外貌)를 논하는 것은 아니다. 능력(能力)이라던가, 심성(心性) 모든 것을 종합하여 말하는 것이다.

- 순탄하게 잘 살다가도 나이가 들어 결혼을 하고 실패를 할 경우, 재혼(再婚)을 하는데 어울리지 않고 "안됐다"는 소리를 들을 정도면 문제가 있는 것인데, 사주(四柱) 원국(原局)에서 후반부에 변화(變化)가 이루어져 한 단계 내려서는 것이요, 운(運)에서의 변화(變化)로 인하여 한 등급(等級)이 하강(下降)하는 것이다.

- 반대로 어렵던 팔자에서 소위 말하는 "팔자가 폈다"는 소리가 나올 정도로 달라진다면 상향(上向)이 된 사주인 것이다. 이와 같은 경우로 하여 사주를 보지 않아도 이야기만 듣고서도 "아, 이 사람은 기본적인 사주의 성향이 이렇구나!" 하고 짚어내야 하는 것이다. 여기서 한 단계 더 나아간다면 "작년부터는 아주 하는 일 마다 죽을 쑤고 있습니다.

- 그렇다고 망할 정도는 아닌데 영! 재미가 없습니다." "도대체 원인이 무엇일까요?" 결론은 간단한 것이다. 반대로 의외로 일이 술술 잘 풀리는 경우다. 좋아서, 미치겠단다 ! 이럴 때는 재수굿이라도 한 번 하라고 하여라. 원인은 상향(上向), 하향(下向)이 원인(原因)인 것이다. 하향(下向)일 경우 운(運)에서 흉(凶)이 겹친다면 망(亡)하는 것이다. 상향(上向)일 경우, 재고(財庫)를 충(沖)하거나 하여, 개고(開庫)가 될 경우는 대박이 터지는 것이다.

- 사주 추명에 앞서 이런 저런 이야기를 하다보면 다 답이 이미 나오는 것이다. 어디에다 중점을 둘 것인가를 미리 확인 하는 것이다.

❀ 억부용신(抑扶用神).

● 상담(相談)시 쓸데없는 이야기야 하지는 않지만, 추명(推命)에 있어서 도움이 될 이야기를 하여야 한다는 것이다.

● . **다시 원래(原來)의 사주(四柱)로 돌아 가보자.**

실전사주

壬	癸	甲	戊
子	丑	寅	午

⇨ 초봄의 계(癸)수 일간(日干)이다.

인오축(寅午丑) 의 형성이 새롭게 보인다.

건명(乾命)

⬆ 식상(食傷)에서 재성(財星)으로 변한다. 관성(官星)이 변하여 관성(官星), 비겁(比劫)도 된다. (전반부)결국은 비겁(比劫)으로 되는 것이다.

● 열심히 일해서 기세(氣勢)가 등등하므로 내가 취할 능력(能力)은 있다는 설명인 것이다. 사람이란 빈손으로 왔다가 빈손으로 가는 것이다.

● 노년(老年)까지 재산(財産)관리(管理)를 잘하여, 다 주고 가는 것이다. 그것이 올바른 삶인 것이다.

❷. 억부용신(抑扶用神).

● **억(抑)이란?**

강 압적(强壓的)인 방법이다. 위에서 아래로 누르거나, 강자(强者)가 약자(弱子)를 핍박하는 것이요, 일종의 무력(無力)행사와 같은 방법인 것이다. 회유(回遊)적인 방법으로는 상대의 약점(弱點)을 간파하여, 그것을 빌미로 하여 야비한 방법으로 상대방을 제압하는 것이다. 탁치니 억(餘)하는 것이다. 그릇에 담긴 물을 컵에 따르는 것이다.

● **부(扶)란?**

도와주는 것이요, 이끌어주는 것이요, 옆에서 힘이 되어주는 것이요, 부족(不

足)한 부분(部分)을 채워주고, 어떤 경우는 희생(犧牲)도 마다하지 않는 것을 말하는 것이다. 평지를 흐르는 물 앞에 배수로를 파는 것이다. 그만큼 헌신적(獻身的)인 경우가 되는 것이다. 억(抑)과 부(扶)는 매우 상대적인 경우가 되는 것이요, 배타적(排他的)인 경우이다. 음(陰)이 있으면 양(陽)이 있듯 매사가 그러한 것이다. 강자(强者)와 약자(弱者)가 구별이 되는 것이다.

● . <u>강자(强者)를 다스리는 방법.</u>

용신(用神)의 입장에서 보는 것이다. 용신(用神)을 정할 때는 분명한 것이 있다. 나에게 쓸모없는 존재(存在)는 절대로 택(擇)하지를 않는 것이다.

멧돼지는 돌진을 할 때는 앞, 뒤를 가리지를 않는다. 무조건적(無條件的)이라는 것이다. 일간(日干)이 길(吉)이던, 흉(凶)이던 무조건적이라는 것이다.

요모조모 따지지를 않는 것이다. 개의치를 않는다는 것이다.

어느 정도의 힘은 갖고 있는 것이다. 힘이 부족(不足)하면, 지략(智略)이라도 출중(出衆)한 것이다. 수단(手段)이 있다는 것이다. 해결사(解決士)로서 자격(資格)을 갖추었다는 설명인 것이다.

- 용신(用神)하면 일반적으로 매우 좋은 쪽으로만 생각을 하는데, 그런 선입감(先入感)은 버리는 것이 좋다. 용신(用神)이 자신(自身)을 용신(用神)이라고 불러달라고 요구(要求)하지는 않는 것이다.

- 필요(必要)에 의하여, 필요한 사람이, 자기 입맛에 맞게 정(定)하고, 붙여놓은 명칭(名稱)이라는 것이다. 강압적인 요소가 있는 것이다.

- 용신(用神)이 변화하여 변(變)할 때 일주(日柱)를 생각해서 조금 변하고, 말고 하는 것이 아니다. 등을 돌릴 때는 안녕! 이라는 말도 없이 등을 돌리는 것이다. 자신이 원하지 않았다는 결론인 것이다.

- 어떤 경우에는 뒤통수를 치기도 하는 경우도 있고, 정면(正面)에서 적(敵)을 대하듯 전투(戰鬪)대형(隊形)을 취하는 것이다.

❀ 억부용신(抑扶用神).

● 시위대를 진압(鎭壓)하기위하여 위협적인 동작을 취하여, 시위대의 기(氣)를 죽이기 위한 동작(動作)이나 같은 것이다. 열 받으면 폭력적인 행동(行動)도 불사하는 것이다.

● 그리고 시간이 흐르면 다시 잘못했다고 하면서, 다시 용신 본연(本然)의 위치(位置)로 돌아오는 것이다. 결국 충신(忠信)이지만, 역적(逆賊)의 역할도 한다는 것이다. 본인의 노력이 항상 필요하다는 것이다.

● . 일주가 강(强)할 경우.

일주(日主)의 기운(氣運)이 강(强)할 경우는 폭군(暴君)인 것이다. 이 때의 용신(用神)은 진정한 충신(忠臣)이 되어야 하는 것이다. 직접적(直接的)으로 충언(忠言)을 하여 따지기도 하고, 다른 신하(臣下)들과 힘을 합하여 연합전선(聯合戰線)을 형성하여 반기(反旗)를 들 수도 있고, 무력화(無力化) 시키는 것이다.

● 여기서 전제조건은 일주(日主)를 불능상태(不能狀態)로 만들지는 않는 것이다. 국가가 위기상황인데도 잘 되갑니다, 잘 되갑니다! 하면서 아부성의 발언(發言)만을 일삼다 국가적인 재난(災難)이 닥쳐 큰 위기에 봉착하여서야 잘못됐습니다! 한다면 그것은 용신(用神)이 아닌 것이다.

● 가정(家庭)에서도 아내가 남편(男便)의 방종(放縱)을 제대로 막지 못한다면, 결국 그 가정은 파탄(破綻)이 나고 마는 것이다.

● . 일주가 약(弱)할 경우.

주인(主人)이 주인다운 역할을 못하는 것이다.

빚에 허덕여 부도사태가 발생하거나, 관재(官災), 송사(訟事)로 인해 항상 피해를 보는 것이 다반사인 것이다.

핍박(逼迫)을 받는 사주(四柱)인 것이다. 실질적(實質的)으로 도움이 되는 금전(金錢)이나, 권력(權力), 명예(名譽) 등이 필요하기도 하고, 자문(諮問)이 필요할 경우도 있고, 기술적(技術的)인 도움이나, 육체적(肉體的)인 도움이 필요할 경우도 있는 것이고, 가정적(家庭的)인 문제로 그럴 수도 있고, 여러 사항이 항상 도움이 필요한 경우인 것이다.

일주(日主)를 괴롭히는 기신(忌神)에 해당하는 천간(天干)이나, 지지(地支)를 과감히 척결(剔抉)을 하는 것이다.

이 경우는 용신(用神)이 힘이 강(强)하여야 성립이 되는 경우가 된다.

용신(用神)이 쓸모는 있으나 일주(日主)를 괴롭히는 기신, 방관하는 방해(妨害)자등을 제압할 능력이 없을 경우는, 일주(日柱)와 힘을 합하거나, 응원군(應援軍)을 형성하여 힘을 배가하여 일주(日主)를 돕는다.

강력한 힘을 갖고 있는 경우보다는, 다소 불안한 경우가 되는 것이다.

일주를 괴롭히는 기신(忌神)이나, 적대적이거나, 불순세력의 힘이 막강하여질 경우 괘씸죄로 하여 역(逆)으로 당하는 경우도 생기는 것이다.

용신(用神)이 희신(喜神)의 힘을 보태거나, 때로는 한신(閑神) 및 다른 세력의 힘을 구원받기도 하는 것이다.

가정(家庭)에서 아내의 입김이 지나치게 강(强)하면, 자식과, 식구나, 주변의 힘을 빌려서라도 그것을 다스리거나, 스스로가 능력(能力)과 힘을 배가하여 컨트롤 하여야 가정이 지켜지는 것이나 같은 것이다.

자식을 믿었는데 자식도 아내의 편이라면, 남편은 왕따를 당하는 것이다.

흉운(凶運)인 것이다. 이때의 용신(用神)은 자식(子息)이 아니라, 아주 가까운 사람이나, 본인(本人) 자신뿐인 것이다.

실전사주

| 丁 己 乙 辛 | ⇨ 미(未)월의 기(己)토 일간(日干)이다. |
| 卯 亥 未 亥 | 일지(日支)인 해(亥)수가 변화(變化)를 한다. |

✿ 억부용신(抑扶用神).

건명(乾命)

⬆ 비겁(比劫)에서 관성(官星)으로 변한다.

관성(官星)이 끝까지 가는 것이다. 이 경우는 자기가 강(强)한 세력(勢力)에 종(從)하는 것이다. 종(從)할 경우는 배반(背反)이란 용서가 없는 것이다. 바꿔, 바꿔 인 것이다. 양력(陽曆) 7월이라, 이 해는 윤달이 있는 해이다. 소서(小暑)를 기준하여 살펴보자. 미(未)토라 정(丁), 을(乙), 기(己)로 9, 9, 18 인데 여기(餘氣)에 해당한다. 변화(變化)의 시기(時期)인데, 뜨거운 화기(火氣)가 아직도 여전한 것이다.

🌰 인성(印星)의 기운(氣運)이 강(强)한 것이다. 겉으로는 비겁(比劫)이지만 인성(印星)인 것이다. 그런데 그것이 재(財)와 합(合)하여 관(官)으로 변하는 것이다.

🌰 월간(月干)에 편관(偏官)이 투출(透出)하여 관(官)으로 가는 것이다. 그런데 문제는 충(沖)이 성립(成立)이 되었다는 것이다. 일간(日干)을 극(剋)하지 말라는 것이다.

종 (從)하지 않는다면 인성(印星)을 용신(用神)으로 하여 통관(通關)을 하는 경우로 변화(變化)가 된다. 억부(抑扶)로 사용할 경우, 억(抑)은 식상(食傷)의 기운(氣運)이 약(弱)하여 물 건너간 것이요, 부(扶)를 사용한다고 하여도 인성(印星)밖에는 사용을 못한다.

🌰 관(官)에 종(從)하면서, 인성(印星)을 돌보는 것은 허락(許諾)이 될 것이다. 직장에 다니면서 자기의 공부를 하거나, 소속단체나, 국가에서 학업이나, 연구를 뒷받침을 하여주는 것이다.

🌰 현재 금융업에 종사하는 사람인데, 후일 대학교수, 또는 한 자리를 꿈꾸는 사람이다. 재(財)가 관(官)으로 변하니 금융업, 경제 분야에 종사(從事)하는 것이다.

🌰 시간(時干)에 정인(正印)이 아닌, 편인(偏印)이다. 추천케이스로 자리에 오를 사람인 것이다. 흠이라면 음팔통(陰八通)인 것이다. 거기에 충(沖)

이 있으니 문제가 생기는 것이다. 조상을 잘 받들어야 한다. 뜻이 이루어 지기가 힘든 것이다. 결국은 인성(印星)으로 돌아가는 것이다. 그것이 길 인 것이다.

실전사주

丙	庚	甲	癸
戌	寅	子	亥

⊨ 동짓달의 쇳덩어리이다.

지지(地支)에는 인(寅)목을 놓고 있다.

건명(乾命)

⬆ 일간(日干)이 신약(身弱)하다. 비겁(比劫)이 없다는 말이다. 여기에서 용 신(用神)을 설정하는 경우, 일간(日干)의 상태를 파악하는 것이다.

● 일간(日干)이 매우 신약(身弱)한 편이다. 용신(用神)을 정하는 첫째의 기 준은 무엇이 될 것인가? 설기(泄氣)가 강(強)하니 일단은 튼튼함이다. 주 체(主體)가 살아야 한다는 명제(命題)인 것이다.

● 힘이 강(強)해지는 기본요건을 충족하여야 한다는 것이다.

● 그 역할을 하는 것이 여기서는 용신(用神)이 되는 것이다.

● . 비겁(比劫)이 보이지가 않는다.

술(戌)중의 신(辛)금이 보인다. 인(寅)중 병(丙)화와 암합(暗合)을 하여 수 (水)로 화(化)한다.

▶ 무(戊)토가 지지에 셋이 있는데 각각의 면모(面貌)를 살펴보자.

● 년지 해(亥)수의 무(戊)토, 월지(月支) 자(子)수의 계(癸)수와 무계합을 한다. 화(火)로 작용을 한다. 일지(日支) 인(寅)목의 무(戊)토 ⊨ 월지의 계(癸)수와 합을 하려고 한다. 시지(時支) 술(戌)토의 무(戊)토 ⊨ 변화 (變化)가 없다. 술(戌)중 무(戊)토를 용신(用神)으로 하는 것이다.

시지(時支)의 술(戌)토가 토(土)이기는 하지만, 순도(純度)로 볼 때는 아

    닌 것이다. 언제 금(金)으로, 언제 화(火)로 변화할지 모르는 것이다.

🌑 지장간(支藏干) 간의 관계를 살펴보면 병-신(丙申) 합(合)이 또 발생하는 것이다. 믿을 수 있는 것은 무(戊)토 뿐인 것이다. 인성(印星)으로써 하자가 없는 것이다. 진정한 일꾼인 것이다. 일간(日干)인 경(庚)금에게는 지금 그런 존재(存在)가 필요한 것이다. 상관용인격(傷官用印格)이다.

실전사주

乙	丙	庚	辛
未	寅	子	酉

⇨ 자(子)월의 병(丙)화 일간(日干)이다.

지지(地支)에는 편인(偏印)인 인(寅)목이 있다.

건명(乾命)

재성(財星)이 왕(旺)한 사주이다. 여기에서 용신(用神)은 무엇일까?

재 관(財官)이 왕(旺)한 사주라 일단은 신약(身弱)이다.

겨울의 태양(太陽)이라 여름만큼은 그 힘을 강하게 상대에게 적용을 하지를 못한다. 사령(司令)이 임(壬)수이다.

🌑 천간(天干)에 아무런 투출(透出)이 나타나지가 않는다. 일단은 중간에 갑(甲)목이 있는 것이 나을 것 같다. 일지(日支)의 인(寅)목이 자기 역할을 잘하고 있다. 을(乙)목이 천간(天干)에 있으나, 자고(自庫)를 놓고 있으니 어머니에 대한 상심이 많다. 철이 들면서부터는 형국(形局)이 풀린다.

🌑 용신(用神)은 시지(時支)의 미(未)중 정(丁)화가 된다. 부족한 화(火)의 기운을 북돋운다. 인(寅)중의 병(丙)화는 자(子)중 임(壬)수와 충(沖)을 한다.

🌑 **. 억(抑)과 부(扶)에 관하여.**

억(抑)이란 극(剋)이란 의미이다. 강압적으로 누르고, 물리치고, 퇴출시키는 것이다. 당하는 입장에서는 항상 반발감이 생기는 것이다.

부(扶)란 도와주고, 옆에 두고, 떠받드는 것이다. 어르고, 다독거리고, 이쁘다 하고, 그래도 안 되면 매를 드는 것이다. 카멜레온이 되어야 한다는 것이다.

❸. 조후용신(調候用神).

계 절(季節), 기후(氣候), 기상(氣象) 등의 변화로 살펴보는 경우이다. 주된 사항은 한냉(寒令). 조습(燥濕), 풍(風)의 변화(變化)를 말한다. 햇볕정책을 생각하면 될 것이다. 힘에 의한 논리(論理)가 아니다.

- 기상(氣象)의 주기적(週期的)인 변화나, 불규칙한 변화, 그로인한 감각적(感覺的)으로 느껴지는 조짐, 징후(徵候)에 의한 결과를 보는 것이다.

- 이것은 인간(人間)의 힘으로 조절(調節)할 수가 있는 것이 아니다. 한없이 나약한 인간의 단면을 보는 것이다. 언제인가는 인간도 과학적(科學的)으로 이에 대한 가능성(可能性)을 보일수도 있겠지만, 이것만은 손을 안대는 것이 화(禍)를 면할 것이다. 조후(調候)란 글자에 대한 분석을 하여보자.

● 조(調)란?

선 택적(選擇的)인 면에서 본다면 우선적으로 편하고, 안락(安樂)함을 추구하는 것이 인지상정(人之常情)일 것이다. 불편하거나, 견디기 어려운 고통의 환경에서 벗어나려고 하는 발버둥인 것이다. 춥다면 따뜻함을 찾는 것이요, 덥다면 시원함을 찾는 것이요, 목이 말라 갈증을 느끼면 시원한 물을 찾는 것과 같은 것이다. 습(濕)하다면 뽀송뽀송을 찾는 것이다.

● . 조화(調和)와 균형(均衡)의 미(美)를 추구(推究)하는 것이다.

한 쪽으로의 지나친 쏠림을 방지하는 것이다. 어울리지 않으면 서로가 조합(調合)을 이루어 융화(融和)를 꾀하는 것이다. 평행(平行)을 추구하는 것이다. 상부상조(相扶相助)의 전통적인 미학(美學)인 것이다. 품앗이 라는 말이 나오는 것이다.

❖ 조후용신(調候用神).

● . **방어적(防禦的)인 나타남이 강(强)하다.**

일종의 반사작용(反射作用)인 것이다. 강(强)함을 보면 움츠러드는 연약(軟弱)함이 나타나듯 모든 작용(作用)에 대한 일체의 반응(反應)인 것이다.

자기의 것을 지키고, 보호하고자 하는 것도 이와 같은 것이다.

● .**기술적(技術的)인 면이 요구(要求)되는 사항이다.**

숙련(熟練)의 기능(機能)을 요(要)하는 것이다. 서투르면 익숙하도록 하여 능숙하게 하고, 거칠면 다듬어서 부드럽게 하는 것이다.

● **후(候)란?**

직설적(直說的)인 풀이를 한다면 기다림이다. 기다려 판단(判斷)을 한다는 것이다. 묻는 것이요, 시중을 드는 것이라 명(命)을 기다리는 것이다.

조 절(調節)의 기능과, 그 모든 과정(過程)을 두루 섭렵을 하여 좋은 결과를 잉태(孕胎)하는 것이다.

다른 방법과 달리 조후(調候)에는 시간적(時間的)인 면이 많이 강조가 된다.

❶.실전사주

庚	己	戊	丙
午	巳	戌	午

⇨ 술(戌)월의 기(己)토 일간(日干)이다.

지지(地支)에 사(巳)화인 왕궁(旺宮) 을 놓고 있다.

건명(乾命)

⬆ 화(火)토(土)의 기운(氣運)이 지나치게 강(强)하다. 기(己)토 일주(日主)가 불에 뜨겁다. 기(己)토 일주(日主)가 불에 달구어져 뜨겁기만 하다.

사주(四柱) 자체가 토(土), 화(火), 금(金)으로 이루어져있다. 불 먹은 흙이다. 생각 같아서는 물로 뜨거운 기운을 확 잡고 싶지만 그렇게 하여 해결이 될 일이 아니다.

🌑 사주(四柱) 상에서 찾는다면 금(金)을 사용하여 열기(熱氣)를 잡고 싶은

데, 있다면 그것을 용신(用神)으로 잡는 것이다.

- 시간(時干)의 경(庚)금을 사용하여 왕(旺)한 토(土)의 기운을 잠재우면서 뜨거운 열기를 잠재우는 것이다. 토사광란에는 토하는 것이 약이다.
- 지장간(支藏干)을 살펴보면 사(巳)화의 경(庚)금, 술(戌)중의 신(辛)금이 있다. 열기(熱氣)를 가라앉히면서 왕(旺)한 기운을 억제(抑制)하는 이중(二重)의 효과를 노리는 것이다.
- 간지쌍련격(干支双連格)의 사주이다.

❷.실전사주

辛	己	丙	甲
未	丑	寅	辰

⇨ 인(寅)월의 기(己)토 일간(日干)이다.
축(丑)토를 지지(地支)에 놓고 있다.

건명(乾命)

⬆ 위의 사주(四柱)와는 약간의 차이가 난다. 기(己)토 일주(日主)가 신왕(身旺)하다. 이 사주 역시 기(己)토인 흙이 뜨거워져가는 상황이다.

위의 ❶.사주(四柱)와 차이점은 무엇일까? ❷.는 뜨거운 열기가 엄습하더라도 충분히 시간을 갖고 그것을 감내할 수가 있고, 필요에 따라서는 그 열기(熱氣)를 다른 방행으로 돌리거나, 열기를 식히는 방법을 강구할 수가 있는 것이다. 반면에 ❶.의 사주는 지나치게 순식간에 뜨거워지므로, 어찌 다른 방법을 찾아볼 시간이 없는 것이다. 뜨거워진 기운을 추스른 후 신(辛)금에게 보내는 것이다. 인성(印星)으로 기운(氣運)이 들어오면, 여과를 시킨 후, 식상(食傷)으로 기운(氣運)을 보내어 열기(熱氣)를 식히는 것이다.

보내면서 들어오는 기운(氣運)을 받으니, 자연 뜨거움으로부터 벗어나는 것이다. 금(金)이 용신(用神)의 역할을 하는 것이다.

어느 학원 강사의 사주이다. 식신(食神)이 용신(用神)이라 열심히 가르치는 것이다. 식신(食神)이 제대로 작용을 하면 재(財)를 생하고, 관(官)으로 이어지니 등 따습고 배부르니 세상 부러울 것이 없는 것이다.

❖ 조후용신(調候用神).

실전사주 건명(乾命)

庚	丁	壬	癸
子	卯	戌	未

↳ 술(戌)월의 정(丁)화 일간(日干)이다.
지지(地支)에는 묘(卯)목 편인(偏印)이 있다.

⬆ 조후(調候) 역시 음양(陰陽)의 대립(對立)인 것이다. 수화상전(水火相戰)의 양상(兩象)이다. 정(丁)화 일주(日主)가 식상(食傷)과 인성(印星)을 다 자기편으로 어우르면서 화기(火氣)를 넉넉히 하여 자신의 입지를 확고히 한다. 그러다 보니 오히려 화기(火氣)가 강(强)하여지는 느낌이다. 삶이 그리 순탄하지만은 않은 것이다. 상관이 비겁으로 화(化)하지를 못한다.
시주(時柱)에 냉기(冷氣)를 갖고 있으니 크게 염려할 것이 없어진다.

실전사주

丙	乙	甲	癸
子	亥	子	亥

↳ 자(子)월의 을(乙)목 일간(日干)이다.
지지(地支)에는 해(亥)수를 놓고 있다.

곤명(坤命)

⬆ 조후(調候) 역시 음양(陰陽)의 대립(對立)이다. 수화상전(水火相戰)의 양상(兩象)이다. 지나치게 물속에 잠긴 나무이다. 온통 물바다이다.

동 짓 달의 차가운 물속에 머리를 내밀고 있으니 냉기(冷氣)가 극(剋)을 달리고 있는 것이다. 만약 살아난다면 어떻게 해야 살 것인가?
시간(時干)의 병(丙)화가 제 역할을 하여야 하는 것이다. 불이 필요한 것이다. 그런데 사주(四柱)상에서는 불도 가물가물 밤의 태양(太陽)이다.
차디찬 겨울의 커다란 호수에, 물 표면으로 달빛만이 은은히 비치는 형상이다. 살아도 살아있는 것이 아닌 것이다. 겉으로는 흐름이 완만하여도 밑으로는 죽어라, 죽어라 하는 것이다. 이제 후천적(後天的)인 운(運)에서 오는 기회를 맞아야 한다. 그것도 나이가 어느 정도 들어야 하는 것이다. 아직 나이가 있으니 힘들더라도 조금 더 견디면 좋은 날이 있을 것이다.
희망의 빛이 보이는 것이다. 고진감래(苦盡甘來)인 것이다.

④. 병약용신(病藥用神).

사주(四柱)의 아픈 곳을 치료하는 것이다. 질병(疾病)과 치료(治療)의 개념(概念)으로 살펴보는 것이다.

사람이 죽지 않고 계속 산다는 것은 불로장생(不老長生)한다는 것인데, 늙는다는 것은 세포(細胞)가 노쇠(老衰)화 하여 점점 그 기력(氣力)을 상실(喪失)하는 것이다. 그것은 곧 고장(故障)이요, 병(病)으로 연결이 되는 것이다.

사주(四柱)에 있어서도 병(病)을 갖고 있지 않는 사주는 없는 것이다.

추명을 함에 있어서 병(病)과 그 병의 원인(原因)을 찾아 치료법(治療法)을 제시하고, 치유(治癒)를 하는 치료(治療)약을 찾아, 병(病)의 원인을 근본적(根本的)으로 없애고자 하는 것이 병약용신(病藥用神)인 것이다.

사람이 죽지 아니하고 영구히 생명(生命)을 유지할 수가 없는 것처럼, 사주를 추명(推命)함에 있어서 사주(四柱)에 있는 병(病)의 원인(原因)을 100% 정확하게 찾았다면 만사가 하나의 오차(誤差)도 없이 진행(進行)이 될 것이다. 그러나 지구상에는 아직 이와 같이 100%의 완벽(完璧)한 사주감정은 이루어지지 않았고, 앞으로도 영원히 그 기적은 일어나기가 힘들 것이다.

다만 그에 못지않게 연구(研究)와 노력(努力)을 한다는 것 뿐 인 것이다.

● . 병약용신(病藥用神)으로 보는 방법.

● . 병(病)이란?

일반적(一般的)인 생각은 심신(心身)이 아프다는 것, 고통스러운 것, 그것이 제일 먼저 떠오를 것이다. 현대(現代)인은 전부가 다 육체적(肉體的)이든, 정신적(精神的)이든 전부가 다 환자인 것이다.

아무런 근심, 걱정 없이 사는 사람은 이 세상에 아무도 없는 것이다.

❶. 육체적(肉體的)인 면과 정신적(精神的)인 면으로 보는 병(病).

일반적인 병(病)의 제일 큰 분류방법이다. 사주(四柱)에서 병약용신(病藥用神)을 찾을 경우 이 방법을 택하는 것이다.

그래야 밑그림을 그리면서, 서서히 좁혀나가면서 치료를 할 수가 있을 것이다. 음(陰)과 양(陽), 오행(五行)의 분류(分流)에 있어서도 정신적(精神的)인 면과 육체적(肉體的)인 면의 분류(分類)가 이루어지듯, 병(病) 또한 마찬가지인 것이다. 사주에 있어서도 건강(健康)을 위주로 보는 결과가 나오는 것은 당연한 것이다.

● . 육체적(肉體的)인 면으로 볼 경우.

직접적(直接的)인 경우는 고통을 받는 경우인 것이다.

신 체적(身體的)인 결함(缺陷), 그것도 선천적(先天的)인가? 후천적(後天的)인가? 하는 것이 나오는 것이다.

시각적(視覺的)인 장애, 척추장애, 움직임에 있어 불편한 관계일 것이다.

불의의 사고나, 재난으로 인한 경우, 부주의로 인한 경우, 희생(犧牲)으로 인한 경우 작은 부분이든, 큰 부분이든 모두가 이에 해당이 되는데 이 또한 경우가 많은 것이다.

● . 정신적(精神的)인 면으로 보는 병(病)의 관계.

정신적(精神的)으로 이상을 갖게 되는 경우가 일차적(一次的)인 큰 병인데, 눈에 보이지 않는 장애(障碍)인 것이다.

원 인(原因)에는 신체적(身體的)인 장애가 원인(原因)이 될 경우도 있고, 자의든, 타의든 물리적(物理的)인 방법에 의한 경우도 있고, 아닌 경우도 있을 것이고, 병(病)의 원인 또한 다양한 것이다.

🔹 남을 원망하거나, 비방하고, 미워하고, 증오하고, 근심하고, 걱정하고, 스스로 자신을 괴롭히는 것도 병이고, 좋지 않은 버릇이나, 습관, 단점도 해

당하고, 욕심, 야망을 갖는 자체도, 이 또한 모두 병(病)인 것이다.

🍄 잠재의식, 정신적인 하자 등등 그 종류도 무수히 많은데 모두 이 정신적 (精神的)인 병(病)으로 보는 것이다. 오히려 육체적(肉體的)인 병(病)보다는 더 까다로운 것이 정신적인 병인 것이다.

🍄 음(陰)과 양(陽)은 서로가 각자를 갖고 있고, 긴밀한 관계(關係)가 있듯, 병(病) 또한 서로 간에 유기적(有機的)인 관계로 오가는 것이다.

실전사주

乙	癸	庚	辛
卯	巳	子	卯

↪ 자(子)월의 계(癸)수 일간(日干)이다.
지지(地支)에는 사(巳)화를 놓고 있다.

건명(乾命)

⬆ 금(金),수(水) 냉(冷)의 습(濕)한 사주이다. 사주(四柱)가 지나치게 냉(冷)한 것이다. 병(病)든 사주인 것이다. 냉기(冷氣)가 수생목(水生木)하여 목(木)으로 흡수(吸收)가 되지만 음지(陰地)의 나무라 제 역할을 못하는 것이다. 좀 더 확실한 양(陽)의 기운(氣運)인 온기(溫氣)가 필요한 것이다. 그나마 일지(日支)에 사(巳)화가 있으니 다행인 것이다.

실전사주

庚	庚	辛	己
辰	寅	未	酉

↪ 미(未)월의 경(庚)금 일간(日干)이다.
지지(地支)에는 편재(偏財) 인(寅)목이 있다.

건명(乾命)

⬆ 경(庚)금 일간(日干)의 기운이 강하다. 사주(四柱)가 지나치게 편협한 것이다. 일간(日干)이 비겁(比劫)이 많다 보니 지나치게 강(强)하게 변하였다. 쇠가 너무 단단하다보니 아무것이나 자르려는 기색(氣色)이 역력하다. 아무나 붙들고 시비(是非)하려는 것이나 같은 것이다. 쇠가 지나치게 강(强)하다 보니, 녹여서 쓸 수가 없는 것이다. 타산(打算)이 맞지가 않는다. 소귀에 경 읽기인 것이다. 나무는 잘리고, 불은 꺼지고 약발이 안 받는다. 나무에 열매

가 지나쳐, 가지가 찢어지는 것이 아니라 나무 자체가 쓰러진다. 공협격(共挾格)의 기운이 그나마 형성이 되니, 세상에 죽으라는 법은 없는 모양이다.

❺. 통관용신(通關用神).

막히면 뚫어주고, 치워주고, 흐름을 원활히 하여주는 것이다.
중간에서 중개업을 하는 것이나 같은 것이다. 중이 자기머리 못 깎는 것이나 같은 것이다. 서로가 다툼을 벌이고 있다면, 누구인가가 중재(仲裁) 역할을 하여주어야 하는 것이다.
선뜻 나서기를 꺼린다면 찾아가서 부탁(付託)을 하고, 종용(慫慂)을 하는 것이다.

● . **통(通)이란?**
🔘 장애물(障碍物)로 인(因)하여 가로 막힌 것을 제거하고, 서로가 원활하게 왕래(往來)할 수 있도록 편의(偏意)를 제공하는 것이다. 보이지가 않는다면, 잘 보이도록 환히 빛을 제공하는 것이다.
🔘 힘이 미치지가 않을 경우, 그 영향력(影響力)이 충분히 반영(反影)이 되도록 하여 주는 것이다. 흐르더라도 무탈하도록 보살펴주는 것이다.

● **관(關)이란?**
막무리를 하는 것이다. 열린 것은 닫고, 흐트러진 것은 추스르고, 모자라는 것은 보완을 하고, 일의 흐름에 대한 결과가 잘되도록 힘쓰는 곳이다. 기관(機關)이요, 장소(場所)인 것이요, 시간(時間)인 것이다.
남북(南北) 간의 미묘한 차이점을 협상으로 타결을 하는 것이다.
부부간의 다툼을 자식이라는 존재가 소리 없이 해결하는 것이나 같은 것이다.

● . 통관(通關)용신의 판단(判斷)하는 관점(觀點).

❶. 과다(過多),과소(過小)로 인한 흐름의 막힘을 원활하도록 한다.

❷. 억부(抑扶), 조후(調候), 등을 이용한 흐름의 유통(流通).

실전사주

戊	丙	甲	癸
戌	午	寅	卯

▷ 화기(火氣)가 지나친 신왕(身旺)한 사주다.

　사주(四柱)가 지나치게 조열(燥熱)하다.

건명(乾命)

- 조열(燥熱)하니 그 기운(氣運)을 감소(減少)시키는 것이 급선무이다.

- 모든 것이 스스로에 막혀 있는 것이다.

- 시간(時干)의 무(戊)토가 그 흐름을 계속하도록 이어준다. 종강격(從强格)에서 종왕격(從旺格)으로 이어진다. 진정한 흐름은 계속 이어지는 것이다.

실전사주

戊	庚	庚	戊
寅	戌	申	午

▷ 조후(調候)로 살펴보는 것이다.

　화금상전(火金相戰)의 양상(兩象)이다.

건명(乾命)

- 화금상전(火金相戰)일 경우는 토(土)가 중간에서 중재(仲裁) 역할을 하는 것이다. 토(土)가 용신(用神)이 되는 것이다. 통관용신(通關用神)인 것이다.

- 지지(地支)의 목(木)과, 토(土)가 화(火)로 변화(變化)한 것이다.

- 화(火) ▷ 토(土) ▷ 금(金)의 연결이 이루어진다.

❻. 기타 종합적(綜合的)인 방법(方法)으로 찾는 용신(用神).

위의 방법을 주로 하기에는 약간의 혼란(混亂)이 있어, 전체적으로 각각의 장단점(長短點)을 이용하여 판단(判斷)하는 방법이다. 실전사주를 참조하자.

아름다운 사진도, 풍경도 지나치게 확대되면, 그 본연(本然)의 맛이 사라지는 것이다.

본질(本質)에 대한 해석(解釋)이 달라지는 것이다.

용신(用神)도 마찬가지로 품격(品格)이 떨어지는 것이다.

제 3 장

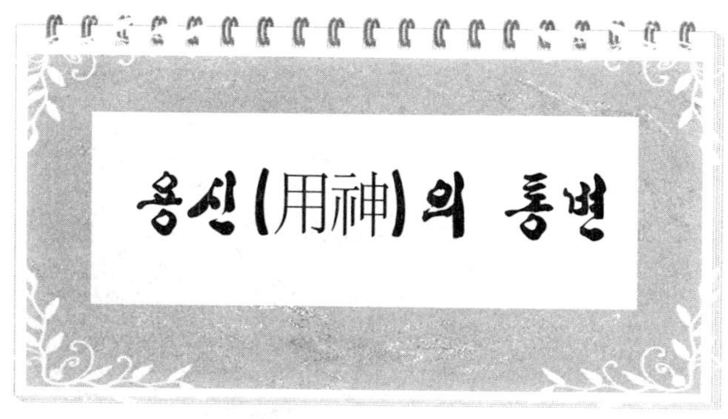

용신(用神)을 정(定)하였을 경우, 사주(四柱)의 전체적(全體的)인 특징(特徵)은 어떠한가?

그리고 통변(通辯)은 어떻게 하는 것이 정확한가를 살펴보는 것이다.

육친(六親) 별로 살펴보았을 때, 그 육친(六親)에 해당하는 사항을 설명하면 될 것이다.

전체적인 설명을 각각 분류하여 보자.

격국(格局)을 정한 후 용신(用神)이 정(定)하여지면 그에 적합한 통변(通辯)이 있어야 하는데, 최대한 현실에 접근하는 방식으로 다가서보자.

생각이 다 다르기 때문에, 말도 다 달라지는 것이다.
통변(通辯)도 마찬가지인 것이다.

❑ 용신(用神)의 통변(通辯).

❑. 용신(用神)의 통변(通辯).

❑. 육친(六親) 별로 살펴보는 용신(用神)의 특징(特徵)과, 변화(變化).

1. 인수(印綬) : 인성(印星)

2. 비겁(比劫).

3. 식상(食傷).

4. 재성(財星).

5. 관살(官殺

● .용신(用神)의 통변(通辯).

용신(用神)을 정(定)하였을 경우, 사주(四柱)의 전체적(全體的)인 특징(特徵)은 어떠한가? 그리고 통변(通辯)은 어떻게 하는 것이 정확한가? 를 살펴보는 것이다. 육친(六親) 별로 살펴보았을 때, 그 육친(六親)에 해당하는 사항을 설명하면 될 것이다. 전체적인 설명을 각각 분류하여 보자.

국(格局)을 정한 후 용신(用神)이 정(定)하여지면, 그에 적합한 통변(通辯)이 있어야 하는데 최대한 현실(現實)에 접근하는 방식으로 다가서보자. 한 번 정하여진 것으로 끝이 나는 것이 아닌 것이다. 세 번의 변화를 거친 후에 결론이 나오는 것이다. 이것이 용신(用神) 삼단계인 것이다.

- 용신(用神)은 사주(四柱)의 길을 인도(引導)하고, 불을 밝혀주는 삶의 지표(指標)가 되기도 하는 것이다.

- 통변(通辯)에서는 자연 그에 대한 많은 설명(說明)과, 이해(理解)에 대한 정확한 판단(判斷)이 필요한 것이다.

- 상대방이 편안한 상태에서 충분(充分)히, 알기 쉽게 설명(說明)을 하여 내용과 비전에 대한 납득(納得)을 하고, 그에 따른 충실(充實)한 실천(實踐)이 따라야 하는 것이다.

- 용신(用神)이 정(定)하여 지면, 이것을 체로 하고 그에 대한 특징(特徵)과 성향을 분석을 해야 한다. 그리고 변화에 대한 상황을 용(用)으로 하여 변화를 종합하여 결론을 내는 것이다.

- 육친(六親)별로 분석(分析)을 하여, 그에 합당한 추명(推命)을 하도록 하자. 일차적인 변화에서, 이차적인 변화를 구성하여 삼차적인 변화를 종합하여 일간(日干)과, 용신(用神)과, 전체적인 흐름의 상관관계를 통변(通辯) 하는 것이다.

● .육친(六親)별로 보는 용신(用神)의 특징(特徵)과, 변화(變化).

육친(六親)별로 용신(用神)이 정(定)하여 지면 기본적인 그 특성(特性)을 분석하고, 운(運)에서 다른 육친(六親)이 올 때 어떠한 변화가 생기는 가를 판단하는 것이 추명(推命)이다.

아주 작고 세밀한 부분까지는 많은 시간과, 경험, 연구가 필요하다.

일반적(一般的)으로 용신(用神)과, 운(運)과의 변화를 판단할 정도만 된다면 일단 큰 걱정은 덜어지는 것이 된다. 변화(變化)의 흐름을 정확하게 짚어낼 수가 있기 때문인 것이다. 이제 그 기본적(基本的)인 변화(變化)를 살펴보자.

여기에서 주의할 것은 육친(六親)이라는 그 자체에 대한 단순(單純)한 해석이 아니라, 이제는 한 단계 앞으로 더 나아가는 것이다.

- 용신(用神)과 육친(六親)과의 관계(關係)를 살피는 것이다.
- 길신(吉神)이 흉신(凶神)으로 변하고, 흉신(凶神)이 길신(吉神)으로도 변화(變化)하는 것이다.
- 일반적인 육친(六親)의 의미(意味)가, 흉(凶)으로 작용(作用)을 하느냐? 길(吉)로 작용(作用)을 하느냐? 를 살피는 것이다.
- 평양감사도 자기가 하기 싫으면 그만인 것이다. 아무리 내가 짝사랑 한다고 하여도 상대가 나 몰라라 하면 그만인 것이다.
- "열 길 물속 깊이는 알아도 한 길 사람 속은 모른다고 하였던가? 겉 다르고, 속 다른 것이다. 이제부터는 냉정하게 그것을 판단하는 것을 살피는 것이다. "법 없어도 산다."는 사람은 주변(周邊)에서 평가하기를 물로 본다는 설명이나 같은 것이다. 결코 좋은 말만은 아닌 것이다.
- 용신(用神)에서의 통변(通辯)은 바로 그것이다. 단순하게 "길성(吉星)이니 좋겠지", 하는 것이 아니라 확실하게 짚고 넘어가야 한다는 것이다.

외모나 겉모습이 비호감이라고 모든 면에 비호감인 것은 절대아니라는 것이 다. 비(非)호감(好感)일 때는 그만한 경계를 하거나, 조심스러워지고, 정겨움이 덜 하는 것은 사실이다. 그러나 그런 선입감에 얽매이다보면 많은 것을 잃는 것이고, 호감(好感)이 간다고 하여 맹목적(盲目的)인 다가섬은 그만큼 큰 위험이 도사리고 있는 것이다. 통변(通辯)도 마찬가지인 것이다.

1. 인수(印綬) : 인성(印星)

인성(印星)이 용신(用神)이 되는 것이다. 반복되는 사항이지만 인성(印星)의 특징(特徵)은 상담자의 연령이나, 상황에 따라 골라서 그에 적합한 사항을 골라야 하는 것이다. 문서(文書), 인장(印章)을 의미한다고 하여 갓난아기에게 문서를 조심하라는 등의 이야기는 아닐 것이다. 요사이는 어린이 주식부자도 있으니 말이야 되기는 된다.

건강(健康)에 해롭다면 이불을 잘 덮어 주라던가, 옷을 단단히 입혀서 감기를 예방하라는 이야기가 될 것이다. 청결(淸潔) 또한 첨가되는 사항이다.

● . 인수(印綬)가 용신(用神)일 경우는, 그 반대로 생각을 하여야 한다.

사 주(四柱)의 성향(性向)이 인수(印綬)의 특성(特性)과는 정반대(正反對)라, 인수가 필요하다는 이야기인 것이다.

인수(印綬)의 성향(性向)이 지나치게 나타나는 사람은 인성(印星)을 오히려 버려야 하는 것이다.

필요로 하는 사람의 성향(性向)을 배워야 한다는 것이다. 고로 용신(用神)이 될 경우와, 그 특성(特性)은 불가분(不可分)의 관계로 나타나는 것이다.

● . 인수(印綬)가 필요(必要)한 사쥬(四柱).

사주(四柱) 감정(鑑定)을 어느 정도 하다보면, 굳이 사주의 원국(原局)을 작성하지 않아도 대략 그 사람의 특성을 통하여 사주의 성격을 알 수 있는 것이다.

관상(觀相)도 많이 보다보면 척하는 식으로, 사주의 감정도 관상과 겸하여 볼 수가 있게 되는 것이다. 무작정 만세력만 들고 이것저것 물어보는 것보다, 일단 상담자를 살피면서 그 사람의 특징을 잡아보는 것이 상담의 첫 번째 할 일인 것이다. 무엇이든 답은 항상 가까우면서도 엉뚱한 곳에 있는 것이다. 그리고 나면 여유(餘裕)를 갖고, 상담(相談)을 할 수가 있는 것이다.

● . 인성(印星)이 용신(用神)으로 필요한 사주의 특성.(상법으로 본다.)

● 사람이 조급(躁急)하면, 침착(沈着)함이 필요한 것이고,

● 예의(禮儀)가 없으면, 예의(禮儀)를 갖추어야 하고,

● 지저분하다면, 청결(淸潔)하여야 하고,

● 지출(支出)이 심하면, 저축(貯蓄)을 습관화하여야 하고,

● 무슨 일을 하여도 파고드는 성격이 아니고, 입에 넣어주고 손에 쥐어주어야 움직이는 성향이고, 남이 하여놓은 일을 보면 과소평가하고, 비난을 하고, 뭉개고, 아는 것도 없는 놈이 잘난 체는 맡아 놓고 하고,

● 운전을 하여도 과속이요, 불법운전은 당연시 하고, 주차를 하여도 염치없이 하고, 사고 나면 큰 소리를 지르면서 "목소리 큰 놈이 이긴다."고 우기고, 못 된 놀부의 행세(行勢)는 다하는 인간인 것이다.

● 주차를 하여도 남의 집 옆에 주차를 한다면 "잠시주차는 아름답지만 장기주차는 추한 것"이다. 아무리 떠들고 욕을 써 붙여도 "처음이라 몰랐다면서 미안하다면 그만 인 것이다. 그것이 요즈음 서민들의 행태이다.

⬤ · 학생(學生)에게는 공부요, 진학(進學)문제인 것이다.

"학창시절에 학업에 열중하지 않으면 평생 후회한다." 는 말을 우리는 어려서부터 귀에 못이 박힐 정도로 많이 들었을 것이다. 그러나 그 말을 제대로 귀담아 듣는 학생이 과연 얼마나 될 것인가? 우리 자신부터 곰곰 생각을 하여 보자.

"공부가 인생의 전부가 아니잖아요?"

그럼 무엇이 인생의 커다란 밑그림을 그리는 것일까? 무엇이 인생을 좌우하는 것일까? 그것은 각자가 정한 목표요, 가는 길에 따라 다른 것이다. 다만 그 가운데서 공통분모(共通分母)를 찾아 그것만은 갖추어보자는 이야기인 것이다. 결국에 끝에 자리하고 있는 것은 인성인 것이다. 교육에서도 왜 인성교육을 중요시하는 것일까? 속뜻은 달라도 결론은 같은 것이다. 그만큼 중요하고, 세상을 지키는 버팀목인 것이다.

- 학창시절 죽어라고 공부 안하는 사람은 인성(印星)이 없거나 부족(不足)하지만 인성(印星)과는 거리가 먼 사람인 것이다.

- 조금만 노력을 하여도 성적이 팍팍 올라가는 학생은 실로 인성(印星)이 용신(用神)인 것이다.

- 아무리 노력을 하여도 안 되고, 두들겨 패도 안 되는 경우, 인성(印星)이 용신(用神)이 아니다. 다른 길을 택하여야 하는 것이다.

- 타이르고, 순순히 말하여도 안 되는 사람은 스스로 체험을 통하여 느끼고 깨우치도록 하여야 한다.

- 어릴 적 그렇게도 속 썩이고 하던 아이가 성장하여 딴 모습으로 변한 경우는 여러 경우가 있겠지만, 후(後)에 인성(印星)이 작용을 한 것이다.

- 운(運)에서의 변화 등 등 여러 방면으로 생각을 할 수가 있는 것이다. 응용(應用)의 과정은 시간이 흐르면 어느 정도 스스로 터득이 가능할 것이다. 여기서 말하는 인성은 단순한 면을 본 것이다.

● .인수(印綬)는 무조건적인, 강압적(强壓的)인 의미가 강(强)하다.

일종의 강요(强要)인 것이다. 주국(柱國)적인 요소를 갖고 있는 것이다.

국가(國家)를 지탱하는 기둥이요, 주춧돌과 같은 것이다.

원효대사가 "하늘을 받칠 기둥을 베어오겠다."는 의미인 것이다. 바칠 터이니 달라는 뜻이다. 관(官)을 득(得)하여 권(權)을 갖겠다는 뜻도 있는 것이다.

일 주(日主)라는 집을 버티고, 지탱(支撑)하는 기둥과도 같은 존재인 것이다. 무시할 수가 없는 존재인 것이다. 당연히 묵시적(黙示的)인 강요가 뒤따르는 것이다. 또한 요구(要求)사항(事項)도 나오는 것이다. 어떤 요구사항일까?

- 식상(食傷)을 극(剋)하니 쓸데없는 경거망동(輕擧妄動)을 하지 말라는 것이다. 촐싹거리지 말라는 것이다. 능력과 재주를 겸비하였어도 점잖게 앉아서 공자 왈, 맹자 왈 하라는 소리인 것이다.

- 이런 경우는 인성(印星)이 강(强)하여 솎아내야 하는 경우인 것이다. 인성(印星)으로 인한 피해(被害)가 속출하고 있는 것이다. 어떤 이는 모자라서 난리인데 말이다.

● . 인성(印星)이 필요한 사람은 어떨까?

- 작은 재주 갖고, 큰 재주인양 까부는 사람. 대체적으로 소인배들이 많다.
- 별 볼 일 없는 직책에 앉아, 밥통이나 닦고 있는 그런 사람인 것이다.
- 하루 강아지 범 무서운 줄 모르는 사람이 것이다. 입이 싸고, 점잖지가 못하다. 배움이 모자라, 생각이 신중(愼重)하지가 못하다. 입으로 먹고사는 사람들은 겉으로 아는 유식(有識)한 것 같으나, 실질적으로 보면, 대체적으로 간판이나 내걸고 있는 속빈 강정이 많은 것이다.

🔘 인생(人生) 공부를 많이 하여야 할 사람들인 것이다. 진실(眞實)로 알 찬 사람들은 입으로 먹고 살지를 않는다.

⚫ **. 예의(禮儀)를 숭상(崇尙)한다.**

짐승이란 우리에 가두어두면 자연 순(純)하게 된다. 난폭(亂暴)함도, 맹렬(猛烈)함도, 분주(奔走)함도 시간이 지나면서 다 잠들어버리는 것이다.

인성(印星)이란 이와 같이 길들이는 재주가 있는 것이다. 순응(順應)하도록 만드는 것이다. 그것을 미덕(美德)으로 하는 것이다.

상 명하복(上命下服), 인의숭상(仁義崇尙)----- 그 대상인 부모님, 어른, 선생님, 윗분, 상사, 선배, ---------하극상(下剋上)을 용서하지 않는 것이다. 예를 지나치게 갖추다보니 의상(衣裳), 외모(外貌) 또한 남다르게 신경을 쓴다. "옷이 날개여!" "항상 깨끗한 것이 좋아!" 사람이 자연 까다로운 것이다. 유행에 민감하고, 멋을 아는 사람들인 것이다.

⬆ 위의 성향(性向)이 강(强)한 사람은 인성(印星)이 오히려 독(毒)이 되는 경우인 것이다. 식상(食傷)과, 재성(財星)이 필요한 경우로 변화(變化)하는 것이다.

⚫ **. 최대의 단점(短點)인 결단력(決斷力)의 부재(不在)가 드러난다.**

지나치게 순박(淳朴)하고, 고지식하고, 예의(禮儀)를 지나치게 따지다 보면 자꾸만 망설이게 된다. 이것저것 따지고, 견주다보니 순간포착에서 늦어지는 것이다. 순발력과 과감한 판단력이 필요하여지는 것이다. 항상 막차를 타는 것이다. 돌다리를 하도 두드리다 보니 돌다리가 무너지는 것이나 같은 것이다. 주식투자(株式投資) 에서도 이런 성향이 강(强)한 사람들이 항상 깡통에 뒤통수를 맞는 것이다.

부동산에서도 마찬가지인 것이다. 눈치 빠른 사람들은 빠지는데, 그때 이 사람은 끼어든다. "항상 안전한 것이 좋은 것이여!" 하면서 말이다.

물건을 고르면서도 이것저것 유난히 만지거나, 뜯들이면서 물건을 사는 사람.

- 위의 성향(性向)들이 강(强)한 사람은 인성(印星)이 지나치게 많은 사람이다. 반대로 생각을 한다며 인성(印星)이 없는 사람인 것이다.

- 꺼꾸로의 행동이 필요한 사람인 것이다. 의식(意識)을 많이 개선하여야 한다. 정작 필요한 사람은 물건을 살 때, 군중심리(群衆心理)에 의하여 덜컥 사고서 바가지 덮어쓰고 후회하면서 남 탓하는 사람. 인성(印星)이 용신(用神)인 사람인 것이다. 지나치게 발 빠르게 움직이다 자기 꾀에 넘어가는 사람,

- 조금만 이익이 남아도 물건을 팔아치우는 사람,

- 씀씀이가 헤프고 뻥이 심한 사람.

● . <u>**식사 습성(習性)으로 보는, 인성(印星)이 용신(用神)인 사주.**</u>

식사(食事)와 관련이 되는 사항이다. 음식(飮食)을 먹는 것을 보고 판단을 하는 것이다. 음식(飮食)은 재성(財星)이다.

일 주(日主)가 신약(身弱)하고 재성(財星)이 강(强)한 경우, 비겁(比劫)이 용신(用神)이 되는 경우도 있지만 인성(印星)이 용신(用神)이 되는 경우도 많다.

뒤에 사주(四柱)를 놓고 설명을 하겠지만, 일단 상학(相學)적인 면으로 살펴보자. 재다신약(財多身弱)인 경우가 많다.

재성(財星)에 종(從)하는 경우도 간혹 이에 해당이 된다.

● **일단 같이 음식을 놓고, 식사 하는 일 자체가 거북하다. 구체적인 사항을 예를 들어 설명을 하여보자.**

- 우선 식사할 경우 똑바로 앉아서 식사를 하지 않는다. 자세 자체가 기울어져 있거나, 한 손을 바닥에 기댄 채로 식사를 한다.

- 뜨거운 음식을 잘 못 먹는다. (식은 음식을 좋아한다.)

- 후루룩 소리가 유난히 커 귀에 거슬린다.

- 머리를 음식으로 향한다. 음식을 떠서 입으로 가져오는 것이 아니라, 입이 음식 쪽으로 쫓아간다.

- 뜨거운 음식을 먹으면, 그 다음의 소리와 표현이 유별나다.

- 수저로 빈 그릇을 긁는 소리가 크다.

- 여성의 경우 주방을 보면 안다. 먹는 것보다 버리는 것이 많을 정도이다.

- 식(食)의 습성(習性)에 대한 매너가 부족(不足)하다.

- 음식(飮食)의 소중함을 크게 느끼지를 못한다.

● .인성(印星)이 용신(用神)일 경우, 변화(變化)와 대응책

인성(印星)이 용신(用神)일 경우 운(運)에서 오는 변화와, 각 육친(六親)과의 변화에 대한 설명이다. 실질적(實質的)으로 사주를 감명(感銘)함에 있어서 핵심적(核心的)인 사항 중의 하나라고 할 수가 있는 것이다.

이제는 심도(深度) 있는 부분으로 들어가는 것이다.

격국(格局)을 정하고, 용신(用神)을 찾고 하였는데, 각각의 변화(變化)에 대한 대응(對應)을 정확하게 설명하지 못한다면, 쌀을 깨끗이 씻어 불 위에 올려놓고 열심히 끓이다가 물의 양을 잘 못 맞추거나, 뜸을 잘 못 들여 밥을 태우거나, 죽 밥을 만들거나, 밥이 설어 낭패를 당하는 경우가 되어, 그야말로 "죽 쑤어 개주는 격"이 되고 마는 것이다.

이것은 특별한 비법(秘法)도 아니요, 당연히 이 정도는 알고 있어야 하는 사항(事項)들인 것이다.

최소한 이 정도는 알고, 기타 세부적(細部的)인 사항들을 추가로 설명할 정도가 되어야 기본적(基本的)인 상담을 할 수가 있는 것이다.

❶. 인수(印綬) 운(運)이 올 경우의 변화.

인성(印星)이 용신(用神)인데, 인성(印星) 운(運)이 오는 것이다.

항시 기다리던 님 인데, 반가운 소식을 안고 오는 것이다.

귀인(貴人)이 나타나는 것이다. 결재일은 다가왔는데 돈은 없고, 전전긍긍하는데 이 소식을 접한 부모님이 긴급자금을 융통(融通)하여 주는 것이나 같은 것이다.

실전사주

○	己	乙	甲
○	巳	亥	寅

➩ 목기(木氣)가 지나치게 강(强)하다.

일주(日主)가 지나치게 핍박(逼迫)을 받는다.

⬆ 기(己)토 일주(日主)에게 크나큰 시련이다. 해(亥)월의 기(己)토 일간이다. 목기(木氣)가 지나치게 강(强)하니 기(己)토인 흙이 갈라지고, 흩어지고, 전답(田畓)으로의 존재가 어려워질 판이다.

그나마 뿌리에 기생(寄生)하여 겨우 명맥(命脈)을 유지하는 형상이요, 각종 풀과, 울창한 삼림(森林)으로 가득 차 앞, 뒤를 구분하기 조차 힘들 판이다.

무를 솎아내던지, 벌목을 하던지, 태워서 없애던지 좌우지간 무엇인가의 대책(對策)이 필요한 것이다. 혼자서 감당한다는 것은 도저히 힘든 일이다. 이 사주의 상황을 보면, 풀과 숲이 우거져 앞이 잘 보이지 않는 상황이다. 목(木)이 지나치게 왕(旺)하니 나무끼리 부딪혀서 불이 날 정도인 것이다. 저절로 목생화(木生火)하여 화재(火災)가 발생(發生)하는 것이다.

사(巳)중 경(庚)금이 있으니 조금씩은 잘라내어 솎아내고, 병(丙)화가 있으니 어느 정도는 태워서 거름으로 하여 숨통이 트이는 것이다.

🔔 그래야만 기(己)토가 살고 전부가 사는 것이다.

🔔 인수(印綬)인 사(巳)화가 용신(用神)인 것이다.

목생화(木生火)하여 강(强)한 목(木)의 기운(氣運)을 설기(泄氣) 시키는 것이다. 그런데 아직은 용신(用神)인 인수(印綬)의 기운(氣運)이 미력(微力)한데, 화(火)운(運)이 온다면 어떨까? "하이파이브"를 하는 것이다.

엉덩이가 들썩들썩하는 것이다.

완전 대박(大舶)인 것이다. 만사형통(萬事亨通)인 것이다.

여기에서 간편(簡便)적으로 알 수가 있는 것은, 용신(用神)이 아주 강(强)하지는 않다는 것이다. 일반적으로 용신(用神)하면 모든 면에 있어서 만사형통(萬事亨通)하는 것으로 순간적인 착각(錯覺)을 하는데, 용신(用神)이란 정하여진 역할에 불과하다는 점을 알아야 한다는 것이다.

용신(用神)이 나타나있다고 하여 아! 이 사주는 괜찮은 사주(四柱)구나, 물론 희미한 것 보다는 나은 것이 사실이다. 그러나 제대로 밥값을 하는지를 살펴야 한다는 것이다. 용신(用神)이 제 역할을 한다면, 기신(忌神) 또한 확률 상으로 비슷하다고 보는 것이다.

운 (運)이 용신(用神) 편으로 많이 흐르는가?
기신(忌神) 편으로 많이 흐르는 가? 에 따라서 운명(運命)의 판도가 나타나는 것이다. 결론은 용신(用神)이 시작(始作)에 불과하다는 것이다.

🙋 자동차가 고속도로에서 과연 얼마나 운전자의 기대에 부응하는가? 를 가름한다는 것이다. 그리고 실질적으로 중요한 것은 운전자의 안전운행인 것이다. 아무리 성능이 좋고, 모든 것이 완벽하다 하여도 운전자가 조그마한 잘못이라도 저질러 문제가 생긴다면 그것은 운전자의 책임이 더 막중한 것이다.

🙋 기계적(機械的)인 결함이라면 용신(用神)인 자동차의 문제이지만, 아니라면 결국의 모든 책임은 운전자에 국한(局限) 되는 것이다.

🙋 사주의 감정에 있어서 여러 과정을 거쳐서 용신(用神)을 찾았다고 하면 일단 여기에서 긴장이 약간 풀리면서 방심(放心)을 하게 된다. 이것은 본인도 과거에 그리하였고, 많은 사람들을 보더라도 수긍(首肯)을 한다. 이

것은 이제 준비(準備)단계(段階)인 것이다.

격국(格局)을 정(定)하고 용신(用神)을 찾았으니, 이제는 한시름 놓았구나! 하고 마음의 긴장을 늦추는 것이다. 이제는 답이 보인다 하고 말이다. 물론 틀린 말은 아니다. 그러나 실질적(實質的)인 전쟁은 이제 부터이다. 정하여진 격국(格局)에 준(準)하여 용신(用神)을 정(定)하였으니, 이야기의 보따리를 풀면 되는 것이 아닌가? 맞는 말이다. 사주추명(四柱推命)의 순서가 그러한 것이니 당연한 말이다. 이어서 변화(變化)를 살피는 것 또한 정하여진 수순(手順)이니 말이다. 그런데 무엇이 문제란 말인가?

용신(用神)의 변화(變化)에만 지나치게 치중(置重)한다는 것이다. 기타, 다른 요소(要素)들도 보는 것은 누구나 다 당연히 본다. 그러나 스스로 자문을 하여보라! 기신(忌神)의 변화(變化)는 얼마나 살폈는가? 하고 말이다. 한신(閑神), 구신(仇神) 기타는 얼마나 살폈는가 하고 말이다. 사주 추명(推命)시 우리가 살피는 용신(用神)과, 기타와의 관계(關係)를 한 번 짚고 넘어가야 할 것이다.

❶. 인수(印綬) 운(運)으로 살펴보는 전(前), 후(後)의 운(運).

인수(印綬)가 용신(用神)인데, 운(運)에서 인성(印星)운이 온다면 어떻게 해석을 할 것인가?

인수(印綬)는 일간(日干)을 생(生)하는데, 인성(印星)은 그 의미가 다양하다. 일반적인 해석(解釋)의 틀은 항상 좋은 쪽으로 편의상 해석을 한다.

인수(印綬) 자체가 일주(日主)를 도와주고, 어려움을 헤쳐 나가는 귀인(貴人)의 역할을 하는 것이므로 당연한 것이다.

인수(印綬)의 것은, 나의 것이라는 등식(等式)이 성립될 정도로 말이다. 실수는 여기에서 나오는 것이다. 예를 들어 매매수(賣買數)가 있다고 하자.

매매(賣買)란 팔고, 사는 것이다. 일반적인 생각은 새집을 사는 것이요, 증축(增築)을 하는 것이요, 작은 집이 큰 집으로 변하는 것이요, 모두 다 긍정적(肯定的)인 생각만을 한다. 물론 경사(慶事)니 좋은 일임에는 틀림이 없는 것이다. ⇨ 그러나 방법에 문제가 있다는 것이다.

결론(結論)은 흉(凶)이 아닌 길(吉)로 판정이 나지만, 결코 자의적(恣意的)이 아닌 타의적(他意的)인 경우가 문제가 된다는 것이다.

어려움을 벗어나기 위한 방편이요, 억지 춘향인 경우도 있다는 것이다.

● 매매수의 경우.

1-2년 전은 어떠했는가? 를 살피는 것이 안전(安全)으로 향(向)하는 길이다.
재운(財運), 관운(官運)을 보는 것이다. 인수(印綬)년 이전은 관성(官星)의 해요, 그 전은 재성(財星)의 해이다. 이것이 돌아가는 원칙이다.
추후 다른 부분에서도 항상 이러한 것을 알고, 잊지를 말아야 한다.
무리하게 대출을 받아 산 것인가? 다음은 겹겹운(劫運)이다.

재(劫財)일 경우는 탈재현상(奪財現象)이므로 잘못하다가는 낭패를 보는 것이다. 손해를 보고 판다든가, 대출금 이자와 원금을 갚느라고 피똥을 싸는 것이다. 일간(日干)의 기운이 어떠한 가? 를 살피고, 재성(財星)에서 관성(官星)으로의 흐름이 어떠한가도 살피는 것이다.

● 관운이 왔는데 재성과 합화하여 다시 인성(印星)을 괴롭힐 경우.

● 관운이 오면 인성을 생하니 재성의 압박으로부터 벗어나는 것인데, 관이 다시 재성과 합을 하여 재성으로 변화할 경우, 인성자체로는 부담감이 더 하는 것이다. 여우를 피하려고 굴속에 들어갔는데 범을 만나는 격이다.

● 술수를 부리려다 오히려 더 얽이고, 코가 꿰이는 격이다.

● 카드를 돌려막기하다 결국에는 연체가 되는 것이다.

● . 일간(日干)이 신약(身弱)할 경우.

재관(財官) 운(運)에는 당연히 어려운 경우가 많았을 것이다.

물론 특이한 경우, 안 그런 경우도 있겠지만, 그리 많지는 않았을 것이다.

여기서 설명하는 것은 보편타당성을 위주로 한 것이다. 어려운 과정(過程)을 거치고, 그나마 기세(氣勢)를 얻어 어느 정도 형편이 나아진다고 볼 수가 있는데, 인성(印星)운이라 매매(賣買)운인데, 사는 것이 아니다, 파는 운(運)인 것이다. 매매(賣買)라는 단어에 좀 더 신중(愼重)하여야 한다는 것이다.

집 을 팔아서, 주식(柱式)을 처분해서, 동산(動産)을 팔아서, 그 금전(金錢)으로 인하여 곤란한 처지를 벗어나는 것이다.

● 어려움을 벗어나니 패가 풀리는 것이다. 숨통이 트이는 것이다. 그 영향이 일간(日干)에게로 오는 것이다.

● 금전(金錢)으로 시달리다가, 또 일도 잘 풀리지가 않다가 가까스로 운 좋게 매도(賣渡)가 이루어진 것이다. 그것도 한 이년을 고생하다가 말이다. 여기서 잘못 해석(解釋)을 한다면 결과가 완전히 거꾸로 이루어지는 것이다. 이러한 것이 실수를 하는 첩경(捷徑)인 것이다.

● . 일간(日干)이 신강(身强)할 경우.

일 간(日干)이 신강(身强)할 경우는 분명 전에 재미를 보았을 것이다. 재운(財運)이 오니 금전적(金錢的)인 이득(利得)을 보았을 것이고

관운(官運)에는 일도 잘 풀리고, 승진도 하고, 만사형통(萬事亨通)인 것이다.

그러니 자연 매매(賣買)수에서는 내가 취득(取得)을 하는 것이다.

아파트 추첨도 당첨이 되고, 주식(柱式)도 오르고, 송사(訟事)에서도 이겨서 권리(權利)를 되찾고-------꿈같은 시간(時間)의 진행이다.

결과(結果)는 길(吉)로 연속(連續)이 되는 것이다.

● . 경사(慶事)의 경우.

▶ 신약(身弱)의 경우를 보자.

남성(男性)을 기준으로 하여보자. 결혼(結婚)을 앞둔 남성이라면? 재운(財運)에서 여자를 만났다. 여성(女性)에게 투자를 많이 하였다. 관운(官運)이 왔는데 사랑을 고백하여도 잘되지가 않는다. 일이 어렵게 꼬이기만 하는 것이다. 여기저기 맞선도 보고, 소개도 받았는데 결국 당첨은 되기는 되었는데, 썩 내키는 이상형은 아닌 것이다. 그래도 노총각 신세는 면하였으니 그것을 위안(慰安)으로 삼는 것이다.

- 결혼식(結婚式)은 치르는 것이다. 경사(慶事)는 경사(慶事)인 것이다.
- 자녀(子女)가 결혼(結婚)을 하는데, 재산(財産)을 어느 정도 매각(賣却)하고, 일부는 빌리기도 하여, 우여곡절 끝에 무난히 큰일을 치른다.
- 빚이야 질망정, 좋은 일은 일인 것이다.

▶ 신강(身强)의 경우를 보자.

마음에 드는 이상형(理想型)의 이성(異性)을 만나 하루하루가 즐거운 시간의 연속이요, 입이 다물어지지가 않는 것이다.

일도 술술 잘 풀리어 난관이 보이지가 않는다. 힘든 일도 쉽게 풀리어 어려움을 모르니 "매일 오늘만 같게 하여 주십시요!" 하고 즐거운 비명을 지르는 것이다. 여유가 생기다 보니, 보이는 것이 더욱 더 환하게만 보이고, 군주(君主)가 부럽지 않고, 시력장애자가 각막이식(角膜移植) 수술로 밝은 세상을 보는 경우나 같은 것이다.

그 외의 다른 경우도 이와 같은 방법으로 추명(推命)을 하면 된다.

호박이 넝쿨 채 들어오는 것이다. 아내와 지식들이 의기투합(意氣投合)하여 남편을 돕는다. 환경(環境)의 변화(變化)가 긍정적(肯定的)으로 작용을 한다.

칠순잔치에 손님들이 인산인해(人山人海)를 이룬다.

▣ 공통적(共通的)인 경우의 예.

- 건강이 회복이 되어 가정에 만복이 깃든다. 잃어버린 청춘을 되찾는다.
- 새로이 모든 분야에서 업그레이드되는 상황이 이루어진다.
- 패션이 점점 새로워진다. 멋을 더욱 부린다. 유행(流行)에 어울린다.
- 새로운 환경에 빨리 익숙해진다.
- 시세(時勢)가 올라간다. 가치의 상승이 이루어진다.

❷. 비겁(比劫)의 운(運)이 올 경우의 변화(變化).

인수(印綬)가 용신(用神)인데, 비견(比肩)과, 겁재(劫財)가 오는 운(運)이다. 팔이 안으로 굽는다고 인수(印綬)보다는 비겁(比劫)이 훨씬 속도감이 빠르다.

간접적(間接的)인 작용이 아니라, 직접적(直接的)인 반응(反應)을 보이는 것이다. 비겁(比劫)의 운(運)에서는 그 다음을 대비(對備)하는 것이 중요하다. 이제부터는 나락으로 떨어지는 것이다. 신강(身强), 신약(身弱)의 공통 요소인 것이다. 인수(印綬)가 용신(用神)인 사람이 상담을 왔다. "요사이 계속 잘 나갑니다." "사업을 더 확장을 하려고 하는데, 그래도 혹시나 해서 왔습니다." 무조건 말려야 한다. 왜? 신강(身强)하니까 말도 잘 안 듣는다.

"미친 놈!" 하면서 돌아서서 욕을 한다. 자식!, 남이 잘나가면 배가 아픈가? 확장을 한다는 것은 벌써 탈재(奪財)가 시작이 된 것이다.

그 다음은 식상(食傷)으로 넘어간다. 무너지기 시작을 한다는 것이다.

비견(比肩)인가? 겁재(劫財)인가를 판단하여야 한다. 또 다음의 운(運)이 식신인가? 상관인가? 변화는 어떤가? 그것 까지 보아야 하는 것이다.

❶. <u>신강(身强)과 신약(身弱)으로 구분하여 판단하는 경우.</u>

인수(印綬)운의 경우는 신약(身弱), 신강(身强) 구별이 없이 일단은 긍정적(肯定的)으로 모든 것이 변화(變化)하고, 작용(作用)을 한다.

⇨ 그러나 비겁(比劫)의 경우는 확연한 비교가 나타난다.

사물(事物)을 보더라도 관심이 있어 눈여겨보는 것과, 미워서 눈을 흘겨보는 것, 안타까워 보는 것, 사랑하는 눈으로 보는 것처럼 쳐다보는 눈만 보아도 알듯이 신강(身强)과 신약(身弱)의 차이가 확연히 드러난다.

● . 길(吉)과 흉(凶)으로 보는 이단법적(二段法的) 차이.

극(極)과 극(剋)을 달리듯 차이가 현저하게 드러난다.

▶ 신약(身弱)일 경우.

인 수(印綬)가 용신(用神)인데, 비겁(比劫) 운이 온다면 더 좋을 수가 없다. 유통과정을 거치지 않고 직접 산지에서 소비자에게 상품이 연결되는 것이나 같은 것이다. 내 마음은 자신이 제일 잘 아는 것이다.

풍요(豊饒)보다, 무성함이 더욱 일어나는 것이다. 대답을 들어도 긍정적(肯定的)인 대답보다 더 확실하게 오케이라는 답변(答辯)을 듣는 것이다.

- 용신(用神)이 인성(印星)이라면 일단은 신약(身弱)으로 보는 것이다.
- 배가 고픈 사람에게 돈을 주는 것이 아니라, 따뜻한 밥을 직접 지어 한 상 그득 차려주는 것이다. 인성(印星)은 돈을 주는 것이요, 밥상을 차려주는 것은 비겁(比劫)이다. 굶주림의 갈증을 해갈(解渴)시켜 주는 것이다. 인수(印綬)가 용신(用神)이라면 도움이 필요한 것이다.
- 육체적(肉體的), 정신적(精神的), 물질적(物質的), 화학적(化學的), 기타

모든 부분(部分)에 있어서 항상 따뜻한 손길이 필요하다는 것이다. 기본적으로 스스로 뼈를 깎는 각고의 노력이 필요한 것이요, 인정(人情)이 필요한 사람인 것이요, 나이 보다는 생각하는 것이 항상 순수하여 어찌 보면 약간 모자란 듯 보이기도 하는 사람이요, 매사 생각하는 것이 신중하지를 못하고 단순한 사람이요, 깔끔하지도 못한 사람이요, 내지르지도 못하는 사람 인 것이다.

● 삶이 배우는 그 자체인 사람이다. 두뇌는 명석하나, 항상 뒤쳐지는 스타일이요, 게으른 면도 보이는 사람이다.

● 그런데 이런 사람이 한 번 깨우치면 무섭다. 내가 언제 그랬느냐는 식으로 확 달라진다. 대기만성(大器晩成)형인 것이다.

● 식상(食傷)이 지나쳐 인수(印綬)가 용신(用神)인 경우도 있으나, 진상관격으로 흐르는 경우가 대부분이다. 씨알이 안 먹힌다. 오히려 들이미는 스타일이다. 역(逆)으로 훈계(訓戒)를 한다.

● 살다보면 어려울 때도 있고, 훈족(豐足)할 때도 있는 것이다.

● 신약(身弱)의 경우 인수(印綬)가 용신(用神)일 경우, 비겁(比劫)운을 만난다면 전년도에는 인수(印綬)운이라 어찌되었던 좋았던 것이다.

● 그런데 또 비겁(比劫) 운이 오니 엉덩이가 들썩들썩하는 것이다.

● "살다보니 이런 일도 있구먼!" 하면서 말이다. "사람이 항상 궁색(窮塞)하라는 법은 없는 모양이야, 하늘이 돕는구먼!" 하면서 쾌재를 부른다.

● 내일이면 죽을 줄도 모르면서 말이다.

● 시궁창으로 빠지지 않도록 방비(防備)를 하여야 한다.

● . **신강(身强)일 경우.**

인격(人格)이 갖추어지지 않고, 인(仁),의(義),예(禮),지(知)를 헌 옷 취급하는 사람이 감투를 쓰고 개폼을 잡는 격(格)이다.

산(山)의 정상(頂上)에 오르면, 다음은 하산(下山)하는 일 뿐이다.

대게는 항상 정상(頂上)에 오르면 내려가기를 싫어하고, 착각(錯覺)에 젖어 지내는 것이 상례(常例)이다.

정상(頂上)에서 내려와 하산(下山)을 한 후에도, 항상 자기가 정상(頂上)에 있는 것으로 착각(錯覺)을 하고 꿈만 먹고 사는 것이다.

신강(身强)일 경우, 인수(印綬)가 용신(用神)이면 더 이상의 바람은 금물이다. 약간은 부족(不足)함이 느껴지는 삶이 좋은 것이다.

절제를 하면서 유비무환(有備無患)의 이치(理致)를 깨우쳐야 하는 것이다.

비아그라를 장기 복용하는 것이나 마찬가지인 것이다. 나이가 들거나, 정력적인 면에서 기능이 약화(弱化)되었으면 그에 순응(順應)을 하고 분수에 맞게 지내는 것이 도리인 것이다.

물론 어느 정도 그런 생각이 드는 것은 당연한 일이지만, 자제(自制)를 할 줄 아는 지혜(智慧)가필요한 것이다.

● 공통(共通)으로 상용(常用)되는 사항.

- 정상이란 오를 때 보다 내려올 때가 더 위험한 것이다.

- 등반사고는 하산(下山) 시에 사고(事故)가 더 많이 일어나다.

- 항상 단속하는 일에 열중을 하여야 한다.

- 콩 한 쪽이라도 나누는 음덕(蔭德)을 베풀어야 곤경(困境)과, 어려움을 면한다. 새로운 일의 시작은 절대 금물이다.

- 작년, 올 해가 좋았으니 내년도 좋을 것이라는 장밋빛 환상은 금물이다.

- "한 해 정도는 안 되어도 버틸 여력이 있으니 괜찮아!" 하고 호기를 부리지 마라. 계속 내리막길로 이어지는 것이다. 삼세번 하다가 사람 잡는다.

- 인수(印綬)가 용신(用神)일 경우 사업 확장(事業擴張)은 항상 심사숙고 하여 결단(決斷)을 내려야 한다.

실전사주

甲	甲	癸	丁
戌	午	丑	酉

⇨ 축(丑)월의 갑(甲)목 일간(日干)이다.

오(午)화가 커다란 작용(作用)을 한다.

건명(乾命)

⬆ 갑(甲)목 일간(日干)의 사주이다. 화, 금(火金)이 상전(相戰)인 사주(四柱)이다. 토(土)인 재(財)의 작용이 참으로 무서운 일을 한다.

2003년 계미(癸未)년 후반기에 인수(印綬)운 후반기에 화재로 인하여 사업이 흔들렸던 사람의 사주인데 비겁(比劫)운에 결국 두 손을 들고 말았다. 여기에서 2002년인 임오(壬午)년을 보자. 인수(印綬)가 용신(用神)이기 때문인 것이다. 지나친 사업확장(事業擴張)을 추진한 해이기도 하다.

그 후 공장 부지를 더 넓히라는 주변의 의견을 무시하고, 새로운 기계의 교체를 단행하였다.

당시는 일감을 쌓아둘 장소가 비좁을 정도로 일이 잘되었던 시기이다.

염색(染色)을 하는 하청공장(下請工場)이라 외국인 근로자도 기숙사를 만들어 따로 지어서 대우 할 정도로 잘 나갔다. 24시간 완전 풀가동한 상태이다.

그래서 보험관계도 확실히 하여 모든 만반의 준비를 갖추었다.

문제의 발단은 장소가 비좁아 옆의 공지(空地)를 살 것인가? 아니면 기계(機械)를 교체하고, 추가로 도입하여 빨리 물량을 소화할 것인가가 과제였다.

양자택일(兩者擇一) 중 본인이 의견은 옆의 공지를 넉넉히 가격보다 조금 더 주더라도 매입하라고 권하였다.

지역은 경기도 지역이었는데 당시는 땅값이 그렇게 비싼 편은 아니었다.

그곳의 사장님은 심사숙고한 끝에, 직원들과 의논을 한 결과를 알려왔는데, 기계의 구입과 추가 구입으로 정하였다는 것이었다.

모두의 의견이 그렇다는데 할 말이 없었다. 그리고 바쁜 몇 달이 지났다.

어느 날 새벽 불길한 소식을 접하게 되었는데 공장에 불이 났다는 것이었다.

많은 원단들을 안과 밖에 쌓았었는데 공장밖에 쌓아 놓은 가건물의 원단들이 다 타버렸다는 것이었다.

한 밤중에 일어난 화재(火災)이고, 워낙 불길이 강(强)하여 다 태워버린 것이었다. 다행스러운 것은 공장안의 물건들은 모두가 안전한 것이었다.

그런데 물량은 밖에 쌓아둔 것이 엄청난 것이었던 모양이다.

보험에 가입이 되었으므로, 그나마 인명사고(人命事故)도 없고 하였으니 다행이려니 생각을 하였는데 문제가 발생을 한 것이다.

공장 안쪽은 보험혜택을 받을 수가 있는데, 공장 밖의 가건물의 상황은 보상(補償)에서 제외(除外)된다는 소식이었다.

그 이후로 차차 기울더니 어느 날 청산(淸算)하였다는 소식(消息)을 접하고 마음이 착잡하였다.

어느 정도 시간이 흐른 후 지방에 계신 그 분과 연락이 닿았다.

격려의 이야기와 안부이야기를 나누고 연락이 끊어진 후 지금 까지도 소식이 단절이 된 상태이다.

전화번호가 전부 바뀌어 연락이 안 되는 것이다. 지금도 불연 듯 가끔 생각이 나는 분이다. 아마 머지않아 연락이 올 것이라 생각이 된다.

이 이야기의 핵심은 이러한 것이다.

인 수(印綬)가 용신(用神)인 사주에서는 기회가 된다면 확장보다는 안정성을 위주로 하여 터전을 확보하는 것이요, 예비금을 항상 가자고 있어야 한다는 것이다.

- 인수(印綬)운이라 잘 나가는 것은 당연한 것이고, 비겁(比劫)운에는 조심을 하여야 하는데 그것이 잘 안되었다는 것이다.

- 지나친 과욕과, 승부근성이 화(禍)를 부른 경우 이었다. 대체적으로 이런 경우 사람들은 여기 사주의 주인공과 같은 선택을 하는 경우가 많다. 어느 정도 이해(理解)는 한다. 그러나 진정한 프로는 잘 나갈 때 항상 돌다

리를 두드리는 법이다. 그것이 순리(順理)인 것이다. 더구나 인성(印星)이 수(水)이므로 더더욱 그러한 것이다. 흘러야 하는 것이다. 때로는 넓은 바다로 말이다.

● 공간도 때로는 필요한 것이다. 골이 깊어지면, 옆이 항상 무너지는 것이다. 작은 충고에도 귀를 기울일 줄 아는 여유도 필요한 것이다. 왜 그럴까? 하고 다시 한 번만 생각을 하였어도 좋았을 터인데, 그 때 내가 좀 더 강력(强力)하게 말려야 할 것을 못한 것이 죄스럽기도 한 경우이다.

● 대운(大運)과, 세운(歲運) 기타 여러 문제에 관한 것은 기회(機會)가 되면 다시 논(論)하기로 하여보자.

❸ 식상(食傷)운 일 경우의 변화(變化)는 어떨까?

인수(印綬)가 용신(用神)인데, 식상(食傷) 운(運)일 경우에 대한 설명인 것이다.

● 정인(正印)은 상관(傷官)을 극(剋)하고,

● 편인(偏印)은 식신(食神)을 극(剋)하는 도식(倒食)인 것이다.

실전사주

乙	庚	壬	癸
酉	子	戌	丑

⇨ 술(戌)월의 경(庚)금 일간(日干)이다.

지지(地支)에는 자(子) 수를 놓고 있다,

건명(乾命)

⬆ 경(庚)금 일간(日干)의 사주이다. 용신(用神)은 무엇일까? 한로(寒露)를 기준하여 무(戊)토에 해당이 된다. 식상(食傷)의 기운이 강하다. 토(土)가 격(格)이자 용신(用神)이 된다.

스스로 자중지란(自中之亂)을 일으키는 안타까운 면이 나타난다.

이제 독립을 하여 따로 사무실을 1-2개월 후 개업하려고 하는 사람이다.

2009년 기축(己丑)년이다. 독립을 하는 것이 좋을까??

일단은 긍정적(肯定的)인 운이다. 인수(印綬)가 용신(用神)운(運)이므로, 축(丑)토는 술(戌)토와 형(刑)하여 정(丁)-계(癸)충(沖)이 이루어진다.

정 (丁)화는 정관(正官)이요, 계(癸)수는 상관(傷官)이다. 정관인 직장을 그만 두는 것이다. 관(官)의 기운(氣運)이 미력하여 대항을 못하는 것이다. 여기에서 식상(食傷)운인 임진(壬辰)년에 시작을 한다면 어떨까? 물론 나이는 젖혀두고 생각을 하여보자.

천간(天干)은 식신(食神)이요, 지지(地支)는 진(辰)토가 인수(印綬)인데 수국(水局)으로 화(化)한다. 진(辰)중 계(癸)수가 상관(傷官)이 된다.

식상(食傷)의 기능(機能)이 나타나는 것이다. 진(辰)토는 용신(用神)인 인성(印星)인데 수(水)인 식상(食傷)으로 변화하는 것이다.

진(辰)-술(戌)충(沖)이 작용을 하기도 한다.

- 잔고(殘高)를 늘리려고 입금(入金)을 하였더니 쥐도 ,새도 모르게 벌써 출금(出金)이 되고 만 것이다.

- 술(戌)토가 조토(燥土)로서 인수(印綬)의 기능(機能)을 잘한다. 그러나 항상 잡격(雜格)으로의 변화(變化) 또한 가능한 것이다.

❶. 식신제살격(食神制殺格), 제살태과격(制殺太過格)으로 연결 지어진다.

보통 인수(印綬)가 용신(用神)일 경우는 관(官)이 많거나, 재성(財星)이 강(强)하거나, 식상(食傷)의 기운(氣運)이 강(强)할 경우도 성립이 되는데, 식상(食傷)이 강(强)하여 일간(日干)이 곤혹스러울 경우는 어떤가? 이것이 식상(食傷)운의 변화(變化)와도 연관(聯關)이 지어진다.

- 식상(食傷)이 많아도 인수(印綬)가 용신(用神)이 되는 경우도 성립이 되

고, 관살(官殺)이 많아도 인수용신(印綬用神)성립이 가능한 경우가 된다. 식상(食傷)이 왕(旺)하면 겁 없이 설치니 점잖게 있으라고 꾸짖는 것이요, 관살(官殺) 을 우습게, 아니 버릇없음을 꾸짖는 것이다.

- 지출(支出)이 심하니 실속이 없는 것이고, 낭비가 심한 것이다. 저축(貯蓄)을 늘리고, 매사 신중하여 결과를 중요시하여야 하는 것이다.

- 투자(投資)를 하여도 정상적(正常的)인 투자가 아니다. 편법(便法)을 이용한 투자(投資)이다. 무리한 지출(支出)로 불리한 결과가 나온다. 땀 흘려 일을 하지를 않는다. 도박(賭博)에 빠지거나, 쾌락에 불건전한 행위를 즐긴다.

- 여성(女性)의 경우는 식상(食傷)이 자손(子孫)인데, 관(官)과의 불협화음(不協和音)이 발생하므로 자연 남편(男便)도 문제가 생기니 가정(家庭)이 시끄러워 진다. 니캉 내캉 소리가 자주 나온다.

- 식상(食傷)이 강(强)하면 일간(日干)이 소리 없이 녹아난다.

- 가랑비에 속옷이 젖듯, 정신이 몽롱하여 지듯. 온 몸의 힘이 빠지는 것이다. 거부(拒否)하고, 반항(反抗)하는 기운(氣運)이 강(强)하니, 주변(周邊)과의 불협화음(不協和音)이 자꾸만 발생을 한다. 직장인이면 사표를 내거나, 좌천을 당하거나, 강압적(强壓的)인 명퇴요, 알게, 모르게 왕따를 당하며 불이익(不利益)을 당한다. 관재, 사고, 천재지변(天災地變)이 발생을 하고 심하면 졸지에 변을 당한다.

- 식상(食傷)이 약(弱)하면 재관(財官)이 왕(旺)한 것이라, 인수(印綬)가 나서서 약(弱)해진 일간(日干)의 힘을 북돋워주는 것이다. 인수(印綬)가 없다면, 스스로 인수를 창조(創造)하여야 하는 것이다. 연구와, 학문에 더욱 정진을 하면 스스로 인수(印綬)를 창조(創造)하는 것이요, 활용(活用)을 하는 것이 된다. 독학(獨學)도 이에 해당하는 것이다. 여행을 한다면 문화답사(文化踏查)를 하는 것이요, 종교(宗敎)에 의지하는 것도 좋다.

- 대체적으로 인수가 용신(用神)이면 기본적으로 공통된 사항이지만, 식상

(食傷)운이 온다면 용신(用神)을 기진맥진 시키는 김 빼기 작전이 나오는 것이다.

🌰 위장전술(僞裝戰術)에 주의를 하여야 한다는 것이다. 주식을 산다면 깡통이요, 강남의 귀족(貴族)계 식으로 당한다.

🌰 인내(忍耐)를 시험(試驗)당하거나, 모진 시련(試鍊)이 닥치는 것이다.

🌰 매에는 장사가 없는 것이다. 수모를 당하거나, 모욕적인 협박과, 강압적(强壓的)인 억압(抑壓)에 의하여 본의 아니게 배반(背反)을 하게 된다.

실전사주

己	丙	戊	辛
亥	子	戌	亥

▷ 술(戌)월의 병(丙)화 일간(日干)이다.
　지지(地支)에는 물이 그득하다.

건명(乾命)

⬆ 겨울로 접어들기 전이다. 마지막 열기를 불태운다. 병(丙)화 일간(日干)의 사주이다. 용신(用神)은 무엇일까?

🌰 추워지기 전에 땔감을 준비하여야 하는 것이다. 식상(食傷)의 기운이 강하니 인성(印星)인 목(木)이 필요하다. 일지(日支)를 보니 자(子)수가 버티고 있다. 발목이 젖어있는 상태인 것이다. 거기에 관(官)도 강하다.

🌰 식상(食傷)과, 관성(官星)의 기운이 만만하지가 않다. 어찌 보면 고래싸움에 새우등이 터지는 격(格)이다.

일 간(日干)이 신강(身强)하면 즐기는 맛도 있을 터인데, 일간(日干)이 약(弱)할 경우는 참으로 고통(苦痛)이 뒤따른다.

이럴 경우, 제일 반가운 것은 인성(印星)과, 비겁(比劫)인 것이다.

그런데 둘 다 크게 두드러진 활약이 없는 것이다. 어떻게든 찾아야 할 터인데, 비겁(比劫)보다는 인성(印星)이 더 앞장을 선다.

시지(時支)의 해(亥)수 속에 있는 갑(甲)목을 찾는 것이다.

실전사주

| 戊 乙 甲 丙 |
| 子 丑 午 午 |

⇨ 월지(支)에 오(午)화를 놓고 있다.

불을 물로 끌 것인가? 흙으로 끌 것인가?

건명(乾命)

⬆ 오(午)월의 을(乙)목 일간이다. 식상(食傷)인 화(火)의 기운(氣運)이 강(强)하다. 일지(日支)에는 축(丑)토를 놓고 있다.

- 지지(地支)에 관고(官庫)를 놓고 있다. 항상 직장에 대한 고뇌가 크다는 설명인 것이다. 잠잠한 것 같아도 항상 불씨를 안고 있는 것이다.

- 왕(旺)한 식상(食傷)의 기운(氣運)으로 인한 것이다. 재테크에 대한 갈망이 큰 사람인 것이다. 항상 자신(自身)을 다스리고, 수양(修養)하는데 게을리 하지 말아야 할 것이다.

- 인성(印星)인 시지(時支)의 수(水)가 용신(用神)이 되는 것이다.

- 금(金)의 기운이 맥을 못 춘다. 신의(信義)가 부족(不足)한 사람이다.

- 자신의 능력(能力)을 앞세워 모든 것을 기준(基準)하는 사람이다.

❹. 재성(財星)운(運)이 올 경우의 변화(變化).

✪ 재성(財星)은 인수(印綬)를 직접적(直接的)으로 공격(攻擊)하고, 탄압(彈壓)을 하는 존재(存在)이다. 인수(印綬)의 천적(天敵)인 것이다.

새가 인수(印綬)라면 새그물은 재성(財星)이요, 산속의 짐승이 인수(印綬)라면 올가미가 재성(財星)인 것이다.

인 수가 강(强)하면 인수(印綬)자체가 용신(用神)이 될 가능성(可能性)은 그리 많지는 않을 것이다.

오히려 식상(食傷)이나, 재성(財星)으로 용신(用神)이 정하여 지는 경우가 더 많은 것이다.

⇨ 인수(印綬)가 용신(用神)일 경우 재성(財星)에 의하여 인성이 파괴(破壞)

되면 그 자체로 끝이 나는 것이 아니다. 그 다음 해인 관성(官星)을 살펴야 한다는 것이다. 대체적으로 살(殺)로 작용을 하여 피해(被害)를 보는 것이다.

❶. 천적(天敵)이 작용을 하는 운(運)이다.

🔹 용신(用神) 찾아 삼만리(三萬里)가 되는 것이다.
재성(財星) 운(運)에는 용신(用神)인 인수(印綬)가 슬그머니 사라진다.
재성(財星)의 그림자만 보아도 줄행랑을 치는 것이다.

❷. 재성(財星)은 유혹(誘惑)의 화신(禍神)이다.

🔹 재성(財星)에 대한 애착(愛着)을 갖다보니, 인성(印星)에 대한 모든 사항이 사라지는 것이다. 아내에게 지나치게 관대하고, 사랑에 빠지니 홀어머니가 집을 나가서 따로 살겠다며, 가출(家出)하는 경우나 같은 것이다.

🔹 지나친 낙관(樂觀)과 방심(放心)으로 인하여, 충분히 처리할 일을 그르친다. 계약이 무효(無效)가 되거나, 당선이 취소(取消)되고, 당첨이 무효(無效)요, 손에 쥐었던 복(福)을 놓치는 것이다.

🔹 스포츠의 경우는 심판의 불공정과, 판정 번복(飜覆)으로 인하여 다 이긴 게임을 놓치는 것이다.

🔹 재다신약(財多身弱)의 경우도 인성(印星)이 용신(用神)이 되는 것이다. 인성(印星)은 승리(勝利)요, 윗사람이다. 그런데 재성(財星)인 나의 밥과 같은 존재에게 굴복을 당하는 것이니, 허탈감과, 자괴감, 허무함이 다가오는 것이다.

🔹 재성(財星)은 숫자로도 표현을 한다.

🔹 인성(印星)이 극(剋)을 당하면 헷갈린다. 돈을 세어 꺼내어 줄 때 만원을 착각하여 천원으로 알고 준다.

❸. 탐재괴인(貪財壞印)이라, 모든 것이 망가지는 형상이다.

청둥오리 국을 드셔보셨는지요? 천연기념물(天然記念物)이라 포획(捕獲)은 금지되었어도 농장에서 식용으로 키우는 경우는 괜찮다.

처음 이것을 먹을 경우는 참으로 조심이 필요한 것이다.(잘 모르고 하는 소리인가? 자신이 없는 이야기다.)

국을 떠서 식탁에 올려놓으면, 색이 참으로 먹음직스럽다. 뽀얀 국물의 색이 맑게 나타나는데 표면(表面)으로 뜨거운 김이 별로 올라오지가 않는다.

기름기가 국 전체를 덮고 있는 것이다. 무심결에 수저로 떠서 입으로 넣다가는 입의 천정을 대는 것이 순리(順理)가 되어버린다.

인(原因)은 국의 표면(表面)이 너무 조용한 것이다.

대게 국이란 식으면 잔잔한 것이 김이 없어진다. 기름기가 하도 많다보니 표면을 기름이 덮고 있어 뜨거운 김이 올라오지를 못하는 것이다.

그 결과 뜨겁지 않겠지! 하고 드시다가는 낭패를 본다는 것이다.

▷ 이것이 바로 탐재괴인(貪財壞印) 인 것이다.

- 뇌물수수사건으로 인하여 공직(公職)에서 물러나고, 벌금형을 받는다. 이것 역시 탐재괴인(貪財壞印)인 것이다.

- 여성(女性)과의 스캔들로 인하여 얼굴에 먹칠을 한다.

- 지나치게 식욕(食慾)이 발동하여, 과식(過食)에 상(傷)한 음식인줄도 모르고 먹다가 부작용(副作用)이 발생한다.

- 금전(金錢)에 연관된 축적(蓄積)행위는 일체(一切) 금(禁)하는 것이 최선이다. 욕심을 부린다는 것은 망가지기 위하여 몸부림을 치는 것이다.

- 아무리 이야기 하여도 듣지를 않는 시간(時間)인 것이다. 설득(說得)을 하면 "자식! 건방지게 지가 뭐라도 되는 줄 아는가 보지? 착각을 하고 살

아요!" 하면서 코웃음을 친다. 일단 열심히 성의껏 의견을 이야기하고 들
으면 다행이지만 안 듣고 오히려 이상한 눈으로 쳐다본다면 그냥, 내버려
두어라. 이미 상황은 끝이 난 것이다. 이런 사람은 손에 쥐어주어도 모르
는 사람이다.

👤 건강(健康)을 해(害)함으로 인하여 심신(心身)이 피곤하여진다.

👤 거래상 필요하여 골프를 한다거나, 등산을 감행하다 정신적인 스트레스가
더 쌓여 몸을 상하는 것이다.

👤 돈 버리고 망신당하고, 원조교제, 김밥과의 불건전한 이성교제, 요사이는
못하는 사람이 희귀동물이라 하지만 실컷 한 번 해보시라! 행복을 약속
한 웃음이 나올 것이다. 절대금물이다. 개망신을 당한다. 돈으로 땜빵을
하여야 한다. 그것도 안 되면 구속(拘束)이 되는 것이다.

👤 성인(成人)의 경우, 갑작스런 성(性)기능(機能)의 이상이 생기는 운(運)
이다. 심할 경우는 복상사(腹上死) 당하는 운(運)이다.

❹. 사주(四柱)가 신강(身强)할 경우는?

실전사주

<table>
<tr><td>丁</td><td>辛</td><td>戊</td><td>乙</td></tr>
<tr><td>酉</td><td>酉</td><td>寅</td><td>未</td></tr>
</table>

▷ 인(寅)월의 신(辛)금 일간(日干)이다.
일지(日支)에는 유(酉)금이 놓여 있다.

건명(乾命)

⬆ 사주가 강(强)할 경우는 모든 걱정에서 일단 숨 겨를 여유가 생긴다.

재 성(財星)과 인성(印星)의 기운이 비슷하니, 일간(日干)의 입장에서
는 재성(財星)에 대하여 크게 염려를 안 하는 것이다.

그것은 일간(日干)이 강(强)하니 아직도 여력(餘力)이 충분하다는 것이다.

오히려 왕(旺)한 일간(日干)의 기운(氣運)을 삭감하여야 한다는 것이다.

인성의 기운도 만만치가 않다. 용신(用神)은 자연 관성(官星)으로 귀결(歸結)

이 되는 것이다. 경우에 따라서는 식상(食傷)이 용신(用神)이 되는 경우도
생길 것이다.

실전사주

丁	辛	癸	丙
酉	巳	巳	辰

▷ 사(巳)월의 신(辛)금 일간이다.

　일지(日支)에도 사(巳)화가 있다.

건명(乾命)

⬆ 약(弱)한 성향의 사주가, 변화(變化)로 인하여 강(强)하게 바뀌기도 하고,
더 약(弱)하여지는 경우도 있는 것이다.

겉만 얼핏 보고는 사람을 알 수가 없듯 사주 역시 마찬가지인 것이다.

단순한 판단이 아닌, 기본적인 판단인데도 변화(變化)인 것이다.

관성(官星)으로 인하여 약(弱)하여진 일간(日干)이 그 환경을 크게 벗어나지
못하고 있는 것이다. 용신(用神)으로는 허약(虛弱)하여진 일간(日干)을 더욱
보완(補完)하여야 하는 것이다. 직접적(直接的)인 방법을 취하는 것이다.

왕(旺)한 기운을 강압적(强壓的)으로는 할 수가 없는 것이다. 위의 경우와는
정반대의 성향이 나타난다.

❺. 관살(官殺)운이 올 경우의 변화.

일　주(日主)가 강(强)하면, 관(官)이란 참으로 좋은 존재(存在)인데,
일주(日柱)가 신약(身弱)하면 살(殺)로 작용을 하는 것이다.

지금 인수(印綬)를 눈 빠지게 기다리고 있는데 오라는 손님은 안 오고, 보기
싫은 빚장이만 오는 것이다.

❶, 항상　"막판 고생이다."　라고 생각을 하여라.

🔹 관운(官運)이니, 다음에는 인수(印綬)의 운이 온다.

- 기다리는 시기(時期)가 도래(到來)하여 기다리라는 설명인 것이다. 그러니 마지막 고생이요, 올 해의 일을 마무리 할 생각은 하지 말고, 다음 해로 미루라는 말이다. 월(月)운일 경우 역시 다음 달로 미루어야 한다는 것이다.

- 벌렸다면 마무리는 뒤로 연기를 하라. 지금 손해(損害)를 보고 있는 중이라면 조금 더 참아라, 가격(價格)이 상승(上昇)된다. 주식을 팔까? 말까? 눈 한 번 질끈 감아라. 그래, 죽기야 하겠냐! 하는 마음으로 말이다.

- 요즈음 유행하는 말처럼 "집 나가면 개고생이다." 이 말의 의미는 무엇일까? 인수(印綬)용신(用神)에 관살(官殺)을 만난 것이나 같은 말이다.

- 상학(相學)적인 면으로 본다면, 그 시절 유행하는 말은 항상 그 시절의 사회상(社會相)을 나타내는 것이다. "집 나가면 개고생이다." 이란 말은 사람들이 집을 나가서 생고생을 한다는 말이다. 여기에는 크게 세 가지로 분류를 한다.

● **. 나가서 집으로 들어오는 경우. (완료가 된 경우.)**

- 고생(苦生)을 하고나서 반성(反省)을 많이 한다. 정신을 차려야 산다는 의미인 것이다. 육체적, 정신적인 고뇌(苦惱)와 방황(彷徨)이 심한 것이다.

- 다시 들어와 제자리를 찾지만 힘든 것은 아직 마찬가지인 것이다. 추스르는 시간이 필요하고, 혼란스런 상태를 정리하는 기간이 필요하다. 집의 고마움을 새삼 느끼는 것이다. 자연 주택에 대한 문제가 생기는 것이다.

- 터전인 부동산이 또한 문제가 된다. 중요성을 절실히 실감한다는 설명이다. 자기 자신의 일에 더욱 충실(忠實) 한다는 말도 성립이 된다.

- 손해(損害)를 왕창보고, 그것을 만회하기 위하여 팔방으로 노력을 한다.

- 경제적인 면을 보면 이미 많은 상처를 입은 것이다.

- 회복하려면 시간이 많이 필요한 것이다. 겉으로 개폼을 잡고 아닌 척 하

여도 그것은 통하지가 않는다.

● 희망을 갖고 살아야 하는 것이다. 어차피 버릴 것 다 버리고, 새로운 마음으로 충전(充電)이 된 것이 아닌가? 이제는 실수(失手)가 없도록 더 유의 할 것이다.

● 희망(希望)이 보이는 것이다. 고지(高地)가 바로 눈앞에 나타날 것이다.

● 인수(印綬)는 내가 이룬 일의 성과(成果)요, 결과(結果)인데, 관살(官殺)로 다시 한 단계 내려가니 일이 거꾸로 된다는 말이다. 공든 탑이 무너지는 것이요, 아무리 해도 일이 끝나지가 않는 것이다.

● 무엇인가가 잘못 돌아가도 한참 잘못 된 것 이다. 가도 가도 왕십리인 것이요, 다람쥐 챗바퀴 도는 것이다.

인 수(印綬)는 침착성(沈着性)이요, 인내심(忍耐心)이다.
관성(官星)은 권위(權威)를 유지하기 위하여 강철심장을 내세운다. 나약함을 싫어한다. 아량이나, 너그러움은 용납되지가 않는다.

● 갓길을 가는 한이 있어도 빨리 빨리 하고 외친다.

● 덤벙거리다 일을 망치는 것이다. 서두르다 보니 일의 두서(頭序)가 없어진다.

● **. 나가서 들어오지 않는 경우.**

● 희망(希望)이 사라지고, 절망감(絕望感)이 앞선다.

● 자살사이트의 사건처럼 있어서는 안 될 일들이 일어나는 것이다.

● 사랑의 매라고 하지만, 사랑이 도(度)를 지나쳐 사고로 연결이 되는 것이다. 잘못에 대한 양해(諒解)를 구하지만 오히려 그것이 역(逆)효과를 발생한다.

● 당뇨, 고혈압, 기타 질병과 일시적(一時的)인 장애로 인하여 생각지도 않았던 사고(事故)를 야기하거나, 당한다. 졸음운전도 이에 해당한다.

- 은행에서 갑작스레 대출요건이 변하여 불가(不可)하다는 연락이 온다.
- 다쳐서 입원을 해도 중상이거나, 혼수상태로 된다.(넘어져도 코가 깨진 다.)

● . **우왕좌왕(右往左往) 정신이 없는 경우.**

- 죽도 밥도 아닌 어정쩡한 형태를 이룬다. 늦잠을 자고, 아침에 일찍 일어 나지 못하는 것도 이에 해당이 되는 것이다. 아무리 걸어도 제자리인 형 상이다. 일의 진척이 더디어진다.
- 마음이 안정이 안 되고, 항시 불안, 초조, 무엇인가에 쫓기는 기분이다.
- 심리적 불안으로 인하여 불면증, 정서불안, 우울증의 증세가 보이기도 한 다. 좌불안석(坐不安席)이다. 소화불량 등 건강에도 문제가 생긴다.
- 순간적으로 깜빡깜빡 잊어버린다. 물건을 놓고 다닌다.
- 잠자리에서도 악몽에 시달리고, 가위눌림 등 안정(安定)되지 못한 생활 형태가 나타난다. 손톱을 깨문다거나, 몸을 비비꼰다, 실없이 콧구멍을 쑤 신다. 멍하니 길을 가다가도 사람들과 부딪힌다.
- 음식(飮食)으로 비유한다면 비빔밥과 같은 것이다.
- 지하철을 잘못타서 헷갈린다. 내릴 역을 지나친다. 우산을 놓고 내린다.

실전사주

壬	丁	丁	丙
寅	未	酉	戌

⇨ 유(酉)월의 정(丁)화 일간(日干)이다.

일지(日支)에는 관대(冠帶)를 놓고 있다.

건명(乾命)

정 재격(偏財格)의 사주인데, 일간(日干)의 기운이 지나치게 강(强)하 여 재(財)와, 관(官)의 기운이 더 필요하다.

이런 경우는 관살(官殺)운이 오면 오히려 길(吉)로 작용을 하는 것이다.

더 정확하여지고, 질서가 잡히는 것이다.

2. 비겁(比劫).

용 신(用神)이 비견(比肩)과, 겁재(劫財)에 해당하는 사항이다.
용신(用神)이 비겁(比劫)이 된다는 것은 여러 경우로 나타난다.
일간(日干)의 본체인 일주(日柱)가 기력(氣力)이 쇠(衰)한 것이다.
주체(主體)가 기세(氣勢)가 약(弱)하다면 "무엇을 할 수가 있다하여도, 그것
은 보나마나"라 할 정도로 주변(周邊)에서의 평가가 형편없는 것이다.

● . 주된 원인(原因)을 보면
● 내가 핍박(逼迫)을 당하여 ▷ 관살(官殺)의 지나친 극(剋)으로 인하여
● 내 기력을 지나치게 소모(消耗)하여 ▷ 재성을 절제(節制)없이 극(剋)한
다. 나의 기운이 누수(漏水)가 심할 경우 ▷ 식상(食傷)이 나의 기운(氣
運)을 앗아간다.

❶. 관살(官殺)이 지나치게 많아, 비겁(比劫)이 용신(用神)일 때.

식상(食傷)이 없거나 제 역할을 못하고 있는 것이다. 재관(財官)이 합작(合
作)을 하고 있는 경우이다. 인성(印星)이 없다는 것이 큰 원인인 것이다.

실전사주

戊	丙	庚	庚
戌	子	辰	子

▷ 진(辰)월의 병(丙)화 일간(日干)이다.
　　일지(日支)에는 자(子)수를 놓고 있다.

곤명(坤命)

⬆ 병(丙)화 일간(日干)인데, 여성의 사주이다.
식상(食傷), 재성(財星), 관살(官殺)이 다 구색을 갖추고 있다.
자연 신약(身弱)이 될 수밖에 없다.

나에게 힘이 되어주는 인성(印星)과, 비겁(比劫)을 찾아야 한다.

인성(印星)이라고는 진(辰)중 을(乙)목이다.

시지(時支)의 술(戌)중 정(丁)화가 겁재(劫財)이다.

세력(勢力)에 종(從)한다고 볼 것 같으면, 중년(中年)까지는 가능할 것이다.

그러나 중년이 지나고 나서부터는 자연 스스로를 돌아보고, 그 울타리에서 벗어나기 위한 몸부림을 치는 것이다.

자신을 찾는 것이다. 비겁(比劫)이 용신(用神)이 되는 것이다.

식상(食傷)인 자손(子孫)이 있어 관(官)을 누그러트리니 관(官)의 울타리에서는 벗어나는 것 같으나, 식상(食傷) 역시 나의 기운을 앗아가는 존재(存在)인 것을————,

지지(地支)에 관(官)을 놓고 있으니 항상 필요한 것이다.

❷. 재성(財星)이 지나치게 강(强)하여 비겁(比劫)이 필요할 때의 경우.

실전사주

戊	丙	庚	癸
戌	申	申	亥

⇨ 신(申)월의 병(丙)화 일간(日干)이다.

　일지(日支) 역시 신(申)금을 놓고 있다.

건명(乾命)

⬆ 신약(身弱)한 사주이다. 사주를 살펴보면 식상(食傷), 재성(財星), 관살(官殺)이 있는데, 그 중 재성(財星)의 기운이 가장 왕한 것이다. 실질적(實質的)인 주권(主權)을 쥐고 있는 것이다.

병(丙)화 일간(日干)을 도와주는 우군(友軍)은 술(戌)중 정(丁)화인데, 거기에나 의지하며 스스로 자신을 돌보아야 하는 것이다.

❸. 식상(食傷)이 지나치게 많아 문제인 사주이다.

실전사주

| 庚 甲 辛 乙 |
| 午 戌 巳 巳 |

⇨ 사(巳)월의 갑(甲)목 일간(日干)이다.
일지(日支)에는 양(養)궁(宮)을 놓고 있다.

건명(乾命)

⬆ 전형적(典型的)인 공금횡령(公金橫領) 전문인의 사주(四柱)이다.

보통 식상(食傷)이 지나치면 해석을 안 좋은 쪽으로 하는 경우가 많다.

전부 그런 것은 아니지만 간혹 나타나는 것을 볼 수가 있다.

이 사주(四柱)의 주인공은 공금횡령으로 인하여 전과(前科)가 있는 사람인데, 또 횡령으로 재판중인 사람이다. 개과천선이 이루어질까?

🔘 관살(官殺)에 의하여 일간(日干)과, 비겁(比劫)이 다 충(冲)을 당하고 있는 형국이다. 지지(地支)는 식상(食傷)으로 덮인다.

🔘 식상(食傷)의 기운(氣運)이 지나치게 강(强)하여 인성(印星)과 비겁(比劫)이 필요한 사주인데, 인성(印星)은 찾아보기가 힘들다.

🔘 시간(時干)에 경(庚)금이 있는데, 일간(日干)을 괴롭히고 있다.

🔘 경(庚)금은 오(午)화 목욕(沐浴)궁을 놓고 있다.

🔘 관(官)이 식상(食傷)의 기운(氣運)을 감당하기가 힘들어진다.

🔘 법을 무시하는 재주가 판을 치고, 관(官)이 양쪽에서 일간(日干)을 겁박(劫迫)하니 쪽박을 차는 것이다.

🔘 . 인수(印綬)운이 올 경우의 변화.

비 겁(比劫)이 용신(用神)일 경우 인성(印星)이 온다면, 어떤 변화가 올까? 모든 것의 상황이 나에게 이롭게 작용을 하는 것이다.

흉(凶)이 길(吉)로 바뀌어 변화하는 것이다. 살다보니 이런 일도 있군! 하는 식으로 그냥 이대로만! 하는 소리가 절로 나오는 것이다.

불황(不況)에서 호황(好況)으로 전환이 되는 시기인 것이다.

막막하고, 어둡기만 하던 긴 터널을 뚫고 서서히 밝은 곳으로 나오는 것이다.
식상(食傷)이 많아 힘들 경우는 희신(喜神)인 인성(印星)이 식상(食傷)의 흡
수를 중간에서 차단(遮斷)을 하는 것이다.

지출이 줄고 수입이 늘어나고, 재성(財星)이 많을 경우는, 재성(財星)에 대항
(對抗)하여 힘을 합(合)하니, 화(禍)가 오히려 경사(慶事)로 바뀌고, 관살(官
殺)이 많을 경우는 성질을 누그러트리며, 막힌 일들을 관통(貫通)을 시켜준
다. 만사가 형통인 것이요, 건강 또한 회복이 되는 것이다.

- 고생 끝 행복(幸福)이 시작인 것이다. 희신(喜神)운(運)이 되는 것이니,
  부모의 경사(慶事)요, 귀인(貴人)을 만나는 것이요,

- 집장만, 문서 운이라, 이사 수 또한 좋다.

- 만약에 시험을 본다면 어떨까? 당연히 기대할만한 운이다.

- 부족한 부분을 충전할 수 있고, 승진(昇進)하여 교육(敎育)을 받아 본다.

- 남편이 속을 썩이더니 가끔씩 꽃도 사오며, 사랑한다며 다독거리는 것이
  다. 사람이 여유가 생기고, 얼굴에 화색이 도니, 건강(健康)이 좋아지는
  것이다.

- 새로운 마음으로 무엇인가를 더 추구하고, 시작하는 기분으로 매사 임하
  니 의욕이 넘치고 하루하루가 즐거운 삶으로 연결이 되는 것이다.

- 재성(財星)인 아내의 기운이 가라앉으니 강짜와, 시비가 없어지고, 관성
  인 자식들이 속을 안 썩이니 가정(家庭)이 화목(和睦)하여진다.

- 수입이 적다고 가계의 살림살이가 늘 쪼들려 미치겠다던 아내도 수입이
  늘어, 여유 있게 돈을 갖다 주니 입이 함빡 꽃이 되는 것이요, 매일 컴퓨
  터 앞에 붙어 앉아 게임만 하던 아이들이 정신을 차리고 열심히 학업에
  정진(精進)을 하는 것이다.

- 송사(訟事), 관재수(官災數)로 인하여 항상 골치를 썩이는 일들이 하나하
  나 정리가 된다. 가압류계좌를 해지한다.

● . 비겁(比劫)운(運)이 올 경우의 변화.

비겁(比劫)이 용신(用神)인데, 비겁(比劫)운(運)이 온다면?
힘이 되기도 하고, 나의 것을 나누어주어야 하기도 하는 것이다.

사랑 받는 아내와, 소박 당하는 아내가 동시에 아내의 자리를 찾아오는 것이다. 진짜가 들어오는 것이다. 잃어버린 나의 한 부분을 찾는 것이다. 알몸인 나의 몸에 옷을 걸치는 것이다.
옷이 무겁기는 하여도 나의 수치스러움을 감싸주는 것이다.

- 여기에서 문제가 발생하는 면이 나오는데, 대게는 순간적으로 비겁(比劫)의 환상(幻想)에 젖거나, 분위기에 휩싸여 상황(狀況)판단(判斷)을 그르치는 경우를 자주 보게 된다.

- 비겁(比劫)은 크게 둘로 구분을 하는데, 먼저 하나는 부족(不足)한 부분을 채워줌으로 인하여, 나의 존엄스러운 위엄(威嚴)을 찾아주는 것이다.

- 기세(氣勢)가 꺾이지 않도록, 남에게 아쉬운 소리를 하지 않도록 도와주고, 밀어주고, 베풀어주는 것이다.

- 나머지 하나는 속으로 깊숙이 들어가, 가라 앉아 앙금처럼 굳어져 어떠한 방법이던 개의치 아니하고 주인 노릇을 하려는 것이다.

- 탈재현상(奪財現象)도 문제지만 그보다 더한 것은 일간(日干)을 뛰어넘어, 더욱 강(强)한 일간(日干)의 노릇을 하려한다는 것이다.

- 특히 음(陰)일간일 경우, 양(陽)의 겁재(劫財)는 그 현상이 두드러지는 것이다. 양(陽)의 경우도, 음(陰)의 겁재(劫財) 현상(現狀)이 나타나는데 약간의 차이가 생긴다.

실전사주

甲	甲	丙	戊
戌	戌	辰	戌

▷ 진(辰)월의 갑(甲)목 일간이다.
지지(地支)에 술(戌)토가 셋이나 된다.

건명(乾命)

⬆ 갑(甲)목 일간(日干)의 사주이다. 목(木)의 퇴기(退期)인 것이다.

용신(用神)은 무엇일까? 재성(財星)의 기운(氣運)이 너무나 강(强)하다.

💧 차라리 종(從)하고 싶은 생각이 들 정도이다.

💧 시간(時干)에 다행히 갑(甲)목이 힘을 보태어주려고 노력을 한다.
과연 그것이 힘을 발휘할까? 양(陽)궁에 자리하고 있는 것이다.

💧 부족하지만 어쩔 수가 없는 것이다. 시간(時干)의 갑(甲)목을 용신(用神)
으로 한다.

💧 진(辰)중 계(癸)수도 있고, 술(戌)중의 신(辛)금도 있어서 재성(財星)이
많지만, 저변에 깔린 가능성은 많은 것이다.

● 비겁(比劫)의 운(運)으로 보는 길(吉)과, 흉(凶)의 비교.

● 길(吉)의 경우.

💧 주변(周邊)의 경사(慶事)가 나의 경사(慶事)로 이어진다.

💧 머뭇머뭇 거리고, 불확실한 일에 대한 자신을 갖고, 확고한 의지를 불태
운다. 의존하고, 도움을 받던 처지(處地)에서 독립(獨立)하여 자립(自立)
하거나, 스스로 매사 모든 일을 처리한다.

💧 관리(管理)능력이 한층 강화되고, 주위로부터 인정(認定)을 받는다.

💧 특히 재성으로 부터의 강한 신임(信任)을 받는다는 것이 중요하다.

💧 여성으로부터 남성다움을 더욱 인정을 받고, 금전(金錢)에 대한 인식(認
識)이 많이 달라지는 것이다. 궁색하고, 초라하던 상황에서 벗어난다.

💧 버스를 타던 사람이 택시를 타는 것이요, 자장면 먹던 사람이 불고기를
먹는 것이다. 이성(異性)에게 사랑의 고백(告白)도 이런 운(運)에 하는
것이다.

● 흉(凶)의 경우.

● 탈재(奪財)에 관한 모든 사항이 해당된다.

● 경쟁(競爭)관계에 있어서 항상 전면(前面)에 서지를 못하고, 항상 뒷전으로 물러난다. 신강(身强)일 경우는 관(官)을 우습게 안다. 무단결근이요, 학생일 경우는 학칙(學則)을 위반한다.

● 도난(盜難), 실물수(失物數)가 자주 발생한다.

● 이런 운에는 음주나, 과음을 항상 조심하여야 한다. 과음(過飮)으로 인하여 지하철 내릴 곳을 지나치거나, 과음(過淫)으로 인하여 건강을 해치거나, 아리랑, 퍽치기 사건의 당사자가 되기도 하는 것이다.

● 지나친 음주로 인하여 항상 정신(精神) 줄을 놓거나, 실수를 반복하는 사람은 재(財)가 너무 강(强)하여 항상 이런 일이 생기는 것이다.

● 바람직한 일은 아니자만 부득이 술을 입에 잠깐이라도 대었다가 음주단속에 걸리는 것, 이것 역시 기운이 조금 강하여진 듯 느껴 만용(蠻勇)을 부리다가 일어나는 현상인데 바로 이런 운(運)인 것이다.

● 비겁(比劫)도 어느 정도 기력(氣力)이 있어야 재(財)에 대항(對抗)을 하는 것이지 무조건 비겁(比劫)운이라고, 재(財)를 이기는 것은 결코 아닌 것이다.

● 추명(推命)을 하면서 자세히 들여다보고 강약(强弱)의 정도를 판단(判斷)하여야지, 무조건 재(財)를 감당할 것이라고 생각을 한다면 큰 오산(誤算)이 되는 것이다.

● 재(財)에 종(從)할 경우는, 아예 종(從)하는 것이라면 순응(順應)을 하여야 하므로 안 좋다는 것이 바로 판단이 나오지만, 재다신약(財多身弱)의 경우 그 정도를 잘 가늠하여야 한다.

● **호** 랑이 코털을 건드리는 것이 아니라, 작은 개가 큰 개에게 까불다가 얻어터지는 경우인 것이다.

● 호랑이만을 생각하지마라, 어차피 호랑이는 상대가 당연히 버거운 것이

다. 상담시의 실수는 바로 이러한 곳에서 나오는 것이다.

🌑 먼 윗선 보다는 바로 위인 바늘의 끝이 무서운 것이다.

🌑 군대의 계급으로 친다면 이등병에게는, 병장보다도 오히려 일등병이 더 피곤한 원리(原理)나 같은 것이다. 더 나아간다면 같은 이병이라도 일주일 빠른 이병이 더 괴롭다는 것이나 같은 것이다.

🌑 선임(先任)병의 입장에서 본다면 계급이 같으므로 모르는 사람은 다 같은 줄 알 것이다. 위계질서를 위한 당연한 처신(處身)인 것이다.

🌑 군대(軍隊)라는 특성상의 문제도 있지만, 그것은 엄연히 지켜져야 할 사안인 것이다. 사주에서도 마찬가지인 것이다. 오히려 더하면 더하지 덜하지는 않은 것이다.

🌑 힘의 강약(强弱)의 논리(論理)에 있어서, 그 규칙(規則)이란 엄격한 것이다. 돌아오라 아내여, 용서하마! 하지만 돌아오면 개 패듯 패는 것이다.

⬤ . 식상(食傷)운이 올 경우의 변화.

식상(食傷)은 보통 상식(傷食)이라고 하는데, 이는 식신(食神)과 상관(傷官)의 종합적이 표현(表現)이다.

식상(食傷)과 상식(常識)이라는 단어를 갖고 곰곰 생각을 하여보자.

상식(常識)이라는 것은 다른 의미로는 누구나 갖추어야 할 기본적인 지식(知識)이나, 예의(禮儀) 등등으로 해석을 한다. 그런데 그것이 지나치면 어떨까? 하도 자주 접하다보면 싫증이 일듯 식상(食傷) 한다는 표현(表現)을 하는 것이다. 좋은 말도 많이 들으면 짜증이 나듯 지겨워진다는 설명인 것이다.

육친(六親)상의 식상(食傷)이란 바로 이러한 존재인 것이다.

안 보면, 보고 싶고, 보고나면 싫어지는 것이 바로 식신(食神)이요, 상관(傷官)인 것이다. 그러다보니 순간적인 재치가 필요하고, 웃고, 즐기는 것이요, 복잡하고, 심각한 것을 싫어하는 것이다.

보통 식상(食傷)하면 개그, 연예 계통 등을 많이 떠올리는데, 이는 두고두고 생각하는 것이 아니라 지나면서 순간적인 감흥(感興)이지만, 가끔씩은 잔잔한 여운(餘韻)을 남기는 형식인 것이다.

복잡(複雜)하고, 논리적(論理的)인 것이 덜 가미(加味)된 것이다.

● .비겁(比劫)이 용신(用神)인데, 식상(食傷)운(運)이 오는 것.

힘을 보충하여도 시원치 않을 판에, 또 기운(氣運)을 도둑맞는 것이나 같은 것이다. 동냥을 주지는 못할망정, 쪽박은 깨지를 말라고 하였다.

나보기 싫어 가면 그만이지, 왜 동네방네 좋지 않은 소문은 다 퍼트리고 떠나는지? 못 먹는 밥에 왜, 재는 뿌리는지! 공연히 둑길의 호박은 왜, 발로 차고 지나가는지? 남의 말은 항상 좋게 하라고 하였는데 왜, 쓸데없이 씹기는 씹는지! 사지도 않을 물건 왜, 흥정은 하는지? 거기에 만지작거리기는 왜, 하는지? 강아지 짖는다고 왜, 개새끼! 하면서 욕은 왜 하는지?

도와주지도 않을 것을 왜, 남의 일에 콩 나라! 팥 나라! 하는지?

차 운전하고 가면서 왜 담배꽁초나 쓰레기는 차도(車道)에 버리는지?

돈이 궁하여 난리인데 왜, 청구서는 왜 그리 많이 날아오는지?

기타 이와 유사한 일들이 나에게 닥치는 것이다. 그것도 속절없이 말이다.

● . 사주(四柱)상으로 살펴보는 변화.

식상(食傷)이란 기본적인 생리(生理)가 재(財)를 생하여 주는 것이다. 관(官)과의 관계(關係)도 또 첨가되는 것이다.

일차적(一次的)인 누수(漏水)현상만 생각을 하면 안 되는 것이다.

어느 정도 진전된 수준이라면, 이차적(二次的)인 생각도, 삼차(三次)적인 생각도 함께 하여야 하는 것이다. 당장 눈앞의 것만 보지를 말라는 것이다.

가뜩이나 기운(氣運)을 앗아가는 것도 괘씸한데, 설상가상으로 재(財)를 생(生)하니 재(財)에 대한 압박(壓迫)도 가중되어 심하여 지는 것이다.

▐▶ 아무 생각이 없던 재(財)도 식상(食傷)이 공연히 부추기면서 잡쉬봐! 먹어봐! 하는 것이다. 어느 날 갑자기 벼락감투를 쓰니 사방에서 청탁(請託)과, 뇌물(賂物)이 들어온다. 입에 넣으니 달콤하기가 그지없다.

에라, 모르겠다! 산수갑산(山水甲山)을 갈망정 일단 먹어놓고나 보자. 소화(消化)야 천천히 시키면 되겠지! 하고 말이다.

그러다 결국에는 뇌물수수죄에 콩 밥 먹는 신세요, 벌금도 장난이 아니게 나오는 것이다. 잘못하다가는 집마저 다 날릴 판인 것이다.

● . 불난 집에 부채질을 하는 것이다.

도둑이 귀중품을 훔쳐가면서 집안을 난장판으로 만들어놓는 상황인 것이다.

식 상(食傷)의 기본은 재(財)를 생(生)하고, 관(官)을 극(剋)한다고 생각하면 편하다.

관(官)의 기운(氣運)이 강(强)하면 식상(食傷)이 큰 문제를 일으키지를 않겠지만, 식상(食傷)의 기운이 강(强)하다면 문제가 심각하여지는 것이다.

일단 비겁(比劫)이 용신(用神)이라, 여러모로 나에게는 불리한 상황인 것이다. 그런데 말썽꾸러기인 식상(食傷)운이니 골치가 아프게 생긴 것이다.

좌충우돌(左衝右突)하는 형상이 나타나는 것이다.

- 위법행위(違法行爲)를 하여 응징을 받는 것이다.
- 재앙(災殃)이 되어 나에게로 돌아오는 것이다.
- 갓길 운행을 한 것이 카메라에 잡혀 벌금통지서가 사진과 함께 오는 것이다. 길을 가다 담배꽁초 잘못 버려 과태료를 내는 것이요, 쓰레기 불리

를 제대로 안 하였다고 쓰레기를 안 치우는 것이요,

- 컴퓨터 사용미숙으로 인하여 고장 나는 것이요, 부품을 갈아야 하는 것이다. 새로 산 옷을 입고 가다, 흙탕물에 버리는 것이요,

- 고속도로 휴게소에서 산 물건이 속아서 산 물건이요, 돈만 날리는 것이다. 사업을 한다고 없는 돈에 빚을 내어 하다가 얼마가지도 못하여 빚만 잔뜩 지고 알거지 신세로 전락하는 것이다.

● . <u>여성의 경우는 어떤 현상이 나올까?</u>

- 식상(食傷)이니 관(官)을 극(剋)한다. 자연 남편이 보기 싫어지고 짜증이 난다. 물 좀 떠 달라고 하여도, 당신이 손발이 없어요? 하는 것이다.

- 이판사판 개판으로 가고 싶은 마음만 생기는 것이다. 평소에는 그렇게 까지는 안 했는데, 자신도 모르는 것이다. 귀신(鬼神)의 장난일까?

- 식상(食傷)이니 재(財)를 생(生)한다. 그러나 그것이 나에게는 부담으로 되는 것이다. 마음이 울적하고 심란하여 스트레스를 푸는 기분으로 쇼핑을 하였는데, 그것이 아이쇼핑이 아니라, 물건을 진짜로 구입하면서 카드 사에서 날아오는 대금지불청구서가 눈을 뒤집는다.

- 식상(食傷)운의 기운(氣運)인 돌아다니고 싶고, 튀고 싶고, 설치고 싶고, 찧고 까불어봐야 결국은 나만 손해(損害)인 것이다. 이럴 때는 어떻게 할까? 식상(食傷)의 천적(天敵)은 인성(印星)이다. 인성의 가르침에 따르는 것이 최상이다.

- 하극상(下剋上)의 우려가 현실(現實)로 나타난다.

- 가뜩이나 승진(昇進)이 안 되어 고민인데, 후배가 자신을 앞질러 승진대열에 합류하는 것이다. 명퇴도 이에 해당하는 사항인 것이다. 하극상도 두 종류가 있다.

- 무조건 아랫사람인 경우만을 생각하는데, 물론 당연히 아랫사람인 경우가 있고, 내가 윗사람을 상대로 하극상(下剋上)인 경우가 있다.

● 내가 하극상(下剋上)을 하여 낭패를 보는 경우는, 상사(上司)에게 대항(對抗)을 한다거나, 따진다거나, 의견(意見)차이로 인하여 불협화음(不協和音)이 조성되어 스스로 물러나거나, 뜻에 반하여 사표를 낸다거나, 조직의 변화에 의하여 그만 두는 것도 다 하극상(下剋上)에 해당한다고 볼 수가 있는 것이다.

● 내 것 주고 뺨맞고, 자기 꾀에 스스로 자기가 넘어간다.

● 뭐 주고 뺨맞는 격이다. 결론은 일간(日干)이 신약(身弱)하기 때문인 것이다. 자기 딴에는 의리(義理)요, 인정(人情)이라 열심히 한다고 성의(誠意)를 다 하였건만 상대방이 그것을 몰라주는 것이다. 오히려 원망(怨望)하는 투이다.

● 식상운(食傷運)이므로, 자기가 뭐나 큰 재주가 있는 것으로 착각을 한다.

● 마치 얄팍한 상혼(商魂)같은 뜻이다. 금방 들통이 나고, 오래 가지를 못한다.

식 상운(食傷運)에는 항상 이런 기운(氣運)이 강하게 나타난다. 무엇인가 벌리고 싶고, 기분에 될 것만 같은 자신감이 충동심(衝動心)을 유발(誘發)하는 것이다.

● 심리적으로 작용을 하는 면을 보면 권태감이요, 쉽게 바꾸는 것이요, 참을성이 없어지고, 순간적인 판단에 의지를 하는 것이다. 특히 사주가 신약(身弱)할 경우는 이러한 감정(感情)을 제어하기가 어려워진다.

● 결론은 망(亡)하는 것이다.

● 재성운(財星運)이 올 경우의 변화.

재성(財星)은 일간(日干)인 내가 극(剋)하는 육친(六親)이다.

재 성운(財星運)이라 금전(金錢)과, 여성(女性)이 제일 먼저 연관이 된다. 노심초사(勞心焦思) 기다리고 기다리던 그 님이 오시건만, 이게 무슨 업보(業報)란 말인가? 지척(咫尺)에 있으면서도 선뜻 나서지 못하는 한 많은 가련한 여인의 신세와도 같구나.

● . 주어도 못 먹는다.

비겁(比劫)이 용신(用神)이니, 내가 기운(氣運)이 약(弱)한데 힘써야 할 일이 자꾸 생기는 것이다. 막말로 주어도 못 먹는 운(運)인 것이다. 그림의 떡이다. 인기인에 있어서 겹치기 출연이다. 몸은 하나인데 오라하는 곳은 많은 것이다. 갈 수 있는 곳을 택하여 가지만 간 곳도 바쁜 마음에 대충, 대충이라 전부 충족은 절대 못 시키는 것이다.

결국은 불성실하고, 매너가 없다며 미움을 받고, 급기야는 전부로부터 외면을 당하는 난관(難關)에 봉착을 하는 것이다. 널린 것이 일거리인데 졸지에 우습게 되어 버리는 것이다.

● . 뜬 구름 쫓는 시기(時期)이다.

커다란 물건이 들어왔는데 까다로운 조건도 없이 헐값에 나왔다고 치자.

"수수료도 후하게 줄 것이다." 라고 약속이 되었다면 다른 잔챙이는 눈에 차지가 않을 것이다.

"야! 수수료만 하더라도 얼마냐?" 꿈에 부푸는 것이다.

실로 욕심이 갈만한 일이다. 그러나 다음이 항상 중요한 것이다.

과연 그 매물의 주인이 당신에게만 부탁을 하였을까? 아니다. 란 답이다.

신문에 광고를 냈을 수도 있고, 기타 가능성이 있을 곳은 다하였을 것이다.

많은 곳 중의 한 곳에 지나지 않는다는 것이다. 그런데 마치 자신에게만 부탁을 하여놓은 것으로 착각(錯覺)을 하고 꿈에 부풀어있는 것이다.

물론 보안(保安)을 요(要)하는 경우도 있겠지만 이런 경우 보안이란, 물 건너가는 보안인 것이다. 있는 사람들 간의 루트를 통하여, 소개를 통하여 끼리

끼리 이루어지는 것이 상례인 것이다. 정작 매물(賣物)로 나와 있어도, 덩어리가 크면 쉽게 성사가 되기가 힘든 것이다. 임자는 따로 있다는 설명이다.

뜬 구름 잡으려는 사고방식(思考方式)과 같다는 것이다.

성사를 한답시고 경비(經費)만 지출(支出)이 되고 헛물만 켜는 결과가 나온다. 매사 일을 처리하여도 지나친 욕심(慾心)을 머리고, "돌다리도 두드려 보고 건너야 한다." 는 식으로 하여야 한다는 것이다.

● **나보기가 역겨워 가시려면 고이 즈려 밟고 가시옵소서!**

항상 떠나가는 사람을 쳐다보아야 하는 처량한 신세인 것이다.

가 정불화(家庭不和)로 서로가 이별(離別)을 하는 경우가 되기도 하는 것이다. 치마가 휘돌아친다고 섣불리 눈길을 주었다가는, 치마폭에 가려 시야(視野)가 사라진다. 썩어도 준치라고 그래도 물건하나 좋다며 껄떡 거리다가는 개망신 당하기 일쑤이다. 모든 것이 입으로 하는 허풍인 것이다.

🔹 아차! 하는 순간에 아내로부터 입 방망이, 손 방망이, 발 방망이 맞으며 법원(法院)으로 끌려가는 신세가 될지도 모르는 것이다. 다 내 탓인 것이다. 다행이 떠나지 않는다면 항상 밖으로 빙빙 돌고 있는 것이다.

🔹 소용돌이치는 물속에 휘말리어 정신없이 돌아가며 사는 인생인 것이다.

🔹 아내가 밖으로 무슨 짓을 하는지 알 수가 없는 노릇인 것이다. 자기가 능력(能力)이 없으니 할 말이 없는 것이다.

🔹 돈을 제대로 갖다 주기를 하나, 그렇다고 밤일을 즐겁게 제대로 하기를 하나 아무짝에도 쓸모가 없는 인간이 되어 버린다.

🔹 사정을 하여도 5분을 못 넘긴다. 정신적(精神的)으로 위축(萎縮)이 되어 있으니, 기본 자질(資質)은 있어도 말을 안 듣는 것이다.

실전사주

戊	甲	辛	己
辰	申	未	酉

⇨ 미(未)월의 갑(甲)목 일간(日干)이다.
지지(地支)에는 신(申)금을 놓고 있다.

건명(乾命)

⬆ 갑(甲)목 일간(日干)의 사주이다. 왜 심금(心琴)을 울린다고 하는지 알 것이다. 재성(財星)과, 관성(官星)이 왕(旺)한 사주이다. 용신(用神)은 무엇일까?

갑(甲)목이 너무나 외롭고, 신약(身弱)한 형상(形象)이다. 재성(財星)에 치이고, 관성(官星)에 주눅이 드는 사주이다. 자연 결혼(結婚)도 늦어진 경우이다. 월지(月支)의 미(未)토가 자고(自庫)이다. 한없이 착하기만 한 사람이다.

스스로를 되돌아보면서, 강인함을 키어야 하는 사람이다.

비겁(比劫)이 용신(用神)인데, 진(辰)중 을(乙)목을 택하는데, 금(金)으로 화(化)하려는 경향이 강하고, 미(未)중 을(乙)목은 이러지도 저러지도 못하는 형국이다. 그렇다면 이렇게 앉아서 답답하기만 하여야 할 것인가?

운(運)에서 도와주는 것이다. 살펴보면 해결책이 나온다.

● **. 돈 떨어져, 신발 떨어져, 담배꽁초마저 떨어지는 운(運)이다.**

재성(財星)은 비겁(比劫)이 용신(用神)일 경우, 특히 보이는 모든 것이 다 내 것이고, 바로 이루어질 것만 같은 상황(狀況)으로 이어진다. 아무리 아니냐! 아니야! 하지만 그럴듯한 것이 사람 환장하게 만드는 것이다. 자리를 일어나려고 하면 장땡이 들어오는 것이다. 사람 미칠 일이다.

광 땡이야 없겠지! 하지만 희한한 일이 생기는 것이다. 바로 광 땡이 나타나는 것이다.

이래저래 열 받아 몇 번 더 하다가보면, 끝내는 개털신세로 종치는 것이다.

재성(財星)은 음식(飮食)과도 연결이 되는데, 결과는 그림의 떡이 되는 것이다. 재수 없는 놈은 자빠져도 코가 깨진다는 격이다.

산해진미요, 좋아하는 음식이 있어도 먹기가 불편한 것이다. 이빨이 상하거나, 쑤시거나, 잇몸을 데이거나, 입언저리에 흉터가 생기거나, 속이 좋지가 않아 음식을 섭취하기가 곤란한 것이다.

냄새만 맡고 끝나는 것이다. 재수가 옴 붙는 운(運)이 되는 것이다.

특히 건강(健康) 면으로도 몸이 불편하여 많은 고생(苦生)을 하는 것이다.

다쳐도 남의 신세를 지거나, 보조기구를 사용하여야 할 정도로 많이 다치는 것이다. 병이 발병(發病)하여도 당뇨처럼 합병증(合倂症)이나, 음식(飮食)을 조심하여야 하는 병(病)과 인연(因緣)이 깊어지는 것이다.

● . 관성(官星) 운(運)이 올 경우의 변화(變化).

비겁(比劫)이 용신(用神)인 사주는 관살(官殺)운에 어떤 변화(變化)가 올까? 일단은 신약(身弱)하니 비겁(比劫)을 용신(用神)으로 하는데, 그 중 몇 가지 의 경우를 살펴보자.

- 식상(食傷)이 강(强)하여 비겁(比劫)이 용신(用神)이 되는 경우도 있으니 이 경우도 필히 넘고 가야 할 것이다.
- 재성(財星)이 강(强)할 경우나, 관살(官殺)이 강(强)할 경우는 당연히 관살(官殺)의 운(運)이 와도 내용면에서는 크게 달라지는 것이 없으나,
- 식상(食傷)이 강(强)하여 일간(日干)이 신약(身弱)하여 비겁(比劫)을 용신(用神)으로 택했다면, 이 경우 관살(官殺)운(運)이 오면 상황(狀況)이 약간이 아니라, 많이 달라지는 것이다.
- 신약(身弱)하여 살(殺)에 봉(逢)하면 장수(長壽)하지 못하고, 삶에 있어서 항상 곤궁을 면하기가 힘들다. 다 신약(身弱)이 원인인 것이다.

. 재성(財星)과, 관살(官殺)이 왕(旺)하여, 일간(日干)이 비겁 (比劫)을 용신 (用神)으로 택하였을 경우.

- 관살(官殺)은 일간(日干)을 옥죄고, 윽박지르고, 억압(抑壓)하는 데는 타 (他)의 추종(追從)을 불히한다. 절제(節制)를 의미한다.

- 관살(官殺)은 일간(日干)의 천적(天敵)이기 때문인 것이다.

재 성(財星)이 왕(旺)할 경우, 재생살(財生殺)의 관계가 성립(成立)이 되므로 관살(官殺)운이 올 경우, 의미(意味)가 비슷한 상황으로 흐른다. 물론 약간의 차이가 있는 것은 당연한 것이다.

- 일간(日干)의 입장에서는 곤혹스러운 상황(狀況)이 더욱 더 악화(惡化) 된다. 밀린 임금을 못 받아서 난리인데, 회사가 도산(倒産) 하는 경우가 해당된다.

- 조금 지나면 나아지겠지 하고 참았는데, 기다린 보람도 없이 허공으로 분 해(分解)되어 버린 것이다.

- 속상하고, 억울하고, 짜증나고, 괘씸해도 조금만 참아라, 관살(官殺)운이 지나고 나면 인수(印綬)운이 오는 것이다. 나 죽었소! 하고 시키는 대로, 주는 대로 참는 것이 최선(最善)의 방법이다.

- 위의 경우 즉 도산(倒産)의 경우는 나의 운도 그러한데 기업의 운도 같 아 견디지를 못 한 것이다. 절제가 안 되는 것이다.

- 관(官)은 일이요, 직책(職責)이요, 업무(業務)다.

- 힘들어 죽겠는데 업무(業務)가 과중(過重)하게 부여되고, 쓸데없는 감투 나 씌워서 밧줄로 꽁꽁 묶는 형상이 되어버린다.

- 자연 불평(不平)과 불만(不滿)을 토로(吐露)하게 되는데, 그로 인한 중상 (重傷), 모략(謀略)과 구설(口舌)에 시달리게 된다.

- 자연 건강(健康)도 상(傷)하게 되는데, 약(弱)한데 무리하는 격(格)이다.

- 과로(過勞)요, 심한 압박감(壓迫感)에 견디지를 못하는 것이다. 심신(心身)이 다 상(傷)하는 것이다. 심한 경우는 상처(傷處)를 입는다.

- 심리적인 경우는 불안, 초조, 답답함, 주눅이 들고, 방안에 처박혀 있게 되고, 밤길에 나다니는 것조차 꺼리게 되기도 한다.

- 극심한 경우는 자살(自殺)의 충동(衝動)도 느끼는 것이다. 꿈을 꾸어도 쫓기고, 가위에 눌리고, 자다가 신음(呻吟)소리도 하고 것이다.

- 안정(安定)이 필요한 경우가 되는 것이다.

● . 식상(食傷)이 왕(旺)하여, 비겁(比劫)을 용신(用神)으로 택할 경우.

식상(食傷)이 지나치게 왕(旺)하면, 식상(食傷)에 종(從)하는 경우가 있다. 그러나 비겁(比劫)을 용신(用神)으로 삼으니, 종(從)하는 것하고는 약간 차이가 생긴다.

- 종(從)하는 경우라 하여도, 식상(食傷)에게 해(害)가 되지 않음으로 인하여 용납(容納)이 되는 경우는 성립이 된다.

- 종격(從格)에서의 용신(用神)은 종(從)하는 오행(五行)으로 족(足)하는 것이다. 그러나 관살(官殺)운이 온다면, 종(從)과는 상관이 없이 왕(旺)한 식상의 기운에 관(官)이 얻어터진다. 섣불리 덤비지를 못하는 것이다.

- 식상(食傷)도 관(官)의 기운이 작더라도, 긴장감은 늦출 수가 없어진다. 그동안 호의호식(好衣好食) 하며 지냈는데 이제는 다이어트를 하여야 하는 것이다. 문제는 관(官)의 기운과 식상(食傷)의 기운이 비슷할 경우, 이때 식상(食傷)은 일간(日干)과 힘을 합하여 관(官)을 응징(膺懲)한다는 것은 알 것이다.

3. 식상(食傷).

식상(食傷)이 용신(用神)일 경우는 인수(印綬), 또는 비겁(比劫)의 기운이 더 소진이 되어야 하는 경우, 관살(官殺)이 지나치게 강(强)하여 천적(天敵)이 필요한 경우로 크게 나누어진다.

식상(食傷)은 설기(泄氣)와, 제살(制殺)의 대명사이다. 재성(財星)을 생(生)하는 것은 기본(基本)이고, 인성(印星)이 극(剋)을 하지만 과다(過多)할 경우는 없어서는 안 될 존재(存在)인 것이다.

지나치게 많은 기운을 소진(消盡)시켜야 하는 것이다.

즉 막힌 것을 뚫어내는 역할을 하는 것이다.

제살(制殺)의 경우는 지나치게 억압(抑壓)하고, 간섭(干涉)하는 관살(官殺)을 제거(除去)하여 얽힌 사슬을 풀어내는 것이다.

- 강아지 때의 생각만을 하고 개의 목줄을 그대로 한다면, 개는 목이 갑갑하여 숨이 막힐 것이다. 그사이 컸다는 사실을 잊어버리는 것이나 같은 것이다. 식상(食傷)이 용신(用神)일 경우이다. 손과 발에 땀이 나도록 뛰어야 하는 것이다. 갖고만 있고, 생각만 하는 것은 소용이 없는 것이다.

- 말보다는 실천(實踐)이 필요한 것이다.

● 일간(日干)의 입장에서 왜 식상(食傷)이 필요(必要)한가?

● . 인수(印綬)가 문제가 될 경우는 ?

- 지난 해 부터 문제가 발생하기 시작한 것이다.

- 생산량(生産量)이 과다하여 재고(在庫)가 누적이 된 것이다.

- 흑자도산(黑字倒産)이 염려가 되는 것이다.

- 부동산(不動産)이 문제가 되는 것이다.

● 상담 시 이런 경우는, 작년에 무리하게 구입한 것이 계륵의 역할을 하는 것이다. 대출금 상환에 어려움이 발생하거나, 길(吉)이 흉(凶)으로 변화하는 경우가 나타나는 것이다. 손해수인 것이다. 오히려 그것이 더한 길(吉)로 변하는 것을 알지를 못 한다.

● 지나치게 뜸 들이다 기회를 놓치는 것이다. 망설이다 망하는 것이다. 던질 때 던져야 하는 것이다. 무조건 쏘아야 일이 풀린다. 사업을 확장하여야 할 시기인 것이다. 보다 적극적인 용병술(用兵術)이 필요한 것이다.

● 일간(日干)의 입장에서 살펴보자. 인수(印綬)가 문제가 될 경우는, 야구에서 투 스트라이크 스리 볼이다. 주자를 걸어 내보내는 것이 아니라, 정면(正面)으로 승부(勝負)를 걸어야 하는 시기(時期)인 것이다.

● · 관살(官殺)이 문제가 되는 경우.

매우 곤혹(困惑)스러운 환경(環境)에 처한 것이다.
위기(危機)를 탈출(脫出)하여야 할 시점(時點)이다.
벌려놓은 일들을 하나씩 정리(整理)하는 것이 최선이다.
관(官)이 많다는 것은 현재(現在) 진행 중인 일이 많다는 것이다.

● 식상(食傷)이 필요(必要)하다는 것은 일반적(一般的)으로 일을 벌이는 것이 아니라, 정리하라는 뜻이다. 정리하느라 일을 다루는 것도, 벌린다는 의미로 보면 그것도 말은 된다. 수거(收去)작업(作業)을 한다는 것이다.

● 고정된 사고방식은 관(官)이 많으면 주눅이 들고, 시달리고, 업무량의 폭주로 인한 과로(過勞)를 생각하지만 그것은 일차적(一次的)인 해석이고, 조금 더 생각을 한다면 지금 현재 일은 진행이 되고 있는 상황인데, 선별(選別)작업이 필요한 시기(時期)라는 것이다.

● 상담에서는 이러한 판단이 상담자에게는 요구되는 사항인 것이다.

- 사업(事業)을 하는 사람이다. 소규모이지만 그래도 사장소리를 듣는 사람인데 삶이 피곤하다고 하자, 월급이 잘 안 나오나요?, 직장(職場)에서 문제가 많습니까? 보직(補職)이 마음에 안 드십니까? 시달리십니까?
- 어느 정도 뜻이야 근처에는 가지만 그것은 아니라는 설명인 것이다. 편안한 상담은 "일단 주변을 정리 좀 하셔야겠습니다. 너무 거미줄 같이 얽혀 있습니다."

실전사주

戊	庚	丙	乙
寅	子	戌	卯

⇨ 술(戌)월의 경(庚)금 일간(日干)이다.
지지(地支)가 인성(印星)의 합을 방해한다.

건명(乾命)

경(庚)금 일간(日干)의 사주이다. 무엇이 문제일까? 재(財), 관(官)이 일간(日干)을 괴롭히고 있다. 무엇을 어떻게 하란 말인가?

여기서는 그것을 논하는 것이 아니다. 용신(用神)을 논하는 것이다.

지지(地支)에서 합(合)도 되고, 형(刑)도 된다. 천간(天干)에서는 합(合) 이전에 극(剋)이 중간(中間)에서 이루어진다.

천간(天干)으로 합(合)이요, 지지(地支)로는 형(刑)인 간합지형(干合支刑)이 이루어진다. 일지(日支)의 자(子)수가 처(妻)의 역할을 잘하고 있는 것이다.

여기에서 용신(用神)을 무엇으로 선택을 하여야 할 것인가?

시간(時干)의 무(戊)토와, 술(戌)중의 신(辛)금을 택하는 방법이 있는데, 어느 것을 택하는 것이 더 현실적(現實的)인가?

재(財)가 왕(旺)할 경우 대체적인 판단은 비겁(比劫)의 응징이 제일 빠르다.

그러나 실질적(實質的)으로 보면 재다신약(財多身弱)이거나, 재(財)가 왕(旺)하여도 인수(印綬)가 유력(有力)할 경우 대부분이 인성(印星)을 용신(用神)으로 택하는 경우가 많다. 물론 비겁(比劫)이 무력(無力)하니 그럴 것이다.

여기서 문제 삼을 것은 재성(財性)의 기운이요, 관성(官星)의 기운인 것이다.

어차피 재성은 기운이 왕(旺)하니 제쳐놓고 보는 것이다.

식상(食傷)이 왕(旺)하면 재성을 보호하기 위하여 관성을 극(剋)할 것이요,

관성(官星)이 왕(旺)하면 인성(印星)을 보호하기 위하여 비겁(比劫)을 극(剋)할 것이다.

여기서의 상황(狀況)은 어떤가?

식상(食傷)이 일지(日支)에 있는데 형(刑)을 하고 있다. 변화가 이루어질 확률은 있어도 관성(官星)만은 못한 것이다.

 (官)의 기운이 식상(食傷)의 기운보다 강하므로 인성(印星)을 택하는 것이다.

그것은 왕(旺)한 재성(財星)의 기운(氣運)을 삭감하고, 관성(官星)의 기운을 흡수(吸收)하기 위한 것이다.

이때 일간(日干)은 식상(食傷)과 비겁(比劫)의 기운을 합하여 재성(財星)과, 관성(官星)을 응징하는 방법을 택하는 것이다.

인(印),비(比),식(食)이 힘을 합하는 것이다.

- 편관(偏官)이 겹쳐있고, 기타 흉살(凶殺)이 겹치면, 화(禍)가 올 경우 그 속도는 빨라진다. 편관(偏官)은 항상 인수(印綬)가 있어 그의 기운(氣運)을 순화(純化)하는 것이 필요하다. 그리하면 깨달음이 오는 것이다.

- 전과자가 반성하고 새 삶을 영위하는 것이나 같은 것이다. 이러한 경우 살(殺)이 인(印)에 화(化)한다고 하는 것이다.

- 편관(偏官)인 칠살(七殺)은 무조건 흉(凶)하다고만 보면 안 된다. 주변에 살(殺)을 억제하거나, 인(印)화(化)하는 기운이 적절하면, 오히려 길(吉)로 작용을 한다. 그 예로 천간(天干)에 식신(食神)이 있고, 지지(地支)에서 합화(合化)하여 변화(變化)가 이루어진다면, 일간(日干)에게는 오히려 전화위복(轉禍爲福)이 되기도 한다.

● . 육친(六親)별로 살펴보는 운(運)의 변화.

● 인수(印綬)운 일 경우의 변화.

인수(印綬)는 식상(食傷)의 천적(天敵)이다. "동냥을 주지는 못할망정 쪽박은 깨지를 말라"고 하였다. 약이 오르는 일만 자꾸 생기는 것이다. 물건이 팔리지 않아 난리인데, 창고에 재고(在庫)만 자꾸 늘어난다.

🔹 대형 원룸을 대학교 근처에 지었는데, 학교에 기숙사가 완벽하게 지어지고, 편의시설도 A급으로 갖추어져 세가 나가지가 않는다. 게다가 건물에 하자가 있다며 보수공사를 하란다.

🔹 자동차가 고장이나 AS를 받으려고 하니 무상서비스 기간이 지났다며 수리비 전액을 소비자(消費者)가 부담을 하여야 한다고 한다.

🔹 대출금(貸出金)을 이자(利子)만 겨우 갚아나가고 있는 중인데, 이제는 원금(元金)까지 같이 갚아야 한다고 한다.

🔹 명퇴를 하고 그나마 다른 사업을 할까하였는데, 고향의 부모님이 돌아가시어 할 수 없이 계획을 접고 고향으로 향하여 뒷정리를 하여야 한다.

🔹 품목선택을 잘못하여 전년도에 애써지은 농작물을 헐값에도 안가지고 가려고 한다. 다른 품목을 선택한 사람들은 가격(價格)이 상승(上昇)하여 입이 벌어지고 있는 중이다. 본인 앞에서는 표정관리를 하느라 애를 쓴다. 안 되는 놈은 엎어져도 코가 깨지고, 앞니까지 나가는 것이다.

🔹 식상(食傷)이 관재수(官災數)를 없애주는데, 식상(食傷)이 인수(印綬)로 하여 맥을 못 추니 꼼짝없이 변명(辨明)할 기회도 없이 당하고 만다.

🔹 건강(健康)으로 본다면, 흘러야 할 것이 흐르지 못하고 막히는 형국(形局)이라, 소화불량이요, 숨통이 콱 막히는 형상인 것이다.

🔹 매사 일도 진척(進陟)이 없고 자꾸만 답보(踏步)상태로 이어진다.

● . 비겁(比劫)운(運)일 경우의 변화(變化).

비겁(比劫)은 식상(食傷)의 앞 단계(段階)이다. 흐름이 역류(逆流)하는 것이다. 일이 거꾸로 돌아가는 것이다.

앞으로 나아가도 시원치가 않을 판인데, 오히려 거꾸로 돌아가니 환장할 일이다. 갈 길은 먼 데, 해가 벌써 서산에 걸린 격(格)이다. 가도 가도 끝이 없고, 망망대해(茫茫大海)다.

- 야근(夜勤)을 한지가 엊그제인데, 또다시 야근이 돌아온다.
- 집에서는 아이를 출산(出産)한다고 준비가 한창인데, 답답하기만 한 것이다. 축구에서 후반에 한 점을 앞서, 아 이제는 마음이 놓이는구나! 했는데 순식간에 역전(逆戰)을 당하여 오히려 불안감(不安感)만 더 늘어난다.
- 지하철에서 자리가 비좁아 앉기도 불편한데, 한 사람이 더 끼어 앉는다.
- 경기가 안 좋아 버는 돈은 빠듯한데, 아이가 또 생겼으니, 준비(準備)물도 부족(不足)하고 자녀(子女)양육(養育)도 걱정이다.
- 직접 물건의 상태를 보고 자재를 구입하라고 많은 돈을 주어 보냈더니 그 돈을 갖고 줄행랑을 쳤다.
- 산으로 휴가(休暇)를 가려고 하는데, 식구들은 바다로 갈 생각을 하고 있다. 친지(親知)들 간의 친목계가 펑크 나는 격(格)이다. 세상에 믿을 놈 하나도 없다는 말이 나오는 것이다.
- 혹 떼러 갔다가, 오히려 혹을 붙이고 오는 형상(形象)이다.
- 비견(比肩), 겁재(劫財)는 일간(日干)을 더욱 강(强)하게 만드는 것이다. 자존심(自尊心)만 더욱 강하여지는 것이다. 여기에서도 양(陽)일간, 음(陰) 일간이 나오는데 양일간일 경우는 더욱 강하게 성향이 나타난다. 음일간일 경우는 다소 완화는 되나 역시 마찬가지인 것이다.

● . 식상(食傷)운(運)이 올 경우의 변화(變化).

식상(食傷)이 용신(用神)인데, 식상운(食傷運)이 오니 반가운 일이 생기는 것이다. 일의 진행(進行)이 순풍(順風)에 돛단배인 것이다.

순행(順行)에 순행을 거듭한다. 여기에서 짚고 넘어갈 사안(事案)이 있다.

식상운(食傷運)은 일을 추진(推進)하는 과정이요, 확장(擴張)하는 상태이다. 아직 완전한 궤도(軌度)에는 도달하지가 않은 것이다.

단지 진행과정이 막히지 않고, 수월하게 풀려나가고 있는 진행(進行)의 형(刑)이라는 것이다. 금전적(金錢的)인 이득(利得)이나, 업적(業績)을 이루는 상태는 더 지나야 한다는 것이다.

일반적으로 잘 나간다고 하면 결과(結果)만을 먼저 앞세우니 상담(相談)시 이에 대한 오해가 없도록 자세한 설명(說明)이 필요한 것이다.

혼돈(混沌)이 생기면 공연한 오해(誤解)를 받는 경우가 있다. 에이!-

- 유가(油價)가 상승(上昇)하여 원자재(原資材) 구입이 어려웠는데, 유가(油價)가 하락(下落)하는 정도가 아니라 폭락(暴落)하여 한층 수월하여진다.

- 공익(公益)재단(財團)을 설립하여 사회에 봉사(奉仕)를 하는데, 그 소문이 알려진 탓 인지 자사(自社) 상품의 매출(賣出)이 급격히 상승(上昇)한다.

- 불경기(不景氣)에는 특별한 대책(對策)이 필요한 것인데, 평소의 소신(所信)대로 밀고 나가면서 어려움을 극복(克復)하고 있는 중이다.

- 식상(食傷)은 칠살(七殺)을 제거(除去)하는 역할을 한다.

- 한동안의 부담스러웠던 일들이 정리(整理)가 되고, 껄끄럽던 관계도 다시 원만(圓滿)함을 유지한다.

🌑 식상(食傷)이라 재(財)를 생(生)하는 것인데, 금전 융통(融通)하기가 쉬워지는 것이다. 뭘 믿고 빌려주는가? 할 정도로 잘 돌아간다.

실전사주

壬	辛	己	庚
辰	丑	丑	申

⇨ 축(丑)월의 신(辛)금 일간(日干)이다.

지지(地支) 역시 축(丑)토이다.

건명(乾命)

⬆ 신(辛)금 일간(日干)의 사주이다. 용신(用神)은 무엇일까?

시간(時干)의 식상(食傷)인 수(水)가 용신(用神)이다.

진(辰)과 축(丑)에 계(癸)수가 있으나, 시간(時干)에 나타난 임(壬)수를 대표자(代表者)로 삼는다.

🌑 . 재성운(財星運)이 올 경우의 변화(變化).

식상(食傷)이 용신(用神)인데 재성운(財星運)이 온다면 어떤가?

식상(食傷)용신(用神)에 재성(財星)이 온다는 것은, "식당에 손님이 밀려서, 밥이 뜸이 덜 들었는데도 괜찮다며 빨리 달라고 하는 것"이나 같은 것이다.

식 상(食傷)은 노력(努力)하여 진행 중인 과정(過程)인데, 곧바로 금전이 손에 쥐어지는 것이다.

생산(生産)공장(工場)에 그동안 재고(在庫) 물량이 많이 쌓였었는데 선금을 주면서 재품을 미리 달라고 하는 경우나 같은 것이다. 만들자 말자 나가는 것이다. 24시간 풀가동을 하여도 모자랄 정도로 손이 달리는 것이다.

대게 이럴 경우 앞을 길게 내대보지를 못하고 증산에 박차를 가하다가는 홍역(紅疫)을 치르는 것이다.

🌑 재성(財星) 다음에는 관살(官殺)운이다.

🌑 식상(食傷)이 용신(用神)이기 때문에 문제가 발생한다.

- 용신(用神)과 상극(相剋)관계이기 때문에 바람직하지가 않은 것이다.
- 용신(用神)이 아니라면 상관이 없는데, 용신(用神)이기 때문에 말없이 떠나야 하는 것이다.

● .식상(食傷)용신(用神)에, 재성(財星)이 올 경우의 변화.

재성(財星)의 기본(基本)은 인성(印星)을 극(剋)하는 것이다.

식상(食傷)이 용신(用神)일 경우, 재성(財星)과는 이해관계(利害關係)가 인성(印星)이나, 관성(官星)보다는 덜하다.

오히려 일간(日干)에게는 좋은 면으로 작용을 하는 경우가 더 많다.

- 인성(印星)이 과(過)하니 식상이 필요한 경우를 보면, 식상용신에 재성이니 더더욱 좋은 것이다.
- 재성운(財星運)에는 금전(金錢)이 들어오는데, 인성(印星)을 극(剋)하면서 취한다. 인성(印星)은 묵은 돈이다. 최소한 2-3년은 되었다고 보는 것이다. 짧게 본다면 2-3개월로도 본다. 그런 돈이 들어오는 것이다.
- 열심히 일을 하여 그 보람을 느끼는 것이다. 황금의 손으로 변하는 것이다. 손만 대면 황금(黃金)으로 변하는, 마치 마이더스의 손과도 같은 것이다. 기대 이상으로 결과(結果)가 빨리 나타나는 것이다.
- 꿈이야, 생시야! 이성(異性)에게 대시하고, 자신감을 갖고 정열(情熱)이 넘치는 운이다.
- 산(山)의 정기(精氣)는 물론 꼭대기에서 돌출이 될 것이다. 그러나 묻힌 기운은 꼭대기에 있을 수가 없는 것이다. 7-8부 능선에서부터 위로 향한다.
- 위에서는 흩어지고, 발산하고, 내려갈 길 밖에는 없는 것이다.
- 식상(食傷)용신(用神)에 재성운(財星運)의 경우가 바로 정상(頂上) 아래의 그 부분인 것이다. 마지막 가지 가면 내려와야 하는 것이다.

🔹 바로 그 다음 운이 관살(官殺)운이기 때문이다. 잘된다고 하면 여기에서 멈추어 숨고르기를 하여야 한다.

● . 식신제살(食神制殺)의 경우는 어떨까?

식신(食神)은 편관(偏官)을 극(剋)하고, 상관(傷官)은 정관(正官)을 극(剋)한다. 여기에서 식상(食傷)의 기운(氣運)이 강(强)하면, 용신(用神)인 식상(食傷)이 살아 움직이는데, 만약 관살(官殺)의 기운이 더 강(强)하여 오히려 식상(食傷)을 역(逆)으로 회돌이 친다면 용신(用神)이 타격을 입는 것이므로, 전체적으로 문제가 심각하게 되어버린다.

이런 와중에 재성(財星)의 운(運)이 와서 관살(官殺)의 손과, 발이 되어 준다면 사주(四柱)의 판도(版圖)가 어지러워진다.

개판 오 분 전으로 이어지는 것이다.

🔹 식상(食傷)이 용신(用神)인 경우, 재성(財星)이 올 경우 이렇게 판이하게 다른 그림이 나타난다. 항상 유기적인 관계에 주의하여야 한다.

● . 관살(官殺)이 올 경우의 변화는 ?

식상(食傷)이 용신(用神)인데, 관살(官殺)이 바람 따라 소리 없이 온다면 어떨까? 서로가 상극(相剋)의 관계(關係)이므로, 타협(妥協)이란 그리 쉬운 일이 아니다. 어느 한 쪽이 고개를 숙이고, 무릎을 꿇어야만 시원스레 해결이 되는 것이다.

내가 살기위해서는 상대를 굴복(屈伏)시키거나, 제거(除去)하여야 할 정도로 극단적(極端的)인 상황인 것이다.

관 살(官殺)운이 흉(凶)하니, 다음의 운(運)인 인수(印綬)운 역시 흉(凶)하다. 실질적(實質的)으로 피부에 와 닿는 괴로움이요, 피할 수 없는 일전(一戰)이다.

● . 식상(食傷) 용신(用神)과, 관살(官殺)의 상관관계(相關關係).

이것은 상처(傷處)뿐인 영광(榮光)이 아니다. 치유할 수 없는 아픈 상처인 것이다. 승자(勝者)도 패자(敗子)도 다 괴로운 상처인 것이다.

- 여성의 입장에서 식상(食傷)은 자손(子孫)이요, 관살(官殺)은 남편(男便)이다. 그런데 자식(子息)과 남편(男便)이 서로 못 잡아먹어 난리인 것이다. 어머니인 여성(女性)은 누구의 편을 들어야 할 것인가?

- 자식(子息)은 한 치의 간격이요, 남편(男便)은 두 치 건너 세 치의 간격(間隔)인 것이다. 자연 팔이 안으로 굽는다고 아직 완전하지 못한 자식(子息)의 편을 들 수밖에는 없는 것이다.

- 가정적(家庭的)이나, 사회적(社會的)으로나 모두 문제인 시기(時期)이다.

- 어느 것 하나 온전한 것이 없을 정도로, 발칵 뒤집어지는 시기인 것이다.

- 이런 시나리오는 제일 나쁜 시나리오다. 피해가는 것이 상책(上策)이다.

- 건강상의 하자도 많이 발생한다. 치고 박고 그 얼마나 힘이 들고 괴롭겠는가? 사주 자체가 혼란스러우면 건강(健康)은 더 말할 필요가 없다.

- 주된 대상(對象)은 자식과 남편이요, 아내인 것이니. 가정(家庭)인 것이다. 가정(家庭)이 흔들리고 있는 것이다. 이별(離別)수도 이어진다. 송사(訟事)에 , 관재(官災), 구설(口舌)이요, 안 좋은 일은 다 생긴다.

- 하극상에 명예손상이요, 직장이면 명퇴요, 스티커를 발부받아도 앞차는 못 잡고 꼭 나만 걸린다. 음주운전(飮酒運轉)에 걸려도 벌금(罰金)이 아니라 면허취소(免許取消)로 되어버린다. 재수(財數)가 옴 붙는다.

- 남이 낸 사고를 옆자리에 있다가 뒤집어쓴다. 꼼짝없이 당한다. 그 놈은 도망가고 말이다.

● ·식상(食傷)이 용신(用神)일 경우 주요(主要)사항(事項).

식상(食傷)이 용신(用神)일 경우는, 식상운(食傷運)이 지나고 나면 대체적으로 불길(不吉)한 쪽으로 운(運)이 흐르는 것이다. 안 그런 경우도 있지만, 그리 많지는 않다.

제일 좋은 경우는 식상운(食傷運)이 나무랄 곳 없이 제일 좋고, 물론 당연하다고 하겠지만 "박수칠 때 떠날 줄 아는 용기(勇氣)가 필요한 것이다."

식상운(食傷運) 이전의 좋지 않은 상황(狀況)에 대한 과감한 대비(對備)가 필요한 것이다.

- 식신(食神)과 상관(傷官)이 용신(用神)일 경우, 추구하는 것이 활발함이라 사람이 자연 총명(聰明)함을 나타낸다. 하나를 보아도 그냥 지나치지를 않는다. 왜? 라는 궁금증이 생기는 것이다. 알아야, 해결을 하여야 속이 시원한 것이다.

- 식신격(食神格)일 경우 재성(財星)이 없고, 편관(偏官), 인수(印綬)를 희신(喜神)으로 한다면, 금전(金錢)에 대한 욕심보다는 명예(名譽)와 가치(價値)를 추구하는 것에 우선한다. 이 경우 사람이 품격이 있고, 권위가 있어 타(他)의 존경을 받는다. 금전(金錢)은 자연 따르기 마련이다.

- 식신격(食神格)에 있어서는 도식(倒食)이 제일 불편한데 재성(財星)이 있어 이를 제어(制御)한다면 금상첨화(錦上添花)가 된다.

- 식신(食神)이 용신(用神)인데 재성(財星)이 없고, 도식(倒食)운이 오면 흉사(凶事)가 발생 한다. 도식을 제어하는 재성(財星)이 없기 때문인 것이다. 뒤집어지는 결과가 나타나는 것이다.

- 식신(食神)이 용신(用神)일 경우는 도식(倒食)과의 관계, 그리고 재성(財星)의 유무(有無)가 관건이 된다.

- 상관(傷官)의 경우는 제살태과, 상관파진, 식신제살등이 관건이 된다.

4. 재성(財星).

재 성(財星)은 그 해석이 여러 가지로 되는데, 편안하게 일부 몇 가지를 기준으로 하여 재성(財星)이라는 설정을 하였다. 재성(財星)이 용신(用神)일 경우이다.

재(財)가 용신(用神)이 될 경우가 제일 많은 것은 신왕(身旺)한 사주(四柱)에서 나온다. 여자(女子)가 필요하고, 금전(金錢)이 있어야 하는 사람이다.

여성(女性)의 경우, 역시 시어머니, 시댁(媤宅)이, 금전이 필요한 사람인 것이다. 금전(金錢)을 마다하는 사람이 어디 있겠는가?

사회전반에 걸쳐 금전(金錢)만능(萬能)이라, 금전(金錢)이 있어야 제대로 대우(待遇)를 받는 세상인 것이다.

재성(財星)이 필요하다는 것은, 금전(金錢)이 항상 필요한 사람이니 실제로는 그리 넉넉하지가 않다는 설명이다. 흔하면 찾지를 않는 것이다.

손에 갖고 있는 것이 많아서가 아니다. 갖고 있는 것은 없어도 말만 하면 아쉽지 않게 생기는 것이요, 억지라도 부려 어떻게 하던지, 금전(金錢)에 관한 문제를 해결한다는 것이다.

사고를 치고 합의(合意)를 못 보고 형벌(刑罰)을 받을라하면 주변(周邊)에서든, 누구의 도움을 받던 해결을 한다. 그러나 그런 상황도 한, 두 번 결국 나중에는 외면(外面)을 당하고 마는 것이다. 홀로 외롭게 되고 마는 것이다.

다 필요 없어! 애꿎은 주변사람들만 원망하는 것이다. 대체적으로 신왕(身旺)한 사람들의 경우(境遇)인 것이다.

어느 사주(四柱)이던 간에 용신(用神)이라면, 용신에 해당하는 모든 사항(事項)이, 요소(要素)로써 꼭 필요한 존재(存在)인 것이다.

남성(男性)을 기준(基準)으로 하여 기본적(基本的)인 해석(解釋)을 하여 적용하였을 때 재성이 여성(女性)이라면? 여자가 유달리 필요한 남성인 것이다.

그렇다면 장가를 못가나? 그럴 수도 있다. 그러면 운명(運命)을 바꾸려면? 결혼(結婚)을 일찍 하여야겠구나! 하고 생각을 할 것이다.

그런데 얼마 안 되어 이혼(離婚)을 한다면? 또 재혼(再婚)을 서둘러야 할 것이다. 종합하여 본다면 이래저래 여자가 항상 옆에서 도와주어야 하는 사람인 것이고, 여자(女子)로 인하여 환란(患亂)도 많은 사람인 것이다.

또 다른 면으로 본다면 ?

여자를 꼭 잡아야 할 사람이라면 여자에 대한 집착(執着)이 강(强)한 사람일 것이다. 있을 때 잘해야 하는 사람인 것이다.

의처증(疑妻症)의 경향(傾向)이 강(强)한 사람이다.

금전(金錢) 역시 같은 방법으로 해석(解釋)을 하면 될 것이다.

실전사주

己	戊	甲	丁
未	申	辰	未

↳ 진(辰)월의 무(戊)토 일간(日干)이다.
일지(日支) 신(申)금의 역할은?

건명(乾命)

⬆ 무(戊)토 일간(日干)의 사주이다. 진(辰)월이니 청명을 기준(基準)하여 살펴보니, 계(癸)수에 해당한다. 비겁(比劫)이 많으니 나에게 필요한 것은 인성(印星)보다는 식상(食傷)이요, 재성(財星)이 필요하다.

식상(食傷)은 자꾸만 재성(財星)으로 화(化)하려 수시로 기회를 엿본다. 신(申)중의 임(壬)수가 있으나 음란(淫亂)한 기색(氣色)이 명확히 보인다. 남편이 힘들게 하거나, 속을 썩으면 영락없이 친정을 왔다 갔다 하며 속을 썩인다. 사방을 둘러보니 산으로 가로막혀 답답하기가 그지없다.

무(戊)토인 남성의 입장에서는, 식상(食傷)도 문제이지만 재성(財星)이 항상 필요한 것이다. 스치는 여성은 다 별 볼일이 없이 지나간다. 힘들다며 떠난다. 여성을 잡기위하여 남성은 더욱 더 분발하고, 노력(努力)을 하여야 하는 것이다.

● . 어떤 경우에 재성(財星)이 용신(用神)이 되는가?

재 성(財星)이 어떤 경우에 용신(用神)이 되는가? 를 알아야 운(運)에
대한 대비를 하는 것이다. 각각의 경우를 분석하여보면 실로 여러
경우가 나온다.

구별이 확실하면 판단하기도 편안한데, 간혹은 그 구별이 불분명 할 수가 있
는 경우도 생기는 것이다. 일반적인 경우를 살펴보자.

❶. 비겁(比劫)이 왕(旺)하여, 일간(日干)이 왕(旺)할 경우.

비겁(比劫)이 왕(旺)한 경우인데, 이 경우는 식상(食傷)이 용신(用神)이 되
기도 하고, 재성(財星)이 용신(用神)이 되기도 하고, 관성(官星)이 용신(用
神)이 되기도 한다. 인성(印星)과 비겁(比劫)은 용신(用神)에서 제외된다.

실전사주

壬	戊	丙	庚
子	辰	戌	戌

⇨ 무(戊)토 일간(日干)의 사주이다.

재성(財星)용신(用神), 신왕재왕(身旺財旺)도 성립.

건명(乾命)

⬆ 술(戌)월의 무(戊)토 일간(日干)인데, 지지(地支)에 진(辰)토를 놓고 있
다. 비겁(比劫)이 왕(旺)한 사주이다.

서로가 자중지란(自中之亂)이 발생하고 있는 사주(四柱)이다.

누가 나 좀 말려줘! 한다. 재성(財星)인 수(水)가 용신(用神)이 된다.

❷. 인성(印星)이 왕(旺)하여, 신강(身强)할 경우.

일 간(日干)이 인수(印綬)와 기운(氣運)을 합(合)할 경우는 신강(身
强)하여도, 일간(日干) 자체(自體)로 볼 때는 신약(身弱)인 것이다.

왕(旺)한 인성(印星)을 다스려야 한다. 식상(食傷) 재성(財星)이 용신(用神)
이 되는 것이다.

실전사주

丙	戊	丙	壬
辰	子	午	寅

↳ 오(午)월의 무(戊)토 일간(日干)이다.

일지(日支)가 수국(水局) 을 형성한다.

건명(乾命)

⬆ 무(戊)토 일간(日干)의 사주인데, 인성(印星)이 왕(旺)한 사주이다.

재성(財星)이 용신(用神)이 된다. 지지(地支)에서의 수화상전(水火相戰)이 문제가 된다. 금(金)의 중재(仲裁)가 그리운 사주이다.

● . 재성(財星)이 용신(用神)일 경우, 각 운(運)은 어떤가?

● 인수(印綬) 운(運) 일 경우.

재 성(財星)이 용신(用神)인데, 인수(印綬)운이 온 것이다. 어떤 변화가 생길까? 재성(財星)은 인수(印綬)를 극(剋)한다. 갈 길이 바쁜데 도로에서 차가 막혀 오도가도 못 하는 것이다.

고속도로를 타면 더 빠를 것 같아 진입을 하였는데 얼마가지도 아니하여 사고차량으로 인하여 오도 가도 못 하고, 꽉 막힌 것이다.

좋을 줄 알고 택한 것이, 오히려 역(逆)으로 흉(凶)작용(作用)을 하는 것이다. 도식(倒食)일 경우는 재성의 억제가 필요하다.

● . 인수(印綬)는 기본적(基本的)으로 비겁(比劫)을 살찌운다.

인 성(印星)은 비겁(比劫)을 생(生)한다. 비겁(比劫)이 왕(旺)하여 지면, 용신(用神)인 재성(財星)이 오히려 극(剋)을 받으므로 용신(用神)이 온전하지 못 하게 된다. 일간을 도와주는 것이 오히려 일간의 처지를 더 악화시키는 것이다.

비만이라 살을 빼야하는데 기름진 음식을 잔뜩 먹으라고 갖다 주는 것이나 같은 것이다. 원래 체중(體重)이 많은 사람들은 재성(財星)인 음식에 대하여는 매우 관대한 편이라 가리지를 않고 섭취를 한다.

결국은 스스로 무덤을 파는 격(格)이 되는 것이다.

실전사주

丙	壬	己	辛
午	子	亥	亥

⇨ 동짓달의 물이라 차갑다.

　바닥의 흙이 보이지가 않는다.

건명(乾命)

⬆ 임(壬)수 일간(日干)인데 비겁(比劫)이 왕(旺)하여 사주(四柱)가 신왕(身旺)하다. 다행히 재성(財星)이 있어 용신(用神)을 삼는데, 천간(天干)과 지지(地支)가 다 같이 충(沖)으로 연결이 된다.

이에 대한 것은 다음에 논하고, 운(運)에서 인수(印綬)운인 경신(庚申)운이 왔다고 하자. 어떤 결과가 나올 것인가.

용 신(用神)인 재성(財星)이 가뜩이나 어려운데, 박살이 나는 것이다. 물론 좋게 보아준다면 억지로라도 신왕재왕(身旺財旺)으로도 만들 수가 있을 것이다. 그러나 여기서는 그런 것이 문제가 아니다.

여기서의 핵심은 인수(印綬)운이 와서 더 어렵게 하고, 일을 그르친다는 것이다. 이처럼 재성(財星)이 용신(用神)일 때, 인수(印綬)운이 와서 재성(財星)의 기운(氣運)을 소진(消盡)시킨다면 어떤 결과가 나올까?

- 인수(印綬)는 귀인(貴人)인데, 귀인(貴人)이 구인(仇人)의 역할을 한다.
- 기획(企劃)이요, 시작(始作)인데 안 한 것만 못한 결과로 나오는 것이다.
- 첫 단추를 잘못 끼우면 나머지는 볼 필요가 없는 것이다. 아무리 잘 맞추려고 하여도 끼워지기는 잘하여도, 끝에 가면 항상 한 쪽이 남게 되어있는 것이다.
- 인수(印綬)는 소식이라 경사(慶事)스러워야 할 터인데, 참패의 소식이요,

물가(物價)가 오른다는 소식만 들리고, 각 공과금(公課金)이 오른다는 소식만 들리는 것이다.

● 고향(故鄕)으로의 귀향(歸鄕)이란 낙향(落鄕)을 의미한다. 왜 그럴까?

● 잘 나갈 때는 자주 들리지를 못 한다. 바쁘니까, 그리고 큰일을 많이 하여야 하니까. 그렇지만 모든 직(職)에서 물러난 후 찾아가는 고향은, 조용히 쉬면서 생(生)을 뒤돌아보는 것이다. 인수(印綬)의 다음은 자기의 본(本)자리로 가는 것이다. 빈손으로 왔다가 빈손으로 가는 것이다.

● 가기 전에 정리(整理)할 것이 많은데, 대수롭지 않게 생각을 하고 그것을 안 하고 가려하는 것이다. 재성(財星)이란 자질구레한 것들을 소리 없이 치워주는 존재(存在)이다. 짐을 덜어주지는 못할망정 더 치울 것을 갖다 옮기려하고 있는 것이다.

● 인수(印綬)는 집안에 치울 것이 널려있어도 치우지를 않는다.

● 몸치장이나 할 줄 알지 손 하나 까딱 안 하는 것이 인수(印綬)이다.

● 재성(財星)이 용신(用神)이라 함은 치워야 할 것이 많은 사람인데 인수(印綬)운이 오니 멋 부리고, 나가기 바쁜 일만 생기는 것이다. 사람 환장하는 것이다. 개꼴이 되는 것이다.

참 고로 재다신약(財多身弱)의 경우는 치워주는 사람이 많다보니 서로 자기가 정리한 것이 제자리라며 서로 난리다. 그러다보니 산만하고 어질러놓기만 하는 것이다. 이런 사람은 경리업무는 때려죽인다고 하여도 제대로 못 한다. 항상 끝마무리가 약한 것이다. 여기저기 똥만 잔뜩 싸놓는 것이다.

● 갈 길은 먼데 발은 아프고, 발가락은 피가 나고, 허기는 지고, 등에 진 짐은 무겁고, 고달픈 나그네 길인 것이다. 적(敵)과의 동침(同寢)이란 참으로 위험한 것이다. 많은 위험을 안고 행하는 것이다. 결과가 좋다면 다행이지만, 결코 바람직한 것은 아니다.

● 일단은 발상자체가 위험한 것이다. 잘못 된다면 모든 것을 접어야 하는

허망한 결과가 나오기도 하는 것이다. 비약된 이야기라고 책망을 할지 모르지만 실제로 우리 주변의 가정(家庭)을 보면 서로가 뜻이 안 맞아도 어쩔 수없이 이런저런 핑계로 한 지붕 두 가족인 경우가 상상외로 많다.

- 참으로 불행(不幸)한 가정(家庭)인 것이다. 일시적으로는 충격(衝擊)이 많겠지만, 그래도 서로가 갈 길을 가는 것이 편한 것이다. 죽는 순간까지 평생 서로가 못 할 짓을 하는 것이다. 그것은 결코 자녀를 위하는 것이 아니다. 이해 당사자들 모두 서로가 그것이 옳지 않다는 것을 알면서도 결단을 내리지 못하는 것이다.

- 그럴 바에는 차라리 "내가 잘못했소이다!" 하고 순응(順應)을 하여야 된다는 이야기이다. 인수(印綬)는 치워야 할 물건들이라면, 비겁(比劫)은 그것을 어지럽게 분산(分散)시키는 장본인과 같은 것이다.

- 재성(財星)이 용신(用神)이란 치워야 할 불필요한 물건인데, 수요(需要)와 공급(供給)의 원칙(原則)에 부합(附合)되지 않는 상황이고, 어질러놓기 선수인 개구쟁이 아이가 집안을 난장판으로 만들어놓아 그것을 깨끗하게 정리하여야 할 상황인 것이다. 재성(財星)은 그것을 치우는 어머니나 같은 것이다.

- 재성(財星)이 용신(用神)인데, 인수(印綬)운이 도래(到來)하면 피곤한 일만 자꾸 가중(加重)되는 것이다.

- 여기에서 인수(印綬)운 다음에는 비겁(比劫)운이 온다. 인수(印綬)운이라 올 해 보증(保證)을 선다고 하면, 내년은 비겁(比劫)이라 탈재(奪財)현상(現狀)이다. 뒤집어쓰는 것이다.

- 집을 사면 팔아야 되는데 손해를 보는 것이고, 권리금을 많이 주고 가게를 인수(印綬)하면 권리금(權利金)이 개 값이 되는 것이다.

● .비겁(比劫)운(運)이 올 경우의 변화(變化).

성(財星)이 용신(用神)인데, 비겁(比劫)이 올 경우의 변화(變化)이다.

재 월급날이 되어 기대에 부풀어있는데 봉급이 가압류되어 확인만 하고, 손도 못 대어보는 것이다. 재성(財星)의 천적(天敵)은 비겁(比劫)이다.

"원수를 외나무다리에서 만나는 격이다." 제대로 힘 한 번 못서보고 백전백패(百戰百敗)하는 것이다.

- 일을 하여 돈을 벌어야 양식을 구입할 터인데, 일도 하지 않고 엉뚱한 궁리만 한다. 무얼 좀 한다고 큰 소리 치더니 그나마 갖고 있던 돈도 동업(同業)의 실패(失敗)로 인하여 다 날린다. 백수의 원조(元祖)가 되는 것이다.

- 도둑을 맞으려면 평소에 사납던 개도 안 짖는다. 나가는 것이 많으니 나에게 손을 벌리고, 도움을 청하는 경우가 많아진다.

- 처(處)에 대한 사랑이 필요하고, 처(處)의 도움이 필요한 상황인데, 처(處)가 하는 행동(行動)이 마음에 안 들고, 오히려 더 미워지고, 심하면 의처증(疑妻症)의 기미(氣味)마저 보인다.

- 재(財)는 처(處)요, 처가(妻家)에도 해당이 된다. 비겁(比劫)이니 재(財)를 극(剋)하는 것이라, 처가(妻家)에 아픈 사람이 생기고, 흉사(凶事)가 발생(發生)한다.

- 금전(金錢)으로 인하여 재물(財物)도 잃고, 사람도 잃어버린다.

- 구두(口頭) 보증(保證)도 보증(保證)이다. 말이 씨가 되어 그로인한 손해(損害)를 본다. 본인(本人)은 지나간 일이라 잊고 있었는데, 무심코 던진 말을 믿고, 주식(柱式)에 투자(投資)하다 낭패를 본 사람이 "다, 당신 때문이야!" 하면서 원망(怨望)을 하고, 책임(責任)을 지라고 하는 경우이다.

- 비겁(比劫)이면서도 양인(羊刃)에 해당할 경우는 어떤가?

- 비인이 있어 어느 정도 감내하면 다행이나, 그렇지가 않을 경우는 양인살(羊刃殺)의 작용(作用)으로 흉사(凶事)로 연결이 된다.

비 겁(比劫)운 후(後)에는 식상운(食傷運)이 온다.

식상은 재성을 생하므로 용신(用神)인 재성(財星)에게는 희신(喜神)이 된다. 그러므로 비겁(比劫)운의 흉(凶)은 참아야 답이 나오는 것이다. 견디지 못하면 흉(凶)으로 끝나는 것이다.

● . 식상(食傷)운(運)이 올 경우의 변화.

비가 오고난 뒤의 땅이 굳는 것이다. 고생(苦生) 끝에 낙(樂)이 오는 것이다.

재 성(財星)이 용신(用神)인데, 식상운(食傷運)이 오니 반가운 일이다.

재성(財星)인 용신(用神)을 돕는 운(運)이니 길(吉)로 보는 것이다.

- 비겁(比劫)운에서 손해(損害)를 보거나, 참고 견딘 것이 서서히 회복(回復)세로 접어들기 시작하는 것이다. 호기(好氣)를 부려 볼만한 시기이다.

- 다음 운에는 재성(財星)으로 연결이 되니 짧게는 4년이요, 길게는 6년 정도 보는 것이다. 수적으로 계산을 한다면 식상2, 재성2, 관성2하여 6으로 보는 것이다.

- 전체적으로 짧게 본다면 4-6개월로도 보는 것이다. 더 짧게 본다면 4-6일도 보는 것이다.

- 여기에서 처음은 아직도 비겁(比劫)운의 여운(如雲)이 있으므로 그리 시원하게 나타나지는 않는다. 서서히 신발의 끈을 동여매면서 호흡을 조절하는 것이다. 고지(高地)를 향(向)하여 가는 것이다.

- 여기(餘氣)의 기운(氣運)을 2로 본다면 실질적(實質的)인 기운은 4정도 재미를 보는 것이다.

- 식상(食傷)은 지출(支出)이요, 투자(投資)이다. 손에 쥐는 것은 언제일까? 용신(用神)인 재성(財星)운이 다음에 오니, 다음 운(運)에 확실하게 재미를 보는 것이다. 지금은 투자(投資)의 적기(適期)요, 사업(事業)을 확장(擴張)하고, 벌리고, 열심히 일을 하는 것이다.

● 한동안 계획이 자의 던, 타의 던 차질(差跌)을 빚어 많은 시간을 허비하였는데, 이제 서서히 그 계획(計劃)이 순조로이 진행(進行)이 되는 것이다. 주가가 내림세에서 서서히 회복세로 변화의 조짐을 보이기 시작하는 것이다. 아랫사람의 도움이 커다란 힘으로 작용을 한다.

● 윗분들의 의사를 존중하는 것도 좋지만, 과감한 혁신적인 돌파력이 빛을 본다. 구시대적(舊時代的)인 사고방식(思考方式)은 접어야 한다.

● 좌충우돌(左衝右突)하는 경향(傾向)이 있으나 밀고 나가야한다.

● 배울 때는 아이한테도 배운다. 흘리지 말고 경청(傾聽)하는 습관(習慣)이 필요하다. 작은 일이라도 챙기는 습관이 필요하다. 유비무환(有備無患)이다. 던지는 데로 맞추는 운(運)이다. 지나친 방심은 금물이나, 운에서 많이 도와준다. 속전속결(速戰速決)은 피하고, 중(中),장기전(長期戰)을 노려라.

● . <u>**재운(財運)이 올 경우의 변화(變化).**</u>

안성맞춤이요, 적기(適期)가 도래(到來)한 것이다.

까 리스마가 요구되는 시기(時期)이고, 목에 힘을 주고, 어깨를 펴는 시기이다.

미적거림은 나에게 도움이 되지 않는다. 돌 뿌리를 차도 그것이 황금으로 변한다.

● 용신(用神)운이 오므로 더 이상 바랄 것이 없을 정도로 입이 벌어진다.

● 선을 보더라도 겹치기다. 그런데 양쪽에서 다 마음에 든다며 날을 잡자고 조르는 기현상(奇現象)이 벌어진다.

● 상서로운 기운이 항상 내 주위를 감돈다.

● 아이가 없어서 인공수정을 그리 많이 하였는데도 소식이 없더니, 드디어 아 ! 내가 임신하였다는 소식을 전하는구나. 산에 가면 산신(山神)이 ,

물가에 가면 용왕(龍王)신이 나를 돕는다. 운수대통(運數大通)이다.

구슬을 꿰니, 그것이 보배가 된다. 손을 뻗어 내미니, 잡히는 것마다 나를 즐겁게 한다. 일에 있어서는 내가 본산(本山)이 되고, 행동은 자신의 본위(本位)가 된다. 매사 본원(本源)이 되려면 자신의 역할이 중요하다.

근거(根據)가 없고, 허공(虛空)을 가로지르는 행위(行爲)는 금(禁)해야 한다. 오래된 나무는 말라죽기 마련이다. 지금이 좋다고 항상 좋은 것이 아니다.

물이 희게 빛나는 것은, 물줄기가 기개가 있고, 죽 뻗침이 있기 때문이다.

흐름을 끊어서는 안 된다. 사소한 일이라도 접어두지 말고 항상 꼼꼼히 챙겨야 한다.

근원(根源)을 찾으려고 하면 안 된다. 지금은 흐르는 상태이다.

시작(始作)은 금물(禁物)이고, 마무리가 중요한 시기가 다가온다. 차근차근 마무리를 준비하여야 한다. 화로(火爐)가 필요하다. 재물(財物)을 흩어트리지 말고 한 곳으로 모아야 한다. 집중력(集中力)과 일관성(一貫性)이 필요한 시기이다.

● . 관살(官殺)운(運)이 올 경우의 변화.

재성(財星)이 용신(用神)일 경우, 재성(財星)의 기운(氣運)은 관(官)을 생(生)하므로 대체적으로 관운(官運)까지 그 기운(氣運)의 연속(連續)성이 나타난다.

운(官運)이 온다는 것은 이전에 재성(財星)이 왔다는 설명이다. 고로 그 기운(氣運)이 이어진다는 이야기다.

● . 비교(比較)로 살펴보는 재운(財運)과 관운(官運).

재운(財運)의 경우는 재운(財運)이 오더라도 비겁(比劫)이 항상 나를 감시(監視)하고, 나의 것을 축내려고 호시탐탐(虎視眈眈) 노리고 있다.

- 재운(財運)에 있어서는 독식(獨食)이란 성립이 안 되는 것이다.
- 고기를 끓는 물에 데쳐 익혀도, 금방은 먹을 수가 없는 것이다.
- 어느 정도의 시간적인 여유를 갖고 식혀가면서 먹어야 한다. 그 사이 성질이 급한 사람은 위험을 감수하면서도 그것에 손을 댄다.
- 항상 약간 정도는 감수하는 마음을 갖는 것이 편하다. 다 식은 다음에는 내가 통째로 가질 수는 있지만, "고시레" 하는 자세로 조금은 잘라내야 한다. 즉 어느 정도 식었는가 하고 일부는 잘라 맛을 본다고 생각을 하는 것이다. 너무 익어 문드러지면 도로 "아미타불"이다.
- 관운(官運)에 있어서는 비겁(比劫)을 극(剋)한다.

탈 재(奪財)나, 억압(抑壓)하는 행위는 용납이 안 된다.
편안한 상태에서 복(福)을 누리는 여유가 생긴다.
배가 불러 불룩 나온 형상(形象)이다. 이미 뱃속에 들어간 것이다.
다른 사람이 떠들어보아야 소용이 없는 것이다.

- 재운(財運)에서 부(富)를 취득(取得)하였으니, 이제는 그것을 기반(基盤)으로 로비를 하여 일의 진행을 수월하게 처리하고, 정당한 방법으로 일을 성사시킨다. 편법(便法)으로 행하다가는 코피가 터지는 경우가 생긴다.
- 재운(財運)에서 번 것을 관운(官運)에서 죽 쑤는 경우도 있다.
- 관(官)은 일간(日干)인 아(我)를 극(剋)하는 것인데, 여기서는 재성(財星)이 용신(用神)일 경우이므로, 역(逆)으로 귀인(貴人)의 역할을 한다.
- 일반적(一般的)인 육친(六親)의 해석(解釋)과, 용신(用神)과의 관계(關係)에서의 차이인 것이다.
- 관운(官運)이 들어와서 길(吉)의 작용(作用)을 하는 것이다.
- 대출(貸出)이 어려워 모든 상황이 어려웠는데, 중소기업(中小企業)보호대책(保護對策)의 일환으로 까다로운 조건을 가까스로 충족(充足)하여 그 혜택(惠澤)을 보는 것이다. 다 운(運)에서 오는 작용(作用)인 것이다.

5. 관살(官殺).

● . 관(官)이 용신(用神)일 때, 비겁(比劫)과의 변화(變化).

● . 관성(官星)이 역(逆)으로 당하는 것이다.

성(官星)은 비겁(比劫)을 극(剋)하는데 오히려 역(逆)으로 반발을 당한다. 악법(惡法)도 법(法)이라며 지켜야한다는 논리(論理)와 같은 것이다. 모 금융기관에서 직원이 고객의 예탁금을 자기 돈 인양 흥청망청 쓰다가 감사에 적발이 되어 줄행랑을 치는 것이나 같은 것이다. 고양이에게 생선을 맡긴 격(格)이 된 것이다.

🔹 사물(事物)의 도리(道理)를 밝게 보는 안목(眼目)이 자꾸만 흐려지고, 긍정적(肯定的)인 사고방식이 자기 본위의 사고로 자꾸만 바뀌어간다.

● . 물이 굽이쳐 흐르다 돌아가는 격(格)이다.

현실(現實)은 냉정(冷情)한 것이다. 안이한 사고방식(思考方式)으로 일을 대처하다가는 낭패(狼狽)를 보는 것이다.

이번에는 승진(昇進)이겠지! 하고 생각을 하고 있었는데, 엉뚱한 사람이 자리를 차지한다. 낙하산도 내려오고, 집중포화를 맞는다.

식간에 방어할 틈도 없는 것이다. "닭 쫓다 지붕 쳐다보는"격(格)이다. 애쓴 보람도 없는 것이다. 계좌압류가 이루어진 것이다.

● . 번뇌(煩惱)와 미망(迷妄)에서 헤어나지를 못한다.

사람이 사람을 믿고 사는 것이 세상인데, 믿는 도끼에 발등을 찍히는 격이다.

🔹 어떤 안건(案件)에 대하여 서로가 공조(共助)하기로 약속을 하고, 무기명

투표라고 반대편에 표를 던지는 것이다. 믿을 사람이 없어지니 서글퍼진다. 교통사고 시 가해자(加害者)와, 피해(被害)자가 뒤바뀌는 상황이 연출이 된다. 나는 분명히 피해자인데 가해자로 둔갑을 하는 것이다. 증인(證人)이 없다.

- 다른 사람은 그래도 나의 아내만은 안 그럴 것이다 믿었는데, 이혼서류에 도장을 찍어달라고 한다.

- 건성으로 하는 말인지도 모르면서, 구애(求愛)하느라 졸졸 따라다니면서 무리한 지출(支出)도 감행하고, 온갖 수발을 다 들었는데 알고 보니 양다리, 문어발이다.

- 씨 다른 자식(子息)이라고, 유산상속(遺産相續)에서 제외(除外)된다.

● . 비겁(比劫)운(運)이 올 때의 변화(變化).

비겁(比劫)이라면 비견(比肩)과 겁재(劫財)를 말하는데, 관(官)이 용신(用神)이라면 비겁(比劫)의 기운(氣運)이 강(强)하다는 것이다.

설사 비겁(比劫)자체가 아니더라도, 결국은 비겁의 기운과 동일(同一)하다고 보아야 한다는 것이다. 다 그 나물에 그 밥이니까. 초록(草綠)은 동색(同色)이라는 말과 같은 것이다.

비겁(比劫)의 기운(氣運)이 강(强)하여지니 관(官)을 우습게 보는 것이다. 가뜩이나 관(官)의 기운(氣運)이 필요한데, 더더욱 힘들어지는 것이다.

- 공덕을 쌓기 위하여 방생을 하는데, 이놈이 갈 생각은 안하고, 자꾸만 다시 놓아준 곳으로 되돌아오는 것이다.

- 예전에는 전쟁터에서 붉은 기에 송골매를 그려 그 깃발을 높이 치켜세웠다. 군사(軍士)들의 사기진작과 앞으로 나아가라는 신호인 것이다. 그런

데 그 깃발이 바람에 휘둘리며 감기어 버린다면 어떨까? 무엇인가 빨간
색은 보이는데 정작 그 위용(威容)을 나타내는 그림이 보이지가 않는다.

🔵 매우 불길(不吉)한 징조인 것이다. 항상 찝찝하고, 불안한 예감(豫感)이
앞서는 것이다.

🔵 한 여름에 더위를 피하여 그늘에 있는데도 타오르는 장작불처럼 뜨거운
햇볕이 그늘 안 까지 파고드는 것이다. 천막이 찢어진다.

🔵 주전자에 물을 가득 넣고 끓이다 식히려고 주전자를 내려놓으려하다 손
잡이가 뜨거워 낭패(狼狽)를 보는 것이다. 쏟아서 데이는 것이다.

🔵 . 식상(食傷)운이 올 경우의 변화(變化).

⏩ 용신(用神)인 관(官)을 극(剋)하는 것이 식상(食傷)이다.
　　용신(用神)이 처참하게 망가지는 것이다.
　　희망(希望)이 물거품으로 변하는 것이다.

🔵 적막한 산에 가지런히 비치는 밝은 달빛과 같은 사람이라 하기에, 참으로
풍류(風流)가 그득한 낭만적인 사람이구나! 하고 우호적(友好的)으로 생
각을 하였는데, 나의 대머리를 빗대어 조롱하는 말이었다.

🔵 직, 간접으로 공격(攻擊)을 감행하는 것이다.

🔵 대형마트에서 무료로 시식회(施食會)를 하기에, 그 방식을 동원하여 무료
시식 행사를 했더니 매출(賣出)은 별로이고, 공짜손님만 버글거린다.

🔵 . 관살(官殺)과 식상(食傷)과의 괴리(乖離).

🔵 가끔씩은 다투고, 으르렁거려도 경쟁관계가 끝나고 나면 항상 서로가 화
해(和解)를 하고 손을 잡는 것이 인지상정(人之常情)이다.

관 살(官殺)과, 식상(食傷)은 그런 관점(觀點)은 보지를 않는 것이 좋다는 설명이다. 물론 합(合)도 이루어지는 경우도 있지만, 근본적(根本的)인 면에서는 항상 대립(對立)관계인 것이다. 다른 육친(六親)도 마찬가지이지만 특히 심하다.

● **노자(老子)와 장자(莊子)의 허무(虛無)사상(思想)에 젖어본다.**
열심히 하던 일에도 권태(倦怠)가 오기시작하고, 직장(職場)에 대한 회의(懷疑)가 일기 시작한다. 재미있던 일상의 리듬이 순식간에 무너지는 느낌이다. 결과적으로 적응(適應)에도 문제가 생겨 혼란(混亂)에 빠진다.

👤 좋은 뜻으로 말을 하여도 그것이 화살이 되어 나에게로 돌아온다. 온갖 구설에 휘말리게 도니 항상 입조심, 언어 조심이다.

👤 위험(危險)에 처한 사람을 구하기 위하여 가해자(加害者)를 두들겨 팼는데 오히려 폭행죄(暴行罪)로 입건(立件)이 된다. 옷이 젖어 불 위에 말리다가 그만 태워버리는 격이다. 딴에는 열심히 한다고 하였는데, 오히려 안 한 만도 못한 형국으로 변한다.

👤 낙하산 타고 내려오는데, 줄이 끊겨 버리니 곤두박질이다. 아는 분의 천거(薦居)로 직장을 구했는데, 얼마가지 않아 부도로 망한다. 아이가 친구를 때려 치아(齒牙)를 상하게 하였는데, 미성년자(未成年者)라 부모(父母)가 책임(責任)을 져야한다면서 고소장(告訴狀)이 접수가 된다. 사고현장에 있었다는 죄로 증인(證人)을 서야하는 경우를 당한다.

👤 종교(宗敎)에 귀의(歸依)하였으나, 파계(破戒)를 행하고 싶은 충동(衝動)이 자주 생긴다. 좋은 일을 하라고 선행(善行)을 가르치니, 오히려 악행(惡行)을 행(行)한다.

👤 여자(女子)의 경우 상관(傷官)운이라면 정관(正官)을 극(剋)한다.

👤 용신(用神)인 남편(男便)을 이해(理解)하고, 용기(勇氣)를 북돋아주어도 시원치 않을 판에 강짜나 부리고, 미워하니 참으로 문제다. 상관(傷官)의

작용.

여 성들은 항상 갱년기에 접어들면 자신을 돌과 같이 알고 닦고, 광을 내야하는데 생리적(生理的)인 현상등 기타 여러 이유로 하여 오히려 역(逆)으로 행한다. 가족들에게 미치는 영향은 실로 지대(至大)하다.

식상운(食傷運)이 오면 마치 중년 여성이 갱년기를 만난 격(格)이다. 자식도 미워지고, 남편도 짜증이 나고, 매사가 귀찮아지는 것이다. 조그마한 일에도 신경질적인 반응이 나오고, 좋게 하여야 할 말도 욕이 나오기 시작한다.

평시의 평정심을 잃어버리는 것이다. 섬은 섬인데, 물속에 모래가 많이 퇴적(堆積)이 되어 이루어지는 섬이다.

언제 허물어질지 모르는 상황(狀況)이 이루어진 것이다.

● . 재성(財星) 운(運)에서의 변화.

▣ 관(官)이 용신(用神)인데, 재성운(財星運)이 온다면? 이는 내가 추구하는 바에 물심양면(物心兩面)으로 도움을 받아 뜻을 이룸과 같은 것이다.

거기에 천운(天運)이 일조(一助)하니 더더욱 기뻐, 갑옷에 욕철(浴鐵)을 타고 하늘을 나는 형상(形象)이다.

▣ 재관(財官)의 이덕(二德)이 구비(具備)된 형상이라, 열심히 일한 자여! 그 기쁨을 만끽하자.

재 운(財運)이므로 관운(官運)까지 연속(連續)방영(放映)이다. 재방, 삼방도 좋은 것이다. 인기가 하락(下落)하지는 않는다.

🌑 지붕 없는 대문에, 초가집에 살아도 이런 운에는 이리 좋을 수밖에 없는 것이다. 말의 서두(序頭)는 시원치 않으나, 들으면 들을수록 재미가 더해 간다. 청렴(淸廉)과 정직(正直)으로 일관(一貫)하니 복(福)이 따르는 것이다. 흉허물 없이 터놓고 이야기 할 수 있는 것도 다 내 복(福)이다.

🌑 지식과 기술을 익혀 더욱 연마하니, 처복(妻福)도 생기고, 일복도 생긴다.

● . 재(財)와 관(官)의 조화(調和)가 아름답다.

- 호연지기(浩然之氣)를 부려도 괜찮은 운(運)이다.
- 사나이 대장부로 태어나서 이 정도는 한 번 누려볼만한 것이다.
- 물이 흐르는 소리가 마치 옥(玉)이 굴러가는 듯 착각(錯覺)을 일으키도록 하는 운(運)이다.
- 스포츠 스타들은 대체적으로 미인(美人)을 아내로 많이 맞이한다.
- 관(官)과 재(財)의 어울림이요, 물이 깊어 푸르고, 물이 용솟음치는 모양을 이루는 형상(形象)이다.
- 처(處)와 자식(子息)이 합심(合心)하여 집안의 분위기를 바꾸고, 각자의 임무(任務)에 충실하니 가정(家庭)이 안정되고, 경제난(經濟難)도 해결이 된다.
- 직장(職場) 또한 주식(柱式)이 상장(上場)되어 우리사주로 보람을 만끽하는 운(運)이다.
- 뿌려놓은 씨앗이 결실(結實)을 거두며, 행복(幸福)의 미소(媚笑)를 안겨준다.
- 전진(前進),그리고 또 전진(前進)이다. 샘물이 솟는 모양이 마치 화산(火山)의 분화구(噴火口)가 돌출(突出)하는 모양이다.
- 내딛는 발마다 그 밑에는 돈이 사정없이 깔린다.
- 뜨고 싶으면 전화 해! 어느 개그맨의 표현(表現)이다.
- 지긋지긋한 고생(苦生)이여 안녕(安寧)! 을 외친다.

● . 관운(官運)이 올 경우의 변화.

복 (福)도 돌아서 흐른다. 그래서 돌고 도는 복(福)이라고 하는가 보다. 갖은 양념을 하여 맛있게 구운 고기를 입에 넣고 씹는 형상.

- 기운(氣運)이 왕(旺)하니, 가만히 있어도 상대방이 정신(精神)이 혼미(昏迷)하여 어지러움을 느낄 정도로 감히 누가 근접(根接)하기를 거린다.

- 가끔은 기상천외(奇想天外)한 일을 하여 남을 깜짝깜짝 놀라게 하기도 한다.

● . 용신(用神)인 관운(官運)이 도래(到來)하니, 용(龍)이 날개를 편다.

▶ 관(官)이란 목표(目標)요, 뜻이다. 간직했던 이상(理想)을 펼치는 것이다.
목적(目的)을 달성(達成)하는 것이요, 꿈을 실현(實現)하는 것이다.
운(運)치고는 절정(絶頂)에 달한 운(運)이다.

● . 관(官)은 자손(子孫)이다.

부 모(父母)의 마음은 항상 변함이 없다. 자나 깨나 자식 잘되기를 학수고대(鶴首苦待)하는 것이다. 이러한 뜻을 하늘이 아는지 소원(所願) 풀어주는 운(運)이다.

자손(子孫)에게 경사(慶事)요, 부모(父母)에게는 효자(孝子)요, 나라에는 인재(人才)인 것이다.

- 병권(兵權)을 손에 쥐는 형상(形狀)이다.

- 거칠 것 없는 고속도로(高速道路)를 달리는 것이다.

- 막힌 일은 송사(訟事)를 하여 일을 해결하기도 한다. 무조건 이긴다.

- 판매권(販賣權), 저작권(著作權), 특허권(特許權) 등 모든 권리(權利)에 대한 사항(事項)은 항상 선점(先占)한다.

● .여성(女性)의 경우.

🔘 관(官)은 남편(男便)인데 또 남편이 들어오니 편력(編歷)이 화려(華麗)하여진다. 다 나에게 힘이 되어준다.

🔘 직장(職場)에서 고속승진(高速昇進)을 한다.

🔘 남들은 한 단계도 오르려면 숱한 시간이 필요한데, 두 계단 씩 뛰어오른다. 물고기는 물과 떨어질 수가 없듯이 관(官)이 용신(用神)일 경우, 관운(官運)이 오면 재성(財星)은 항상 따라오기 마련이다.

🔘 관운(官運)이 지나고 나면 인수(印綬)운이 온다. 다음을 준비하여야 한다.

⬤ . 실전(實戰) 사주(四柱)로 보는 용신(用神)과, 육친의 변화.

얼마 전에 상담을 하러온 사람의 사주인데, 2009년 중반에 부동산 사무실을 차려서 개업(開業)을 준비한다고 하는 남성(男性)의 사주이다.

실전사주

丙	己	癸	癸
寅	卯	亥	巳

⇨ 해(亥)월의 기(己)토 일간(日干)이다.
지지(地支)에 묘(卯)목인데 기운이 돌아간다.

건명(乾命)

➡ 기(己)토 일간(日干)의 사주이다. 대운(大運)을 위주로 하여 살펴보자. 재관(財官)의 기운(氣運)이 강(强)하다. 용신(用神)은 무엇으로 정(定)하여야 할 것인가? 신약(身弱)한 사주이다. 남성(男性)의 사주인데, 용신(用神)은 시간(時干)의 병(丙)화가 된다.

신약(身弱)의 원인(原因)은 재관(財官)이 왕(旺)하므로 일간(日干)이 신약(身弱)인 것이다. 인성(印星)을 기용하여 일간(日干)의 허기짐을 채우고, 흐름을 원활히 하는 것이다.

대운(大運)을 살펴보자. 년간(年干)이 음(陰)이므로 역행(逆行)이다.

甲	乙	丙	丁	戊	己	庚	辛	壬
寅	卯	辰	巳	午	未	申	酉	戌
85	75	65	55	45	35	25	15	5

목(木) ← 화(火) ← 금(金)

토(土)

▶ 지금 현재 정사(丁巳) 대운(大運)에 있다. 화(火)운의 중간부분이다.

대운(大運)은 인수(印綬)대운(大運)이라 용신(用神)대운(大運)이다.

용신(用神)운(運)이니 일차적(一次的)으로 본다면, 아주 좋은, 그야말로 똑소리 나는 대운(大運)이 아닌가?

외형(外形)은 좋은데 이제는 속까지 살살 들어 가보자.

우선 사주원국을 대조하여 살펴보자. 중요한 것은 사주 원국과의 관계인 것이다. 세상사는 것은, 나만이 사는 것은 아니다.

▶ 사주(四柱)에서도 일주(日主)만 혼자 논다면 다른 아이들은 삐칠 것이다. 오히려 훼방을 논다. 나보다 힘도 없고, 잘나지도 못한 놈이 설친다! 고 말이다. 우선 대운(大運)을 놓고 용신(用神)과의 변화관계만 논하여 보자.

세운(歲運) 및 형(刑), 충(沖), 파(破), 해(亥)등 많은 변화도 같이 다 살펴어야 하지만 차후 **"실전 사주의 분석"** 편에서 자세히 설명을 하기로 하고

————

▶ 핵심은 사주가 신약(身弱)일 경우는, 주변의 영향을 많이 받는다는 것이다. 사주(四柱)가 약(弱)하다는 것은, 원숭이가 나무에 올라가기도 하고, 내려오기도 하면서 잘 노는데, 다른 짐승의 인기척이나, 사람의 인기척이 나면 잽싸게 나무 위로 올라간다는 것이다. 그리고 조심조심 살피면서 인기척이 없거나, 다른 방해자(妨害者)가 없는 것을 확인하고서야 나무에서 내려와 노는 것이다.

이 와 같이 사주가 신약(身弱)할 경우는 주변(周邊)의 변화(變化)에 예민(銳敏)할 정도로 심각한 반응(反應)을 보이는 것이다.

다른 동료가 합세한다고 하여도 워낙 상대방이 위압적(威壓的)이거나, 두려운 존재일 경우는 동료(同僚)가 있어도 소용이 없는 것이다. 같이 줄행랑을 놓게 되는 것이다.

반대로 무리를 형성하듯 강(强)한 파워를 지닌다면, 열심히 챙겨놓으니 엄한 놈이 챙겨서 행방불명(行方不明)이 되는 것이다.

▣ 한 번 신약(身弱)은 영원한 신약이 절대 아니지만, 그것을 벗어나는 사람은 생각보다는 그리 많지가 않은 것이다. 그것을 벗어나기 위해서는 커다란 지각(知覺)의 변동(變動)이 있어야 가능한 것이다.

참 으로 대단한 노력(努力)과, 운(運)이 뒷받침이 되어야 한다는 것이다. 독학(獨學)으로 사법시험에 합격을 하는 것처럼 말이다.

대운에서 전체적인 사주의 기운이 서(西)-남(南)-동(東)으로 향하고 있다.

● . <u>금(金)→화(火)→목(木)운으로 흐르는 것이다.</u>

금(金)운은, 관운(官運)인 목의 기운(氣運)을 잠재우니 식상(食傷)운인데, 움츠렸던 어깨를 펴고 활발하게 활동(活動)을 하는 것은 좋은데, 왕(旺)한 재성(財星)의 기운(氣運)을 더 왕(旺)하게 만드니 재(財)의 기운(氣運)을 감당하기가 힘들어지는 부분이 생기는 것이다.

이것은 일간(日干)이 신약(身弱)하니 어쩔 수가 없는 것이다.

그 결과가 금(金)에서 화(火)로 넘어가는 과정인 토(土)의 기간(期間)에 나타나는 것이다. 금전(金錢)과 처(妻)와의 불화(不和)인 것이다.

▣ 기(己)토 일간(日干)이니, 비겁(比劫)이 왕(旺)하여 탈재(奪財)현상(現象)이 나오는 것이다. 내가 기운(氣運)을 차려서 챙겨야하는데, 주인(主人)보다 객(客)이 더 설치는 형상이 되고 마는 것이다.

열 심히 모은 재물(財物)도 많이 공중분해(空中分解) 되는 것이요, 처 (妻)의 변고가 생기는 것이요, 그 외중에 부모(父母)님에게 변화(變 化)도 생기는 것이다.

▶ 지금은 인수(印綬)운의 시기이다.

말하자면 황금기를 구가하여야 할 시기인데 해가 저물어가는 것이다.

시기(時期)를 약간은 놓친 것이다.

사전(事前)의 준비(準備)가 너무 없었던 것이다.

더구나 아쉬운 것은 세운(歲運)에서 너무 받쳐주지를 않는다는 것이다.

▶ 세운(歲運)은 2009년 기축(己丑)년이다. 비겁(比劫)세운(歲運)인 것이다. 그것도 하반기인 것이다. 내년부터는 식상운(食傷運)이 오는 것이다.

재 관이 왕(旺)하니 식상(食傷)이 오는 것도 부분적으로 쓸모는 있을 것이다.

● 그러나 인수(印綬) 용신(用神)의 기운(氣運)을 앗아가니 달갑지는 않은 것이다. 2010년은 식상운(食傷運)이라 관(官)을 극(剋)하는데, 세운(歲 運) 역시 지지(地支)에서 관운(官運)으로 흐르니, 시작은 호기(浩氣)있게 하는데, 결국은 관(官)의 기운으로 귀결(歸結)이 되는 것이다.

● 대운(大運)과 세운(歲運)이 인(寅)－사(巳)형(刑)을 이루니 그 또한 문제 인 것이다. 2009년 기축(己丑)년인데, 비겁(比劫)운이니, 인수(印綬)가 용신(用神)이니 떡고물이라도 챙기는 것이다.

신 약(身弱)이니 비겁(比劫)이 와서 얼마나 좋은가? 이것 역시 일차적(一次的)인 판단(判斷)이다. 여력(餘力)으로 움직 이나 잠시일 뿐 앞날은 장밋빛이라고 보기에는 어려운 것이다.

목적지에 도착을 하였으나 시간(時干)이 너무 늦어 식당도 문을 다 닫고 피 곤하니 여관부터 찾아야 할 형편인 것이다.

허기(虛氣)는 24시 편의점을 찾아 해결을 하여야 한다.

제 4 장

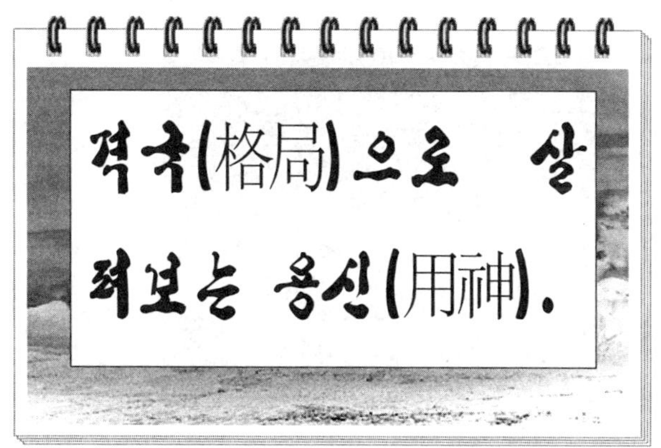

- 인수격(印受格)
- 건록격(建錄格)
- 양인격(羊刃格)
- 식신격(食神格)
- 상관격(傷官格)
- 정재격(正財格)

휘발유차에 경유를 주입하는 경우는 어떨까?
한 번의 실수가 되돌릴 수 없는 결과를 초래하는 것이다.

격국(格局)을 분석(分析)하여, 그에 적당한 용신(用神)을 찾는 것이다.
여기에서는 격국(格局)의 정확(正確)한 분석(分析)이 필요하다.
격국(格局)에 따른 성향(性向)의 분석과, 그에 따른 용신의 용도(用度)를 찾아보자.

● . 인수격(印綬格)의 용신(用神).

이제는 완전히 심도 있게 격국(格局)에 대하여 각각의 변화를 살펴보는 것이다. 실전사주의 제일차 분석인 것이다. 분해(分解)를 하여 논하는 것이다.

● . 인수(印綬)격의 정의(定義).

● 인(印)? 이라는 글자의 조합을 보면 조(爪)+절(卩)-일종의 신표를 말한다. 도장, 인장을 뜻한다. 문서(文書)에 대한 권리(權利).

● 수(綬)란? 끈목을 설명하고, 수(受)란 조(爪)+멱(冖)+우(又) : 또 라는 뜻으로 오른손과 그 손가락의 형상을 나타내는데, 물건을 감싸 쥐는 형상도 연상이 된다.

● . 인수(印綬)란?

어나지 못하고, 들어온다는 의미요, 안에 갇혀 있다는 의미도 된다. 권리(權利)에 대한 이전(移轉)이요, 계승(繼承)의 뜻도 된다.

● . 인수(印綬)격에서의 용신(用神).

인수(印綬)격을 형성(形成)하고 있을 때, 가용(可用)할 수 있는 용신(用神)을 찾는 것이다. 모든 육친(六親)이 용신(用神)이 될 가능성은 다 있는 것이다. 각각의 용도(用度)에 따라 용신(用神)을 찾아보자.

인수(印綬)는 일간(日干)을 생(生)하여 부모와 같고, 자애(慈愛)의 성(星)이요, 한없는 정(精)을 나누는 일간(日干)과는 한 지붕 한 가족과 같은 것이다. 편관(偏官)의 생(生)이 필요하고, 적(敵)과의 동침을 통하여 뜻을 이루고, 그 공을 일간에게 돌리는 이중적인 면도 있는 것이다.

● . 인수용 인격(印綬用印格).

인수용인격(印綬用印格)이란? 인수격(印綬格)으로 시작을 하는데 관살(官殺), 식상(食傷),재성(財星) 등으로 인하여 신약(身弱)하여 인수(印綬)를 용신(用神)으로 할 경우에 성립(成立)이 되는 격이다.

인 수(印綬)격(格)인데, 인수(印綬)를 용신(用神)으로 사용(使用)한다는 설명이다. 기본성향이 인수(印綬)인데, 용신(用神)도 인수(印綬)라는 이야기다. 격(格)명(命)도 인수(印綬)격인데 용신(用神)도 인수이니, 격(格)이자 곧 용신(用神)이 인수(印綬)라는 말이다.

살아도 인수(印綬)요, 죽어도 인수(印綬)라는 말이다. 오로지 인수(印綬)다.

가정(家庭)에서 자라면서 우리는 제일 먼저 부모님을 의지하게 된다. 그런데 그 부모님에게 의지하거나 기대지 못 할 경우 그 다음에 찾는 것이 형제인 것이다. 그도 여의치가 못하다면 자기 자신에게 스스로 의지를 하는 것이다.

- 인수격(印綬格)인데, 인수가 용신이니, 일단 신약(身弱)한 사주의 주인공이다. 신약(身弱)한 사람은 심성(心性)이 어질다.
- 남에게 아주 악랄하게 하지는 못하는 여린 사람이다. 눈물 또한 자주 흘리는 사람이다.
- 영화를 보면서 감상적인 장면에서 눈물을 많이 흘리는 사람은 일단 신약(身弱)이라고 보라.
- 광(狂)적인 맹신(盲信)의 성향(性向)이 강(强)한 사람이다.
- 한 우물을 파야 먹고사는 사람이다. 융통성(融通性)이 부족하고, 약간은 답답한 사람이다.
- 초지일관(初志一貫)이다. 조금 더 시야를 넓히는 것이 필요한 사람이다.

- 이런 사주의 주인공은 여행을 많이 하는 것이 좋다. 견문을 넓혀야 한다.
- 겁(怯)이 많은 편이다. 높은 곳에 올라가면 현기증(眩氣症)이 일어난다.
- 놀이공원에서 바이킹은 물론, 번지점프 또한 힘든 것이다.
- 마음이나 뜻이 굳세고, 곧지 못하니 조금만 환경(環境)이 어렵거나, 곤경(困境)에 처하면 스스로 무너지는 경향이 많다.
- 잘못된 것을 바로 잡으려 하는 의지(意志) 또한 약(弱)하다.
- 쉽게 굽히고, 휘어진다. 완력(腕力)도 필요하고, 위엄(威嚴)이 부족하니 카리스마가 보이지를 않는다. 자연 리더와는 거리가 멀다.
- 간혹 자기 실수(失手)를 인정(認定)하기 싫어 억지(抑止)변명(變名)을 늘어놓다 스스로 토설(吐說)을 한다.
- 흥미를 느끼기 시작하는 일에 대한 제어장치가 부족하다.
- 취미나, 오락이 지나치면 그것에 몰두하여 많은 것을 잃어버린다.
- 마땅히 맞서서 정면대응을 하여야 함에도 불구하고, 스스로의 안위(安慰)만을 생각하며 외면을 한다.
- 매사를 바르게 행하고, 지키는 것이 도리에 합당한 것이라 여기고, 예의(禮儀)에 충실(充實)하고, 원칙(原則)에 입각한 사고방식(思考方式)은 돋보인다.
- 인수용인격(印綬用印格)이라 사주가 신약(身弱)이다.
- 자연 건강(健康)에도 문제가 많이 발생하는 것이다. 건강한 경우 병(病)이라도 얻거나, 신체적인 상(傷)함으로 인하여 약(弱)한 형상을 유지하는 것이 특징이다.

일반적으로 신약(身弱)인데 불구하고 건강하다 함은 항상 다치거나, 병(病)들 수 있다는 가능성을 항상 안고 지내는 것이다.

물론 살다보면 다치고, 병드는 것이 당연한 것이지만, 그만큼 가능성은 항상 신약(身弱)하지 않은 사주(四柱)의 소유자(所有者) 보다는 크다는 것이다.

◉ 인수격(印受格)의 용신(用神).

<table>
<tr><td>丁</td><td>癸</td><td>辛</td><td>戊</td></tr>
<tr><td>巳</td><td>未</td><td>酉</td><td>午</td></tr>
</table>

▷ 유(酉)월의 계(癸)수 일간(日干)이다.
일지(日支)의 미(未)토 역할이 궁금하다.

건명(乾命)

⬆ 계미(癸未) 일간(日干)의 사주이다. 인성(印星)이 확실하다. 그래도 필요하다. 인성(印星)이 뿌리가 든든하다. 그런데 재성(財星)이 지나치게 강(强)하다. 재성이 강(强)할 경우 일차적(一次的)으로 일간(日干)자체가 수습에 나서야 하는데 일간(日干)이 지나치게 의존(依存)도가 강하다.

인성(印星)이 없으면 쓰러지는 것이다. 일점(一點)의 비겁(比劫)이 보이지가 않는 것이다.

인성(印星)이 용신(用神)이 된다.
시지(時支)의 사(巳)화가 재성(財星)과 인성(印星)의 두 역할을 하니 운(運)에서의 변화(變化)가 중요시 된다.

● 여당(與黨)속의 야당(野黨)이요, 야당(野黨)속의 여당(與黨)인 것이다.

● 캐스팅 보트 역할을 하는 것이다.

<table>
<tr><td>庚</td><td>戊</td><td>庚</td><td>己</td></tr>
<tr><td>申</td><td>申</td><td>午</td><td>卯</td></tr>
</table>

▷ 오(午)월의 무(戊)토 일간(日干)이다.
지지(地支)에는 신(申)금을 놓고 있다.

건명(乾命)

⬆ 무신(戊申) 일주(日主)의 사주이다. 식상(食傷)의 기운이 지나치게 강(强)하다. 월지(月支)에 인수(印綬)를 놓고 있으니 인수격(印綬格)인데, 식신(食神)이 지나치니 상관(傷官)이 되어버린다. 알면서도 방치(放置)된다.

여기에서는 인수(印綬)가 시급한 상황인 것이다. 격(格)이자 용신(用神)인 경우가 되는 것이다. 관살(官殺)의 기운은 인수를 생하고, 식상(食傷)의 기운을 잠재운다. 인성의 부족(不足)함을 보충(補充)하는 것이다.

실전사주

戊	丙	辛	辛
子	申	卯	亥

건명(乾命)

▷ 묘(卯)월의 병(丙)화 일간이다.

지지에 편재(偏財)인 신(申)금을 놓고 있다.

⬆ 병(丙)화 일주(日主)의 사주이다. 월지(月支)에 인수(印綬)가 있다.

시작은 인수격(印綬格)으로 하였는데, 삶의 과정이 문제인 것이다.

● 대운(大運)도 금(金), 수(水) 대운(大運)으로 흐른다. 일간(日干)이 약(弱)한데 재관(財官)운(運)으로 흐르니 이 또한 운(運)에서 받쳐주지를 않는 것이다. 삶의 여로(旅路)가 험난한 것이다.

● 격(格)이자 용신(用神)이 되어 삶의 지표(指標)로 삼아야 하는 것이다.

● 년지(年支)의 해(亥)수는 성장기(成長期)에는 도움이 되지만, 항상 믿을 수는 없는 것이다.

운(歲運)에서 잠시 도움을 준다고 하여도 재관(財官)으로의 흐름이 더 강(强)하여 하나 받고, 둘을 내어주는 형국이 이루어진다.

● · **사람이 박력(迫力)이 없고, 한 번 내지르지도 못한다.**

그저 시키는 대로 조용히 따르면서 사는 것이다. 뒤돌아서 욕 한 번 하면서 스트레스를 푼다.(에이, 개자식! 하면서 말이다.) 왕(王)이 없는 데서는 욕을 하는 것이 당연한 것이다.

실전사주

己	丙	癸	丁
丑	辰	卯	卯

곤명(坤命)

▷ 묘(卯)월의 병(丙)화 일간(日干)이다.

일지(日支)는 진(辰)토가 자리를 하고 있다.

⬆ 병진(丙辰) 일주(日柱)의 사주(四柱)이다. 식상(食傷)이 강하고, 비겁(比劫)이 약(弱)하다. 인성(印星)이 용신(用神)인 사주(四柱)이다.

◉ 인수격(印受格)의 용신(用神).

인성(印星)이 습목(濕木)이라 크게 기대를 하기가 어렵다. 불발로 끝나는 경우가 허다하다. 여성의 사주인데, 남성과의 이별을 당당하게 선포하는 것이다. 이 여성(女性)의 사주에서는, 남성(男性)이 여성에게 굴복(屈伏)을 하고 사는 것이다.

처가(恐妻家)인 것이다. 인성(印星)이 강(强)하니 관성(官星)이 맥을 못 추는 것이다. 거기에 식상(食傷)이 용신(用神)이니 더더욱 그런 것이다.

현재 사귀고 있는 남성과 이별을 고하고, 다른 남성과 사귀고 있는 상황이다. 2009년 기축(己丑)년이 오니 식상(食傷)의 기운(氣運)이 기승(氣勝)하니 헤어짐이 당연한 것이다.

다른 남성을 사귄다고 하여도 남성을 위하고 받드는 것이 아니라, 필요에 의하여, 모자람을 채우려는 욕심(慾心)으로 갖고 노는 것이다.

● . **참고로 살펴보는 인수용인격(印綬用印格).**

일주(日主)가 약(弱)하여 인수(印綬)가 용신(用神)이 되는 경우도 여러 원인(原因)이 있는 것이다.

❶. 식상(食傷)이 많아서 발생하는 경우.

❷. 재성(財星)이 많아서 발생하는 경우.

❸. 관살(官殺)이 많아서 발생하는 경우.

기본적(基本的)인 상황이다. 인성(印星)과 비겁(比劫)은 여기에서 제외되는 것이다. 문제는 격(格)이 이러한데 인성(印星) 자체가 파괴(破壞)되거나, 상처(傷處)를 당하면 인성(印星)에 대한 많은 부분이 망가진다는 것이다.

모든 것이 돌변(突變)한다는 것이다. 두 얼굴의 사나이가 된다는 것이다.

실례를 보면서 살펴보자.

己	丙	癸	壬
丑	午	卯	子

곤명(坤命)

➪ 묘(卯)월의 병(丙)화 일간(日干)이다.

지지에는 비겁(比劫)인 오(午)화를 놓고 있다.

병오(丙午) 일주(日柱)의 사주(四柱)이다. 관성(官星)이 강하고, 인성(印星)이 약(弱)하다.

수용인격(印綬用印格)의 사주이다. 자(子)-묘(卯)형(刑)이다.

신약(身弱)한 사주는 아니다. 관성(官星)이 강(强)한데, 인성(印星)과 형(刑)이라, 관인생(官印生)이면서 이루어지는 것이다.

직업(職業)의 종류는 일반적인 종류가 아니라, 약간은 특수성(特殊性)이 있고, 인수(印綬)가 용신(用神)이라, 항상 공부하면서, 연구(研究)하면서 행하는 직종(職種)인 것이다. 일종의 전문직인 것이다.

丁	壬	庚	戊
未	寅	申	午

곤명(坤命)

➪ 신(申)월의 임(壬)수 일간(日干)이다.

일지(日支) 인(寅)목의 역할이 식신(食神)으로 어떤가?

⬆ 임(壬)수 일주(日柱)의 사주(四柱)이다. 재관(財官)이 왕(旺)하다. 인수용인격(印綬用印格)으로 결말이 난다.

재관(財官)이 왕(旺)하여 중간에서 인수(印綬)가 통관(通關)의 역할을 하는 것이다. 그런데 일지(日支) 인(寅)목이 문제를 일으킨다. 훼방을 놓는 것이다.

편인(偏印)인 경(庚)금, 신(申)금에게 혼이 나도 한참을 나야 하는 것이다.

일간(日干)이 스스로 천간(天干)에서 합을 이루려하고 있다. 자라면서는 부모가 우선이나 점차적으로 가치관이 자식에게로 흐르는 것이 여성의 특징이다. 정신적으로는 가치관의 흐름이 물질적(物質的)으로 흐르는 것이다.

부부(夫婦)간에도 사이가 점차 요원하여 지는 것이다.

● . 인수용(印綬用) 겁격(劫格).

인수(印綬)격인데, 용신(用神)이 비겁(比劫)이라는 말이다.

인 수격(印綬格)이라 부모(父母)에 대한 사랑이 그윽할 줄 알았는데, 겁격(劫格)이라 비겁(比劫)을 용신(用神)으로 하여 도움을 청하여야 한다는 설명이다.

- 인수격(印綬格)에 재성(財星)이 과다(過多)하여 신약(身弱)하고, 비겁(比劫)이 유기(有氣)할 경우에 이 격(格)이 성립이 된다.

- 일단 비겁(比劫)을 용신(用神)으로 택하니 사주(四柱)가 신약(身弱)한 것이다. 인수용견겁격(印綬用肩劫格)에 대한 상황을 살펴보자.

- 전시(戰時)에 기본적(基本的)인 방어선(防禦線)이 무너지는 격(格)이다.

- 기본 자체가 부실(不實)하다는 설명이다. 부모가 없으면 형제에 의지하는 원리인 것이다.

- 인수격(印綬格)인데 신약이라면 식상(食傷), 또는 재관(財官)이 왕(旺)하여 신약(身弱)인 경우인데, 재관(財官)이 왕(旺)하면 인수(印綬),비겁(比劫),식상 (食傷)이 용신(用神)이 될 수가 있는데, 비겁(比劫)을 택한 것은 인수(印綬)가 약(弱)하고, 식상(食傷)을 택하지 않은 것은 재관(財官)이 왕(旺)하지 않다는 설명이다. 고로 식상(食傷)이 강(强)하다는 설명이 되는 것이다.

- 또한 재관(財官)이 왕(旺)하고, 식상(食傷)이 없을 경우 비겁(比劫)을 택할 수도 있다. 여기에는 인성(印星)도 힘을 못 쓴다는 설명이다. 사주에서 인성(印星)은 나의 것이나 진배(進排)가 없는 것이다.

- 약(藥)으로 친다면 상비약(常備藥)이 다 떨어진 것이다. 비상약(砒霜藥)이 없다는 설명이다. 일시적인 조치도 못하고 곧바로 병원으로 직행을 하여야 한다는 것이다.

● 간단한 응급조치(應急措置)는 원래 가정(家庭)에서도 가능한 것이다. 그 자체가 이루어지지 않으니 급히 약국(藥局)을 찾거나, 병원(病院)으로 향하는 형상(形象)인 것이다.

● . 신약(身弱)일 경우.

인성(印星)이 지나치게 강(强)할 경우는, 사주(四柱)가 신강(身强)하여 오히려 항상 나의 기본적인 힘을 스스로 비축(備蓄)하여야 할 경우도 생긴다.

인성(印星)에 의하여 식상(食傷)이 지나치게 무력화(無力化)되니, 항시 인성(印星)의 힘을 받기는 받아도, 몰래 식상(食傷)을 살려야하기 때문인 것이다.

● 식상(食傷)의 기운(氣運)이 강(强)하면, 인성(印星)이 극(剋)을 하는 경우가 발생(發生)하여도 인성(印星)이 맥을 못 추는 것이다. 무용지물(無用之物)이다.

● 일간(日干)의 입장에서는 의지할 곳이 없어지는 것이다. 나의 후원자(後援者)요, 조력(助力)자가 없어지니 제일(第一)방어선(防禦線)이 붕괴(崩壞)되는 것이다.

● 정치(政治)에서 후원회가 없고, 후원하는 사람들이 줄줄이 곤욕을 치른다면 자금줄이 막혀 매우 곤란할 것이다. 자기 돈으로 정치하는 사람이 몇이나 될 것 인가?

● 국가로 친다면 모든 법령(法令)에 정하여진 규칙(規則)과, 적용되는 관습(慣習)과 관례(慣例)들이 모두 지켜지지 아니한다면 법률의 원리나, 법도(法度)의 조리(條理)에 따라 강제라도 지키도록 하여야 국가의 기강(紀綱)이 확립이 될 것이다. 인수(印綬)가 맥을 못 추면 직접 나서야 한다는 설명인 것이다.

● 부모(父母)에 의지(意志)하지를 말고, 형제간이나, 친우들의 도움을 받아

야 한다는 것이다. 결국 스스로 해결하여야 한다는 설명인 것이다.

🔘 전쟁(戰爭)에서 제일선(第一線)이 무너지면 그 다음은 제이선(第二線)을 구축하고 또다시 전쟁에 대비하여야 한다는 것이다.

🔘 주전(主戰)이 부상을 당할 경우 교체(交替)멤버들을 활용하듯, 항상 첫 숟가락에 만족을 하지 말고 대비하여야 한다는 것이다. 대타(代打)가 필요한 것이다. 형제(兄弟)나 가까운 주변(周邊) 사람의 힘을 빌려야 한다는 것이다. 그렇다면 자력(自力)으로의 여건(餘件)이 형성이 되어있지 않다는 설명이다.

실전사주

戊	己	庚	甲
辰	酉	午	午

↦ 오(午)월의 기(己)토 일간이다.

지지에는 식신(食神)인 유(酉)금이 있다.

건명(乾命)

⬆ 기유(己酉) 일주(日柱)의 사주(四柱)이다. 인성(印星)이 붕괴(崩壞)된 경우이다. 오(午)화가 월지(月支)에 있으므로 인수격(印綬格)에 해당이 된다. 인물이 준수하고, 건강은 한데 복잡한 가정(家庭)사로 인하여 학업을 일찍 접은 사람이다. 전반부에서는 인성(印星)이 제 역할을 못하고 있다.

원 인(原因)은 자형(自形)살인 것이다. 초년(初年)에 관성(官星)이 충(冲)을 맞고, 인수(印綬)의 기운이 지나치게 강하여져, 제자리에 위치하여 커다란 세력을 얻었는데 그것이 그만 과(過)하여버린 것이다. 중학교도 졸업을 못하였다. 전도유망하였는데 ———————

🔘 청소년시절 제일 큰일은, 희망(希望)과 비젼을 갖고 학업에 정진하고, 뜻을 펼치는 것이다. 그것이 계속 이어지는 경우는 성공을 한다는 표현을 한다. 인생의 후반부로 접어들면서 차차 그 기운이 사라진다.

🔘 지나치게 무계획적인 활동으로 실속이 없는 결과만 나온다.

🔘 늦게나마 자신의 과오(過午)를 인정(認定)한다는 것이다.

무(戊)토가 겁재(劫財)인데 지지(地支)에 진(辰)중 계(癸)수인 정재(正財)를 놓고 있다.

진(辰)토가 일지(日支)의 유(酉)금과 합(合)하여 식상(食傷)으로 화(火)한다.

친구(親舊)의 금전적(金錢的)인 도움을 받아 같이 일을 하는 것이다.

금전적(金錢的)인 여유(餘裕)는 크게 누려보지를 못하는 사주이다.

운(運)에서의 흐름은 일시적인 것이다. 지나고 나면 그만인 것이다.

진(辰)중 계(癸)수를 용신(用神)으로 하여도 좋으나, 식상(食傷)의 기운(氣運)이 도를 넘으니 수(水)가 필요하지만 기운이 너무 미력하다.

이럴 때는 스스로 깨닫는 것이 더 중요한 것이다.

실전사주

<table>
<tr><td>壬</td><td>戊</td><td>乙</td><td>丁</td></tr>
<tr><td>子</td><td>辰</td><td>巳</td><td>巳</td></tr>
</table>

⇨ 사(巳)월의 무(戊)토 일간이다.

일지(日支)의 진(辰)토가 변화(變化)한다.

건명(乾命)

⬆ 무진(戊辰) 일주(日柱)의 사주(四柱)이다. 재성(財星)과 인성(印星)이 막상막하이다. 재(財)와 인(印)이 투쟁(鬪爭)을 하는데, 월간(月干)의 정관(正官)의 존재(存在)도 무시할 수는 없는 것이다.

전반(前半)부에 인성(印星)이 강(强)하였으나 후반(後半)으로 갈수록 재성(財星)의 기운이 왕(旺)하여 진다. 비겁(比劫)이 나서야 한다.

인성(印星)은 전반(全般)부에 이미 지나가 버린 것이다.

여 기서는 수화상전(水火相戰)이라도 어느 정도 균형(均衡)을 이루니 다행인 것이다. 한 쪽으로 치우친다면 전(前),후(後)도 살펴야 한다.

미제(未濟)와, 기제(旣濟)인 것이다.

실전사주

<table>
<tr><td>辛</td><td>辛</td><td>甲</td><td>壬</td></tr>
<tr><td>卯</td><td>未</td><td>辰</td><td>戌</td></tr>
</table>

⇨ 봄의 퇴기인 진(辰)월의 신(辛)금 일간이다.

지지(地支)에는 미(未)토를 놓고 있다.

◉ 인수격(印受格)의 용신(用神).

건명(乾命)

⬆ 신미(辛未) 일주(日柱)의 사주(四柱)이다. 인성(印星)이 복잡하게 돌아간다. 인성(印星)이 왕(旺)한 것 같은데, 일지(日支)의 미(未)토는 재(財)로 변하여 재(財)의 기운에 일조(一助)를 한다.

재성이 강(强)하니 인성이 용신이 되는 것이 당연한 일인데, 여기에서 과연 인성(印星)을 용신(用神)으로 하여도 될 것인가? 에 회의(懷疑)가 생기는 것이다. 인성이 파괴된 것이다. 부득이 비겁(比劫)을 용신(用神)으로 하는 것이다. 진술충(辰戌沖)이 되어 식상(食傷)과 관(官)이 나오는데 구색(具色)이다.

🙂 정인(正印)이 자중지란을 일으키고, 편인(偏印)은 역(逆)으로 재로 변하여 아(我)인 일간(日干)을 겁박(劫迫)한다.

🙂 편인(偏印)이란 임기응변(臨機應變)에 능(能)하다. 항상 기회가 주어져도 용두사미(龍頭蛇尾)로 그것을 제대로 활용하지를 못한다. 재(財)로 변하여 부담을 주니 일을 벌리다 혼구멍이 나는 것이다. 시간(時干)의 비견(比肩) 신(辛)금이 있어 마무리를 행하니 다행이다.

🙂 인수격(印受格)에서 인수(印綬)가 제 역할을 충실히 하지 못하면 재화(災禍)가 발생할 시 커다란 작용을 한다. 지나쳐도 문제이지만, 부족(不足)하여 일간인 아(我)를 생(生)하여 주지 못하면 주변의 변화에 대응하고, 대처(對處)하는 능력(能力)을 상실하여 속수무책(束手無策)인 경우가 허다하여진다. 난감한 것이다.

🙂 모든 것을 스스로 다 처리하여야 심한 압박감에 중화(中和)감을 상실(喪失)하는 경우가 많이 나오고, 흔들리는 모습에, 나약한 의지(意志)력이 나타난다.

● . 인수용(印綬用) 식상격(食傷格)

인수격(印綬格)의 사주인데, 인수(印綬)와 비겁(比劫)으로 왕(旺)하여 식상(食傷)을 용신(用神)으로 하는 경우이다.

이 경우는 재성(財星)이나 관성(官星)이 없거나, 무력(無力)하여 억제하는 것을 식상(食傷)이 대신하는 것이다.

하나를 배우면 둘로 써먹어야 한다. 식상(食傷)은 관(官)을 극(剋)하므로 겉치레인 타이틀에는 크게 관심이 없는 것이다. 앞장서서 일하는 것을 좋아하는 것이다. 뒤따라가면 답답한 것이다.

버는 것보다는, 쓰는 것을 배워야하는 사람이다. 어찌 보면 버는 것이 시원치가 않으니 쓰는 것도 넉넉지가 못한 것이다. 어쩌다 돈이 생겨도 물건을 제대로 사지를 못하는 사람인 것이다.

소위 말하는 죽 쑤어 개주는 스타일도 되는 것이다. "생각 없이 살다가는 거지신세 못 면한다." 는 뜻을 새길 필요가 있는 사람이다

실전사주

庚	己	戊	丙
午	巳	戌	午

▷ 술(戌)월의 기(己)토 일간(日干)이다.

　일지(日支)에는 사(巳)화를 놓고 있다.

건명(乾命)

⬆ 기사(己巳) 일주(日柱)의 사주(四柱)이다.　인성(印星)이 너무 넘쳐난다. 인성(印星)이 지나치게 강(强)하다 보니 오히려 종(從)하는 기분도 든다.

🔹 합(合)이 들어도 파(破)가 끼니 이루어지지가 않는다.

🔹 시간(時干)의 경(庚)금이 용신(用神)이 된다. 현재 중장비 운전을 하고 계시는 분이다. 인성(印星)이 지나치게 강(强)하다.

🔹 물이란 발원지(發源地)에서부터 시작하여 끝에는 넓은 바다에 도착(到着)을 하는 것이다.

물 의 흐름이란 흘러가는 그곳이 정착(定着)지인 것이다.

　　더 이상 넓은 곳으로 흐를 수는 없는 것이다. 때로는 역류를 하지만 밀어주는 힘이 있어야 하는 것이다. 중간(中間)에서 안착(安着)을 한다면 그것으로 끝나는 것이다. 사랑이란 받았으면 베풀어야하고, 학문(學文)이란 배웠으면, 그것을 활용(活用)을 하여야 하는 것이다.

제대로 활용을 하지 못한다면 제대로 흘러보지도 못하고, 시궁창에 갇힌 물이 되는 것이다. 식상(食傷)이 용신(用神)인 것이다.

이 사주의 다른 특색을 하나 살펴보자. 재성(財星)이 보이지가 않는다.

처(妻)가 없거나, 인연(因緣)이 박(薄)하다고 볼 수도 있을 것이다.

이런 경우는 운(運)에서 다 들어온다. 들어오게 되어있는 것이 인생인 것이다. 그럼 무엇을 보아야 한다는 것인가? 일반적으로 우리는 이런 정도에서 상황을 종료하려고 하는 것이 일반적인 상례이다.

한 걸음 더 나아가 다른 면(面)을 보자는 것이다. 진보적(進步的)인 성향(性向)을 키워야한다. 이런 성향의 사람은 아내를 아끼고, 사랑하는 면에는 본인의 의사와는 상관없이 성격, 환경에 의하여 인색(吝嗇)하다.

본인(本人)이 모질어서 그런 것이 아니다. 사람이 한없이 착하다보니 그것이 지나치다는 것이다. "부부간에 살기가 싫어도 그 놈의 정 때문에!" 하는 식으로 사는 것이다. 아기자기한 맛이 없는 것이다. 생각은 많은데 말이다.

丁 丙 乙 甲 癸 壬 辛 庚 己	대운(大運)이다.
未 午 巳 辰 卯 寅 丑 子 亥	수(水)→목(木)→화(火)운이다.
89 79 69　59 49 39　29 19 9	청년기(靑年期) 까지 이다.
←　　←　　←	
화(火)← 목(木)← 수(水)	재(財)관(官)인(印)으로 흐른다.

↦ 운(運)의 중간 변화(變化)에 의존(依存)을 하여야한다.

⬇ 인성(印星)이 강(强)하고, 식상(食傷)도 갖추어진 사주(四柱)이다.

실전사주

壬	庚	辛	甲
辰	辰	未	寅

↦ 미(未)월의 경(庚)금 일간(日干)이다.
지지의 진(辰)토가 자형살(自刑殺)을 이룬다.

건명(乾命)

⬆ 경진(庚辰) 일주(日柱)의 사주(四柱)이다. 인성(印星)이 강(强)하다.

진(辰)중의 계(癸)수가 있으나 암장(暗葬)된 것이요, 천간(天干)에 나온 임(壬)수를 용(用)한다. 그러나 시기(時期)가 원국에서 약간 늦은 것이 흠이다. 이때는 운(運)이 어떤가를 살펴야한다. 대운(大運)을 살펴보자. 대운(大運)이, 금(金)수(水)목(木)으로 흘러간다. 남성(男性)의 사주(四柱)이다.

庚	己	戊	丁	丙	乙	甲	癸	壬
辰	卯	寅	丑	子	亥	戌	酉	申
81	71	61	51	41	31	21	11	1

↦ 운(運)에서 흐름이 좋다. 한창 때인 시기(時期)에 적기(適期)에 운(運)에서 용신(用神)운으로 흐르는 것이다.

식상(食傷)이 용신(用神)일 경우의 특징(特徵)을 한 번 살펴보자.

● . 여성(女性)이 식상(食傷)을 용신(用神)으로 한다면?

식 상(食傷)은 관(官)을 극(剋)한다. 관(官)이란 남편(男便)이 아닌가?
식상(食傷)인 용신(用神)을 추구하고, 용신(用神)만을 위하고, 용신에 거부(拒否)감을 나타낼 경우는 반발을 하는 것이다.

🌰 여성(女性)에게 식상(食傷)은 자식(子息)이요, 자연 관(官)인 남편(男便)은 어떻게 해서든지 떨쳐버리려고 발버둥을 치는 것이다.

🌰 자식(子息)을 위하고, 바라고 사는 여성이라, 남편(男便)은 안중(眼中)에

도 없는 여성인 것이다. 남편은 필요에 의한 소용(所用)물에 불과하다고 생각을 하는 여성인 것이다. 돈 벌어다 주는 기계요, 허전한 자리를 채워 주는 존재(存在)에 불과한 것이다.

● .밖에 나가서는 잘하는 사람이다.

자식(子息)에게도 잘하고, 다만 남편(男便)에게만 남 대하듯, 수입(收入)이 적으면 무시하는, 명퇴(名退)라도 한다면 의욕(意慾)과 용기(勇氣)를 주는 사람이 아니라, 능력(能力)이 없다고 핍박(逼迫)하고, 이혼(離婚)을 생각하는 여성이다. 여기에서도 문제가 생긴다.

사주가 강(强)할 경우는 이러한 약점(弱點)을 충분히 버티어나간다.

이것이 신약(身弱)한 사주와의 차이이다.

⬇ 관(官)이 변(變)하여 인성(印星)으로 화(化)한다.

실전사주

乙	壬	癸	丁
巳	子	丑	酉

⇨ 축(丑)월의 임(壬)수 일간이다.

　　지지(地支)에는 겁재(劫財)를 놓고 있다.

곤명(坤命)

⬆ 임자(壬子) 일주(日柱)의 사주(四柱)이다. 인수(印綬)가 국(局)을 형성하고, 비겁(比劫)이 왕(旺)하다. 자식(子息)은 외아들이 한 명이다.

시간(時干)의 을(乙)목인 아들이 유일한 낙(樂)이다.

그러나 사주가 신강(身强)하니 모든 것을 슬기롭게 잘 처리한다.

속으로야 서운하고, 답답하기도 하고, 불만사항이 없지 않겠지만 그래도 행복하게 잘 지낸다. 시간(時干)에 상관(傷官)이 있다.

신 약(身弱)일 경우는 지지고 볶지만, 신강(身强)이라 웃으면서 남편을 입으로 갖고 노는 것이다. 서로가 존경을 하면서 말이다.

📍 신강(身强)과, 신약(身弱)의차이가 나타나는 것이다.

📍 어려운 일이 있어도 남편을 배반하지 않는 것이다.

● 비겁(比劫)이 왕(旺)하고, 관살(官殺)의 기운(氣運)이 비슷할 경우.

자연 용신(用神)은 식상(食傷)이 되는데 이때 일간(日干)과, 관살(官殺)은 서로의 기운(氣運)을 겨루기 마련이다.

관 살(官殺)은 일간(日干)을 극(剋)하기만 하지 융통성(融通性)이 없어진다. 인성(印星)이 없거나 매우 약(弱)한 경우가 많고, 재성(財星) 또한 약(弱)하거나 유명무실(有名無實)한 경우가 많다.

실전사주

甲	壬	癸	壬
辰	辰	丑	午

↳ 축(丑)월의 임(壬)수 일간이다.

일지(日支)에는 진(辰)토를 놓고 있다.

건명(乾命)

⬆ 임진(壬辰) 일주(日柱)의 사주(四柱)이다. 관성(官星), 비겁(比劫)이 왕(旺)하다. 현재 부동산 중개업(仲介業)에 종사 하시는 남성(男性)분이다.

관(官)이 왕(旺)한 사주이다. 용신(用神)은 시간(時干)의 갑(甲)목이다.

인성(印星)이 월지(月支)인 축(丑)토의 신(辛)금이다.

재성(財星)인 오(午)화가 년지(年地)에 있다.

고집(固執)도 강하고, 원리(原理)원칙(原則)주의자(主義者)다.

직장생활을 하시다가, 현 직종에 종사하시는 분이다.

● . 여성의 사주인데, 문제는 무엇일까?

실전사주

丁	乙	戊	庚
亥	未	子	子

↳ 자(子)월의 을(乙)목 일간(日干)이다.

지지(地支)에는 편재(偏財)를 놓고 있다.

● 인수격(印受格)의 용신(用神).

곤명(坤命)

⬆ 을미(乙未) 일주(日柱)의 사주(四柱)이인데, 인성(印星), 재성(財星)이 왕(旺)하다. 인수용(印綬用)식상(食傷)격의 사주(四柱)이다.

년간(年干)의 경(庚)금이 정관(正官)이라 남편(男便)인데 나이차이가 너무 많이 난다. 철없던 첫사랑이었던 것이다. 시간이 갈수록 식어가고, 희망(希望)이 없어지는 것이다. 자식만 바라보고 사는 것이다.

인성(印星)의 기운(氣運)이 강(强)하여 관(官)의 통제를 받지 않는다.

정(丁)화가 용신(用神)이니 남편은 먼 나라, 이웃나라가 되는 것이다.

실전사주

丁	壬	辛	辛
亥	申	丑	亥

▷ 축(丑)월의 임(壬)수 일간이다.

지지에는 편인(偏印)인 신(申)금이다.

건명(乾命)

⬆ 임신(壬申) 일주(日柱)의 사주(四柱)이다. 인성(印星), 비겁(比劫)이 왕(旺)하다. 월지(月支)의 축(丑)토인 관(官)이, 비겁(比劫)인 수(水)로 화(化)하여 버릴 가능성이 농후하다. 자식도 버릴 가능성이 있는 사람이다.

일단은 인성(印星)이 강(强)한 것이다. 물이 흘러야 하는 것이다. 흡수하는 목(木)이 용신(用神)인 것이다.

시 간(時干)의 정(丁)화가 있으나, 재성(財星)으로 용신을 삼지는 못한다. 정임(丁壬)합(合)을 먼저 보아야 하는 것이다. 음란지합(淫亂之合)이요, 이성(異性)과 돈에 눈이 먼 사람인 것이다.

시간(時干)의 정(丁)화는 타(他)의 여자(女子)이다.

지지(地支)의 해(亥)수에 임(壬)수가 있으니, 불륜관계(不倫關係)인 것이다.

좋게 설명을 한다면 이혼(離婚)을 한 여성과 교제를 하는 것이다.

해(亥)중 갑(甲)목을 용신(用神)으로 보는 것이다.

정(丁)-임(壬) 합(合)목(木)으로 성향(性向)이 나타난다.

- 인성(印星)이 강(强)하고, 비겁(比劫)이 왕(旺)하여 관성(官星)이 무력(無力)한 경우이다.

- 자연 용신(用神)은 식상(食傷)이 되니 자손과는 연이 멀어진다. 재성(財星)이 용신(用神)이 될 경우도 생각을 할 수가 있는데, 강한 인성의 기운을 억제(抑制)하지를 못한다. 오히려 역(逆)효과가 나오는 것이다.

- 인성(印星)을 극(剋)하려 하여도 비겁(比劫)이 용납을 하지 않는 것이다. 자연 식상(食傷)이 용신(用神)이 되는 것이다. 자손(子孫)은 그 존재(存在)가 미미(微微)한 것이다.

- 관(官)을 등한시 하니 직장(職場)이나, 공권력(公權力)에 대한 욕심(慾心)이나 미련(尾聯)이 없는 사람이다.

- 독립(獨立)된 직장이나, 업무를 관장하는 곳, 별정직(別定職),연구기관(硏究 機關), 직장이라 하여도 자유분방한 곳을 택한다. 요사이는 재택근무도 가능한 시대다.

- 남에게 신세를 지려고 하지를 않는 사람이다. "차라리 내가 덜먹고 나누어 쓰지" 하는 사고방식을 갖고 있는 사람이다.

식상(食傷)은 재(財)를 생(生)하는데, 용신(用神)인 식상(食傷)이 필요한 사람이니 식상의 가치(價値)를 매우 중요시하는 사람이다.

조그마한 식상(食傷)이던, 커다란 식상(食傷)이던 활용을 잘하니, 재(財)를 형성(形成)하여 갖는데 관(官)으로의 욕심은 절대 없으므로 재생관(財生官)이 이루어지지가 않는다. 고로 금전(金錢)이 들어오면 잘 새지가 않는다.

- 재성(財星)으로의 진화(進化)가 이루어지고, 관성(官星)으로의 연결은 없다. 만약 관성(官星)으로 까지 욕심을 낸다면 자멸하는 길인 것이다.

- 다만 용신(用神)이 식상(食傷)이니, 재성(財星)은 항상 충분(充分)하지는 않지만, 그렇다고 쪼들리지는 않는 것이다.

- 외국에 나가 좋은 일을 한다고 활동을 하다가, 불행한 일을 당하여 귀국(歸國)하는 것은 식상(食傷)이 용신(用神)인데, 묘(妙)하게 작용을 하여

◉ 인수격(印綬格)의 용신(用神).

그리 되는 것이다.

실전사주

<table>
<tr><td>庚</td><td>己</td><td>己</td><td>甲</td></tr>
<tr><td>午</td><td>巳</td><td>巳</td><td>寅</td></tr>
</table>

⇨ 사(巳)월의 기(己)토 일간(日干)이다.
인수용상관격(印綬用傷官格)의 사주이다.

건명(乾命)

⬆ 기(己)토 일간(日干)에게 사(巳)화는 정인(正印)이다.

인성(印星)의 기운이 강하다. 관성(官星)의 기세(氣勢)도 유력(有力)하여 관인상생(官人相生)으로 그 기운이 연결이 되고 있다.

천 간(天干)과 지지(地支)가 일(日), 월(月)에서 나란히 같은 것이 위치하여 간지쌍련격(干支雙連格)을 이룬다. 여기에서 용신(用神)은 시간(時干)의 경(庚)금을 택한다. 위에서 아래로의 흐름이 원만하다.

● **. 가르치는 것이다.**

🔵 인수용식상격(印綬用食傷格)은 전형적(典型的)인 가르침을 사명(使命)으로 하는 사람이다. 식상(食傷)은 관살(官殺)을 극(剋)하므로 감투나, 직함에는 크게 관심이 없는 사람인 것이다.

🔵 식상(食傷)이란 자기희생(自己犧牲)인 것이다. 몸 바쳐 나라를 위해 희생(犧牲)하듯 음덕을 베푸는 것이다.

🔵 후진(後進)을 양성(養成)하는 것이요, 가르침을 전하는 것이다.

🔵 배웠으니 가르치는 것이요, 받았으니 돌려주는 것이다.

인 수(印綬)가 지나치게 강(强)하여, 종격(縱隔)의 경우와 흡사한 상황을 이루는데 정작 종격(從格)이 잘 이루어지지 않는다.

그 원인 제공을 하는 요소가 있기 때문인 것이다.

여기서 문제가 되는 것은 지나치게 강하다보니 그것을 부수기가 힘들다는 이야기다. 둑이 무너질 때 바늘구멍 같은 작은 구멍에서부터 시작을 한다지만 참으로 힘든 이야기다. 이것은 현실이기 때문인 것이다.

실전사주

壬 丁 己 乙
寅 卯 卯 卯

➩ 묘(卯)월의 정(丁)화 일간이다.
지지(地支)가 목(木)으로 덥혔다.

건명(乾命)

⬆ 정묘(丁卯) 일주(日主)의 사주이다. 편인용식상격(偏印用食傷格)의 사주이다. 과연 종격(從格)이 되는가? 결론(結論)은 종격(從格)이 어렵다.

🔘 일간(日干)과 시간(時干)이 정(丁)-임(壬) 합(合)하여 목(木)으로 화(化)하는 것은 가능하다. 식상(食傷)인 토(土)가 문제인 것이다.

🔘 인성(印星)인 목(木) 자체가 지나치게 습(濕)한 것도 원인(原因)이 된다.

🔘 제대로 역량(力量)을 발휘하지를 못하는 것이다. 용신(用神)이 식상(食傷)인데 어려움이 많은 것이다.

🔘 남성의 경우는 자손과의 연이 박한 편이다. 왜? 인성의 기운이 강하니 관의 기운을 사정없이 빨아들인다. 아버지만 보면 기가 죽는다. 실질적으로 보면 한없이 약(弱)한 부모인데, 대화가 잘 이루어지지가 않는다.

🔘 자연 노후(老後)에 자식(子息)과의 연(緣)이 박한 것이다.

🔘 인성이 지나치게 강하면 재성 또한 맥을 못 춘다. 재성(財星)은 부친(父親)이라 자연 남보다 이른 시간에 이별(離別)을 고하게 된다.

🔘 인수(印綬)는 적당히 많은 것은 좋으나, 이 역시 지나치면 화근(禍根)이 된다. 인수격(印受格)은 생월(生月)의 인수격(印受格)을 최우량(最優良)으로 하고, 일시(日時)는 그 다음으로 한다.

🔘 정인(正印)과, 편인(偏印)은 항상 구분을 하여야 하나, 상황(狀況)에 따라 그 역할을 바꾸어하기도 한다는 것도 참조하여야 한다. 화(火)에 있어 목(木)은 인성(印星)이다. 정인(正印)은 을(乙)목이라 흰 연기를 내며 불길을 내나 편인(偏印)인 갑(甲)목은 시퍼런 불길을 내는 차이인 것이다.

● . 인수용(印綬用) 재격(財格).

시작은 인수(印綬)로 하였는데, 결과는 재성을 추구(推究)하고, 득(得)하려는 이율배반적(二律背反的)인 성향으로 궁극적(窮極的)인 목적은 재성(財星)에 있는 것이다.

인수격(印綬格)인데 사주가 신왕(身旺)하고, 이를 억제해야 할 관성(官星)이 없거나 무력(無力)할 경우, 대신 재성(財星)을 사용하는 것이다. 왕(旺)한 인성(印星)의 기운을 삭감(削減)하여야 하는 것이다.

● 완전히 겉 다르고, 속 다른 사람이다.

어찌 보면 지나치게 표현을 한 것일까? 하는 생각도 들지만 결코 그렇지만은 않다. 이것은 성향(性向)적인 면으로 본 것에 기인한 것이다.

반대로 긍정적(肯定的)으로 좋게 보면, 참으로 좋은 면이 많이 나타나는 것이 또한 이 격(格)인 것이다.

인수(印綬)와 재성(財星)은 완전히 서로가 다른 성향이다.

서로가 극(剋)을 하는 관계이기 때문이다.

실전사주

丙	戊	丙	壬
辰	子	午	寅

⇨ 오(午)월의 무(戊)토 일간(日干)이다.
지지에 정재(正財)인 자(子)수를 놓고 있다.

건명(乾命)

⬆ 무자(戊子) 일주(日柱)의 사주(四柱)이다. 인성(印星)이 지나치게 강(强)하다 보니, 그 강함을 재성(財星)으로 다스려야 한다. 상황을 살펴보니 수화상전(水火相戰)의 양상을 나타낸다.

천간(天干)과 지지(地支)로 서로 한 치의 양보도 없이 밀리지 않으려고 하는 것이다. 월간(月干)의 인성(印星)이 지지(地支)에서 흔들리

고, 년간(年干)의 임(壬)수가 코너에 몰려있다. 시간(時干)으로는 병(丙)화가
몰린 상황이다.

● .**인성(印星)과, 재성(財星)과, 일간(日干)의 삼자(三者) 관계를 살펴보자.**

❖ 인성(印星)은 자연 일간(日干)의 모태(母胎)이고, 후원자(後援者)이다.
당연히 일간(日干)을 아끼고 사랑할 것이다.
반면에 재성(財星)은 자기가 마음대로 요리할 수가 있으니, 그런 면에서는
인성(印星) 보다는 오히려 재성(財星)이 더 편할 수도 있는 것이다.

재 성(財星)은 일간(日干)의 부름이라면 무조건 응해야하는 마치 종속
적(從屬的)인 그런 처지이다.

● . **인성(印星)은 지나치게 강하면 일간(日干)이 통제하기가 어려워진다.**

사 장(社長)이 월권을 하여 회장(會長)알기를 우습게 아는 것이다.
경영진이 모든 일을 좌지우지하는 것이다. 회장은 결재나 하고 끝나
는 것이다. 형식적인 오너가 되는 것이다. 일면(一面)으로 경영(經營)에는 간
섭을 안 하는 것이 당연하나, 그 이상의 월권행위(越權行爲)를 한다.
그래서 일간(日干)인 회장(會長)도 항상 자기 파워는 항상 있어야 하는 것이
다. 그래서 필요한 것이 재성(財星)인 것이다. 회장은 돈이요, 사장은 장악력
인 것이다. 돈으로 장악력을 어느 정도는 무력화 시켜야 하는 것이다.
주총(株總)에서 사장의 권한을 축소하거나, 다른 사람으로 교체할 정도로 나
올 수가 있어야 하는 것이다.
일간(日干)의 입장에서 보면 인수(印綬)의 것이, 나의 것이 되는 상황이니
일단은 강한 지도력(指導力)을 겸비하였다고 볼 수가 있다.

🔹 인수용(印綬用)에 재격(財格)이라 함은 인성(印星)이 강(强)하여 재성
　　(財星)을 그에 대항(對抗)마(馬)로 내세우는 것이다.

◉ 인수격(印受格)의 용신(用神).

● 인성(印星)이 강(强)하다함은 내가 기운이 강한 것이고, 재성(財星)을 전면에 부각(浮刻)시킬 정도이면, 재성(財星)도 어느 정도는 견딜만한 힘이 있다는 설명인 것이다. 결론은 일간(日干)의 기운이 강하여야, 재성(財星)인 재복(財福)도 누리는 경우라는 것이다.

● 인성(印星)이 강(强)하면 가문(家門)이 교육자(敎育者)집안이요, 양반가요, 명문가(名文家)라는 것이다. 배움도 남 못지않게 갖추어 실력(實力)도 있다는 설명인 것이다.

● 가정적(家庭的)으로 보면 처덕(妻德)도 있고, 가문(家門)도 출중(出衆)하여 남위에 군림(君臨)할 정도도 된다고 볼 수가 있는 것이다.

● 돈이 돈을 버는 세상이다. 용신(用神)이 재성(財性)인데, 인성(印星)이 시원치 않다고 보자. 그럼 어떻게 해석을 할 것인가? 일간(日干)이 왕(旺)하거나, 식상(食傷)의 기운(氣運)이 왕(旺)한 경우가 가정된다. 여기서 우리는 두 가지 상황을 예측하는 것이다.

인성(印星)이 강(强)할 경우는 뒷받침이 든든한 것이요, 인성이 약(弱)할 경우는, 스스로가 자수성가(自手成家) 하는 것이다.
신왕재왕(身旺財旺)의 성향이 강한 것이다.

● 신왕(身旺)하지 못할 경우는 여러 경우가 나오는데, 재성(財星)이 용신(用神)이 되는 것이므로 식상(食傷)이 일단은 강(强)한 것이다.

● 이때 관살(官殺)이 용신(用神)이 되는 경우도 있는데, 지금은 재성(財星)이 용신이므로 재성(財星)이 주인공(主人公)인 것이다. 관살(官殺)의 기운이 별로다. 재성(財星)의 도움이 필요한 경우인 것이다.

● **재성(財星)이 용신(用神)이므로, 재화(財貨)와 연관이 되는 것이다.**

학문적(學問的)으로 잘 구비되었다면 경제적(經濟的)인 측면으로 해박(該博)한 지식(知識)을 갖고 있는 것이요, 대학교수급이요, 경제부처에 연관이 되거나, 연구소, 기타그룹에 연관이 이어지는 것이다. 경제적인 분야에 전문가인 것이다.

이 경우는 일찍이 금전(金錢)에 대한 어려움을 모르므로 의연하게 대처하여 나가는 것이다. 신약(身弱)의 경우는 격(格) 자체가 상황이 달라지는 것이다.

- 재성(財星)이 용신(用神)이므로 처덕(妻德)이 좋고, 아내를 사랑하고, 위하는 경우인 것이다. 자연 처갓집에도 잘하는 것이다.

- 반대로 재성(財星)이 용신(用神)이라 눈에 뜨이면 놓지 않으려고 하는 경우도 있다. 꼼짝 못하게 하는 경우도 있는 것이다.

- 재성(財星)의 입장에서 보면 답이 나오는 것이다. 대체적으로 불행한 경우가 생기는 수가 많다.(신왕(身旺)일 경우) 약간의 의처증(疑妻症) 증세가 나온다. 심하면 구타로 이어진다.

실전사주

丙	己	丁	戊
寅	亥	巳	申

⇨ 사(巳)월의 기(己)토 일간(日干)이다.
　　지지(地支)에는 해(亥)수가 있다.

건명(乾命)

⬆ 기해(己亥) 일주(日柱)의 사주(四柱)이다. 인성(印星)이 강(强)한 사주인데, 여기에서 용신(用神)은 해(亥)수다. 지지(地支)에 인신사해(寅申巳亥)를 다 갖추고 있다. 좋을 것인가? 해로울 것인가? 무조건적인 판단은 금물이다.

합 (合),충(沖),파(破)로 복잡한 면이 보인다.
　　일지(日支)의 해(亥)수가 용신(用神)이 된다.

지지(地支)에 인신사해(寅申巳亥)를 갖춘 사맹격(四孟格)의 사주이나, 재성(財星)을 조명(照明)하여 보는 것이다.

일(日)과 월(月)에서 사해충(巳亥沖) 으로 인성(印星)과 재성(財星)이 충돌하고 있는 형상이다.

● . 인수용(印綬用) 관격(官格).

인수격(印綬格)인데 인수(印綬)와 비겁(比劫)으로 사주가 신왕(身旺)하고, 관성(官星)이 유기(有氣)할 경우에 성립(成立)이 된다.

역 망(德望) 보다는 실질적인 권력(權力)을 탐하는 것이나 같다.
    인수(印綬)와 관(官)을 겸비한 경우인 것이다.

학업을 연마하고, 학문을 연구한 것을 바탕으로 관리자의 위치에 오르는 것이다. 형이상학적(形而上學的)인 것보다는 형이하학적(形而下學的)인 것을 추구하는 것이다.

관성은 원리(原理)와 원칙(原則)이요, 적당이라는 단어는 통하지 않는 성격이다. 준법정신(遵法精神)이 확실하여 도리(道理)에 어긋나거나, 이치(理致)에 합당하지 않을 경우 냉정(冷情)하게 "아니"라고 이야기 할 수 있는 사람인 것이다.

실전사주

戊	壬	丙	辛
申	午	申	亥

▷ 신(申)월의 임(壬)수 일간(日干)이다.
지지에는 정재(正財)인 오(午)화를 놓고 있다.

건명(乾命)

⬆ 임오(壬午) 일주(日柱)의 사주(四柱)이다. 재(財, 인(印)이 나타나나, 인성이 약간 앞선다. 인성(印星)으로 시작을 하는데, 항상 재성(財星)이 태클을 거는 형상이다. 중재자(仲載者)가 필요한 사주이다.

서로의 견제(牽制)가 어울린다. 재성(財星)이 열심히 길을 갈고 닦아, 관성(官星)에게 공(功)을 돌리는 것이다. 시간(時干)의 무(戊)토가 용신(用神)이 된다. 현재 공무원으로 근무하고 계시는 분의 사주이다.

● . 인수용(印綬用)관격(官格)에서, 용신(用神)의 통변(通辯).

인수용 관격(官格)이란? 인수(印綬)에서 시작을 하여, 관(官)을 용신(用神)으로 하는 것이다. 뒤로 물러서는 격(格)이다. 한 등급을 낮추어 내려서는 것이다.

관(官)을 용신(用神)으로 택하는 경우는 여러 경우가 있으나, 일단 인수(印綬)를 기준(基準) 으로 한 용신(用神)이므로 그에 대한 이유를 찾아보자.

● 관(官)이 용신이 된다는 것은 인수(印綬)와, 아(我)인 일간이 강(强)한 세력(勢力)을 구축하는 것이다. 여기에서는 식상(食傷)이 용신이 될 수도 있다.

● 인수용(印綬用) 관격(官格)에서는 재성(財星)의 의존(依存)도가 강(强)하면 강할수록 인성(印星)에 문제가 생긴다.

탐재괴인(貪財壞印)의 현상이 나타나는 것이다.

   사주 자체는 재(財)가 없거나, 무능(無能)하여야 한다. 재(財)에 집착(執着)이 강(强)하면 인성(印星)과의 충돌(衝突)이 불가피하므로 격 자체(自體)가 어지러워진다.

● . 왜 대학교수, 총장님들이 정계(政界)나, 관계(關係)에 발을 들이게 되는 것일까??

예로부터 우리나라는 학문(學文)이 출중(出衆)하고, 인물됨이 걸출(傑出)하면 출세(出世)가도를 달리면서, 자연 입각(入閣)하여 정승(政丞)이나, 판서(判書)를 역임하였다. 이것은 예전의 이야기이다. 현세(現世)는 다르다.

물론 그 흐름이야 갖겠지만 시대적인 변화에 적응을 하여야 한다는 것이다.

꿈에서 깨어야 한다는 것이다.

그것은 아직 제대로 성공하였다는 평가를 받는 분이 별로 없다는 것 자체가 설명(說明)을 하고, 증명(證明)을 하는 것이다.

자기의 직분(職分)에 만족(滿足)을 하고, 가르침에 열을 다하여야 할 사람들이 공연히 도마 위에 올라 온갖 칼질을 다 당하는 것이다. 그것도 사서 말이다. 그것은 하극상(下剋上)을 당하는 것이나 같은 것이다.

자기 일에 충실하면, 꾸짖고 나무라며 잘하라고 얼마든지 할 수가 있는데 왜? 왜? 그런 수모를 당하면서 그럴까? 국민을 위한다는 것도 이해를 하지만 하는 방법이 틀린 것이다. 얼마든지 할 수가 있는데 왜 남의 밥그릇을 탐하는가? 다 갈 사람이 있는 것이다. 정치면 정치(政治), 공직이면 공직(公職) 그 그릇이 있는 것이다.

순 리(順理)를 역행(逆行)하는 것이다. 결코 바람직한 것이 아닌 것이다. 순행(順行)이 이루어져야 하는 것이다. 역행(逆行)을 하는 것이다. 자식이 부모(父母)의 재산(財産)을 탐하는 것이나 똑같은 것이다. 물이란 역류를 하면 자연 부작용이 생기는 것이다. 때로는 그것이 효과를 보는 경우도 있지만 결코 그것은 영원한 것이 아니다. 일시적인 미봉책이요, 사탕발림이요, 전시용이요, 일회용에 불과한 것이다. 결국에는 이용을 당하는 것이다. 한 편으로 본다면 서로 간의 이해(利害)가 맞아 떨어지는 경우도 된다고 볼 수가 있는 것이다.

● 인수격(印受格)이 관(官)으로 작용을 하면 문화, 예술, 교육 등에 두각을 나타내어 명성(名聲)을 드날리며, 그 분야의 지도층(指導層)에 해당하는 것이다. 관리하며 지도, 감독을 겸하는 것이다.

● 문화분야, 관광분야, 교육분야, 과학분야 등에서 선도적(先導的)인 역할을 하고 수장(首長)에 오르는 일도 생기는 것이다. 정치(政治)와는 연관이 안 되는 것이 정상적인 관(官)으로 작용을 하는 것이다.

● . 건록격 (建錄格) 의 용신(用神).

● . 건록(建祿)격의 의미(意味)와 용신(用神)의 선택.

❖ 비겁(比劫)을 록(錄)이라 하는데, 일주(日主)의 입장에서는 힘이 되어 좋기도 하고, 나쁘기도 한 것이다. 신약(身弱)일 경우는 보강(補強)이 되니 길(吉)로 작용을 하고, 신강(身強)일 경우는, 지나치게 많으니 부작용(副作用)이 많이 생겨 흉(凶)으로 작용(作用)을 한다.

강 약(強弱)의 구별을 우선하고, 그에 알맞은 용신(用神)을 택하여야 하는 것이다.

허나 뿌리가 튼튼하다는 것은 일단 긍정적(肯定的)으로 좋다고 보는 것이다.

● . 질(質)과, 양(量)에 따른 건록격의 용신(用神).

▶ 건록(建祿)격에서 용신(用神)을 찾을 때는 주의할 점.

● 일주(日主)자체의 분석을 우선하고, 건록(建祿)의 진정한 활용을 보아야 할 것이다. 능력(能力)과, 기량(技倆)을 갖추었다고 하여도 쓰임새가 양호하지 않다면 소용이 없다는 것이다.

● 일주(日主)가 건록(建祿)을 갖추었다면 일단은 신약(身弱)이 아닌 것이다. 그런데 그것이 계속 유지가 되는 경우가 있고, 안 되는 경우가 있는 것이다. 매사 격(格)이란 경우에 따라서 변하는 것이다.

● 신강(身強)에서 신약(身弱)으로 변하는 경우와, 그 결과는 어떤가?

● 비겁(比劫)으로써 건록(建祿)에 해당하지 않는 경우는 어떻게 할 것인가? 이것 역시 격(格)으로 하여 취급을 하여야 한다. 추후 논하기로 하

고, 일주(日主)자체의 음양(陰陽)을 구별하여야 한다는 것이다.

🙍 그것이 왜 중요한 것일까? 배가 고플 때는 질(質)에 대한 개념(槪念)이 사라지고, 오로지 양(量)적인 면에 순간적으로 빠지게 되는 것이다. 그러다보면 실수(失手)를 하는 것이다.

🙍 질적(質的)인 면(面)이란 무엇을 의미하는 것일까?

🙍 우선 건록(建祿)이라는 의미가 내포하는 뜻을 곰곰 생각하여야 한다.

🙍 천간(天干)과 지지(地支)가 같은 성향이라는 것이다. 오행(五行)도 같고 음양(陰陽)도 같은 것이다. 제일 비중(比重)있는 자리에 나와 같은 것이 있으면, 그 여파는 매우 큰 것이다.

🙍 일간(日干)이 비대하여지는 것이다. 물론 그 힘을 그대로 다 소용이 되도록 활용을 한다면 좋지만, 경우에 따라서는 반드시 그 기운을 유통을 시켜야 할 때가 있는데, 적재적소(適材適所)에 이루어지지 않을 경우 많은 문제가 생기는 것이다.

강 (强)함을 완화(緩和)시키는 조절(調節)작용이 필요하다는 것이다. 그 역할을 하는 것이 식상(食傷)이다. 어떻게 그것을 판단 할 것인가? 지장간(地藏干)을 살펴보는 것이다.

● **양(陽) 일주와 , 음(陰) 일주의 비교.**

✪. **양(陽)일주의 경우.**

갑(甲), 병(丙), 무(戊), 경(庚),임(壬) 인데 각각을 살펴보자.

○	甲	○	○
○	○	寅	○

(戊, 丙, 甲)

○	丙	○	○
○	○	巳	○

(戊, 庚, 丙)

○	戊	○	○
○	○	巳	○

(戊, 庚, 丙)

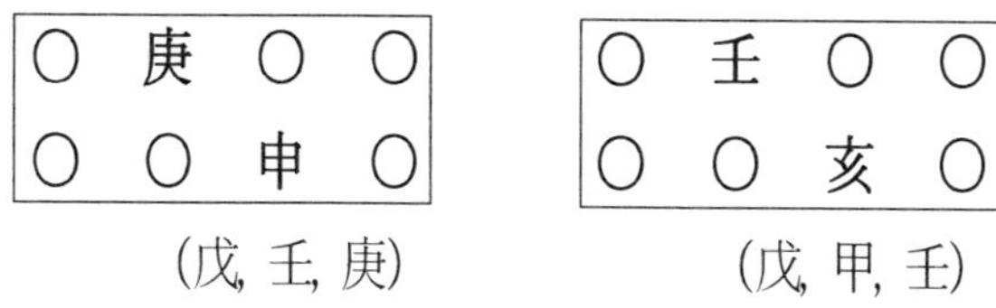

(戊, 壬, 庚)   (戊, 甲, 壬)

➡ 갑(甲)→병(丙), 병(丙)→무(戊), 무(戊)→경(庚), 경(庚)→임(壬), 임(壬)
→ 갑(甲) 각각의 식신(食神)을 동반하고 있어 배출구(排出口)가 마련이 되
어 있다.

● . **음(陰)일주일 경우.**

을(乙), 정(丁), 기(己), 신(辛), 계(癸)가 된다.

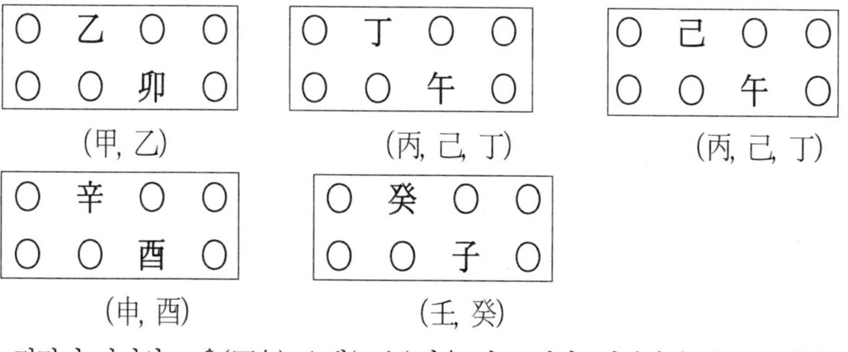

(甲, 乙)   (丙, 己, 丁)   (丙, 己, 丁)

(申, 酉)   (壬, 癸)

각각이 자기의 고유(固有) 오행(五行)만을 갖고 있다. 비겁만이 있는 것이다.
화(火)토(土)의 경우는 동격(同格)이라 여기서는 같이 보는 것이다. 자체조
절이 아니라 포화상태(飽和狀態)로 인한 자중지란(自中之亂)이 일어나는 것
이다.

이 것을 파악하는 것이 용신(用神)을 찾는 요령중의 하나이다. 매우 중
요한 사항인 것이다. 구별의 방법은 사생(四生)지와, 사왕(四旺)지
인 것이다. 인(寅),신(申),사(巳),해(亥)와 자(子),오(午),묘(卯),유(有)인 것
이다.

○	甲	○	○
○	○	寅	○

↳ 아름드리나무 이지만 꽃도 피는 것이다.
　　인(寅)중 병(丙)화가 있는 것이다.

○	乙	○	○
○	○	卯	○

↳ 음지(陰地)의 나무요, 작은 나무다.
　　묘(卯)는 습(習)목이라, 목생화(木生火)를 못한다.

● . **양(陽)과 음(陰)의 차이인 것이다. 다른 경우도 마찬가지인 것이다.**

❖ 너무 일찍 꽃이 피고, 지나치게 늦게 열매가 열린다.

실전사주

庚	乙	辛	丙
辰	亥	卯	寅

↳ 묘(卯)월의 을(乙)목 일간(日干)이다.
　　지지에는 정인(正印)인 해(亥)수를 놓고 있다.

건명(乾命)

⬆ 을해(乙亥) 일주(日主)의 사주이다. 나무가 이상(異常)현상(現象)을 나타낸다. 비겁(比劫)이 왕(旺)하여 관(官)을 용신(用神)으로 하여야 한다. 지지(地支) 전체를 목국(木局)으로 볼 수도 있는데, 그럼 곡직(曲直)격이 성립(成立)이 되는 것인가? 가능(可能)도 할 것이다.

그러나 진명(眞命)으로 보기에는 약간의 문제가 생긴다.

지 지가 삼합(三合)국이 아닌데다 관(官)이 살아있고, 식상(食傷)도 살아있다. 꽃은 식상(食傷)인데 그럼 꽃을 피울 수 있단 말인가?

천재(天才)란 너무 일찍 재능(才能)이 발견되어도 좋은 것만이 아니다.

과거(過去)에 수많은 천재라는 인물들이 너무 일찍 조기(早期) 발견되어 그들의 재능(才能)을 발휘하였으나 소리 없이 사라진 경우가 많다.

그 원인(原因)은 무엇일까? 지속적인 관리(管理)가 안 된 탓일 것이다.

그것은 그 성향(性向)의 분석에서 실패를 하였기 때문인 것이다.

이 사주의 주인공도 그러한 경우나 마찬가지인 것이다.

재능(才能)을 충분히 발휘 하였건만 일찍 꽃이 진 것이다.

그리고 너무 늦게 결실(結實)을 보지만 그것은 바람직한 것이 아니다.

일반적인 경우로 해석을 한다면 어린나이에 너무 잘나가면 주변에서 모든 것을 관리하여 주어야 한다.

부모(父母)나, 형제(兄弟)중 누구인가가 희생(犧牲)을 하여야 그 재능(才能)을 살리는 것이다. 그런데 여기서 보면 색다른 현상이 나타난다.

음악처럼 실내적인 것은 형제가 다 같이 성공을 하는 경우가 있는데, 밖에서 하는 경우는 골프처럼 매달려야 한다는 것이다.

● **화(火)의 경우는, 재를 형성하지 못한다.(타서 사라진다, 흔적도 없이)**

실전사주

辛	丁	乙	丁
亥	丑	巳	巳

곤명(坤命)

↳ 사(巳)월의 정(丁)화 일간이다.

　지지(地支)에는 식신(食神)을 놓고 있다.

⬆ 음팔통(陰八通)의 사주(四柱)이다. 꽃은 꽃인데, 향기를 잃은 꽃이다.

불로 본다면 활활 타기만 하지 재가 남지를 않는다.

타다가 흔적도 없이 사라지는 것이다. 언제 불이 보였었나?

● **토(土)의 경우는 굳어져 돌과 금속(金屬)으로 변하지 않는 것이요,(부스러지고, 바람에 날린다. 마치 먼지와 같은 것이다.)**

실전사주

己	己	丁	丁
巳	未	未	丑

건명(乾命)

↳ 기(己)토 일주(日主)의 사주이다.

　흙이 쓸모가 없는 흙으로 변하였다.

▲ 건록격(建祿格)의 용신(用神).

화기(火氣)가 강(强)한 흙이라 엉기지가 않는다.

● . 금(金)의 경우는 틈새를 형성하지 못하니 물을 내보내지 못함이요, 사
방이 차단이 되어 질식할 정도이다.

실전사주

己	辛	辛	己
丑	丑	未	丑

↳ 신축(伸縮) 일주(日主)의 사주이다.

진주가 뻘 속에 묻혀 주인을 기다리는 형국이다.

곤명(坤命)

● .수(水)의 경우는 흡수가 안 되니 쓸모가 없는 것이다. 여과(濾過)과정에
서 걸러지지가 않는 것이다.

실전사주

壬	癸	庚	辛
子	酉	子	亥

↳ 동짓달의 계곡물이다.

지지에는 편인(偏印)인 유(酉)금을 놓고 있다.

건명(乾命)

⬆ 계유(癸酉) 일주(日主)의 사주이다. 겨울 골짜기의 꽁꽁 얼은 물이다. 얼
어붙어도 속 까지 꽁꽁 얼어붙었다. 언제나 봄이 오려나.

● . 건록격(建祿格)에서의 용신(用神).

해안이나, 섬 주변을 가보면 밤에 불빛을 비쳐 주는 곳이 있을 것이다.

밤길을 운행하는 배들의 안전을 위하여 뱃길이나, 위험한 지역을 알려주기
위함인 것이다.

모 든 격(格)이 마찬가지이지만, 용신(用神) 또한 그와 같은 역할(役
割)도 하는 것이다.

건록(建祿)이란? 비견(比肩)을 말하는 것인데 강약(强弱)의 판단(判斷)의 기

준을 정확히 하여야 한다. 자력(自力)인가? 타의(他意)에 의한 옹립인가를 구별하여야 한다.

● . 건록격(建祿格)에서 이루어지는 경우.

❶. 건록용(建祿用) 인수격(印綬格)
❷. 건록용(建祿用) 겁격((劫格)
❸. 건록용(建祿用) 식상격(食傷格)
❹. 건록용(建祿用) 재격(財格)
❺. 건록용(建祿用) 관격(官格)

● . 건록용(建祿用) 인수격(印綬格).

건록격(建祿格)의 사주인데 식(食), 재(財), 관(官)으로 인하여 신약(身弱)할 때 인수(印綬)가 유기(有氣)하여 인수(印綬)를 용신(用神)으로 사용하는 격이다.

건록격(建祿格)의 형태를 유지하며, 인수(印綬)를 용신(用神)으로 하는 것이다. 건록격(建祿格)이면 신강(身强)의 냄새를 풍기는데, 어찌하여 인수(印綬)를 필요로 할까?

- 원시시대(原始時代)에는 집을 나무위에 많이 지었다고 한다.

- 들짐승들의 습격을 피하기 위하여 일 것이다. 집은 집인데 불안하고 그 당시에는 들짐승들의 습격을 막는 데는 지혜(知慧)가 부족(不足)하였기 때문일 것이다.

- 강(强)한 것 같으면서, 나약한 모습을 보이는 것이다.

- 덩치가 큰 사람들이 의외로 겁(劫)이 많은 편이다. 특히 비만인 경우도 해당이 되고, 오히려 날씬 건장한 스타일이 강인한 면이 더욱 돋보인다.

● 겉으로 보기에는 강하여도 지구력(持久力)이 부족하고, 소위 깡다구가 부족하기 때문이다. 일단 기본적인 성향은 강(强)한 기질이 많은데, 환경(環境)의 영향(影響)으로 인한 원인(原因)이 큰 비중(比重)을 차지한다.

실전사주

乙	己	壬	庚
亥	酉	午	申

▷ 오(午)월의 기(己)토 일간이다.

지지(地支)에는 식신(食神)을 놓고 있다.

건명(乾命)

⬆ 기유(己酉)일주(日主)의 사주이다. 5월(月)의 장마에 습기가 심하다.

화(火),토(土)는 동격(同格)이라, 오(午)화가 기(己)토에게는 건록(建祿)이 된다. 간혹 서두르다 보면 그냥 인수(印綬)로만 착각(錯覺)을 하는 경우도 생긴다. 그래서 실수를 하는 것이다.

여기서 용신(用神)은 무엇으로 택하여야 할 것인가?

기(己)토는 음지(陰地)전답(田畓)이 되어버렸다. 철분(鐵分)이 지나치게 강하다. 길목은 트여있어 잘하면 숨통이 트일 것도 같다.

식상(食傷)인 금(金)기운이 강하다. 신약(身弱)하다 보니 속임수에 잘 넘어간다. 거기에 건록격(建祿格)이니 선천적(先天的)으로 심성(心性)이 착한지라, 금생수(金生水) 하는 곳으로 가보자고 한다. 수정궁이란 나이트로 가보자는 것이다.

후배들이 "선배님! 선배님! 하면서 물 좋은 곳입니다." 하면서 부추기니 못이기는 척 하면서 따라간다. 남자(男子)가 의리(義理)가 있지 하면서 말이다.

결국에는 구설(口舌)에만 오르고, 온갖 곤욕(困辱)을 다 치르는 것이다.

여기에서 용신(用神)은 인수(印綬)가 되는 것이다. 철분(鐵粉)이 강하니까.

이런 사람이 사업(事業)을 한다면 어떨까? 인내(忍耐)력도 부족하고, 위기관리(危機管理) 능력이 딸린다. 줏대가 없어 귀가 얇다. 속기도 잘 속는다.

단적(獨斷的)인 사업(事業)은 금물이고, 인수(印綬)가 용신(用神)이고 하니 학업(學業)이나, 연구(研究)에 몰두하는 것이 낫다. 자력(自力)으로는 힘드니 부모님에게 의존(依存)하는 것도 당연하니, 어른의 말씀을 귀담아 듣고 항상 경거망동을 조심하는 것 또한 잊지 말아야 할 것이다.

실전사주

壬	戊	癸	丙
子	辰	巳	辰

⇨ 사(巳)월의 무(戊)토 일간(日干)이다.
지지(地支)에는 비견(比肩)인 진(辰)토가 있다.

건명(乾命)

⬆ 무진(戊辰) 일주(日主)의 사주이다. 4월의 이른 장마에 흙탕물이다. 화(火)토(土)는 동격(同格)이라, 월지(月支)의 사(巳)화가 건록(建祿)이면서 인수(印綬)가 된다. 재성(財星)인 수기(水氣)가 지나치게 강(強)하다.

● 여기에서는 화(火)토(土)운이 좋다. 고로 용신(用神)은 인성(印星)인 화(火)운이 되는 것이다.

● 화기격(化氣格)의 성립(成立)을 살펴보자. 난관(難關)을 극복(克復)하고 헤쳐 나가는 사람이다. 용의주도한 사람인 것이다.

● 재성(財星)인 수(水)의 기운(氣運)을 목(木)인 관(官)이 흡수(吸水)를 한다면 간접적으로는 일간(日干)인 무(戊)토 에게는 좋다. 축축함을 가져 주니 얼마나 좋은가?

● 목생화(木生火)하여 용신(用神)인 화(火)를 생(生)해 주니 좋은 것이다.

● 그러나 직접적(直接的)으로는 목극토(木剋土)하여, 일간인 무(戊)토를 극(剋)하게 된다.

● 사주의 현주소를 보면 재성(財星)이 강(強)한 편이다. 그런데 거기에 관성(官星)이 더 가하여지면 재관(財官)이 왕(旺)하여지는 것이다. 여기에서 재생관(財生官)이요, 관생인(官生印)이요 하고 논할 수는 있지만, 이 과정은 아무리 빠르다고 하여도 고속도로를 달리는 차량과 같은 것이고, 관성(官星)이 일간(日干)을 극(剋)하는 목극토(木剋土)는 하늘을 날아오

는 비행기와도 같은 것이다.

간 접적(間接的)인 영향과, 직접적(直接的)인 영향의 차이인 것이다.

뭐 빠지도록 일을 하여야 한다는 것이다. 박봉(薄俸)에 시달리는 것이다. 여기에서도 관살(官殺)이 일간(日干)을 극(剋)할 수 있는 환경(環境)인가? 아닌가? 를 살펴보는 여유도 필요한 것이다.

● 이 사주(四柱)에서는 관(官)과는 별로 연(緣)이 닿지가 않는 것 같다.

● 지장간(支藏干)에서의 관(官)은 식신(食神)인 경(庚)금과 합(合)하여 식상(食傷)으로 변하여 버린다.

● 대운(大運)의 흐름을 한 번 살펴보자.

辛 庚 己 戊 丁 丙 乙 甲

丑 子 亥 戌 酉 申 未 午　　← 대운의 흐름이 서북(西北)이다.

77　67　57　47　　37　27　17　7

→병신(丙申) 대운(大運)에서는 지지가 온통 물바다가 되어버린다.

● .록(祿)의 위치에 따른 명칭(名稱).

❂ 생월(生月)에 위치할 경우.-- 건록격(建錄格)

❂ 생일(生日)에 위치할 경우.-- 전록격(專祿格)

❂ 생시(生時)에 위치할 경우.-- 귀록격(歸祿格)

● .록신(祿神)이 있을 경우 남녀의 판단 법.

❂ 여성--부귀(富貴)를 노래하는 행복한 운명(運命)이다.

❂ 남성--처(妻)와 자식(子息)이 다복(多福)함을 누린다. 간혹 지나침이 생겨 그로인한 고통을 겪기도 한다.

● .지지(地支)에 록신(祿神)이 있을 경우 천간(天干)에 따라 길흉(吉凶)을 논한다. 기신(忌神)을 볼 경우 심기가 흐려지고, 탁하여지고, 판단이 흐려져 인색하여지고, 격이 떨어진다. 변화(變化)에 민감하여진다.

. 건록용(建祿用) 인수격(印綬格)의 각 운(運)에 대한 변화.

인수(印綬) 운(運)을 만날 경우.

▷ 인성(印星)이 용신(用神)인데, 인수(印綬) 운(運)을 만나는 것이다.

건록격(建祿格)인데 인수(印綬)를 용신(用神)으로 택하였으니 어지간히 신약 (身弱)인 것이다. 용신(用神)운을 만났으니 더 이상 무엇이 필요한가?

어찌 이리 좋은가? 이다. 사업(事業)을 하는데 항상 자금부족(資金不足)으로 인하여 핍박(逼迫)을 받고 있어 부모님에게 지원사격을 부탁하였건만 냉담하 시더니, 어느 날 갑자기 만나자고 하시더니 그동안 고생 많았다면서 거금이 들어있는 통장을 건네주시는 것이 아닌가?

✪. 와룡봉추(臥龍鳳雛)격이다.

"누워있는 용(龍)과 봉황(鳳凰)의 새끼"라는 뜻으로 아직 세상에 나타나있지 는 않지만, 머지않아 큰일을 하기 위하여 숨어있다는 의미이다.

. 비겁(比劫)운을 만났을 경우.

건록용인수격((建祿用印綬格)은 뿌리가 심히 약(弱)한 것이다.

직접적(直接的)으로 일간(日干)에게 힘이 되어주니 여간 고마운 일이 아닐 것이다. 그러나 냉철(冷徹)한 의미로 판단을 한다면, 용신(用神)의 기운을 앗 아가는 이적(利敵)행위나 다름없는 것이다.

당장에야 나타나는 부작용(副作用)은 없을지 몰라도, 일단 인수에 의존(依存) 을 한다는 것은 쉽게 설명을 한다면, 부모(父母)에게 의지(意志)한다는 것이 나 마찬가지인데, 이제는 언제 그랬느냐는 식으로 등을 보이는 경우가 나타 난다는 것이다. 방종(放縱)의 기미(氣味)가 나타나는 것이다.

어려운 처지를 당해 옆에서 도와주고 있는데, 형편이 약간 풀린다고 하여 나 몰라라 하고 까부는 것이나 진배가 없는 것이다.

옛 속담에 "물에 빠진 놈 건져주니 보따리 내 놓으라"는 격이나 같은 것이다. 그러나 여기에서 팔이 안으로 굽는다고, 인수(印綬)와 비겁(比劫)은 같은 배를 탄 것이다.

● 일주(日主)가 신약(身弱)하여, 인수(印綬) 즉 부모의 도움을 빌리는 것인데, 자식(子息)인 일간(日干)이 스스로 힘이 조금 더 나아졌다는데 무어라 할 것인가? 오히려 인수(印綬)인 부모(父母)가 한시름 더는 형상이 되는 것이다. 물론 걱정스러운 면이 보이는 것도 부분적인 일이지만, 전체적인 면으로 볼 때는 나쁜 것은 없는 것이다.

● 실력도 없는 백수 주제에 취직한다고, 맨 날 돌아만 다니면서 설치더니, 어느 날 갑자기 부족(不足)한 면을 더 보충(補充)한다면서 열심히 도서관에 다니는 것이 아닌가?

☆. 자행자지(自行自止)격이다.

가 고 싶으면 가고, 가기 싫으면 말고 이다. 떠 벌려놓고 아니면 말고 이다.

일부 몰지각한 사람이나, 매체나 같은 것이다. 책임감이 없어진다.

그로 인한 피해(被害)는 생각이 없다. 매우 위험(危險)한 시기(時期)이다.

● 식상운(食傷運)을 만났을 때.

식상(食傷)은 용신(用神)인 인수(印綬)가 극(剋)하는 경우인데, 인수(印綬)를 신(申),유(酉) 금(金)으로 할 경우를 예로 보자.

☆. 신(申)금일 경우.

자연 식상은 인(寅), 묘(卯)인데 신(申)금은 인(寅)목과 비교를 하면 인(寅)신(申)충(冲)이요, 묘(卯)신(申)하여 상파살(相破殺)이 된다.

포태법(胞胎法)으로 본다면 절궁(絶宮), 태궁(胎宮)에 해당한다.

식 상(食傷)을 만나면 비겁(比劫)의 기운(氣運)을 소진(消盡)시키는 것이다. 가뜩이나 기운(氣運)이 모자라 인수(印綬)의 힘을 빌리고 있는데, 양쪽에 다 피해를 주고 있는 형상인 것이다.

● 한 쪽은 강제로 헌납(獻納)을 하도록 하고, 한 쪽은 열 받아서 기운(氣運)을 토(吐)해내도록 하는 것이다.

✪. **복심지질(腹心之疾)격이다.**

배속의 고질적(痼疾的)인 병인 것이다. 치유가 어려운 병(病)인 것이다. 우환(憂患)과도 같은 것이다.

재 ● **재성운(財星運)을 만날 경우.**

성(財星)은 인성(印星)을 극(剋)한다. 인성(印星)이 재성(財星)에 의하여 피습(被襲)을 당하는 것이다. 후원회의 회장을 뇌물수수죄로 구속하는 것이다.

● 금전(金錢)으로 인한 추문(醜聞)으로 인하여 명예에 손상을 입는 것이다.

● 약간 모자라는 아들이 장가를 보내기는 했는데 가정(家庭)을 잘 이끌어 나갈 것인가 하고 늘 노심초사(勞心焦思)하고 있는데, 불행히도 독한 아내를 만나 심적(心的)으로 고생을 하는 것이다.

● 항상 불안감을 감추지 못하던 어머니가 자식의 집에 들렀다가 마침 며느리가 아들을 달달볶는 광경을 보고, 참다못해 어머니가 "애야, 아내인 네가 이해하고 넘어 가려무나!" 하고 점잖게 타일렀더니 며느리가 하는 말 "어머니, 어째 이런 아들을 저의 낭군으로 삼도록 하셨습니까?" 하고 오히려 어머니를 나무라는 투로 말하는 것이다.

● "혹 때려다 혹 붙이는 격"인 것이다.

● . **슬양소배(膝癢搔背)격이다.**

▲ 무릎이 가려운데 등을 긁는 격이다. 앞뒤가 맞지 않고 어긋나는 것이다.

▲ 사람이 먹는다는 것은 중요하고, 필히 하여야 할 행위임에는 틀림이 없다. 정상적으로 먹을 때는 앞을 향하고 입을 통하여 먹는다.

▲ 그런데 등을 쳐서 먹는 사람들은 어떻게 먹을까? 참으로 뛰어난 재주를 가진 인간들이다. 그러다 단점은 항상 있다. 뒤가 항상 구린 것이다.

● . **관성(官星) 운을 만날 경우.**

관살(官殺)은 인성(印星)을 생(生)한다. 그러나 관성(官星)의 근본(根本)은 일주(日主)를 극(剋)하는 것이다.

여기에서 일주(日主)가 강(强)하면 능히 관살(官殺)운(運)이 오는 것을 좋아하지만, 일주(日主)가 신약(身弱)할 경우는 오히려 인성(印星)을 생(生)하는 것이 아니라, 일주(日主)를 괴롭히는 것이다.

전 록격(建祿格)에서 인수(印綬)를 용신(用神)으로 택한 자체는 일주(日主) 자체가 설기(泄氣)가 심(甚)하거나, 즉 식상(食傷)이 많은 것이요, 관살(官殺)의 극(剋)을 심하게 받는다는 설명인 것이다. 그래서 신약(身弱)하다는 것이다.

인수(印綬)가 용신(用神)이 되는 것은, 인수(印綬)가 존재(存在)한다는 설명인 것이다. 그런데 관살(官殺)운(運)이 오면 어떠한 결과가 나올까?

교차로에서 신호를 기다리는데, 앞에 큰 차가 시야를 가리고 있다면 어떨까?

뒤에 소형 승용차가 같이 신호를 기다리고 있다면 참으로 불편할 것이다.

아차! 하는 순간에 신호가 바뀌면서, 황급하게 차를 몰아야 하는 경우가 발생하는 것이다.

앞차를 믿고 천천히 따라갔다가 낭패를 보는 경우를 많이 경험하였을 것이다.

이 경우가 바로 그런 경우와 흡사한 것이다.

수(印綬)가 있으니 관(官)의 기운(氣運)을 어느 정도 제어(制御)하고, 흡수

인 (吸收)할 것이다. 하고 방심(放心)을 하다가는 큰 낭패(狼狽)를 보는 것이다.

인수(印綬)가 앞을 가리어 오히려 스스로 판단할 공간(空間)을 확보하지 못하는 경우가 발생하기 때문인 것이다. 앞이 탁 트인 공간(空間)을 확보하여야 안전(安全)운행(運行)을 할 수가 있는 것이다.

✪.무문농법(舞文弄法)격이다.

글이나, 조문(條文)을 자기 멋대로 해석(解釋)을 하거나, 법률(法律)을 남용하여 자기의 편의 위주로 행(行)하여 혼란을 조성하는 것이다.

실전사주

甲	辛	丁	丙
午	未	酉	午

▷ 유(酉)월의 신(辛)금 일간이다.
지지(地支)에는 미(未)토를 놓고 있다.

건명(乾命)

⬆ 신미(辛未) 일주(日主)의 사주이다. 가을에 출생하였는데, 날이 너무 덥다. 가을은 수확(收穫)의 계절이라 만물(萬物)이 익고, 풍성(豊盛)한 결실(結實)의 계절인데, 기온(氣溫)이 너무 상승(上昇)하여 열매가 모두 상(傷)하고 있다. 애쓴 보람도 없이 하루아침에 공든 탑이 무너지는 것이다.

세 력(勢力)에 종할 것 같으나 뿌리가 튼튼하니 종(從)하지 않는다. 음(陰)일간이라 하여도 근본(根本)이 있는 것이다.

일지(日支)에 인수(印綬)가 있으니 조토(燥土)다. 뜨거운 기운을 갖고서 중간에서 어우르는 것이다. 화기(火氣)를 빼내면서 금기(金氣)를 생하는 것이다. 고군분투하는 사주이다. 역할이 매우 중요한 것이다.

미(未)토가 관살(官殺)로 화(化)하지 않으므로, 양쪽을 다 어우르는 용신(用神)으로서 적합한 것이다.

실전사주

丙 戊 甲 甲
辰 寅 戌 子

▷ 술(戌)월의 무(戊)토 일간이다.

지지에는 편관인 인(寅)목이 자리하고----

건명(乾命)

▷ 무(戊)토 일주(日主)인데, 관(官),인(印) 구별이다.

● 여기에서 먼저 무엇을 보아야 할 것인가? 일간(日干)의 기운(氣運)이 강(强)하다. 우선 관(官)이니, 관(官)의 기세(氣勢)가 어떤가를 살펴보자.

● 여기서는 인(寅)목이 살신성인(殺身成仁)을 한다.

● 시간(時干)에 병(丙)화가 있으니 더더욱 아름다운 것이다.

관 (官)이 인수(印綬)로 화(化)하는 것이 문제가 아니라, 관살(官殺)이 인수(印綬)로 가는 길목에서 중추적(中樞的)인 역할을 한다.

살신성인(殺身成仁)을 다시 한 번 써보자. **살(殺)-신(身)-성(成)-인(仁)**이 되는 것이다. 월(月), 일(日)의 지지(地支)가 합(合) 되어 인성(印星)을 형성한다. 이것은 아니다. 오(午)화가 누락이 되어 있는 것이다. 그러나 오(午)운이 오면 무한한 파괴력을 발휘한다. 여기에서 대운(大運)과, 세운(歲運)을 살펴야 하는 것이다. 그리고 다른 변화를 살피는 것이다.

일(日)과, 시(時)는 방합(方合)이라고 하기에는 부족하지만 나름대로 관(官)인 목(木)의 기능을 발휘한다.

이것도 묘(卯)목이 합쳐져야 성립(成立)이 되는 것이다.

마찬가지로 운(運)을 살펴야 하는 것이다.

시지(時支)와, 월지(月支)가 충(沖)이 되어 약간의 문제가 발생을 한다.

✪ 인수(印綬)는 뿌리가 강(强)하여야 그 복(福)을 다 받는다.

편관(偏官)은 인수(印綬)를 생한다. 생(生)함에 있어 뿌리가 지나치면 나무가 웃자라지를 못한다. 적당하여야 서로가 상생하여 발전을 약속하는 것이다.

● . 건록용(建祿用) 겁격(劫格).

건록격(建祿格)으로 식상(食傷)이나 재성(財星), 관살(官殺) 등으로 인하여 신약(身弱)할 경우 인성(印星)이 있으면 인성(印星)을 쓰는 것이 당연하나, 그 인성 자체도 없거나, 무력(無力)하여 쓸모가 없을 경우 비겁을 용신(用神)으로 사용하는 경우.

건 록용(建祿用) 겁격(劫格)이니 격명(格名) 그대로 통반장 다하는 것이다.

격(格)이자 용신(用神)이라는 설명이다. 무엇이든 내가 직접 다 하여야 한다는 이야기다. 흔히 하는 말 중에 "오죽 답답하면 직접 나서겠는가?"라는 표현을 생각하면 될 것이다.

- 남을 시키려고 하여도 마음에 드는 구석이 없으니 직접 나서는 것이다.
- 관성(官星)이 강(强)한 것이다. 꼼꼼한 면도 있지만, 또 반대로 이런 설명도 나온다. 제일 시키기 만만하니 일을 시키는 것이다.
- 주변에 사람이 없으니 달랑 혼자라 본인이 하는 것이요, 누구의 도움도 받을 수가 없는 것이다. 인성(印星)이 없거나 기능(機能)을 상실한 경우이다. 부모(父母)의 덕(德)이 없는 것이다.
- 남(일 하는 사람, 기술자)을 시키자니, 금전적(金錢的)인 여력이 없어 직접하는 것이요, 즉 재성(財星)이 강(强)하여, 자금의 압박을 받는 것이다.
- 결론은 돈이 없다는 설명인 것이다.
- 아무도 관심(觀心)을 가져 주지를 않고, 모든 것을 혼자서 척결하여야 한다. 냉담한 현실(現實) 속에 있는 것이다. 내가 무엇을 하여야 할 것인가를 나 자신이 스스로 생각을 하고 판단을 하여야 한다. 소년(少年),소녀(少女) 가장(家長)이요, 스스로의 인생을 책임져야 하는 경우가 되는 것

이다.

- 스스로의 역량(力量)이 부족(不足)하니, 왕따를 당하는 것이다.
- 비겁(比劫)이 필요(必要)한 것이다.

실전사주

戊	癸	癸	戊
午	巳	亥	午

▷ 해(亥)월의 계(癸)수 일간(日干)이다.
지지의 사(巳)화가 힘을 발휘한다.

곤명(坤命)

⬆ 계사(癸巳) 일주(日主)의 사주이다. 신강(身强)한 것 같으나 겉모양 뿐이다. 월간(月干)의 계(癸)수가, 일간(日干)과 함께 뿌리가 흔들리고 있다. 일지(日支)와 월지(月支)가 풍지 박산이 난다. 록(祿)이 충(冲)을 맞으니 충록격(冲祿格)이다. 천간(天干)에서는 서로가 짝을 찾아간다고 난리이다. 겉은 그럴 듯한데 실속이 없다. 재(財)관(官)이 왕(旺)한 사주이다.

짝 업(職業)도 유흥업에 종사를 하고 있다. 본인의 실속을 챙기는 것이 중요하다. 남자로 하여 돈을 벌지만 항상 쪼들린다.

- 다 나의 것이 아니다. 비겁(比劫)으로 인하여 신약(身弱)은 아니다.
- 건록격(建祿格)인데 상대적인 강함이다.

주 - 변의 환경(環境)이 너무 완벽하여 짜임세가 있다. 스스로 적응(適應)을 하여야 하는 것이다.

- 안주(安住)하려고 생각하다가는 큰일을 당한다.
- 스스로 방비를 하여야 하는 것이다.
- 강(强)한 것 같아도 약(弱)한 것이다.
- 사(巳)중 경(庚)금을 용신(用神)으로 한다.
- 남자가 다 돈으로 보이는 것이다.

● . 건록용(建祿用) 겁격(劫格)의 각 운(運)에 대한 변화.

식 (食),재(財),관(官)의 강(强)한 기운(氣運)으로 인하여 일간(日干)이 혼자서 모든 것을 처리하는 것이다. 도움을 주는 인수(印綬)가 없거나 무기력(無氣力)한 경우인 것이다.

● . 인수(印綬)운이 올 경우의 변화.

- 잃어버린 자식(子息)이 돌아오는 것이나 같은 것이다.
- 생각지도 않은 기쁜 일이 생기는 것이다.
- 열심히 일한 자여, 떠나라 휴가를! 외치는 것이다.
- 애쓰던 결과, 좋은 일로 연결이 되는 것이다.
- 손바닥도 마주쳐야 소리가 나는 법이다. 큰 박수를 치는 격이다.
- 외로운 싸움을 하는데 동지(同志)가 나타나는 것이다.
- 아름다운 장식으로 집안을 치장(治粧)한다.
- 단순하던 면에서 화려한 쪽으로 변화를 시도하게 된다.
- 구석에 있던 오래된 집기들을 활용하게 된다.
- 개똥도 약에 쓰일 때가 있는 격이다. 아무리 하찮은 일이요, 물건도 다 그 쓰임세가 있는 것이다. 지금의 일시적인 효용 보다 긴 안목으로 대처한다.
- 임금이 공신(功臣)들과 희생(犧牲)으로 제사를 지내고 피를 나누어 마시며 단결을 맹세하는 격(格)이다.

● . 사은숙배(謝恩肅拜) 격이다.

▷ 은혜(恩惠)에 감사하여 정중하고, 진실되게 경의(敬意)를 표하는 것이다.

➡ 견겁(肩劫)운이 올 경우의 변화.

- 여럿이 모여 함께 맛있는 음식을 먹는 격이다.
- "기쁨도 슬픔도 같이" 라는 슬로건을 내건다.
- 물줄기들이 모여 한곳으로 흐른다.
- 각자가 흩어져서 자기의 목소리만 내던 상황에서 한 뜻으로 뭉쳐 단결력을 과시하는 것이다. 노사(勞使)가 뭉치는 격이다.

●. 생각이 깊어지고, 침착하여 진다.

- 차분하여 지면서 스스로를 되돌아본다. 갖은 생각과, 시련에 시달리다가 안에만 간직하고 알려지지 않은 부분에 대하여 꺼내볼 여유가 생긴다.
- 어려워도 자그마한 욕심이 생기는 것은 지극히 인간적인 일일 것이다.
- 욕심을 부려도 오래가지를 못한다. 아름답고 작은, 한 순간의 욕심이 성취되는 면도 보인다.

●. 식상운(食傷運)이 올 경우의 변화.

- 탁상공론(卓上空論)이 심하여진다.
- 쓸데없는 일로 하여 공연한 소비와, 낭비가 많아진다.
- 주인이 손님을 대 할 때는 항상 동쪽으로 자리를 하는 이유는 무엇일까?
- 내가 힘들고 번거로워도 손님을 접대하기 위한 자리를 택하는 것이다.
- 매사가 힘들지만 내일을 기약하여야 한다.

❖ 동패서상(東敗西喪)의 형상이다.

↳ 동쪽에서의 전쟁(戰爭)에서는 패(敗)하고, 서쪽에서는 영토(領土)를 잃어버리는, 즉 빼앗기는 형상(形象)이라 하는 일마다, 손대는 것마다 손실(損失)이요, 망(亡)하는 것이다.

가능한 한 아무것도 하지 말고 숨을 죽이는 것이 낫다.

● . **재성운(財星運)이 올 경우의 변화(變化).**

황금을 보기를 돌 같이 하여야 하는 지혜를 배워야한다.

❖ **유여강토(柔如剛土)의 슬기를 배워야한다.**

⇨ 연한 것은 입에 부드럽다. 그러나 딱딱하고, 질긴 것은 입에 맞지가 않는
것이다.

  ❖ 좋은 소리는 듣기가 좋고, 싫은 소리는 역겨운 것이나 같은 것이다.

  ❖ 편안하고, 좋은 것만을 탐(探)하다가는 낭패(狼狽)를 보는 것이다. 그것
  이 싫어도 택할 경우가 생긴다.

  ❖ 뒤치다꺼리나 하는 형국(形局)으로 변한다.

● . **관성(官星)운이 올 경우의 변화.**

❖ **효애기자(梟愛其子)이다.**

🥚 올빼미라는 새는 어미는 새끼를 사랑하지만, 그 새끼는 자란 후에 자기의
어미를 잡아먹는다는 말이다.

🥚 은공(恩功)을 모르는 자들의 이야기다. 매사 일이 역(逆)으로 흐른다는
설명이다. 애쓴 보람이 없다는 것이요, 차라리 아니 한 만 못하는 것이다.

● . 건록용(建祿用) 식상격(食傷格).

건록격(建祿格)으로 사주가 신왕(身旺)하고, 재성(財星)이나 관성(官星)이 없거나, 무기력하여 제 역할을 못 할 경우인데, 식상(食傷)이 제 기능을 충분히 발휘하어야 한다.

식상(食傷)은 생재(生財)하는 것 까지는 가능(可能)하나, 관(官)까지의 진출은 어렵다. 열심히 일하여 돈 버는 것으로 그쳐야 한다.

그런데 사람들은 돈이 좀 모이면 그것을 밑천으로 하여 이런 저런 선거판에 꼭 끼어들려고 한다. 대체적으로 이런 성향의 사람들은 관(官)을 동경(憧憬)하다 보니 일주(日主) 자체 즉 자신을 겁박(劫迫)하는 형상(形象)이니, 결국은 패가망신(敗家亡身)을 하는 것이다. 스스로를 갉아먹는 것이다.

약간 심한 경우는 무소속으로 선거판에 끼어들어 상습적(常習的)으로 이런 행위를 하는 사람도 나타난다. 자신(自身)의 존재(存在)를 알리기 위하여 말이다.

사주의 성향(性向)이 이런 사람들이 나타내는 특색중의 하나이다.

실전사주

壬	壬	癸	戊
寅	辰	亥	午

▷ 해(亥)월의 임(壬)수 일간이다.

일지(日支)에는 진(辰)토가 자리한다.

건명(乾命)

⬆ 임진(壬辰) 일주(日主)의 사주이다.

건록격(建祿格)인데 강(强)함도 그 나름이다. 건록격(建祿格)인데 그 흐름이 서로간의 역경(逆境)을 거쳐 순행(順行)을 하는 것이다.

목(木)이 통관(通關)의 역할을 하는 것이다. 용신(用神)이 된다.

건록용(建祿用) 식상격(食傷格)의 흐름이 원만하다.

순 리(順理)대로 흐르는 것이다. 천간(天干)으로 비겁(比劫)이 많다. 선장이 많다보니 다툼이 심하지만, 물밑으로는 항상 정리(整理)가 되어가면서 흘러간다.

선대(先代)의 부유(富裕)함을 다 갉아먹은 형상이다.

그것을 회복(回復)하기 위하여 부단한 노력(努力)이 필요한 것이다.

실전사주

戊	丙	丁	戊
戌	戌	巳	午

⇨ 사(巳)월의 병(丙)화 일간(日干)이다.
지지(地支)에는 술(戌)토를 놓고 있다.

곤명(坤命)

⬆ 병술(丙戌) 일주(日主)의 사주이다. 건록격(建祿格)인데, 화(火)토(土)다. 완전한 화(火),토(土)중탁(重濁)의 사주이다. 염상격(炎上格)이다.

불인지 흙인지 구별이 안 간다. 오로지 한길로만 직행을 하여야 한다.

일반적으로 화토중탁(火土重濁)은 종교에 귀의(歸依)하는 사주라 하는데, 요즈음은 꼭 그런 것만이 아니고, 그 자체에서도 다방면으로 재능(才能)을 발휘하는 방법이 많다. 그만큼 그 안에서도 연관된 분야가 많다는 것이다.

운(運)에서 오는 판단은, 화(火)토(土)만 길(吉)한 것으로 보면 되는 것이다.

실전사주

甲	乙	戊	乙
申	未	寅	卯

⇨ 인(寅)월의 을(乙)목 일간(日干)이다.
지지(地支)에는 편재(偏財)인 미(未)토가 있다.

곤명(坤命)

⬆ 음(陰)인 을(乙)목 일간(日干)이다. 겁재(劫財)인데, 용신(用神)은?

양(陽)일 경우는 록(祿)이 되는데, 음(陰)의 경우는 양인(羊刃)도 아니고, 록(祿)도 아니고 문제가 되는 경우가 종종 발생한다.

무엇이라 명칭(名稱)을 붙일 것인가? 겁재격(劫財格)이라 할 것인가?

여기에서 용신(用神)은 무엇이 될 것인가?

왕 (旺)한 목(木)의 기운(氣運)을 설기(泄氣) 시켜야 한다.
식상(食傷)을 찾는데, 왕(旺)한 기운을 가진 것을 찾는다.

정(丁)화 보다는 병(丙)화가 나은 것이다.

병(丙)화는 인(寅)중에 있다. 그것을 용신(用神)으로 하는 것이다.

● . 건록용(建祿用) 식상격(食傷格)의, 각 운(運)에 대한 변화.

건록용(建祿用) 식상격(食傷格)인데, 운(運)에 따른 변화(變化)를 보는 것이다. 격국(格局)을 알고 운(運)의 도래(到來)에 대한 변화(變化)를 정확하게 안다면 큰 실수는 안하는 것으로 보아도 무방할 것이다.
의외의 변화(變化)나, 그 외의 다양한 변화는 실전사주의 통변에서 나누기로 하고-----

▶ 인수(印綬) 운(運)이 올 경우의 변화.

인 수(印綬)는 식상(食傷)을 극(剋)한다. 식상(食傷)은 나의 재능(才能)이요, 능력(能力)인데, 나의 밥그릇과 같은 존재이다.

● **수경(水鏡)을 깨트리는 것이다.**

● 수경(水鏡)이란?

● 물이 물체를 비치도록 하여 마치 거울과 같은 역할을 하는 것을 말함인데, 항상 공평한 처지(處地)에서 모든 것을 판단하여 타에 모범이 되는 경우를 말한다. 판단력(判斷力)이 흐려지고, 활동력이 둔화되는 것이다.

● 기계가 정상적(正常的)인 작동(作動)을 하지 못한다.

● 먹고 사는 방편(方便)인데, 그것을 못하도록 훼방을 놓는 것이다.

● 인허가(認許可) 문제에 있어서 하자(瑕疵)가 발생하여 일이 제대로 풀리

지가 않는 것이요, 즉 건축은 다 끝이 났는데도 준공(竣工)검사에서 문제
가 생겨 낭패를 보는 것이다.

외국에서 차관(次官)까지 도입하여 일을 추진하였는데 환경문제로 인하
여 걸림돌이 발생하는 것이요, 위락(慰樂)시설인데 상업(商業)지역이 아
니라 허가(許可)가 미루어지는 것이요, 기타 유사한 문제가 이루어지는
것이다.

● 견겁(肩劫) 운(運)이 올 경우의 변화.

직접적(直接的)으로 식상(食傷)에게 힘이 되어주니 매우 고마운 일이다.

전록격(建祿格)에서 식상(食傷)이 용신(用神)이 된다는 것은. 신강(身
強)의 경우 인성(印星)이 왕(旺)하거나, 비겁(比劫)이 많다는 것이
요, 신약(身弱)으로 본다면 관살(官殺)의 기운이 강(强)하다는 것이다.

● . 신강(身强)의 경우

식상(食傷)인 용신(用神)을 도와주니 희신(喜神)의 역할을 하지만, 냉철(冷
徹)한 의미로 판단을 한다면, 인성(印星)의 기운을 앗아가는 이적(利敵)행위
나 다름없는 것이다.

당장에야 나타나는 부작용(副作用)은 없을지 몰라도, 언제 그랬느냐는 식으
로 등을 보이는 경우가 나타난다는 것이다. 방종(放縱)의 기미가 나타나는
것이다.

견겁(肩劫)운은 인수(印綬)운 다음에 오는 것이다.

어려운 처지를 당해 옆에서 도와주고 있었는데, 형편이 약간 풀린다고
하여 나 몰라라 하고 까부는 것이나 진배가 없는 것이다.

옛 속담에 "물에 빠진 놈 건져주니 보따리 내 놓으라! "는 격(格)이나 같은
것이다. 등 돌리고 배신을 때리는 것이다.

가뜩이나 왕(旺)한 기운을 없애려고 식상(食傷)을 용신(用神)으로 택한 것인

데, 더 기운이 왕(旺)하여지니 대책(對策)이 안서는 것이다.

❖ 관살(官殺)의 억압(抑壓)으로 인하여 **신약(身弱)일 경우**는 호재(好材)로 작용을 한다. 나의 근본을 재삼 확인 하는 것이요, 잃어버린 자신을 찾는 것이다.

● . **식상운(食傷運)이 올 경우의 변화.**

❖ 집을 지을 때 더욱 더 건실하게 하는 것이나 같은 것이다.

벽을 이중, 삼중으로 하는 것이요, 울타리를 튼튼히 하는 것이다.

● **매인열지(每人悅之)요, 환천희지(歡天喜地)이다.**

↳ 기쁨에 어쩔 줄 몰라 펄펄뛰며, 매우 만족(滿足)해 하는 것이다.

● 밀렸던 일을 처리하는 것이다.

● 지루한 장마가 끝나는 것이다.

● 비틀어지거나, 어그러진 일을 바로 잡는 것이다.

● 공포적인 분위기에서 벗어나는 기쁨이다.

● . **재성운(財星運)이 올 경우의 변화(變化).**

잠 귀(雜鬼)가 침범하는 형상이다.

매사 하는 일에 마(魔)가 서리는 기운이 나타난다. 소리 없이 무엇인가가 불안하고 긴장되고, 허탈한 기분이 역력하여지는 것이다.

● 적조(赤潮)현상이 나타나는 것이다.

● . **관성(官星)운이 올 경우의 변화.**

● 수도관이 터져 물난리가 난 줄로 착각을 하는 것이다.

누수(漏水)현상이 나타나는 것이다. 하는 일이 진행(進行)이 되기는 되는데 득(得)이 없는 결실(結實)로 나타난다.

● . 심연박빙(深淵薄氷)격이다.

● 연못의 수심(水深)은 깊은데, 위에 얼은 얼음은 그 두께가 심히 얇은 것이다. 연못이 깊으니 얼음이 두께도 두꺼울 것이라 생각을 하지만, 결코 그렇지만은 않다는 것이다.

● 항상 돌다리 두들기는 마음의 자세가 필요한 것이다.

● . 청평(淸平)의 지혜(知慧)가 필요한 시기이다.

청렴하고, 공평하게 그리고 조용하면서도 평화롭게 매사를 처리하여야 하는 지혜(知慧)가 필요한 것이다.

실전사주

壬	庚	丙	丙
午	午	申	午

⇨ 신(申)월의 경(庚)금 일간(日干)이다.
일지(日支)에는 오(午)화가 있다.

건명(乾命)

⬆ 경오(庚午) 일주(日主)의 사주이다. 초가을에 출생하였는데, 날이 너무 덥다. 용광로 속의 쇠와 같다. 금방이라도 녹아 없어질 것만 같은 상황이다.
시간(時干)의 임(壬)수를 용신(用神)으로 사용한다.
비겁(比劫)이 희신(喜神)으로 작용을 한다.
차라리 식상(食傷)으로 용신(用神)을 삼는 것이 더 나은 것이다.
가만히 앉아서 당하느니 차라리 용(踊)이라도 한 번 써 보는 것이다.

● . 쇠를 당금 질 할 때는 식혀가면서 하는 것이다.

불로 녹이기만 하다가는 쇠가 물러터진다. 물로 식혀 강도를 강하게 한다.
화(火)로 금(金)을 녹이고 수(水)인 물을 사용하니 참으로 구색(具色)이 어울리는 것이다. 화(火),금(金),수(水)의 양(量)이 어울린다.

실전사주

<table>
<tr><td>甲 戊 乙 辛
寅 辰 未 丑</td><td>⇨ 미(未)월의 무(戊)토 일간(日干)이다.
지지(地支)에는 진(辰)토를 놓고 있다.</td></tr>
</table>

건명(乾命)

⬆ 무진(戊辰)일주(日主)의 사주이다. 토(土)와 목(木)의 기운이 왕(旺)하다. 흙이 두터운 형상이다. 나무도 제법 많아 무엇인가가 작품이 나올 것 같은데 아쉬운 것은 큰물이 보이지가 않는다.

● 흙을 골라 주는 것은 좋은데, 물의 공급이 아쉬운 사주이다.

● 지장간(支藏干)에 간직된 수(水)를 찾고, 운(運)에서 도움 받아야 한다.

● . **건록용식상격(建祿用食傷格) 의 주된 특징.**

건록(建祿) 과 식상(食傷)이 서로 유기적(有機的)인 관계가 이루어지면서 진행이 되는 것이다.

건록(建祿)이란 결국 비견(比肩)과 마찬가지인 것이다. 내가 노력(努力)을 하여 무엇인가를 이루어야 한다는 것이다. 스스로 상생(相生)을 하는 것이다. 일간(日干)인 아(我)에서 식상(食傷)을 돕고, 식상은 그를 원동력(原動力)으로 하여 활동을 하는 것이다.

식상(食傷)이란 우선 너그러운 배품이 있어야 하는 것이다. 음덕(陰德)을 배푼다는 말이다. 약자(弱者)를 아끼고 사랑하고, 화해(和解)와 용서를 그리고 식상(食傷)의 근본인 가르침에 충실(充實)하여야 한다는 것이다. 강자(强者)로서의 아량과 활동적인 움직임을 보여야 한다는 것이다.

바둑으로 친다면 한 칸 건너는 격이다. 넓은 행마(行馬)를 보이는 것이 아니므로 커다란 욕심(慾心)은 금물이다. 자체 지역(地域)방어(防禦)인 것이다.

스스로의 견실함을 우선으로 하는 거서이 이 격(格)의 특징(特徵)이라 용신 또한 멀리서 찾을 필요가 없는 것이다.

● . 건록용재격(建祿用財格).

건록격(建祿格)으로 신왕(身旺)한데, 이를 직접적으로 억제할 관성(官星)이 없어 재성(財星)을 대신 용신(用神)으로 삼는 경우이다.

용신(用神)을 재성(財星)으로 한다는 것은 일단 사주(四柱)가 강(强)하다고 보는 것이 옳다.

사주(四柱)가 신약(身弱)하면 인성(印星)이나, 견겁(肩劫)을 용신(用神)으로 택하는데, 재성(財星)을 택(擇)하므로 상황(狀況)이 다른 것이다.

이 격(格)의 특징(特徵)은 서로 물고 늘어지는 형태인 것이다.

● 비겁(比劫)으로 인하여 사주(四柱)가 강(强)하여졌을 때, 인성(印星)으로 인하여 강(强)하여지는 경우는, 주변(周邊)에서 자꾸만 부추기는 형상으로 이어진다. 이제 키도 많이 컸는데 옷을 전부 큰 옷으로 갈아입어야겠어? 이제 성인이 되었으니 술도 마시고, 담배도 피워야지? 자기의 의무(義務) 이전에 권리(權利)를 먼저 주장하는 형태로 변화한다.

● 건록용(建祿用) 재격(財格)에서의 의무(義務)는 식상(食傷)이요, 권리(權利)는 재성(財星)인 것이다. 권리주장을 하는 것은 당연한 일이다. 못하는 것도 바보인 것이다.

● 그러나 반드시 권리를 주장하는 것도 중요하지만 항상 자기의 의무를 충실히 하여야 하듯, 건록용재격(建祿用財格)에 있어서는 식상(食傷)이 갖추어져야 제일 이상적(理想的)인 결과(結果)가 나오는 것이다.

● 식상(食傷)이 있으므로 인하여 통관(通關)이 잘 이루어져 만사가 형통이 되 는 것이다. 흐름이 완벽하게 이루어지는 것이다.

● 식상(食傷)이 중간(中間)에서 통관(通關)을 잘하면 흐름이 원만하니, 매사가 조급하지가 않다. 그러나 중간에서의 원활함이 이루어지지가 않는다면 조급하여지고, 생각이 깊지가 못하고 단순해 주변으로부터 무시를

당하는 경우가 생긴다. 일에 있어서도 일의 본질(本質)을 생각하는 것이 아니라, 겉으로 드러난 외형적(外形的)인 형태(形態)나, 현상(現象)에만 치중을 하게 된다.

● . **함화패실(銜華佩實)을 배워야한다.**

↦ 꽃을 피우고 , 열매를 열리게 하는 것이다. 외형과 실속 양면을 다 아우른다. 안과 밖의 내실(內實)을 튼튼히 함을 이른다.

실전사주

庚	辛	己	丁
寅	亥	酉	酉

↦ 유(酉)월의 신(辛)금 일간(日干)이다.
　지지(地支)에는 해(亥)수를 놓고 있다.

건명(乾命)

⬆ 신해(辛亥) 일주(日主)의 사주이다. 건록격(建祿格)인데 강(强)함도 그 나름이다. 금(金)-목(木)상전(相戰)의 사주인데, 금(金)의 기운이 강하다.

건록용재격(建祿用財格)의 사주이다.

사주의 흐름을 잘 살펴보면 화(火)-토(土)-금(金)-수(水-목(木)-화(火)의 흐름이 이어진다.

년간(年干)의 정(丁)화를 시작으로 하여 월간(月干)의 기(己)토로 이어지고, 일간(日干)의 신(辛)금으로 하여 일지(日支)의 해(亥)수로 하여, 시지(時支)의 인(寅)목으로 이어지는 것이다.

마 지막으로 인(寅)중 병(丙)화의 흐름마저 간직하고 있어, 건록용재격 (建祿用財格)이라는 쌍방 간의 다툼이 아니라, 원류(原流)에 이은 흐름의 중요성(重要性)을 살펴보게 하는 경우가 된다.

● . 건록용재격(建祿用財格)의, 각 운(運)에 대한 변화.

건록용재격(建祿用財格)은 사주가 신강(身强)하여 재성(財星)을 선택하여 용신(用神)으로 택한 것인데, 인성이 왕(旺)하여 일간이 강하여져 견제(牽制)하는 의미에서 택하는 경우가 많다.

비겁이 왕(旺)하여 형성이 된 경우는 관성(官星)이 무력한 것이다.

● 관성(官星)이 유기(有氣)하다면 용신(用神) 선택에 혼동이 생길 것이다.

● 관성(官星)이 없는 것이 건록용재격(建祿用財格)에는 도움이 되는 것이다. 관성(官星)이 있을 경우 재관(財官)의 기운이 일간(日干)보다 더 강(强)하여 진다면 엉뚱한 결과가 나오는 것이다. 재성(財星)을 애타게 갈구하는 것이니, 처(妻)와의 문제를 놓고 본다면 처(妻)의 도움이 필요한 것이다.

● 가정사(家庭事)에서 처(妻)의 도움이라면? 당연한 내조(內助)일 터인데, 무엇인가가 부족(不足)하다는 설명이다. 즉 처(妻)와의 관계에 있어서는 문제점이 있다는 설명이니, 흠이 있다는 말이다. 처(妻)의 입장에서 보면 남편(男便)과 같은 사람이 많으니 이성(異性)문제가 되는 것이요, 나를 겁박(劫迫)하는 사람들로만 보이니 대인기피증(對人忌避症)이 생기기도 하는 것이다. 소심증(小心症)에 우울증(憂鬱症)이 생기는 것이다.

● . 인수(印綬) 운(運)이, 올 경우의 변화.

인수(印綬)는 재성(財星)을 기진맥진 하도록 하는 성향을 갖고 있다.

재 성(財星)은 인성(印星)을 보면 불의(不義)를 보면 못 참는 식으로 인성(印星)을 극(剋)하면서 초토화(焦土化)를 시킨다.

◆ 건록용(建祿用) 재격(財格).

자연 재성(財星)에게는 절궁(絶宮)이 되는 것이다.

음양(陰陽)상으로 양(陽)인 목(木),화(火),는 극(剋)을 하고, 음(陰)인 금(金)수(水)는 극(剋)을 당하는 것이다.

⬤ 일주(日主)의 입장에서는 인수(印綬)가 오니 기운(氣運)이 더욱 강하여져 태왕(太旺)한 사주로 탈바꿈을 한다.

❖ <u>옹천(甕天)</u>의 상(象)이다.

⬤ 옹(甕)이란 항아리와 같은 독을 이야기하는 것이다. 그 곳에서 하늘을 바라보는 것이다. 시야(視野)가 좁으니 넓게 볼 수가 없는 것이다.

⬤ 견문(見聞)이 짧고 심성(心性)이 옹졸하여 지는 것이다. 포용력(包容力)이 적어지는 것이다.

⬤ . <u>견겁(肩劫)</u> 운이, 올 경우의 변화(變化).

용신(用神)인 재성(財星)을 극(剋)하니 곤혹스러워진다.

창고(倉庫)에 재고(在庫)가 자꾸 쌓여 자본(資本)의 회전이 더욱 더 어려워지는 것이다.

땡 처리라도 하여야 할 판인데 반품이 되어 되돌아오는 것이요, 나가는 경비만 자꾸 늘어나는 것이다.

비 겁(比劫)과 재성(財星)의 관계를 살펴보면 극(剋)을 하고, 당하는 것이라 충(沖)의 관계가 많고, 파(破)도 성립(成立)이 된다. 힘든 상황의 연속이다.

⬤ . <u>옥석구분(玉石俱焚)</u>이다.

옥과 돌을 구분하는 것이 아니다.

옥과 돌이 섞이어서 불에 타버리니 구별을 못 한다는 것이다.

똥오줌 구별 못하는 것이나 같은 것이다.

● . 식상운(食傷運)이 올 경우의 변화.

식상(食傷)은 재성(財星)을 생(生)하니 반가운 일이다.

건록용재격(建祿用財格)에서의 식상(食傷)은 필수(必須) 요소인 것이다.

● 장거리 여행을 가는데 중간 중간에 각종 편의시설과 휴게소가 있고, 안내
판이 있어 편하게 여행(旅行)의 새로움을 만끽하면서 즐기는 것이다.

❖ 감심여제(甘心如薺)이다.

마음으로 즐기고, 맛의 향기(香氣)에 취하니 괴로움을 잊어버리는 것이다.

● . 재성(財星) 운이, 올 경우의 변화.

재성(財星)이 용신(用神)인데 용신(用神)운이 오니, 별 설명이 필요가 없는
것이다. 특히 재성(財星)의 특성(特性)이 그대로 나타나는 것이다.

처(妻)가 편안하게 하여주니 더더욱 고맙고, 금전문제가 해결이 되고, 처갓집
에 경사(慶事)가 생기고, 돈이 돈을 물고 들어오는 형상(形象)인 것이다.

대박이 터지는 것이다. 반대로 생각을 한다면 인성(印星)이 기가 죽는다.

인성(印星)에 대한 배려가 필요한 것이다.

● . 생사육골(生死肉骨)이다.

죽은 사람을 살리는 것이요, 앙상한 뼈에 살을 붙이는 것과 같은 것이다.

기력이 왕성하고, 여력(餘力)이 충분하니 커다란 은혜를 베푸는 것이다.

잔치를 베푸는 것이다. 사회사업(社會事業)을 하는 것이요, 기증을 하는 것이
다. 가진 자는 가진 만큼 베풀어야, 내 것으로 다져지는 것이다.

● . 관성(官星) 운이, 올 경우의 변화(變化).

관성(官星)은 일주(日主)를 극(剋)한다.

그런데 그것은 사주전체를 놓고 보면 좋은 형상이 나타나는 운이다.

◆ 건록용(建祿用) 재격(財格).

그것은 왜일까? 재성(財星)은 관성(官星)을 생(生)한다.

관성(官星)은 더더욱 의기양양(意氣揚揚) 하는 것이다.

강 (强)한 일주(日主)를 재성(財星)은 극(剋)하지를 못한다.
　　오히려 일간(日干)과 비겁(比劫)의 요구에 항상 응해야하는 굴욕적
(屈辱的)인 경우도 있는 입장인 것이다.

그런데 관살(官殺)이 나타나서 일간(日干)의 쓸데없는 간섭과, 지시를 어느
정도 응징을 하는 형태를 이루니 재성(財星)은 쌍수(雙手)를 들어 환영(歡
迎)할 일이다. 일간(日干)이 지나치게 강(强)한 것도 병(病)인데, 관살(官殺)
이 그 지나침, 즉 병(病)을 치료하여 주는 것이나 같은 것이다.

일간(日干)의 입장에서도 관살(官殺)의 제재(制裁)를 받으니 많이 성숙되고,
잘못된 면에 대한 반성하는 면도 보이는 것이다.

나무도 너무 많이 웃자람을 하면 가지치기를 하듯 일간(日干)이 건록(建祿)
과, 비겁(比劫)의 기운(氣運)을 업고 너무 설치는 것도 안 좋은 것이다.

관살(官殺)에 의하여 방종(放縱)의 기미가 가라앉는다.

재성(財星)의 기운이 관(官)으로 흐르니 수고하고, 공(功)은 다른 사람이 차
지하는 것이다.

● . **이세동조(異世同調)이다.**

↳ 시세(時世)는 다르나 취지(趣旨)는 같은 것이다.

재성(財星)이나 관성(官星)이나 일간의 기세를 감하는 것은 같은 맥락이다.

비겁(比劫)이 많은가? 인성(印星)이 많은가를 구별하여야 한다.

실전사주

庚	丁	甲	辛
戌	卯	午	酉

↳ 오(午)월의 정(丁)화 일간이다.

　지지(地支)에 편인(偏印)을 놓고 있다.

곤명(坤命)

⬆ 정(丁)화 일주(日柱)인데 인성(印星)이 월간(月干)에 투출(透出)하고, 신왕(身旺)하여 능히 어려운 일도 다 헤쳐 나갈 수 있는 사람이다.

여성(女性)의 사주인데, 현재 대학에 시간 강사로도 출강중이다.

나이에 비하여 매우 빠른 편이다.

건록격(建祿格)이다. 용신(用神)은 재성(財星)이다.

신왕재왕(身旺財旺)한 사주로도 볼 수가 있는 것이다.

시간(時干)의 경(庚)금을 쓸 것인가? 아니면 년간(年干)에 있는 신(辛)금을 채용할 것인가?

시 간(時干)의 경(庚)금은 쇠(衰)궁(宮)인 술(戌)토를 놓고 있고, 년간(年干)의 신(辛)금은 건록(建祿)인 유(酉)금을 놓고 있다.

자연 선택은 왕(旺)한 쪽을 택한다. 묘(卯)목이 화(火)로 변화(變化)한 것이다. 상관(傷官)을 비겁(比劫)으로 화(化)하니 재주가 탁월한 것이다.

건강(健康)을 살펴볼 때 묘(卯)목은 어디에 해당하는가? 를 보고, 술(戌)토 역시 화(火)로 변한 것이다. 각각의 부분이 자기의 성향을 바꾼 것이다.

그리고 보니 목(木)의 기운이 지나치게 화(火)로 흡수를 당하는 것이다.

건강(健康)에 이상(異狀)이 있는 것이다.

인성(印星)이 월간(月干)에 투출(透出)하였으니 교육자(敎育者) 집안에서 태어난 것이다. 아버님이 교장선생님을 역임 하셨다.

● . 건록용재격(建祿用財格)의 용신 판별 기준.

우선 신강(身强)인가? 신약(身弱)인가를 판별을 하고, 재성(財星)의 뿌리가 있나 없나를 살피어 재성의 활용도를 보는 것이다.

주변의 상황을 살펴, 전체의 흐름을 파악하고 운과의 관계를 살핀다.

여기에서 제일 바람직한 것은 신왕재왕(身旺財旺)인데, 건록(建祿)이란 일단 비겁(比劫)을 놓은 것이나 마찬가지이므로 흐름이 안 좋을 경우는 재성(財星)에 문제가 생기는 것이다. 식상의 도움을 살핀다. 인수, 관과의 유관성도

● . 건록용 관격 (建祿用 官格).

건록격(建祿格)으로 신왕(身旺)하여 관성(官星)으로 이를 다스리는 것이다.

관성(官星)이 유기(有氣)하여야 한다.

관격(官格)이니 고지식하고, 융통성(融通性)이 없는 것이 흠으로 나타난다.

뿌린 만큼 거두는 것이요, 요행(僥倖)은 바라지를 않는 것이 특징이다.

건록(建祿)과 관(官)과의 관계이니, 서로가 상전(相戰)을 하고 있는 형태이다. 즉 극(剋)과 극(剋)을 달리는 형상인 것이다.

궁 (窮)하면 변(變)하는 것이요, 변(變)하면 통(通)하는 것이라 결과적으로 궁(窮)하면 통(通)하는 것이라, 극(剋)과 극(剋)은 통한다는 설명인 것이다. 여기에서 중간에 다른 변수(變數)가 생긴다면, 또 다른 변수가 발생(發生)할 것이다.

실전사주

戊	丙	癸	丙
子	子	巳	寅

▷ 사(巳)월의 병(丙)화 일간(日干)이다.

　지지에는 편관(偏官)인 자(子)수를 놓고 있다.

건명(乾命)

⬆ 병자(丙子)일주(日主)의 사주이다. 건록격(建祿格)인데 수화상전(水火相戰)이다. 가장 근본적인 것들의 상전(相戰)인 것이다.

선강후약(先强後弱)이다. 서로간의 세력(勢力)이 막강하다.

적(敵)을 나의 편으로 만드는 재주를 갖고 있는 사람이다.

　나의 강함을 믿고, 적(敵)도 견제하면서도 존중(尊重)을 하는 것이다.

관(官)이 용신(用神)이다 할 경우 무(戊)토는 어떨까? 왕(旺)한 화(火)의 기운을 활용(活用)하도록 하는 것이다. 관(官)보다는 오히려 식신(食神)인 무(戊)토가 더 나을 것 같다. 그러나 실질적(實質的)인 작용(作用)은 관(官)이 더 활발하다. 여기에서는 견제(牽制)가 우선인 경우이다.

● . 인수(印綬)운이 올 경우의 변화.

● 관(官)은 인수(印綬)를 생(生)한다. 관살(官殺)이 병(病)드는 것이다.

● 정기(精氣)를 인수에게 상납(上納)을 하니 진액(眞液)이 다 빠지는 것이다. 병(病)이 지나치면 되돌아올 수 없는 길로도 가는 경우가 생긴다.

관 (官)이 용신(用神)인데, 인수(印綬)가 오니 일단 일간(日干)의 입장에서는 자신의 영역이 더 넓어지는 것은 당연한 것이다.

● 관(官)인 용신(用神)이 더 힘들어지니 결코 좋은 현상이라고 볼 수는 없는 것이다.

● 돈은 쪼들리는데, 청구서만 자꾸 날아오는 것이다.

● 산의 정상(頂上) 부근에서 뱀에 물려 독이 온 몸으로 퍼지는데, 내려갈 생각을 하니 앞이 캄캄한 것이다.

● 감정선갈(甘井先竭)이다.

● 물맛이 좋은 우물은 빨리 물이 없어지니, 바닥에 물이 남아 있을 시간이 없는 것이다. 마치 가뭄의 현상과도 같은 것이다.

관 성(官星)이 용신(用神)인데, 잘났다고 퍼주기만 하다가는 존립(存立) 자체가 두려운 것이다.

인성(印星)운이 왔다고 하여 무조건적(無條件的)인 헌납(獻納)은 자멸(自滅)을 재촉하는 것이다.

● . 가끔씩 메스컴에 나오는 소식이다.

장학재단에 또는 학교에 엄청난 액수의 기부금(寄附金)을 주었는데, 처음의 의도(意圖)와는 달리 엉뚱한 방향으로 쓰이고 있으니, 기부금을 돌려달라는 소송(訴訟)인 것이다. 오죽하면 이런 일이 생기겠는가?

받는 쪽에서는 약속한 금액을 주지 않으면 안 되니 더 내놓으라는 것이다.

적반하장(賊反荷杖)인 것이다. 기부금(寄附金)이란 주기 싫으면 그만인 것이다. 이유가 필요 없는 사안(司案)인 것이다.

만약에 기부금을 주기로 한 사람이 사업이 부도(不渡)가 나서 못주게 된다면 그들은 부도가 난 사람에게 도움의 손을 뻗칠 것인가? 개가 웃을 일이다.

돈이 못 들어오는 것만을 아쉬워하지 결코 도움을 줄 사람들이 아닌 것이다.

오죽하면 더러운 돈인 재성(財星)이, 인성(印星)을 죽이도록 미워할까?

인성(印星)의 그런 부분도 알아야 하는 것이다.

헌금, 헌납, 기부금 그 모든 것이 이러한 양면성(兩面性)을 갖고 있는 것이다. 물론 좋은 방향으로도 많이 그 결과가 나오나, 인성(印星) 다음에 오는 것은 비겁(比劫)이다.

탈재(奪財)가 기다리고 있는 것이요, 아전투구(牙錢鬪狗)인 것이다.

- 관(官)이 용신(用神)인데 인수(印綬)운이라 이런 일이 생긴 것이다.
- 좀 더 신중하지 못한 결과인 것이다.
- 조금씩 주면서 관리를 하면서 주어야 한다는 것이다. ⇨ 그것이 관(官)이 다. 한꺼번에 너무나 많이 왕창 주었다는 경솔함이 부른 화인 것이다.
- 인수(印綬)인 재단(財團)이나, 학교(學校)에 흡수(吸收)되어 버린다.

● . 견겁(肩劫) 운(運)이 올 경우의 변화.

일간(日干)과 관살(官殺)의 싸움이다. 일주(日主)의 기운을 억제하여야 좋은 일인데, 거꾸로 일주(日主)의 기운이 점점 강화(强化)되니 용신(用神)인 관살(官殺)은 갈수록 태산인 것이다. 절(絶)에 해당한다. 관살(官殺)은 충(冲), 파(破)라 편치가 않은 것이다. 하는 일마다 꼬이기만 하는 것이다.

❖ 생불여사(生不如死)인 것이다.

살아있는 것이 오히려 죽은 것만 못한 것이다.

죽자니 청춘이요, 살자니 고생인 것이다.

● .식상운(食傷運)이 올 경우의 변화.

식상(食傷)은 관(官)을 상(傷)하게 한다.

용신(用神)인 관살(官殺)이 식상(食傷)에 의하여 기능(機能)을 상실(喪失)하고 만다. 비겁(比劫)은 식상(食傷)의 손을 들어주니, 관성(官星)은 더욱 위축(萎縮)이 된다.

❖ 사자신중충(獅子身中蟲)인 것이다.

동물들이 죽으면 그 시체에는 벌레가 생겨, 그 시체를 다 파먹는다.

사자 역시 마찬가지인 것이다. 사자가 죽자 그 시체(屍體)에 구더기나 벌레들이 생겨 그 시체를 다 파먹는 것이다.

● . 재성운(財星運)이 올 경우의 변화.

재성(財星)은 관성(官星)을 생(生)한다.

용 신(用神)을 생(生)하여 주니 기쁨이 클 것이다. 비만으로 인한 다이어트에는 물리적(物理的)인 방법이 동원되기도 하는데, 식이요법(食餌療法)까지 병행(竝行)을 한다면 더더욱 좋을 것이다.

❖옥불탁불성기(玉不琢不成器)인 것이다.

● 아무리 좋은 옥(玉)이라 하여도, 다듬지 않으면 귀(貴)한 옥(玉)이 될 수가 없는 것이다,

● 소에게 아무리 맛있는 고기를 갖다 주어도 소는 싫어한다. 고기 보다는 풀을 좋아하는 것이다. 재성운(財星運)이라 하여도 관(官)에서 그것을 받아드리지 못한다면 아무런 소용이 없는 것이다.

● 가끔씩 희신(喜神)운 인데도, 왜 나는 좋은 일이 별로 없나요?

● 답답한 일이다. 주변에서 변화가 생기는 경우도 있다는 것이다.

● 스스로 다듬어야 하는 것이다. 그저 잡쉬봐 하고 갖다 주는 것이 아니다.

◉ 건록용(建祿用)관격(官格)

● **. 관성(官星)운이 올 경우의 변화.**

용신(用神)운이 오는 것이다. 기다리던 그님이 소식도 없이 찾아오는 것이다.

● **. 백사청송(白沙靑松)이다.**

▲ 바닷가의 하얀 모래톱에 꿋꿋이 서 있는 푸른 소나무 인 것이다.

▲ 마치 한 폭의 동양화(東洋畵)를 보는 것 같은 풍경인 것이다.

▲ 건록격(建祿格)에서 대우를 받지 못하는 경우이다.

▲ 비겁(比劫)으로 시작하는 경우인 것이다. 건록격(建祿格)도 토(土)의 경우는 화토 동격(同格)으로 하여 취급하므로, 이런 경우는 어떻게 하여야 하는가? 비겁격(比劫格)으로 취급을 하여야 하는 것이다.

실전사주

辛	己	己	乙
未	未	丑	卯

▷ 축(丑)월의 기(己)토 일간(日干)이다.

　　지지(地支)에는 미(未)토가 있다.

건명(乾命)

⬆ 기미(己未) 일주(日主)의 사주이다. 여기에서의 용신(用神)은 무엇일까?

비 겁(比劫)이 관(官)으로 변화(變化)한다. 오히려 관(官)의 기운이 강(强)하여진다. 일간(日干)의 왕(旺)한 기운을 오히려 도와주는 것이다. 중화(中和)를 이루고자 하는 것이다. 용신(用神)은 식상(食傷)이 된다. 시간(時干)에 식신(食神)이 있어 그것이 용신(用神)으로 되는 것이다.

시상(時上)에 식신(食神)이 용신(用神)일 경우는 어떤 변화(變化)가 생길까?

통변(通辯)은 어떻게 할 것인가?

▲ 비견(比肩),겁재(劫財)가 많으면 자존심(自尊心)에 자기위주의 사고방식으로 많은 사람을 상대로 하는 직종(職種)에는 어울리지가 않는다. 관(官)이 많아 기죽어 사는 사람과는 정 반대의 성향이 나타나는 것이다. 운에서 중화(中和)가 이루어진다면 좋고, 식상이 중재(仲裁) 역할을 한다.

● . 양인격(羊刃格)의 용신(用神).

양인(羊刃)이란 겁재(劫財)를 말한다.

겁재(劫財)란 재물(財物)을 앗아가는 행위(行爲)인데, 그러한 역할을 하는 것이 양인(羊刃)이라는 것이다. 단순(單純)한 논리(論理)로 표현(表現)을 한 것이다.

일반적으로 양인격(羊刃格)은 양(陽)일주(日主)일 경우만을 성립되는 것을 원칙으로 하는데 그에 대한 자세한 설명은 격국(格局)론(論)을 참고하시기를 바라고————————

도둑놈과도 같은 것이다. 그렇다면 내 주변(周邊)에 도둑놈이 있다는 설명인 것이다. 눈을 뜨고도 당하는 일인 것이다. 믿는 도끼에 발등을 찍히는 것이다. 격국(格局)에 관한 설명은 생략(省略)하고, 용신(用神)에 대한 본론(本論)으로 들어갑시다.

● . 양인격(羊刃格)에서의 양인의 특징(特徵).

양 인(羊刃)은 비겁(比劫)인데, 일간(日干)과는 음양(陰陽)이 다르다. 양(陽)일간을 위주로 하므로 자연 음(陰)인 것이다.

음(陰)의 비겁(比劫)은 관살(官殺), 특히 편관(偏官)과는 암합(暗合)을 한다.

● 경(庚)금 일간일 경우, 양인(羊刃)은 유(酉)금이 되는데, 유(酉)금은 지장간(支藏干)에 경(庚)과, 신(辛)을 갖추고 있다.

● 경(庚)금의 편관(偏官)은 병(丙)화인데, 양인(羊刃)인 신(辛)금과는 합(合)을 이루는 것이다. 적(敵)과의 동침(同寢)을 하는 것이다.

● 비겁(比劫)이므로, 자연 재성(財星)을 상(傷)하게 하는 것이다.

👤 비겁(比劫)은 식상(食傷)을 생(生)한다. 식상(食傷)이란 존재(存在)는 관살(官殺)을 극(剋)하는 것인데, 자신을 보호하기 위하여 하는 행위로도 볼 수 가 있는 것이요, 반대로 본다면 권(權)을 극(剋)하는 자해행위(自害行爲)를 하는 것 이라고 볼 수도 있는 것이다.

● . 참고로 살펴보는 양인(羊印)의 관계.

양 인이라고 하여 무조건 특별한 의미를 부여하는 것은 삼가는 것이 좋다. 양인(羊刃)이란? 겁재(劫財)라 재(財)를 겁탈(劫奪)하는 것이다. 단순히 글자 자체를 살펴보자.

👤 양인(羊刃)이라 양(羊)?은 배회(徘徊)한다는 의미가 있고, 인(刃)이란? 칼이요, 칼날이요, 베인다, 벤다, 자른다는 의미도 있는 것이다.

👤 단순한 뜻으로 본다면 위험(危險)이 항상 도사리고 있다는 의미인 것이다. 칼이란, 사용하기에 따라서 이(利)로울 수도, 해(害)로울 수도 있다는 것은 누구나 다 아는 사실이다. 이런 의미로 해석(解釋)을 하자는 설명이다. 중요한 것은 합(合),형(刑),충(沖),파(波),해(害) 등 변화관계를 살펴야한다. 변화(變化)가 안 생기면 얌전한 겁재(劫財)로 판단을 하면 되는 것이다.

● . 양인격(羊刃格) 에서의 격국(格局) 과 용신(用神).

❶ 양인용(羊刃用) 인수격(印綬格)

❷ 양인용(羊刃用) 겁격((劫格)

❸ 양인용(羊刃用) 식상격(食傷格)

❹ 양인용(羊刃用) 재격(財格)

❺ 양인용(羊刃用) 관격(官格)

● . 양인용(羊刃用) 인격(印格).

격(格)과 용신(用神)이 상생(相生)하고 있는 형상(形象)이다.

인수(印綬)가 용신(用神)일 경우는, 격(格)인 본 그릇이 약(弱)한 것이다.

인수(印綬)가 용신(用神)일 경우, 주인(主人)인 일간(日干) 자체가 허약(虛弱)한 것이다. 항시 도움을 필요로 하는 사람인 것이다.

사람이란 원래가 "아쉬울 때는 자주 찾고, 편할 때는 나몰라!"라 하는 것이 인간의 속성인 것이다.

양 인격(羊刃格)을 갖춘 사람은 상(象)이 순탄치가 않다. 평범한 형상에 비하면 특색(特色)과 개성(個性)이 지나치게 강(强)하다.

생기기는 소도둑놈 같이 생겼는데, 하는 행실(行實)은 순한 양(羊)과도 같은 것이나 마찬가지이다. 첫인상은 별로 인데 시간이 지나면서, 자꾸 깊이 알다 보니 진국이라는 설명이나 같은 것이다.

상대방을 내 편으로 만드는 경우 시간이 걸린다는 것이다. 그리고 인수(印綬)가 용신(用神)이므로 항상, 언제나 급할 때는 지원사격이 필요한 사람이므로 대인관계(對人關係)에 있어서는 폭넓게 그리고, 안정적(安定的)인 유대(有待) 관계를 형성하는 것이 중요한 것이다.

인성(印星)이 용신(用神)일 경우, 대체적으로 실속적인 면에서는 어려움이 많다. 금전(金錢)에 대하여 크게 인색한 편은 아니나, 씀씀이는 없어서 못 쓴 지 얼마 안 되어도, 물 쓰듯 쓰는 낭비벽(浪費癖)도 나타난다. 그러다보니 본의(本意) 아니게, 또는 쪼들리다보니 금전(金錢)관계가 명확한 편은 못 된다. 다만 인성(印星)이 용신(用神)이니, 사람은 착한데 돈이 거짓말 시키지, 사람이 시키겠냐구? 하면서 정당화(正當化)시키기도 한다.

격(格)과 용신(用神)이 서로가 상생(相生)하는 관계라, 부모(父母)와 자식(子息)간의 관계와도 같은 것이요, 땔 라야 땔 수가 없는 관계로도 이어진다.

양인격(羊刃格)은 양간(陽干)이 음(陰)을 취하는 것이라, 경우에 따라서는 생(生)을 하는데 있어서 인색(吝嗇)하여 흐름에 지장을 주는 경우가 있다.

목(木)의 경우 갑(甲)목 일간(日干)일 경우 묘(卯)목이 양인(羊刃)이 되는데, 묘(卯)목은 습목(濕木)이라 생(生)을 하는데 어려움이 있다. 갑(甲)목이 인수(印綬)로부터 생(生)을 받아도 묘(卯)목의 기운(氣運)이 강(强)할 경우, 목생화(木生火)를 하는데 있어서 걸림돌의 역할을 하는 경우가 발생한다.

실전사주

庚	戊	庚	己
申	申	午	卯

⇨ 오(午)월의 무(戊)토 일간(日干)이다.

지지(地支)에 신(申)금을 놓고 있다.

건명(乾命)

⬆ 양인격(羊刃格)의 사주이다. 무신(戊申) 일주(日主)인데 오(午)중 정(丁)화인 정기(正氣)로 접어드는 사주이다. 양인(羊刃)의 기운(氣運)이 제대로 느껴지는 사주인 것이다.

식상(食傷)의 기운(氣運)이 지나치게 강(强)하다. 인수(印綬)가 용신인 양인용인격(羊刃用印格)의 사주이다. 양인(羊刃) 자체가 용신(用神)이다.

● . **양인용(羊刃用) 인수격(印綬格)의 운에서의 변화.**

⬄ **인수(印綬)운이 올 경우의 변화.**

용 신(用神)인 인수(印綬)운이 오는 것이니, 약(弱)한 나의 위치(位置)를 더욱 확고히 하는 절호의 기회가 오는 것이다. 인수(印綬)운이 오면 식상(食傷)을 극(剋)하니, 돈이 생긴다고 일을 시작하면 낭패(狼狽)를 보는 것이다.

일을 벌려도 내가 스스로 처리할 수가 있으면 좋은데, 일주(日主) 자체가 신약(身弱)하니 약간의 힘이 더해진다고 해도 신중한 판단과 결심이 필요하다.

인　수(印綬)가 용신(用神)이니 식상(食傷)과 재관(財官)이 많다고 볼
수도 있다.

재관(財官)이 많을 경우는 인수(印綬)가 금전적(金錢的)인 어려움과 일의 막
힘을 뚫어주는 그야말로 귀인(貴人)의 역할을 하나, 식상(食傷)이 과할 경우
는 지출(支出)을 억제하는 역할을 한다.

● **. 백절불굴(百折不屈)의 정신이다.**

↳ 온갖 어려움을 헤치고 이겨 나가는 것이다.

● **. 견겁(肩劫) 운(運)이 올 경우의 변화.**

내가 기운이 모자라 항상 남의 도움이 필요한 경우인데 비겁(比劫)운이 오니
아쉬운 소리를 하기가 싫어진다. 스스로 독단적(獨斷的)으로 처리하고자 하
는 마음이 생기나 항상 자제할 줄 아는 요령(要領)이 필요하다.

비겁(比劫)은 신약(身弱)하니 나의 모든 단점(短點)을 보완하는 역할을 한다.
또한 사주상의 만병(萬病)을 제거(除去)하니 좋은 일이 많이 생긴다.

그러나 지나치게 힘이 비대하여져서 감히 건드리지 못할 정도로 변한다면 포
악무도 하여지어 눈에 보이는 것이 없어지는 것이다.

재관(財官)이 맥을 못 추고, 막강한 힘을 소비하니 식상(食傷)만이 겨우 명
맥을 유지하는 것인데, 안하무인(眼下無人)이요, 화(禍)가 만발(滿發)하는 것
이다. 주변의 충고(忠告) 소리가 안 들린다.

선약후강(先弱後强)이므로 대체적으로 길(吉)로 많이 평한다.

❖ **백화제방(白花齊放)이다.**

↳ 각자가 자기의 주장을 마음껏 펼치는 것이다. 좋기는 하다만 지나칠까 항
상 염려가 되는 것이다.

▶ 식상운(食傷運)이 올 경우의 변화.

상(食傷)은 용신(用神)을 허탈하게 만든다. 다 키운 작물이 갑작스런 우박으로 인하여 다 망가지는 것이다. 아내가 남편 몰래 쌈짓돈이라도 모아서 목돈을 마련하여 무엇인가를 하려고 계획하던 중, 자식(子息)의 갑작스런 실수로 인하여 다 날리는 것이다. 용신(用神)인 인수(印綬)가 충(冲),파(破)요, 절(絶)에 해당하는 것이니 이래저래 상(傷)하는 것이다.

❖ 백공천창(百孔千瘡)이다.

▷ 백 개의 구멍과 천개의 상처 (종기가 나면 짜니 상처가 생긴다.)
설기(泄氣)가 심하니 허점(虛點)이 많아지는 것이요, 상처(傷處)뿐인 영광(榮光)인 것이다.

▶ 재성운(財星運)이 올 경우의 변화.

재성(財星)은 인수(印綬)를 극(剋)한다. 인성(印星)을 아예 짓밟아 버리는 것이다. 돈 돈 하다가는 다 잃어버리는 것이다. 돌려막기를 하다가 그것도 모자라 사채(私債)를 당겨쓰다가 패가망신(敗家亡身)을 하는 것이다.

❖ 백폐구흥(百廢舊興)이다.

▷ 폐지(廢止) 되었던 온갖 옛것들이 다시 일어나, 나타나는 것이다.
망령(亡靈)이 되살아나는 것이다.

▶ 관성(官星)운이 올 경우의 변화.

성(官星)은 인수(印綬)를 생(生)한다. 간접적(間接的)인 효과(效果)는 있지만 직접적(直接的)인 극(剋)은 항상 존재(存在)하는 것이다. 말다툼이 생겨 그것이 싸움으로 변한다. 가까스로 끝나기는 하였지만 영 마음이 내키지가 않을 경우 당신은 어떻게 할 것인가?

이런 운(運)이 왔다면 절대로 직접만나서 화해(和解)를 하지마라. 제삼자(第三者)를 시켜서 화해(和解)를 하는 것이 좋은 것이다.

❖ **우방수방(盂方水方)이다.**

⇨ 담는 그릇의 모양에 따라 물의 모양이 결정이 된다.

　　매사가 처신(處身)을 하기에 달린 것이다.

실전사주

辛	丙	戊	戊
卯	子	午	戌

건명(乾命)

　　　　⇨ 오(午)월의 병(丙)화 일간이다.

　　　　지지(地支)에 자(子)수를 놓고 있다.

🔼 병자(丙子) 일주(日主)의 사주이다. 일(日)과, 시(時)가 천간(天干)으로는 합(合)이요, 지지(地支)로는 형(刑)을 이룬다. 양인격(羊刃格)의 사주이다.

🔘 식상(食傷)의 기운(氣運)이 강(强)하다.

🔘 대운(大運)을 살펴보니, 관운(官運)인 수운(水運)으로 계속 흐른다.

상(食傷)의 기운을 삭감(削減)하는 것은 좋은데, 일간(日干)이 약간의 타격을 입는 것이 두렵다. 일지(日支)의 남편인 자(子)수가 제 역할을 하면 좋으련만 항상 사고다. 다 된 밥에 코를 빠트리는 형국이다.

🔘 용신(用神)을 인성(印星)으로 하고는 싶은데, 차라리 시간(時干)의 신(辛)금을 용신(用神)으로 하는 것이 더 편할 수가 있다. 운(運)에서의 흐름을 참조한 결과인 것이다.

🔘 용신을 정하는 것은 정하여진 격국을 기준하여 정하는 방법과, 운의 흐름과 변화를 참조하여 정하는 방법, 그 외 기세와 운기 및 기타를 참고하여 정하는 방법 등 갖가지 나름대로의 방법이 있으나 가장 보편적(普遍的)이고 타당성(妥當性)이 있는 방법을 택하는 것이 좋은 것이다.

● . 양(陽)과, 음(陰)의 양인(羊刃) 구별.

양인(羊刃)에 있어 양(陽)과 음(陰)을 구별하는 것이다.

☞ 양(陽)일간(日干)일 경우,

천간(天干)	갑(甲)	병(丙)	무(戊)	경(庚)	임(壬)
지지(地支)	묘(卯)	오(午)	오(午)	유(酉)	자(子)

↪ 지지의 같은 오행(五行)에서 겁재(劫財)를 찾는 것이다.

☞. 음(陰) 일간(日干)일 경우.

천간(天干)	을(乙)	정(丁)	기(己)	신(辛)	계(癸)
지지(地支)	진(辰)	미(未)	미(未)	술(戌)	축(丑)

↪ 음(陰)일간(日干)일 경우는 양(陽)일간 양인의, 다음 지지(地支)를 택하면 된다. 계절의 끝이 되는 것이다.

🍮 양인(羊刃)의 성향(性向).

양인(羊刃)은 천간(天干)에서 지지(地支)를 보고 정(定)하는 것인데 겁재(劫財)를 말하는 것이다. 오행으로 화토는 동격이라 같이 보면 된다.

일반적인 의미를 생각하여 보자.

모난 돌은 정을 맞는 것이요,

물이 지나치면 항상 탁(濁)하여지는 것이고,

불이 지나치면 화마(火魔)가 되어, 인명(人命)을 살상(殺傷)하게 되고,

숲에 삼림(森林)이 지나치게 울창하면 화(禍)를 자초(自招)하게 되고,

흙이 지나치게 높으면 스스로 무너지는 것이다.

사람이 정상(頂上)에 오르면 더 이상 오를 곳이 없는 것이다. 오로지 내리막 길만 있는 것이다.

이러한 것이 양인(羊刃)이다. 겁재(劫財)보다 오히려 더 강(强)하다고 보는 것이다. 길로 작용을 하면 더없이 좋으나, 성향상 흉으로 작용이 더 강하다.

양인용(羊刃用) 겁격(劫格).

양 인용(羊刃用) 겁격(劫格)이면 사주가 신약(身弱)한 것인데, 월지(月支)에 양인(羊刃)인 비겁(比劫)이 있는데, 그래도 또 필요하다는 것이다. 밑 빠진 독에 물붓기인가? 인수(印綬)가 없는 것이다.

인수(印綬)가 있으면 당연히 인수에게 구원(救援)을 요청할 것인데, 인수(印綬)가 혹 있어도 시원치가 않다는 설명이다.

아쉬운 놈이 샘 판다고 오죽 답답하면 그리 할 것인가?

양인(羊刃)자체가 용신(用神)일 경우, 양인용(羊刃用)인격(刃格)이라 한다.

선강후약(先强後弱)이다. 세력(勢力)을 갖추었음에도 약(弱)하니, 처음은 강한 듯하나, 지속적(持續的)이지가 못한 것이다.

·첫인상은 강렬해 보여도, 알고 나면 숙맥인 것이다. 카리스마가 부족(不足)한 것이다.

지극히 단순한 성격의소유자인 것이다. 많이 배웠다고 아는 척하다, 학벌(學閥)도 부족하니 다방면에 박식(博識)한 사람에게 망신을 당하는 것이다.

● 요즈음 어느 퀴즈프로에서 보듯 나이가 어리다고 설마, 설마 하다가 결국 어린 학생이 퀴즈프로에서 우승을 하는 경우를 우리는 보지를 않는가?

● 연세가 한참 지나신 할머니가 그것도 한글을 노후에 깨우치신 분이 쟁쟁한 젊은 사람들을 물리치고 한글퀴즈에서 우승을 하는 것을 우리는 보았다. 상대방을 우습게보다 항상 낭패를 당하는 것이다. 학술적인 학문만을 생각한 것이지, 심오한 인생의 학문을 잊어버린 것이다.

● 자신이 부족하여 동조세력이나, 주변의 세력을 등에 업고 설치는 것이다.

● 그런 세력(勢力)이 뒷받침이 안 되면 소리 없이 사라지는 것이다.

● 우물 안 개구리인 것이다.

실전사주

丙 庚 丁 丙
戌 午 酉 午

↳ 월(月)에 양인(羊刃)을 놓고 있다.

지지에 정관(正官)인 오(午)화를 놓고 있다.

건명(乾命)

⬆ 경오(庚午)일주(日主)의 사주이다. 관성(官星)인 화(火)의 기운이 강열(强熱)하다 못해 지겹다. 양인용(羊刃用)겁격(劫格)의 사주이다.

불기운에 녹아 죽을 맛이다. 격(格)이자, 용신(用神)인 것이다.

🔵 근본(根本)은 음(陰)인데, 양(陽)의 기운(氣運)이 지나치게 강(强)하다. 자기의 것을 찾지 못하고 사는 사람인 것이다.

🔵 속은 안 그런데 겉으로는 엉뚱한 결과가 나오는 것이다.

🔵 금(金)은 피부(皮膚)인데, 화기(火氣)가 강(强)하니 이상이 생긴다.

🔵 관(官)은 화(火)이니, 관살(官殺)로 작용(作用)을 하니 참으로 힘들게 살아가는 인생(人生)이다. 남에게 이용당하고, 죽도록 일만 하고, 제몫도 챙기지 못하는 사람인 것이다.

🔵 쇠란 달구기만 하여서는 안 된다 식혀가면서 두드려야 제대로 명기(名器)가 나오는 것인데, 물은 없고 열(熱)만 받으니 그저 휘기만 하지, 어찌 할 수가 없는 것이다. 강철(鋼鐵)은 못 만들고, 연철(軟鐵)로 된다.

🔴 . **인수(印綬) 운이 올 경우의 변화.**

❖ 원래 찾던 사람이 나타나는 것이다.

주전(主戰)이 부상이라 후보(候補)를 내보냈었는데, 주전이 회복하여 다시 경기에 임하여 제자리를 지키는 것이다.

🔴 . **지족불욕(知足不慾)이다.**

↳ 만족(滿足)할 줄 알면, 욕심(慾心)을 부리지를 않는다.

고로 욕(慾)을 당하지 않는 것이다. 스스로의 분수를 지키는 것이다.

🔵 사람이란 자기가 갈구하고, 욕망하던 것을 이루지 못하다가 어느 날 갑자기 그것을 성취하게 되면, 자기도취에 취하여 착각(錯覺)을 하게 된다.

🔵 자기가 최고(最高)인 것처럼, 복록(福祿)이 많은 양 말이다.

🔵 이때 더 조심을 하여야 한다.

● . 견겁(肩劫) 운(運)이 올 경우의 변화.

❖석실금궤(石室金匱)인 것이다.

➥ 돌로 만든 방과 같은 것이요, 쇠로 만든 함(궤짝, 상자)인 것이다.

보다 실하고, 튼튼하게 방비를 하고 만일의 사태에 대비를 하는 것이다.

● . 식상(食傷) 운(運)이 올 경우의 변화.

용신(用神)이 설기(泄氣)를 하는 것이다.

가뜩이나 부족(不足)한 기운에 거기에 또 소모전(消耗戰)을 펼치는 것이다.

❖ 후왕박래(厚往薄來)이다.

➥ 돌아갈 때는 후(厚)하게 선물을 주고, 올 때는 박(薄)하게 갖고 오는 것이다. 일종의 회유(回遊)하는 방법이다.

사주가 강(強)할 대 쓰는 방법인데, 이것을 착각을 하고 하여서는 안 되는 것이다. 줄여야 한다. 절약(節約)이 방법인 것이다.

● . 재성(財星) 운(運)이 올 경우의 변화.

❖ 반수불수(反水不水)를 상기하여야 한다.

➥ 이미 엎질러 진 물은 다시 담을 수가 없는 것이다.

기운(氣運)이 미약(微弱)한데도 불구하고, 재성(財星)을 탐하여서는 안 된다
는 경종(警鐘)의 의미(意味)가 깊은 것이다.

● . 관성(官星) 운(運)이 올 경우의 변화.

❖ 수구왕법(受賕枉法)의 형상이다.

⇨ 뇌물(賂物)을 받고 법(法)을 굽히는 것이다.

　즉 법(法)이 무용지물(無用之物)이 되는 것이다.

　결국에는 뇌물수수(賂物授受)죄로 감옥에 가는 것이다.

❖ 관(官)의 기운(氣運)이 강(强)하면 이런 일도 생긴다는 것이다.

　뇌물(賂物)을 받고 형량을 감해주거나, 은폐하는 경우인 것이다.

🍚 모름지기 항상 천적은 존재하는 것이다. 아무리 강한 것 같아도 나보다
나은 놈은 있는 것이다. 뛰는 놈 위에 나는 놈이 있고, 나는 놈 위에 뜨
는 놈이 있고, 뜨는 놈 위에 솟구치는 놈이 있는 것이다.

🍚 관(官)이란 절제(節制)를 말하는데 어설프게 충고(忠告)하거나 매질을
하다가는 오히려 역(逆)효과(效果)를 본다. 손을 보려면 확실하게 보아야
한다는 것이다.

🍚 악법(惡法)도 법(法)이다. 때로는 묵묵히 지키며 기회(期會)를 기다릴 줄
도 알아야 하는 것이다, 그것이 인내(忍耐)요, 성공의 지름길인 것이다.

🍚 성동격서(聲東擊西)의 묘법(妙法)을 배워야 하는 것이다.

🍚 주심(主審)의 오판(誤判)으로 인하여 경기를 망쳤다고 분한 생각만 하다
가는 실로 경기를 망친다. 분발(奮發)하여 보란 듯 확실하게 이겨야 하는
것이다.

🍚 양인격(羊刃格)에서는 관(官)에 대응(對應)하는 방법도 다르다. 일반적인
사고방식으로 안이하게 생각을 하여서는 안 된다. 과격하게, 육두문자를
사용하는 방법으로 생각을 하여야 한다.

● . 양인용(羊刃用) 식상격(食傷格).

양 인격(羊刃格)에서 신왕(身旺)하면서, 재관(財官)이 없거나 미력(微力)할 경우, 식상(食傷)이 있어 유기(有氣)한 경우, 식상(食傷)을 용신(用神)으로 택하는 것이다. 그리고 한 가지 문제점이 등장을 한다.

● 식상(食傷)이 용신(用神)일 때 반드시 재성(財性)으로의 연관성을 살펴야 한다는 것이다.

● 식상(食傷)으로 막힌 곳을 뚫었을 경우 과연 올바르게 흐르는가를 확인하여야 한다. 막힌 하수구를 뚫었는데 곧바로 나가지를 못하고 주변에서 다시 찌꺼기가 쌓인다면, 공든 탑이 무너지는 것이다.

● 여기에서 재성(財星)의 역할이 중요한 것이다. 용신(用神)인 식상(食傷)의 역할을 빛내주는 것이다.

● 식상(食傷)이 용신(用神)일 경우의 특징(特徵)인 것이다. 결과(結果)가 있어야 한다는 것이다. 재성(財星)과의 연결(連結)이 필요한 것이다.

● 재성(財星)과의 흐름이 원만하지 못하다면 열심히 일은 하였는데, 애만 쓰고만 꼴이 되고 만다. 결국 용신(用神)의 역할을 완전히 한 것은 아닌 것이다.

● . 다른 격(格)에서도 마찬가지이다.

용 신(用神)이 있어 용신을 정(定)하면 그것으로 끝나는 것이 아니다. 항상 그 뒤처리 까지 확인을 하여야 한다는 것이다.

다급해서 화장실을 찾았다면 일을 다 본 후에 자기 신체만 깨끗이 하는 것이 아니라 물을 내리고, 손도 깨끗이 씻어야 일이 다 끝이 난다는 것이다.

여기서 더 친절한 사람이라면 다음 사람을 위하여 전체적인 정리를 한다던가,

세심한 배려를 할 것이다. 이것이 다 음덕(蔭德)인 것이다.

- 상(象)을 본다는 것은 바로 이러한 점을 유심히 살핀다는 것이다.

- 지나치지 아니하고 보는 것이다. 그리고 어떤 행동을 하고, 어디까지 그 행동이 이어지는가를 보는 것이다.

- 양인(羊刃)은 비겁(比劫)인데 식상(食傷)이 용신(用神)이라, 기운(氣運)이 넘치니 베풀어야 한다는 것이다.

- 그런데 용신(用神)이 식상(食傷)이니 그렇게 하는 것이 나에게는 이(利)로운 것이요, 당연히 그렇게 하여야 한다는 것이다.

- 자비(慈悲)를 베푸는 것이, 사랑을 베푸는 것이, 아랫사람을 내 몸처럼 아끼는 것이, 항상 위만 보고 사는 것이 아니라 아래도 쳐다보고, 지나친 순종(順從)만 하는 것이 아니라, 항상 변화(變化)를 주고, 움직이는 것이 나를 위하는 것이요, 만인(萬人)을 위하는 것이 되는 것이다. 가끔씩은 골통노릇도 하여야 한다는 것이다. 막가파식으로 사람이 변해야 한다는 것은 아니다.

- 식신유기 승재관(食神有氣 勝財官)이라는 말이 나오는 것이다.

관 살(官殺)의 기운(氣運)이 지나치면 당연히 식상(食傷)이 용신(用神)이 되는데, 양인용(羊刃用)식상격(食傷格)이므로 비겁(比劫)의 기운이 강한 것이요, 관살(官殺)의 기운이 왕(旺)할 경우도 성립이 된다.

- 양인용(羊刃用)겁격(劫格)은 선강후약(先强後弱)이나, 이 경우는 항상 강(强)한 것이다.

고로 무조건 기운(氣運)을 소비(消費)하여야 하는 것이다. 건전지(乾電池)도 지나치게 충전(充電)을 하면 이상이 생기듯, 기운(氣運)이 지나치게 강한데 그것을 발산하지 못하면 자체에서 스스로 자멸(自滅)의 길로 나가는 것이다.

비 겁(比劫)이 지나치게 왕(旺)할 경우, 차라리 종왕격(從旺格)이면 그래도 덜한데, 잘못 구성이 되면 평생(平生)을 빈곤(貧困)에 허덕이는 것이다.

● .양인용(羊刃用) 식상격(食傷格)의 운에서의 변화.

● . <u>인수(印綬)운이 올 경우의 변화</u>.

인수(印綬)는 식상(食傷)을 극(剋)한다. 지금 기운(氣運)이 남아도는 판에
또 다시 기운(氣運)이 강(强)하여지니 미칠 지경이 되는 것이다.

인성(印星)이나, 비겁(比劫)의 기운을 감소하여도 시원치가 않을 판인데, 정
신이 산만(散漫)하여 난리이다.

여기저기서 이런저런 조언(助言)을 한다며 더 정신을 어지럽게 만드는 것이
다. 진정한 도움이란 조용히 쉬게 하는 것이다. 북새통이다.

✪. <u>폐격저비(廢格沮誹)의 형상이다</u>.

고유(固有)의 자기 자리를 지키지 못하도록 막고, 훼방하며 ,헐뜯는 것이다.
진행(進行)을 방해하는 것이다.

● 급한 일로 인하여 자동차를 사용하여야 하는데, 자동차(自動車)가 시동
  (始動)이 걸리지가 않는 것이다.

● 배가 불러 소화(消化)를 시켜야하는데, 풀코스라며 마지막으로 진짜가 나
  온다며 더 먹으라는 소리나 같은 것이다. 포화상태(飽和狀態)가 되는 것
  이다. 미운 놈 떡 하나 더 주는 격(格)이 되는 것이다.

● 불난 집에 부채질을 하는 것이다.

비 바람이 심하게 들이 치는데 창문이 덜컹거린다고 뜯어고쳐야한다며
난리인 것이다. 물론 고쳐야 할 것은 당연한 일인데, 비바람이나 그
친 다음에 고쳐야 할 것이 아닌가?
엎친대 덮치는 격을 스스로 자초(自招)하는 것이다.

● . 견겁(肩劫) 운(運)이 올 경우의 변화.

내가 기운(氣運)이 남아도는 판에, 또 다시 기운이 넘치도록 충전(充電)이 되는 것이다. 과부하에 걸리는 것이다. 충전이 다 되었는데 계속 충전을 하는 경우나 같은 것이다. 적색(赤色)에서 녹색(綠色)으로 바뀌었으면 충전(充電)이 다 된 것인데, 계속 전류(電流)가 흐르도록 하니 뜨겁게 달구어지는 것이다. 이것이 심하면 어찌되겠는가?

실전사주

乙	庚	辛	癸
酉	午	酉	丑

⇨ 유(酉)월의 경(庚)금 일간(日干)이다.
지지(地支)의 오(午)화가 외롭다.

건명(乾命)

⬆ 경오(庚午) 일주(日主)의 사주이다. 양인용(羊刃用)식상격의 사주로, 기운이 지나치게 왕(旺)하다. 고물상에 지나치게 고철이 많이 쌓여있다.
다른 고물도 필요한 것이다. 빨리 정리를 하여야 한다.

✪. 왕자물지(往者勿止)를 잊어서는 안 된다.

⇨ 가는 세월을 어찌 잡는가? 가는 것은 자연에 맡겨 가게 할 것이다.
결코 억지로 부질없이 잡아두어서는 안 되는 것이다.

견 겁(肩劫)운이 오면 공연한 허세(虛勢)를 부리며, 쓸데없는 행동(行動)을 하게 된다. 공격(攻擊)의 대상(對象)이 되어서는 안 된다.

- 한 걸음 전진(前進)하려다가 두 걸음 후진(後進)하는 결과가 된다.
- 일은 한다고 하는데 결과(結果)를 보면 허탕이요, 계속 적자(赤子)인 것이다. 적자가 심하여 지는데, 빚만 자꾸 늘어가는 것이다.
- 실타래는 살살 하나씩 풀어가야지 급하다고 서두르면 더 엉키기만 하는 것이다. 일이 자꾸만 꼬이는 것이다.
- 승용차는 비포장도로에는 어울리지가 않는다. 그것을 망각하고 고속도로

인양 달리는 것이다. 결국 차만 망가지고, 엉망이 되는 것이다.

- 음주를 하면 반드시 대리기사를 불러야 하는 것이다. 안 그러다가 망신을 당한 사람이 하나 둘인가? 어떤 이는 술을 안마셨다며 혈액을 채취하여 검사하자고 한 후, 결국에는 음주운전을 시인하지를 않던가! 다 이런 운(運)이다. 식상이 지나치게 강해지는 운에 생기는 일이지만, 이런 경우도 해당이 된다. 간단히 벌금을 내면 될 것을 더 큰 봉변을 당하는 것이다.

- 비탈길이 내려가기가 쉽다고 껄떡거리다가 자빠져 코가 개지는 것이요, 자빠져도 쳐 박히는 꼴이다. 일을 진행(進行)함에 있어서 두려운 생각과, 불안하고 겁이 나는 것이다. 돈을 아끼려고 무리하게 강행군을 하다가 병을 얻어 치료비가 더 드는 꼴이다.

● . **식상운(食傷運)이 올 경우의 변화.**

✪. **위계구 무위우후(爲鷄口 無爲牛後)라**

일 을 하여도 자신을 항상 낮추는 것이 성공(成功)을 약속하는 것이다. 스스로가 지나친 욕심(慾心)을 내지를 않는다.

▷ 자기의 역량(力量)에 맞추어 행동을 하여야 한다.

　하나를 하여도 편안하게, 기쁨을 느끼면서 하라는 것이다.

- 식상(食傷)이 용신(用神)이니 더욱 겸손하여지고, 더욱 열심히 일을 하는 것이다. 물꼬가 확 트이는 것이다. 순리(順理)대로 흐름이 완만하게 이어지는 것이다.

- 사사로운 정(精)이나, 눈앞의 이익(利益)에 급급하지 않고, 일 자체에 얽매 이지 아니하고, 매사를 대국적인 면에서 생각을 하고 판단을 하는 것이다.

- 아집(我執)을 벗어나 참되고, 순수하고, 자유로운 마음으로 임한다.

- 자원봉사대에 지원을 하여 어린이집을 예방하여 궂은일을 돕는다.

● . 재성운(財星運)이 올 경우의 변화.

재성(財星)은 식상(食傷)이 생(生)한다. 용신(用神)인 식상의 기운을 소진(消盡)하는 것이다. 그러나 이것은 일주(日主)가 신약(身弱)할 경우 걱정할 일이다. 이 경우는 일주(日主)가 지나치게 왕(旺)한 것이다. 그것도 사주(四柱)에 재관(財官)이 안보이니, 식상(食傷)을 용신(用神)으로 택한 것인데, 재성(財星)이 나타나니 이것은 길(吉)로 보는 것이다. 반대의 경우도 생각을 하여보아야 한다.

- 일간(日干)이 양인(羊刃)을 득(得)하여도, 관성(官星)이 왕(旺)할 경우에도 식상(食傷)이 용신(用神)이 된다. 이때는 흉(凶)으로 작용(作用)을 한다.

- 인성(印星)이 왕(旺)하여 식상(食傷)을 용신(用神)으로 한 경우는 길(吉)로 작용(作用)을 한다.

- 비겁(比劫)이 왕(旺)하여 식상(食傷)을 용신(用神)으로 한 경우도 길(吉)로 작용을 한다.

- 설기처(泄氣處)인 식상(食傷)이 더욱 활발하게 움직이는 것이다. 깎을수록 커지는 것이 구멍이 아닌가?

재성운(財星運)이 오면 바로 이런 결과가 나오는 것이다.

멍이 막혀 물이 흐르지가 않는데 얼마나 잘 흐를 것인가? 십년 묵은 체증(滯症)이 확 뚫리는 것이다. 식상(食傷)은 열심히 구멍을 파고 있었던 것이다.

- 국도(國道)를 가다가 고속도로(高速道路)를 만나는 격(格)이다.

- 지하수에서 온천물이 나오는 것이다.

- 음치(音癡)소리를 듣던 사람이 득음(得音)하여 명창의 대열에 합류하는 격.

- 손님들에게 서비스를 잘하니, 손님이 손님을 물고 오는 격(格)이 된다.

✪. 종정옥백(鐘鼎玉帛)과 같은 것이다.

식사 전에 음악(音樂)이 연주가 되고, 식탁에는 산해진미(山海珍味)가 가득하며 주연(酒宴) 뒤에는 옥(玉)과, 비단이 선물이 나오는 호화로운 연회(宴會)를 말한다.

⬤ . 관성(官星)운이 올 경우의 변화.

식상(食傷)은 관성(官星)을 극(剋)한다. 용신(用神)인 식상(食傷)이 극도(極度)로 피곤하여 지는 것이다. 자연 병(病)이 나거나, 그로인한 심한 후유증(後遺症)에 시달리는 것이다. 심하면 사망(死亡)하는 수도 있는 것이다.

인성(印星)이 과(過)할 경우는, 관(官)이 인(印)을 생(生)하니 문제가 불거지는 것이다.

그러니 재성운(財星運)과 마찬가지로 전체적(全體的)인 그림을 본다면 그리 걱정만 할 일도 아닌 것이다. 일단 일주가 신왕(身旺)하니 자체로 볼 때는 문제가 없어 보이나 용신(用神)이 엉뚱한 행동을 하는 것이다.

관 살(官殺)을 극(剋)하느라 정신이 없는 것이다. 관살(官殺)은 일단 직접적(直接的)으로 일주(日主)를 극(剋)한다. 그러니 일주(日主)가 왕(旺)하므로 큰 문제는 없지만 항상 태클이 걸리는 것이요, 일의 진척(進陟)이 눈에 뜨이게 나타나지를 않는 것이다. 용신(用神)과 운(運)이 서로 불편한 관계인 것이다.

✪. 득어망전(得漁忘筌)인 것이다.

고기는 잡고, 그물인 통발은 잃어버리는 것이다. 목적(目的)은 달성을 하였으나 그를 위하여 소용된 모든 것을 망각하는 것이다. **배은망덕(背恩忘德)**인 것이다.

하나 얻은 생각만 하지, 다른 하나를 잃어버리는 것을 생각하지 못하는 것이다. 결국은 얻은 것 같아도 손해(損害)가 또한 그에 못지않은 것이다.

🔹 출근길에 시간은 없는데, 아는 사람을 만나니 모른 척 할 수도 없고 진퇴 양 란인 것이다. 공원에 개를 끌고 산책을 가는데, 자꾸만 엉뚱하게 암캐를 쫓아가는 것이다. 하늘이 무너지지 않을까? 땅이 꺼지지 않을까? 쓸데없는 걱정으로 시간을 보낸다.

🔹 탁상공론(卓上空論)으로 일을 지체하고, 서로가 말다툼을 벌인다.

● . 양인용(羊刃用) 재격(財格).

양인격(羊刃格)의 특징(特徵)은 강제성(强制性)이 드러나는 것이다.

재성(財星)이 용신(用神)인 경우, 겉으로는 어진 척 하여도 결국에는 그 잔인함처럼 보이는 강열한 카리스마가 나타나는 것이다.

재 성(財星)에 대한 필요성(必要性)으로 집착(執着)이 강한 것이다. 아(我)인 일간(日干)은 재성(財星)을 극(剋)하는데, 신왕(身旺)하므로 인하여 강한 통솔력(統率力)과 정복(情服)력을 앞세워 정면(正面)돌파(突破)를 추진한다.

용신(用神)이므로 그에 대한 애착(愛着) 또한 강(强)한 것이다.

재성(財星)은 금전(金錢)이요, 여자다. 여자를 한 번 사귀면 좀처럼 놓아주지를 않으려고 한다. 여성의 입장에서는 여간 피곤한 것이 아니다. 반면에 받들어주는 만큼 그것을 잘 요리한다면 또한 사랑받으며 살아가는 것이다.

사주의 주인공은 무엇이든 힘으로 밀어붙인다는 사고방식은 견지하여야 하는 것이 좋은 것이다. 중간(中間)에 식상이 있어 완급을 조절하여 준다면 그보다 더 좋을 수는 없을 것이다.

🔹 재성(財星)의 입장에서도 보아야 한다는 것이다.

🔹 나를 관리하여줄 사람이 많다는 것이다. 베짱이 생기는 것이다.

🔹 인성(印星)이 강(强)할 경우도 성립이 된다.

🌰 식상(食傷)의 기운(氣運)도 무력(無力)하여, 재성(財星)을 용신(用神)으로 택하는 것이다.

🌰 비겁(比劫)이 왕(旺)하고, 식상(食傷)이나 관성(官星)이 무력(無力)할 경우도 재성(財星)을 택하게 된다.

실전사주

壬	戊	己	戊
子	申	未	戌

▷ 미(未)월의 무(戊)토 일간(日干)이다.
지지(地支)에는 식신(食神)을 놓고 있다.

건명(乾命)

⬆ 무신(戊申) 일주(日主)의 사주이다. 양인격(羊刃格)인데 재(財)가 용신(用神)이 된다.

🌰 용신(用神)인 재성(財星)의 기운(氣運)도 만만치가 않다. 선강후약(先强後弱)이다.

🌰 토(土) ▷ 금(金) ▷ 수(水)로 하여 재성(財星)으로의 흐름이 아주 좋다.

🌰 초년(初年)에는 비겁(比劫)이 왕(旺)하여 어려움이 많으나, 나이가 들어 중년(中年)으로 접어들면서 부터는 재성(財星)의 기운(氣運)이 왕(旺)하여 용신(用神)이 제 역할을 하니 풍족(豊足)하게 지낸다.

용 신(用神)이란 일주(日主)가 지나치게 강(强)할 경우는 마치 물속에 깊숙이 가라앉은 침전물(沈澱物)과도 같은 것이다.

고이 간직하고 잔잔한 상태를 유지한다면 아무런 변화가 생기지 않는다.

그러나 위에서 즉 표면에서 흔들리거나, 출렁이며 물결이 심하게 생긴다면 가라앉은 침전물이 위로 떠오르며, 전체를 탁(濁)한 상태로 만들어버리는 것이다.

🌰 서로가 혼란(混亂)스러운 것이다.

● . 양인용(羊刃用) 재격(財格)의 운에서의 변화.

▶ 인수(印綬)운이 올 경우의 변화.

재성(財星)은 인수(印綬)를 극(剋)한다. 용신(用神)인 재성(財星)이 인수(印綬)를 극(剋)하느라 병(病)들고 시들하여진다.

비겁(比劫)이 많아서 재성(財星)을 놓고 벌이는 사랑의 다툼이요, 밥그릇 싸움이 벌어지는데 원인(原因)은 충분한 정량(定量)이 아니기 때문이다.

밥그릇은 적은데 입이 많은 것이다. 그런데 수저를 자꾸 상에 올리면 입의 숫자가 많은 줄 알고 더 난리가 난다. 내가먼저 먹으려고 말이다.

밥상을 차리면서 수저를 치우느라고 난리다. 인원에 맞게 놓아야 한다면서 말이다. 배는 고픈데 빨리 상이나 차리지 쓸데없는 일에 신경을 쓰는 일이 생기는 것이다.

- 인성(印星)이 과(過)하여 재성(財星)이 용신(用神)이라면 식상(食傷)의 기운이 미력(微力)한 것이다.

- 비겁(比劫)이 왕(旺)하여 재성(財星)이 용신(用神)일 경우는, 원래 관성(官星)이 용신(用神)이어야 하는데, 재성이 용신이니, 관성이 부진(不振)한 것이다.

- 지금 필요한 것은 현금(現金)인데 어음으로 결제(決濟)를 받는 것이다.

- 돈 나갈 곳은 많은데, 경기가 안 좋아 월급이 줄어들어 더욱 곤란해진다.

- 돈을 빌려주면서 선이자를 떼는 형국이다.

- 물건 값이 비싸다면서 반값만 주고 가는 손님이 있다.

✪. 약이능강(弱而能强)이다.

▷ 겉만 보고 판단하여서는 안 되는 것이다.

겉보기에는 약한 것 같아도 내실이 단단함을 이르는 것이다.

● . 견겁(肩劫) 운(運)이 올 경우의 변화.

가뜩이나 금전적인 압박을 받고 있는데, 쓸 곳만 자꾸 늘어나는 것이다.

쪼개고 또 쪼개야만 하는 형편인 것이다.

비겁(比劫)은 재성(財星)을 극(剋)한다. 시집 식구들이 많아 힘들어 죽겠다고 난리인데, 식솔(食率)이 더 늘어나니 마누라가 나 힘들어 못 하겠다며 극성(極盛)이다. 친정으로 보따리를 싸들고 나간다.

● 빚이 또 빚을 만드는 형상이다. 카드 돌려막기나 같은 것이다.

● 적자가 심하여 지는데, 빚만 자꾸 늘어가는 것이다.

● 실타래는 살살 하나씩 풀어가야지 급하다고 서두르면 더 엉키기만 하는 것이다. 일이 자꾸만 꼬이는 것이다.

● .형격세금(刑格勢禁)이다.

▷ 형(刑)을 받아 행동(行動)을 자유로이 할 수가 없는 형국이나 같은 것이다. 요즈음은 재물(財物)이 없으면 행세(行勢)도 못하는 것이다.

실전사주

庚	戊	己	戊
申	子	未	戌

건명(乾命)

▷ 미(未)월의 무(戊)토 일간이다.

일지(日支)에는 정재(正財)를 놓고 있다.

⬆ 무자(戊子) 일주(日主)의 사주이다. 양인용재격(羊刃用財格) 사주이다.

비 겁(比劫)사이에 자중지란(自中之亂)이 발생한다. 왕(旺)한 비겁(比劫)의 기운(氣運)이 지나치다.

금전(金錢)운이 언제쯤 풀릴 것인가?

형제가 많아도 그래도 성공하는 놈은 따로 있는 것이다.

🌸 양인용재격(羊刃用財格)

● . 식상운(食傷運)이 올 경우의 변화.

식상(食傷)은 용신(用神)인 재성(財星)을 생(生)한다. 필요한 것을 수월하도록 하여주니 고마운 일이다.

어두운 밤길을 초행(初行)이라 살살 가는데, 마침 가로등이 빛을 더하여 주니 여간 고마운 일이 아니다. 용신(用神)이 희신(喜神)을 만나는 것이다.

- 한 손으로 하던 일을 두 손으로 하니 더욱 편한 것이다.
- 물꼬가 확 트인다. 순리(順理)대로 흐름이 완만하게 이어지는 것이다.
- 깊이 생각하지 않고 나오는 데로 말을 하여도, 명연설이라며 좋아한다.
- 금전(金錢)에 집착(執着)을 하지 않고 마음을 비우니, 자꾸만 재물(財物)이 더 늘어난다.

✪. 양주지학(揚州之鶴)이다.

⇨ 욕망의 끝이 없음을 이르는 말이다.

여러 사람이 다 각자의 욕심, 욕구를 표현을 하는데 나중의 사람이 앞선 사람들의 욕망을 전부 다 하고 싶다는 것이다. 적당히 욕심을 부리라는 말이다. 다음에 재성(財星)의 운이 오지만, 지나친 욕심(慾心)은 금물이라는 것이다.

● . 재성운(財星運)이 올 경우의 변화.

재 성(財星)이 용신(用神)인데 ,재성운(財星運)이 오는 것이다.

항상 처(妻)인 재성(財星)의 고마움을 느끼는데 더욱 더 마음을 알아 척척 처리하여 주니 더더욱 고마운 일이다. 금전(金錢)의 부족함으로 인하여 많은 애로사항이 있었는데, 그것이 해결이 되는 것이다.

모자라면 집착(執着)이 강(强)하여지지만 여유가 생기면 집착이 풀어지는 것이다. 부질없는 욕심(慾心)을 후회(後悔)하는 것이다.

- 처갓집의 어려움이 많이 풀린다.
- 식구들이 모두 아버지에게만 의존하여 손을 벌리는 것이 많이 줄어든다.
- 잔치 상에 음식(飮食)이 풍족(豊足)하니 더더욱 즐거워진다.

● . 방반유철(放飯流歠)을 조심하라.

- 음식(飮食)을 먹음에 있어서 흘리고 먹는다든가, 입에 가득하여 흘리면서 먹는 것처럼 예의(禮儀)에 어긋난 행동을 하는 것을 말한다.
- 누가 뺏어 먹지도 않는데, 왜 그리 식탐(食貪)에 눈이 어두운 행동을 하는 것일까? 그만큼 굶주리었다는 이야기이다.
- 항상 여유를 갖고 임하여야 한다. 밥상위에 있는 밥은 결국 나의 입으로 들어오는 것이다. 표정(表情)관리(管理)도 잘 하여야 한다.

● . 관성(官星)운이 올 경우의 변화.

- 재성(財星)은 관성(官星)을 생(生)한다. 용신(用神)이 기운(氣運)을 설기 당하니 그리 달갑지는 않은 것이다. 할 일 도 많은데 쓸데없는 일에 시간 (時間)과 노력(努力)을 낭비(浪費)하는 것이다.
- 식상(食傷)이 무관한 경우는 관성(官星)이 오히려 용신(用神)인 재성(財 星)과 힘을 합하여 좋은 결과를 낳기도 한다.
- 관성(官星)은 비겁(比劫)의 지나침으로 인하여 생긴 병(病)을 제거하는 역할을 하니 길(吉)로 작용을 한다.
- 좋은 제품(製品)을 만들기 위해서는, 좋은 재료(材料)가 필수(必需)이다.
- 한 떨기 국화꽃을 피우기 위하여 소쩍새는 저리도 울었는가 보다.
- 세계최고의 기술을 유지하기 위하여 항상 많은 자본과, 기술력의 뒷받침 이 수반되어야 하는 것은 당연한 것이다.

● . <u>정통인화(政通人和)</u>이다.

⇨ 정치(政治)가 올바르게 행하여져야 모든 사람이 화평(和平)한 것이다.
올바름이 정확하게 전하여져야, 모든 사람이 그로 인하여 화목(和睦)함과 안녕(安寧)의 기쁨을 누리는 것이다.

● . 양인용(羊刃用) 관격(官格).

양인격(羊刃格)인데 왕(旺)하고, 관살(官殺)이 유기(有氣)한 경우에 성립이 되는데 여기에서 신왕관왕(身旺官旺)하여야 격(格)이 빛나는 것이지, 관(官)이 너무 신약(身弱)하면 효용(效用)성에서 떨어진다. 각자가 튼튼하여야 제 역할을 다 한다는 것이다.

때 가 약(弱)인 것이다. 게으른 사람은 달달 볶더라도 옆에서 항상 잔소리를 하여야 한다. 때로는 위에 무엇이 있는 가를 알아야 자기반성(自己反省)이 되고, 경쟁심(競爭心)도 생기고, 발전(發展)을 위한, 승리(勝利)를 쟁취하기 위하여 노력을 한다.

북한(北韓)이 핵(核)을 무기로 하여 많은 억지 행동을 하는 사이, 우리는 정당한 방법으로 힘을 더 키워야 한다는 논리(論理)나 같은 것이다.

경쟁상대를 앞서야 윈-윈 관계가 편하게 이루어지는 것이다.

실전사주

戊	丙	丙	丁
子	辰	午	未

⇨ 오(午)월의 병(丙)화 일간이다.

일지(日支)에는 진(辰)토가 작용을 한다.

곤명(坤命)

⬆ 병진(丙辰) 일주(日主)의 사주이다. 양인격(羊刃格)인데 지나치게 강(強)하다. 양인용관격(羊刃用官格)의 사주이다. 온통 불기운이라 열(熱)받으면 누

가 감히 나서지를 못한다. 다행이 식상(食傷)과 관(官)이 합(合)을 하여 관(官)을 형성하니 관성(官星)으로 용신(用神)을 삼는다.

식 상(食傷)과, 관살(官殺)은 서로 극(剋)하는 사이인데, 식신(食神)은 편관(偏官)과 합(合) 하고, 상관(傷官)은 정관(正官)과 합(合)을 한다. 합(合)이 이루어지지 않을 경우는 상전(相戰)을 하는 것이다.

- 자손이 없다가 늦게 자손을 보니, 금(金)이야 옥(玉)이야 하며 애지중지한다.

- 재성(財星)이 보이지가 않으니, 그것이 안타까운 일이다. 다행인 것은 대운(大運)에서 늦게나마 재성(財星)이 힘을 쓰니 그것도 늦복인 것이다.

● . 양인용(羊刃用) 관격(官格)의 운에서의 변화.

➡ 인수(印綬)운이 올 경우의 변화.

관 성(官星)은 인수(印綬)를 생(生)한다. 또 한 편으로는 일주(日主)를 극(剋)하기도 한다. 직접적(直接的)인 것은 도움이 되나, 간접적(間接的)인 면으로는 그리 도움이 못 되는 상황으로 반전(反轉)을 한다.

- 고집이 지나치게 강하고, 말도 잘 안 듣고 하여 선생님이 야단을 치니 왜 우리 자식을 구박하느냐고, 학부모가 찾아와서 따지고 난리이다.

- 늦게 자식을 얻어 낙으로 살고 있는데 엄마의 말만 듣고, 아버지의 말을 잘 안 들으니 신경질(神經質)이 난다.

- 일에만 열중하는 줄 알았더니 공부도 열심히 한다. 일보다는 공부가 우선인 사람이다.

■ 양인용관격(羊刃用官格)

✪. 방저원개(方底圓蓋)격이다.

➪ 밑바닥은 네모난 형태이고, 위의 덮개는 둥근 원형의 형태로 아래위가 서로 어긋난 형상이라, 앞, 뒤 손발이 맞지가 않는 형태인 것이다.

● . 견겁(肩劫) 운(運)이 올 경우의 변화.

양 인격(羊刃格)에 비겁(比劫)이 왕(旺)하여 관살을 용신(用神)으로 정하였는데, 또 다시 견겁(肩劫)운이 온다는 것은 자중지란(自中之亂)을 더욱 부채질 하는 것이다.

- 빚이 또 빚을 만드는 형상이다. 카드 돌려막기나 같은 것이다.
- 적자(赤子)가 심하여 지는데, 빚만 자꾸 늘어가는 것이다.
- 실타래는 살살 하나씩 풀어가야지 급하다고 서두르면 더 엉키기만 하는 것이다. 일이 자꾸만 꼬이는 것이다.

✪. 황황망조(遑遑罔措)격이요, 황황급급(遑遑汲汲)격이다.

- 황황망조(遑遑罔措) : 마음이 급하여 어쩔 줄을 모르고 허둥거리는 것.
- 황황급급(遑遑汲汲) : 빈곤과 시달림에 허덕거리며 찌들어 쪼들려 안달복달을 하는 것이다.

● 식상운(食傷運)이 올 경우의 변화.

식 상(食傷)은 용신(用神)인 관성(官星)을 극한다. 왕(旺)한 비겁을 설기(泄氣)하는 것은 좋으나 용신(用神)을 상(傷)하게 하니 이 또한 반가운 일은 아니다.

- 밤길을 가는데 인적도 드문데, 가로등 하나 변변히 없는 것이다.
- 송사(訟事)에서 증인(證人)으로 출석하기로 한 사람이 교통사고로 못 나오는 것이다.

✪. 도방고리(道傍苦李)격이다.

"길가에 있는 쓴 오얏" 이라는 뜻으로 심부름을 간 사람이 일을 제대로 행하지 못하여 이러지도 저러지도 못하는 형국인 것이다.

진퇴양란(進退兩亂)이요, 결국은 버림을 받는다는 것이다.

● . 재성운(財星運)이 올 경우의 변화.

관성(官星)이 용신(用神)인데 재성(財星)이 오니 힘을 불어넣어주는 것이다.

- 일간(日干)의 왕(旺)한 기운에 항상 쳐지던 관살(官殺)이 모처럼만에 활짝 웃는 것이다. 중단되었던 사업(事業)이 자금(資金)의 숨통이 트이면서 재개(再開)되는 것이다.

- 자식들의 고생(苦生)을 처(妻)가 헌신적(獻身的)으로 뒷바라지 하는 것이다. 관(官)의 일을 보자니 가는 곳마다 돈 들어갈 일이 생기니 고민이다.(신약(身弱)일 경우)

- 어려운 일들이 돈으로 다 해결이 되는구나. 그렇다고 부조리가 아니다. 채권(債券)을 구입하거나, 인허(認許)가 수수료, 각종 세금(稅金)을 납부하는 것이다.

✪. 반로환동(返老還童)격이다.

⇨ 회춘(回春)하는 것이다. 늙은이가 젊어지는 것이다.
   고생(苦生)이 낙(樂)으로 변(變)하는 것이다.

● . 관성(官星)운이 올 경우의 변화.

- 고생 끝에 결실을 이루는 것이다.

- 만반의 준비가 다 갖추어지는 경우이다. 부족함이 없는 것이다.

- 관성(官星)은 비겁(比劫)의 지나침으로 인하여 생긴 병(病)을 제거하는

역할을 하니 길(吉)로 작용을 한다.
- 좋은 제품(製品)을 만들기 위해 보다 더 품질관리에 신경을 써야한다.
- 자기의 직분(職分)에 만족(滿足)을 하며 천직(天職)으로 생각을 한다.
- 일등의 자리를 지키는 것은 도달하는 것 보다 더 힘든 것이다.

☆.개락음주(豈樂飮酒)격이다.

▷ 즐거운데 어찌 술을 마시지 않으리! 기쁨에 술을 마시는 것이다.
  삼페인을 터트리는 것이다.

☆. 양인격(羊刃格)의 특색(特色)으로 판단하는 용신(用神)의 선별.

일반적으로 동일(同一)한 오행(五行)이 중복될 시는 다른 오행에서 용신(用神)을 찾는다.

양인(羊刃)은 겁재(劫財)인데 양인이 중중(重重)하고, 관살(官殺)이 유기할 경우 호격(呼格)으로 보나, 관살(官殺)이 없을 경우는 재성(財星)으로 하여 금 왕(旺)한 양인(羊刃)의 기운을 감당할 것으로 보나, 생각처럼 그렇게만 안 되는 경우가 많다.

신왕재왕(身旺財旺)으로 볼 수도 있으나, 행여 재성(財星)이 어느 정도 유기(有氣)한다하여도 양인(羊刃)이 왕(旺)할 경우, 양인은 기본성향이 겁재(劫財)인 약탈(掠奪)이요, 겁탈(劫奪)이기 때문에 순수한 신왕으로 안 본다는 것이다. 추한 신왕(身旺)으로, 하격(下格)으로 본다는 것이다.

- 사주(四柱)가 지나치게 왕(旺)할 경우, 관(官)은 무용지물(無用之物)이 되어버린다. 인성이 강할 경우는 관성이 인성에게 흡수되어 기력을 상실하고, 도퇴 되어 버리는 것이다. 더구나 양인일 경우는 답이 없는 것이다.
- 비겁(比劫)이 왕(旺)할 경우, 특히 양인(羊刃)이 중중할 경우는 무전취식이요, 무법자로 전락하여 일생을 들락날락 고생하는 경우가 많다.
- 최선의 용신은 관살(官殺)인데, 뿌리인 재성이 밀어주어야 한다.

● . 식신격(食神格)의 용신(用神).

● . 식신격(食神格)의 의미(意味)와 용신(用神)의 선택.

❖ 우선 식신(食神)이라는 의미(意味)를 찾아보자.

식 (食)이란? 커다란 의미로 본다면 음식(飮食)과 연관된 모든 분야를 말하는데 그에는 음식(飮食) 자체가 있을 것이고, 담는 그릇도 있고, 그것을 먹기 위하여 사용하고, 행하는 도구(道具)도 있을 것이다.

먹는 것과 연관된 모든 행위(行爲)나, 그에 수반(隨伴)되는 음식(飮食)과, 부수적으로 따라오는 모든 기구(器具) 자체도 이에 해당이 되는 것이다.

이 모든 것을 관장(官匠)하는 신(神)이 바로 식신(食神)인 것이다.

식신(食神)이 제 역할을 하면 제대로 먹을 것이고, 제대로 못하면 굶기도 하는 경우가 생길 것이다.

결국 식신(食神)이란? 밥을 먹기 위한 일을 하는 자체도 준비 단계이므로 기능(機能), 능력(能力)도 해당이 되는 것이다.

⇨ 식상(食傷)은 식신(食神)과, 상관(傷官)으로 분류가 되는데, 각각 나누어서 용신에 대한 부분을 찾아보자.

식신(食神)에 대한 의미와 분석에 대한 사항은 격국편에서 설명을 하였으므로 생략을 하고, 용신(用神)을 위주로 하여 살펴보자.

● . 식신격(食神格)에서 용신(用神)을 찾을 때 주의할 점.

▶ 식신(食神)은 일간(日干)이 생(生)하여 주는 귀물(貴物)이다.

일간(日干) 자체가 강(強)하던, 약(弱)하던 식신(食神)을 생(生)하여 주는 것은 타고난 운명(運命)인 것이다.

인간(人間)이 태어나서 부모(父母)의 보살핌으로 자랐다면 즉 움직이기 시작하고, 생각을 할 줄 안다면 이제는 스스로 움직이거나, 활동(活動)을 하여 자기가 어떤 사람이라는 것을 남이 알도록 하여야 하는 것이다.

그것이 식상(食傷)인 것이다. 식상 중에서도 원초적(原初的)인 면이 강한 것이 바로 식신(食神)인 것이다.

먹는 것에 능(能)한 사람이 식신(食神)이 아닌 것이다. 그것은 의미(意味)가 퇴색(退色)되어버린 것이다.

진 정한 식신(食神)은 음식인 재성(財星)을 생산하기도 하고, 요리하기도 하고, 모아놓기도 하고, 남에게 펴 주기도 하고, 상(傷)하면 버리기도 하고, 온갖 역할을 다 하는 것이다.

▶ 일주(日主)가 식신(食神)을 갖추었다면 일단은 일주(日主)가 설기(泄氣)하는 것이다. 자기의 역량을 발휘하는 것이다.

그런데 그것이 계속 유지가 되는 경우가 있고, 안 되는 경우가 있는 것이다.

매사 격(格)이란 경우에 따라서 변하는 것이라, 신강(身強)에서 신약(身弱)으로 변하는 경우와, 그 반대의 경우도 있는 것이다. 그 결과는 어떤가?

● . 신강(身強)과, 신약(身弱)일 경우의 용신(用神) 판단법.

▶ .신강(身強)일 경우.

신강(身強)일 경우는, 자연 식상(食傷)이 용신(用神)이 된다. 재관(財官)이 약(弱)하거나, 인성(印星)이 강(強)하여 신왕(身旺)할 경우도 포함이 되는 것이다.

▣ .<u>신약(身弱)일 경우.</u>

신약(身弱)일 경우는 인수(印綬)가 용신(用神)이 되는 경우는 재성(財星)이 강(强)한 것이고, 식상(食傷)이 강(强)한 것이요, 비겁(比劫)이 용신(用神)이 되는 것은 인수(印綬)나 식상(食傷)이 부실하고 재관(財官)이 강할 경우요, 식상(食傷)이 용신(用神)이 되는 것은 관성(官星)이 지나치게 강할 경우요, 인성(印星)이 강하고 재관(財官)이 부실할 경우인 것이다.

물론 대략적인 경우를 예로 설명한 것이다. 여기에서 논하는 식신격(食神格)으로 강약을 판단하여 보자.

● . 식신격(食神格)에서의 용신(用神) 판단법.

▣ .신강(身强)일 경우.

일단 일주가 왕(旺)한 것이므로 식신용식신격, 식신용재격, 식신용관격으로 돌파구를 찾는다. 왕(旺)한 기운(氣運)을 억제(抑制)하는 것이다.

▣ . <u>신약(身弱)일 경우.</u>

식신용인격(食神用印格), 식신용겁격(食神用劫格)으로 구분이 된다.
약(弱)한 기세를 보강(補强)하는 것이다.

● .육친(六親)의 기능(機能)과 활용(活用).

어느 경우라도 항상 음(陰)과, 양(陽)의 구별이 필요한 것이다.

용신(用神)을 선택하는 경우도 마찬가지이지만, 사주(四柱)에 관(官)이 있는데, 그것이 묘(卯)목이라고 하자. 관인생(官印生)이 이루어지지가 않는다. 관(官)으로 이루어지는 것도 고맙게 생각을 하고 자신의 위치(位置)와 역량(力量)을 알아야 한다는 것이다. 변화의 경우는 예외이다.

양(陽)이 생(生)하는 경우도 있고, 음(陰)이 생(生)하는 경우도 있으니 주의.

A)

○	己	○	○
○	○	卯	卯

▷ 기(己)토 일주의 사주이다.

묘(卯)가 편관(偏官)이다. 인수(印綬)를 생할까?

B)

○	己	○	○
○	○	寅	卯

▷ 기(己)토 일주의 사주이다.

정관(正官) 인(寅)이 있다. 인수(印綬)를 생할까?

● **주안(主眼)점은 생(生)을 할 수가 있는가? 없는가? 를 판단하는 것이다.**

✪ A의 경우는 관(官)이지만 인수(印綬)를 생(生)할 수가 없는 것이다.

✪ B의 경우는 인수(印綬)를 생(生)할 수가 있는 것이다.

▷ 무엇이 중요한 사항일까?

관 (官)이 인수(印綬)를 생(生)하지 못한다면, 이 사주(四柱)의 경우는 나무에 꽃이 피지가 않는 것이다. 일주(日主)가 기(己)토이기 때문이다. 정관(正官)인, 인(寅)목이 있다면 꽃을 피울 수가 있는 것이다.

자의(自意)로 가능한가, 타의(他意)에 의하여 이루어지는가를 보는 것이다.

🌰 인수(印綬)인 화(火)가 사주(四柱)자체에 있다면 인수(印綬)운이 와야만 된다는 것이다. 그 자체 더 이상의 발전(發展)은 없다는 것이다.

🌰 관(官)이 인수(印綬)를 생(生)하여 준다면 노력의 결과가 나오지만, 생하지 못할 경우는 노력을 하여 보아야 헛수고가 된다는 설명인 것이다.

🌰 관운(官運)이 왔다고 하여 무조건적인 해석은 아니라는 것이다.

🌰 식상운(食傷運)이 와도 마찬가지인 것이다. 과연 생(生)을 할 수가 있는가? 없는가? 하는 것을 따져보아야 한다는 것이다.

- 비겁(比劫)의 경우도 마찬가지인 것이다. 설기(泄氣)를 하여도 정상적(正常的)인 설기(泄氣)인가를 살펴야 한다는 것이다.

- 대변을 보면 건강상태를 알 수가 있다. 속이 불편할 경우, 편할 경우 다르지 않은가? 변비가 되는 경우도 있고━━━━

- 식신(食神)의 경우도 그 가능성을 살펴야 한다는 것이다.

- 과연 식신(食神)으로써 제 역할을 할 것인가? 하고 말이다. 단순 기능만 하는 것인가? 아니면 발전적(發展的)인 기능까지 가능한가? 하고 말이다.

- 여기에서 중요한 것은 또 변화를 살펴야 한다는 것이다. 환경의 변화를 살피는 것이다. 사람이 깨우치고 나면 변하듯, 운(運)에서의 변화가 생기는 것이다. 어느 항목이던, 내용이던 이것은 항상 끝에서 확인을 하여야 하는 부분인 것이다.

- 식신(食神)의 참고사항.

❂ 식신(食神)이 중복(重複)이 되면 상관(傷官)으로 변한다. 붓글씨를 쓸 때 한 번 쓰고 그 위에 또다시 반복을 한다면 어떤 결과가 나올까?

❂ 식신(食神)이 극(剋)을 당하거나, 공망(空亡)에 해당하면 귀(貴)함을 상(傷)하는 것이다. 식신은 편관(偏官)을 극(剋)하여 대접을 받기도 하지만, 편인을 만나 극(剋)을 받으면 활동에 제한을 받으니 실업자로 전락을 하고, 타락의 길을 걷는 경우로 변하여 심하면 명줄(命牞)을 재촉하는 엉뚱한 행동을 하기도 한다.

❂ 식신은 월령(月令)의 건록(建祿)이 가장 좋고, 다음은 시록(時祿)이 좋다. 식신(食神)은 일간, 비겁(比劫)으로부터 정기(精氣)를 받는다. 고로 일간의 기운이 왕한 것을 제일로 좋아하는 것이다.

❂ 식신(食神)은 재성(財星)이 있는 것을 좋아하나, 이 또한 지나치면 식신 자체가 기운이 허하여 탁(濁)하게 흐른다. 일간(日干)이 강(强)할 경우는 상관이 없으나, 재성이 많다는 것은 재다신약(財多身弱)이라 식신(食神)이 재주를 부려도 궁핍함의 연속이라 하찮은 재주라는 것이다.

☀ 식신격(食神格)의 용신(用神).

능력(能力)이란 내가 있다고 하여 있는 것이 아니다.
남이 인정을 하여 주어야, 비로써 그 진가를 인정받는 것이다.

□. 식신격(食神格)에서의 변화(變化).

❶. 식신용(食神用) 인수격(印綬格)

❷. 식신용(食神用) 겁격((劫格)

❸. 식신용(食神用) 식신격(食神格), 상관격(傷官格)

❹. 식신용(食神用) 재격(財格)

❺. 식신용(食神用) 관격(官格)

● . 식신용(食神用) 인수격(印綬格).

인수(印綬)를 용신(用神)으로 한다는 것은 일단 신약(身弱)인 것이다.

신 약(身弱)원인(原因)은 관살(官殺)이 왕(旺)하거나, 식상(食傷)이 왕(旺)하여, 재성(財星)이 왕(旺)하여 인수(印綬)를 용신(用神)으로 하는 것이다.

● 식신(食神)은 칠살(七殺)을 극(剋)하고, 정재(正財)를 생(生)한다. 참으로 아름다운 기능을 갖고 있고, 역할을 하는 것이다.

● 식신(食神)도 많으면 상관(傷官)의 역할을 한다. 그렇게 된다면 식신(食神)도 상관(傷官)이 되어 정관(正官)을 극(剋)하는 어이없는 행동을 하는 것이다.

● 식신용인격(食神用印格)이라 하였으니, 식신(食神)으로 인한 지나친 설기(泄氣)로 인하여, 식신(食神)의 과다(過多)로 인하여 일주(日主)의 기력(氣力)을 보완하여야 한다는 것이다. 건강을 생각하지 않고 지나친 과로나, 운동 등을 하여 체력을 극도로 쇠약(衰弱)하게 한 상태라는 설명.

● 아는 것도 별로 없는 주제에 지나치게 아는 척 하다가 바닥이 들통이 나는 것이요, 할 줄도 모르면서 잘한다고 뻐기다 일을 그르치는 것이나 같은 것이다.

● 여기에 재성(財星)이나, 관성(官星)의 기운(氣運)이 또 극성을 부린다면 문제는 복잡하여 지는 것이다.

관 살(官殺)의 기운이 강(强)하고, 식신(食神)의 기운이 부족(不足)하여 인수(印綬)의 도움을 받기도 하는데, 이때의 관살(官殺)은 이중고(二重苦)를 겪는데, 그것은 식신(食神)의 공격(攻擊)을 받고 인수(印綬)의 기운 흡수(吸收)로 인하여 정신이 없는 것이다.

그래도 관살(官殺)은 일간(日干)을 공격하려 할 것이다.

● . 식신용(食神用) 인수격(印綬格)의 특징(特徵).

▶ 식상(食傷)은 지출(支出)이요, 인수(印綬)는 저축(貯蓄)이다.

- 카드사용하는 것이나 마찬가지이다. 일단은 쓰고 난 후에 결제를 하는 것이다. 매우 위험한 발상이다. 대책 없이 일을 처리하는 것이다.

- 즉흥적인 구매로 인하여 후회하는 경우가 많다. 노인네들을 상대로 하여 건강식품 등을 판매하여 엄청난 부담을 전가하는 사람들을 간혹 뉴스를 통하여 보곤 하는데 이런 경향인 것이다. 사실 그 순간은 자신도 무엇인가에 홀린 듯 상황이 연출이 되는 것이다. 홈쇼핑 중독 역시 마찬가지인 것이다.

- 결과적으로 그로인한 설거지를 하는 것이다.

▶ 식신(食神)은 가르치는 것이요, 인수(印綬)는 배우는 것이다.

가르치고 난 후에, 배우는 것이다. 배우고 난 후에 가르치는 것이 도리(道理)인데, 거꾸로 된 것이다. 윗사람을 먼저 찾아뵙고 아랫사람을 찾아야 하는데, 이 역시 순서(順序)가 잘못된 것이다. 일의 처리가 뒤바뀌는 것이다.

- 사고(事故)가 발생하면 빨리 뒷수습을 먼저 하여야 하는데 서로의 잘잘못만 탓하고 있는 것이다. 도로(道路)에서 교통사고가 발생(發生)하면 다른 차량들을 위하여 신속하게 옆으로 차량을 이동(移動)한 후에 처리하여야 하는데, 도로 복판에 세워놓고 당신이 잘못했느니, 내가 잘 했느니 하면서 갑론을박(甲論乙駁)을 하고 있는 것이다.

- 선생이 학생에게 실력이 달려 쩔쩔매는 것이다.
- 가르치면서 배우는 것이다. 질문에 대한 답변(答辯)과 앞으로 가르칠 것에 대한 대비(對備)를 더욱 더 철저히 하는 것이다.

> . **식상(食傷)은 베푸는 것이요, 인성(印星)은 자신의 부족(不足)함을 채우는 것이다. 부족함을 채우는 것보다 베푸는 것이 많다보면, 항상 거덜난다.**

- 자기 앞가림이나 잘하라는 것이다. 먹고 살기도 바쁜데 남 걱정을 먼저 하는 경우이다. 자기 입에 풀칠도 못하면서 남의 형편이 어렵다고 그 걱정을 하여 주고 있는 사람이다. 집에서는 천장에서 빗물이 뚝뚝 떨어지는데, 둑이 무너지면 어떻게 하나 하고 걱정하는 사람이다.

실전사주

丙	己	己	丁
寅	酉	酉	酉

건명(乾命)

⇨ 유(酉)월의 기(己)토 일간이다.

일지(日支) 역시 유(酉)금으로 셋이다.

⬆ 기(己)토 일주(日主)의 사주이다. 식신(食神)이 국(局)을 이루는 형상(形象)과도 같다. 식신용인수격(食神用印綬格)이다.

설기(泄氣)가 심하다. 소진(消盡)을 막아주며, 조후(調候)에도 적합한 인성(印星)인 병(丙)화가 뿌리가 든든하여 여러 면에서 귀인(貴人)의 역할을 톡톡히 하고 있다. 인수(印綬)가 용신(用神)인 것이다.

- 식신(食神)은 재(財)를 생(生)한다. 재(財)는 일간(日干)인 아(我)의 재물이요, 관의 근본이 되어 일간을 살찌우도록 하는 것이다. 아(我)란 외고집이란 뜻으로도 사용이 된다. 집착이란 뜻과도 상통이 가능하다. 집착함이 약하면 모든 것이 허사(虛事)로 연결이 된다.

● . 인수(印綬)가 있다는 것은 희망(希望)이 있다는 것이다.

여기에서 **절처봉생(絶處逢生)**이라는 말이 나오는데, 극도(極度)로 궁박(窮迫)한 상황이 되어도 결국 끝에 가서는 살길이 생긴다는 말인데, 고생(苦生) 끝에 낙(樂)이라는 말과도 연관(聯關)이 되는 것이다.

❖ 여기서도 문제가 있다.

- 초년(初年)에서 장년(壯年)까지 고생을 하다가, 말년(末年)에 가서야 안정(安定)을 취하고, 수복(壽福)을 누리는 경우가 있고
- 삶의 기복(起伏)이 있어도 안정적(安定的)인 삶을 잘 유지하여 말년(末年)에 이자를 받듯 더 큰 수복(壽福)을 누리는 경우인 것이다.
- 인성(印星)의 강약(强弱) 차이도 있지만, 운(運)에서의 변화도 있다.

● . 인성(印星)이 있다는 것은 받을 복(福)이 있다는 말이다.

빌려준 복(福)도 아닌데 웬 복? 복(福)이 늦게 오니 철도 늦게 든다는 말이 되기도 한다. 깨우침이 이르면, 모든 것이 빨리 안정(安定)이 되는 것이다.
모든 것에 대한 상황판단이 남보다는 차이가 생기는 것이다.
그러니 자연 일찍 안정된 분위기를 형성하는 것이다. 거기에 운(運)까지 따라준다면 그 속도(速度)는 더 빨라지는 것이다.

● . 식신용(食神用) 인수격(印綬格)의 운에서의 변화.

▶ 인수(印綬)운이 올 경우의 변화.

인수(印綬)가 용신(用神)인데 인수(印綬)가 오는 것이다.
식신용인격(食神用印格)에 대한 대책이 확실하게 서는 것이다. 부족(不足)한

부분의 보충(補充)이 이루어지고, 정상적인 흐름으로 모든 것이 바뀌는 것이다. 일단 신약(身弱)이므로 이 격(格)이 성립하는 것이다.

인수(印綬)가 있어도 기운(氣運)이 약(弱)하여 제 기능을 발휘하지 못하고 있는데 지원(支援)군이 오니 제대로 역할을 수행한다.

- 여기에서도 정인(正印)이 오는가? 편인(偏印)이 오는가? 에 따라 이야기가 달라진다. 편인(偏印)은 식신(食神)을 극(剋)하므로 도식(倒食)이 되는데 경제적인 면으로 본다면 부도(不渡)인 상태가 되는 것이다.

- 일간(日干)이 강(强)하다면 덜 문제가 되는데, 일간(日干)이 신약(身弱)할 경우는 활동 자체가 무디어지고, 심각한 타격을 받게 된다. 그렇다면 일간(日干)이 강(强)할 경우는 굳이 식신용인격(食神用印格)의 성립(成立)이 필요 없는 것이라고 할지모르나, 이런 경우도 성립이 된다.

신약(身弱)한 사주의 경우라도 무조건 인수(印綬)운이 온다고 좋아할 필요는 없는 것이다. 간혹 운(運)이 좋다고 하는데, 왜 나는 별 볼 일이 없는가요? 하는 경우는 바로 이런 문제도 잠복하여 있다는 것이다.

- 인수(印綬)가 식신(食神)을 극(剋)하니 무너지는 것이다. 게다가 관성이라도 있다고 한다면 가랑이가 찢어진다. 치고 박고 난리가 나는 것이다.

- 은행에서 대출을 받아 집을 장만하였더니 원금(元金)과 이자(利子)를 갚느라고 아무것도 할 여유가 생기지를 않아, 오히려 전세로 사는 것만 못한 경우도 발생을 하는 것이다. (인수(印綬)는 식상(食傷)을 극한다.)— 신약(身弱)의 안 좋은 경우.

- 지나친 지출(支出)로 인하여 숨이 탁탁 막혔는데, 은행에서 추가대출(追加貸出)이 허용되어 숨통을 돌리는 경우인 것이다.

✪. 관색규심(觀色窺心)이 필요하다.

↳ 안색(顔色)을 살펴보고, 마음을 깊숙이 꿰뚫어 보는 것이다.

어렵다가 조금 형편이 피는 것 같다고 하여 경거망동(輕擧妄動)하면 안 되는 것이다. 항상 상대의 진의(眞意)를 파악하고 좀 더 진중(鎭重)한 자세가 필요한 것이다.

● . 견겁(肩劫) 운(運)이 올 경우의 변화.

나무로 비긴다면 가지와 잎이 지나치게 무성하여 뿌리마저 흔들릴 판인데, 뿌리가 영양을 듬뿍 받고 더 왕성하게 땅에 세력을 넓히는 것이다.

- 개인(個人)사업자에서 주식회사(株式會社)로 확장을 하고, 자기의 영역(領域)을 더 넓히는 것이다. 분배의 원칙이 앞선다.

  재(劫財)가 올 경우, 탈재(奪財)현상이 생기는 부작용(副作用)이 발생한다. 비겁(比劫)자체가 재성(財星)을 극(剋)하는 것이니 이런 문제가 생긴다.

- 식신용인격(食神用印格)이므로, 재성(財星)의 기운도 무조건 지나쳐보기에는 무리가 생긴다. 그러나 비겁(比劫)이 오므로 충분히 다스린다.

- 식신(食神)을 생(生)하여 주니 더욱 알찬 활동을 하여 재생산(再生産)을 극대화(極大化) 하므로 약간의 탈재(奪財)가 생긴다 하여도, 결과적으로는 충분히 감내하는 것이다.

- 자기의 힘이 강하여 지므로 주변정리에도 신경을 쓴다.

- 재성(財星)의 기운을 극(剋)하는 경우의 예로 밀린 돈을 갚는다던가, 부채(負債)를 정리하는 행위가 이에 해당이 된다.

✪. 촉목상심(燭目傷心)격이다.

↳ 눈에 보이는 것마다, 생각하면 할수록 마음이 아픈 것이다.

지나치게 모든 것이 새어나간 형상(形象)이라 볼수록 가슴이 메어진다.

 들 때는 뒤돌아볼 겨를도 없었는데, 이제 정신(精神)을 약간 추스르고 나니 모든 것이 황폐(荒廢)한 것이다. 볼수록 마음이 아프다.

● . 식상운(食傷運)이 올 경우의 변화.

인성(印星)은 식상(食傷)을 극(剋)한다. 그런데 식상(食傷)의 기운이 강(强)하다면 어떨까? 때리는 사람이 먼저 지치는 것이나 같은 것이다.

맞는 사람은 많은데 때리는 사람이 적다면 때리는 사람이 먼저 지치는 것이고, 때리는 사람이 많을 경우는 맞는 사람이 만신창이가 되는 것이다.

여기에서 관살(官殺)의 기운(氣運)이 강(强)하다면, 식상(食傷)이 도움이 되지만 관살(官殺)의 기운이 미력(微力)하다면 인성(印星)이 필요한 것이다.

식상(食傷)의 왕(旺)한 기운을 잠재워야 하기 때문인 것이다. 그런데 왕(旺)한 식상(食傷)의 기운(氣運)을 잠재워야 할 인성(印星)이 오히려 식상의 기운이 강하여져 거꾸로 당하는 입장이 되는 것이다.

때리다 지쳐서 손에 물집이 생기고, 피가 나는 형상인 것이다.

신용인격(食神用印格)이라는 것은 식신격(食神格)인데, 인수(印綬)를 용신(用神)으로 한다는 설명이라, 사주상에 인수(印綬)가 존재(存在)한다는 말이나 같은 것이다. 식신(食神)이 덩어리를 이루어 상관화(傷官化)하여 인성(印星)을 무력화(無力化) 시켜 기능(機能)을 상실하도록 하는 것이다.

● 사람이란 일을 하다보면 실수를 하기도 하고, 자신의 부족함을 느끼기도 하고, 아! 하는 아쉬움의 탄식을 하기도 하는 것이다. 솔직하게 자기의 모자람을 인정하면 되는데 오기요, 눈가림이요, 안 되는 줄 알면서도 무리하게 밀어 붙이고, 화(禍)를 키운다. 거짓이 거짓을 낳는 것이다.

● 점점 궁지에 몰리는 자충수(自充手)를 두게 된다.

🔘 금융(金融)사고(事故)란 작은 액수일 때 빨리 그것을 털어버리면 되는데, 한번만, 한 번만 하다가 액수가 점점 커지는 것이다.

🔘 그러다 보니 자연 돌아올 수 없는 강을 건너게 되는 것이다. 횡령(橫領)이요, 사기(詐欺)요, 평생 회복이 불가능하여지는 상황(狀況)으로 변한다.

▣ 예전에 언론에 보도가 될 정도로 대형사고(大型事故)를 친 사람이 있었다. 횡령한 돈의 일부를 형제(兄弟)지간이나, 친척(親戚)에게 맡기고 옥중(獄中)생활을 한 사람이 있었다.

부인에게도 이야기를 못 다한 사연도 있었을 것이다. 평상시 건강이 안 좋았던 그는 몇 년을 지내고 풀려났다. 그 후 여기저기 다니면서 그는 자기가 관여하였던 돈을 찾기로 하였으나 주식을 하다 날렸다, 사업을 하다 실패를 하였다. 등 등 이 핑계, 저 핑계로 결국은 제대로 그것을 찾지를 못하였다.

그나마 부인의 명의로 된 옛날의 집 한 채가 있었는데, 그것마저 사업을 한다며 다 날리고 말았다.

우선 건강부터 추스르라고 그리 당부를 하였건만, 결국 그리되고 만 것이다.

이미 예전부터 이혼(離婚)을 생각하던 부인을 진정시키고, 남편의 건강을 챙긴 후로 미루라 당부하면서 자식들의 장래를 생각하여 조금만 더 참으시라고 당부한 기억이 지금도 새롭다.

🔘 자녀들은 장학금으로 학업을 할 정도로 우수한 재목이었다.

🔘 실력과 재능은 있어도 그것도 부족할 때가 항상 있는 것이다.

🔘 정도(正道)를 걸어야 자신에게도, 자식에게도 떳떳한 것이다.

🔘 허황된 것은 항상 헛꿈으로 이어지고 마는 것이 순리(順理)인 것이다.

✪. **촉처봉패(觸處逢敗)격인 것이다.**

▷ 가는 곳마다, 하는 것마다 낭패(狼狽)를 겪는 것이요, 곤란(困難)을 당하는 것이다. 신세타령에 팔자타령이 나오는 것이다.

● . 재성운(財星運)이 올 경우의 변화.

재 성(財星)은 인성(印星)을 극(剋)한다.

식신(食神)의 기운이 강(强)하여 인성(印星)을 찾고 있는데, 오라는 어머니는 안 오고, 미운 애꾸눈 마누라만 오는 것이다.

국내산 토종물고기의 수가 줄어들고, 외래어종이 많은 우위를 차지하는 것이나 같은 흐름이다. 시간이 갈수록 정리가 되어야 하는데, 오히려 일이 점점 어려운 상황으로 변화하는 것이다.

- 세상 출세하는 것은 결국 돈을 많이 버는 것이라며 수단과 방법을 가리지 말고 많이 갖고 있는 사람이 최고라고 하는 위험한 발상과 같은 형상이다.

- 지나치게 돈에 집착을 하는 것이다. 마치 돈의 노예인 것 같은 것이다.

- 보험금을 타내기 위하여 부모를 해치는 못된 불효자식인 것이다.

- 학업(學業)에 열중하라고 격려로 돈을 주었더니, 유흥(遊興)비로 탕진(蕩盡)을 하는 것이다.

- 음식을 먹어도, 질(質)보다 양(量)을 주장하는 사람이다.

- 일을 추진하면서도 계속 돈, 돈, 돈타령만 하는 경우. 자기도 모르게 입에서 나온다. 여유가 그만큼 없다는 이야기이다.

✪. 신진화멸(薪盡火滅)격이다.

▷ 땔감이 다 되어 불이 꺼지는 형상이다. 바닥이 나는 것이다.

하는 일이 중단됨이요, 금전(金錢)에 대한 부족(不足)함으로 인하여 더욱 애를 태우는 것이다.

● . 관성(官星)운이 올 경우의 변화.

관 성(官星)은 인성(印星)을 생(生)한다. 그런데 문제는 식신격(食神格)이라는 것이다. 식신(食神)은 관살(官殺)을 극(剋)한다.

식신(食神)으로 인하여 일간(日干)이 보조자인 인수(印綬)를 원하는데, 관살(官殺)이 나타나 인수(印綬)를 생(生)하는 것이다. 과연 그것을 액면 그대로 믿을 수가 있을까?

- 식신(食神)의 입장에서 보면 괘씸한 것이다. 자기를 극(剋)하는 인수(印綬)를 생(生)하니 식신의 입장에서는 적군(敵軍)을 도와주는 존재(存在)인 것이다. 그러니 자연 미운 것이다. 응당 가해(加害)를 가하는 것이다.

- 식신(食神)의 기운이 빠지는 것은 당연한 것이다. (여기서 충(冲), 파(破) 등이 생기는 것이다.)난장판이 벌어지는 것이다.

- 일주(日主)의 입장에서 보면 식신(食神)으로 보낸 기운(氣運)을 관살(官殺)을 제거(除去)하는데 사용하는 것이다. 그런데 그것이 그리 나쁘지는 않은 것이 다. 왜? 관살(官殺)은 직접적(直接的)으로 일주(日主)인 본인(本人)을 해하고 저하고, 들이대니 결코 기쁜 존재는 아닌 것이다. 그것을 식신(食神)이 해결하니 오히려 고마운 존재로 부각되는 것이다. 자기 편으로 착각을 하는 것이다.

- 냉정(冷靜)하게 일주(日主)의 입장에서 득실(得失)을 논하여보자.

- 일주에게 기운(氣運)상으로 보탬이 되는 부분은 하나도 없다.

- 식신(食神)과 관살(官殺)의 싸움에 방관자(傍觀者)일 뿐인 것이다. 그것도 식신(食神)의 등 뒤에 숨어서 말이다.

- 일주(日主)라는 생선을 놓고 식신(食神)과 관살(官殺)이 싸움을 하는 것이나 같은 것이다. 한 쪽은 빨대로 빨아먹고, 한 쪽은 강제로 겁탈(劫奪)을 하려고 하는 것이나 무엇이 다른가?

- 자녀에게 공부 열심히 하라고 학원에 보냈더니 엉뚱하게 PC방이나 다니고, 술집 드나들고, 잡기(雜技)에 열중하는 것이다.

- 사업을 한다고 하여 무엇을 하는 가 알아보니, 무허가 오락실을 운영하고 있는 것이다. 권장(勸獎)사업이 아니라, 불법(不法)영업인 것이다.

- 피곤한데도 한시라도 빨리 일을 처리하려고, 밤인데도 불구하고 고속도로

를 달려 와보니 며칠 후에 날아오는 것은 과속 현장이 찍힌 벌금통지서다. 제품의 주문이 와서 정성껏 포장하여 보냈더니 마음에 안 든다고 반품으로 처리 되어 되돌아온다.

● 꽃이 빨리 피라고 물을 열심히 주었는데, 뿌리가 썩어 죽어버렸다.

● 세계최고의 기술을 유지하기 위하여 항상 많은 자본과, 기술력의 뒷받침하여 주었더니 그 기술을 외국에 팔아버려 송사(訟事)가 진행 중이다.

✪ 견마곡격(肩摩穀擊)이다.

⇨ 복잡한 지하철에서는 어깨가 스쳐지는 것이 보통이다. 인도(人道)가 복잡할 때도 마찬가지이고, 차도(車道)가 복잡하고 뒤엉켜지다보면 접촉사고도 잦아지는 것이다. 사는 것이 좌충우돌(左衝右突)인 것이다. 정신없는 시기(時期)인 것이다. 이럴 때는 넓은 바닷가가 보이는 산위에 올라 소리라도 질러라. 에이, 18!하고 말이다. 이것도 분출요법(噴出療法)인 것이다.

실전사주

癸	己	癸	己
亥	亥	酉	未

건명(乾命)

⇨ 유(酉)월의 기(己)토 일간(日干)이다. 지지에는 정재(正財)인 해(亥)수를 놓고 있다.

⬆ 기(己)토 일주(日主)의 사주이다. 식신격(食神格)인데, 재성(財星)이 지나치게 강(强)하다. 식신용인수격(食神用印綬格)이다.

일간(日干)이 강(强)한 것 같아도 재성(財星)을 능히 다스리지는 못한다.

힘이 부족한 것이다. 인성(印星)의 도움을 받아야 하는 것이다.

미(未)중의 정(丁)화를 선택해본다. 인성을 택하는 것이다. 계(癸)수의 응징이 두렵다. 대운(大運)을 한번 살펴보자. 지지(地支)가 남방에서 동방운으로 흐른다. 천간은 금(金)토(土)화(火)로 흐른다. 전반부는 스스로 삶을 개척하지만, 후반부에서는 세력에 종(從)하여야 하는 운명이다. 변화가 다양하다.

● . 식신용(食神用) 견겁격(肩劫格)

식신(食神)으로의 설기(泄氣)가 있는데, 설상가상으로 재성(財星)으로의 연결까지 이어지는 것이다.

여기에 관살(官殺)까지 설친다면 그야말로 죽을 판일 것이다.

관살(官殺)로 이어진다면 어느 정도는 식신(食神)이 방어(防禦)를 하니 그래도 그림이 그려지나 복잡하기는 마찬가지일 것이다.

비 겁(比劫)을 용신(用神)으로 택하였다는 것은, 인수(印綬)의 역할이 부실(不實)하다는 설명이다. 원래 재성(財星)은 인수(印綬)보다는 비겁(比劫)이 처리하는 것이 더 빠르고 결론(結論)도 금방난다. 그러나 그러다 보면 일간(日干) 자체가 만신창이가 되는 것이다.

내가 직접 나서는 것보다는 인수(印綬)를 가운데 내세우면 저절로 재성(財星)이 피곤한 상태가 되니, 일간(日干)의 입장에서는 앉아서 전체를 통괄하고 이끌 수가 있는 것이다. 그러나 인수(印綬)가 그 역할을 못한다면 일간(日干)이 직접 나서서 사태를 수습하는 방법 밖에는 없는 것이다.

✪ 요즈음은 미성년자에게 술심부름을 못시키지만 예전에는 가능했었다.

간혹 밤에도 막걸리 주전자를 들고 가게를 찾기도 하였다. 본인 역시 어른들의 심부름으로 밤길인데도 동네길이라 어렵지 않게 잘 다녀오기도 하였다. 물론 지금 생각하면 추억속의 이야기이지만 그래도 그 때는 싫어요, 나는 안 갈래요, 무서워요! 라는 소리가 없었다. 그만큼 어른들의 말씀이라면 무조건 적으로 복종하는 것이 당연한 것이요, 윗사람에 대한 예의였던 것이었다.

그러면 가끔씩은 심부름 값으로 얼마를 받아 쥐곤 하던 시절도 있었다.

지금 이런 이야기를 하면 요즈음의 청소년들은 무엇이라고 할까?

이것을 식신용견겁격(食神用肩劫格)으로 연결을 한다면 이런 이야기가 나온다. 아이가 심부름을 갖다가 밤길에 넘어져서 술을 다 엎은 것이요, 이놈이 오면서 한 모금 두 모금 빨다보니 술이 반으로 줄어버린 것이요, 잔돈을 길바닥에 흘린 것이요, 심부름 간다고 한 놈이 노느라고 정신이 없어 함흥차사가 된 것이다.

겹 겹(肩劫)으로 용신(用神)을 한다는 것은, 사주에 일단 원류(原流)가 없다는 설명이다.

✤ 샘도 뿌리가 깊어야 오래가는 것이다. 다행이 장마철이라 물이 어느 정도 수량(水量)을 유지할지는 몰라도 비수기일 경우는 바닥이 언제 드러날지 모르는 일인 것이다. 무엇을 하여도 빈손으로 뛰어보아야 손바닥에 땀밖에 안 나는 것이다. 상관(傷官)과 달리 식신(食神)은 소리 없이 설기(泄氣)하는 것이다. 누가 보아도 타당하고, 밀어줄 만한 사안인 것이다.

● . 식신용(食神用) 견겁격(肩劫格)의 특징(特徵).

▶ .식신(食神)은 지출(支出)이요, 견겁(肩劫)은 스스로 벌어야 한다.

식 신(食神)은 지출(支出)이다. 지출이 지나치니 그만큼을 충당(充當)을 하여야 하는 것이다.

▦ 인수(印綬)인 부모(父母)로부터 지원을 받는다면 막말로 떼어먹어도 크게 지탄(指彈)을 받지는 않는다.

그렇다고 그러라는 이야기는 절대 아니다.

그런데 인수(印綬)의 지원(支援)이 없으니 비겁(比劫)을 통하여야 한다.

비겁(比劫)은 일단 형제(兄弟)나, 가까운 친우(親友)의 도움을 받는 것이다.

식신(食神)으로의 지출(支出)이 되는 것을 충당(充當)하는 데는 큰 도움이 되는 것은 당연한 것이다.

중요한 것은 등잔 밑이 어둡다고 항상 불안하기는 마찬가지인 것이다.

자신이 신약(身弱)하므로 터질 때는 감당하기가 어려운 것이다.

🙎 아주 가까운 사람이요, 믿을만하다고 하여 자신의 속사정을 다 이야기한다고 하자. 물론 들어줄 때는 그래, 그래! 하지만 뒤 돌아서면 내가 아니다. 그도 남이라는 말이다. 급해서 돈이라도 돌릴라치면 속을 너무도 뻔히 아니 "갚을 능력도 없으면서!" 하고 이 핑계, 저 핑계로 거절을 한다.

🙎 비빌 언덕이라도 있었다면 아마 편안하게 융통하여 주었을지도 모른다.

🙎 그리고 아주 어려운 사람의 주변에는 아주 어려운 사람만 모이는 것이다.

진짜 편한 사람은 어려운 사람을 친구로 하려 하지 않고, 자연 거리가 멀어지기 마련이다. 왜냐하면 처지가 다르니 같이 동조(同調)하여 어울리기가 힘들기 때문인 것이다.

↻ 동병상련(同病相憐)이라는 말이 왜 생겼을까?

비행기 타고 일을 하는데, 오토바이 타고 따라 갈수는 없는 것이다.

그런 친구 앞에서 이야기 하면 공연한 신세타령으로 밖 안 들리는 것이다.

항상 자신의 비밀이요, 속사정을 까발리면 안 되는 것이다.

어쩌다가 바람을 피워도 신약(身弱)한 사주의 주인공은 오래가지를 못한다.

모든 면에서 힘에 붙이니까. 신강(身强)한 사람은 그런대로 버티는 것이다.

여자(女子)의 입장에서 본다면 신약(身弱)한 남성은 일회용이요, 신강(身强)한 사람은 그런대로 끌고 가는 것이나 같은 것이다.

멋진 곳을 데리고 다니기도 하고, 분위기 있는 곳을 찾아가면 여자들은 호감을 쉽게 갖는 것이 아닌가? 그래서 관계가 오래가는 것이고, 단점(短點)도 장점(長點)으로 변하여 보이기도 하는 것이다.

반대로 금전적(金錢的)이나, 박력(迫力)이나 모든 면에 쳐지는 신약(身弱)한 경우는 특히 재다신약(財多身弱)의 경우는 주변에 여자는 많으나, 냄새만 맡지 별 볼일이 없는 것이다.

만나도 오래가지를 못하고 속전속결(速戰速決)로 끝이 나는 것이다.

연애(戀愛)다운 연애도 제대로 못하는 것이다. 설사 연애(戀愛)를 멋지게 한다고 하여도 거덜이 나거나, 남의 여자이거나, 속빈 강정이요, 악성바이러스 같은 여성을 만나는 것이다. 오히려 여자에게 코가 꿰여 꼼짝을 못하는 것이다. 스스로 자신을 알고, 자신의 부족(不足)함을 보완(補完)하여야 한다.

● . 식신용견겁격(食神用肩劫格)의 운(運)에서의 변화.

● . 인수(印綬)운이 올 경우의 변화.

인수(印綬)가 할 일을 비겁(比劫)이 대신하는 것이나 상황이 비슷한데, 인수(印綬)가 온다니 얼마나 좋은 것인가? 버거운 짐을 나누어서 둘이 드는 것이나 같은 것이다.

식신(食神)의 설기(泄氣)를 억제(抑制)하고, 지출(支出)을 인수(印綬)가 줄이면서 수입(收入)으로의 전환(轉換)을 꾀하는 국면으로 바뀌는 것이다.

● 쉬는 날 아내가 볼 일이 있어서 자녀를 남편에게 맡기고 나간 뒤, 혼자서 궂은일을 다 하고 있는 중, 아내가 집으로 귀가한 것이다. 아내의 고마움을 새삼 느끼는 하루인 것이다.

● 사람이 손발이 묶인다는 표현을 하는데, 그것은 옴짝달싹도 할 수가 없다는 표현인 것이다. 그런 상황에서 숨통이 트이는 것이다.

● . 견겁(肩劫) 운(運)이 올 경우의 변화.

울며 겨자 먹기인 것이다. 참으로 답답한 상황인 것이다. 사방이 벽으로 막힌 듯 답답한 형상이다. 모든 것을 내가 다 직접처리를 하여야 하는 것이다.

사람의 명(命)줄은 함부로 끊을 수는 없는 것이다. 그래서 모진 것이 목숨이라고 하는 것이다. 힘들고 어려워도 버티어 나가는 것이다.

식신격(食神格)에 견겁(肩劫)이 용신(用神)이니 용신(用神)운이 왔다고 좋다고 볼 것이다. 물론 당연한 것이다. 그러나 그 이전에 심각한 일주(日主)의 입장을 살펴야 할 것이다. 일단은 편안한 것 같아도 다 빚이요, 내가 감당하여야 할 일이다. 일단은 숨통이 트이는 것이다.

- 하늘이 무너져도 솟아날 구멍은 있는 것이다.

- 재물은 없어도 사람이 건강이라도 하면, 먹고 사는 데는 문제가 없는 것이다. 부자 망해도 삼년은 간다고 했다.

- 왼손이 없으면 오른손으로라도 일을 한다.

식신격(食神格)이니 일단 활동(活動)은 한다. 그런데 용신(用神)이 견겁(肩劫)이니 내가 책임을 지고 해결을 한다.

- 결국 잘난 척 하고 까불어보아야 뒷감당은 내가 다 하는 것이라 자기 꾀에 자기가 당하는 것이다.

✪ 노당익장(老當益壯)격이다.

▷ 늙어가면서 더욱 의기(意氣)를 굳건히 하여야 한다.

- 사람이 늙어갈수록 세포(細胞)가 죽어 결국은 사망(死亡)을 하는 것이다.

- 근력(筋力)도 약(弱)해지고 모든 것이 퇴화(堆花)하여 버리는 것이다.

- 그것은 스스로 안주(安住)하기 때문인 것이다.

- 늙어갈수록 완력(腕力)을 필요로 하는 운동을 하여야 하는 것이다.

- 그것이 장수(長壽)하는 비결(秘訣)이요, 순리(順理)에 적응(適應)하는 것이다. 사람이 죽는 것은 퇴화(退化)하는 변화를 스스로 인정하기 때문이다. 물론 당연한 것이다. 그러나 그것을 회춘(回春)한다는 것은 시간(時間)을 연장하는 것이다. 최대의 것은 근력(筋力)운동이다.

- 힘의 모자람을 운동으로 복력(復力)시키는 것이다.

- 생노병사(病死)의 원인(原因)을 치유(治癒)하는 방법인 것이다.
- 견겁(肩劫)운이 오니 다시 한 번 전열(戰列)을 가다듬는 것이다.

● . 식신(食神)운이 올 경우의 변화.

견겁(肩劫)이 용신(用神)인데 식신(食神)운이 오는 것이다.

더구나 식신격(食神格)인데 말이다. 죽어라, 죽어라 하는 것이다.

이가 아픈데 잇몸도 속을 썩이는 것이다. 설기(泄氣)가 심하여 보충(補充)을

하려고 하는데도 설기(泄氣)를 하여야 하니, 주려고 하여도 무엇이 있어야

줄 것이 아닌가? 돈 떨어져, 신발 떨어져, 담배꽁초마저 떨어지는 것이다.

그저 갖고 있는 것이라곤 허약한 몸 하나인 것이다.

- 자식이라고는 하나 있는 놈이 맨 날 빈손으로 늙은 어머니에게 손을 내
  미는 것이다. 이번이 마지막입니다. 딱 눈 한 번 감고 아버님에게 말씀
  잘 드려서 부탁 좀 해주세요!
- 가게라고 코딱지 만 한 것을 하나 열었는데, 왜 그리 손볼 곳이 많은지
  장사를 하는 것이 아니라, 가게를 수리하다 볼 장 다보는 격이다.

✪. 연목구어(緣木求漁)격이다.

- 나무에 올라가서 고기를 구하는 것이니 잡으려 함이다.
- 가능(可能)하지 않은 일을 억지(抑止)로 행(行)하려 함이다.
- 가뜩이나 식상(食傷)으로 인하여 피폐한 상황인데, 또 일을 벌리려하는
  형상인 것이다. 안 되는 줄 알면서 왜 그랬을까? 오기(傲氣)인 것이다.
- 이것이 다 사람 잡는 것이다.

● . 재성운(財星運)이 올 경우의 변화.

일이 점점 더 커지는 것이다. 골치 아픈 일이 줄어들어야 하는데, 종족(種族)

번식(繁殖)을 하는지 자꾸만 더 늘어나는 것이다.

용신(用神)을 극(剋)하는 재성(財星)이 오니, 될 일도 안 되는 것이다.

🔘 일이 진척이 되기는 되는데, 거꾸로 돈 들어갈 일만 생긴다.

🔘 소도 비빌 언덕이 있어야, 근지러우면 누워서 비비기라도 하지!

🔘 막상 필요한 물건이라 사기는 샀는데, 갚을 일이 걱정이다.

🔘 자동차가 기름이 달랑달랑 인데, 오일마저 없다고 빨간 불이 들어온다.

🔘 식상운(食傷運)에서의 결과인 것이다. 빚만 늘어난다.

✪. **파리변물(芭籬邊物)이다.**

쓰 임새가 덜 한 물건은 항상 뒤로 쳐지는 것이요, 불필요한 것은 뒷전으로 밀리는 것이다.

🔘 울타리 가에 있는 물건이라 결국 창고(倉庫)나, 쓰레기장으로 가야 할 물건인 것이다.

🔘 필요 없는 것을 필요한 것으로 착각을 하는 것이다.

🔘 지금 당장 없어도 되는데 미리 마련을 한다고 사지만, 용도(用度)가 덜하여 찾지를 않다보니 결국은 버려야 할 처지(處地)인 것이다. 홈쇼핑이 그 예이다. 충동구매(衝動購買)에 의한 손실(損失)이 많아지는 것이다.

🔘 . **관성(官星)운이 올 경우의 변화.**

차 라리 눈에 안 보이면 없다고 생각이나 않을 것을, 없는 것이 더 나을지도 모를 정도로 괴로운 것이다.

➡ 자식이 속을 썩이면 무자식(無子息)이 상팔자(上八字)라고 했던가?

용신(用神)을 극(剋)하는 운(運)이라, 도움을 받아도 시원치 않을 판에 깽판을 놓는 격이다. 식신(食神)과 관살(官殺)이 치고 박고 난리이다.

조용할 날이 없는 것이다. 서로 지가 잘났다고 떠드니 분위기가 어수선하여 되는 일이 있겠는가? 하극상(下剋上)의 사건이 자주 발생(發生)하는 것이다.

🌰 경기불황과, 유행의 변화로 음반판매도 어려워 환장하겠는데, 표절(票竊)이라고 송사(訟事)에 휩싸인다.

🌰 열심히 가르치고, 보살펴주었더니 이제는 선배를 잡아먹는다고 난리이다.

🌰 부자(父子)의 사이가 나빠서 맨 날 얼굴조차 맞대려 하지 않으니 중간에서 어머니의 고통(苦痛)이 이루 말로 표현(表現)을 하기가 힘들어진다.

✪. 궁당익견 (窮當益堅)격이다.

궁(困窮)함에 처하였어도, 마땅히 뜻을 더욱 견고(堅固)하게 하여야 한다는 말이다. 어려워도 정신(精神)은 살아있어야 한다는 것이다.

실전사주

甲	己	辛	癸
子	卯	酉	卯

⇨ 유(酉)월의 기(己)토 일간(日干)이다.

지지(地支)에 편관인 묘(卯)목을 놓고 있다.

곤명(坤命)

⬆ 기묘(己卯)일주(日主)의 사주이다. 너무 이른 나이에 결혼(結婚)을 한 사람이다. 현재 큰 딸이 27세이다. 식신용견겁격(食神用肩劫格)의 사주이다. 식신(食神)이 건재하여 자기의 역량을 십분 발휘하는데, 엉겹결에 결혼을 한 것이다. 묘(卯)-유(有) 충(冲)으로 양쪽에서 공격을 한다, 오라고 말이다. 식신(食神)의 뿌리가 흔들리는 것이다. 관(官)으로 인한 상처를 입는 것이다. 결국은 재혼(再婚)을 하였는데, 일간(日干) 자체가 신약(身弱)하다. 관식투전(官食鬪戰)인 것이다. 식(食)⇨재(財)⇨관(官)으로 흐르나 인성(印星)이 부족하다. 홀로 고군분투하는 사람이다. 시간(時干)에 정관(正官)이 있으나 도움이 될는지? 42.병인(丙寅) 대운에 농촌에 정착을 하여 지내고 있다. 그곳에서도 문제가 생긴다. 모든 것을 잊고 열심히 일과 자손에 신경을 쓰는 것이 나를 찾는 길이다.

● . 식신용(食神用) 식신격(食神格)

격(格)이자 용신(用神)이다. 오로지 갈 길은 하나인 것이다.

계속 식신(食神)을 사용하여야 하니 일간(日干)이 강(强)한 것이요, 재관(財官)이 사주에서 제 역할(役割)을 못하는 것이다. 견제(牽制)하는 세력(勢力)이 없으니 오로지 자기 밖에 모르는 것이다. 주변에는 아첨꾼만 득실거리는 것이다.

여 기에서도 좋은 면이 나타날 수가 있다. 식신(食神)이란 원래 생(生) 재(財)를 잘하는데 받아먹기만 하고, 일을 할 줄 모르는 위인이면 문제는 달라진다. 도식(倒食)의 작용, 지나친 신약(身弱)이 원인이 된다.

● 아무리 밀어주어도 소용이 없는 것이다. 반면에 제대로 일을 하는 존재(存在)라면 한없이 고마운 존재가 되는 것이다. 도와주고, 키워준 보람이 있는 것이다.

✪. <u>화서유유(禾黍油油)</u>의 기상(氣象)이다.

⇨ 벼와 기장이 무성하여 아름다움을 나타내는 형상(形象)인 것이다.

묵묵히 열심히 일하고, 앞으로 나아가는 기상(氣象)이 제일 좋은 것이다.

꽃을 피우거나 열매를 거주는 것은, 그 노력(努力)한 만큼의 대가(代價)인 것이다. 결실(結實)은 나중의 문제인 것이다 일단은 노력(努力)이 우선이다.

● . 식신용(食神用) 식신격(食神格)의 특징(特徵).

격(格)이자 용신(用神)일 경우는 항상 변함이 없다.

자기의 운명(運命)은 정하여져 있다고 생각을 하고, 오로지 전진(前進)뿐인 사람이다

식신용식신격(食神用食神格)이니 더블인 셈이다. 베풀고, 베풀고 계속 베푸는

것이다. 그러다 보면 끝이 있는 것이다. 누구나 다 베풀 적에는 생각이 많다.

과연 이런 일을 하여도 될까? 공연히 헛수고 하는 것이 아닐까?

지금 당장에는 아무런 보장이 없는 일인데? 그런다고 누가 알아나 줄까?

이 세상에는 공짜는 없다. 물론 여유가 많아서 퍼주는 사람도 있겠지만 그
역시 있어야 퍼주는 것이다. 먼 앞을 내다보는 것이다. 그리고 한결같은 마음
으로 나가는 것이다. 물론 중간, 중간에 희로애락(喜怒哀樂)이야 있겠지만 전
체적인 면으로는 계속 이어지는 것이다.

간혹 기대가 크면 실망도 크다는 말이 나오는 것도 바로 이런 운(運)이나,
성향(性向)의 사람들을 두고 하는 말이다.

실전사주

壬	辛	癸	戊
辰	丑	亥	戌

↦ 해(亥)월의 신(辛)금 일간이다.
지지(地支)에 축(丑)토를 놓고 있다.

건명(乾命)

▣ 신축(辛丑) 일주(日主)의 사주이다. 식신(食神)격인데 인성(印星)이 지나
치게 강(强)하다. 식신용식신(食神用食神)격이다. 전체의 상황을 살펴보니
인성(印星)과, 식상(食傷)이 전체를 차지하고 있다. 주거니 받거니 하는 인생
이다. 결국 남는 것은 공허인 것이다.

여성에게는 남편(男便)이라는 존재(存在)는 한없이 크기만 하고, 없어
서는 안 될 존재인 것이다.

🔹 남편이 없는 여성의 사주인 것이다. 격(格)이자 용신(用神)일 경우, 여성
은 이런 경우 불행(不幸)을 안고 사는 것이다. 관성(官星)이 왕(旺)하여
식상(食傷)이 용신(用神)일 경우도 있고, 여러 상황이 생긴다.

🔹 인성(印星)이 왕(旺)하여 생기는 경우의 특징이 나타난다. 인성(印星)이
나 식상(食傷)이 지나칠 경우, 결국 남는 것은 자기 자신인 것이다. 인생
의 허무함을 느끼는 것이다. 재성(財星)의 역할이 중요하다.

❖ 식신용식신격(食神用食神格).

● . <u>식신용(食神用) 식신격(食神格)의 운(運)에서의 변화.</u>

▶ <u>인수(印綬)운이 올 경우의 변화.</u>

얼마 전 어느 대학에 많은 돈을 기부한 사람이 자기의 뜻과, 그리고 약속한 대로 이행을 하지 않는다며 중간에 기부행위(寄附行爲)를 그만 하겠다고 한 사람이 있었다.

사연이야 어찌된 것인지 모르지만, 명리(命理)로 볼 때 이런 경우에 해당이 된다고 보는 것이다.

- 식신용(食神用)식신격(食神格)인데 도식(倒食)운이 온 것과 같은 형상이 나타나는 것이다. 베푸는데 태클이 걸리는 것이다. 먼 장래(將來)를 보고 베푸는데 문제가 생긴 것이다. 그것도 배움인 학원과의 문제인 것이다. 편인(偏印)인 것이다.

- 편인(偏印)은 배품에는 인색(吝嗇)하다. 식신(食神)을 극(剋)하는 것이다. 도와주는 사람은 도움을 받는 사람이 남에게 베푸는 것을 싫어한다. 그것은 지극히 당연한 이야기이다. 힘들여서 도와주니 엉뚱한 데다 삽질을 하고 있는 것이 아닌가?

- 애쓴 보람도 없이 모든 것이 허망(虛妄)하다는 생각을 하는 것이다.

- 자식을 지나치게 사랑하니 할아버지가 손자(孫子) 녀석 지나치게 버릇없어진다고 가끔은 야단을 쳐야한다며 엄히 가정교육(家庭敎育)을 시킬 것을 부탁하는 것이다.

- 지나치게 많아도 베풀기만 하면 끝이 없는 것이다. 가끔씩은 모아가면서 베풀어야 하는 것이 순리(順理)인 것이다. 잘 쓰다가도 사람이 인색(吝嗇)하여 지는 것이다.

- 물이 흐르다가 역류(逆流)를 하는 것이다. 일이 꼬이기 시작하는 것이다.

- 장기투자계획을 세웠다가 취소(取消)를 하는 것이다.

● .복생어미(福生於微) 격이다.

복 (福)이란? 아주 작은 것에서부터 생기는 것이다. 이 또한 숨기어 모르게 하는 것이 진정한 복인 것이다.

ⓘ 숨기어 하는 일이므로 중간(中間)에서 자꾸만 그것을 감추고, 속이는 일이 비일비재(非一非再)한 것이다.

● . 견겁(肩劫) 운(運)이 올 경우의 변화.

하수구가 뚫린 것 같더니 도로 막히는 형상이다.

● 혈액순환(血液循環)이 잘되는 것 같더니 건강(健康)에 이상이 생기는 것이다. 병이 재발(再發)하는 것이다.

● 장기적(長期的)인 사업보다는 단기(團旗)간에 결과를 보는 사업으로 전환하여 자금(資金)의 회수(回收)에 열을 올리는 것이다.

● 수돗물에서 녹물이 나오는 현상이다.

● 남보다는 일단 식구가 우선이다. 먼 이웃 보다는 그래도 형제가 우선이다. 급한 불은 먼저 끄는 것이 상책이다.

● 일의 자세한 내력을 듣기도 전에, 소리부터 지르는 사람이다. 접촉사고가 나면 목소리부터 크게 하는 사람이다.

● 사랑은 베푸는 것이 아니라, 쟁취(爭取)하는 것이라고 하는 사람이다.

● 융통성(融通性)이 있어 보이던 사람이 끝에 가서는 고지식한 사람으로 변한다. 상담(相談)이 잘 이루어지는 것 같더니 결국 무산(霧散)되는 것이다.

● 남북협상이 진척(進陟)을 보이지가 않는 것이나 같은 것이다. 시작은 잘 될 것 같더니 항상 속을 썩이는 것이다.

✪. 안화이열(眼花耳熱) 격이다.

눈에 꽃이 피고, 귀에 열(熱)이 나는 것이라, 결국 눈이 충혈(充血)되어 어지럽고, 귀에 열이 나니 온갖 소리로 귀가 멍하다는 이야기이다.

마치 귀신(鬼神)에 홀린 듯 정신이 없다는 이야기이다.

● .식신(食神)운이 올 경우의 변화.

식 신용식신격(食神用食神格)에 식신(食神)운이 오는 것이다.

일주(日主)가 강(强)해 마땅히 견제할 육친(六親)이 없는 것이다.

그것을 식신(食神)이 담당을 하고 있는데 더 힘을 보태주는 것이다.

식신(食神)의 기운이 왕(旺)하여 재성(財星)을 생(生)하는 확실한 기반(基盤)을 잡은 것이다. 일주(日主)의 기운을 설기(泄氣) 받아 식신(食神)이 그것을 제대로 소화(消和)하지 못한다면 흐름이 식신(食神)에서 막히는 것이다.

❖ 식신(食神)에서 막히면 썩는 것이다.

일주(日主)가 식신(食神)에게 설기(泄氣)를 하고, 밀어줄 때는 다 이유가 있는 것이다. 이왕이면 재성(財星)을 생(生)하라는 것이다. 그래야만 전체적인 흐름이 원활하여 전부가 좋은 것이다.

덕분에 일주(日主)도 재성(財星)을 취하고, 관리(管理)하는 것이다.

여기에서 일주(日主)는 관(官)까지 욕심을 부려서는 절대로 안 되는 것이다.

격(格)이자 용신(用神)인데, 또 용신(用神)운이 오니 살아도 한 길이요, 죽어도 영원히 한 길인 것이다.

한 우물을 파니 아무리 바보라 하여도 무엇인가는 그 분야에 족적을 남긴다.

장인이요, 박사요, 장이요, 명인이요, 타의 추종을 불허하는 그야말로 생활의 달인인 것이다.

식 신이 지나치게 강(强)하므로 근성(根性)이 있고, 여성에게 있어서는 남편(男便)궁이 약하고, 남성에게 있어서는 자손(子孫)궁에 흠이 많으니, 그런 점들이 결점(缺點)으로 나타난다.

● 여성(女性)은 남편(男便)알기를 우습게 안다. 남편을 내조(來朝)하는 것

이 아니라, 사육(飼育)을 하는 것으로 생각을 한다. 부부가 서로 밖으로 만 나도니, 언제 사랑할지 시간도 잘 맞지가 않는다. 일에만 집착(執着)을 하니 식구들 얼굴도 잊어버리겠다. 안하무인의 기질도 나온다.

✪. <u>묘서동처(猫鼠同處)</u>격이다.

⇨ 고양이와 쥐가 한자리에 있는 것이다.

- 도둑을 잡아야 할 관리가 오히려 도둑과 결탁을 하는 형상이다.
- 부지런히 일을 한다고 하지만 그 가운데서 옥석을 가려야 하는 것이다.
- 한 곳에 있다고 다 동지(同志)가 아니요, 친구(親舊)가 아닌 것이다.
- 일에 치우치다보면 앞을 못 보는 경우가 생긴다. 판단이 흐려져 그른 일을 행(行)하는 것이다.
- 지나친 식상(食傷)의 기운이 실수(失手)를 범하는 것이다.

●. 재성운(財星運)이 올 경우의 변화.

식신(食神)이 바쁘게 움직인다. 식신(食神)의 입장에서는 설기(泄氣)를 하는 형상이다.

☆ 재관(財官)이 부족(不足)하여, 식신(食神)이 하던 일을 나누어하니 오히려 편한 것이다.

생산 공장에는 일감이 항상 밀리는 듯해야 좋은 것이다. 그래야 일의 능률(能率)이 오르고, 생산량(生産量)도 증가(增價)하는 것이다.

- 일이 진척이 되기는 되는데, 소리 없이 돈이 들어온다.
- 흐름이 순행이라, 일의진척이 생각보다 빨라진다.
- 물건을 만들어 바로 현금(現金)화 되니 유동성(流動性)이 좋아지고, 생산성(生産性)도 높아진다.

❖ 식신용식신격(食神用食神格).

🌰 수하(手下)들이 열심히 해 결실이 의외로 좋아 재정(財政)이 풍부해진다.

🌰 노사(勞使)간에 뜻이 맞으니 안 되는 일이 없고, 수당(手當)도 많아진다.

✪. **유어수어(猶漁水漁) 격이다.**

⇨ 물과 물고기는 서로가 공유(共有)하면서 사는 것이다.

❖ 공생(共生)과 공존(共存)의 관계인 것이다.

❖ 주는 것이, 곧 받는 것이다. 되돌아오는 것이다.

◪ **관성(官星)운이 올 경우의 변화.**

사람의 욕심(慾心)이란 한이 없는 것이다. 식신용식신격(食神用食神格)에서는 재물(財物)까지가 주어진 복(福)이다.

★ 그런데 관(官)까지 욕심(慾心)을 낸다는 것은 무리인 것이다.

★ 재성(財星)이 있는 경우는 부담이 생기나, 재성(財星)이 부실(不實)할 경우는 길(吉)로 작용을 한다.

🌰 식신(食神)과 관살(官殺)이 서로의 기량을 다툰다. 상처뿐인 영광이 아닌가? 여성의 경우는 부자지간에 불협화음이 발생하나 다 슬기롭게 헤쳐 나간다.

🌰 한 편으로는 일간(日干)의 기운이 지나쳐 재관(財官)의 역할을 대신(代身)한 경우 이므로, 관살(官殺)이 오는 것을 반기는 것이다. 좌우(左右) 협공(挾攻)을 하는 것이다. 길(吉)로 작용을 하는 것이다.

🌰 운전면허증의 적성검사기일을 지나쳐 면허증을 갱신하러 갔더니, 7년 이상 무사고라고 2종 면허에서 1종으로 갱신(更新)이 가능하다고 한다. 생각지도 않은 일이 발생한 것이다. 관심이 없다보니 깜빡 잊은 것이다.

🌰 그렇다고 벌금이 면제되는 것은 아니다. 벌금(罰金)은 벌금대로 납부(納付)를 하는 것이다.

여성(女性)의 경우로 보자. 부모(父母)의 마음은 다 그렇다. 자식(子息)이 무엇을 한다고 하면 자기의 살이라도 떼어 주고 싶은 것이 부모의 마음이다. 어머니가 아버지 몰래 자식에게 보탬이라도 되라는 뜻에서 자꾸만 몰래몰래 물심(物心)으로 모든 것을 자꾸 주는 것이다. 이것을 옆에서 보고 있던 아버지가 어머니를 나무라는 것이다. 그것은 자식을 위하는 일이 아니라고 말이다. 그런데 그렇다고 그 일을 그만 두는 어머니가 있을까? 겉으로는 그렇게 한다 하면서도 결국은 또 아버지 몰래 그리 하는 것이다. 어머니의 지고한 자식 사랑인 것이다.

실전사주

丁	戊	丙	辛
巳	寅	申	未

▷ 신(申)월의 무(戊)토 일간(日干)이다. 지지에는 편관(偏官)인 인(寅)목을 놓고 있다.

곤명(坤命)

무인(戊寅) 일주(日主)의 사주이다. 인수(印綬)가 왕(旺)한 사주이다. 사주가 신강(身强)한 사주(四柱)이다. 식신용식신격(食神用食神格) 사주이다. 식신격(食神格)인데 용신(用神)은 무엇으로 정하여야 할 것인가? 신(申)월의 무(戊)토라 냉기(冷氣)가 돌기 시작하는 것이다.

사령(司令)은 경(庚)금이다. 본격적인 가을로 접어 들어가려고 하는 것이다. 추운 기운(氣運)에 대비하여 따스한 온기가 필요하다.

그런데 그것이 지나쳐 온기가 지나치다. 오히려 차가운 기운인 금수(金水)기운이 필요하다. 그 가운데 재성(財星)인 수(水)가 있으면 좋은데, 재성(財星)이 보이지 않는다. 상관(傷官)이 편인(偏印)과 협상을 한다.

식상(食傷)은 왕(旺)한 인성(印星)의 기운에 대하여 제 역할을 하여야 한다. 재성(財星)이 유기(有氣)하다면, 용신(用神)으로 적합한데 보이지가 않는다. 식상(食傷)을 용신(用神)으로 한다. 아직은 취업이 안 된 상태라 여러 가지 어려움이 있지만 결혼(結婚)운은 관(官)과 연관이 되는데, 그리 흡족한 상황

은 못 되는 것 같다. 재성(財星)의 도움은 없는 것 같다. 어디엔가 있을 것이
다. 그렇다면 대운(大運)을 살펴보자. 대운(大運)에서는 금(金),수(水)의 기
운(氣運)이 강(强)하다. 운(運)에서 부족(不足)한 면을 채워주는 것이다.

● . 식신용재격(食神用財格).

식신용재격(食神用財格)은 식신(食神)에서 재성(財星)으로 앞으로 나
아가는 것이다.

☺ 식신(食神)으로 시작하여 재성(財星)으로 발전하여 나가는 것이다.
출신으로 본다면 식신(食神)인데, 자라면서 재성(財星)으로 바뀌는 것이다.
앞으로 나가면 신분(身分)이 상승(上昇)이 되는 것이요, 뒤로 나간다면 오히
려 하강(下降)한다는 이야기이다.

● 사람이란 나가면 나갈수록, 더 나가고 싶어 하는 것이 심리(心理)이다.

● 흐름이 순리(順理)대로 자연스러울 경우는 항상 그 목적(目的)은 도착
(倒着)한 다음에 있는 것이다.

● 이유는 서 있어 보면 답이 나온다. 어디가 보이는 가? 앞이 보이는 것이
다. 서 있기는 제자리지만 갈려고 하던 곳은 앞이라는 설명이다.

● 여기에서 주의할 사항이 있다. 항상 시작(始作)점에서 두 번째 까지는 연
결이 되어 좋은 쪽으로 결과가 나오지만, 세 번째는 아니라는 설명이다.

▶ 견겁(肩劫)이 시작이라면, 재성(財星)까지는 좋은 것이고,

● 식상(食傷)이 시작이라면, 관(官)까지가 좋은 것이고,

● 재성(財星)이 시작이라면, 인성(印星)까지가 좋은 것이다.

● 세 번째는 항상 아(我)를 극(剋)하는 존재가 되기 때문이다.

● 세 번째는 항상 불협화음을 일으키는 관계요, 항상 서로 대립(對立)관계

이기 때문이다.

🫧 여기에서 문제가 되는 것은 재성(財星)을 용신(用神)으로 택한 것은 일단 신강(身强)한 경우인데, 비겁(比劫)이 많아서 인가? 인수(印綬)가 많아서인가? 를 구별하여야 한다.

🫧 관살(官殺)이 없어서 재성(財星)을 택한 것인가?

🫧 인성(印星)이 지나쳐 재성(財星)을 택한 것인가?

🫧 재성(財星)으로 흐름이 끝이 난다면, 그 경우는 관성(官星)까지 그 흐름이 이어진다고 보는 것이다. 목적지(目的地)는 관성(官星)이라는 것이다.

🫧 식상(食傷)에서 끝이 난다면, 목적지(目的地)는 재성(財星)이라는 것이다. 서로 밀고 당기는 상황이 연출이 된다. 앞에서 당기고, 뒤에서는 밀어주는 것이다. 상부상조(相扶相助)한다는 설명인 것이다.

⬤ . <u>식신용(食神用) 재격(財格)의 특징(特徵).</u>

식 신용재격(食神用財格)의 시작은 식신격(食神格)이지만, 재격(財格)으로 목표를 정하여 나아가는 것이다.

▲ 식신격(食神格)에 일주(日主)가 신왕(身旺)하고, 재성(財星)이 있고, 관성(官星)이 부실(不實)한 경우인 것이다.

⬤ . <u>식신용(食神用) 재격(財格)의 운(運)에서의 변화.</u>

▣ <u>인수(印綬)운이 올 경우의 변화.</u>

식신용재격(食神用財格)인데 인수(印綬)운이 온다면?

🫧 인수(印綬)는 일간을 살찌우고, 포화상태(飽和狀態)로 만들어버린다.

🫧 가뜩이나 신왕(身旺)하여 식신(食神)을 통하여 다이어트를 하고, 재성(財星)을 통하여 굶으면서 비만(肥滿)을 치료하여야 하는데, 자기 전에 포식

(飽食)을 하는 것이나 같은 것이다.

역 (逆)으로 가는 것이다. 정인(正印)과 편인(偏印)이다. 재성(財星)을 열 받게 하여, 고혈압(高血壓)의 상태로 만들어 머리는 것이다. 뇌출혈(腦出血)로 쓰러질 판이다.

- 겉으로는 잘 나가는 것 같은데, 알고 보니 곪을 데로 곪은 것이다.

- 공부를 열심히 하는 줄 알고 과일 까지 깎아서 방으로 들고 들어가니, 게임에 열중을 하고 있는 것이다. 환장할 노릇이다.

- 돈을 펑펑 쓰기에 아마 수입이 좋아 그런가 보다 하고 생각을 하였더니, 적금을 해약하여 몰래 쓰고 다니고 있었던 것이었다.

- 목수가 연장 탓을 하듯, 열심히 할 생각은 안 하고 월급 받을 생각만 한다. 건축물 증축(增築)을 하다가, 설계(設計)의 하자로 인하여 도중에서 중단을 하는 것이나 같은 격이다.

✪. 육부불충(肉腐不蟲) 격(格)이다.

⇨ 고기가 부패(腐敗)하여 썩어서 벌레가 우글거린다. 인수(印綬)가 왕(旺)하여 골치인데 또다시 인수(印綬)운이 온 것이다.

❋ 용신(用神)인 재성(財星)이 기력(氣力)을 다하지만 역부족(力不足)이다. 때리다 지치는 것이요, 영화보다 잠드는 것이다.

▶ 견겁(肩劫) 운(運)이 올 경우의 변화.

마 라토너가 출발점을 떠나 반환(返還)점을 돈 후, 길을 잘못 찾아 다시 출발점으로 되돌아오는 격이다.

- 재물(財物)이 보이고, 손이 닿을만한 거리에 있는 데도 과감(過感)성이 부족하여 팔을 내밀어 뻗다가 다시 움츠리는 형상이다.

- 좋은 약이라고 하여 복용을 하였는데도 차도(差度)가 보이지를 않는 것이다. 수금을 해오라 하였더니 앉아서 계산만 하고 있다.

- 사업(事業)이란 투자(投資)를 하고, 열심히 일을 하여 돈을 버는 것인데, 일은 하지를 않고 그저 돈 벌 궁리만 하고 있는 것이다.
- 주식(柱式)에 투자(投資)를 하라는 친구(親舊)의 권유(勸諭)에 따라 주식을 하다가 쪽박을 차는 경우이다.
- 이성을 사귀기 위하여 작업을 하다가, 경비만 날리는 경우가 해당된다.
- 합리적인 사고방식이 부족한 사람처럼 옹졸하고, 치졸하여진다.
- 지나친 짝사랑과도 같은 사랑의 열병(熱病)을 앓는다.

✪ <u>노마지지(老馬之知)</u>가 필요하다.

⇨ 늙은 말의 지혜인데, 경험(經驗)과 경륜(徑輪)이 필요하다는 말이다.

▣ 식신(食神)운이 올 경우의 변화.

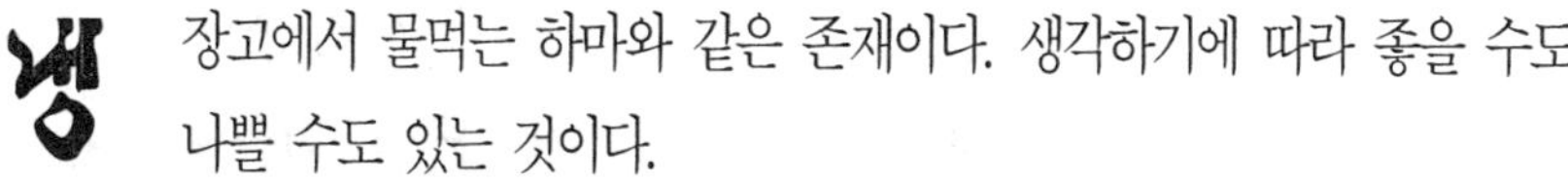

냉 장고에서 물먹는 하마와 같은 존재이다. 생각하기에 따라 좋을 수도 나쁠 수도 있는 것이다.

- ◎ 재성(財星)이 용신(用神)인데, 용신을 생(生)하는 운(運)이라, 뜻을 펼칠 기회가 온 것이다. 반면에 다른 경우를 살펴볼 것이 있다.
- 식상(食傷)이 희신(喜神)의 역할을 하는데, 구신(仇神)인 인성(印星)이 항상 방해(妨害)를 하고, 기신(忌神)인 비겁(比劫)을 살펴야 하는 이중고(二重苦)의 괴로움이 있는 것이다.
- 사랑하는 그녀와의 만남이 이제 얼마 남지가 않았다. 마냥 기다려지고 설레이는 마음 뿐 이다.
- 금전(金錢)에 대한 욕심(慾心) 간절하지만, 더 큰 재화(財貨)를 위하여 더욱 열심히 일한다.
- 일의 결실(結實)에 대한 구체적인 희망(希望)을 갖는다.

✪. <u>군웅할거(群雄割據)</u> 격이다.

⇨ 많은 영웅(英雄)이 각처에 자리를 잡고, 서로의 자웅(雌雄)을 겨루며 세력(勢力)을 형성(形成)하는 형태(形態)이다.

용 신(用神)인 재성(財星)을 생(生)하여 주는 운(運)이지만, 결코 그리 만만치는 않은 것이다. 정체현상이 빚어지는 것이다.

✸ 여러 방해를 헤치고 나가야 하는 문제점도 노출이 되는 것이다.

⏩ 재성운(財星運)이 올 경우의 변화.

재성(財星)이 용신(用神)인데, 용신(用神)의 운(運)이 오는 것이다.

- 노력한 결과에 대한 보상이 돌아오는데 기대치 이상으로 손에 주어진다.
- 주문이 들어오는데 선수금을 줄 것이니 더 많이 만들어 달라고 부탁을 한다. 안성맞춤의 현상이 나타나는 것이다.
- 흐름이 순행(順行)이라, 일의 진척(進陟)이 생각보다 빨라진다.
- 물건을 만들어 바로 현금(現金)화 되니 유동성(流動性)이 좋아지고, 생산성(生産性)도 높아진다. 지속적인 환경(環境)에 탄성(歎聲)을 지른다.

✪. 복과재생(福過災生)이요, 복과화생(福過禍生)이다.

- 복(福)이 지나치면 재앙(災殃)이 발생하고, 화(禍)가 생기는 법이다.
- 좋은 일이 많다보면 항상 마(魔)가 끼는 것이나 같은 것이다.
- 한 쪽으로 지나치게 기울면, 반대로 기우는 쪽에서 문제가 생기는 것이다. 중간에서 완충(緩衝)역할을 해주는 기운(氣運)이 있으면 덜한데, 그것이 부족(不足)하다면 항상 마(魔)가 따라다닌다.

⏩ 관성(官星)운이 올 경우의 변화.

사 람의 욕심(慾心)이란 한이 없는 것이다. 식신용식신격(食神用食神格)에서는 재물(財物)까지가 주어진 복이다.

그런데 관(官)까지 욕심(慾心)을 낸다는 것은 무리인 것이다.

그러나 재성(財星)이 용신일 경우는 세단계로 관성(官星)까지 그 흐름이 이어지는 것이다. 재물(財物)도 얻고 명예(名譽)도 얻는 것이다.

- 그러나 식신용재격(食神用財格)이라는 한정된 구간(區間)이 있다. 바램은 쉽게 이루어지지가 않는 것이다.

- 세상사 마음먹은 대로 이루어진다면 얼마나 좋을 것인가! 그러나 그리 쉽게 모든 것이 이루어지는 것이 아닌 것이다.

- 항상 식신(食神)과 관살(官殺)은 견원지간(犬猿之間)이기 때문인 것이다.

- 또한 식신(食神), 재성(財星), 관살(官殺)에 의한 설기(泄氣)가 이루어져 일주(日主)가 어느 정도 버틸 것인가가 주안(主眼)점이 되는 것이다.

일 이란 순서와 단계가 있는 것이다. 누구든 일을 진행하다보면 마음이 자신도 모르게 급하여지고, 서두르게 된다.

- 그러다 간혹 낭패를 보는 것이다. 급할수록 천천히 라는 것이다.

- 욕심(慾心)이 과(過)하여 생각지도 않은 일들이 자꾸만 생긴다.

✪. <u>범이불교(犯而不校)</u> 격(格)이다.

↦ 범법자(犯法者) 취급(取扱)을 하고, 업신여기더라도 상대(相對)에 대하여 보복(報復)을 하거나, 앙심(怏心)을 품지 아니한다는 것인데, 일간(日干)이 세력이 강(强)하여 관(官)을 알기를 우습게 아는 것이다.

✺ 재성(財星)과 관성(官星)이 힘을 합하여도, 일간(日干)을 제어(制御)할 능력(能力)은 아직 안 되는 것이다.

- 관성(官星)은 인성(印星)을 생(生)한다. 인성의 작용(作用)은 어떤가를 판단하여야 한다. 편인(偏印)의 유무(有無)를 확인하여야 하는 것이다.

- 어리다고 쉽게 생각을 하다가 큰 코를 다치는 격이다.

- 재성의 뿌리를 근간(根幹)으로 하여 엉뚱한 행동을 하는지 감시하여야 한다. 잘못하면 호랑이 새끼를 키우는 격이 된다.

● . 식신용관격(食神用官格).

식 신용관격((食神用官格)은 일단 식신격(食神格)인데, 관(官)을 용신(用神)으로 하는 것이라, 일주(日主)가 신왕(身旺)하다. 는 설명인데, 여러 경우가 나올 수가 있다. 각각의 경우를 살펴보자.

🔘 기본적으로 식신(食神)과 일주(日主)는 관(官)을 상대로 하여 편(便)을 형성, 일간(日干)과, 식신(食神)의 기운이 왕(旺)하다는 이야기도 된다.

🔘 일간(日干) 자체가 왕(旺)하고, 식신(食神)이 미약(微弱)할 경우,

🔘 일간(日干) 자체가 약(弱)하고, 식신(食神)이 강(强)할 경우.

실전사주

辛	丁	丁	壬
丑	未	未	子

⤷ 미(未)월의 정(丁)화 일간(日干)이다.
　지지(地支) 역시 미(未)토이다.

건명(乾命)

⬆ 정미(丁未)일주(日主)의 사주이다. 화(火)토(土)의 기운(氣運)이 중앙(中央)을 좌우하고 있다. 식신용관격(食神用官格)사주이다.

🔘 식신(食神)의 기운이 강하다. 지지(地支)의 토(土)가 전부(全部)가 식신(食神)이다. 식신(食神)도 지나치면 상관(傷官)이 된다고 했던가?

🔘 재성(財星)으로 그 기운이 이어진다. 정(丁)화인 일간의 기운도 만만치가 않다. 미(未)토는 화(火)나 마찬가지인 측면(側面)도 강(强)하다.

🔘 년간(年干)의 임(壬)수인 관(官)을 용신(用神)으로 택한다.

🔘 년지(年支)의 자(子)수도 자축(子丑) 하여 토(土)로 화(化)하려고 한다.

🔘 그러나 거리가 멀다. 해(亥)운이 온다면 색다른 변화(變化)가 나타날 것이다. 어려서는 말도 잘 듣고, 올바르고 하였는데 갈수록 나이가 들면서 엉뚱한 방향으로 흘러만 간다. 어머니에 대한 상심(傷心)이 항상 그늘지게 한다. 실질적인 흐름은 재성(財星)을 추구하는 것이다.

● . <u>식신용관격(食神用官格)의 특징(特徵).</u>

식 신용관격(食神用官格)은 식신(食神)으로 시작을 하는데, 관살(官殺) 이 용신(用神)이 되어야 하므로 식신(食神)과 관살(官殺)이 서로 만나게 되는데, 견원지간(犬猿之間)의 사이라 항상 대립하고, 충(冲),파(破) 등으로 얼룩진다.

- 이 격(格)의 성립은 일간(日干)이 신왕(身旺)하여 관(官)을 용신(用神) 으로 하는 경우. (식신유기한 상태에서 이루어지는 것이다.)
- 제살태과(制殺太過)가 되어, 관(官)이 자연 용신(用神)이 되는 경우이다.
- 격 명칭 그대로 격(格)과 용신(用神)이 서로 대립(對立)을 하고, 각을 세 우고 항시 서로 상전(相戰)을 하고 있는 상태이다.
- 주위가 산만(散漫)하고, 혼란(混亂)이 가중이 되나, 결국 수습이 되기는 하는데, 그 외중에 당하는 모든 고통이나, 어려움으로 인하여 잔여 흔적 이 따라 다니는 것이다. 지워지지가 않는 상처(傷處)인 것이다.

● . <u>식신용관격(食神用官格)의 운(運)에서의 변화.</u>

식신격(食神格)으로 시작을 하는 것이다. 용신(用神)은 관성(官星)이 된다.

▶ 인수(印綬)운이 올 경우의 변화.

관 (官)은 인수(印綬)를 생(生)한다. 또한 관(官)은 일간(日干)을 직접 적으로 극(剋)하기도 한다. 그런데 문제는 식신(食神)이다.

- 식신이 여기에 가세(加勢)를 하니 상황이 복잡하여 진다.

- 관(官)의 입장만을 놓고 보자. 식신(食神)의 극(剋)을 받는 것이요, 인수

(印綬)를 생(生)하여야 하니 인수(印綬)에게 기운(氣運)을 흡수당하는 것이다. 거기에 일간(日干)을 극(剋)하는 성질(性質)도 있다.

⚫ 여기에서 보면 관(官)이 마음대로 할 수가 있는 것은, 일간(日干)을 극(剋)하는 것 뿐 이다.

⚫ 인수(印綬)가 미약(微弱)하거나 없는 경우, 관(官)은 일간(日干)과 식신(食神)의 기운에 대항(對抗)을 하는 것이다. 거기에 재성(財星)이 있다면 재성의 응원군(應援軍)을 얻으니 기운이 가일층 커지는 것이다.

여기에서는 관(官)이 용신(用神)이다. 일간(日干)이 강(强)하거나, 식신(食神)이 강(强)한 것이다.

✿ 재성(財星)이나, 인성(印星)이 크게 작용을 못한다는 이야기인 것이다. 그런데 인성(印星)이 나타났다는 설명이다.

✿ 용신(用神)인 관(官)의 입장에서는 견제(牽制)하기가 불편한 것이다.

✪. 창연자실(悵然自失)격이다.

⇨ 놀란 나머지 멍한 상태가 된다. 생각지도 않은 일을 당하는 것이다.

❖ 예상외의 일이 갑작스레 벌어지는 것이다. 발전상황은 모르는 것이다.

➡ 이 경우 두 가지의 경우를 볼 수가 있다.

❶. 일간(日干)이 왕(旺)하여, 관(官)이 용신(用神)일 경우.

식신격(食神格)이라 식신(食神)이 있는 것인데, 식신(食神)의 기세(氣勢)가 약(弱)한 것이다. 그러므로 관살(官殺)을 용신(用神)으로 택하는 것이다.

인수(印綬)는 일간(日干)을 생(生)하니, 일간(日干)을 직접적으로 극(剋)하기가 어려워진다. 관(官)의 기운이 인성을 생하는 방향으로 나아간다.

이제는 다른 면으로 살펴보자. 관(官)의 흐름을 보는 것이다. 관(官)⇨인(印)

생(生), 인(印)⇢아(我) 생(生), 아(我)⇢식(食) 생(生)이 되어 버린다.

결 국 용신(用神)인 관(官)이 설기(泄氣) 되고, 그 기운(氣運)이 일간(日干)에게 전하여 지니 관(官)이 무력화(無力化) 되는 것이다.

✽ 인수(印綬)운이 오히려 용신(用神)인 관(官)을 피곤하게 하는 것이다.

❷. 식신(食神)이 왕(旺)하여, 관(官)이 용신(用神)일 경우.

식신격(食神格)인데, 식신(食神)이 왕(旺)하여 관(官)을 용신(用神)으로 할 경우는, 인수(印綬)가 오면 왕(旺)하여 관(官)이 대적(對敵)을 하고 있는 식신(食神)을 인수(印綬)가 극(剋)하여 주니, 용신(用神)인 관(官)의 입장에서는 매우 고무적인 일이 되는 것이다.

든든한 지원(支援)자의 역할을 하는 것이니, 인수(印綬)가 고마운 것이다.

그러나 그것은 일단일 뿐이다. 인성(印星)이 관성(官星)의 기운을 흡수(吸收)하니 일단은 생(生)이 우선이라, 관성(官星)은 인성(印星)을 생(生)할 수밖에 없는 상황으로 이어지는 것이다.

식상(食傷)은 멀고 인성(印星)은 가까운 것이다.

인성은 신약(身弱)한 일간(日干)의 부족(不足)함을 채워주니 고마운 것이다.

여기에서 인성(印星)은 식상(食傷)을 타이르는 것이다.

관성(官星)하고 그만 다투라는 것이다. 괴롭히지 말라는 것이다.

자신에게 힘을 실어주니 응답을 하는 것이다.

🔹 결과적으로 중재(仲裁)역할을 하는 면도 있는 것이다.

🔹 부자(父子)간에 사이가 안 좋아 어머니가 항상 중간에서 걱정이었는데, 할아버지가 중간에 나서서 며느리를 도와준다며 자식에게 부자유친(父子有親)을 가르쳐 주는 것이다. (일간(日干)이 신약(身弱)할 경우.)

🔹 일을 하던 사람들이 힘들고, 잔소리가 심하여 도저히 못하겠다고 파업을 하려고 한다. 이때의 해결방법은 무엇일까? 계획을 변경하는 것이다. 좀 더 참신하고, 새로운 공법도 도입하고, 혁신적인 계획을 내놓는 것이다.

　　🔲 식신용관격(食神用官格).

✪. 궁조입회(窮鳥入懷)격이다.

▷ 어려움을 당한 새가 도피처(逃避處)를 찾아 품으로 오는 것이다.

당연히 도와주어야 함이 옳지가 않은가!

◪ 견겁(肩劫) 운(運)이 올 경우의 변화.

식신용관격(食神用官格)의 특징을 잘 알아서 판단(判斷)을 하여야 할 것이다.

비겁(比劫)이 왕(旺)하여 관(官)을 용신(用神)으로 한 경우는, 견겁(肩劫)운

이 오히려 부담이 되는 것이요, 식신(食神)이 왕(旺)하여 관(官)을 용신(用

神)으로 한 경우는 다이어트의 효과를 노리는 것이다.

▷ 즉 쉬고 있는 물적, 인적 자원을 활용하는 것이다.

✪ 관(官)이 용신(用神)인데, 견겁(肩劫)을 만나니 관의 충고(忠告)와 조언

(助言)이 먹히지가 않는다. 너나 잘하세요! 하면서 고개를 돌린다.

　　　식신용관격(食神用官格)은 서로가 상전(相戰)중인데, 중간에 견겁(肩

　　　劫)이 나타나니 싸움을 말리는 경향이 강한 것이다.

✺ 문제는 어느 편에 유리한가? 를 살핀다.

✪. 중과부적(衆寡不敵)격이다.

▷ 무리가 적으니 적(敵)과 대적(對敵)을 할 수가 없는 것이다.

　　적은 힘으로는 큰 힘을 이길 수가 없다.

❖ 음력 10월에 내리는 비와도 같은 것이다. 겨울비의 시작이다.

❖ 주색(酒色)으로 맺은 벗과 같은 것이다. 유혹(誘惑)에서 못 벗어난다.

❖ 청수(淸水)와 탁수(濁水)가 뒤섞여 하나가 되어 흐르는 물과 같다.

✪ 식신(食神)이 왕(旺)하여 관(官)이 용신(用神)일 경우.

- 말이 지나치게 많고, 비밀(秘密)을 간직하지 못하니 보안(保安)을 요하는 직종에는 어울리지가 않는다. 일을 행함에 지나치게 설치고 안정됨이 없으니 경솔한 것이요, 멀리 내다보는 안목(眼目)이 부족한 것이다.
- 그러니 당장의 앞에 벌어지는 일에만 관심이 있는 것이다.

개 처럼 벌어도 정승처럼 써야 하는데, 개처럼 벌어 개처럼 쓰는 것이다. 내 돈 주고 물건을 사고, 일을 시켜도 뒤돌아서서 바보라고 비웃는 것이다. 물건을 살 때 확인도 안하고 카트에 막 담는다.

- "선무당이 사람 잡는다."고 그저 조금 아는 것 갖고 많이 아는 척 하고 일을 시키고, 모르면 알아서 하라고 하면서 엉뚱한 뒤치다꺼리는 다하는 것이다. 일이 잘못되면 항상 탓하기 바쁘다.
- 속임수에 속아서 바가지 쓰면서 사모님, 사장님 하면 만사 끝나는 것이다. 여성의 경우 남편 알기를 우습게 아는 것이다. 그러면서도 남편이 없으면 허전하고, 마치 울안에 가두어 놓고 자기만이 소유하고 싶어 하는 것이다. 남편이 하는 일이 내심 안 되기를 바라는 사람이다.
- 의부증(疑夫證)의 증세(症勢)도 있는 것이다.
- 대체적으로 이런 사람은 자식의 덕(德)을 보기가 힘들어진다.
- 사랑하기는 엄청 하는데 자기가 자란 환경이 문제다.
- 식신(食神)의 기운이 강하니 인수(印綬)인 모친(母親)이 모성애가 문제가 있는 것이다.
- 식신격(食神格)에 식신(食神)이 강(強)하고, 관(官)이 용신(用神)이니 아버지에 대한 부성애(父性愛)에 굶주린 사람이다.
- 아버지는 재성(財星)인데 내가 생하려면 생(生)할 수가 있지만, 이미 거리가 멀어진 사람이다. 왜냐하면 식신(食神)이 지나치게 강(強)하다 보니 생(生)하는 것을 잊어버린다. 일단 내가 배부르니 만사가 귀찮아 지는 것

이다. 그것이 사는 길인데도 말이다. 강압성이 필요한 경우다.

● 그 사이 일간(日干)인 아(我)가 지나치게 설기(泄氣)당하여 너무 힘이 드니 그보다 앞서 관(官)을 부르는 것이다. 식신(食神)을 잠재워 달라고 말이다. 닿을 듯 닿지 않는 것이 부정(父情)인 것이다.

● 그로 인하여 남편(男便)을 사랑하면서도 부정(父情)에 대한 애착(愛着)으로 인하여, 원망(怨望)으로 인하여 남편을 미워하는 것이다.

● 일종의 대리(代理)적인 심리(心理)가 작용(作用)하는 것이다.

● 이 경우는 관(官)이 필히 잘못된 길로 나가는 것을 방지하는 역할을 하는 것이다. 스스로를 추스르지 못하기 때문인 것이다. 그런데 견겁(肩劫) 운이 오면 자기 자신을 강(强)하게 하는 것이니 관(官)에게 의지하면서도, 이제는 내가 알아서 처리하겠다는 모종의 결심이 서는 것이다.

● 잘 되도 내 탓이요, 못 되도 내 탓인 것이다. 똥고집이 강하여 지는 것이다. 의타심(依他心)이 없어지는 것이나 오래 못 간다.

✪. 일간(日干)이 신왕(身旺)하여, 관(官)이 용신(用神)일 경우.

일간(日干)이 신왕(身旺)하여 관(官)이 용신(用神)이 되는 것은 당연한 것이다.

▶ 그런데 식신격(食神格)에서 일간(日干)이 왕(旺)하여 용신(用神)이 된다는 것은 인간적으로 답이 안 나온다는 설명이다.

▶ 식신(食神)이 일간(日干)의 기운을 흡수하여도, 일간은 아무런 영향을 안 받는다는 이야기인 것이다.

그것은 인수(印綬)가 있어 식신(食神)을 억압(抑壓)하던가, 아니면 식신(食神)이 형충파해로 인하여 제대로 자기 역할을 못한다는 설명인 것이다.

그것도 아니라면, 일간(日干)이 비겁(比劫)의 세력(勢力)을 등에 업고 안하무인(眼下無人)이요, 독불장군(獨不將軍) 행동을 하고 있다는 이야기다.

좋은 말로 타일러서 도저히 가망이 없다는 설명이다. 이런 경우는 두들겨 패는 방법 밖에는 없는 것이다.

강제(强制)로 군대를 보내던가, 나이가 들었으면 콩밥을 좀 먹여야 된다는 이야기다. 속된 말로 눈에 피눈물이 좀 나야 정신을 차린다는 설명이다.

실전사주

庚	辛	丙	己
寅	巳	子	酉

곤명(坤命)

↦ 자(子)월의 신(辛)금 일간이다.
지지(地支)에는 사(巳)화를 놓고 있다.

⬆ 신사(辛巳)일주(日主)의 사주이다. 아직도 미혼(未婚)인 여성의 사주이다. 월지(月支)에 자(子)수인 식신(食神)을 놓고 있다. 용신(用神)은 무엇이 될까? 관(官)이 용신(用神)이 된다. 식신용관격(食神用官格)의 사주이다. 식신용식신격(食神用食神格)도 가하나 재성의 흐름을 보는 것이다.

▶ 식신(食神)운이 올 경우의 변화.

관 (官)이 용신(用神)인데 식신(食神)운이 온다면, 용신(用神)인 관(官)은 맥을 못 춘다.

● 일주(日主)가 강(强)하여 관(官)이 용신일 경우는, 식신(食神)이 와도 별로 타격을 받지를 않는다.

● 식신이 일간의 기운을 빼앗아 가는 대신, 관살(官殺)이 일간(日干)을 겁박(劫迫)하는 것을 막아주므로 영향상의 결론은 같다.

● 일주(日主)가 식신(食神)의 지나친 흡수(吸收)로 인해 엑기스가 빠진 일주라면 문제는 심각하게 된다. 탈수(脫水)현상이 심한 것인데, 거기에 또 탈수(脫水)라는 현상(現象)이 일어난다면 "너 죽고 나 살자". 인 것이다.

● 여성(女性)의 경우라면 자식(子息)에게 그리 정성을 쏟고 온갖 노력을 다 하였건만 자식이 정신(精神)을 못 차리고 갈수록 양양 인 것이다.

✛ 식신용관격(食神用官格).

🔹 일은 하지만 금전(金錢)에 대한 집착(執着)이 너무 지나쳐 일 자체보다도 돈을 따르는 경향이 도(度)를 넘는 것이다.

🔹 일을 하여야 돈이 생기는데, 일은 안하고 돈부터 계산을 하는 것이다.

✪. 조차전패(造次顚沛)격이다.

⇨ 아차! 하는 순간과 존망(存亡)이 위급한 때인 것이다.

⬛ 재성운(財星運)이 올 경우의 변화.

재 성(財星)은 관(官)인 용신(用神)을 생(生)하는데, 식신(食神)이 지나칠 경우는, 재성(財星)이 길(吉)로 작용을 한다.

🌸 식신(食神)의 왕(旺)한 기운을 설기(泄氣) 시키니 그것은 좋은 것이다.

🌸 일주(日主) 즉, 일간 자체가 왕(旺)하여 관(官)을 용신(用神)으로 할 경우 재성(財星)이 오는 것도 역시 길(吉)한 것이다.

🌸 일간(日干)을 소진(消盡) 시키는 것이니 바람직한 운(運)인 것이다.

🔹 아이들을 다스리는 방법에는 매도 필요하지만 입맛에 맞는 음식을 제공함으로써 그들의 기호(嗜好)를 파악하여 달래는 것도 좋은 것이다.

🔹 그것이 아니면 용돈을 듬뿍 주는 것도, 따라서는 써 볼만한 방법이다.

🔹 요즈음은 유행(流行)에 따른 환경(環境)적인 변화(變化)에 그들의 취향(趣向)을 파악하는 것이 제일 급선무 일 것이다.

🔹 강압적인 방법보다는 유화적인 행동을 취하는 것이다.

✪. 통공역사(通功易事)격이다.

⇨ 일을 함에 서로 유기적(有機的)인 관계로 처리함.

협업(協業)을 하고, 분업(分業)을 하는 것이다.

⬛ 관성(官星)운이 올 경우의 변화.

일이란 항상 겹치면, 좋은 일도 가격(價格)이 하락하는 법이다.

겹치는 경사(慶事)라지만 항상 그것이 좋은 것만은 아닌 것이다.

호사다마(好事多魔)라고 항상 마(魔)가 끼는 법이다.

식 신격(食神格)에서 관(官)이 용신(用神)이니, 용신(用神)운이 오면 당연히 좋을 것이 아닌가? 지극히 당연한 것이다.

모든 격(格)에서도 마찬가지인 것이다.

우리가 한 번 거꾸로 생각을 하여보자. 왜 좋은 운(運)인데도 불상사(不祥事)가 생기고, 복(福)이 많은 사람인데도, 흉(凶)한 일로 하여 얼굴에 그늘이 지는가?

반드시 길(吉)이 있으면 흉(凶)이 있는 것이요, 흉(凶)이 있으면 길(吉)이 있는 것이다. 우리는 일반적으로 운(運)에서 사주에서 이것이 길(吉)이다. 하면 물론 당연한 것이다. 그러나 한 편으로 그 반대적(反對的)인 경우를 생각하여보자.

길(吉)로 인하여 흉(凶)이 가려진다 뿐이지 그것이 완전히 없어지는 것은 아니다. 음(陰)과 양(陽)을 보면 양(陽)일 경우는, 음(陰)이 약하여 양(陽)의 기운이 강(强)한 경우가 되는 것이요, 음(陰)일 경우는 양(陽)이 약하여 음(陰)이 더 돋보인다는 것 뿐 이다.

그렇다면 운(運)을 볼 필요가 없는 것이 아닌가?

하고 반문을 할지는 몰라도 그것은 아니다. 길(吉)이라는 그 자체만 생각을 하고 잠시 잠깐 그것에 도취되어 판단(判斷)을 하고 있다는 것 뿐 이다.

실제로 그렇게 현상이 나타나니 그것은 절대로 틀린 것이 아니다. 그러나 부분적으로나마 그런 면이 있다는 것을 참고로 하여야 한다는 설명인 것이다.

과부(寡婦)심정은 홀아비가 아는 것이다. 무조건 좋다고만 들뜰 것이 아니라 안 좋은 면에 조금은 신경을 써야 할 것이다.

때로는 욕심(慾心)을 부리는 면도 보여야 한다.

✪. <u>운지장상(運之掌上)</u>격이다.

↳ 손바닥 위에 놓고 노는 형상이다. 마음대로 갖고 노는 것이다.

역(逆)으로 보자. 손바닥이 넓어야 얼마나 넓을 것인가?

만약에 손바닥 위에서 갖고 놀다 떨어지면 어찌 될 것인가?

작은 재주요, 작은 면적이다. 뛰는 놈 위에 나는 놈이 있는 격이다. 또한 나는 놈 위에는 항상 뜨는 놈이 있는 것이다.

우주시대(宇宙時代)이다. 기껏 땅위에서 노는 것이다. 분수를 지켜야 낭패를 보지 않는다는 것이다.

↳ 식상운(食傷運)은 항상 까불지를 말아야 한다.

실전사주

己	丙	丙	癸
丑	辰	辰	巳

↳ 진(辰)월의 병(丙)화 일간이다.

일지(日支) 역시 진(辰)토이다.

건명(乾命)

⬆ 병진(丙辰)일주(日主)의 사주이다. 월주(月柱)도 똑같다. 식신용관격(食神用官格)사주이다.

🔹 관운(官運)이 좋아 승승장구하였는데 항상 이등이다.

🔹 사주(四柱) 상으로는 문제성이 많은데, 항상 이런 경우는 운(運)을 잘 보아야 한다. 실수(失手)하기가 딱 좋은 사주이다. 대기업체의 고위급 간부인데, 더 이상 승진(昇進)이 잘 안 된다. 왜일까?

🔹 나와 같은 사람이 항상 위에 있고, 운(運)도 같이 받아먹는다.

🔹 관(官)이 지나치게 잠복(潛伏)하여 있는 사주인 것이다.

● . 상관격(傷官格)의 용신(用神).

상관(傷官)이란?

어떠한 사안(事案)에 대하여 관련이 있거나, 연관성에 대한 이야기가 나올 때 책임 회피성, 또는 무관함을 강조하기 위하여, 일종의 발뺌을 하는 듯의 뜻으로 우리가 흔히 하는 말 가운데 상관(相關)이 없다는 말을 자주 한다. 그 상관(相關)이란 과연 무슨 의미로, 어떠한 목적으로 사용을 하는지, 순수한 의미로 그 말을 알고 하는지 궁금한 경우가 간혹 생기는데, 이의 사용은 명리(命理)에서 그 근본을 찾아보면 명쾌한 답을 얻을 수가 있다.

✪ 상관(傷官)이란?

명리(命理)에서 설명하는 상관(傷官)이란? 정관(正官)을 극(剋)하는 용어(用語)이다. 극이란 억누른다는 의미만이 아니라, 부정의 의미도 있는 것이다.

관(官)을 상(傷)하게 하는 해(害)로운 존재(存在)인 것이다.

재(財)를 생(生)하는 재(財)의 근원(根源)이다.

◑ 재(財)의 원류(原流)가 되기도 하지만 정관(正官)을 극(剋)하는 것이므로 항상 정도(正道)로 가지 아니하는 존재(存在)인 것이다.

✪ 정관(正官)이란 ?

알기 쉽게 설명하면 정도(正道)이다. 즉 매사를 옳고, 똑바로 행하는 정의(正義)로운 기운(氣運)인 것이다. 정의도 지나치게 정의롭다보면 그것이 도(度)를 지나쳐 때로는 생각지도 않게 해(害)를 끼치고, 준비가 안 된 상대에게는 잔인(殘忍), 포악(暴惡)성을 나타내는데 그저 쉽게 편의상, 법(法)과 같은 존재(存在)라고 생각을 하는 것이 편할 것이다.

물론 악법(惡法)도 법(法)이라는 논리(論理)도 성립이 되는 경우도 포함이 되는 것이다. 생활의 실질적(實質的)인 예를 든다면 이러한 것이 해당이 될 것이다.

🙂 본의 아니게 실수를 하여 당장 벌금을 물어야 할 처지라고 하자. 그런데 갖고 있는 현금(現金)이 없다고 하자. 설사 있다하여도 액수가 모자라 곤란에 쳐할 경우, 갑자기 어디서 융통하기도 힘든 상황이고, 마땅히 부탁할 곳이 없을 정도로 딱한 처지라고 생각을 하여보자.

🙂 당연히 과오에 대한 대가(代價)는 치르는 것이 합당하나 융통성(融通性)이 없이 상대의 처지를 생각할 줄 모르는 정도(正道)요, 법(法)이라면 어려운 환경에 처한 사람에게는 잔인할 정도로 곤혹스러운 것이다.

🙂 당연히 그리하는 것이 이럴 경우 정도(正道)가 지나치니 마치 편도(偏道)와 같은 역할을 하는 것이다.

🙂 그래서 하는 말이 정도(正道)가 지나치면 안 된다고 하는 것이 아닌가?

🙂 저돌적(猪突的)이고, 반골(叛骨)의 기질을 나타내는 것이 상관(傷官)의 기질(氣質)이다. 따지는 것을 좋아하고, 정도(正道)를 싫어하는 것이 상관의 특징인 것이다.

🙂 때로는 과감하게 정도(正道)를 부인(否認)하고, 외면하는 것이 상관(傷官)인 것이다. 그래서 강조하는 "나는 상관이 없다."는 말을 반복하게 되는 것이다.

🙂 그만큼 순응(順應)을 잘하고, 엉뚱한 행동이나, 말을 하여 남에게 폐를 끼치지 않는 사람이라는 것을 강조하는 것이다.

🙂 일이 복잡하게 꼬이거나 얽혔을 때 일종의 면죄부(免罪符)를 받자는 의도(意圖)도 다분히 나타나는 것이다.

🙂 그러한 기운을 극(剋)하는 나쁜 기운이 없다는 이야기다. 어찌 보면 옳고 그름을 따지는 데 있어서 나는 관여하지 않겠다, 또는 나 자신이 그런 능력(能力)이 없다고 스스로 인정(認定)을 하는 것이다.

🙂 시시비비(是是非非)를 나는 가릴 능력이 없다는 일종의 회피성(回避性)

발언이다. 결국에는 무능력(無能力)하다는 말이다.

🐌 옳은지?, 그른지? 를 확실히 구분을 하여야 하는데, 방관자(傍觀者)의 입장에서 구경만 한다는 말이다.

🐌 일이 잘못이 되었으면 그 원인이 있는 것인데 ,그 원인을 알면서도 그럴 수도 있는 일이다. 그 까짓 거! 하면서 나는 상관없어요, 한다면 앞으로는 어찌 될 것인가? 백년하청(百年河淸)인 것이다.

🐌 무릇 용기 있는 사람은 상관없다는 말을 쓰지를 않는다. 잘잘못에 대한 처신을 확실히 한다. 그것이 군자(君子)의 도리(道理)요, 덕목(德目)인 것이다.

🐌 요즈음은 70 이상은 되어야 어르신 소리를 듣는다. 세상 살아온 연륜으로 말이다. 아직 그 나이가 안 된 사람은 어른 소리는 들어도 어르신 소리는 아직 모자란다.

🐌 "상관없다." 란 말은 변절자(變節者)나, 우유부단(優柔不斷)한 인간이 즐겨 사용하는 단어이다.

🐌 새삼 우리가 사용하는 단어에 대한 두려움에 말이 많은 세상, 말이 무섭게 느껴진다. 항상 언어 구사에 진중(鎭重) 하여야 할 것 같다

🐌 이야기가 너무 다른 곳을 흘렀나? 상관이란 이렇듯 때로는 카멜레온 같기도 한 것이다. 그러나 상관(傷官)도 많으면 식신(食神)의 역할을 하는 경우도 있는 것이다. 아주 간단하게 생각을 한다면 상관(傷官)이란 ? 글자 그대로 관(官)을 상(傷)하게 하는 것이다. 그러니 별로 인식(認識)이 안 좋은 것이다.

● . <u>상관격(傷官格)에서의 용신(用神).</u>

그럼 상관격(傷官格)에서는 어떻게 용신(用神)을 찾아낼 것인가 ?
상황(狀況)에 따라 그 찾는 방법(方法)과, 선택(選擇)의 폭(幅)이 달라질 것

이다.

상관격(傷官格)에 대한 기본적인 구성요건에 대한 설명, 특징은 격국(格局)편에 있으므로 생략을 하고, 용신(用神)에 대한 부분으로 넘어가자.

상관격(傷官格)은 그 변화(變化)가 참으로 많다. 그러나 실제로 그 원리(原理)라고 하는 것은 같은 흐름인 것이다. 격국(格局)을 보면서 이야기하는 것이 나을 것이다.

실전사주

戊	丙	丁	壬
戌	午	未	子

▷ 미(未)월의 병(丙)화 일간이다.

지지에는 제왕인 오(午)화를 놓고 있다.

건명(建命)

⬆ 상관격(傷官格)의 사주인데, 사주가 지나치게 왕(旺)하다.

인생의 전반부는 관(官)의 기운이 많이 작용을 하나, 점차 가면서 관(官)의 소중함을 잃어버리는 느낌이다. 용신(用神)은 관(官)을 택한다.

실전사주

丁	戊	癸	己
巳	戌	酉	未

▷ 유(酉)월의 무(戊)토 일간(日干)이다.

일지(日支)에는 술(戌)토를 놓고 있다.

건명(乾命)

⬆ 무술(戊戌) 일주(日主)의 사주이다. 금(金)이란? 토(土)의 기운(氣運)을 흡입하여 기력을 보호하고, 자신을 지탱하는 뿌리로 하려고 한다. 흙에 뿌리를 내리려고 하나 흙이 너무 단단하다. 상관(傷官)격의 사주이다.

목(木)으로 하여 강제로 토(土)의 기운을 와해시키려 하는 것도 문제이다.

오히려 왕(旺)한 토(土)의 기운에 밀려 역(逆)으로 목(木)이 당할 형국이다.

🌑 다른 방법으로 본다면 금(金)이 흙속에 파묻혀 있는 형상이다.

🌑 월간(月干)의 계(癸)수가 메마른 땅을 적셔주는 단비와 같은 작용을 하는데

- 합(合)을 하여버리면 흡수되어 흔적도 없어진다. 망설이는 것이다.
- 장기간 교제를 한 여성이 있는데, 막상 결혼할 시기가 되자 망설이고 있는 것이다. 무(戊)토 일간(日干)의 입장과는 다른 것이다.
- 여기에서 용신(用神)은? 계(癸)수가 용신(用神)인 것이다.

● . 상관용인수격(傷官用印綬格).

상관(傷官)을 체(體)로 하고, 인수(印綬)를 용(用)으로 하는 것이다 식신용인격(食神用印格)과 성향(性向)이 비슷한 것이다.

❖ 그러나 약간의 차이는 어쩔 수가 없는 것이다.

인수(印綬)를 용신(用神)으로 한다는 것은, 일주(日主)가 신약(身弱)하다는 설명이다. 그것도 상관(傷官)의 잔인한 흡입(吸入)에 의하여 엑기스를 전부 빼앗기고 있는 것이다.

영양을 보충하여줄 인수(印綬)의 도움을 필요로 한다는 것이다.

용신(用神)이란? 그 자체가 부려야 하고, 사용하여야 하지만 "아, 당신을 믿습니다." 하고 의존(依存)을 하는 것이다. 인수(印綬)는 제일 편안하게 의지(依支)할 수 있는 존재인 것이다. 그래서 부모(父母)인 것이다.

상관격(傷官格)이 인수(印綬)를 필요로 하고, 용신(用神)으로 택했다는 것은 사랑의 매가 약(藥)이라는 설명이다.

성립(成立)은 상관격(傷官格)으로 일단 일간(日干)이 신약(身弱)하고, 사주(四柱)에 인수(印綬)가 있을 경우에 성립이 이루어진다.

실전사주

己	丙	辛	辛
亥	申	丑	酉

곤명(坤命)

⇨ 섣달의 병(丙)화 일간이다.

　지지(地支)에는 신(申)금을 놓고 있다.

⬆ 병신(丙申)일주(日主)의 사주이다. 시작은 상관(傷官)인데, 결론인 용신(用神)은 인성(印星)으로 귀결(歸結)된다. 상관(傷官)이 변하여 재성(財星)으로 화(化)한 것이다. 상관용인격(傷官用印格)사주이다.

엄밀히 말하면 재격(財格)인 셈이다.

그러나 일단 상관(傷官)으로 시작을 하였다는 의미(意味)로 보자.

재(財)에 종(從)하여야 할 것인가?? 말 것인가? 양(陽)일주라고 그래도 종(從)은 안하신단다. 차라리 종(從)하는 것이 나을 것 같은데 말이다.

해(亥)수중 갑(甲)목을 용신(用神)으로 끄집어낸다. 인수(印綬)이다. 그러나 썩 내키지는 않는다. 지나친 억지이다. 세력(勢力)에 종(從)하는 사주로 보는 것이 더 편하다. 대운(大運)도 시작이 관에서 재운(財運)으로 흐른다.

● .상관용인격(傷官用印格)의 특징(特徵).

상 관(傷官)과 인수(印綬)는 서로가 상전(相戰)하는 관계이다. 충(冲), 파(破)로 얼룩지기도 하고, 합(合)을 이루는 묘(妙)한 관계도 성립이 되는 것이다. 인성(印星)은 정인(正印)과, 편인(偏印)으로 분류가 되는데 편의상 인수(印綬)로 칭(稱)하는 점을 참고 하여야 할 것이다.

🔹 상관용인격(傷官用印格)은 격(格)과, 용신(用神)이 서로의 필요(必要)에 의하여 균형(均衡)을 이루어야 한다는 공통된 과제를 갖고 있는 것이다. 서로가 무한정(無限定)의 대립(對立)이 아니라, 슬기로운 판단을 하여 서로가 공생(共生)을 하자고 하는 것이다. 시작은 상관격(傷官格)이나 결론(結論)은 인수격(印綬格)으로 끝을 내는 것이다.

🔹 망나니처럼 살아가면서 늦게 철이 들어 지나온 잘못을 반성하고, 올바른 삶을 추구하는 것이나 같은 것이다.

🔹 상관격(傷官格)은 화려함을 좋아하고, 활발한 동작에 밖에서의 대인관계(對人關係)가 좋고, 재주가 많으나 꽃을 피우는 것이 문제인 것이다.

🔹 빛을 못 본다면 아무 소용이 없는 것이다.

● . 상관용인격(傷官用印格)의 운(運)에서의 변화.

상관용인격(傷官用印格)이란?

사주(四柱)에서 기본적인 시작의 주체는 상관(傷官)과 인수(印綬)인데, 주체가 서로 견제(牽制)하며 상부상조(相扶相助)하는 기현상(奇現象)이 나오는 것이다.

뜨거운 햇볕이 계속 내리 쪼인다면, 그 열기(熱氣)를 감당하기가 참으로 힘든 것이다. 아, 이건 완전히 살인더위야 ! 하면서 숨을 헉헉 거릴 것이다.

이럴 때는 시원한 그늘을 찾아, 물가를 찾아 가는 것이 바람일 것이다.

상관(傷官)과 인수(印綬)는 이와 같이 상극적(相剋的)인 관계이면서도, 서로가 없어서는 안 되는 존재인 것이다.

● . 인수(印綬)운이 올 경우의 변화.

상 관용인격(傷官用印格)인데, 인수(印綬)운이 온다는 것은 바라 던 바 그대로 모든 일이 진행(進行)이 되는 것이다.

♪ 지나친 지출(支出)로 인하여 구멍이 크게 난 것이다. 더 이상의 출혈은 막아야 하는 것이다. 그런데 그것이 가능하여 지는 것이다.

♪ 사람에게 있어서 구멍이란 존재는 참으로 묘한 것이다. 우리가 인체를 생각하여보자.

✪ 구멍이란?

아홉 개라 구멍이라고 하는데, 여자는 하나가 더 있다. 지금은 그 수(數)가 문제가 아닌 것이다. 무엇이 문제일까? 구멍이란 쓸수록, 깎을수록 커지는 것이다. 바로 상관(傷官)이 그런 역할을 하는 것이다. 그럼 어떤 결과가 올까?

신체적인 면 즉 건강(健康)에 이상이 오는 것이요, 변화가 많이 오는 것이다.

▷ 그 구체적(具體的)인 사항을 열거하여보자.

모든 것이 지나치면 항상 화근(禍根)이 되는 것이다. 적당한 것 즉 중용(中

庸)의 도(道)를 지키는 것이 좋은 것이다. 너무 사용을 안 하여도, 지나쳐도 문제가 되는 것이다.

❖ 우선 남녀의 성(性)관계를 살펴보자. 지나치지 아니하고, 적당하거나, 오히려 부족(不足)할 정도로 부부간의 지나친 성(性) 접촉이 없으면 으레 그러러니 하고 아무 문제도 없이 건전한 성생활(性生活)이 이루어진다.

그러나 그 빈도(頻度)가 많은 부부일 경우, 그 분위기나 빈도수가 점점 적어진다거나. 공백(空白)이 생길 경우 문제가 생기는 것이다. 그렇다고 전부가 그렇지는 않겠지만 반 농담 소리라도 요즈음 컨디션이 안 좋은가 봐요? 엉뚱한 곳에서 기운(氣運)을 다 없애는 것은 아니지요? 보약(補藥) 좀 드셔야겠어요? 하면서 응근히 자존심(自尊心)을 상하는 이야기가 나오는 것이다.

그러다보면 신경을 안 써도 될 부분에 대하여 서로가 사서 걱정을 하는 것이다.

- 간혹 연령별로 횟수가 어느 정도가 좋다는 등 호기심을 자극하는 말들이 나오는데 물론 근거가 있고, 옳은 부분도 많다. 그러나 중요한 것은 공연히 그러한 문제를 상기하도록 하여 사서 문제를 일으킨다는 것이다.

- 이것 역시 상관(傷官)의 주된 특징(特徵)의 하나인 것이다. 그러다 보면 쓸데없이 비교도 하여보고, 이런 저런 말이 오가다 보면 트러블이 생기는 것이다.

- 여성의 경우 예쁜이 수술이라는 비책(秘策)도 사용하는 예가 나오는 것이다. 다 지나치게 사용하여 나오는 부작용(副作用)의 예인 것이다.

- 또한 지나치면 자궁암의 원인이 되기도 하는 것이다. 이처럼 상관(傷官)인 구멍이 지나치게 작용을 하면 역(逆)효과(效果)가 나온다는 것이다. 귀의 예를 들어보자. 쓸데없이 자꾸 귓구멍을 건드린다고 해보자.

- 귀지를 파낸다고 하면서 잘못 건드리면 상처(傷處)가 나고, 중이염(中耳炎)등 귀에 연관된 질병(疾病)이 생기는 것이다. 이 역시 들쑤셔놓는 상관(傷官)의 기질 그대로 나타나는 역효과(效果)인 것이다.

● 코 역시 마찬가지인 것이다. 지나치게 코를 많이 푼다거나, 후비면 또 문제가 발생하는 것이다.

● 항문 역시 지나치게 많이 사용한다는 것은 내분비 계통에 이상이 있는 것이요, 지나치게 사용을 안 한다는 것은 변비(便秘)가 있다는 이야기다.

● 눈 역시 쓸데없이 많이 비비다 보면 병의 원인이 발생하고, 계속 사용을 한다는 것은 수면시간이 짧다는 것이요, 과로(過勞)로 인하여 눈의 피로(疲勞)를 가중시켜 많은 문제점을 양산하는 것이다. 쓸데없이 불필요한 꼴을 많이 보게 되는 것이요, 졸음운전의 원인(原因)이 되기도 하는 것이다.

● 입 역시 지나치게 많이 사용하면 즉 많이 먹고, 말이 많으면 항상 문제가 생기는 것이다. 대충 이정도로 하고, 해결(解決)방법(方法)은 과연 무엇일까?

● 항문의 경우는 괄약근(括約筋)이라 하여, 자주 조여주면 건강에 좋다고 하지를 않던가? 조여 준다는 것은, 구멍을 될 수 있는 한 많이 적게 하는 시간을 갖는다는 것이다. 즉 늘어난 구멍을 축소(縮小)시키는 운동(運動)인 것이다. 쳐진 근육을 단단히 하는 것이다.

말- 이 많은 사람을 보고 우리는 입 좀 다물라는 표현(表現)을 한다. 쓸데없는 말을 하지 말라는 뜻이지만, 입의 구멍을 닫는 시간을 그만큼 줄인다는 것이다. 여기에서 또 치아(齒牙)에 관한 사항이 나온다. 입을 다물면서 치아(齒牙)를 살살 자근자근 씹듯 운동을 하면 잇몸과 치아의 건강에도 좋은 것이다. 이 역시 입이란 구멍을 막고 다물면서 운동을 하면서 생기는 변화인 것이다. 그만큼 구멍에 대한 지나친 사용에 대한 비방(秘方)은, 최대한 줄이면서 해법(解法)을 찾는다는 것이다.

▶ 이야기가 지나치게 흐르는 면이 있으므로 이 정도로 그치자. 이처럼 상관(傷官)이 지나치면 필요한 것이 바로 인수(印綬)인 것이다. "입 닥쳐!" 하고

■ 상관용인격(傷官用印格).

인수(印綬)가 상관(傷官)을 족치는 것이다. 반대로 인수(印綬)가 지나치면, 이 또한 지나치게 사용을 하지 않아 생기는 역효과가 나오는 것이다.

🌰 인수(印綬)는 할 일이 많은데, 즉 상관(傷官)을 극(剋)하고, 일간(日干)을 생(生)하는 일인데 극(剋)보다는 생(生)이 우선이라, 일간(日干)을 생(生)하다 보니, 인수(印綬)가 극(剋)은 다음이요, 생(生)이 우선이다.

🌰 그것은 팔이 가까운 곳에 먼저 손이 가기 때문인 것이다. 그러나 일간(日干)의 설기(泄氣)로 인한 폐해(弊害)가 보충(補充)이 되고, 든든한 고지(高地)를 구축하게 된다. 인수(印綬) 다음에는 비겁(比劫)운이 오는 것이니 한동안 편한 것이다. 길(吉)로 보는 것이 당연한 귀결(歸結)이다.

✪ **사불범정(邪不犯正)격이다.**

사악(邪惡)하여 바르지 못한 것은, 올바르고 정의(正義)로운 것을 범(犯)하지 못하는 것이다.

🔘 . **견겁(肩劫)운이 올 경우의 변화(變化).**

견 겁(肩劫)운이 온다는 것은, 상관(傷官)을 직접적으로 통제(統制)를 하지를 못한다.

✽ 오히려 상관(傷官)에게 기회만 더 자꾸 주는 결과가 나온다.

✽ 상관(傷官)에게 설기(泄氣)를 당하여 허약(虛弱)하여진 몸을 보강(補强)하는 면이 있으나, 일시적인 미봉책(彌縫策)에 불과한 것이다.

✽ 결국에는 상관(傷官)에게 또 헌납(獻納)을 하는 결과가 되는 것이니 말이다.

🌰 이 경우 길(吉)로 보는 경우가 많으나, 옳은 판단임에는 틀림이 없다.

🌰 그러나 비겁(比劫)운 다음에는 무엇이 올까? 식상운(食傷運)이 온다.

- 그러니 임시적(臨時的)인 상황은 풀릴지 모르나 결코 장기적(長期的)인 것은 아니라는 것은 확실한 것이다. 이 차이점은 확실히 알고 있어야 하는 것이다.

- 자중지란(自中之亂)이 발생(發生)을 하면서 전초전(前哨戰)이 시작이 되는 것이다. 불행(不幸)의 씨앗이 잉태(孕胎)되는 것이다.

✪. 도박에 돈을 탕진하는 순서를 아시는지요?

❶ 처음에는 그래도 몇 푼을 건지는 맛에, 잃었다는 사실을 잘 파악을 못한다.

❷ 차차 익숙해지면서 재미를 느낀다.

❸ 잃을 수도 있는 것이지 뭐! 하면서 자신을 옹호한다.

❹ 도박이란 따기도 하고 잃기도 하는거야 ----.

❺ 아! 돈이 조금만 더 있어도 튼 돈을 따는 건데-----

❻ 어쩌다 한 번 가뭄에 콩 나는 식으로 입만 버린다, 약이 오르는 것이다.

❼ 이성을 잃어버린다. 눈에 도박판만 보이고, 본전 생각만 난다.

❽ 위와 같다면 아직도 초짜다. 타짜 되기는 틀린 것이다.

❾ 도박판에서 영원한 타짜는 없는 것이다.

❿ 인생은 허무하다고 느낀다. 자신이 바보라 생각된다. 그리 살다 죽는 것이다.

. 상관(傷官)운이 올 경우의 변화.

상관(傷官)과, 인수(印綬)가 서로 상생(相生)을 하는데, 상관(傷官)의 기운(氣運)이 더 강(强)하여 지는 것이다.

- 가뜩이나 상관(傷官)의 기운이 강하여 걱정인데, 엎친데, 덮친 격이 되는 것이다. 중화(中和)를 이루어야 하는데 한 쪽으로 지나치게 쏠린다.

■ 상관용인격(傷官用印格).

- 견제(牽制)하여야 할 인수(印綬)가 모자라는 것이다. 제살태과격(制殺太過格)의 형태가 되는 것이다.
- 이미 물 건너 간 상태이다. 보이지도 들리지도 않는다.

✪. 계이사지(鍥而舍之)격이다.

새기다가 중도(中途)에서 방치(放置)하여둠을 말한다.

가다가 중지함과 비슷한 의미이다.

● . 재성운(財星運)이 올 경우의 변화.

인 수(印綬)가 용신(用神)인데, 재성(財星)이 오면 인수(印綬)를 극(剋)하니 흉(凶)으로 작용(作用)을 한다.

☆ 상관(傷官)이 왕(旺)하여 재성(財星)으로의 설기(泄氣)가 이어지나 그것 역시 일간(日干)에게는 부담이 되어 돌아오는 것이다.

- 강의시간에 몰래 도망을 하여, 여학생과 데이트를 즐기는데, 그것이 반복이 되다보니 유급을 하여야 한다.
- 지나치게 알바에 치중을 하다 보니, 학업(學業)이 엉망이 되어버린다.
- 신강(身强)일 경우는 학업(學業)과 병행(並行)을 하여도 상관이 없다.

✪. 척계서주(隻鷄絮酒)격이다.

⇨ 초라하고 보잘 것 없는 제수(祭需)로 조상(弔喪) 한다는 뜻인데, 뜻은 있어도 여의치가 않음을 이른다.

● . 관성(官星)운이 올 경우의 변화.

관성(官星)운이 올 경우는, 상관(傷官)이 직접 관성을 극(剋)하니 상관(傷官)의 기운이 나간다.

상관(傷官)과 관(官)의 대립(對立)이 이어지니 혼란(混亂)이 일어나는 것이다. 일간(日干)의 입장에서는 상관(傷官)의 기운이 소진되니 그리 나쁠 것은 없는 것이다.

관 (官)이 일간(日干)을 극(剋)하니 상관(傷官)이 나서서 방패막이 역할을 하니 일간(日干)은 손을 놓고서 구경을 하여도 무방한 것이다.

용신(用神)이 인수(印綬)이니 관(官)은 인수(印綬)를 생(生)한다.

용신(用神)을 생(生)하는 역할을 하는 것이니 오히려 좋은 쪽으로 보아야 할 것이다. 여기에서 문제가 되는 것은 일단 관(官)은 일간(日干)을 극(剋)하는 것이니, 일간이 신약(身弱)할 경우는 관(官)의 직접적인 통제가 어느 정도 행하여지는 형태가 나오므로 곤혹스러운 일도 생기는 것이다.

- 상관용인격(傷官用印格)은 일단 일간(日干)이 신약(身弱)한 경우이니, 꼭 그리 좋다고만 하기에도 여진(餘震)이 있는 것이다. 특히 상관(傷官)과 관(官)의 충돌(衝突)로 인한 불똥이 일간에게 떨어지는 수도 있는 것이다. 화재현장을 가보면 옆에만 있어도 그 뜨거운 열기(熱氣)가 느껴질 것이다.

- 썩어도 준치라고, 관(官)은 관(官)다운 역할을 일간(日干)에게 꼭 하는 것이다. 비록 상관(傷官)의 기운(氣運)이 강(强)하여 관을 억압(抑壓)한다 하여도, 관(官)이 옴으로 인하여 상관(傷官) 자체가 와해(瓦解)되는 수가 있고, 관(官)으로 인한 변동수(變動數)도 가능(可能)하기 때문이다.

✪. 설한풍(雪寒風)격이다.

눈 과 더불어 휘몰아치는 차가운 겨울바람이다. 추운 것은 당연한 것이다. 환경이 어려워진다. 잠시 숨을 죽이는 시간이다.

- 배추도 미치고 나야 맛이 있는 것이다. 상관의 기운도 마찬가지이다.

● . 상관용견겁격(傷官用肩劫格).

상 관격(傷官格)인데 인수(印綬)도 없는 것이다. 어지간히 주변(周邊)에 도와주는 사람이 없는 경우나 마찬가지인 것이다.

- 내가 직접 나서서 챙기는 것이나 마찬가지인 것이다. 나를 도와주는 사람은 없고 전부 뜯어가기만 하는 사람들만 있는 경우나 같은 것이다.

- 거기에 상관격(傷官格)인데, 상관(傷官)의 기운이 만만치가 않으니 걱정인 것이다.

● .상관용견겁격(傷官用肩劫格)의 특징(特徵).

요즈음의 부모들은 자기의 가용(佳容)재산(財産)을 자기가 기력(氣力)이 쇠(衰)하여 죽기 전 까지 라도 갖고 있다가, 자연스레 나머지를 자손(子孫)에게 주려는 생각을 많이들 하고 있고 또 실제로 그렇게 하고 있다.

그나마 그것도 없는 부모들은 자기의 기력이 미치는 한 최선의 노력을 다하여 최대한 자손들에게 누(累)가 되지 않으려고 모든 노력을 다한다.

물론 사람의 경제적(經濟的)인 능력(能力)에 따른 분류일 것이다.

이런 사람 저런 사람 건강을 잃은 사람, 재물을 모으지 못한 사람, 배우지 못한 사람 다 나름대로의 애환(哀歡)은 있는 것이다.

나이 들어서 제일 서러운 것은 옆에 사람이 없음일 것이다.

재물(財物)이 없는 사람은 재물(財物)을 첫째로 볼 것이고, 자손(子孫)이 귀한 사람은 자손을 볼 것이고 여하튼 복은 여러 종류가 있지만 과연 얼마나 그것을 지키고 가느냐가 문제인 것이다.

일반적으로 살다보면 재물로 인한 다툼이 항상 제일 큰 문제로 등장을 한다.

할아버지를 10년간이나 중풍으로 간병을 하고 계시는 할머니의 이야기다.

두 분은 일찍 재산을 알뜰히 모아 약간은 넉넉한 생활을 하고 계시는 중이다.
아들 셋 중 둘은 다 결혼을 시키고, 며느리도 보고 손자(孫子)들도 여럿인
다복한 전형적(典型的)인 가정(家庭)을 이루고 계시는 분인데, 할아버지가
쓰러지시면서 부터 재산으로 인한 형제간의 불화가 종종 생긴 모양이었는데
이제는 조금 심각한 상황이 발생한 것이었다.

그동안 할머니는 아들들에게 각자의 재산을 분배하여 지내기에 어렵지 않을
정도로 다 이미 나누어주신 상황이었는데, 문제는 막내와 할머니 몫으로 되
어있는 부동산이 문제였던 것이다.

할아버지와 죽기 전까지는 갖고 있다가 주려고 한 그 부분이 쟁점(爭點)이
된 것이었다. 식구들 끼리 의논(議論)을 하였지만 결론을 쉽게 내리지 못하
여 혼자서 이 생각 저 생각을 하다가 아무소리 없이 상담(相談)을 하러 온
것이었다.

할머니는 막내아들과 할아버지를 모시고 건물 임대료를 받으며 생활에는 아
쉬움이 없었다. 그런데 큰아들이 사업을 하는데, 사업확장(事業擴張)을 한다
며 그 재산을 처분하고 자기가 모실 터이니 이제 남은 여생(餘生)을 편안히
지내시라는 것이란다. 모든 문제는 자기가 다 해결을 한다는 것이었다.

평소에 가족들의 대화는 큰아들이 모든 것을 좌지우지(左之右之)하는 상황이
었다. 성격(性格)도 그렇고 사주(四柱)를 보니 대단한 성격이었다.

도무지 대화가 안 된다는 것이었다.

형제들 간에도 이미 마찰이 생기고 있는 모양이었다.

운(運)을 보니 큰아들의 운은 그저 무난히 지키기도 힘든 운이라 벌리기는
역부족 이었다. 하여도 부모(父母)의 마음은 어디 그런가?

그래도 자식인데, 사업을 더 벌려도 괜찮을까요?

부모(父母)를 노년(老年)에 잘 모실까요?

이미 둘째와 며느리 , 그리고 막내와는 부결(否決)로 결정을 본 모양이었다.

그런데 하도 큰아들의 보챔이 심하여 망설이고 계시는 모양이었다.

그래도 자식(子息)이 잘된다면----------,혹시나 하는 것이 부모의 마음인 것이다.

이미 큰아들의 운(運)은 쇠퇴(衰退)기로 접어드는 형국이었다.

관절염(關節炎)으로 몸도 불편하신 중에 전화도 없이 한 번 오셨다가 그냥 돌아가신 모양이었다.

가시는 중 조심하시라며 부축을 하여드리고 어차피 부모 모실사람은 막내이니 막내위주로 결정을 보시라고 하면서 원만히 잘 처리를 부탁을 드렸다.

이미 사주에 막내는 어머니를 모시고 임종(臨終)을 지키는 사주이었다.

큰형은 화(火)일주로 강한 사주라 제어하기가 힘들고 , 둘째는 재다신약(財多身弱)의 사주라 가권(家權)은 이미 그의 처가 모든 것을 좌지우지(左之右之)하고 있었던 것이었다.

이런 경우가 상관용견겁격(傷官用肩劫格)의 경우와 유사한 것이다.

● . 상관용 견겁격(傷官用肩劫格)의 운(運)에서의 변화.

상관용견겁격(傷官用肩劫格)이란?
여기에서의 주체(主體)는 상관(傷官)과 비겁(比劫)이다.

▼ 위에서 보듯이 할머니가 자식에게 곤욕(困辱)을 치루고 있는 것이다.

▼ 어차피 죽을 때는 아무것도 갖고 있지를 못하는 것인데, 갖고 있으면 뭘 하나! 그냥 두 눈을 딱 감고 주어버려? 아니야 어떻게 그것을 그냥 송두리채로 준단 말인가? 아냐, 그건 안 돼! 하면서 마음속으로 두 갈래의 기로(岐路)에 선 것이다.

▼ 상관은 그 총명성에 있어서는 타의 추종을 불허한다. 그래서 기발한 아이디어, 획기적인 계획도 발표하여 많은 사람을 깜짝 깜짝 놀라게 하는 것이다. 자연 위험성을 다분히 내포하고 있는 것이다. 발명가적인 사고방식이요, 행동인 것이다. 활용에 따라 약(藥)도 되고, 독(毒)도 되는 것이다.

● . <u>인수(印綬)운이 올 경우의 변화.</u>

인수(印綬)가 없어서 비겁(比劫)을 대신하여 용신(用神)으로 사용한 것인데, 비겁을 용신(用神)으로 사용을 한다는 것은 스스로를 충만(充滿)하는 기회가 되기도 하는 것이다. 타(他)의 도움에 의하지 아니하고, 최대한 스스로가 모든 일을 해결해야 한다는 당위성(當爲性)을 느껴야 한다는 것이다.

- 식상(食傷)은 장모(丈母)님이다. 인성은 어머니이고, 자연 장모님이 어머니 보다는 이치(理致)상 기운이 약(弱)하다. 자연 인성(印星)인 어머니가 장모님에게 점잖게 말씀을 하신다.

- "사위가 조금 마음에 안 들더라도 양해하시고 너그럽게 봐 주십시요!" 라고 말이다. "자기들이 좋아서 결혼 한 걸 낸들 어떻게 합니까?" 하여튼 잘 살아야지요! 하면서 장모(丈母)님이 말씀을 끝내는 것이다.

- 엄마 말을 안 듣는다고 할머니가 손자(孫子)들을 혼내시는 것이다.

✪. 운행우시(雲行雨施)격이다.

▷ 구름이 운행(運行)하여, 즉 하늘에 떠돌다가 모여 비를 뿌린다는 말인데, 맑은 하늘을 가리던 구름이, 갈망(渴望)하는 많은 사람에게 단비를 만들어 내려 보내 은덕(恩德)을 베푼다는 말이다.

- 무엇인가 한다고 분주하게 움직이고 왔다 갔다 하더니, 결국에는 한 건을 한다는 말과도 일맥상통(一脈相通)하는 것이다.

- 속만 썩이는 줄 알았더니 그래도 제 이름값은 하는 것이나 같은 것이다.

▫. 견겁(肩劫)운이 올 경우의 변화(變化).

견 겁(肩劫)운이 온다는 것은 상관(傷官)을 직접적으로 통제(統制)를 하지를 못한다.

- 오히려 상관(傷官)에게 기회만 더 자꾸 주는 결과가 나온다.

◉ 상관(傷官)에게 설기(泄氣)를 당하여 허약(虛弱)하여진 몸을 보강(補强)하는 면이 있으나, 일시적인 미봉책(彌縫策)에 불과한 것이다.

◉ 결국에는 상관(傷官)에게 또 헌납(獻納)을 하는 결과가 되는 것이니 말이다. 이 경우 길(吉)로 보는 경우가 많으나 옳은 판단임에는 틀림없다.

◉ 그러나 비겁(比劫)운 다음에는 무엇이 올까? 식상운(食傷運)이 온다.

그러니 임시적(臨時的)인 상황은 풀릴지 모르나, 결코 장기적(長期的)인 것은 아니라는 것은 확실한 것이다. 이 차이점은 확실히 알고 있어야 하는 것이다.

❖ <u>손상익하(損上益下)</u>격이다.

⇨ 윗사람에게 손해(損害)를 입히나 아랫사람에게는 득(得)이 된다.

윗사람이라면 남성으로 본다면 아버지도 될 수가 있다. 여성이라면 시어머니요, 아버지도 된다. 음(陰)이 있으면 양(陽)이 있는 원리(原理)나 같다.

아랫사람이 이익(利益)을 얻으면 윗사람은 손해(損害)를 보는 것이요, 윗사람이 이익(利益)을 얻으면 아랫사람이 손해(損害)를 보는 것이다.

양 쪽이 다 이익을 볼 수는 없는 것이다. 상대성원리(相對性原理)인 것이다.

⊘ 간혹 중화(中和)와, 양득(兩得)을 착각하는 경우가 있는데 이것은 질적(質的)으로 다른 것이다.

● . 상관(傷官)운이 올 경우의 변화.

상관용견겁격(傷官用肩劫格)인데, 상관(傷官)운이 오는 것이다.

상관(傷官)의 기운이 더 강(强)하여 지는 것이다.

자식(子息)이 많아 걱정인데, 또 임신을 한 것이다.

가진 것이 넉넉하면 무슨 걱정이 있겠는가? 그렇지 않아도 쪼들리는 살림에 아이들 교육비며, 보험료가 장난이 아닌데, 올라만 가는 물가는 어찌하고, 그래서들 아이 낳기를 꺼리는데 오히려 다산왕(多産王) 소리를 들을 판이다.

상 관용견겁격(傷官用肩劫格)은 사주(四柱)가 신약(身弱)한 것이다. 관성(官星)이 있다하여도 상관(傷官)의 기운을 대적(對敵)하지 못하는 것이다.

🌰 관성이 지나치게 강하여, 상관과 일간의 합한 기운을 능가한다 하여도, 상관을 용신으로 정하지 견겁(肩劫)으로 정하지는 않는 것이다.

🌰 견겁(肩劫)을 용신(用神)으로 한다는 것은, 상관과 더불어 재관도 속을 썩이는 것이다. 당연히 인성(印星)을 서야 하나 여의치가 않은 것이다.

🌰 융통성도 없고, 도움 받을 곳도 없는 사주이니 어찌 방법이 있겠는가?

🌰 사람이란 살다보면 별의 별일을 다 겪는다. 예를 든다면 독자(獨子)인데 친척(親戚)도 별로 없다고 하자. 부모님도 일찍 여의고, 그야말로 늙은 고아와 같은 신세이다.

🌰 아주 외로운 사람이다. 중년에 접어들면서 사업에 실패를 하고, 아내도 떠나가고 그 앞에 남겨진 것은 신용불량(信用不良)이요, 어린 자식(子息)들 뿐이다. 내가 빨리 독립을 하고, 생활의 여유를 찾아야 하는데 계속적으로 이어지는 불행(不幸)의 연속(連續)인 것이다.

🌰 상관(傷官)이 강(强)하니 성깔은 있는데, 사주(四柱)가 신약하여 재주를 하나도 제대로 써먹지를 못한다. 일찍부터 고생은 많이 하고, 해보는 것도 많았다. 무엇인가가 이루어질 만하면 사고요, 내가 아니면, 옆에서 사고를 치는 것이다.

🌰 그래도 붙들고 늘어져야 하는데 인내심이 적은지라 에이 18! 하면서 또 다른 직종(職種)을 찾는 것이다. 이러기를 수차례 반복을 하다 보니 남는 것은 넋두리만 남는 것이다. 상관(傷官)의 강(强)함으로 인하여 일간(日干)이 신약(身弱)하여 당하는 고통(苦痛)인데, 또 상관운(傷官運)이 오는 것이다.

♥ 상관용견겁격(傷官用肩劫格).

☀. <u>요두전목(搖頭顚目)</u>격이다.

⇨ 머리를 흔들어 재끼고, 눈알을 굴리는 형상이다.

이리저리 사방을 둘러보고, 눈치를 살피거나 잔머리를 굴리는 형상이다.

이러한 유형(類型)의 사람들의 상(相)을 볼라치면 침착하지가 못하고, 좌불안석(坐不安席)의 모습을 보인다. 무엇인가에 쫓기는 듯의 표정(表情)이 역력하다. 차분함이 없고, 사지도 않을 물건 뒤적거리기나 하는 형상인 것이다.

● . 재성운(財星運)이 올 경우의 변화.

상 관(傷官)의 기운(氣運)이 재성(財星)으로 흐르니 일단 상관(傷官) 자체는 기세가 약화(弱化)되니 좋은 것이다.

● 개똥도 약에 쓸데가 있다고 항상 속만 썩이는 것은 아니다. 그러나 그것도 일간(日干)이 어느 정도 기력(氣力)이 있어야 챙기지 그렇지 않다면 그림의 떡으로 흐르는 것이다.

● 기본적(基本的)으로 일간(日干)이 약(弱)한데, 재성운(財星運)이 오면 무엇을 하는가? 침만 질질 흘리다가 끝나는 것이다.

● 자식들이 성장하여 각자 자기 밥벌이라도 한다고 하는데, 아직은 자리를 완전히 잡지를 못하여 원룸도 얻어 지내지 못하고, 고시원의 신세를 진다니 참으로 안타까운 일인 것이다. 그렇다고 부모(父母)라도 능력(能力)이 있으면 좋으련만, 부모(父母)도 자식(子息)들의 신세를 져야 할 판인 것이다. 그저 돈이 원수인 것이다.

☀. <u>금곤복거(禽困覆車)</u>격이다.

● 짐승도 자기의 처지가 지나치게 열악(劣惡)하면, 즉 곤경(困境)에 처하면 수레를 뒤엎어버린다는 것인데, 굼벵이도 밟으면 꿈틀거린다는 말이나 같은 것이다.

● 상대를 압박하여도 손발을 묶어놓는 것과 같은 처신은 안하는 것이 좋다.

신약(身弱)한데, 생활자체가 힘이 들면 자기도 모르는 사이에 입에서 나오는 소리는 육두문자요, 반감만 생기고, 경제적(經濟的)인 상황이 열악(劣惡)하니 빚만 지고, 카드연체에 신용불량 위기(危機)로 몰리니 눈알이 튀어나올 정도로 환장을 하는 것이다.

. 관성(官星)운이 올 경우의 변화.

상 관(傷官)의 무례(無禮)한 기운(氣運)을 어느 정도는 잠재우니 좋은 것이다.

그런데 그것도 잘못 건드리면 벌집을 쑤시는 꼴이 되는 수도 발생한다.

차분하게 성깔을 달래면서 순리적(順理的)으로 일을 처리하는 면이 나타나기는 하는데 전체적인 상황판단이 중요하여진다.

자식(子息)들이 속을 썩일 때 자식을 나무라는 것은 부모(父母)의 당연한 의무이자 할 일인 것이다. 그런데 문제는 자식들이 다 그런 것도 엄마 탓도 있다면 이제는 아내를 나무라는 남편과도 같은 것이다.

엄마의 입장에서는 애쓰고, 힘들게 자식들을 키우고 있는데 기껏 공(功) 없는 소리를 듣는 것이다. 그것이 어디 나만의 탓인가! 하면서 속상해 하는 것이다. 여기에서 심하면 손이 올라가는 것이다.

✪. 번운복우(翻雲覆雨)격이다.

손바닥을 뒤집듯이 일의 번복을 지적한 말로 변덕이 심함을 나타내는 말로, 뒤집으면 구름이 되고, 다시 본래대로 엎으면 비가 된다는 말이다.

상관(傷官)의 특성(特性)은 일간의 정기(精氣)를 빼앗는 것이요, 재(財)를 생(生)하여 능력이 있으면 취하여 보라는 식으로 "니가 알아서 하세요"이다. 거기에 한 술을 더 떠서 겸손함을 보이지 않는지라 주변을 곤혹스럽게 하고, 정관을 상극하여 절제(節制)력을 상실하는 것이다.

● 상관용식상격(傷官用食傷格).

● . 상관용상관격(傷官用傷官格.)

상관용상관격(傷官用傷官格)은, 상관격으로 시작하여 상관격(傷官格)으로 끝이 난다는 설명인데, 상관용식상격(傷官用食傷格)이나 마찬가지인 것이다. 식신(食神)도 많으면 상관(傷官)의 역할(役割)을 하고, 상관(傷官)도 많으면 식신(食神)의 역할을 하니 통하여 식상격(食傷格) 이라 하여 용신(用神)으로 잡는 것이다.

🌑 사람이란 지나치게 약하게 보이면 항상 상대방들이 우습게 여기고, 하극상(下剋上)이요, 지나친 억압(抑壓)을 하려고 한다. 특히 체격(體格)이 왜소하거나, 연약(軟弱)하고, 눈에 총기(聰氣)가 없어 보이는 사람들은 특히 더 그렇다. 내향적인 사람이 간혹 이런 오해로 인하여 피해를 본다.

🌑 상관용상관격(傷官用傷官格)의 소유자들은 이러한 면이 다분히 나타난다.

🌑 약간의 카리스마가 필요한 사람들이다. 운동(運動)을 지속적으로 하여 체력(體力)을 키우고, 속내를 자주 발산하고, 보다 적극적(積極的)인 태도(態度)가 필요한 사람인 것이다.

🌑 일단 상관(傷官)을 시작(始作)으로 하였는데, 상관(傷官)을 용신(用神)으로 한다는 것은 일간(日干)이 강(强)하다는 것이다.

🌑 같은 곳으로 시작하여 같은 것으로 초지일관(初志一貫) 나아가는 것이니 변함이 없어 좋지만, 다른 면에는 무식(無識)하다는 소리를 듣는 것이 흠이 된다. 반대를 위한 반대를 하는 사람인 것이다.

🌑 상관용상관격(傷官用傷官格)은 욕심(慾心)은 금물(禁物)이다. 아무리 욕심(慾心)을 내어도 결국에는 나의 것이 안 되는 것이니, 아예 처음부터 그리 생각을 하는 것이 편한 것이다.

🌑 전쟁(戰爭)터에서 병사(兵士)는 아무리 잘 싸우고, 승리(勝利)를 거두는 데 일등공신(一等功臣)의 역할을 하였다 하더라도, 우선은 부대(部隊)의

장(長)이 먼저 모든 공(功)을 치하(致賀)받고, 그 다음 순서에 따라 그 공(功)이 돌아가는 것이다. 부분적인 상을 받을지는 몰라도, 앞서서 인정(認定)을 받는다는 생각은 안 하는 것이 도리(道理)이며, 예의(禮儀)인 것이다. 세상(世上)이란 다 그런 것이다.

나의 공을 아랫사람에게 전가(轉嫁)하는 정도의 아량을 가진 사람이 얼마나 될 것인가? 아마 극히 드물 것이다. 서로가 자기의 공(功)이 더 크다고 큰소리로 떠들 것이다. 그래도 반 정도라도 그런 정신(精神)상태(狀態)로 사는 것이, 이격에 어울리는 것이다. 또한 그리 살려고 노력하는 사람인 것이다.

●.상관용 상관격(傷官用傷官格)의 특징(特徵).

상관(傷官)은, 관(官)을 특히 정관(正官)을 상(傷)하게 하는 흉신(凶神)과도 같은 것이다. 또한 일간(日干)을 계속 설기(泄氣)하도록 하니, 기운(氣運)을 빼먹는 귀신(鬼神)이나 마찬가지인 것이다.

그런데 그런 상관(傷官)이 더 필요하다는 것은 일간(日干)이 매우 강(强)하다는 설명인 것이다. 관성이 또한 막강한 경우도 된다.

상관용상관격(傷官用傷官格)은 욕심을 버리는 것이다. 마음을 비우고 항상 겸허한 자세로 임하는 것이다. 어찌 보면 약간의 신비주의적(神秘主義的)인 경향을 보이는 것도 도움이 되는 것이다.

내적인 갈등(葛藤)에서 벗어나야 한다는 것이다. 여행을 떠나라.

일간(日干)이 강(强)할 경우 재성(財星)이나, 관성(官星)이 있으면 활용하는 것이 좋으나 상관(傷官)을 용신으로 한다는 것은 재(財)와 관(官)의 활용도가 상관만 못하다는 것이다.

일간이 강하고, 재성이 약할 때 중간에서 역할을 하는 것이다. 많은 곳에서 덜어내고, 적은 곳으로 보탬을 주는 것이다. 재성을 생하는 것이다. 일간에서 설기(泄氣)를 하여, 기운을 늘려 재성을 생(生)하는 것이다.

● . 상관용 상관격(傷官用傷官格)의 운(運)에서의 변화.

▣ 인수(印綬)운이 올 경우의 변화.

인수(印綬)는 상관(傷官)을 극(剋)하니 하는 일마다 태클이 걸리는 것이다.

● 생산량이 부족한데 자꾸만 기계는 고장이 나는 것이다.

● 인성은 일간을 생(生)하니 일간이 튼튼하여 지는 것은 좋으나 상관으로의 지출을 방해하는 것이다. 아내가 남편(男便)을 생각하여 기껏 보약(補藥)을 먹여 놓았더니 밖에 나가서 엉뚱한 짓거리를 하는 것이나 같은 것이다. 하는 말이 "내가 미친년이지!" 이런 소리를 듣고 어찌 엉뚱한 생각을 하고, 행동을 계속할 것인가? 자연 멈추게 되는 것이고, 발길을 안 하는 것이다. 시선(視線)도 가기가 불편한 것이다.

● 최악의 상황이 벌어진다. 일간(日干)이 강(强)하여 상관(傷官)을 용신(用神)으로 한 것인데, 일간(日干)을 더욱 강(强)하게 만들어주니 골치가 아픈 것이다.

● 남편이 어쩌다 실수로 바람을 피웠는데 처갓집 식구들이 하나, 둘 그것도 줄기차게 이어서 와 난리를 치는 것이다.

● 못 먹는 감 찔러나 본다는 격이다. 갈 길은 먼데 해가 지는 격이다.

● 집을 월세를 놓았는데, 형편이 넉넉지 못하여 이사를 가는데 월세도 밀리고, 공과금도 밀린 채로 야반(夜半)도주(逃走)를 한 것이다.

✪. 복소파란(覆巢破卵)격이다.

▷ 둥우리를 뒤엎고, 알을 떨어뜨려 깨트리는 형상이다.

● 댐이 붕괴(崩壞)되니, 그 아래의 지역이 피해를 보는 것이다.

● 모기업이 부도(不到)가 나면 자(子)기업도 당연히 그 여파(餘波)로 인하여 망가지는 것이다.

● 기침소리 한 번에도 모두가 숨을 죽이는 형상이다.

● . 견겁(肩劫)운이 올 경우의 변화(變化).

용 신(用神)인 상관을 도와주니 희신(喜神)인 것이다. 반가운 소식이요, 기다리는 님의 소식을 갖고 온 것이다.

● 그런데 과연 생각처럼 장밋빛 사연일까?

● 여기서도 문제가 생기는 것이 있다. 일간(日干)이 강(强)한데 더욱 강(强)하여 지니 눈치를 보아야한다는 것이다. 당겨도, 당겨도 끝이 안 보이는데 또 길게 이어놓는 경우인 것이다.

● 조금만 기다리면 좋은 소식이 올 것은 당연한데, 극(剋)과 극(剋)을 달리는 상황의 연속이다.

● 밤새 장대 같은 소낙비가 내리더니 이제는 빗줄기가 가늘어지려니 하고 하늘을 쳐다보니 검은 먹구름이 또 몰려온다. 기상대 예보로는 내일 날씨가 화창하여 진다고 하는데 당장이 문제인 것이다.

✪. 은악양선(隱惡揚善) 격이다.

● 나쁜 것은 은폐하고, 좋은 점을 부각(浮刻)시킨다는 이야기인데, 겉 다르고 속 다르다는 의미(意味)도 된다.

● 겉으로는 위하는 척 하지만, 알고 나면 더 피곤하게 하는 형상이다.

● . 상관(傷官)운이 올 경우의 변화.

드디어 한 여름 기다리고 기다리던 지루한 장마가 끝이 난 것이다.

언제 그랬느냐는 식으로 하늘은 맑고 쾌청하기만 한 것이다. 갑작스런 기쁜 소식이 온 것이다. 얼음장사가 연일 계속되는 비로 인하여 얼음이 팔리지도

● 상관용식상격(傷官用食傷格).

않더니, 날씨가 개이니, 덥다고 난리인 가운데 주문이 숨 쉴 사이도 없이 계속 이어지는 것이다.

● 복권(福券)에 당첨된 기분인 것이다.

사 람이 지나치게 수동적(受動的)이어도 문제가 된다. 매사 적극적(積極的)이고, 활달한 구석이 보여야 모든 것이 원만하게 이루어지는 것이다. 매사가 쌩쌩하게 돌아간다.

● 일간(日干)이 지나치게 강(强)하니 사람이 모든 것을 자기 위주로 생각을 한다. 상대방의 입장에서 생각을 하지 않는 것이다.

● 남에게 해주어보아야 별 볼일이 없다는 사고방식인 것이다. 지나치게 폐쇄적(閉鎖的)인 면도 갖고 있는 사람이다.

● 융통성(融通性)이 부족하다보니 사업(事業)과는 거리가 멀어진다.

● 자연 재물(財物)과의 연애는 어려운 것이다. 약간의 융통성을 발휘하여 재물(財物)과의 인연(因緣)을 만든다.

✪. **작학관보(雀學鸛步)격이다.**

⇨ 참새가 황새의 걸음걸이를 배우는 격이다.

● 가능하지 않은 것은 하지를 말아야 한다. 가끔씩 욕심(慾心)이 생기는 것은 당연한 것이다.

● 천리 길도 한 걸음부터 시작을 하여야 한다. 오히려 그것이 더 빠르다.

● 과욕(科慾)이 화(禍)를 부른다.

● . **재성운(財星運)이 올 경우의 변화.**

재 성(財星)도 일간(日干)의 기운(氣運)을 빼앗는다. 희생(犧牲)을 하는 것이다.

✿ 일간(日干)의 기운(氣運)을 소진(消盡)하는 것은 좋은데, 상관(傷官)의 기운(氣運) 역시 재성(財星)으로 흐르니 생(生)하여 주느라 기운이 설기

(泄氣) 되는 것은 마찬가지이다.

⚙ 일간(日干)의 입장에서 보면, 상관(傷官)과 재성(財星)이 공동으로 하여 일간(日干)을 압박하는 것이다. 흐름이 강하여지니 일간(日干)의 소진(消盡)이 가속화(加速化) 되는 것이다.

⚙ 상관(傷官)이 할 일을 재성(財星)이 강하게 밀어붙이니 전체적인 흐름은 좋아지는 것이다. 길(吉)로 작용(作用)을 하는 것이다.

⚙ 채권(債券)을 회수하기 위하여 채권(債券)추심(推尋)을 의뢰하는 것이다. 물론 경비가 나가는 것은 당연한 일이다. 전체 액수의 20%를 준다거나, 그 이상을 주더라도 꼭 필요한 일인 것이다.

✪. 운집무산(雲集霧散)격이다.

▷ 구름처럼 모였다가, 안개처럼 덧없이 흩어지는 형상이다.

● 재운(財運)이 온다하여도 그것을 제대로 활용을 못하니, 마치 그림속의 떡과도 같은 형상이다. 흉(凶)의 변화(變化)가 발생을 하는 것이다.

⬆ 관성(官星)운이 올 경우의 변화.

상 관(傷官)인 용신(用神)에게 반기(反旗)를 드는 것이다. 갈 길이 바쁘다고 고속도로에서 속도위반하고 가다 접촉사고 당하는 격이다.

● 일간(日干)을 직접적(直接的)으로 극(剋)하는 운(運)이니, 한 편으로는 일간(日干)이 주춤하니 좋다고도 볼 수 있으나, 용신(用神)이 관성(官星)을 극하느라 병(病)이 드는 판국이니 흉(凶)으로 작용을 하는 것이다.

● 빈대 잡으려고 초가삼간(草家三間)을 태우는 격이다.

● 전기제품이 고장(故障)이 났는데 간단한 고장이라 생각을 하고, 정신없이 분해하다 나중에 조립(組立)을 하려하니 뭐가 무엇인지 알 수가 없는 것이다. 차라리 서비스를 통하여 처리하는 것이 훨씬 나을 것을 일만 더 커진 격이다.

● 상관용식상격(傷官用食傷格).

✪. <u>단항절황(斷港絶潢)</u>격이다.

● 흘러갈 곳이 없으니 물이 갈 곳이 어디요? 웅덩이에 물이 흘러 들어오지를 않는 격이다.

● 항구가 없으니 배가 들어오지를 못한다. 정박할 곳이 없으므로.

실전사주

丙	丁	丙	癸
午	亥	辰	丑

↳ 진(辰)월의 정(丁)화 일간(日干)이다.

화토중탁(火土重濁)을 수(水)가 적셔준다.

건명(乾命)

⬆ 정해(丁亥) 일주(日主)의 사주이다. 어려서는 모자람이 많아 주눅이 들고, 커서는 주변의 압박에 시달린다. 상관용관격(傷官用官格)사주이다.

운(運)의 흐름이 더 큰 역할을 한다. 쓸데없는 욕심만 느는 것이다.

실전사주

丙	庚	甲	癸
戌	寅	子	亥

↳ 자(子)월의 경(庚)금이라, 물속의 금이다.

지지(地支)에 인(寅)목이라 흐름을 잡아준다.

건명(乾命)

⬆ 경인(庚寅)일주(日主)의 사주이다. 상관격(傷官格)의 사주(四柱)인데, 식(食)재(財)관(官)으로 이어지면서 나름대로 흐름을 이어가려고 한다.

● 일간(日干) 자체가 허약(虛弱)한 것이 흠이다. 상관용상관격(傷官用傷官格)의 사주로 볼 수도 있는데, 자신을 지키는 것이 필요하다.

● 일간(日干) 경(庚)금이 천간(天干)에서 치고 박고 바쁘다.

● 운(運)에서도 기복(起伏)이 심하다.

● 술(戌)토인 인수(印綬)가 관(官)으로 변하여, 상황이 언제 바뀔지 모르는 것이다. 수화상전(水火相戰)으로 변하는 분위기가 팽배하다.

● 까마귀 노는 골에 백로는 가지를 말아야 한다. 순수한 인성(印星)이 그리운 사주이다.

● . 상관용재격(傷官用財格),

상관격(傷官格)으로 재성(財星)을 보는 경우를 말하는데, 신강(身强)하면 반드시 그 기세(氣勢)를 억제(抑制)하여야 하는데, 제일 좋은 것이 바로 재성(財星)을 이용하는 것이다. 신약(身弱)할 경우는 인성을 활용하여야 한다.

상 관이 왕(旺)할 경우는 자연 일간의 설기(泄氣)가 심하다보니 자연 주체가 허약(虛弱)하여진다. 인성(印星)의 보충이 필요한 것이다. 인성(印星)은 상관(傷官)을 극(剋)하고, 일간의 허(虛)한 기운을 보완하여주니 구세주의 역할을 하는 것이다. 왜 상관(傷官)을 흉신(凶神)이라 하는가? 그것은 상관(傷官)이 정관(正官)을 해(害)하므로 그리하는 것이다. 정관(正官)이란 길신(吉辰)인요, 꼭 필요한 요소(要素)인 것이다. 그런데 이 때 재성(財星)이 있어 중간에서 묘(妙)한 역할을 하기도 한다.

- 재성(財星)이 있을 경우 상관(傷官)은 재성(財星)을 생(生)하고, 재성(財星)은 다시 官星(관성)을 생(生)하는 것이다.

- 이런 흐름이 이어진다면 굳이 상관은 관성을 힘들여 극(剋)하지는 않을 것이다. 극(剋)보다는 생(生)이 우선이므로, 개과천선(改過遷善)하는 것이나 마찬가지 효과(效果)인 것이다. 흉(凶)을 길(吉)로 전환(轉換)하는 것이다.

- 여기에서도 조건(條件)이 필요하다. 재성(財星)이 어느 정도 자립(自立)할 능력(能力)이 있어야 한다. 즉 뿌리가 있어야 한다는 것이다.

- 인성이 상관의 기운을 제어하지 못할 경우, 재성의 설기가 필요하고, 관(官)이 유기(有氣)할 경우가 되어 인성(印星)을 생(生)하고, 상관의 기운을 제어하여야 할 것이다.

- 이격에서는 일간의 기운이 강(强)하여, 상관과, 재성이 어울려 기운을 삭

감하는 것이 좋은 것이다. 신왕재왕(身旺財旺)이 형성이 되도록 한다면 귀격(貴格)으로 변하는 것이다. 운(運)에서의 유입도 길흉(吉凶)의 판단도 이런 맥락에서 판단(判斷)을 하는 것이다.

◈ .상관견살인격(傷官見殺印格)이란?

상관격(傷官格)에 상관이 왕(旺)하고, 인수(印綬)가 유기(有氣)할 경우, 살(殺)인 편관(偏官)이 유기(有氣)할 경우인 것이다.

- 인수(印綬)의 역할은 상관을 규제하고, 일간을 생하고, 편관(偏官)은 인수를 생(生)하여 상관을 접박하도록 하므로 상관에게는 주는 것 없이 미운 것이다. 문제는 여기에서 상관과 인수가 주된 역할을 하는데, 인수가 상관과 비교하여 처질 경우 이때에는 편관의 힘을 빌어야 한다는 것이다.

- 여기에서는 재성을 필요로 하지를 않는다. 이유는 인성을 극하므로 오히려 역 효과가 나는 것이다. 오히려 편관의 기운을 필요로 하는 것이다.

◈ .상관파진격(傷官破盡格) 이란?

생월, 생시에 상관이 있어 상관의 뿌리가 확실하고, 생년에 또한 상관이 있어 생월로 연결이 되어 삼합회국(三合會局) 하는 것을 말하는데, 지지(地支)에 커다란 세력(勢力)을 형성하는 것이다.

- 이 경우는 충(沖)과 극(剋)이 없고, 상관(傷官)의 기운을 소진(消盡)시키는 정관(正官)이 없어야 하는 것이 바람직한 것이다. 정관(正官)이 기신(忌神)의 역할을 한다.

- 재성(財星)과 인성(印星)이 유기(有氣)할 경우, 전체적으로 기운(氣運)이 균형을 이룬다면 귀격(貴格)으로 이어진다.

● .참고로 실전의 사주를 살펴보자.

현재 비정규직으로 근무를 하고 있는 사람이다. 정규직으로의 전환을 꾀하고 있는 사람이다. 여기에서 용신(用神)은 무엇일까?

실전사주

丙	甲	丙	壬
寅	子	午	戌

➩ 오(午)월의 갑(甲)목 일간이다.

지지에 상관(傷官)이 화국(火局)을 형성한다.

건명(乾命)

⬆ 년(年)월(月)시(時)가 합화(合化)하여 국(局)을 형성한다.

식신(食神), 상관(傷官), 재(財), 록(祿)이 합화(合化)한 것이다.

상관용인격(傷官用印格)의 사주로 귀결이 되는데, 상관의 기운이 지나치게 왕(旺)하다. 아쉬운 것은 일지(日支)와 월지(月支)가 자(子)-오(午)충(沖)을 이루는 것이다. 아 된 밥에 코를 빠트리는 격(格)이다.

여기에서 용신(用神)은 무엇이 될 것인가? 오(午)월의 갑(甲)목이라 목(木)화(火) 상관격(傷官格)인데 목화통명(木火通命)으로도 볼 수가 있다. 인수(印綬)와 상관(傷官)의 다툼이다. 지나친 상관(傷官)의 기운을 인수(印綬)가 억제(抑制)하는 것이다.

대운이 금(金)수(水)로 흘러간다. 서북(西北)으로 향하는 것이다. 흐름은 아주바람직하다. 29세 기유(己酉)대운(大運)으로 이제 새로운 대운을 맞을 준비를 하여야한다.

경인년 2010년 7월에 시험이 있는데 과연 합격할 것인가?

제일 중요한 사안(事案)인 것이다. 여기에서 용신은 무엇일까? 인성을 찾아야 하는데 일지(日支)의 자(子)수일까? 년간(年干)의 임(壬)수가 좋을까?

일지(日支)는 상처투성이다. 년간(年干)의 임(壬)수 편인(偏印)을 선택하는 것이다. 수입은 적은데, 지출이 지나치게 많은 것이 흠이다.

● **.상관용재격(傷官用財格)에서의 변화와, 길흉의 판단.**

기준은 상관(傷官)이 재(財)를 생(生)하는 것인가? 아닌가를 보는 것이다.

격(格)이 성립이 된다는 것은 재성(財星)이 유기(有氣)하다는 것이다.
이에 기준하여 판단을 하는 것이다. 세부적인 면은 일간(日干)의 기운과 재성(財星)의 기세를 비교하면서 판단한다. 상관용재격(傷官用財格)에서 항상 유념하여야 하는 경우인 것이다.

🍎 .재성(財星)이 유기(有氣)하고, 신약(身弱)할 경우.

- 🔘 재성(財星)이 유기(有氣)하니 일간(日干)이 허약(虛弱)해진다. 상관으로부터 확실한 지원을 받으므로 일간은 더욱 약(弱)하게 된다.

- 🔘 상관(傷官)이 왕(旺)할 경우, 재성(財星)과 같이 일간을 허탈하게 하므로 인성(印星)의 작용이 필요하게 된다. 여기에서 재성의 극(剋)이 인성에게 작용이 되므로, 비겁의 도움이 필요하기도 한데, 상관을 극(剋)하는 기운이 표출되어 좋기도 하고, 도식(倒食)의 경우 상관(傷官)과 합(合)을 이루어 변화(變化)가 형성이 되는데 결과에 대한 판단도 필요하다.

- 🔘 상관(傷官)은 속성상 합화(合化)를 좋아하고, 극(剋)을 받는 것을 거부(拒否)하지를 않고, 형(刑),충(沖)을 두려워한다.

- 🔘 상관격(傷官格)에서는 재성(財星)의 유무(有無)에 따라 판도가 달라진다. 그에 대한 선별이 최우선 이다.

🍎 .재성(財星)이 약하고, 일간이 왕(旺)할 경우.

- 🔘 이 경우는 재성운(財星運)이 좋은 것이고, 상관운(傷官運) 이 도래(到來)하여 상관(傷官)이 재성(財星)을 생(生)하도록 하여 일간(日干)의 재(財)에 대한 활용(活用)에 기여하는 것이다. 재성(財星)이 용신(用神)이 되고, 상관(傷官)이 희신(喜神)이 되는 것이다.

- 🔘 신강(身強)할 경우는 무조건 상관이 힘을 발휘하여야 한다. 동조(同調)세력을 규합하는데 첫째가 재성(財星)이요, 관성을 찾는데 정관은 상관의 규제를 받으므로 이에 대한 선악의 판단과 강약에 따른 완급이 필요하다.

● .상관용관격(傷官用官格),

상관격(傷官格)인데 여기에서는 정관(正官)과, 편관(偏官)이 등장을 하고 신강(身强), 신약(身弱)에 따라 많은 결과가 나온다.

제살태과(制殺太過)가 나오고, 식신제살(食神制殺)이 나오고 변화가 다양하게 나타나는 것이 상관격(傷官格)과 연관이 되는 것이다. 그중 특히 관성(官星)과 상관(傷官)과의 관계를 집중하여보자.

실전사주

丁	戊	癸	己
巳	戌	酉	未

⇨ 유(酉)월의 무(戊)토 일간(日干)이다.
지지(地支)에는 술(戌)토를 놓고 있다.

건명(乾命)

⬆ 괴강(魁罡)일주의 사주이다. 현재의 대운은 경오(庚午) 대운이다.

상관격(傷官格)의 사주(四柱)인데 인성(印星)이 왕(旺)하여 신강(身强)한 사주이다. 일간(日干)의 기운이 지나치게 강하다. 거기에 인성(印星)이 또 도와주니 아주 강(强)한 사주로 아쉬운 것이 없을 정도로 지나치게 강(强)하다.

다스릴 기운을 찾는다면 목(木)인 관(官)을 찾아야 한다. 그런데 여기서 문제가 생긴다. 과연 관(官)으로 억제(抑制)할 능력(能力)이 가능할까? 하는 것이다. 지나치게 기운이 강할 경우 강압적인 방법은 오히려 역(逆)으로 작용할 가능성이 많다.

원국(原局) 자체에 관(官)의 기운(氣運)이 유기(有氣)한다면 성립(成立)이 된다. 그러나 관(官)의 기운이 너무 미흡(未洽)하다.

강압적(强壓的)으로 다스려야 할 것인가? 타일러 다독거려야 할 것인가? 문제가 된다. 선택(選擇)의 중요성이 강조되는 부분이다.

여기에서의 용신(用神)은 지장간(支藏干)에 포진하고 있는 식상(食傷)의 기운을 찾아야 하는 것이다. 얼마든지 달래고 추수 릴 수가 있는 것이다.

● . 정재격(正財格)의 용신(用神).

정재격(正財格)에서의 용신(用神)을 찾는 것이다.

정 재격(正財格)은 일단 일간(日干)이 극(剋)해야 하므로, 일간(日干)이 병(病)드는 것이다.

☺ 기본 개념은 자연 신약(身弱)이 되는 것이다. 그러나 상황은 항상 신약(身弱)으로만 되는 것이 아니다. 신왕(身旺)한 경우도 있고, 여러 상황으로 전개되어 다양(多樣)한 변화(變化)를 보이는 것이다.

✪. 정재격(正財格)은 재생관(財生官)이 이루어지는가를 살펴야한다.

정재(正財)란 정당한 재물(財物)이요, 땀 흘려서 이룩하는 재물(財物)인 것이다. 그것을 활용할 수가 있나? 를 살피는 것이다. 돈이란 돌고 도는 것이다. 신약(身弱)일 경우는 주어도 못 먹는 것이요, 애써 이루어놓은 재물(財物)을 죽 쑤어 개를 주는 것이다. 관리(管理)가 이루어지지 않는 것이다.

❖ 일단 사주(四柱)를 놓고 살펴보도록 하자.

실전사주

丙	甲	丁	己
寅	寅	丑	丑

▷ 축(丑)월의 갑(甲)목 일간이다.
지지(地支)에는 록(祿)을 놓고 있다.

건명(乾命)

⬆ 갑(甲)목 일주의 사주이다. 재생관(財生官)이 크게 보이지가 않는다.

정재격(正財格)의 사주이다. 재(財)에서 그 흐름이 멈추어버린 것이다.

그렇다면 이 사주의 주인공은 영영 관성(官星)과의 인연(因緣)은 없는 것인가? 아니다 절대 그렇지는 않은 것이다. 운(運)에서 변화(變化)가 생긴다.

다만 투출(透出)된 관(官)이 안 보인다는 것뿐이다. 전록격(專祿格)의 사주인데, 정재격(正財格)을 겸(兼)하고 있는 사주이다. 공망(空亡)이 자(子),축(丑)이다. 신왕재왕(身旺財旺)사주이다. 운(運)에서의 뒷받침이 약(弱)하다.

✪. 정재격(正財格)에서 용신(用神)의 조건은?

사주(四柱)를 일단 강(强)하게 만들어주어야 한다.

신약(身弱)인 사주(四柱)에서의 공통적(共通的)인 사항(事項)이다.

- 일간(日干)이 재(財)를 충분히 다스릴 수 있도록 보좌(補佐)를 하여야 한다는 말이다. 주머니에 돈이 있어야 어디 나갈 수도 있고, 남 앞에서 기(氣)가 죽지를 않는 것이다.

- 용신(用神)이 충(沖),파(破)를 당하면 안 된다. 상(傷)하고, 정상적인 흐름을 이어가지 못 한다면, 오히려 장애(障碍)가 될 수도 있는 것이다.

- 용신(用神)으로써 그 떳떳함을 보일 수가 있어야 한다. 자기의 확고한 위치(位置)를 나타내어야 한다는 것이다. 신뢰(信賴)를 얻어야 믿음을 주는 것이다. 즉 천간(天干)에 투출(透出)하여야 더 빛이 나는 것이다.

- 용신(用神)이 혼자서만 잘나고, 그 역량(力量)을 발휘(發揮)한다 하여도 그에는 한계(限界)가 있는 것이다.

- 운(運)에서도 뒷받침이 되어야 한다는 것이다.

❑. 정재격(正財格)에서의 용신(用神).

정재격(正財格)에서 용신(用神)을 찾는 것이다.

정재격(正財格)의 여러 종류(種類)에서 각각의 용신(用神)을 찾는 것이다.

정재(正財)라는 특수성(特殊性)과, 다른 육친(六親)과의 연관관계, 일간(日干)의 강약(强弱)에 따른 정재(正財)와 용신(用神)과의 변화관계, 합(合),종(從)등의 변화관계, 형충파해(刑沖破害)로 인한 변화, 기타 등을 살피는 것이다.

● 정재격(正財格)의 용신(用神).

● 재(財)가 관(官)을 동반(同伴)하고 있으면 재(財)를 극(剋)하려는 비견 (比肩)과 비겁(比劫)을 관(官)이 보호를 하여주는데, 가정(家庭)으로 본 다면 가정이란 가장(家長)인 일간(日干)과, 아내인 재성(財星)과, 자식 (子息)인 관성(官星)이 서로가 구성이 되어야 가족이라는 개체(個體)가 형성이 되는 것이다.

● 서로가 견제(牽制), 상생(相生)을 하면서 공생(共生)을 하는 것이다.

● 그러면서 서로간의 믿음과 사랑이 형성되어 서로의 존재(存在)를 존중 (尊重)하고 아끼는 것이다.

● 재성(財星)에게 있어서 식상(食傷)과 관성(官星)은 앞, 뒤에서 매우 긴밀 한 작용을 한다. 식상(食傷)은 재(財)의 뒤에서 재(財)를 생(生)하여 주 며, 재(財)의 든든한 버팀목이요, 뿌리의 역할을 하고, 관성(官星)은 재 (財)의 앞에서 재(財)의 설기(泄氣)처가 되어 흐름을 유도하고, 재(財)를 보호(保護)하는 유기적인 역할을 하는 것이다.

● 용신(用神) 또한 재(財)의 편의(便宜)를 최우선으로 하여, 재성(財星)에 대한 사명(使命)을 다하는 것이다.

● 정재(正財)는 겁재(劫財)를 걸끄러운 상대로 보는 것이다.

● 일간(日干)이 강(强)할 경우, 재성(財星)이 약(弱)하면 오히려 상관(傷 官)을 좋아하는 것이 당연한 이치이다. 자신의 호의를 잘 받아주고, 그 뜻을 알아서 재성(財星)을 알아서 키워주니, 일간에게 쓸 만한 재목으로 만들어주는 것이다. 효용성의 가치를 극대화하여 주는 것이다.

● 상관(傷官)은 장모(丈母)요, 정재(正財)는 처(妻)인 것이다.

● 정재격(正財格)에서 중요한 것은 일단 일간이 강(强)하여야 하는 것이다. 의지가 굳고, 정신이 맑아 탁한 재성을 깨끗하게 그야말로 정재(靜滅)하 는 것이다. 약하면 오히려 탁(濁)한 기운에 휘말려 같이 탁해지니 만사가 어지러운 것이다.

● . 정재용(正財用) 인격(印格)

● . 정재용인격(正財用印格)이란?

정재격(正財格)인데, 인수(印綬)를 용신(用神)으로 하는 것이다.

당연히 신약(身弱)에 해당이 되는 것이다.

✽ 정재격(正財格)인데 인수(印綬)가 당연히 있는 것이요, 신약(身弱)이다.

✪ 무엇이 신약(身弱)의 원인(原因)이 될까?

주체(主體)는 비겁(比劫)이요, 인수(印綬)와 재성(財星)이 연관이 되어 있으니 나머지는 식상(食傷)과 관성(官星)이다.

✪ 식상(食傷)과, 관성(官星)으로 인하여 사주가 신약(身弱)으로 형성(形成)이 된 것이다. 물론 재성(財星)이 많을 경우도, 다른 경우도 많을 것이다. 그러나 여기에서 격국(格局)의 의미는 식상(食傷)과 관살(官殺)이 주원인(主原因)인 것이다. 그들의 핍박으로 인하여 인수(印綬)를 용신(用神)으로 하고, 돌파구(突破口)를 정한 것이다. 소진(消盡)된 기력(氣力)을 되찾기 위하여 빼앗긴 들에도 봄은 오는가! 하면서 인수(印綬)를 갈구(渴求)하는 것이다.

● 인수(印綬)는 공부요, 경사(慶事)다. 이으면 무엇으로 연관(聯關)이 될까? 공부하는 목적은 좋은 일이 있게 하기위하여 하는 것이다.

● 지극히 평범한 이야기인 것이다. 그런데 그 발단(發端)은 무엇인가? 정재(正財)인 것이다.

● 시작이 재물(財物)에 손을 댄 것이다. 재물(財物)에 손을 대는 목적(目的)이 공부하여 영화(榮華)를 누리기 위한 것이다. 이것은 지극히 당연한 일이다. 인간이라면 누구나 추구하는 당연한 귀결(歸結)인 것이다.

● 돈이 있어야 내가 갖고 싶은 것을 취하고, 할 수가 있는 것이다. 열심히

노력을 하여 한 푼, 두 푼 모아서 개미처럼 열심히 그리고 착실히 자기의
길을 다져나가는 것이다. 자기의 목적(目的)을 위하여.

실전사주

戊 庚 丁 甲
寅 午 卯 寅

➯ 묘(卯)월의 경(庚)금 일간이다.
지지에 편관(偏官)인 오(午)화를 놓고 있다.

건명(乾命)

⬆ 경(庚)금 일주의 사주로 정재용인격(正財用印格)의 사주이다. 목(木)화
(火)가 왕(旺)한 사주이다.

재(財)관(官)이 왕(旺)하여 일간(日干)이 매우 신약(身弱)하다. 당장이라도
도움이 필요한 처지이다. 사주가 지나치게 조열(燥熱)하다.

용신(用神)은 무엇으로 할 것인가? 냉기(冷氣)인 일간 경(庚)금을 생하여 주
는 인성(印星)을 택하여 열기(熱氣)를 식히고, 냉기(冷氣)를 생(生)하는 것
이다. 발버둥 쳐도 소용없는 경우는 차라리 세력(勢力)에 종(從)하는 것이
훨씬 나은 것이다. 대운(大運)을 살펴보면 알 것이다.

⬤ . 정재용인격(正財用印格)의 운(運)에서의 변화(變化).

정 재(正財)로 시작을 하여 인수(印綬)로 꽃을 피우는 삶이다. 시작과
끝이 상극(相剋)을 치닫는 것이다.

★ 서로가 상전(相戰)을 하는 것이다.

그러나 살다보면 과연 그것이 제대로 이루어지는 지는 더 두고 볼 것인가?
아니면 이미 답이 나와 있는 것일까?

🔵 시작(始作)이 정재(正財)라 함은 세상을 살면서 처음에는 그저 열심히
일을 하여 돈만 알뜰히 그리고 착실히 모으면 그것이 최고인 것으로 생
각이 되는 것이다. 그런데 살면서 보니 그것이 아닌 것이다. 돈이면 모든

것이 되는 것이 아니라는 것을 알게 되는 것이다.

● 여태 살아온 인생의 진로(進路)를 바꾸는 것이다. 그 보다 더 귀중한 것이 인수(印綬)라, 덕(德)이 소중하다는 것을 아는 것이다. 그리함으로 인하여 자기 자신의 부족(不足)함을 채우니 더욱 스스로에 충실(充實)하여지는 것이다.

● 그러나 운(運)에서 오는 변화(變化)에 따라 그리 사는 것이 희망사항으로 변(變)하는 경우도 발생하는 것이다. 각각의 운(運)에 다른 변화(變化)를 살펴보자.

● . 인수(印綬)운이 올 경우의 변화(變化).

용 신(用神)인 인수(印綬)운이 오는 것이다. 처음의 계획(計劃)하였던 일에 변화가 생기는 것이다.

● 궤도수정(軌道修正)을 바라던 바, 그 계획(計劃)을 변경(變更)하여 실행(實行)할 수 있는 기회가 온 것이요, 운(運)이 도래한 것이다.

● 변화(變化)가 너무 상반(相反)된 변화(變化)가 되는 것이다.

● 여자(女子)의 경우라면 결혼(結婚)을 한 후 시댁(媤宅)이 최고인줄 알았는데, 시집살이 시달리다보니 그래도 친정(親庭)이 최고인 것을 실감(實感)하는 것이다.

● 남자(男子)의 경우, 금전(金錢)에 치우치기 보다는 명예(名譽)를 소중히 하는 것이다. 여색(色)을 탐하다 정신을 차리고 학문(學文)에 치중을 하는 것이다.

● 갖고 있던 돈을 투자(投資)하여 부동산(不動産)을 구입하는 것이요, 새로운 문서(文書)를 손에 넣는 것이다. 대가(代價)를 지불하고 권리(權利)를 획득하는 것이다. 재물(財物)로 인하여 그에 상응하는 대우(待遇)를 받는 것이다.

➠ 정재용인격(正財用印格).

✪. 역지사지(易地思之)격이다.

⇨ 처지와 모든 것을 바꾸어서 생각을 하게 되는 것이다.
　냉철한 판단(判斷)과 용기(勇氣)가 필요하여진다.

●. 견겁(肩劫)운이 올 경우의 변화(變化).

겁(肩劫)운이 오는 것이니, 수정(修整)할 계획을 없애는 것이다.
오히려 그것이 더 편한 것이다.

- 화근(禍根)을 제거(除去)하는 것이나 같은 효과(效果)가 있는 것이다.
- 용신(用神)이 인수(印綬)인데, 재성(財星)은 인수(印綬)를 극(剋)하는 것이라, 커다란 방해자이고, 걸림돌인데 비겁(比劫)운이 오니 그 방해(妨害)자를 극(剋)하니 커다란 도움이 되는 것이다.
- 이미 격(格) 자체가 상전(相戰)을 하는 격(格)이라, 뜻을 이루기 위해서는 많은 희생(犧牲)을 감내(堪耐)해야 하는 것이다.
- 인수(印綬)가 용신(用神)이라 신약(身弱)인데, 비겁(比劫)으로 힘이 생기니 그동안 미루었던 일을 처리하는 것이다. 재성(財星)을 직접 극(剋)하니 신속(迅速)하게 속전속결(速戰速決)로 일을 처리한다.
- 인간(人間)의 비열(卑劣)함과 냉정(冷情)함을 보는 상황이 나타나기도 한다. 그동안 억눌렸던 감정(感情)이 나타나는 것이다. 일종의 보상(補償)심리(心理)가 작용(作用)을 한다. 배반(背反)의 기운(氣運)이 표출(表出)된다.
- 머슴이 완장(腕章)을 차고 그동안의 억압에 대한 분풀이를 하는 것이다.
- 금전적(金錢的)인 어려움에서 벗어난다.

✪. 역성혁명(易姓革命)인 것이다.

⇨ 성씨(姓氏)가 바뀌는 것이다. 왕조(王祖)가 바뀌는 것이다.
　무조건 바꿔, 바꿔 인 것이다.

● .식상(食傷)운이 올 경우의 변화(變化).

식상(食傷)은 용신(用神)인 인성(印星)의 기운을 다 소진(消盡)시킨다.

용신(用神)인 인성(印星)이 병(病)드는 것이다.

- 일의 진행 중 실패(失敗)의 원인(原因)을 제공하는 것이다.

- 제거하여야 할 중병(重病)을 더욱 악화시키는 새로운 합병증(合倂症)을 유발하듯 병(病)의 원인(原因)제공(提供)이요, 근원지(根源地)가 되는 것이다. 하라는 공부는 안하고 나가서 놀기 바쁜 것이요, 게임이나 열중하고 있는 것이다.

- 한 푼이라도 아끼고 절약하여 가계의 부채를 줄여나가야 할 판인데, 물가(物價)는 자꾸 오르고 등록금(登錄金)도 오르고, 회사(會社)가 흔들흔들하여 직장(職場)의 자리조차 위태로워진다.

- 갖고 있는 주식(株式)의 주가(株價)가 점점 바닥을 친다.

실전사주

丙 戊 壬 壬
辰 戌 子 子

⇨ 무(戊)토 일간(日干)의 정재격(正財格)사주이다.

용신(用神)은 무엇일까?

건명(乾命)

⬆ 이 사주(四柱)의 성격을 보면 재성(財星)이 지나치게 강(强)하다.

재(財)란 아(我)의 다스림을 받지만, 항상 중간의 위치에 있어 모든 것을 연결하는 중추적(中樞的)인 역할을 한다. 심하게 연결을 한다면 생사권을 주도하기도 하는 것이다. 일간이 신약하면 가산(家産)이 흩어지는 것이다. 구심점(求心點)이 부실하기 때문인 것이다. 재다신약(財多身弱)의 사주로 요식업에 종사하시다가, 직접 작은 식당을 운영하시는 남성의 사주이다.

재성(財星)은 아버지인데, 재(財)가 하도 많다보니 아버지에 대한 존재(存在)감이 항상 그리운 사람이다.

비겁(比劫)이 강(强)하여 보이나, 초년에서 청년기는 이미 그 기능(機能)을 상실하고 있는 것이다. 인성(印星)과 비겁(比劫)을 추슬러야 하는 것이다.
모진(耗盡) 고생 끝에 보금자리를 마련한 것이다. 일간 자체는 지지에 묘를
놓고 있다. 여러 가지 문제점이 많은 분이지만, 인성(印星)이 시간(時干)에
나타나 있어 희망을 갖고 살아간다. 삶이란 고통스럽기도 하지만 결코 힘든
것만은 아니다. 모든 것은 스스로 하기에 달린 것이다 하며 열심히 사는 분
이시다.

비 겁(比劫)이 용신(用神)일 경우, 인성(印星)이 온다면 희신(喜神)의
역할을 충실히 하는 것이므로 두 손을 들어 환영을 할 것이다.

✚ 중요한 것은 이 경우는 진(辰)-술(戌)충(沖)으로 화(火), 토(土) 다 같
이 크게 기대에 미치는 작용(作用)은 못하는 것이다.

✚ 11월의 동짓달 차가운 물이다. 꽁꽁 얼어붙은 것이다. 당장 따스함이 그
리운 것이다. 조후(調候)면으로 본다면, 병(丙)화가 시급한 것이다.

❖ 대운(大運)을 한 번 살펴보자.

甲	乙	丙	丁	戊	己	庚	辛
辰	巳	午	未	申	酉	戌	亥
79	69	59	49	39	29	19	9

⇨ 정미(丁未) 대운에서부터
화(火) 운으로 흐른다.

● **.재성운(財星運)이 오는 경우의 변화(變化).**

재성(財星)과 인성(印星)은 상극(相剋)이다.

재성(財星)이 인성(印星)을 극(剋)하는 것이다.

여기에서는 재성(財星)으로 시작을 하여, 인성(印星)을 추구하는 것이다.

그런데 다시 재성운(財星運)을 만난다면 시작(始作)점으로 되돌아가는 것이
다. 꿈을 펼쳐보지도 못하는 것이다. 사주가 신약(身弱)한데 더욱 신약(身弱)
하여지는 형상이다.

♨ "세상사는 것은 돈이 전부가 아니다." 는 것을 알고 돈의 노예상태 에서

벗어나려고 발버둥을 치고 있는데, 또다시 금전(金錢)의 쓰나미가 닥쳐오는 것이다. 재개발로 인한 부푼 꿈이 물거품으로 변하는 것이다.

🔹 오래된 것을 새것으로 바꾸어 깨끗하고, 새로운 보금자리를 마련할 줄 알았는데 오히려 돈을 더 마련하여야 들어갈 수가 있게 된 것이다.

🔹 내 것 주고도 더 얹어주어야, 나의 것이 되는 것이다.

🔹 사주가 강(强)하여 있는 사람들은 그런대로 버티지만, 사주(四柱)가 신약(身弱)하여 금전적(金錢的)으로 어려움이 있는 사람들은 더욱 곤혹스러워지는 것이다.

🔹 재성운(財星運)으로 시작하여 인수(印綬)운으로 향(向)하는데, 또 다시 재성운(財星運)이 오는 것이나 같은 것이다.

🔹 자격증(資格證)은 있는데 관련분야에 취직(就職)을 못하여 망설이던 중 마침 자리가 생겼다는 연락을 받았는데 금전(金錢)을 요구하는 것이다.

🔹 결국 돈을 지불하고 자리를 산 것이나 다름이 없는 형상이 되고 말았다.

🔹 본전을 찾으려면 몇 개월은 무료봉사하는 마음으로 직장을 나가야하는 것이다.

☆. 춘치자명(春雉自鳴)격이다.

➫ 봄에 꿩이 자기 짝을 찾으려고 소리를 내어 우는 형상이다.

나 여기 있습니다. 하고 스스로를 알리는 형상인데, 마치 사람이 자기의 허점(虛點)이나, 약점(弱點)을 드러내어 밝히는 것이나 같은 것이다.

●. 관살(官殺)운이 올 경우의 변화(變化).

용 신(用神)인 인성(印星)을 생(生)하니 일단은 반가운 것이다.

비록 관(官)이 일간(日干)을 극(剋)하지만 생(生)하는 것이 우선이므로, 일단 반갑고 고마운 것이다.

🌸 재성(財星)과 인성(印星)의 사이에서 가교(架橋)의 역할을 하는 것이 관

▶ 정재용인격(正財用印格).

살(官殺)이다.

🌸 관살(官殺)은 인성(印星)을 생(生)하나, 한편으로는 일간(日干)을 극(剋)
   한다. 신약(身弱)할 경우는 경우에 따라서는 병(病)주고, 약(弱)주고 하
   니 실제로 보탬이 되는 것이 없는 경우도 있는 것이다.

❖ 이혼숙려기간(離婚熟盧期間)이란?

'홧김 이혼'을 줄이기 위해 도입된 재판상 이혼(離婚)을 줄이는 목적으로 사
용을 하는 것이다.

그런데 그것이 생각보다는 큰 효과를 거두고 있지 않는 것이 문제인 것이다.

의도(意圖)와 시도(試圖)는 좋은데 효과(效果)가 별로 없는 것이다.

물론 그 과정(過程)에서 차분함을 찾고, 여러 생각을 한 후에 그에 호응(呼
應)을 하는 경우도 있지만 그다지 인 것이다.

❖ 연예인들의 노예계약(奴隷契約)문제가 자주 뉴스에 나온다.

장기간의 계약, 조건, 연예인(演藝人)들이라 일반인(一般人)들과는 분명 약간
의 차이가 있기는 있다.

그러나 그것이 불평등(不平等)한 부분이 있다면 많은 문제점이 나오는 것이
다. 여기에서 문제가 생기는 것이 있다.

타덤에 오르는 경우는 그래도 자기의 목적을 일단은 달성을 하는
것이다. 꿈은 어느 정도 실현을 한 것이다. 그러나 그렇지 못한 대
다수의 많은 사람들은 소리 없이 사라져가는 것이다.

계약(契約)이고, 문제점(問題點)이고 논할 하등의 기회(機會)조차도 주어
   지지가 않는 것이다.

많은 시간과 열정을 뒤로 하고 쓸쓸히 사라지는 것이다. 다행히 정상에 올라
이제는 그간의 감수하고, 감내하였던 억울한 부분에 대하여 권리(權利)를 찾
고자 하는 것이다. 이것은 이미 답이 나와 있는 사연인 것이다.

● 사주에서 인수(印綬)가 용신(用神)인데 관(官)이 오는 경우나 같은 것이다. 그 근본 목적은 무엇인가? 금전(金錢)으로 인한 문제인 것이다.

● 재격(財格)으로 시작하여 인수(印綬)인 명예(名譽)와 스타가 되기 위하여 발버둥을 치는데, 관살(官殺)이 중간(中間)에서 병(病)주고 약(藥)주는 것이다. 힘은 들지만 목표를 향하여 질주를 하여야 하는 것이다.

● 세상에는 별의 별일이 다 있다. 그 중에서 불륜관계(不倫關係)로 인한 딱한 사연들이 많이 나온다. 불륜(不倫)이라는 그 자체가 도덕적(道德的)으로 지탄(指彈)을 받고, 마치 주홍 글씨의 주인공과 같은 생활을 하는 것이다. 직장 부하 여직원과 '부적절한 관계'를 맺다 그 남편에게 발각되어 수년간 긴 기간 많은 금품을 뜯긴 한 유부남이 고민 끝에 신고를 하고 경찰의 도움으로 악몽 같은 '불륜의 늪'에서 빠져나왔다는 이야기다.

● 결론(結論)은 금전(金錢)을 목적으로 한 사건인 것이다.

● 직장생활을 하면서 독립을 하고자 하기도 하고, 직장에서 최고의 자리에 오르려하기도 하고 각자의 희망사항은 다 다른 것이다. 그런데 중간(中間)에서 이러한 불필요한 변수(變數)가 생기기도 하는 것이다.

● 재성은 금전(金錢)과 여성(女性)으로도 해석이 되니 문제의 발단은 부정한 재물이요, 부적절한 이성(異性)과의 관계인 것이다.

● 그로 인하여 관재수(官災數)가 발동을 하여, 본인인 일간을 압박하고 괴롭히는 것이다. 직장생활(職場生活)을 유지(維持)하여야 하고, 압박(壓迫)도 받고, 재물(財物)도 탕진(蕩盡)을 하고 결국에는 귀인(貴人)을 찾아 도움을 받아 해결(解決)을 하는 것이다.

● 정재(正財)는 혼잡(混雜)하여 산만하면 탁(濁)해지기 마련이다. 다른 육친도 마찬가지이지만 집중력이 부족하여 정확한 자기 목소리를 내지 못한다. 오합지졸의 형상인 것이다. 이때는 솎아내야 하는 것이다. 관성을 이용하기도 하고, 인성을 이용하기도 하는데 직접적으로 비겁이 개입을 하기도 하는 것이다. 상황에 따라 득실(得失)을 계산하는 것이다.

● . 정재(正財)용 견겁격(肩劫格)

정 재격(正財格)의 사주인데, 비겁(比劫)을 용신(用神)으로 한다는 것은 일단 인성(印星)이 보이지가 않는다는 것이다.

- 비겁(比劫)이 보이는 상황이다.

- 누구나 마찬가지인 것이, 직접 하는 것보다는 시키는 것을 좋아하는 것이다. 그런데 그것이 원만하지가 않으면 그때 본인이 직접(直接) 나서는 것이다. 인성(印星)이 없으니 비겁(比劫)이 나서는 것이다.

- 서울의 어느 한 지역 그 부근이 이상한 곳의 근원지로 자주 입에 오른다.

- 어느 지하철역 주변. 이곳을 자주 찾는 사람들이 있다. "성매매를 할 수 있다는 소문을 듣고 멀리서도 이곳을 찾는다는 설명이다.

- 결국에는 남(男)과 여(女)가 어울리는 것이다. 그런데 문제는 나이가 드신 분들이라는 것이 문제인 것이다.

- "마누라도 없이 외롭게 지내다 보니 성매매를 하는 것"이다. "그나마 돈 좀 있는 노인들이나 성매매를 할 수 있다"는 것이 아닌가?

- 우리는 여기서 무엇을 알 수가 있는 것일까?

- 아내는 재성(財星)인데 재성(財星)의 강(强)함이라, 결국 재성(財星)을 다스리지 못하는 것이다. 없을 경우도 이에 해당이 되는 것이다.

- 신약(身弱)하다 함은 재성(財星)이 있어도 내가 마음대로 못하는 것이다. 취하지를 못하는 것이다. 신약(身弱)이 원인(原因)인 것이다. 그래서 내가 강(强)하여야 하는 것이다.

- 인수(印綬)인 갖고 있는 재산(財産)이 없는 것이다. 비겁(比劫)을 택한다는 것은 내가 직접 조달(調達)하는 것이요, 생산활동(生産活動)을 하는 것이다.

- 재성(財星)이 강(强)할 경우는 눈에 보이는 재성을 다스리기 위하여 내

가 강하여져야 하는 것이요, 재성(財星)이 없을 경우는 재성(財星)을 찾아 내가 강(强)함을 보여야 하는 것이다. 아내가 없을 때는 임시라도 아내를 만드는 것이다.

● . 정재용견겁격(正財用肩劫格)의 특징.

정 재(正財)란 내가 열심히 일하여 취하는 재물(財物)이다.

그런데 그것을 내가 기력(氣力)이 쇠하여 제대로 취하지를 못하는 것이다. 왜 내가 기력(氣力)이 약하여졌을까?

● 사주를 떠나 실생활에서 찾아보자. 나만의 탓이 아닌 것이다. 사주가 약하면 외부의 영향을 많이 받는 것이다. 그로 인하여 움직여지는 것이다.

● 많은 사람의 기운(氣運)이 합쳐져도 평균치(平均值)가 약(弱)한 것이다.

● 노사(勞使)합의(合意)가 제대로 이루어지지가 않는 것이다. 불리한 결과로 귀결이 되는 것이다. 나는 열심히 일하고, 또 근면, 성실한데 왜 재물(財物)을 취할 수가 없을까?

● 운(運)에서 오는 경우를 살펴보자. 최근 들어 하루가 급박하게 달라지는 모 자동차의 경우를 보자. 근로자들은 열심히 일하고 회사가 잘되어 계속 발전하기를 바란다. 그런데 경기, 불황, 기타 여러 사유로 인하여 회사가 존망(存亡)의 기로에 선 것이다.

● 나는 열심히 하려고 하는데 그것이 잘 안 되는 것이다. 나만의 희망사항이 되어버리고 만 것이다.

● 어떤 식으로 해결이 나던, 장시간(長時間)이 필요한 경우가 되는 것이다. 스스로 살 길을 모색하여야 하는 것이다.

● 정재(正財) 입장에서 보면 겁재(劫財)와, 양인(羊刃)은 정재를 극(剋)하는 기신(忌神)에 해당한다. 거기에 형충파해(刑冲波害), 공망(空亡)이 가해지면 더더욱 곤란한 지경에 처한다.

● 가정(家庭)이 화목하려면 정재가 일지(日支)에 위치하는 것이 좋다.

● . 정재용견겁격(正財用肩劫格)의 운(運)에서의 변화.

▶ 인수(印綬)운이 올 경우의 변화(變化).

콩 심은데 콩 나고, 팥 심은 데 팥이 나는 것이다.

정직(正直)하게, 열심히 일해서 부지런히 먹고 살지만 그래도 세상 살다보면 항시 어려움은 따르기 마련인 것이다.

세상이 그만큼 다변화(多變化)되어 예전처럼 고지식하게만 살다가는 융통성 (融通性)이 없는 인간이요, 능력(能力)없는 인간으로 취급을 받는 것이다.

혼자서 힘들게 짐을 나르는데 누군가가 도와주는 것이다. 얼마나 고마운가!

친정에서 반가운 소식이 오는 것과 같은 것이다.

딸자식 시집보내고 항시 마음 조이던 친정(親庭)집에서 어렵게 사는 자식을 위하여 물심양면(物心兩面)으로 도와주는 것이다.

용신(用神)을 도와주는 운(運)이니 수월하게 진행이 된다.

- 시대에 비하여 모든 것이 뒤져 항시 속이 쓰렸는데 친정에서 좋은 일이 생겼다며 크게 한 번 도움을 주는 것이다.

- 부모의 반대로 인하여 결혼조차 어려웠었는데, 이제 어머니가 손자(孫子)를 보러온다는 연락이 왔다.

- 어느 인기연예인이 부모의 반대로 인하여 결혼식도 조촐하게 절에서 하고 은둔하다시피 살다가 많은 시간이 흐른 후 자식을 낳고 행복하게 사니 그때서야 허락을 하고, 사위로 인정을 하고, 자식으로 인정을 하는 것이나 같은 것이다.

- 월급만으로 부족하여 새로운 아이디어를 창출(創出)하여 무엇인가를 재생산(再生産)하는 돌출구(突出口)를 찾는 중에 답을 얻는 것이나 같은 것이다.

- 인수(印綬)가 없어서 견겁(肩劫)을 용신(用神)으로 하는 경우이니 답답한 사항이 많이 생기는 것이다. 처가살이 하는 경우도 된다.
- 인수(印綬)가 없으니 가방끈이 짧은 것이요, 인내(忍耐)력도 부족하고, 창조력(創造力)도 모자란다. 처가의식구가 많은 것이다.
- 부모(父母)의 덕(德)도 부족(不足)하니 매사 힘든 일이 자꾸만 생겨도 헤쳐나가는데 어려움이 많은 것이다. 인덕이 필요한 사람이다.
- 일주(日柱)가 약(弱)하니, 자연 주변(周邊)에서 업신여기려 하는 경향이 나타나는 것이다. 스스로를 강하게 하여야 한다.
- 타인(他人)에게 허점(虛點)을 보이지 말고, 꿋꿋함을 보여야 한다.
- 나의 편을 많이 만들어야 한다. 개똥도 약에 쓰일 때가 있는 것이다. 본인의 세력(勢力)을 확충(擴充)하라는 것이다. 유비무환(有備無患)이다.

✪ 시불가실(時不可失)격이다.

⇨ 적절한 시기(時期)가 오면, 그냥 보내서는 안 된다는 것이다.
- 기회(機會)를 놓치지 말라는 것이다.
- 내가 부족하면 채워야 하고, 많으면 버릴 줄도 알아야 하는 것이다. 찬스에 강(强)하고, 순발력도 필요(必要)한 것이다. 눈치 또한 요구된다.

● . 견겁(肩劫)운이 올 경우의 변화(變化).

정 재용견겁격(正財用肩劫格)인데, 용신(用神)인 견겁(肩劫)운이 오는 것이다. 정재의 입장에서는 기신(忌神)이 용신이 되는 경우이다.
- 재(財)를 취할 수 있는 기력(氣力)이 보충(補充)이 되는 것이요, 바람을 이룩하는 운(運)이다. 양인(羊刃) 또한 즐거운 것이다.
- 일본의 어느 눈이 많이 오는 마을에서는 겨울이 되면 오히려 더 바쁘다고 한다. 눈을 이용한 기술개발센터'는 폭설을 맞아 더욱 더 바쁘단다.
- 이 마을은 겨울철이 되면 풍부해진 눈을 자연 에너지로 활용하는 기술을

이용해 전기보다 비용이 20%만 들어가는 눈 에너지를 만들어 쓰고 있기 때문이란다. 자신의 능력(能力)을 최대한, 환경과, 여건을 최대한 이용하는 것이다. 진정한 운(運)을 이용하거나, 흐름을 타는 것은 바로 이러한 사람들인 것이다.

직장인들의 많은 수가 스스로를 정규직 또는, 비정규직과 상관없이 밤낮으로 일해도 가난을 벗어날 수 없는 근로계층에 속한다고 생각을 한다고 한다. "워킹푸어"라고 한다는데 참으로 안타까운 일이다.

정재격(正財格)인데 견겁(肩劫)을 용신(用神)으로 한다면 바로 이러한 상황인 것이다. 나는 왜 열심히 일하고, 노력을 하는데도 크게 와 닿는 부유함이 없을까? 어느 정도 만족을 느끼는 운(運)이다. 작은 것에도 항상 기뻐하고, 감사하는 마음을 갖는 것도 또한 즐거움인 것이다.

✪. **난의포식(暖衣飽食)격이다.**

옷을 따뜻하게 입고, 음식(飮食)을 배불리 먹는다. 부러울 것이 없는 일상생활(日常生活)인 것이다. 모든 것이 편안한 것이다. 안주(安住)하면 낭패(狼狽)다. 다음에 돌아오는 식상운(食傷運)을 생각하여야 한다. 미리미리 대비(對備)가 필요한 것이다.

●. **식상운(食傷運)이 올 경우의 변화(變化).**

식 상(食傷)은 견겁(肩劫)의 설기(泄氣)를 요구(要求)하고, 유도(誘導)하는 것이다. 식상(食傷)은 재성(財星)을 생한다.

정재용견겁격(正財用肩劫格)은 재성(財星)이 과(過)하여 그것을 피하기 위한 노력을 하는 것인데 오히려 그 재성(財星)을 뒤에서 도와주고, 뿌리요, 근원지(根源地)의 역할을 하니 원수요, 구신(仇神)인 것이다. 정재(正財)의 입장에서는 기신(忌神)을 설기(泄氣)하고, 재성(財星)의 생(生)을 도우니 구신(救神)과 같은 것이다.

- 'TV 시청이 컴퓨터 게임보다 더 나쁘다"는 결과가 나왔다고 한다. 어린이 와 청소년이 즐기는 게임이 건강에 나쁘다는 것은 당연한 일인데, 장시간 동안 TV를 보면 혈압 상승을 유발해 건강을 해친다는 이야기다.

- 화기(火氣)가 상승(上昇)하는 효과(效果)가 나오는 것일까?

- 지나친 견겁(肩劫)의 설기(泄氣)인 것이나 같은 것이다. 온 신경(神經) 과, 눈의 피로 정신적(精神的)인 황폐함을 유도하는 바람직하지 못한 일 이다. 몸의 피로(疲勞)를 풀고, 휴식(休息)을 취하는 것이 아니라, 오히려 해(害)를 입히는 것이다.

- 부업(副業)이라도 하여 과도한 금전적(金錢的)인 어려움을 풀려고 하였 는데, 오히려 그것이 더 역(逆)효과(效果)를 자아내는 것이다. 자꾸만 투 자(投資)가 되기만 하지 이익(利益)이 산출(産出)되지가 않는 것이다.

- 부채(負債)만 자꾸 늘어나는 것이다.

✪. 태극부(비)래(泰極否來)격이다.

- 태평성세(太平成歲)가 다하면, 그 다음에는 재난(災難)이 다가오는 것이 다. 돌고 도는 것이 세상(世上)의 이치(理致)인 것이다.

▶ .재성운(財星運)이 올 경우의 변화(變化).

재 성운(財星運)을 피하기 위하여 먼 길을 왔건만, 다시 원위치로 돌아 온 것이다. 쓰고 가던 우산이 바람에 날려 가버린 것이다.

십년공부 "도루아미타불"인 것이다. 애쓴 보람이 없는 것이다.

이제 다시 고생문이 훤하게 열리는 것이다. 장차 이일을 어찌할꼬!

- 어느 시장에서 노점상 등 상인들을 상대로 계를 운영하던 계주가 잠적하 면서 그 피해가 수 십 억 원대에 이를 것이라는 이야기가 불과 얼마 전 에 생겼다. 이자(利子)를 많이 준다는 소리에 귀가 솔깃하였던 것이었다.

■ 정재용견겁격(正財用肩劫格).

◕ 한 푼 두 푼 모아서 곗돈을 부은 사람이나, 많은 이자(利子)를 준다는 속임수에 넘어가 돈을 떼인 사람들의 심정은 어떨까?

◕ 돈을 모으려고 한 행위(行爲)가 결과적으로는 다 날려버린 결과가 되어버리고 말았다. 이제 다시 또 추스르고 시작(始作)을 하여야 하는 것이다. 힘이 강(强)하여 지려고 노력(努力)을 하였는데 아무런 보람이 없는 것이다.

◕ 정재용견겁격(正財用肩劫格)에서 재성운(財星運)을 만난 것이다.

◕ 죽어라! 죽어라 하는 운(運)인 것이다.

◕ 카지노에서 수백억을 잃고서, 위법이라며 몇 억을 청구하는 것이나 같은 것이다. 수백억을 갖고 놀 때는 괜찮았는데, 다 잃고 나니 몇 억 이라도 아쉬웠던 것인지? 아니면 찔러나 보자는 것인지? 애초에 가지를 않았으면 그런 일도 없을 것을----------

❂. **자만난도(滋蔓難圖)격이다.**

◕ 풀도 무성하게 숲을 이루면 제거하기가 어려워진다는 것인데, 하찮은 것이라도 적거나, 작을 때는 쉽게 제압을 하여도 점점 그 세력이 강하여지고, 커지면 감당하기가 어려워지는 것이다. 자중지란(自中之亂)이다.

◕ 재성(財星)이 이미 강하여 있는데, 더 강(强)하여진다면 할 말이 없다.

● . **관성(官星)운이 올 경우의 변화(變化).**

재 (財)와 관(官)이 합(合)하여 나를 더 압박(壓迫)하는 것이다.
하나도 버거운데 둘이 되어 더 압박을 하는 것이다.

✛ 재성(財星)에서 벗어나려고 노력을 하는데 재성(財星)이 자기보다 더 강(强)한 세력을 형성하는 것이다.

✛ 재성은 소극적(消極的)인 입장이지만, 관성(官星)은 적극적(積極的)이다.

● 얼마 전에 해외(海外)에서 일어난 일이다. 우리식으로 해석(解釋)을 한다면 꽃뱀이 노인 변강쇠에게 두 손을 든 경우이다. 재산(財産)이 많고 나이가 많으니 살아야 얼마나 살 것인가?

● 누구나 평범하게 하는 생각이다. 나이 차이가 지나치게 많으니 정상적인 사랑으로 보기에는 약간의 무리가 따르는 상황이다. 결국은 결혼(結婚)을 하였는데, 이제는 젊은 아내가 나이 많은 노인에게 견디지를 못하고 두 손을 드는 것이다.

● 웬 노인네가 정력(精力)이 그리 강한가? 설마 하며 생각지도 못한 결과인 것이다. 하루가 멀다 하고 덤비니 질려버린 것이다.

● 사주(四柱)에서 재성(財星)이 강(强)하여 견디어내기 위하여 스스로를 강(强)하게 단련시키는데, 즉 재물(財物)을 취하기 위하여 능력을 키우는 데 변수(變數)가 생기는 것이다. 관살(官殺)이 더하여지는 것이다.

● 재물(財物)을 탐하다가 복병(伏兵)을 만나는 것이다.

● 꿀을 따다가 말벌에게 쏘이는 것이다.

● 용신(用神)인 비겁(比劫)을 극(剋)하니 용신(用神)이 사망신고서(死亡申告書)를 내야 할 판 인 것이다. 사주에 나타난 용신(用神)인 견겁(肩劫), 즉 비겁(比劫)이 절명(絶命)하는 것이요, 충(冲)을 당하는 것이다.

✪. <u>만목황량(滿目荒凉)</u>격이다.

⇨ 눈에 보이는 모든 것이 거칠고, 황량하여 썰렁한 것이다.

● 처량한 것이다. 낙오자(落伍者)가 된 것 같은 기분인 것이다. 현실에서 퇴출(退出)되는 느낌이요, 토사구팽(兎死狗烹)인 것이다.

● 스스로를 옥죄는 것이다. 동계올림픽 쇼트트랙에서 금, 은, 동을 모두 차지하기 일보직전에 서로 다투다가 넘어져서 은(銀), 동(銅)을 4,5위에게 헌납하는 경우나 같은 것이다. 넘어지고 난 후의 마음이다.

● . 정재용식상격(正財用食傷格)

정 재(正財)로 시작을 하여 식상(食傷)으로 마무리되는 것이다.

정재(正財)로 시작을 하였는데 식상(食傷)으로 용신(用神)을 정(定)한다는 것은 재성(財星)으로 일주(日柱)를 소진(消盡)시키는데 아직도 남은 기운이 강(强)하다는 이야기다.

- 일주(日主)가 강(强)하다는 것은 비겁(比劫)이 많다는 것을 의미한다.

- 그것은 곧 비겁(比劫)이 많음으로 인하여 손해(損害)를 보고 있다는 것이다. 어떤 손해일까? 물질적(物質的)인 면으로는 탈재(奪財)인 것이다.

- 식상(食傷)이 용신(用神)이라는 것은 탈재(奪財)의 원인이요, 분란(紛亂)의 원인(原因)을 제거하여야 한다는 것이다. 또한 설기처(泄氣處)를 확장하여야 한다는 것이다. 보다 확실한 비상구를 확보하여야 한다는 것이다.

- 사람의 목에는 식도와 기도가 함께 붙어있다. 앞쪽에는 기도가 있고, 식도는 기도와 척추 뼈 사이에 위치해 있는데, 이 기관들은 서로가 연관(聯關)이 되어 유기적(有機的)인 역할을 한다.

- 기도는 사람이 평소에 항상 숨을 쉬기 때문에 늘 열려있어 음식물의 왕래를 원활히 하도록 하여 주는데, 음식을 먹으면 음식물이 안전하게 기도로 들어갈 수가 있는 것이다. 그래서 음식을 삼키는 도중에 기도와, 식도 사이에 후두개가 근육작용에 의해서 앞으로 움직여 기도를 막고, 음식이 식도로 들어가게 하고, 음식이 넘어간 다음 바로 열리게 되는 것이다.

- 이 과정에서 후두개가 기도를 막기 전에, 음식이나 침이 들어가면 기도 점막이 자극을 받아서 재채기를 통해 이물질을 제거하려는 반사작용이 일어나게 되는 것이고, 사레가 걸리지 않으려면 음식을 꼭꼭 씹어서 천천히 기관을 통과하도록 하여야 하는 것이다.

- 음식물이 들어오는 것을 운(運)이 오는 것으로 생각을 하여보자. 순서(順

序)에 입각하여 차례대로, 차근차근히 처리를 하여야 한다는 것이다.

● . 정재용식상격(正財用食傷格)의 특성(特性).

이 격(格)의 주인공은 항상 이러한 자세로 생활을 하여야 한다.

물론 누구나 다 사는 정확한 생활방법의 하나이지만, 사주구성상 특히 더 신경을 써야 한다는 것이다.

생활(生活)의 지표(地表)로 삼아야 한다는 것이다.

용신(用神)이 격(格)보다 뒤이므로 오히려 후퇴(後退)하는 감이 든다.

출신보다도 못하다는 것이다. 발전성(發展性)보다 수구적인 자세로 인하여 오히려 뒤처지지 않을까 걱정이 되는 것이다.

- 상황(狀況)은 어떤가? 일주(日柱)가 강(强)한데 식상(食傷)으로 용신(用神)을 한다는 것은 재성(財星)과, 관성(官星)의 기운이 시원치가 않다는 설명이다.

- 그리고 일주(日柱)의 기운(氣運)이 매우 강(强)하다는 설명이다.

- 일간(日干) 자체가 비겁(比劫)이 왕(旺)한 경우도 있고, 인수(印綬)가 왕(旺)하여 일간이 강(强)하여지는 경우도 되는 것이다.

- 여기서는 인성(印星)이 원인이 되기도 하는 것이다.

- 인성(印星)이 왕(旺)하여 재성(財星)으로 기세(氣勢)를 삭감(削減)하여야 하는데, 재성(財星)의 기운이 감당하기 부족하여, 식상(食傷)으로 그 기운을 잠재우려는 것이다.

- 식상(食傷)을 용신(用神)으로 한다는 것은, 식상(食傷)이 근거가 있다는 이야기다. 인성(印星)의 유기(有氣)로 인하여, 재성(財星)의 입장에서는 관성(官星)보다 식상(食傷)이 더 믿음직한 것이다.

- 정재(正財)가 식상(食傷)을 용신(用神)으로 한다는 것은, 정재의 탈취(奪取)를 방지하기 위함인 것이다. 호시탐탐 노리는 요소들이 많다는 것이다. 인성(印星)과 비겁(比劫)이 중중(重重)하다는 설명이다.

● . 인성(印星)이 흉(凶)으로 작용(作用)을 한다는 것이다.

● 인성(印星)의 성향은 어떤가? 보증(保證)이요, 문서(文書)인데 담보(擔保)로 인한 압박이 가중이 되어 있는 형상이다.

● 아파트 값이 올라 은행에서 대출(貸出)을 많이 받았는데 그 이자와 원금이 겁재(劫財)의 현상(現象)을 나타내는 것이다.

● 그것을 갚기 위하여 식상(食傷)으로 열심히 일하여 그 부분을 삭감하여야 하는 것이다. 대출(貸出)을 받아 금전이 외형(外形)으로는 늘어났지만, 그것이 나를 살찌우면서 비만으로 만들어 놓은 것이다. 채무(債務)만 늘어난 것이다.

● 적정체형을 유지하기 위해서는 운동을 하면서 감량(減量)을 하여야 하듯, 삭감 즉 식상(食傷)의 기능이 필요한 것이다. 그래서 용신(用神)으로 식상(食傷)이 선택이 된 것이다.

● . 정재용식상격(正財用食傷格)의 운(運)에서의 변화.

재 성(財星)이 시작(始作)인데, 목적지(目的地)는 식상(食傷)으로 뒤로 한 걸음 후퇴한 것이다. 움직이면 항상 앞으로 나아가는 것이 진취적(進取的)인데, 뒤로 물러나야하니 잘못된 진행에 대한 마무리를 한다는 것이다. 이보 전진(前進)을 위한 일보 후퇴(後退)인 것이다.

● 스스로의 지나친 방만(放漫)함을 조절하는 것이다. 우물도 해마다 한 번씩은 그 속으로 들어가 물을 퍼내고 바닥 및 주변(周邊)을 깨끗이 청소하여야 한다. 인간도 마찬가지이다. 살면서 가끔씩은 자신을 되돌아보고 스스로를 정화하는 것이 당연한 일인 것이다. 이 격(格)의 경우는 항시 자기 자신(自身)을 정화(淨化)하는 일에 더욱 신중하여야 하는 것이다.

● . 인성(印星)운이 올 경우의 변화(變化).

식 상(食傷)이 용신(用神)인데 인성(印星)운이 오는 것이다. 갈 길은 먼데 해는 저물고 차(車)까지 고장(故障)이 난 것이다.

▶ 이 격(格)에서 제일 신경을 써야 할 부분인 것이다. 견겁(肩劫)이 왕(旺)하여 기운(氣運)을 소진(消盡)시켜야 하는데 더 키워주니 역적(逆賊)과 같은 형상을 이루는 것이다. 여기에서 주체는 재성이 된다. 스스로 보호를 못하여 식상에게 지원을 요청하였는데 보급로(補給路)가 끊긴 것이다.

● 은행의 대출 이자를 갚기도 버거운데, 이율(利律)은 오르고, 원금(元金) 상환(償還)의 압박까지 가중(加重)이 되는 것이다.

● 신약(身弱)일 경우는 인성(印星)이 귀인(貴人)이 되는데, 신강(身强)일 경우는 오히려 부담만 지어주는 경우로 전락을 한다.

● 거꾸로 가는 것은 좋은데 문제가 있다.

● 보통 뒷걸음을 하게 되면 작게, 앞으로 가는 것 보다는 더 조심스럽게 하면서 전체적으로 몸이 위축(萎縮)이 되고, 불안(不安)한 것이 당연한 것이다. 그런데 아무런 염려도 없이 너무 길게 뒷걸음을 하는 것이다.

● 몸의 중심이 흐트러지고, 방향감각(方向感覺)을 상실(喪失)하는 것이다.

✪. 화광충천(火光衝天)격이다.

⇨ 불길이 맹렬(猛烈)하여 하늘과 맞부딪힐 정도로 강(强)하다.
감당할 일이 점차적으로 늘어나 대책(對策)이 시급하여지는 것이다. 역부족이다.

●● 원래 재성(財星)은 인성(印星)을 극(剋)한다. 여건(餘件)과, 기력(氣力)이 부족하여 식상(食傷)에게 원군을 요청한 것이다. 그런데 식상도 인성의 극에 시달려 자기 자신도 감당하기가 힘든 것이다. 이에 식상(食傷)이 하는 말 "당신이 알아서 하세요! 인 것이다. 속수무책(束手無策)인 것이다.

○ 정재용식상격(正財用食傷格).

● . 견겁(肩劫)운이 올 경우의 변화(變化).

겹　　겹(肩劫)운이 올 경우의 변화(變化)인 것이다.

재성(財星)으로 시작을 하였는데, 일주(日柱)의 기운을 삭감(削減)하기에는
아직 여력(餘力)이 부족(不足)한 것이다.

시작의 싹이 보이기만 하였지 그 다음에는 그 기운이 보이지가 않는 것이다.

- 일주(日主)의 기운이 강하여 재성을 다루는데, 너무 심하게 다루는 것이
다. 재성(財星)이 생기가 있는 것이 아니라, 거의 전멸 상태인 것이다.

- 여기에서 식상(食傷)에게 응원군(應援軍)을 요청(要請)하는 것이다.

- 이때 식상(食傷)은 일주(日主)의 공격에서 재성(財星)을 몸으로 막고, 재
성(財星)을 생(生)하여 주는 것이다. 모든 것이 일주(日柱)의 기운(氣運)
을 방어(防禦)하기 위한 수단(手段)인 것이다.

- 가뜩이나 힘든 상황인데 일주의 기운을 강화(强化)하는 견겁(肩劫)운이
오니, 이제는 대책(對策)이 안서는 것이다.

- 젖은 옷을 말리기 위하여 밖에 옷을 널어놓았는데, 갑자기 소나기가 오는
것이다. 오히려 젖은 상태보다도 더 젖어버리는 것이다.

- 병속의 이물(異物)을 꺼내려고 막대기를 사용하였는데, 그것이 부러지면
서 오히려 입구를 막아버려 더 난처한 상황이 된다.

- 돈이 갑자기 필요한데 융통할 곳이 없어서 사방으로 파발을 띄우고 난리
인 것이다. 전화가 불이 나는 것이요, 핸드폰 배터리가 다 나갈 정도이다.

- 식상(食傷)이 용신(用神)인데 견겁(肩劫)운이 오는 것이니 애를 써도 표
도 안 나고, 약발이 먹히지가 않는 것이다. 그야말로 애쓴 보람도 없는
것이요, 공연히 잠자는 호랑이를 건드리는 격이 되고 만다.

- 꺼진 줄로만 알았던 불이, 불씨가 살아나면서 오히려 화력을 더 하는 것
이다.(순간의 방심이 커다란 재앙으로 돌아오는 것이다.)

✪. 화소미모, 초미지급(火燒眉毛, 焦眉之急)격이다.

⇨ 불이 눈썹을 그을리는 형국이다. 상황이 매우 절박함을 이르는 말이다.

●. 식상운(食傷運)이 올 경우의 변화(變化).

식 상운(食傷運)이 올 경우의 변화(變化)란? 멀리서 외곽(外廓)을 두드리는 것이 아니고, 직접 근접사격(近接射擊)을 하는 것이다.

✻ 재성(財星)으로 외곽(外廓)을 치던 방법을 바꾸어, 보다 적극적으로 다가가서 공격(攻擊)을 하는 것이다. 시작(始作)시 보다 더 강열(强烈)한 방법을 쓰는 것이다. 일간(日干)이 그만큼 기운(氣運)이 강(强)하다는 것이다.

● 재성용식상격(財星用食傷格)이므로 용신(用神) 운을 만난 것이니 공격이 한층 더 강하여지는 것이다. 보다 적극적(積極的)이고, 진취적(進取的)으로 행동을 하는 것이다. 이 경우는 사주(四柱)에 식상(食傷)이 두드러진다면, 그 이상 더 좋을 수는 없는 것이다.

● 식상(食傷)은 재성(財星)을 생조(生助)하므로 있을수록 더 좋은 것이다. 다만 용신(用神)이 항상 뒤에 있으므로, 일보 후진(後進)된 상태에서 일을 처리하는 것이다. 뒤치다꺼리를 하는 것이다. 결과(結果)는 원상태를 유지하기 위한 작업인 것이다.

❖ 결국은 복구(復舊)작업(作業)을 하는 것이다.

이미 엎질러진 물이지만 그래도 담는 것이 나은 것이다. 소 잃고 외양간을 고치는 격이다. 그래서 다시는 실수(失手)를 않기 위한 작업을 하는 것이다. 결국 회복을 하기 위한 노력을 하는 것이다. 다시 원상태를 유지하기 위한 행동을 하는 것이다. 전진(前進)을 위한 일보 아니 이보 후퇴(後退)를 하여 원위치를, 자기의 자리를 확보하기 위한 결단(決斷)을 내리고, 실천(實踐)으로 옮기는 것이다. 사업(事業)을 한다고 모든 재산(財産)을 다 날렸는데, 결

◯ 정재용식상격(正財用食傷格).

국은 정신을 가다듬고 열심히 하여 다시 잃어버린 재산(財産)을 찾아놓기 위하여 애를 쓰는 것이다. 주체(柱體)는 일간이지만 정재(正財)의 입장에서 보는 것이다. 그것이 전체를 위하는 길인 것이다.

✪. <u>오조사정(烏鳥私情)</u>격이다.

⇨ 탄식하는 새의 사사로운 애틋한 정(情)과 같은 것이다.

정재는 길러준 어미의 은혜를 갚으려는 까마귀의 애틋한 마음인 것이다.

● . <u>재성운(財星運)이 올 경우의 변화(變化).</u>

재 성(財星)이 온다는 시작(始作)과 같은 점에서 또 시작을 한다는 것이다. 아끼고 또 아끼는 것이다.

🌑 정재용식상격(正財用食傷格)인데, 재성운(財星運)이 온다는 것은 식상운(食傷運)이 지나가고 돌아오는 운(運)이다.

🌑 좋게 보면 장거리(長距離)공격과, 단거리(短距離) 공격을 겸비(兼備)하는 것이요, 평가절하(平價切下)한다면 직접적인 공격이 아니라, 간접적인 공격으로 깊숙이 침투를 하지 못하고 겉만 빙빙 도는 식의 단조로움이 나타나는 것이 단점(短點)으로 부각된다.

🌑 실전(實戰)과 이론(理論)을 겸비한 그야말로 살아있는 생생한 면이 필요한 것이다. 지나치게 이론적(理論的)인 면에 치우치는 면이 문제로 발생한다. 정편재가 혼잡(混雜)되면 재성으로 인한 문제가 발생한다.

✪. <u>오지자웅(烏之雌雄)</u>격이다.

⇨ 까마귀란 새는 암컷과, 수컷을 구별하기가 여간 어려운 것이 아니다. 정재가 중복이 되면 편재로 변하는 경우가 발생하니 주의하여야 하는 것이다.

🌑 재성(財星)이 과해 신약하면, 집이 커도 재물(財物)이 모이지가 않는다.

🌑 재성(財星)은 처궁(妻宮)인데 아(我)인 남편이 제 역할을 못하여 아내가 가권(家權)을 대신하여 행한다.

● . 관성(官星)운이 올 경우의 변화(變化).

관성(官星)운이 온다는 것은 재성운(財星運) 다음이다. 소극적(消極的)인 자세에서 적극적(積極的)인 자세로 방향을 전환하는 것이다.

● 시야(視野)를 넓혀 보다 폭넓게 활동(活動)반경(半徑)을 확대(擴大)하는 것이다. 집과 직장(職場)밖에 모르던 사람이 취미(趣味)활동(活動)을 하면서 대인관계(對人關係)도 넓히면서 새로운 삶의 방식을 터득하는 것이다. 늦게 배운 도둑질에 날이 새는 줄도 모르는 것이다.

✪ 용지불분(用志不分)격이다.

⇨ 오로지 한 가지 일에만 전념(專念)을 하는 것이다. 다른 곳에 한 눈을 팔지 않는 것이다.

● .중요한 것은 재성용식상격(財星用食傷格)이라는 설명이다.

● 관성운(官星運)이 오니 용신(用神)인 식상(食傷)을 절(絶)궁으로 모는 것이다. 거기에 인성(印星)이 있으니 기신(忌神)을 돕고, 역적의 행사를 하는 것이다. 재성(財星)은 관성(官星)을 생(生)한다. 자기 자신이 죽는지, 사는지 모르면서도 관성(官星)을 생(生)하는 것이다.

● 재성인 처(妻)의 입장에서 보면, 자식과 아내가 한 힘이 되어 남편의 횡포에 대항을 하는 결과가 나온다. 남편이 왕따를 당하는 것이다.

● . 정재용재격(正財用財格)

정 재용재격(正財用財格)은 격(格)이자 용신(用神)이 같은 것이다. 한 우물을 파는 것은 좋은데, 지나치게 편협(偏狹)된 것이요, 고지식한 것이다. 융통성(融通性)이 모자라는 것이 단점(短點)이 된다.

● 여기에서는 식상(食傷)이 있어야 제대로 빛을 본다.

● 사람이란 항상 뒤도 돌아볼 줄 알아야 한다는 것이다.

✪ 정재격(正財格)으로 신왕(身旺)한 것인데, 용신(用神)으로 재성(財星)을 택한 것은 관성(官星)이 없거나 무기력(無氣力)하여 재성을 택(擇)하는 것이다. 사주(四柱)가 신왕(身旺)하니 고지식한데다, 하나 밖에 모르는 것이 당연한 것이다.

실전사주

辛	丙	癸	甲
卯	寅	酉	辰

건명(乾命)

⤇ 병(丙)화 일주의 정재격(正財格) 사주이다. 여기에서 용신(用神)은? 정재(正財)가 된다.

⬆ 현재 비만(肥滿), 통증(痛症) 치료원(治療院)을 운영하고 계시는 분의 사주이다. 용신(用神)은 재성(財星)이 된다. 정재용재격(正財用財格)의 사주다. 돈으로 시작하여 돈으로 매듭을 짓는 것이다. 금전(金錢)에 대한 집착(執着)이 지나치게 강(强)한 사람인 것이다. 그저 돈, 돈, 돈 하는 사람이다.

돈의 노예(奴隷)인 경우나 같은 경우이다. 결국은 그것이 화(禍)가 되어 나에게로 돌아오는 것이다. 금전(金錢)이 있어도 돈이요, 없어도 돈이요, 항상 금전에 쪼들리는 모습을 보인다.

없는 사람은 적은 돈에, 있는 사람은 큰돈에 쪼들리는 것이다.

❖ **시시비비(是是非非)가 지나치면 시야비야(是耶非耶)가 된다.**

↳ 시시비비(是是非非) : 옳은 것은 옳다하고, 그른 것은 그르다고 함.

시야비야(是耶非耶) : 옳고 그름을 제대로 판단하지를 못함.

❖ 새로운 샘물이 항상 솟아나오듯 지혜(知慧)와, 식견(識見)이 필요하다.

● . **정재용재격(正財用財格)의 특성(特性).**

🔹 콩 심은데 콩 나고, 팥 심은데 팥 나는 것이다. 전후(前後), 좌우(左右)를 살펴보지를 않는 것이다. 매사에 신중하고, 정확성을 유지한다. 곁눈을 두지 않는다. 거짓이 없고, 불의(不意)와 타협(妥協)을 하지 않고, 항상 정도(正道)를 선택한다. 정재(正財)도 많으면, 편재(偏財)의 역할을 한다.

🔹 외적(外的)인 면으로 본다면 아내의 내조(內助)가 많아져서 남편을 돕는 결과가 된다. 재성(財星)이 강(强)하여지면 자연 관성(官星)을 생하는 것이다.

🔹 정재(正財)라 하여도 결국은 편재(偏財)의 성향도 갖고 있는 것이다. 그래서 정재(正財)라는 구분(區分)이 서는 것이다. 다만 정재(正財)의 기운(氣運)이 약간 강(强)하다는 것 뿐 인 것이다.

격 🔹 (格)과 용신(用神)이 같으므로, 출신(出身)보다 크게 발전성(發展性)은 없는 것이다. 제자리에서 맴도는 형상을 하는 것이다.

● . **정재용재격(正財用財格)의 운(運)에서의 변화.**

언제인가 상아탑에서 주식에 투자를 하였다가 쪽박을 찼다는 소식이 있었다. 대학들은 인성(印星)의 대표 주자들이다.

🔹 재성(財星)을 탐하는 경우로 재성의 기운이 강렬할 때 한 방을 맞은 것이다. 재성(財星)의 기운이 강렬하다는 것은, 경기가 불확실하다는 것이다. 기복(起伏)이 심하고, 안정(安定)되지가 않은 것이다.

🔹 격랑(激浪)이 심한 파도와 마찬가지인 것이다.

🙂 모든 것이 마찬가지이지만 흔들리고, 불안할 때는 언제나 휩쓸리지를 말아야 하는 것이다. 사주가 강할 때는 흔들리던 말든 상관을 하지를 않는다. 그러나 사주가 신약할 경우는 흔들림에 많이 동요되고, 중심을 잘 잡지를 못한다. 그래서 어려울 때 더 어려움에 처하는 것이다.

● . 정재용재격(正財用財格)이란?

강 한 일간(日干)의 입장에서는 꽃놀이 패인 것이다. 용신(用神)의 입장에서 보는 것과, 일간(日干) 입장에서 보는 것은 다른 것이다.

🙂 사주 감명(感銘)시 흔히들 하는 착각(錯覺)이 있는데, 용신(用神)의 입장에서 보는 것과, 주체(主體)인 일간(日干)의 입장에서 보는 것을 간혹 혼동을 하는 것이다. 엄연히 주체는 일간(日干)인 것이다.

🙂 용신(用神)의 입장에서 보면 일간(日干)이 피곤한 존재로 보이는 것이다.

🙂 항상 자기가 움직여주어야 할 의무(義務)를 쥐어주기 때문이다.

🙂 일간(日干)의 입장에서는 보조자(補助者)라 고맙지만, 용신(用神)의 입장에서는 부담(負擔)이 되는 것이다.

실전사주

己	辛	戊	乙
丑	丑	寅	丑

↳ 신(辛)금 일간(日干)의 정재격(正財格)사주이다.
용신(用神)은 무엇일까?

건명(乾命)

⬆ 인성(印星)이 지나치게 강(強)한 사주이다. 재성(財星)이 맥을 못 추는 형상인 것이다. 용신(用神)은 자연 재성(財星)이 되는 것이다.

● . 인성(印星)운이 올 경우의 변화(變化).

인수(印綬)운이 온다는 것은, 일간(日干)을 더욱 강화(強化)시키니, 일간(日干)의 입장에서는 강한 카리스마가 더욱 빛을 발하는 것이요, 전권(全權)을 휘두르는 포악한 제왕(帝王)이 되는 것이다. 이때는 신하들이 똘똘 뭉쳐야 하는 것이다. "아니 되옵니다!" 를 연발 외쳐야 국가(國家)가 편안한 것이다.

🌰 강제(强制) 조세(租稅)가 더욱 기승(氣勝)을 부리는 것이다. 조세란 자발적(自發的)인 분위기가 형성이 되어야 하는데, 약간의 강제성(强制性)을 띠는 의논이 분분한 것이다. 재정(財政)이 압박을 받고, 어려운 형편이 누그러들 기미가 보이지 않는 상황이 연출이 되는 것이다.

🌰 가정(家庭)에서 긴축(緊縮)살림을 하여야 하는데 사치(奢侈)가 심한 것이다. 가뜩이나 어려운데 쇼핑이나 하고, 절제가 없는 것이다. 수입은 전에만 못한데, 왜 이리 돈 나갈 곳은 자꾸만 늘어나는지! 결혼식이요, 초상이요, 개업이요, 집들이요, 여기저기서 난리가 난 모양이다. 몇 년 간 소식이 없던 친구한테서도 청첩장이 날아오는 것이다.

🌰 장마가 다가오는데 지붕이 새서 수리를 하기는 하여야 하는데 목돈이 나가야 하니 이것도 큰 문제인 것이다. 그렇다고 몰라라 하고, 안 할 수도 없는 노릇이고----------

✪ <u>옥치무당(玉巵無當)</u>격이다.

▷ 옥(玉)으로 만든 잔인데, 밑이 없어 술잔으로서의 가치(價値)가 없는 것이다. 보배라도 쓰임새가 있어야 보배인 것이다. 지나친 인수(印綬)의 유입(流入)은 오히려 화(禍)를 자초(自招)하는 결과가 되는 것이다.

🌑 .견겁(肩劫)운이 올 경우의 변화(變化).

견 겁(肩劫)운이 올 경우는 엎친데, 덮치는 격이다. 돈 떨어져, 신발 떨어져, 담 배 꽁초마저 떨어지는 것이다.

🌰 사람도 떠나고 모두 다 나를 버리고 떠나는 것이다. 모든 기능을 상실하는 것이다.

🌰 음식(飮食)이 더운 날씨 탓에 부패(腐敗)하는 것이다.

🧑 정재용재격(正財用財格)에서 인수(印綬)운 다음 견겁(肩劫)이 오는 것이다. 인수(印綬)운에서는 재성(財星)이 스스로 자발적(自發的)으로 기운(氣運)을 소진(消盡)하더니 이번에는 강압적(強壓的)으로 일간(日干)에 의하여, 즉 비겁(比劫)에 의하여 겁박(劫迫)을 당하는 것이다.

🧑 여름에 장마철이 지나간 후에 한숨을 돌리려니, 이번에는 더 무서운 태풍이 연달아온다는 것이다. 사람이란 심리적으로 무엇인가에 크게 놀라면 그와 비슷한 것만 보아도 놀라게 마련이다.

🧑 신용불량(信用不良)에, 사채(私債)까지 그러다 보니 돈 소리만 나와도 지겨운 것이다. 하도 빚 독촉에 시달리다보니 전화 벨소리만 나도 신경(神經)이 곤두선다. 채무자(債務者)의 입장에서는 당연한 권리(權利)라지만 당하는 사람의 입장에서는 곤혹스러운 것이다. 오죽하면---, 진즉에 정신 좀 차리지   ----전화소리가 마치 저승사자(死者)가 내가 왔다! 하고 노래를 부르는 것 같다.

✪. 통심질수(痛心疾首)격이다.

⇨ 마음이 아프고, 머리가 지끈거리니 걱정이 매우 극심하다.
　걱정이 걱정을 낳는 것이다. 돈이 급한데 돈 쓸 일만 생기는 것이다.

● .식상운(食傷運)이 올 경우의 변화(變化).

열 심히 일을 하여 자금(資金)을 비축(備蓄)하는 것이다. 돈을 벌려면 일을 하여야 하는데 직장에서 열심히 땀을 흘리는 것이다.
지금 당장은 큰 효과(效果)를 보지를 못하지만 내일을 위하여 구슬땀을 흘리는 것이다. 희망(希望)을 갖고 일하는 것이다.

🧑 비록 나의 능력(能力)이 크건, 작건 나에게 주어진 환경(環境)에 적응(適應)을 하고, 앞날을 위한 설계(設計)를 하는 것이다. 창의(創意)력과 추

진력(推進力), 기획(企劃)력과 실천력(實踐力)을 발휘하는 것이다.

✪. 적토산성(積土山城)격이다.

▷ 흙을 모아 산을 이루는 것이다. 티끌모아 태산(泰山)인 것이다.

아무리 작은 것이라도 그것이 모이면 큰 힘을 발휘하는 것이다.

● . 재성운(財星運)이 올 경우의 변화(變化).

정 재용재격(正財用財格)에서 재성운(財星運)이 오는 것이니, 재성(財星)의 존재(存在)가 다시 한 번 빛을 발하는 것이다.

● 돈가뭄에 시달리다가 돈 벼락을 맞는 것이다.

● 역시 외길을 간 것에 대한 보람을 느끼는 것이다. 일에 대한 금전적(金錢的)인 보상(報償)을 받는 것이다.

● 사고로 인한 보상금(補償金)의 합의가 이루어지지 않아 많은 고생과, 어려움을 겪었는데 보상에 대한 합의(合意)가 이루어지어 모든 것이 원활히 돌아가기 시작한다.

● 노사(勞使)간의 심한 쟁의(爭議)가 발생하면 당사자들도 그렇지만 그에 연관된 많은 사람들이 피해를 입게 된다. 물심양면(物心兩面)으로 모두가 힘들어지는 것이다. 극적인 타협(妥協)이 이루어지는 것이다.

● 항상 결과(結果)에만 만족을 하지 말고 과정(過程)에 대한 배려가 있어야 한다. 논공행상(論功行賞)에 대한 분배(分配)가 이루어져야 한다.

● 재물(財物)이란 더러운 것이다. 풍요(豊饒)속에 분란(紛亂)이 오고, 재앙(災殃)이 싹튼다.

✪. 소제양난(笑啼兩難)격이다.

▷ 웃어야 할지? 울어야 할지? 입장이 난처한 것이다. 울지도 못하고, 웃지도 못하는 것이다. 어느 장단에 춤을 추어야 할 것인가?

정 ➡ 관성(官星)운이 올 경우의 변화(變化).

재용재격(正財用財格)에서 관살(官殺)의 역할은 일간(日干)의 지나침을 꾸짖는 데는 재성(財星)과 동일(同一)한 행보(行步)를 한다.

- 재성(財星)의 도움을 받아 일간(日干)의 왕(旺)함을 다스리는 데는 한층 탄력(彈力)을 받는다.

- 정재용재격(正財用財格)에서 재성(財星)을 보호(保護)하고, 일간(日干)의 방만(放漫)함을 견제(牽制)한다.

- 매사를 사리(事理)에 맞게 확실하고 정확하게 그리고 스스로를 깨닫는 방향으로 이끌어 치우치고, 편협(偏狹)됨이 없도록 한다.

실전사주

乙	辛	丙	己
未	未	寅	未

➭ 신(辛)금 일간(日干)의 정재격(正財格)사주이다.

용신(用神)은 무엇일까?

건명(乾命)

⬆ 인성(印星)이 강(强)하다. 재성(財星)으로 기운(氣運)을 삭감(削減)하여야 한다. 재성(財星)이 용신(用神)인 것이다.

배우는 것은 다 돈을 벌기 위한 수단인 것이다.

어려서부터 좋은 곳에 좋은 환경으로 힘들어도 가르쳤더니, 외국까지 유학을 다녀오고 성공을 하여 부모를 나 몰라라 하고 팽개치는 자식이나 같은 처신을 하지는 말아야 할 것이다. 듣자하니 손해배상 까지 청구하였다고 하는데 참으로 세상 돌아가는 것이 왜 이 지경까지 왔누?

- 자신도 자식한테 버림을 받아봐야 아는 것이다.

- 관(官)이 투출(透出)하였으나, 인성(印星)의 왕(旺)한 기운에 흡수되어 버린다. 그래도 믿을 것은 재성 뿐 이다.

- 신(辛)금에 미(未)토는 쇠궁(衰宮)이다. 재고(財庫)를 갖고 있는 것이다.

- 정재(正財)가 아닌 편재(偏財)이다. 정재(正財)가 필요한 것이다.

● . 정재용관격(正財用官格).

정재용관격(正財用官格)은 정재(正財)로 시작하여 관성(官星)으로 끝을 맺는 것이니, 시작보다는 한 걸음 진일보(進一步) 하는 것이다.

● 정재격(正財格) 중에서는 제일 바람직하고, 건설적(建設的)인 면이 나타나는 경우이다.

● 격(格)은 정재격(正財格)인데 용신(用神)은 관성(官星)인 것이다.

● 자연 격(格)이 용신(用神)을 뒷받침하여 주는 것이다.

● 재성(財星)과 관성(官星)이 힘을 합치니 두려울 것이 없는 것이다.

실전사주

丁	辛	戊	乙
酉	酉	寅	未

▷ 인(寅)월의 신(辛)금 일간이다.

정재용관격(正財用官格)이다.

건명(乾命)

⬆ 신(辛)금 일주(日主)의 사주이다. 인(寅)월 출생(出生)이라, 아직 한기(寒氣)가 완전히 가시지 않은 시기이다. 다행인 것은 인(寅)중 병(丙)화가 있으므로 그래도 따뜻한 온기(溫氣)는 있는 것이다.

재성(財星)으로 시작을 하는데, 일간(日干)이 왕(旺)하여 시간(時間)의 정(丁)화인 편관(偏官)을 용신(用神)으로 능히 모든 것을 관리(管理)한다.

● 편관(偏官)이 용신(用神)이므로 감투를 좋아한다.

● 록(祿)을 깔고 있으므로 관운(官運)도 좋다.

● 모 은행의 지점장을 역임한다. 승진도 남보다 빠르게 올라간 편이다.

● 재(財)와 관(官) 사이에 비겁(比劫)이 자리를 하여 연결이 매끄럽지가 못한 것이 흠으로 나타난다.

✪. <u>채의오친(彩依娛親)</u> 격이다.

▷ 색동옷을 입고 부모 앞에서 응석을 부리는 격이다. 부모에 효도하는 것이다. 자식(子息)이 잘되는 것 이상으로 부모(父母)에게 효도하는 것은 없는 것이다.

⬤ . <u>정재용관격(正財用官格)의 특징.</u>

🔸 격(格)이란 출생(出生)을 의미하고 출신(出身)을 말한다.

용 신(用神)이 격(格)을 이끌고 나가니 전진(前進)히는 것이요, 발전(發展)하는 것이다. 성공(成功)을 의미하는 것이다.

🔸 재성(財星)이란 원래 일간(日干)의 기운(氣運)을 소진(消盡)시키는 것이다. 그런데 거기에 관성(官星)까지 가세를 한다면, 일간은 더욱 더 정신을 차리고 기운을 강화(强化)하여야 한다.

🔸 기본적으로 기력(氣力)이 강(强)하면 재관(財官)을 능히 다스리고, 운용(運用)을 할 수가 있으나, 기력(氣力)이 쇠(衰)하면 오히려 재관에 의하여 끌려 다니는 형상으로 변한다. 정재격(正財格)이면서 사주(四柱)가 신왕(身旺)하고 관성(官星)이 있을 경우가 된다.

🔸 얼마 전 있었던 어느 천재 음악인의 경우를 보자. 오로지 일, 즉 음악(音樂)에만 몰두하여 경제활동을 하면서도 정작 자기 자신의 처지(處地)에 대한 올바른 판단(判斷)을 흐린 것이다. 주변의 못된 사람들에 의하여 반강제적으로 압박을 받은 것이다.

🔸 남에게 수모를 당하고, 비참할 정도로 대접을 받은 것이다.

🔸 사주(四柱)상으로 본다면 일간(日干)이 신약(身弱)하고, 재관(財官)이 강(强)하였던 것이었다.

🔸 악덕업자에게 시달리면서 금전적(金錢的)인 보상(補償)도 형편없이 받은 것이다. 그러다보니 자신(自身)의 건강(健康)도 많이 상(傷)하였던 것이었다. 정재용관격(正財用官格)의 목적에서 최악(最惡)의 상황을 연출한

것이다. 사주가 신왕(身旺)했다면 어느 정도 극한 상황까지는 가지를 않았을 것이다.

- 관성(官星)이 하는 일은 인성(印星)을 생(生)한다. 재성(財星)으로부터 생(生)을 받아서, 인성(印星)에게 전달하는 것이다.

- 재성(財星)에게는 눈의 가시 같은 인성(印星)에게 힘을 실어주는 것이다.

- 은혜(恩惠)도 모르는 것이다. 잘 먹여 놓으니, 밖에 나가서 엉뚱한 곳에 힘을 쓰는 것이나 같은 것이다.

- 관성(官星)은 식상(食傷)의 기운을 소진(消盡)시킨다.

- 식상은 재성이 용신일 경우 희신(喜神)의 역할을 하는데, 희신(喜神)을 골병들이니 구신(仇神)의 역할을 하는 것이다.

- 용신(用神)인 재성(財星)의 공급로(供給路)를 줄이는 것이다.

- 일간(日干)이 왕(旺)할 경우는, 재관(財官)이 힘을 합하여 중화(中和)를 이루니 금상첨화(錦上添花)와 같다. 재관이덕(財官二德)을 갖추는 것이다.

- 격(格)보다는 용신(用神)이 앞서니, 출신(出身)보다는 앞서나간다는 것이다. 일취월장(日就月將)하는 것이다.

✪. 예승즉리(禮勝則離)격이다.

⇨ 예(禮)를 지나치게 앞세우면 거리가 멀어지는 것이다.

예의(禮儀)도 지나치게 어려우면, 지키기가 힘들어 외면(外面)을 하는 것이다. 항상 신강(身强)하여야 매사가 잘 풀리는 것이다.

●. 정재용관격(正財用官格)의 운(運)에서의 변화(變化).

정 재용관격(正財用官格)은 정재(正財)와 관살(官殺)과의 관계인데 특히, 용신(用神)인 관살(官殺)과의 변화(變化)관계(關係)가 중요한 것이다.

🔘 정재용관격(正財用官格)이란? 재(財)에게 관(官)이 필요한 것이라는 설명이다. 겁재, 양인 등으로부터 재성(財星)을 지켜야 한다는 것이다.

🔘 일간(日干)이 강(强)하다는 것이요, 사주(四柱)가 신왕(身旺)한 것이다.

🔘 정재(正財)란 상경(常經)계요, 관성(官星)이란 법정(法政)계다.

🔘 과(科)를 전과(轉科)하는 것이요, 전공(專攻)이 바뀌는 것이다.

🔘 경제계(經濟界)에서 관(官)계, 정계(政界)로의 진출(進出)이 가능하다는 설명인 것이다. 여기에서 운(運)에서 오는 변화(變化)와, 용신(用神)의 상관관계를 살펴보자.

🔘 . **인성(印星)운이 올 경우의 변화(變化).**

관성(官星)이 용신(用神)인데, 인성(印星)이 오는 것이다. 관(官)이 인수(印綬)를 생(生)하느라 기력(氣力)이 쇠하여진다.

⚽ 일간이 왕(旺)하여 기세의 완급조절이 이루어져야 하는데, 오히려 일간(日干)쪽으로 기세(氣勢)가 기우는 것이다.

🔘 정재용관격(正財用官格)이라 시작점인 재성(財星)이 인성(印星)을 극(剋)하느라 절지(絶地)에 해당하는 것이다. 재성(財星)으로써는 관성(官星)을 생하여야지, 인성(印星)을 극(剋)해야지, 이래저래 피곤한 삶의 연속이 이어진다.

🔘 일간(日干)의 입장에서 보면 인수(印綬)의 생(生)을 받으니 신나는 것이다. 그러나 자신을 좀먹는 일이라 알면서도 대책을 세울 수 없는 것이다.

🔘 사업(事業)을 하다보면 자본(資本)의 활용(活用)에 대하여 많은 생각을 하게 된다. 과연 어느 부분에 투자(投資)를 하여야 많은 이익(利益)을 창출(創出)할 것인가? 하고 말이다. 그런데 투자(投資)의 선택을 잘못한 것이다.

🔘 생산설비에 투자를 하여야 하는데 경기가 불투명하다고 하여 부동산에

투자를 하여 돈이 묶여버리는 것이다.

- 자본(資本)의 활용(活用)이 이루어지지가 않는 것이다.

- 재성(財星)이 활기(活氣)가 없어지는 것이다.

- 피곤하여 휴식(休息)을 원하는 것이다. 재성(財星)이란 꽃인데, 향기(香氣)가없어지고, 시들어가는 것이다. 가정(家庭)으로 비기면 아내요, 가정(家庭)의 살림을 책임지는 사람인데, 의욕(意慾)이 사라지는 것이다. 자식(子息)의 뒷바라지하기가 버거운 것이다.

- 남편(男便)과의 사이도 원만하지가 않은 것이다.

- 가정적(家庭的)으로 문제가 생기는 것이다. 가정불화(家庭不和)가 시작이 된다. 시댁(媤宅)과도 문제가 되는 것이요, 여건(餘件)이 압박을 하는 것이다.

- 남편(男便)의 입장에서는 무엇인가를 계획하고, 새로운 것을 시도하고 싶은데 여건(餘件)이 안 되는 것이다. 자꾸만 불만(不滿)이 팽배(澎湃)하여지는 것이다. 자꾸만 자본(資本)이 들어가는데 아내를 보채는 것이다.

✪. 견토지쟁(犬兎之爭)격이다.

▷ 사나운 개가 교활한 토끼를 무리하게 쫓다가, 결국은 둘이다 숨을 거두어 버리는 것이다.

- 쓸데없는 싸움으로 인하여 엉뚱한 삼자가 이익을 득(得)하는 것이다.

- 재성(財星)과 인성(印星)이 싸움을 하는 것이다. 득볼 것은 없는 것이다.

- 중간(中間)에서 입장만 난처하여진다. 권토중래(捲土重來)가 이루어진다.

●. 견겁(肩劫)운이 올 경우의 변화(變化).

성(官星)이 용신(用神)인데, 견겁(肩劫)이 오는 것은 이율배반적(二律背反的)인 상황이 오는 것이다.

- 지도(指導)를 받아야할 학생이 오히려 선생(先生)을 우습게 아는 것이다.

👤 취직(就職)을 하여야 할 학생이 상급학교를 진학(進學)한다고 하는 것이다. 가정상의 이유로 인하여 형편이 어려운데도 상급학교를 진학한다고 고집하여 주변의 많은 사람들에게 걱정을 끼치는 것이다.

👤 가장(家長)이 가정살림살이를 하는 아내에게 넉넉한 생활비를 주어야 하는데 오히려 집에서 돈을 가져가려고 하니, 아내와 자식들을 핍박하는 것이다. 술주정도 마다하지 않고 하는 것이다. 식구들의 원망 속에 지내는 하루하루가 되는 것이다. 가정의 불화가 극(剋)을 이룬다.

👤 치외법권(治外法權)의 지역에 있는 느낌이 든다.

👤 남의 일에 간섭을 하고, 짜증을 낸다고 이웃을 살해한 사건이 발생한 적이 있었다. 극도(極度)의 긴장감이 도는 신경질적(神經質的)인 반응을 보이기도 하는 것이다. 될 수 있는 데로 남과의 접촉을 피하고, 스스로 마음을 다스리고, 차분함을 간직하도록 노력을 하여야 한다.

👤 용신(用神)인 관성(官星)을 무력화(無力化)시키니 백약(百藥)이 무효(無效)인 것이다. 건강(健康)이 악화(惡化)되는 것이다.

✪. 와부뇌명(瓦釜雷鳴)격이다.

▷ 흙으로 만든 솥이 우레와 같이 큰 소리를 낸다. 질그릇은 잔잔한 소리를 내면서 아기자기 하게 끓는 것이 보기도 좋고, 듣기도 좋고, 식욕도 돋우는 것이다. 보름지기 격(格)에 맞아야 한다는 것이다.

결격사유가 많은 자가 공직(公職)에 있는 것이나 같은 것이다. 능력도 안 되는 사람이 완장(腕章)을 차고서 큰 소리나 지르는 것이나 같은 것이다.

🥮 .식상운(食傷運)이 올 경우의 변화(變化).

정 재용관격(正財用官格)에서 식상운(食傷運)이 올 경우의 변화인 것이다. 갈 길이 바쁜데 운(運)에서 태클을 거는 것이다. 뜻대로 일이 이루어지지가 않는 것이다. 역(逆)으로 흐르는 것이다. 심신(心身)이 허탈하여진다.

▶ 용신(用神)인 관살(官殺)을 직접적(直接的)으로 극(剋)하는 것이다.

앞서나가는 사람을 막는 것이다. 잘난 척하지 말라며 질투를 하는 것이다.

구형(舊形)은 신형(新型)으로 바꾸어 경비절감(經費節減), 시간(時間)절약 (節約)등 많은 이점(利點)이 있는데도 불구하고 구태의연한 태도로 억지를 부리면서 방해(妨害)를 하는 것이다.

오로지 자기의 의견이 옳다며 구형(舊形)을 고집하는 것이다.

- 못 먹는 감 찔러나 보자는 격이다. 엉뚱한 영웅심(英雄心)의 발로(發露) 인 것이다. 바로 가는 지름길이 있는데도, 굳이 돌아서 가자는 것이다.

- 공(功)을 가로채려는 심사(心思)인 것이다. 근시안적(近視眼的)이다.

- 사촌이 땅을 사면 배가 아픈 격이다.

- 시작(始作)점인 재성(財星)을 생(生)하니, 기본적인 면에서는 타당성(妥 當性)이 인정(認定)을 받기도 한다. 발전성이 없어지는 것이다. 여기에서 요구하는 용신(用神)은 폭을 넓게 하며 범위를 확장하는 것이다. 자기 딴 에는 열심히 한다고 하는데, 남의 눈에 냉정하게 비친 결과는 너무나 답 답한 것이다. 식상운(食傷運)이 올 경우는 안목(眼目)이 좁아지는 것이 다. 당장 눈앞의 계 획(計劃)이나 이득(利得)만을 생각하고 멀리 보지를 못 하는 것이다. **소탐대실**(小貪大失)로 이어지는 것이다.

✪. 생무살인(生巫殺人)**격이다.**

▷ 선무당(애동)이 사람을 잡는 다는 것이다.

- 아직 부족함이 많은 사람이 잘난 척 하다가 일을 그르치는 것을 말한다.

- 식상(食傷)이 관살(官殺)을 극(剋)하니 일을 벌이다가 지켜야할 점들을 무시하는 것이다.

- 벼는 익을수록 고개를 숙이는 법이다. 남의 충고(忠告)와 조언(助言)을 경청(敬聽)하는 것이 예의(禮義)인 것이다.

● . **재성운(財星運)이 올 경우의 변화(變化).**

용　신(用神)이 관성(官星)인데, 다시 재성운(財星運)을 만나는 것이다.
나아가지는 못 하지만 용신(用神)인 관성(官星)을 든든히 받혀 주는 것이다.
매우 긍정적(肯定的)이나 좀 더 적극적(積極的)인 판단이 요구된다.

🔘 항상 준비만 하고 있지, 나아가지를 못하는 것이다.

🔘 "칼을 뽑았으면 썩은 무라도 베어야 한다."는 논리(論理)가 필요한 경우
이다. 조금 조금씩 재물을 모았거나, 막상 어느 정도의 움직일 수 있는
재물을 형성하여 놓고, 이것을 어떻게 활용을 하여야 할 것인가? 하고 망
설이는 경우나 같은 것이다. 그저 앉아서 손이나 만지작거리는 사람이다.

🔘 상법(相法)으로 보는 경우에 나타나는 형상이다. 답답함의 극치(極致)를
이룬다. 일단 먹고 지내는 데는 당장 커다란 불편함이 없는 것이다. 자금
(資金)이 모자라서 돈이 될 줄 뻔히 알면서도 일을 추진하지 못하는 사
람 앞에 나서서 지금 자금이 어느 정도는 확보되어 있는데, 이것을 어찌
하면 안전하게 늘릴 수가 있을까? 하고 의논하는 사람이다. 약 올리는 것
밖에는 안 되는 것이다.

🔘 가정적(家庭的)으로는 처(妻)가 어느 정도 안정(安定)을 찾는 운이다.

🔘 처(妻)에게 어느 정도 관심을 갖게 된다. 처(妻)의 내조(內助)가 이루어
진다. 처(妻)가 자손(子孫)의 뒷바라지에 더 신경을 쓴다.

🔘 군비쟁재(群比爭財)에서 어느 정도 숨통이 트인다. 금전(金錢)의 압박에
서 어느 정도 해갈이 된다. 용신(用神)적인 입장에서 본다면, 처(妻)의
손에 돈이 들어가면 나오지를 않는다. 아이 과외비도 모자라는데, 당신이
쓸 돈은 당신이 알아서 하세요! 하는 것이다.

✪ . **남행북주(南行北走),동분서주(東奔西走)격이다.**
▷ 남쪽으로 나아가고, 북쪽으로 달린다는 말인데, 바쁘다는 의미나 같다.

● . 관성(官星)운이 올 경우의 변화(變化).

정 재격(正財格)에 관성(官星)운이 오는 것이다. 용신(用神)인 관성(官星)에 힘이 배가(倍加) 되는 것이다.

직장생활에 활력이 붙는 것이요, 남들은 명퇴를 걱정하여도 개의치 않고 열심히 나의 일을 하는 것이다. 관성(官星)의 힘이 늘어나니, 자연 재성(財星)도 활력(活力)이 솟는 것이다.

- 일간(日干)의 입장에서 보면 공격(攻擊)과 수비(守備)가 적절히 조화(調和)를 이루는 것이다. 여기에서 중요한 것은 인성까지는 절대로 욕심을 부려서는 안 되는 것이다.

- 성실함과 근면함이 돋보인다. 자연 인정을 받는 것이다. 일에 대한 열정과 정확한 판단으로 인하여 만족을 느낀다.

- 형충파해(刑沖破害), 공망(空亡)등 기신(忌神)을 조심하여야 한다. 공든 탑이 무너지는 경우가 생기기 때문이다. 관성(官星)은 식상(食傷)을 피폐하게 한다. 식상(食傷)의 기운을 다 빼는 것이다.

- 식상(食傷)은 재성(財星)을 생(生)하는데 보급과정에서 누수(漏水)현상이 심하게 나타나는 것이다. 재성(財星)으로의 공급(供給)이 원활하여지지 않는다.

- 관성(官星)의 기운이 왕(旺)하여지니, 재성(財星)을 흡입(吸入)하는 기운이 더 강력(强力) 하여진다. 재성이 어이가 없어진다.

- 재성(財星)도 용신(用神)에 일조(一助)를 하는데 관(官)이 독식(獨食)을 하는 것이다. 희신(喜神)인 재성(財星)의 존재(存在)가 가려진다.

✪. 거자일소(去者日疏)격이다.

⇨ 간사람(죽은 사람)은 날이 갈수록 소원(所員)하여지니, 절로 기억에서 멀어지는 것이다. 그저 죽은 놈만 불쌍한 것이다. 오래 살아야 하는 것이다.

● . 편재(偏財)격의 용신(用神).

편재격(偏財格)에서 용신(用神)을 찾는 것이다. 우선 간단히 그 특성(特性)을 알아보자.

편재(偏財)는 정재(正財)와 달라서 흐르는 성질(性質)이 강(强)하다. 한 곳에 머무르는 것이 아니고 떠다니는 것과 같은 것이다.

어느 누구의 소유(所有)가 되는 것을 원치 않는 것이다.

이것을 일주(日柱)의 입장에서 본다면, 일간(日干)은 부평초(浮萍草)와 같은 재(財)를 쫓는 것이요, 뜬구름을 쫓는 것과도 같은 것이다.

자연 돌아다니다 보니 보고 들은 것은 많아 뜻은 웅대하고, 작은 것에 만족하지를 않는다. 글자 그대로 왜곡(歪曲)되고, 기울어지는 편(偏)이라는 특성(特性)이 나타나는 것이다.

어느 부모(父母)이던 자식(子息)은 올바르고 잘되기를 바란다. 그래서 편재(偏財)는 정관(正官)을 생(生)하는 것이다.

재성(財星)은 항상 비겁(比劫)을 의식하는데, 특히 편재(偏財)의 경우는 그것이 더 심하다. 정재(正財)보다 쉽게 취할 수가 있고, 변화(變化)시키는 환경의 변화에 따라야 되기 때문인 것이다.

항상 관살(官殺)이 나타나 비겁(比劫)을 극(剋)하는 것을 원하는 것이다.

관살(官殺)이라는 정의(正義)의 사나이가 비겁(比劫)이라는 치한(癡漢)으로부터 겁탈(劫奪)을 당하는 것을 관살(官殺)이 보호하여 주는 것이나 같은 것이다.

❖ 일간(日干)의 입장에서 살펴보자.

신약(身弱)일 경우는 멋진 여성이 지나가도 말 한마디 붙이지 못하고 그저 눈만 껌뻑이다가, 침만 질질 흘리고 마는 것이다.

신왕(身旺)할 경우는 강력(强力)하게 대시를 하는 것이다. 어차피 흘러가는 물인데 하면서 가로 막아보는 것이다. "내가 둑을 쌓을 것이니 잠시 기다려다 오!" 하면서 말이다.

● . 편재격(偏財格) 에서의 용신(用神).

 선 정재(正財)와 편재(偏財)와의 근본적(根本的)인 성향(性向)에 따른 차이에 따라 용신(用神)을 정하는 향배(向拜)가 달라진다.

● 정재(正財)란 차곡차곡 쌓는, 맛이 있는 재산(財産)이다. 당연히 모으고, 간직하고, 시간에 관계없이 보관이 가능하고, 처분(處分) 또한 자신의 개인 의사에 준할 수가 있는 것이다. 그만큼 분란의 소지가 적은 것이다.

● 편재(偏財)란 항상 분란(紛亂)의 소지가 가능한 재산(財産)이다. 아무나가 취할 수 있는 재산(財産)인 것이다.

● 재산 특히 유산상속(遺産相續)문제로 인하여 싸우는 경우를 많이 보게 되는데, 이 경우 이것이 바로 편재(偏財)의 대표적(代表的)인 경우인 것이다.

● 내가 땀 흘려 일구어 놓은 재산이 아닌 것이다. 물론 어느 정도 일조(一助)는 하였다고 볼 수도 있지만, 이미 그 대가(代價)는 지불 받고 있는 상황일 것이다.

● 정재(正財)는 믿고 상황판단을 하고 용신(用神)을 정하지만, 편재(偏財)는 항상 변수(變數)가 생기는 것을 알고, 용신(用神)도 경우에 따라 영향을 받는다는 것이다.

실전사주

庚	辛	丁	庚
寅	卯	亥	申

⇨ 해(亥)월의 신(辛)금 일간이다.
지지(地支)에는 묘(卯)목을 놓고 있다.

곤명(坤命)

⬆ 신(辛)금 일주(日主)의 사주이다. 식상(食傷)이 변하여 재성(財星)으로 바뀐 것이다. 편재격(偏財格)의 사주로 변하는 것이다. 식상(食傷)이 재(財)로 변한 것이다.

여성(女性)에게 있어서 식상은 생식기(生殖器)와도 연결이 된다.

사주 자체가 음습(陰濕)하여 조심성이 요구되는 경향이 있다.

편관(偏官)인 정(丁)화가 있어 관(官)이 투출(透出)하여 있는데, 일간(日干)인 신(辛)금은 시지(時支)의 인(寅)목에 있는 병(丙)화에 더 관심(觀心)이 있는 것이다. 월간(月干)의 정(丁)화가 남편이지만, 병(丙)화가 더 좋은 것이다. 편관(偏官)인 정(丁)화의 각각의 지지(地支)를 살펴보기로 하자. 년(年)에는 목욕궁(沐浴宮)이요, 월(月)에는 태궁(胎宮)이요, 일(日)에는 병궁(病宮)이요, 시(時)에는 사궁(死宮)이다. 갈수록 어려워지는 것이다. 그러나 전체적인 면을 본다면 지지(地支)가 편관에게는 인성(印星)을 형성하여 왕한 금(金)의 기운을 갈라놓아 사주 전체의 기운을 관(官)으로 모으는 형상(形狀)을 이룬다. 나를 따르라는 것이다. 용신(用神)은 무엇으로 정하여야 할 것인가? 얼핏 보면 사주가 매우 신왕(身旺)한 것 같으나 년주(年柱)의 비겁(比劫)은 크게 도움이 되지를 못한다. 아직 나이가 있으니 그 파급효과는 있으나, 조금 나이가 들면 그 기운이 가로막혀 제 기능을 발휘하지를 못한다.

이런 경우는 용신(用神)을 시간(時干)의 경(庚)금으로 정한다.

대운(大運)을 살펴보면 한창때인 나이에서부터 운(運)에서 사주의 음습(陰濕)한 기운을 제거하여 그리 크게 걱정을 하지 않아도 될 것 같다.

이성(異性)관계로 하여 상담을 하였던 여성(女性)의 사주이다.

● . **편재격(偏財格)의 특성(特性).**

재(偏財)란? 재성(財星)으로 정재(正財)와는 음양(陰陽)이 다르다. 돌출(突出)행동이 많은 굴곡(屈曲)의 인생인 것이다.

● 재성(財星)은 일간(日干)이 극(剋)하는 그야말로 일간(日干)의 밥이다.

● 다시 이야기를 한다면 밥이란 먹고 싶으면 먹고, 남기고 싶으면 남기고, 상(傷)하면 버리고, 배가 고프면 제일 먼저 찾는 것이요, 없으면 못 사는 것이다.

● 편재(偏財)란 극(剋)하는 일간(日干)과 음양(陰陽)이 같은 것이다.

● 편재(偏財)는 그 소유(所有)가 어느 누구라고 정하여져 있는 것이 아니다. 다른 이의 소유가 되었을 때는 내가 다스리고 간여하기가 힘들어진다. 또한 그 힘이 강(强)하여졌을 때는, 상하(上下)의 관계가 역(逆)으로 작용을 하여 어려운 지경으로 이끈다. 격국(格局)에서도 마찬가지이다.

실전사주

壬	丁	丁	丙
寅	未	酉	戌

▷ 정미(丁未)일주(日主)의 사주이다.

　　편재격(偏財格)의 사주로 신강(身强)하다.

건명(乾命)

⬆ 천간(天干)으로 비겁(比劫)이 많다. 화기(火氣)가 강(强)한 것이다.

화(火)토(土)중탁(重濁)의 성격도 나타난다.

식상(食傷)이 재(財)로 변하려하나 항상 부작용(副作用)이 발생한다. 자중지란(自中之亂)인 것이다. 재운(財運)이 오면 항상 전도(前途)에 걸림돌로 작용을 한다. 배움에 대한 미련이 항상 있는 사람이다.

용신(用神)을 정한다면 시간의 임(壬)수를 택하는 것이 나을 것 같다.

편재용재격(偏財用財格)으로 볼 수도 있으나, 관(官)을 사용하는 것이 더 한 걸음 앞으로 나가는 것이다. 항상 자신을 억제하는 노력이 필요한 사람이다.

실전사주

丁	乙	癸	乙
丑	亥	未	巳

▷ 미(未)월의 을(乙)목 일간(日干)이다.

　　편재격(偏財格)의 사주로 음팔통(陰八通)이다.

건명(乾命)

⬆ 을(乙)목 일주(日主)의 사주이다. 일주(日柱)를 제외하고 월주(月柱)와, 시주(時柱)간에 천충(天冲), 지충(地冲)으로 어지러운 형국(形局)이다.

여기에서 과연 용신(用神)은 무엇으로 정하여야 할 것인가?

시작은 편재격(偏財格)으로 하였는데, 앞으로의 방향은 어떻게 정하여야 할 것인가? 합(合)도 완전한 합이 안 되고, 반합(半合)의 형태를 취하는데 알맹이가 빠진 형태로 허용이 안 된다. 그것도 다 충(冲)으로 연결이 된다.

일지(日支)의 해(亥)수도 사(巳)-해(亥)충(冲)으로 연결이 된다.

이것저것 다 흠이 되니 내가 직접 하는 것이 최고다. 잠재되어 있는 능력을 발휘하여야 하는 것이다. 시간(時干)의 정(丁)화를 용신(用神)으로 삼아야한다. 포함된 격을 본다면 시상정재격(時上正財格), 공협(拱夾)격, 시묘격(時墓格), 편재격(偏財格) 등이 된다.

🍄 편재(偏財)는 비견(比肩)이 기신(忌神)이다.

🍄 편재(偏財), 정재(正財)는 일단 천간(天干)에 투출(透出)하는 것이 바람직하지는 않다. 비견(比肩), 겁재(劫財), 양인(羊刃)운에 항상 공격을 받을 우려가 많기 때문인 것이다. 지지(地支)에 있거나, 암장(暗葬) 된 것 과는 차이가 있는 것이다.

🍄 삼합(三合)하여 재(財)가 되면 일생 좋은 일이 많다. 특히 재(財)가 장생(長生)을 만나면 부유한 삶을 누린다. 재성(財星)이 묘(墓)에 해당하면 수전노(守錢奴)의 기질(氣質)이 있다. 그러나 형충파해(刑冲波害)등 해로움이 온다면 이롭지가 못하다. 묘(墓)란 관(棺)속에 들어있는 형상인데, 관(棺)을 열어보아야 좋은 일이 있을 리가 없는 것이다.

🍄 재성(財星)은 관성(官星)과 밀접한 관계가 이어진다. 관성으로 인하여 일간이 쇠(衰)하여진다거나, 재성의 보급로인 식상(食傷)을 피곤하게 하면 재성은 모든 것을 탕진(蕩盡)하는 것이나 같은 것이다. 먹지도 못하고 일만 하는 결과가 되는 것이다. 비겁으로 인하여 재성이 위협을 받을 때 기운이 미약하면, 오히려 식상이 중간에서 흡수하여 재성을 살찌운다.

● . 편재용인수격(偏財用印綬格)

재 성(財星)과 인수(印綬)는 서로가 극(剋)하는 관계요, 대립(對立)의 각(角)을 세우는 사이이다.

그러나 재성(財星) 중에서 편재(偏財)는 인수(印綬)와 합(合)을 한다. 그러니 하는 말이 "어머니는 목돈을 좋아하는 것이다." 편재(偏財)는 누구나 다 좋아한다. 돈도 액수가 크면 다 좋아하는 이유나 같은 것이다. 그것도 별로 힘을 안 들이고 재물을 취한다면 마다할 사람이 어디 있겠는가? 재성(財星)에서는 정재(正財)보다는, 편재(偏財)를 우선시 하는 이유(理由)인 것이다.

용 신(用神)을 정할 때도 눈에 안 보이는 사항이지만, 이 점을 항상 염두에 두어야 하는 것이다. 격(格)과 용신(用神)이 서로가 다투고 있는 형상이다. 다투고 있다는 것은 일단 편안하지가 않다는 것이다.
매사에 신중하고, 항상 부침(浮沈)이 나타난다는 것이다.

실전사주

丁	乙	辛	己
亥	未	未	未

건명(乾命)

⇨ 미(未)월의 을(乙)목 일간(日干)이다.
지지(地支)에 미(未)토가 셋이나 된다.

⬆ 재성(財星)인 토(土)의 기운(氣運)이 지나치게 강(强)하다. 편재격(偏財格)의 사주로 신약(身弱)하다. 그러나 사주가 목(木),화(火),토(土)로 기운(氣運)이 강(强)하다. 여기에서 대운(大運)의 흐름을 살펴보아야 한다.
대운(大運)이 화(火)에서 목(木)으로 흘러간다. 흐름이 좋은 것 같아도 자칫하다가는 큰 낭패를 보는 경우가 생긴다. 돌파구를 마련하여 흐름을 이어가는 것이다. 음팔통(陰八通)이라 신(辛)금이 촉매의 역할을 하여야 한다. 비록 쇠궁(衰宮)을 놓고 있지만, 생명수인 물이 필요한 것이다. 해(亥)중 임(壬)수가 용신(用神)이다. 한 번 변화하면 엄청난 파장이 생기는 사주이다.

● . 편재용인수격(偏財用印綬格)의 운(運)에서의 변화.

편 재(偏財)가 앞장을 선 것이니 금전(金錢)에 대한 회한(悔恨)이 많을 것이다.

● 그래도 정신을 차린다면 앞날에 대한 미래가 보일 것이다.

● 돈에 대한 집착(執着)보다는 인생(人生)을 배우면서 사는 것이다.

● 언제 철이 드는가가 관건이 된다. 대체적으로 이 경우 철이 늦게 든다.

● 쓴맛 단맛 다보고, 다 늙은 다음에 정신(精神)을 차리는 것이다.

● 호시절(好時節)엔 탕진(蕩盡)하고, 힘든 시절에 눈을 뜨는 것이다.

● 인수(印綬)가 용신(用神)이니 신약(身弱)한 것이다. 그나마 인수(印綬)가 있으니 다행이지, 인수(印綬)가 무기력(無氣力)하다면 이 또한 문제가 되는 것이다.

● . 편재(偏財)란 규모(規模)가 큰 것이다.

사주의 강약에 따라 편재(偏財)의 규모가 달라지는 것이다.

● 없을 경우에는 단 돈 천원이 아쉬운 것이다.

● 넉넉할 경우는 단 돈 천원이라는 자체가 우습게 보이기도 하는 것이다.

● 바로 이것이 신강(身强)과, 신약(身弱)의 차이인 것이다.

● 곤경에 처하거나, 문제가 생길 경우 많은 사람은 많은 액수에, 적은 사람은 적은 액수에 치이는 것이다.

● 결론은 똑같이 곤욕(困辱)을 치른다는 것이다. 여기에서 위기를 극복(克復)하는 것은 신강(身强)하여지는 길이다. 운(運)에서 언제, 그리고 용신(用神)을 어떻게 활용을 하여야 강하여지는가가 관점(觀點)인 것이다.

● 편이란 대포성이다. 집에 금송아지가 있는 것이다. 금전(金錢)에 대하여 오히려 후한 면을 보이기도 한다. 개념치 않는 경향도 나타난다.

● . 인수(印綬) 운(運)이 올 경우의 변화.

젼 재(偏財)인 재성(財星)의 기운(氣運)이 강(强)하여 비겁(比劫) 직접 나서야할 것이나, 그것이 여의치가 않아 인수(印綬)를 이용하는 것이다. 인수(印綬)가 유(有)한데, 또 인수가 오는 것이니 인수(印綬)의 힘이 배가 되는 것이다.

사업을 하려면 사람이 아는 것도 많아야 한다. 한 분야에 그것도 장인(丈人)이라는 소리를 들을 정도가 된다하여도 사업으로 전개가 된다면 여러 가지 필요한 요인이 많이 발생한다. 돈이나, 기술만으로 되는 것이 아니다.

치밀한 계획과, 필수적인 인력과 협동정신, 많은 인내와, 창조력(創造力)외 기타 많은 요소들이 더 필요한 것이다. 모든 것이 어우러져 하나의 집단적인 큰 그릇으로 승화(昇華)가 되어야 성공이라는 음식을 담을 수가 있는 것이다. 편재(偏財)란 커다란 흙덩이를 마음대로 주무르려면 왕성한 체력(體力)과 힘이 필요한 것이다. 인수(印綬)인 요령(要領)이 필요한 사람인 것이다.

● 신약(身弱)하여 편재(偏財)에 억눌려 감히 엄두도 못 내던 일간(日干)이 인수(印綬)의 생(生)을 받아 신강(身强)으로 변하면서 편재(偏財)를 넘보기 시작 하는 것이다. 크게 쓰기 위함 인 것이다.

● 인성(印星)이 재성(財星)의 기운(氣運)을 탈진시키니, 일간이 심한 피로에서 풀리는 것이다. 자금의 압박에서 어느 정도 숨통이 트이는 것이다. 인성이 문서도 된다. 주식도 되고 무엇인가가 희생을 하는 것이다. 부동산도 좋다. 재물을 주고 무엇인가를 구입하거나, 양도하여 처리한 것이다.

● .편재용인수격(偏財用印綬格)이 성립하는 경우를 크게 세부분으로 나누어 구별을 하여보자.

⇨ 재성(財星) 자체로 강(强)할 경우.

- 재성(財星)의 입장에서는 인수(印綬)가 재성(財星)이 되는 것이다.
- 재성(財星)을 일간(日干)으로 보는 것이다. 비겁(比劫)인 재성(財星)이 강(强)하다 보니, 인성(印星)인 재성(財星)이 오니 난리가 나는 것이다.
- 서로 먼저 차지하려는 것이다. 재성(財星)이 붕괴되는 것이다. 덩어리였던 재성(財星)이 흩어지면서 각자의 길로 가는 것이다.

↦ **식상(食傷)의 기운(氣運)이 재성(財星)에게 확실히 작용할 때.**

- 식상(食傷)의 생(生)을 받는 재성이라면, 재성(財星)이 강(强)한 것이다.
- 인성(印星)이 오면 식상(食傷)을 극(剋)하므로 재성의 근본(根本)을 차는 것이다. 재성(財星)의 뿌리가 흔들리는 것이다.
- 일간으로 부터의 흡입(吸入)작용이 무뎌지는 것이다.
- 일간(日干)이 인성(印星)의 보호로 인하여 자신(自身)을 지키는 것이다.

↦ **관성(官星)이 유기(有氣)할 경우.**

- 이 경우 재성(財星)의 기운이 관성(官星)으로 유입(流入)되므로, 재성(財星)의 기운(氣運)이 어느 정도 감소가 이루어진다.
- 관성(官星) 역시 일간(日干)을 극(剋)하므로 인성(印星)의 도움이 필요한 것이다. 이 경우도 편재용인수격(偏財用印綬格)의 성립이 이루어진다.
- 이때 인성(印星)은 관성(官星)의 기운을 접수하면서, 일간(日干)을 생(生)하므로 흐름이 원활하여 지는 것이다.

✪. **수명여사(受命如絲)격이다.**

- 왕명(王名)이란 한 사람의 입에서 나오니 실같이 가는 것 같아도, 이것이 하달되어 밖에서 행하여지면 넓혀지고, 커지는 것이다.
- 귀인(貴人)의 능력(能力)이란 참으로 대단한 것이다. 어려운 환경(環境)에서 벗어나며, 어둠을 벗어나 광명(光明)의 길로 들어서는 것이다.

● . 견겁(肩劫)운(運)이 올 경우의 변화.

편재용(偏財用)인수격(印綬格)에서 견겁(肩劫)운이 오는 것이다.

격 (格)자체가 신약(身弱)인 경우이므로, 견겁(肩劫)운이 오는 것은 비겁(比劫)이 힘을 직접 보완하는 것이므로 신속하다. 인수(印綬)운처럼 한 단계를 거치는 것이 아니라 즉결(卽決)로 처리하는 것이다.

⇨ 재성(財星) 자체로 강(强)할 경우.

재성(財星)의 강(强)함을 파괴하는 것이요, 와해(瓦解)시키는 것이다.

● 과다한 채무(債務)를 변제(辨濟)하는 것이요, 금전(金錢)의 부담으로부터 벗어나는 것이다. 갑작스런 상황의 호전이 이루어지는 것이다.

● 외박(外泊)을 하였다가 친구의 도움으로 인하여, 아내의 잔소리에서 해방이 되는 것이다. 위기(危機)에서 탈출(脫出)하는 것이다.

⇨ 식상(食傷)의 기운(氣運)이 재성(財星)을 생조(生助)할 때.

식상(食傷)이 중간에서 일간(日干)의 기운을 흡수하여 재성(財星)에게 전달하는 과정인데, 일간(日干)의 동조자인 비겁(比劫)이 와서 일간(日干)의 기운을 보충하여 주니 식상(食傷)의 입장에서는 뿌리, 즉 자생(自生)하는 능력(能力)이 더 강하여 지는 것이다.

실전사주

壬	壬	壬	乙
寅	辰	午	巳

⇨ 오(午)월의 임(壬)수 일간이다.
지지(地支)에는 진(辰)토를 놓고 있다.

건명(乾命)

⬆ 임(壬)수 일간(日干)의 사주(四柱)인데, 하늘에 떠 있는 구름과도 같은 존재가 되어버렸다. 일지(日支)의 진(辰)중 계(癸)수가 있으니 근거(根據)는 있다. 아쉬움이 있다면 흐름이 거꾸로 이어진다.

◉ 편재용인격(偏財用印格).

식상(食傷)과 재성(財星)이 관(官)으로 흐르려고 한다. 그러나 관(官)까지는 이르지를 못한다. 재성(財星)으로 만족하는 것이 순리(順理)대로 가는 것이다. 다행이 대운(大運)이 금(金)수(水)로 흐르니 다행인 것이다.

● 용신(用神)으로 진(辰)중 계(癸)수를 사용하는 수밖에는 없다.

● 천간(天干)의 임(壬)수 비견(比肩)을 사용하기도 하는데, 인성(印星)이 없으니 견겁(肩劫)을 용신(用神)으로 한다는 것이다.

● 일간(日干)의 입장에서는 차출(差出)되던 기운이 많았는데, 보충(補充)이 되니 더욱 충만(充滿)하여지는 것이다.

● 기운(氣運)이 식상(食傷)으로 어느 정도 누출이 되지만, 재성(財星)을 토닥거리는 기력(氣力)이 충분하여, 재성(財星)으로 부터의 압력에서 어느 정도 벗어나는 것이다.

● 들어오는 것은 둘이요, 나가는 것은 하나이다. 들어온다고 항상 좋아 할 것은 아니다. 견겁(肩劫)운(運)이 지나면 식상운(食傷運)이 오는 것이다.

● 비축(備蓄)을 하여야 하는 것이다. 좋은 운(運)이 마지막으로 오는 것이다. 이 기회(幾回)가 지나면 당분간은 힘들어지는 것이다.

▷ **관성(官星)이 유기(有氣)할 경우.**

● 관성(官星)이 결코 무기력(無氣力) 한 것만은 아니다. 재성(財星)과 같이 동조하여 일간(日干)을 괴롭히는 면도 부각이 되는 것이다.

● 관성(官星)이 부담이 될 정도로 강(強)한 것은 아니다. 그렇다면 식상을 활용할 방법도 생길 것이다. 그러나 일단 식상(食傷)은 제쳐두고 관성(官星)만을 집중하는 것이다. 관성(官星)의 압박을 어느 정도 견디기에 충분한 것이다. 관성이 하나 이상이 된다면 문제는 또 달라진다.

● 채납으로 인하여 압류의 위기까지 몰리어 곤욕을 치르는 상황도 연상이 된다. 지인(知人)의 도움이나, 직접해결책을 강구하는 것이다.

● . 재성운(財星運)이 올 경우의 변화(變化).

원 위치로 돌아가는 것이다. 시작점으로 돌아가 다시 곤욕(困辱)을 치르는 것이다. 공든 탑이 무너지는 것이요, 헛수고 한 것이다.

● 지나친 실망(失望)감으로 자책(自責)을 하는 경우로 되는 것이다.

● 자신의 무기력함을 다시 한 번 통감하는 것이다.

▷ 재성(財星) 자체로 강(强)할 경우.

재성(財星)이 강(强)하여 인성(印星)의 도움을 요청하고 있는데, 또 재성운(財星運)이 온다면 압력(壓力)이 가중되는 것이요, 허탈하여진다.

● 돈을 갚기 위하여 돈을 활용한 것인데 오히려 그것이 역(逆)으로 작용을 하는 것이다. 고객의 예탁금을 활용하여 주식에 투자를 하고, 펀드를 운용하였는데 그것이 잘못되어 손해를 보자, 다시 또 한 번 하면서 이번에는 만회를 하겠지 하였는데 계속 허우적거리다가 일만 더 커지는 경우나 같은 것이다.

▷ 식상(食傷)의 기운(氣運)이 재성(財星)을 생조(生助)할 때.

식상(食傷)의 기운(氣運)이 강(强)하여 재성(財星)이 덕을 보고 있는 경우이다. 일간(日干)의 입장에서는 식상(食傷)이 마냥 원망스럽기만 한 것이다.

재성운(財星運)이 오면 식상(食傷)의 기운이 그만큼 감소(減少)되어 일간(日干)의 소진(消盡)이 덜할 것 같으나 결코 그렇지는 않은 것이다.

허기진 배를 채우기 위하여 또 다시 일간을 괴롭히는 것이다.

재성(財星)의 기운이 강(强)하여지니 반발력(反發力)이 더 강하여진다.

● 강짜가 심하던 아내가 갱년기가 찾아오니 더욱 강짜가 심해진다.

● 이자(利子)에 이자(利子)가 붙어 환장할 지경이다.

● 편재용인격(偏財用印格).

● 처갓집에서 금전을 융통하자면서 전화가 불이난다.

● 가뜩이나 물가(物價)가 오르는 판인데 공공요금(公共料金) 까지 들썩이는 경우가 된다. 전화요금 독촉전화는 왜 그리 많이 오는지?

⇨ 관성(官星)이 유기(有氣)할 경우.

관성(官星)이 항상 틈만 노리고 있는데 유별나게 재성(財星)의 기운이 강(强)하여 지니 기대(企待)심리가 커지는 것이다. 흉(凶)한 기운이 최고조에 달하는 것이다. 현실적(現實的)으로 볼 경우, 재성(財星)의 기운을 관성(官星)이 흡수가 용이하면 편재용인수격(偏財用印綬格)에서 재운(財運)이 올 경우, 지금과 같이 관성(官星)이 유기(有氣)할 경우 제일 위험하다.

비록 관성이 인수(印綬)인 용신(用神)을 돕는다고 하여도, 재성의 기운이 강하면서 관성(官星)이 유기할 경우는, 관성(官星)이 인성(印星)을 생조(生助)할 시간적인 여유가 없는 것이다.

● 재성(財星)의 기운을 삭감(削減)하는 사이 기운이 강력하여진 재성이 이미 역(逆)으로 일간(日干)을 겁박(劫迫)하고, 인수(印綬)를 가격(加擊)하기 때문에 급한 상황이 벌어지기도 하는 것이다.

● 자금(資金)의 압박이 더 강하여지니 경쟁업체에서는 언제 문 닫나하고 기다리는 형상이다. 불난 집에 부채질을 하려고 움직인다.

● 부도직전에 몰리고, 풍전등화와 같은 형상이 나타난다. 심하면 그것이 현실로 나타나는 것이다.

● 처(妻)와 자식(子息)이 아버지를 무능(無能)하다고 왕따 시킨다.

✪. 취선보인(取善補仁)격이다.

⇨ 선(善)을 취하여 인(仁)을 보강(補强)하는 것이다.

선행(先行)을 본받아 자신의 부족(不足)한 덕(德)을 채우는 것이다.

● . 관성(官星)운이 올 경우의 변화(變化).

☞ 편재용인수격(偏財用印綬格)에서 관성(官星)운이 오는 것이다.

관성(官星)은 인성(印星)을 생(生)하니 용신(用神)을 생(生)하여 좋을 것 같으나, 일간(日干)이 강(强)할 경우는 괜찮은데 일간(日干)이 허약(虛弱)할 경우는 관(官)의 직접적인 가격(加擊)에 상처(傷處)를 입는 것이다.

일단 격(格) 자체가 신약(身弱)이므로 좋게만 보기에는 애로사항이 많다.

강한 재(財)의 기운을 흡수(吸收)하는 것은 좋으나 시간이 많이 걸린다.

● 재성(財星) 자체로 강(强)할 경우.

재성(財星) 자체로 강(强)하여 있는데, 관살(官殺)이 온다면, 일간(日干)의 입장에서는 양쪽으로 겁박(劫迫)을 받는 것이다.

⚽ 관살(官殺)이 와도 제어(制御)할 능력이 너무나 부족한 것이다.

⚽ 이미 재성(財星)은 관살(官殺)을 부추기고 있는 것이다.

가정(家庭)에서 엄마의 입김이 강한데, 아들마저 엄마의 기세(氣勢)에 편승(便乘)하여 엄마의 기운에 합세(合勢)하는 것이다.

비록 겉으로는 아닌 것처럼 하여도 이미 기세(氣勢)는 기운 것이다.

재성(財星)이 지나치게 강할 경우는, 관성(官星)이 스스로 그 유혹에서 벗어나지를 못하는 것이다. 정치인에게 금품수수란 유혹은 항상 따르는데, 관(官)의 기운이 약(弱)할 경우는 동맥경화로 혈관이 터지는 것이다.

● 아무리 인성(印星)에서 너는 나를 생(生)하여야 할 의무(義務)가 있는 것이다 하여도 그에 대한 답변은 확실하게 그렇다고 하고, 행동(行動) 또한 그리하지만, 관성 자체의 기운이 재성(財星)의 뿌리에 근거하기 때문에, 재성(財星)의 파워를 무시할 수는 없는 것이다.

● 관성(官星)운이 와도, 재성(財星) 기운의 강약(强弱)의 차이에 따라 관성(官星)의 활약 시간(時間)이 차이가 생기므로, 그에 따른 가감(加減)을

생각하여야 한다는 것이다.

🔷 재성이 뿌리가 깊으면 관성(官星)의 기운이 오래가는 것이요, 그렇지 않을 경우는 그 자체로 시한부(時限附) 인생(人生)으로 끝이 나는 것이다.

🔷 관성(官星)이 용신(用神)인 인성(印星)을 생(生)하는 것이다.

🔷 관성의 순수한 면이 작용을 하는 것이다. 인성의 부족함을 보완한다.

⮕ **식상(食傷)의 기운(氣運)이 재성(財星)을 생조(生助)할 때.**

재성(財星)이 식상(食傷)의 기운을 등에 업고 재성의 강함을 뽐내고 있을 때, 관성(官星)운이 온다면 어떤 변화가 생기는 가를 살펴야 한다.

오직 재성(財星)만을 생각하며 열심히 재성을 생(生)하던 식상이 관살을 보자 생각이 달라진다. 재성(財星)을 생(生)하기도 하여야 하지만, 관살(官殺)을 극(剋)해야 하는 형편이 된다. 왜 일까?

신약(身弱)이지만, 그래도 식상(食傷)에게 젖줄인 일간(日干)이 관살(官殺)에 의하여 억압(抑壓)을 당하는 것이다.

🔷 식상(食傷)이 바빠지는 시기(時期)이다.

🔷 혼자서 모든 일을 다 감당하여야 하는 것이다. 재성(財星)을 생(生)하여야 하고, 관살(官殺)을 극(剋)하여야 하고, 일간(日干)으로부터 생(生)을 받아야 하고, 인수(印綬)의 극(剋)을 방어(防禦)하여야 하는 것이다.

🔷 여기에 합(合), 형, 충, 파, 해(刑沖破害), 공망(空亡)등 외적인 변화가 생기고, 그에 따른 많은 상황도 판단을 하여야 할 것이다.

🔷 중요한 것은 일간(日干)에 대한 용신(用神)과, 변화(變化)의 관계이다.

🔷 일간(日干) 입장에서는, 식상(食傷)의 분주함에 따른 실속 없는 흐름인 것이다.

⇨ 관성(官星)이 유기(有氣)할 경우.

관 성(官星)의 기운(氣運)이 있으니, 인성(印星)을 생(生)하여 용신(用神)을 도와주는 역할이 어느 정도는 도움이 된다.

그러나 근본적인 사항은 신약(身弱)이라는 것이다. 편재(偏財)가 있고, 관성(官星)이 있고, 인수(印綬)가 유기(有氣)한 상태인 것이다.

● 문제는 인성(印星)의 기운(氣運)이 어느 정도가 되는 가? 에 따른다.

● 관성(官星)의 기운이 강(强)하여지면 인성(印星)을 생(生)하기도 하지만, 일간(日干)이 직접적인 압박에 시달리는 것이다. 겉으로는 좋은 것 같아도 속으로 골병이 드는 것이다.

● 금전적으로 여유가 없어 쪼들리는데 나갈 곳은 이미 다 정하여져 있는 것이다. 기본적인 생활비와 보험료, 및 공과금, 교육비등 답답한 상황의 연속으로 이어진다. 단수 및, 단전 통지서가 날아오고 정신이 없다.

실전사주

壬	甲	丙	戊
申	寅	辰	辰

⇨ 진(辰)월의 갑(甲)목 일간이다.
지지(地支)에는 인(寅)목이 있다.

건명(乾命)

⬆ 갑인(甲寅)일주(日主)의 사주이다. 재성(財星)의 기운(氣運)이 만만치가 않다. 선재후인격(先財後印格)이다. 편재격(偏財格)의 사주로 록(祿)을 놓고 있다.

편재용인수격(偏財用印綬格)인데, 일간(日干)이 뿌리가 튼튼하여 크게 염려될 것은 없으나 항상 매사 튼튼함이 좋은 것이다.

여기에서 용신(用神)은 시간(時干)의 임(壬)수를 택하는 것이다.

● . 편재용견겁격(偏財用肩劫格)

편재(偏財)로 시작하여 견겁(肩劫)으로 끝을 내는 것이다. 우선 구성(構成)의 환경(環境)을 살펴보자.

전 재격(偏財格)으로 시달리고 있는 것이다. 견겁(肩劫)을 용신(用神)으로 선택을 하였으니 견겁(肩劫)이 있는 것이다.

인성(印星)은 유명무실(有名無實)한 것이고, 자연 신약(身弱)한 것이다.

견겁(肩劫)이 용신(用神)이니 발등의 불은 내가 직접 꺼야하는 것이다.

● . 편재용견겁격(偏財用肩劫格)의 기본적인 상황을 알아보자.

⇨ 재성(財星)이 강(强)하게 작용(作用)을 하는 경우.

편재(偏財),재성(財星)이 강(强)하여, 일간(日干)이 신약(身弱)한 경우이다.

❀ 인수격(印綬格)과 성향(性向)이 비슷한 면이 많다.

❀ 인수(印綬)대신 비겁(比劫)이 있는 것이다.

⇨ 식(食),재(財),관(官)이 서로 유기적(有機的)인 작용을 할 때.

좋은 쪽으로 작용을 할까? 격(格) 자체가 신약(身弱)한 경우이기 때문에 결코 좋은 의미로 봐주기는 어렵다. 물론 경우에 따라서는 의외로 좋은 작용을 하는 경우도 발생할 것이다. 보편(普遍) 타당성(妥當性)의 경우로 살펴보자.

✪ 관성(官星)이 유기(有氣)한 경우.

✪ 식상(食傷)이 유기(有氣)한 경우.

❖ 유기(有氣)하다 함은 제 역할을 하는 경우를 말하는 것이다.

❖ 편재격(偏財格)이다 함은 일단 강하여야 한다. 신왕재왕이면 더욱 좋고

● . 편재용견겁격(偏財用肩劫格)의 운(運)에서의 변화.

재 성(財星)의 기운(氣運)이 워낙 강(强)한 경우이다.

가정(家庭)으로 친다면 아내인 여성(女性)의 기운(氣運)이 지나치게 강(强)하여 가권(家權)은 아내가 쥐고 있는 것이다. 가정의 올바른 기강을 확립하기 위해서는 남편인 자신이 올바르게 제 역할을 해야 하는 것이다. 다른 면으로 본다면 가정(家庭)이 엉망이고, 밖에서는 아닌 양 하는 것이나 다를 바가 없는 것이다.

어느 시의 경우를 예를 들어보자. 도시 외곽에는 고속도로가 뻥뻥 트여 그야말로 신도시를 지향하는 국면이다. 그런데 그 지역 안으로 들어가 보니 시내버스가 10분 이상은 보통으로 기다려야 필요한 장소를 가는 것이다. 노선이 적다보니 그런 이유도 있지만 이것은 아닌 것이다.

물론 다 타산(打算)이 안 맞으니 배차(配車)시간(時間)이 길어지겠지만 이것은 아닌 것이다. 겉만 번지르하게 치장하는 것이다. 이와 같은 경우인 것이다. 속빈 강정인 것이다. 준비된 인물이 아닌 것이다.

● . 인수(印綬) 운(運)이 올 경우의 변화.

정 재용견겁격(偏財用肩劫格)에서 인수(印綬)운이 올 경우의 변화이다.

인수(印綬)가 무력하여 견겁(肩劫)을 용신(用神)으로 택한 것인데, 인수(印綬)가 와서 가일수를 하여 준다면 모든 것이 더 수월할 것이다.

신약(身弱)인 상태에서 일간(日干)을 강하게 하여주는 운(運)이다.

용신(用神)을 도와주고, 용신(用神)의 역할을 대신하기도 하는 것이다.

▷ 재성(財星)이 강(强)하게 작용(作用)을 하는 경우.

재성(財星)이 강하게 작용을 하고 있는 경우이다. 식상(食傷)이나 관살(官殺)

보다 재성(財星)이 우월한 위치를 차지하고, 사주 전체(全體)의 기운을 좌우하는 것이다. 인수가 없는 상태에서 이때 인수(印綬)운이 오는 것이다. 견겁(肩劫)을 용신(用神)으로 한다는 것은 결국 인수(印綬)가 없다는 것이다.

❖ 혼기(婚期)가 가득 찬 여성의 경우를 보자.

가정(家庭)이 어려워 가장(家長) 역할을 하면서 생활을 하다가 좋은 배필을 만났는데 막상 결혼식을 앞두고 고민이 많다. 여러 면에 있어서 시댁이 친정을 훨씬 앞서는지라 혼수품 및 기타 여러 문제에 있어서 모든 것을 본인이 직접 준비를 하여야 하기에 기가 죽어 있는데, 어머니가 그동안 모아놓은 돈이라며 통장을 손에 쥐어주시는 것이다.

↬ 식(食),재(財),관(官)이 서로 유기적(有機的)인 작용을 할 때.

- 식상(食傷)이 재성(財星)의 생(生)을 잘하여 재성이 기운이 왕(旺)할 경우. 식상(食傷)의 기운이 유기(有氣)한 경우이다.
- 재성(財星)은 이를 바탕으로 일간(日干)을 겁박(劫迫)하는 것이다.
- 이때 인수(印綬)운이 온다면 식상(食傷)을 극(剋)하여 지나친 행동을 자제하도록 조절을 하는 것이다. 만용(蠻勇)을 억제하는 것이다.
- 수입에 비하여 지출이 과도하여 가계가 흔들릴 정도라 비상체계에 돌입을 하는 것이다. 심지어는 좋아하던 술, 담배도 끊어야 하는 판이다.
- 그런데 그린벨트에 묶여있던 땅이 풀리면서 매매가 가능하여진 것이다.
- 처(妻)가 밖으로 나도는데 장모(丈母)가 하는 말이 " 자네가 다 무관심하여 그런 것이 아닌가?" 하면서 딸자식의 편을 들자, 항상 조용하시던 어머니가 나서서 한 마디 하신다." 그따위로 할 양 이면 딸자식을 도로 데리고 가던지, 아니면 정신 차리고 집에 열심히 하던지, 선택을 하라"고 야단을 치신다. 인수(印綬)는 어머니요, 식상은 장모(丈母)인 것이다.

● . 견겁(肩劫)운(運)이 올 경우의 변화.

돈 을 못 갚으면 몸으로라도 때우는 격(格)이다.

이가 없으면 잇몸으로라도 음식을 섭취하는 것이다. 사람이란 아무리 어려운 경우가 닥쳐도 헤어나갈 구멍은 항상 있는 것이다. 그러한 경우라도 없다면 그때는 몸이 병(病)들어 기력(氣力)을 쇠진(衰盡)하거나, 심하면 한 걸음 더 나아가 명(命)줄을 다하는 것이다. 그것이 삶인 것이다.

용신(用神)을 정하여도 견겁(肩劫)을 용신(用神)으로 한다면 일단 생각할 때에, 오죽하면 하는 생각이 들 것이다. 그러나 견겁(肩劫)을 용신으로 한다면 비겁이 하나라도 쓸 용도가 있다는 것이라 그것은 행복한 것이라는 것이다.

견겁(肩劫)이 없어서 용신(用神)으로 사용을 하지 못하는 경우가 많다는 것을 알아야 한다는 것이다.

비록 힘들고 어려워도 항상 내 곁에는 누구인가가 있다는 것이다.

다만 그 도움을 항상 필요로 하면서 그것을 내심 감추고만 있다는 것이다.

진정으로 용기(勇氣)가 필요한 사람인 것이다.

● . 재성운(財星運)이 올 경우와, 관성(官星)운이 올 경우의 변화(變化).

기본적인 의미에 있어서는 정재격(正財格)과 같은 맥락이다.

사주의 예를 보면서 판단을 하여보자.

전 재용재격이나, 편재용관격의 경우도 정재용재격(正財用財格)이나, 정재용관격(正財用官格)과 그 흐름이 비슷하여 생략을 하고 실전(實戰)을 위주로 하여 사주로 비교하여 살펴보자.

실전사주

丙	己	甲	戊
寅	未	子	申

↳ 동짓달의 기(己)토 일간(日干)이다.

편재격(偏財格)의 사주인데 용신(用神)은?

건명(乾命)

▲ 편재용겁격(偏財用劫格).

🔼 기미(己未)일주(日主)의 사주이다. 편재용관격(偏財用官格)의 사주이다. 인수(印綬)가 갖추어져 있고, 재관(財官)의 기운도 유기(有氣)하다.
사주의 구성(構成)이 어느 정도 안정(安定)을 갖춘 형상이다.
여기에서는 관성(官星)의 기운이 더 필요하다. 시지(時支)의 인(寅)목을 용신으로 한다.
◆ 아래의 사항은 정재격(正財格)과 중복(重複)되는 부분이 많아 줄이니 정재격(正財格)을 참고 하기 바랍니다.

● . **편재용식상격**(偏財用食傷格)
● . **편재용재격**(偏財用財格)
● . **편재용관격**(偏財用官格)

양장의 산뜻함과 각선미를 돋보이는 것은 일시적이지만, 한복의 우아함과 청순함은 지속성이 강한 것이다.

재성이란? 항상 달콤한 것이다. 향기로운 꽃과 같은 것이요, 마약과도 같은 존재인 것이다. 항상 있어야 하고, 필요한 존재이지만 사용(使用)에 따라 약(藥)도 되고, 독(毒)도 되는 것이다.

● . 정관격(正官格)의 용신(用神).

관 살격(官殺格)에 대한 용신(用神)을 살펴보는 것이다. 관살격은 정관 (正官)과 편관(偏官)을 말하는데, 관성(官星)이라는 자체는 그 흐름은 같은 것이다. 다만 정관(正官)과, 편관(偏官)의 그 차이가 있는 것이다. 정관(正官)격에서 용신(用神)은, 정관격(正官格) 특징에서 그대로 나타난다.

● . 정관격(正官格)의 특성(特性)과, 용신(用神).

● 정관격(正官格)이란? 인수(印綬)가 있어야 제대로 빛을 보는 것이다. 그 것은 흐름이라는 중대한 사안(司案)이기 때문이다. 아무리 관(官)이라 하 여도 덕(德)을 얻지 못한 관(官)은 혁명(革命)이요, 거사(擧事)이기 때문 인 것이다.

● 덕(德)을 얻는 것은 민심(民心)을 얻는 것이다. 민심을 얻지 못한 정권 (政權)은 결코 오래가지도 못할 것이며, 많은 희생(犧牲)을 초래하기 때 문인 것이다. 신왕관왕(身旺官旺) 하더라도 인수(印綬)가 있는 가를 살펴 야 하는 것이다. 고위직에 오르거나, 승승장구하여 정상의 자리에 오르더 라도 운(運)에서도 인수(印綬)가 따라주지 않는다면 물러날 때 험하게 물러나는 것이다.

● 도산(倒産)을 하여도 구속(拘束)이 되고, 신용불량(信用不良)이 되어도 길거리에 내몰리는 정도로 험하게 끝을 맞이하는 것이다. 도산(倒産)하더 라도 인수(印綬)가 있다면 주변(周邊)의 도움을 받지만, 없다면 오히려 더 흉(凶)한 꼴을 당한다.

● 투서(投書)에, 진정(陳情)에 한없이 서러운 상황이 이어진다. 용신(用神) 을 정할 때, 통변(通辯)에 있어서도 이 점을 파악한다는 것이 참으로 중

요하다. 간단한 사안(司案) 같아도 여기에서 연륜(年輪)이 나온다.

정 관격(正官格)이라도 정관(正官)이라는 자체의 성분을 분석하여야 한다. 어느 격(格)이나 마찬가지이지만, 뿌리가 튼튼한 가를 재삼 확인 하여야 한다.

여기에서도 항상 다자무자(多子無子)의 원리(原理)가 적용이 된다.

- 관성(官星)이 강한데 지나치게 재성(財星)에 의하여 생(生)을 받아 강하여진 경우, 재성(財星)이 식상(食傷)에 의하여 강(强)해질 경우, 및 다른 경우도 각각 마찬가지이다.

- 뒤에서 너무 밀어주는 경우인 것이다. 안 나가도 앞으로 나아가니 나아가려고 하지를 않는 것이다. 사람이 발전(發展)이 없는 것이다.

- 급한 일이 생겨도 발만 동동구를 뿐 몸이 움직이지를 않는다. 그러다보니 일이 생겨도 시기(時期)를 놓치고, 항상 피해(被害)를 더 크게 만든다.

- 정관격(正官格)인데 편관(偏官)과 겸(兼)하여 관살자체가 강(强)하여 관살혼 잡격(官殺混雜格)이 되어, 일간(日干)이 극히 신약(身弱)하여 인수(印綬)를 용신으로 하거나, 견겁(肩劫)을 용신으로 하는 경우, 식상(食傷)에 의존을 하여 관살(官殺)의 왕(旺)함을 억제하는 경우, 여기에서 재성(財星)은 용신(用神)과는 무관함을 나타낸다.

- 여기에서 문제가 되는 것은 인성으로 관을 달래어 순화시키는 것은 참으로 다행인 것이, 흐름을 이어가므로 큰 무리도 없거니와, 그것이 당연한 용신(用神)이 되는 것이다. 탈 없이 부작용(副作用)이 없이 이루어지는 것이다. 식상(食傷)을 용신(用神)으로 하여 할 경우는 항상 억압(抑壓)과, 강제성(强制性)과, 탈법(脫法)과, 부작용(副作用)이 동반이 된다.

- 순리적(順理的)인 방법이 아닌 강압적(强壓的)인 방법이므로 아이가 생겨도 합의(合意)에 의한 방법이 아니고, 추행(醜行)성의 강제적인 관계가 되는 것이다.

- 임(壬)수 일간의 여성(女性)이라고 하자. 딸은 자연 갑(甲)목이 된다면,

남편은 기(己)토인데 합(合)이 되어 토(土)로 작용을 하는데, 항상 임(壬)수인 일간(日干)에게는 관성(官星)으로 작용을 하는 것이다.

좋게 작용을 할 경우도 있지만 흉(凶)으로 작용을 한다면, 앞길을 막는, 흐름을 가로막는 역할을 하는 것이다.

.정관격(正官格)인데 인수(印綬)를 겸비하여 관인격(官印格)일 경우의 용신(用神)을 찾는 방법.

이 경우는 인수(印綬)가 관(官)의 기운(氣運)을 중간에서 적절히 잘 조절(操切)을 하는데, 일간(日干)이 지나치게 신약(身弱)할 경우는 상황에 따라 견겁(肩劫)이 용신이 되는 경우도 생긴다.

관인상생(官印相生)으로 이어지는 경우이다. 인수(印綬)가 유기(有氣)한 경우인데, 인수(印綬)가 없다면 또는 무력(無力)할 경우, 견겁(肩劫)이 직접 나서야 하는데 참으로 힘든 경우가 된다. 인동초(忍冬草)와 같은 경우라고 생각을 하면 될 것이다. 운(運)에서나 기대를 하여야 한다.

인수(印綬)와 관살(官殺)의 기운의 정도에 다른 판단이 내려지는 것이다. 그리고 사주의 구성이 어떻게 되어 있는가도 잘 살펴야 할 것이다.

정관(正官)격에서 재성(財星)을 겸한다면 재관(財官)이 겸비(兼備)되는 것이다. 재관쌍미격(財官雙美格)이 이루어진다.

일간(日干)이 강(强)하여 능히 감당하면 괜찮은데, 신약(身弱)하여 이것을 감당하지 못할 경우는 항상 문제점이 발생한다.

신약(身弱)일 경우는, 시(時)에 있는 것이 어려움이 늦게 오니 일간(日干)에게는 다행이고 좋다. 물론 노후(老後)에 문제가 될 경우지만 그 사이에 변화(變化)라는 것도 있으니 숨 돌릴 시간은 있는 것이다. 생각하기 나름일 것이다. 여기에서 용신(用神)을 정할 때 보는 관점(觀點)에 따라 다르지만 위치에 따라 시간(時間)과 연관(聯關)이 되므로 참고할 사항인 것이다.

● 신강(身强)과, 신약(身弱)의 차이를 잘 구별하여 판단을 하여야 한다.

● 정관(正官)으로 시작하여 신강(身强)과, 신약(身弱)을 구별하고, 각각의 구성 주요인을 찾아 타당성 있는 용신(用神)을 개입하여 중화(中和)를 시키는 것이다.

● 신강(身强)일 경우 남편(男便)으로 볼 것인가? 집사(執事)로 볼 것인가? 전업주부(專業主婦)로 볼 것인가? 많은 차이가 나는 것이다.

실전사주

乙	癸	甲	壬
卯	未	辰	戌

↦ 진(辰)월의 계(癸)수 일간이다.

일지(日支)의 미(未)토 관(官)이 식상으로 변한다.

곤명(坤命)

⬆ 계미(癸未) 일주(日柱)의 사주이다. 계(癸)수 일간(日干)에게 진(辰), 술(戌)토는 관살(官殺)인데 서로가 충(冲)이다. 자기들 끼리 치고, 박고 난리다. 그러는 사이 미(未)토는 식상(食傷)으로 변질되려 하나 형(刑)이다.

진 (辰)월이라 봄의 마지막 계절인 것이다. 식상(食傷)이 왕(旺)하니 계(癸)수로써는 공급원(供給源)이 필요하다.

■ 물줄기가 말라가는 것이다.

↦ 식상(食傷)이 왕(旺)하니 인수(印綬)인 공급원이 필요한 것이 당연한 것인데, 관성(官星)이 있으니 인수(印綬)를 생하는 기본(基本)은 되어 있다.

↦ 여기에서 관성을 용신으로 한다면 비겁과 식상과의 2:1이 싸움이 된다. 이럴 경우는 성동격서(聲東擊西)의 전법이 필요한 것이다.

관살(官殺)로 대응(對應)을 하지만 인수(印綬)를 찾는 것이다. 과연 어디에 있을까? 년지(年支)의 술(戌)중 신(辛)금 뿐이다. 매우 궁색(窮塞)한 용신(用神)인 것이다. 그러나 신경 쓸 일이 아니다. 운(運)에서 팍팍 밀어주는 것이다. 확실(確實)한 용신(用神)에 대한 불안감(不安感)이 들면 운(運)을 보는 것이다. 선관후식(先官後食) 의 상이다.

● . 정관용인수격(正官用印綬格)

정관(正官)으로 시작하여 인수(印綬)로 끝이 나는 것이다.

여기에서 신강(身强)과 신약(身弱)을 생각하여보자. 신강(身强)일 경우는 굳이 인수(印綬)를 용신(用神)으로 택할 이유가 없다.

이유는 인수(印綬)가 있는데, 또 인수를 필요로 할 이유가 없다는 것이다.

신약(身弱)일 경우는 인수(印綬)가 당연히 필요하게 된다.

정관(正官)으로 인한 일간(日干)의 압박이 진행이 되므로, 식상(食傷)이나 재성(財星)이 있는 경우인데, 일단 인수(印綬)가 있으므로 용신(用神)을 정한 것이니 식(食),재(財),관(官)의 기운을 감지하여야 한다.

먼저 구성(構成)의 기운(氣運)을 살펴보고 그에 따른 운(運)의 변동(變動)을 살피는 것이다. 그러면 큰 실착(失錯)이 없이 운의 변동을 설명할 수가 있게 되는 것이다. 용신(用神)을 정하여도 이것을 근거(根據)로 하여 용신을 정하는 것이다.

보통 일반적인 용신의 정법(定法)을 보면 사주(四柱)원국(原局)을 놓고, 그에 따른 용신을 결정한다. 물론 맞는 말이다. 그러나 필요로 하는 사항과, 운에 따른 변화에 대한 용신의 변화와, 그 후에 변화하는 전체적인 상황에 따른 용신을 다시 한 번 정하여 답을 내는 것이다. 근본적(根本的)인 용신(用神)과, 결과적인 상황에 따른 변화(變化)의 용신(用神)을 읽어야 한다는 것이다.

실전사주

壬	丙	壬	壬
辰	寅	子	申

⇨ 자(子)월의 병(丙)화 일간이다.

일지(日支)의 인(寅)목이 큰일을 한다.

곤명(坤命)

⬆ 병(丙)화 일주(日主)의 사주이다. 지지에 관국(官局)이 형성이 되어 있다.

암중모색인 것이다. 종격(從格)에서 인(寅)목을 용신(用神)으로 하여 변화(變化)하는 사주이다. 대운 역시 금(金)운에서 화(火)운으로 변화가 역동적(力動的)이다. 중년(中年)이 되기 전까지는 종(從)하는 방법밖에는 없는 것이다. 그리고 난 후에 스스로의 목소리를 내는 것이다. 정관(正官)이 월지(月支)에 있으므로 생기정관(生氣正官)인 것이다. 정관(正官)은 형충파해(刑沖波害)와 극하는 상관(傷官)을 제일 싫어한다. 기신(忌神)인 것이다.

● . 정관용인수격(正官用印綬格)의 운(運)에서의 변화.

정관용인수격(正官用印綬格)이라 함은 정관(正官)으로 시작(始作)하여 인수(印綬)로 마무리하는 경우인데, 인수(印綬)가 있는 것이요, 정관(正官)이 있는 것은 확실한 것이다.

나머지 육친(六親)은 식상(食傷)과 재성(財星)과 견겁(肩劫)이다.

일간(日干)이 있어야 사주 성립의 주체가 근거가 있는 것이다. 고로 견겁(肩劫), 정관(正官), 인수(印綬)는 기본적으로 있는 것이다.

식상(食傷), 재성(財星) 두 가지인데 어느 한 쪽이 없을 수도 있고, 다 있어서 구색이 갖추어질 수도 있는 것이고, 둘 다 없을 수도 있고, 그 상황은 여러 경우가 이뤄진다. 그것을 다 보는 것이 올바른 추명(推命)을 하는 것이다. 경우에 따른 결론을 추정(推定)하는 것이요, 매듭을 지어야 하는 것이다.

실전사주

丁	庚	壬	乙
丑	申	午	巳

⇨ 오(午)월의 경(庚)금 일간(日干)이다. 지지(地支)에는 비견(比肩)인 신(申)금이 있다.

곤명(坤命)

⬆ 경(庚)금 일주의 사주이다. 정관격(正官格)의 사주이다. 용신(用神)은 무엇이 될 것인가? 오(午)화가 정관(正官)이다.

정편관이 혼잡한 사주로 오행(五行)이 두루 다 갖추어진 사주이다.

시간(時干)에 정관(正官)이 투출(透出)하여 있다. 시상정관격(時上正官格)도 성립(成立)이 된다.

월간에 식신이 유기하여 관의 기운이 강하여도 어느 정도 감내가 된다. 관을 제어하는 기능도 갖추고 있다. 또한 인성이 시지에 있어 구색이 이루어진다. 과연 여기에서 인성을 용신으로 할 것인가? 관을 용신으로 할 것인가가 문제인데 대운을 살펴보자. 초반은 관운을 후반은 비겁운으로 흐른다. 전형적인 여성의 운명을 알리는 것이다. 용신(用神)도 변한다. 전반(前半)부는 인수운이 좋고, 후반(後半)부로 갈수록 관(官)을 용신(用神)으로 삼아야 한다.

● . 인수(印綬) 운(運)이 올 경우의 변화.

정 관용인수격(正官用印綬格)에서 인수(印綬)운이 오는 것이다. 정관용인수격(正官用印綬格)의 기본 성립조건(成立條件)을 보면 각각에 따른 여건을 살펴야 실수(失手)가 없는 것이다.

● 일반적으로 격국(格局)이 정하여지면 통상적(通常的)인 경우만을 살펴보는데, 거기에서 실수가 나오는 것이다. 결론(結論)은 분명 대의(大義)에 따른다. 그러나 실제적인 상황은 절대 그것으로 답이 못된다. 그럼 무엇이 정답인가? 여러 상황에 따른 경우를 일일이 살펴야 한다는 것이다.

● 정관(正官), 편관(偏官)이 혼잡(混雜)하여 있고, 인수(印綬)가 있고, 상황은 여기서 끝이 아니다. 인수(印綬)가 용신(用神)이 되려면 식상(食傷)이 유기(幼期)하고, 재성(財星)도 유기(幼期)한 경우를 가상(假想)할 수가 있다.

▶ 다른 경우는 없을까?

● 식상(食傷)이 없고, 재성(財星)이 유(有)한 경우. 여기에서도 재성(財星)이 유력(有力)한 경우, 무력(無力)한 경우로 분류가 된다.

○ 정관용인수격(正官用印受格).

● 재관(財官)이 힘을 합한 경우가 되는 것이다. 정관(正官)격에서 재성(財星)을 겸한다면, 재관(財官)이 겸비(兼備)되는 것이다. 재관쌍미격(財官雙美格)이 이루어진다.

● 재관쌍미(財官雙美)라는 것은 일간(日干)이 어느 정도 강(強)할 때 통하는 말이다. 기력(氣力)이 부족하여 재관(財官)을 감당하기가 벅차다면 그에 시달리는 것이다. 그것을 벗어나기 위하여 인수(印綬)를 용신(用神)으로 하는 것이다.

● 물론 인수가 있으니, 인수(印綬)를 용신(用神)으로 하는 것일 것이다. 결과적으로 그 힘을 합하여 재, 관(財官)을 다스릴 정도가 되어야 재관(財官)이 아름답다는 말이 나오지 그렇지 않다면 오히려 압박(壓迫)을 받고 어렵게 지내는 것이다.

✪ <u>식상(食傷)이 있고, 재성(財星)이 없을 경우.</u>
여기서도 식상의 유력(有力)과 무력(無力)이 나타난다.

● 식상(食傷)의 기운(氣運)이 관살의 왕(旺)함을 제대로 억제하지는 못하는 것이다. 어느 정도 보탬은 되지만, 적정(滴定)선을 유지하지 못하는 것이다. 설사 그 정도 까지 되더라도, 일간(日干)이 약간은 강(強)함이 되어야 전체를 이끌고 가는 것이다.

● 그래서 인수(印綬)가 용신(用神)이 되는 것이다.

● 식상(食傷)의 기운이 강(強)하여 관살(官殺)을 지나치게 억압하는 것이다. 제살태과격(制殺太過格)이 되는 것이다. 자연 인성(印星)이 용신(用神)이 되는 것이다. 인수(印綬)운이 오면, 관성(官星)이 인성의 보호(保護)를 받아 인수를 생(生)하는 것이 한층 편하여진다.

✿ <u>식상(食傷)과 재성(財星)이 없는 경우.</u>
관성(官星)의 강(強)함과 인성(印星)의 무기력(無氣力), 일간(日干)이 관성의 기운에 비해 무기력한 경우로 나타날 것이다. 관성(官星)의 기운을 설기(泄氣)토록 하여, 인성을 통한 일간(日干)의 신약(身弱)을 보충(補充)하는 것이다.

- 관성(官星)의 극(剋)에 의한, 일간의 핍박이 항상 나타난다.
- 인수(印綬)운이 올 경우 어느 정도 핍박이 감하여 지는 것이다.

● . 견겁(肩劫)운(運)이 올 경우의 변화.

정   관격(正官格)에서 인수격(印綬格)으로, 그리고 다시 견겁(肩劫)으로 연결이 되는 것이다. 사람이란 급하다 보면 앞뒤를 가리지 않는 그런 행동을 가끔씩은 자기도 모르게 한다. 주변의 환경에 의한 변화인 것이다. 용신(用神)이 인수(印綬)이므로, 인수가 있음에도 불구하고 견겁(肩劫)운이 오니 자기도 모르게 직접 불을 끄는 형국이나 같은 것이다. 주변(周邊)의 주된 상황은 재관(財官)이라 임도 보고, 뽕도 따는 그런 격(格)이 되어버린다.

- 전에 이런 일이 있었다. 체불 임금을 받기위하여 회사를 갔는데 임금은 받지도 못하고, 회사의 어려운 사정만을 들어야 하는 경우가 있었다. 그런데 갑자기 몸에 이상이 생겨 병원으로 후송이 되어야 하는 경우가 발생한 것이다.
- 병원에 도착을 하니 급성질환(急性疾患)이라 바로 치료를 하지 않으면 위독할 정도의 상황이었다. 급박한 처지를 이해한 회사에서 여러 편의를 제공하여 도와주고, 자신의 몰랐던 병도 고친 것이다.

✪. 함이농손(含飴弄孫)격이다.

▷ 엿을 입에 넣고 손자(孫子)를 능숙하게 데리고 노는 형상을 말한다. 즐거움의 시간이다. 잠시 잠깐 일지언정 모든 것을 잊고 편안한 상태를 유지하는 것이다. 아!, 흐르는 데로 흘러가는 세상인 것이다.

◉ 정관용인수격(正官用印受格).

⬤ . <u>식상(食傷)운(運)이 올 경우의 변화</u>.

다 된 밥에 코 빠트리는 격이다. 될 성 싶었던 일이 낭패로 돌아서는 것이다.

공연히 건드려서 일만 크게 부풀리는 격이 되고 만다.

그냥 가만이나 있었으면 좋으련만, 긁어 부스럼이 되는 격이다.

🔵 인성(印星)은 식상(食傷)을 극(剋)한다. 경거망동을 용납하지를 않는 것
이다. 신약(身弱)일 경우는 신중(愼重)하여지니 참으로 반가운 일이다.
그러나 대체적으로 참새가 죽어도 짹! 한다고, 식상운(食傷運)에는 어깨
에 힘을 주고 관(官)을 극(剋)한다고 설친다. 식상(食傷)이란 원래(原來)
가 그런 것이다.

🔵 식상(食傷)의 기운(氣運)이 강(强)하여, 정관(正官)이 인수(印綬)를 필요
(必要)로 할 경우. 못된 놈 엉덩이에 뿔난 격이다. 갈수록 양양인 것이다.

🔵 컴퓨터 부품을 교체한다고 하다가 엉뚱한 것을 건드려 고장을 내는 경우
이다. 얼마 전에는 드물게 폭발사고도 있었다. 주의를 무시하고 엉뚱한
것을 연결하고 자기 나름대로 실력을 발휘한 것이다.

✪. <u>주침야소(晝寢夜梳)</u>격이다.

🔵 낮에는 잠을 자고, 밤에는 머리를 빗는 어울리지 않고, 부적(不適)절한
생활의 행태를 보이는 것이다.

🔵 순리(順理)를 따른다는 것이 참으로 힘든 일이다.

⬤ . <u>재성(財星)운(運)이 올 경우의 변화</u>.

정　　관용인수격(正官用印綬格)에 재성(財星)이 온다는 것은, 결코 바람
직한 일은 아닐 것이다.

- 재성(財星)의 기운이 강(强)할 수가 있고,
- 관성(官星)의 기운이 강(强)할 수도 있고,
- 식상(食傷)의 기운도 강(强)할 수도 있는 것이다.
- 어떠한 경우에라도 정관용인수격(正官用印綬格)에서의 재성(財星)의 존재는 싫은 존재인 것이다. 용신(用神)인 인수(印綬)에 대하여 하등의 도움이 안 되는 존재(存在)요, 오히려 화(禍)를 조장하는 존재인 것이다.
- 구박하고 때리는 시어머니도 밉지만, 말리는 척하며 부추기는 시누이는 더 미운 것이다.
- 돈을 갚을 터이니 조금만 더 빌려달라고 하는 염치없는 경우나 같은 것이다. 자꾸만 발목이 빠지는 경우인 것이다.
- 대체적으로 중독자(中毒者)들의 변명과 같은 것이다. 헤어나고 나면 도시락을 싸갖고 다니면서 말린다고들 한다. 지는 실컷 다 해보고 망한 후의 일인 것이다. 아무리 이제 나는 아닙니다! 하여도 한 번 각인(刻印)이 된 것은 잘 지워지지가 않는다. 이것이 참으로 무서운 것이다.
- 도박(賭博)을 하고, 안하고가 문제가 아닌 것이다. 세상사는 것이 그러한 것이다.

✪. <u>포진천물(暴殄天物)</u>격이다.

- 만물(萬物)은 하늘이 주신 것이다. 항상 아끼고 소중히 하여야 하는 것이다. 그럼에도 불구하고 아까운줄 모르고, 잘라서 없애거나, 사용이 가능한 것도 함부로 버리는 것을 말한다.
- 인성(印星)이 필요한 경우인데, 재성(財星)이 더 힘겹게 만드는 것이다.
- 재성(財星)은 생활에서 신약(身弱)일 경우는 재화가 쓰레기처럼 처치 곤란할 경우도 생기는 것이다. 집안이 어지럽고, 청결하지 못한 경우 그 사람들은 항상 재(財)에 치이는 경우인 것이다.
- 간혹 방송에도 나오지만 빙의(憑依)라든가, 귀신(鬼神)이 씌운 경우, 그

◯ 정관용인수격(正官用印受格).

들의 면면을 살펴보면 불필요한 물건이 너무 많아 그로인한 피해(被害)
가 많이 나온다. 물론 아닌 경우도 있지만 드믄 경우인 것이다. 생활수준
이라든가, 지적수준, 정신력의 수준, 기타 허점이 너무나도 많은 사람들인
것이다. 정신적으로 불안정이 첫째요, 내적인 욕구, 불만의 표출이 다음.

- 격물(格物)에 대한 근본적인 이해가 먼저 앞서야 하는 것이다.
- 요즈음은 금전(金錢)으로 인한 스트레스로 인하여 우울증, 협심증, 기타
  사 회적인 병마(病魔)에 시달리는 경우가 많은 것이다.

● . **관성(官星)운(運)이 올 경우의 변화.**
정관용인수격(正官用印綬格)에서 관성(官星)운이 오는 것이다. 재성운(財星
運)이 올 경우와 마찬가지로, 정관용인수격(正官用印受格)의 분위기(雰圍氣)
를 보자는 것이다.

❖ **재성(財星)의 기운이 강(强)할 수가 있고,**
이때의 관성(官星)은 재성(財星)의 하수인이요, 허수아비에 지나지 않는 것
이다. 재성(財星)의 판단(判斷) 여부, 강약(强弱)의 기준에 따라 움직이는 것
이다. 관성(官星) 스스로의 움직임에 대한 철학(哲學)이 없는 것이다.

- 관성(官星)운이 온다면 어느 정도 정신을 차리나, 일간(日干)에게는 크게
  도움이 되는 것은 아니다.
- 물론 인성(印星)을 생(生)하는 면이 있으나, 재성(財星)이 강(强)하여 재
  관(財官)격(格)의 형태로 흘러 믿을 수 있는 존재는 못되는 것이다.
- 일간(日干)이 강(强)하여 튼튼할 경우는 재관(財官)이 튀는 맛이 있으나,
  일간(日干)이 신약(身弱)할 경우는 짐이 되는 것이다.

❖ **관성(官星)의 기운이 강(强)할 수도 있으나,**
정관격(正官格)에서 일간(日干)이 강(强)하면 정관을 돕는 재성(財星)이 필

요하고, 일간(日干)이 약(弱)하면 그 부족함을 보완하는 인수(印綬)나 비겁(比劫)을 찾게 되는 것이다. 여기에서 인수(印綬)가 지나치게 과(過)하면, 관성(官星)의 기운을 지나치게 흡입(吸入)하여 관(官)의 생기(生氣)가 부족하여, 관성이 허(虛)하게 되어 빈약(貧弱)함을 면치 못하게 되는 것이다.

반대로 관성(官星)이 지나치면, 인성(印星)으로 설기(泄氣)를 하여도 인성이 다 수급(收給)을 못하면, 식상의 도움도 필요한 것이다. 식상 또한 여의치가 않다면 자연 일간(日干)인 아신(我身)에게 그 나머지 불똥이 튀는 것이다.

여기에서 그 선택의 여지가 있는 사주를 한 번 살펴보자.

실전사주

<table>
<tr><td>丙</td><td>甲</td><td>乙</td><td>庚</td></tr>
<tr><td>子</td><td>寅</td><td>酉</td><td>戌</td></tr>
</table>

↦ 유(酉)월의 갑(甲)목 일간(日干)이다.
지지(地支)에는 록(祿)을 놓고 있다.

곤명(坤命)

⬆ 갑(甲)목 일간(日干)의 사주이다. 여기서 다행인 것은 관(官)의 기운이 먼저고, 일간(日干)의 기운이 나중인 것이다. 관(官)의 기운(氣運)이 강(强)하다. 자세히 보면 문제점이 많은 사주이다.

여성의 사주인데 늦게나마 복록(福祿)을 찾아야 하는 사주이다. 신왕관왕(身旺官旺) 같으나, 일간(日干)이 약간은 기우는 듯 느낌이 드는 사주이다.

식상(食傷) 기운(氣運) 또한 소리 없이 강(强)하다.

그래서 용신(用神)은 시지(時支)의 정인(正印)인 자(子)수를 택하는데, 관성(官星)의 흐름을 상생(相生)하는 것으로 유도를 하는 면으로 본 것이다.

❖ 식상(食傷)의 기운도 강할 수도 있는 것이다.

일 간(日干)과 인수(印綬)와, 관성(官星)은 이미 있는 것이다.
여기에서 식상(食傷)이 강(强)하여 인수(印綬)가 용신(用神)이 되는 경우가 있다. 이때는 관성(官星)운이 오면 반가운 것이다.

인성(印星)과 힘을 합쳐, 일간(日干)의 엑기스를 빼내는 식상(食傷)을 응징(膺懲)하는 것이요, 관성(官星)을 괴롭히는 식상(食傷)에 대하여 대항(對抗)마를 내세우는 것이다.

● 송사(訟事)에서 밀리고 있다가, 생각지도 않은 증인(證人)이 나타나 변수(變數)가 생길 수도 있는 것이다.

실전사주

丁	辛	癸	丙
酉	巳	巳	辰

⇨ 사(巳)월의 신(辛)금 일간이다.
일지(日支)에 사(巳)화를 놓고 있다.

곤명(坤命)

⬆ 신(辛)금 일주(日主)의 사주이다. 여기에서 용신(用神)은 무엇이 적당할 것인가? 정관용인수격(正官用印綬格)의 사주다.

신약(身弱)의 사주로 정관격(正官格)인데, 관(官)의 기운이 지나치게 강(强)하여 화기(火氣)를 수습하여야 한다. 일간(日干)인 신(辛)금을 생(生)하면서 화기(火氣)를 약화(弱化)시키는 습토(濕土)가 좋은 것이다.

사(巳)중 무(戊)토를 용신(用神)으로 쓰는 것이다.

진(辰)토는 시지(時支)의 유(酉)금과 합하여 진(辰)-유(有)합 금(金)을 이룬다. 화금상전(火金相戰)에 계(癸)수가 쓰임새도 보이나 천간(天干)의 식신(食神)으로 그 나름대로의 역할이 있는 것이다.

✪ 정관(正官), 편관(偏官)의 간합(干合)에 대하여.

천간은 대표주자 들이다. 그런데 서로가 합을 하여 변화하여 다른 성향을 나타낸다면 참으로 답답한 일이다. 길신은 흉신으로, 흉신은 길신으로 작용을 하기도 하는 것이다. 근본 원인은 합(合)을 한다는 자체가 귀는 천으로, 천은 귀로 변하는 이유인 것이다. 청수(淸水)는 탁(濁)한 물로, 탁(濁)한 물은 이미 탁(濁)하므로 더 이상 탁하여지지 않고, 오히려 청수(淸水)로 변한다는 설명인 것이다. 정관(正官)은 간합(干合)을 싫어하는 것이다.

● . 정관용견겁격(正官用肩劫格)

정관용견겁격(正官用肩劫格)이 되는 경우를 여러 각도로 하여 살펴보자.

견겁(肩劫)과 연관(聯關)을 지어보자.

일단 사주(四柱)상에 확실한 것은 정관(正官)과, 견겁(肩劫)즉, 비겁(比劫)이 있다는 것은 확실한 것이다.

겹(肩劫)을 용신(用神)으로 한다는 것은, 특별한 경우를 제외하고는 주변(周邊)의 세력(勢力)에 비하여 약(弱)하다는 것이요, 인성(印星)이 없거나 무기력(無氣力)하다는 것이다.

일간(日干)이 강(强)할 경우, 굳이 견겁(肩劫)을 용신(用神)으로 한다는 것은 한 번 재고(再考) 해야 할 것이다. 일단은 신약(身弱)으로 보는 것이다.

특별한 경우라는 것이 있지만 흔하지는 않을 것이다.

❶ 식상(食傷)이 있으나, 관(官)의 기운을 제압하지 못할 경우.

❷ 재성(財星)이 강(强)해 재관(財官)이 형성되어 일간(日干)을 압박하는 경우.

❸ 식상(食傷) ,재관(財官)이 유기(有氣)하여 일간(日干)이 곤혹스러운 경우, 인성(印星)이 없거나, 있어도 무기력한 경우.

❹ 재관(財官)이 왕(旺)할 경우.

❷ 의 경우와 흡사한 경우인데, 이번에는 관성(官星)이 강(强)한 것이다.

세력(勢力)에 종(從)하여야 편한 경우, 재관이 왕(旺)하여 종하는 것이다.

실전사주

乙	戊	己	乙
卯	子	卯	未

⇨ 묘(卯)월의 무(戊)토 일간이다.

일지(日支)에는 정재(正財)를 놓고 있다.

곤명(坤命)

⬆ 무자(戊子) 일주(日主)의 사주이다. 무(戊),기(己) 토가 재관(財官)에 의

◯ 정관용인수격(正官用印受格).

하여 갇힌 형국이다. 용신(用神)은 어떻게 정할까?

차라리 세력(勢力)에 종(從)하는 것이 더 나을 것 같다. 비겁(比劫)을 용신(用神)으로 한다고 하여도 큰 힘을 못 쓰는 것이다. 종격(從格)의 조건에는 한 점의 비겁(比劫)도 없어야 한다고 하지만, 이런 경우 갇힐 경우는 방법이 없는 것이다. 세력인 재,관에 종(從)하는 것이다. 그런데 기(己)토가 문제가 된다. 억지로 찾는다면 미(未)중 정(丁)화가 있다. 목국(木局)을 형성하고, 습목(濕木)이 되어 괴롭다.

● . <u>정관용견겁격(正官用肩劫格)의 운(運)에서의 변화.</u>

위의 3경우를 놓고 살펴보자. 물론 다른 경우도 있겠지만 많이 적용이 되는 사항을 살펴보는 것이다.

● . <u>인수(印綬) 운(運)이 올 경우의 변화.</u>

거운 짐을 수레에 싣고 가는데 갑자기 짐이 가벼워지는 것 같은 느낌이 들어 뒤를 돌아보니, 누군가가 뒤에서 소리 없이 수레를 밀어 주고 있는 형국이다.

나의 힘의 원천(源泉)이 되어 주는 것이다. 발원지(發源地)가 되는 것이다.

❶. 식상(食傷)이 있으나, 관(官)의 기운을 제압하지 못할 경우.

식상(食傷)이 관(官)의 기운에 버거워하는 형국이다.

관(官)의 기운을 삭감(削減)하여야 하는 것이다.

🔹 인수(印綬)운이 온다는 것은, 관(官)의 기운을 흡수(吸收)하는 것이다.

🔹 빨대작용을 하는 것이다. 반가운 일인 것이다.

🔹 관성(官星)을 주입구를 뺀 튜브라고 가정(假定)을 하자.

🔹 식상(食傷)은 위에서 누르고, 인수(印綬)는 밑에서 주입구를 통하여 튜브 안의 공기를 빼는 것이다. 양면작전(兩面作戰)인 것이다.

❷ 재성(財星)이 강(强)하여 재관(財官)이 형성되어, 일간(日干)을 압박하는
경우, 재성(財星)은 사주(四柱)의 꽃이지만, 그것이 어떻게 작용을 하느냐
에 따라 많은 희비(喜悲)가 엇갈린다.

▲ 일간(日干)이 강(强)할 경우, 재관(財官)의 활동이 심하더라도 다 그것을
수용(受用)한다.

▲ 신약(身弱)할 경우는 부담이 되어 항상 시달린다.

▲ 인수(印綬)운이 온다는 것은 강(强)하고, 약(弱)하고 관계가 없는 것이
다. 재(財),관(官),인(印)으로 하여 멋있게 흘러가는 것이다. 그것이 흘러,
흘러 결국은 장본인인 아(我)에게 흘러가기 때문인 것이다.

❸ 식상(食傷), 재관(財官)이 유기(有氣)하여 일간(日干)이 곤혹스러운 경우,
인성(印星)이 없거나, 있어도 무기력한 경우.

▲ 일간(日干)의 모든 단점(短點)을 커버하는 묘한 운(運)이 되는 것이다.

▲ 실로 귀인(貴人)인 것이다. 자잘한 사안(事案)에 일일이 대응을 하지 않
아도 일이 술술 풀리는 형국인 것이다.

✪. **무망지복(毋望之福)격이다.**

▲ 바라지 않은 행복(幸福)이요, 기대하지 않은 뜻밖의 행복(幸福)인 것이
다. 진정한 복(福)이란 원(願)한다고 하여 이루어지는 것이 아니요, 온다
고 하여 다 갖는 것이 아닌 것이다.

● . **견겁(肩劫)운(運)이 올 경우의 변화.**
"스스로 돕는 자는 하늘이 돕는다." 는 격이다. 매사 항상 긍정적(肯定的)인
사고방식이 필요한 것이다. 나태하고, 탓하고, 원망하고, 회상하며 씁쓸해 하
는 과거지향주의요, 허무주의가 아닌 것이다.

보 다 적극적인 자세가 필요하다. 힘찬 발돋움을 하는 것이다.
내가 언제 그랬느냐는 식으로 훌훌 털고 일어서는 것이다. 밝은 미

래를 향한 힘찬 나래를 펴는 것이다. 성공과 보람이 기다리고 있는 즐거운 시간이다.

- 견겁(肩劫)운이 오니 관(官)을 극(剋)하는 것이요, 관(官)이란 직장(職場)이다. 직장을 극한다는 것은 직장에 대한 반감인 것이다.
- 그러나 신약(身弱)하니 쉽게 그만 두지는 않는다.
- 신강(身强)할 경우는 행동(行動)으로 옮기기도 한다.

❶. 식상(食傷)이 있으나, 관(官)의 기운을 제압하지 못할 경우.

- 식상과 기운을 합하여 의기투합하여 관재, 불상사를 이겨나가고, 헤쳐 나가는 것이다. 승리의 쾌감을 맛보는 것이다.

❷. 재성(財星)이 강(强)하 재관(財官)이 형성되어 일간(日干)을 압박하는 경우.

- 압박에서 벗어나는 것이다. 중병에 걸린 환자가 퇴원수속을 밟는 것이다.

❸. 식상(食傷),재관(財官)이 유기(有氣)하여 일간(日干)이 곤혹스러운 경우, 인성(印星)이 없거나, 있어도 무기력한 경우.

- "누구든지, 와라 다 상대하여 주마! 로 바뀌는 것이다. 국면이 의기소침(意氣銷沈)에서 의기양양(意氣揚揚)으로 전환(轉換)이 되는 것이다.

✪. 물결 따라 배를 띄우는 격이다.

- 흐르는 물결 따라 배를 띄우면 낭패란 있을 수가 없는 것이다.
- 그저 순리(順理)대로 순응(順應)을 하는 것이다.
- 매사 모든 것이 흐름을 따르면 역행(逆行)이 없으니 저항(抵抗)이 없는 것이다.

● . 식상(食傷)운(運)이 올 경우의 변화.

서서히 나락으로 가는 길이 나타나는 것이다.

서 쓸데없는 일에 손을 대기 시작하는 것이다. 좀이 쑤셔 견디지를 못하는 것이다. 스스로 억제하지 못하는 것이다. 오늘은 웬지! 하면서 주접(住接)을 떠는 것이다. 주제(主題)파악을 하여야 하는 것이다.

✪. 개똥도 약에 쓸데가 있는 격(格)이다.

곰도 구르는 재주가 있다고, 엉뚱하게 일을 저질렀는데도, 그것이 오히려 길(吉)로 작용(作用)을 한다. 서당 개 삼년에 풍월을 읊는 것이요, 식당 개 삼년에 라면을 끓이는 격(格)이다. 굿당 개 삼년에 작두를 탄다.

● 얼마 전 외국에서 어린이가 운전을 하여 자기 부모를 구한 것이나 같은 것이다. 평소에 눈여겨보았던 것이 위급상황에서는 인명을 구한 것이다.

● 아귀라는 생선이 예전에는 그리 천대를 받았건만 요즈음에는 귀족(貴族) 신분으로 바뀐 것이다.

❶ 식상(食傷)이 있으나, 관(官)의 기운을 제압하지 못할 경우.

● 동지(同志)가 오니 충분히 관성(官星)을 억제하는 것이다. 그러나 운(運)에서 잠시잠깐 왔다가는 것이므로, 항상(恒常) 대비를 하여야 한다.

● 다음에는 재성(財星)이 오기 때문인 것이다.

❷ 재성(財星)이 강(强)하여, 재관(財官)을 형성, 일간(日干)을 압박할 때.

● 식상(食傷)은 재성(財星)을 생(生)하고, 관성(官星)을 극(剋)한다. 식상(食傷)과 관성(官星)의 관계는 다양하게 나타난다.

● 상관(傷官)과 정관(正官)과의 관계.

● 상관(傷官)은 편관(偏官)을 극(剋)한다. 도움이 되는가? 안 되는가?

● 식신(食神)과 편관(偏官)과의 관계,

● 식신(食神)은 정관(正官)과 합(合)을 한다. 결과가 문제가 된다. 득실(得

○ 정관용인수격(正官用印受格).

失)을 보아야 하는 것이다. 충신(忠信)인가? 역적(逆賊)인가? 말이다.

❸ 식상(食傷), 재관(財官)이 유기(有氣)하여 일간(日干)이 곤혹스러운 경우, 인성(印星)이 없거나, 있어도 무기력(無氣力)한 경우.

🌑 인성(印星)이 없거나, 무기력(無氣力)하여 식상으로써는 아무런 제약을 받지를 않는다. 정관용견겁격(正官用肩劫格)에서의 주된 병(病)은 관성(官星)인 것이다. 식상(食傷)은 관성(官星)을 극(剋)하니 일단은 병세가 호전(好轉)이 되는 것이다.

🌑 신약(身弱)이라 재성(財星)이 중간에서 모든 것을 어렵게만 하는 것이다.

🌑 식상(食傷)이 관(官)을 극한다하여도, 재성(財星)이 식상(食傷)의 생(生)을 받아 관(官)을 생(生)하여 주니 모든 것이 겉으로는 조금 나아지는 것 같아도, 결국은 도로 원위치인 것이다.

🌑 식상(食傷)과, 관성(官星)의 기운의 차이(差異)를 판별하여야 한다.

🌑 사람이란 자기보다 뛰어난 사람이 나타나면 항상 자기가 버림을 받을까 걱정을 한다. 결국에는 혼자서 우는 일만 남는 것이다.

🌑 순응(順應)을 하는 것도 나를 살리는 길이다.

🌑 . <u>재성(財星)운(運)이 올 경우의 변화.</u>

재성(財星)이 관성(官星)을 생(生)하여, 관성의 기운이 강(强)해져 견겁(肩劫)이 더 바빠지는 것이다. 관계가 더욱 악화되는 것이다.

🌑 핵문제로 인하여 남, 북 간의 정치상황이 어지러운데, 경제가 유가하락(油價下落)으로 곤두박질을 하니 더욱 죽을 지경인 것이다.

🌑 거기에 환율(換率)마저 요동을 치니 주식시장(株式市場)도 갈수록 상황이 악화되는 것이다.

✪ . <u>싫어도 따를 수밖에는 없는 격이다.</u>

사랑하는 사람도 버려야 하는 것이다. 그것이 대의(大義)를 위하는 길이다.

● . 관성(官星)운(運)이 올 경우의 변화.

위　의 관계에서 연장선에서 살펴보자. 남, 북간의 긴장상태가 관광객 피습 사건으로 인하여 더욱 긴장되어 악화일로(惡化一路)를 걷는 것이다. 한동안 시간이 걸리는 것이다. 거기에 내정적인 문제로 대통령의 자살사건 등 쉬지 않고 문제가 발생이 되는 것이다.

- 촛불집회 같은 문제는 발단(發端)은 소고기 수입이니, 경제적(經濟的)인 면이요, 음식물(飮食物)에 관한 문제이니, 분명 재성(財星)에 속하는 것 이다.

- 이것이 발단(發端)이 되어 정치쟁점(政治爭點)화하니 재생관(財生官)으 로 흐르는 것이다. 관성(官星)운이 도래(到來)하니 이것이 쟁점(爭點)화 되어 곤욕(困辱)을 치루는 것이다.

- 여기에서 한 걸음 나아간다면, 수습이 되어, 국민의 건강을 생각하여 원 만한 타협점을 찾으니 인성으로 변하여 아(我)인 국민에게 편리를 제공 하는 것이다. 그러나 여기에서도 문제점이 완전히 가시는 것은 아니다.

- 항상 뒤가 지저분한 면이 남는 것이다. 운(運)에서의 변화(變化)로 인한 각종 예기치 못한 일들이 나타나는 것이다. 용신(用神)이 견겁(肩劫)인데 극(剋)하는 관성운(官星運)이 오니 좋을 이유가 없는 것이다. 예기치 못 한 불상사가 생기는 것이다.

- 합(合)등 기타 좋은 결과로 인하여 길(吉)로 작용을 할 경우. 저렴한 가 격(價格)으로, 수요(需要)에 따른 원활한 공급(供給). 형충파해(刑沖破害) 등 기타 안 좋은 결과로, 흉(凶)으로 작용을 할 경우.

- 잡뼈 및 불량육의 반입, 기타 불필요한 부위의 섞임 등 기타 제반 사항의 위반으로 인한 갈등 등 많은 문제가 있는 것이다. 방송 및 기타 여론의 악화로 인한 곤욕(困辱)을 치루는 것이다.

- 그러나 결론은 항상 문제는 해결이 된다는 것이다.

.혼인만장(混認瞞贓)이 성행한다.

혼란한 틈을 이용하여 남의 물건이나, 소유물을 나의 것으로 취하는 것이다.

부정한 방법으로 이득을 취하는 것이요, 도둑이 판치는 세상인 것이다.

요즈음 사회적인 문제까지는 아니지만 주차(駐車) 문제가 심각한 사안(事案)으로 등장을 한다. 어디를 가더라도 편안한 주차공간(駐車空間)이 부족한 것이다. 그로 인하여 본의 아니게 남에게 불편을 주기도 하고, 고의적으로 얌체주차를 하기도 하는 것이다. 잠시 외출을 나간 집 앞에 살짝 주차를 하면서 연락처도 안 적어놓는 비양심적인 사람들이 많은 것이다. 잠시지만 남의 공간을 나의 공간으로 도둑질을 하는 것이다. 연락처를 적어놓고 잠시 고마웠다며 서로 상부상조하는 배려가 아쉬운 것이다. 대도시 보다 소도시로 갈수록 그것이 더 아쉬운 것은 왜 일까?

정관용인수격(正官用印受格)에서 식신(食神)운이 지나고 상관운(傷官運)이 오는 것이다. 정관을 극하는 것이다. 인수가 있어 상관을 응징하지만, 식상(食傷)의 기운(氣運)을 감당하지 못할 때는 도둑을 맞는 것이다.

정관용관격(正官用官格)에서 정관(正官)운이 올 경우의 상황은 어떨까? 정관(正官)이 괴로움에서 벗어나려고 발버둥을 치고, 일간(日干)인 아신(我身)의 고집에 일침을 가하여도 말을 안 듣고, 식상(食傷)의 강력한 저항에 법(法)이 소용없는 상황에서 치안(治安)을 확립(確立)하는 것이고, 광란(狂亂)을 잠재우는 것이다.

● . 정관용식상격(正官用食傷格).

정 관용식상격(正官用食傷格)을 인간관계(人間關係)로 비교를 하여보자.

형(兄)이 하여야 할 것을 못하는 것이다. 아우가 다하는 것이다.

하극상(下剋上)이지만 많은 사연이 남는다.

▶ 어느 형제의 이야기

어느 형제가 있었는데, 형은 결혼을 안 하고 독신 이었습니다.

안했다기보다 못한 것 이었지요, 형은 늘 몸이 약해 힘든 일도 하기가 버거웠습니다. 잔병치레에 세월을 보낸 것이지요.

반면에 동생은 결혼(結婚)도 하고 자녀(子女)가 있었습니다.

집안에서는 자연 형(兄)보다 동생이 나이 드신 부모의 기대를 받고, 아쉬운 줄 모르고 생활을 했습니다.

아버지가 돌아기시고, 얼마 안 되어, 어머니도 병환에 시달려야 했습니다.

형제는 친척도 없고 모두가 외로워 항상 서로 위로하며 의지하며 살았는데,

동생은 항상 욕심이 많아 남에게 지는 것을 싫어하고 자기가 갖고 싶은 것이면 ,형의 것이라도 욕심을 내어 결국에는 자기가 갖고 하였습니다.

동생의 그런 욕심과, 이기심을 알고 있는 어머니는 항상 그런 것이 걱정이었습니다.

어머니는 생각 끝에 자기가 죽기 전에 형의 몫으로 재산을 미리 주기로 생각을 하고 두 형제를 불렀습니다.

이제 내가 기력이 쇠하여 정신도 오락가락하니 죽기 전에 아버지가 남겨 놓으신 재산을 너희에게 나누어 주어야 할 것 같구나 하시며 운을 떼었습니다.

이 때 동생은 어머니 걱정 마세요, 형님은 제가 잘 모실 터이니 그런 걱정은 안하셔도 됩니다. 하며 재산을 자기에게 전부 물려달라고 하였습니다.

이 때 착한 형이 말을 하였습니다.

아우야! 나도 몸이 약(弱)하고, 기력(氣力)도 쇠하여 힘든 일도 하지 못하고 지금하고 있는 일을 몇 년 더하다 다 너에게 줄 것이니, 그 때 까지 좀 참아 주면 안 되겠니 하고 물었습니다.

이에 동생은 형님! 지금 하고 계시는 일도 시원치 않은데, 또 계속 하신다면 어떻게 합니까? 차라리 저 하는 일에 도움이나 주시고 형님은 그저 편안히 지내세요, 잔일이나 돌보아주시면 될 것 아닙니까?

요새 인건비도 장난이 아닌데 하며, 모든 권한을 자기에게 위임하라 하였습니다.

내가 살면 이제 얼마나 살겠니?

죽기 전에 내가 하고 싶은 일이나 열심히 하다가 죽고 싶구나, 여지 것 말을 안 하였지만, 사실 나는 의사가 오래 살 것 같지가 않다고 하는구나.

워낙 몸이 약하여 앞으로 하고 싶은 일이나 열심히 하라고 하는구나————

형은 죄스러움에 어머니 앞에서 고개를 숙였습니다.

형님 ,몇 년이면 우리 다 죽습니다.

지금 제가 하는 일이 자금난으로 얼마나 힘든지 형님도 알고 계시지 않습니까? "공든 탑이 무너진다." 이겁니다. 여지 것 우리 식구들 제가 벌어서 먹고 살지 않았습니까?

물론 형님도 많은 도움이 되었지만 말이에요,

형님 이제 편안히 지내시고 쉬세요, 네?

착한 형은 아무런 말도 못하고 물끄러미 누워계시는 어머니의 모습을 보면서 눈물만 글썽인다.

아, 건강이 원수요, 돈이 원수로다.

자식도 없는데 ,

다 준다 하건만 ,

그 남은 시간 그것도 달란 말이냐?

형은 조용히 눈을 감고 체념을 한다.

그래 그까짓 몇 년 죽어 살다 죽으면 되지, 무슨 미련이 있을꼬—————

그래 버리자, 버리자, 모두 버리자——————

▶ 신약(身弱)일 경우.

일 간(日干)이 신약(身弱)하니 허약(虛弱)한 것이다. 그 원인(原因)은 무엇으로 볼 것인가?

✪ 인성(印星), 비겁(比劫)이 없거나 무기력(無氣力)해 일간이 외로울 경우.

실질적(實質的)으로 도움이 되는 우군(友軍)이 없는 것이다. 전쟁터에서 거의 전멸(全滅)을 하고, 소수의 인원만이 겨우 명맥을 유지하는 것이다.

☞ 정관(正官)도 많으면, 편관(偏官)의 역할을 한다.

일간(日干)이 관살(官殺)로 인하여 신약(身弱)할 경우, 인수(印綬)가 없거나, 무력(無力)할 경우 식상(食傷)의 도움을 받아야 하는 것이다.

실전사주

乙	癸	戊	丙
卯	丑	戌	辰

↳ 술(戌)월의 계(癸)수 일간(日干)이다. 지지(地支)에 축(丑)토를 놓고 있다.

곤명(坤命)

⬆ 계축(癸丑) 일주(日主)의 사주이다. 식신(食神)을 용신(用神)으로 사용하는 경우이다. 정관용식상격(正官用食傷格)의 사주다.

정관(正官)이 편관(偏官)과 섞이어 관살혼잡(官殺混雜)으로 변하였다.

관살(官殺)이 탁(濁)한 형태로 나타난 것이다.

인성(印星)이 있다 하여도 관살(官殺)의 지나친 기운을 관인상생(官印相生)으로 연결을 한다하여도 효과가 없다. 흙속에 보석이 묻힌 형상이다. 언제 금(金)을 찾아 일간을 돕겠는가? 수맥도 있으나 흙탕물이다. 거르는데 시간이 걸린다.

대운(大運)을 살펴보니 목(木)운으로 흐른다. 식상운(食傷運)으로 흐르는 것이다. 시주(時柱)의 식신(食神)을 용신(用神)으로 사용한다면?

혼잡(混雜)한 관살(官殺)을 응징(膺懲)하는 것이다. 그런데 식상(食傷)의 기운(氣運)이 관살(官殺)을 감당하지를 못한다. 그러면 어떻게 할 것인가?

중년까지는 관살(官殺)에 종(從)하는 형태를 유지한다.

원국(原局)에서 볼 때인 것이다.

그러나 대운(大運)을 보면 금(金), 수(水)운으로 흐른다. 충분히 감내하는 것이다. 그리고 다시 비겁(比劫)운이요, 식상운(食傷運)으로 흐르는 것이다.

➡ 여기에서의 용신(用神)은 식상(食傷)을 정(定)하는 것이다.

얼 핏 생각하면 인수(印綬)인 금(金)을 찾아 지장간(支藏干)에서 고를지 모르지만, 그것은 아니다. 관(官)의 기운을 응징(膺懲)하는 데는 한계가 있는 것이다. 운(運)과의 합작(合作)을 하여야 하는 것이다.

이것이 진정한 실용적(實用的)인 용신(用神)을 택하는 방법인 것이다.

● . 인성(印星)이 태왕(太王)하여 관성(官星)의 기운을 지나치게 흡입(吸入)하여 관성(官星)이 기진맥진일 경우.

여자가 결혼을 하였는데 시집과 친정과의 경제적인 면에서 너무 차이가 나거나, 여러 면을 종합하여 보더라도 차이가 심할 경우 눈에 보이지 않는, 어떨 경우는 노골적인 반응이 나타나는 경우도 있지만 결코 간과할 수 없는 일들이 벌어진다.

이때 중간에서 역할을 하는 것이 남편인데, 즉 관성이 되는 것이다.

관성인 남편이 기운이 왕(旺)하여 어머니 그러시면 안 됩니다. "이렇게 하는 것이 어떨까요? 제가 잘 처리하도록 하겠습니다." 한다면 문제는 크게 생기지가 않을 것이다. 그런데 관인 남편이 어머니의 눈치나 본다면 결과는 어떤가? "니 마누라가 그러라고 시켰느냐? " 하면서 오히려 역(逆)효과(效果)가 날 것이다. 인성(印星)의 기운이 지나치게 강(强)하니 관성(官星)의 기운(氣運)을 다 흡입하여, 관성(官星)은 속빈 강정이 되어버린 것이다.

✪ 여성(女性)이 결혼을 하였는데, 친정집에선 사윗감이 마음에 안 드는 것이다.

사위가 아무리 잘 한다하여도 눈에 차지가 않는 것이다.

수준(水準)이 안 맞는다는 것이다. 탐탁치가 않은 것이다. 아내 역시 왜 남자가 없어서 저런 사람을 골랐느냐며 같이 구박(驅迫)을 받는 것이다.

● . 정관용식상격(正官用食傷格)의 운(運)에서의 변화.

정 관격(正官格)과 식상격(食傷格)의 어울림이다. 정관격(正官格)으로 시작하여 식상격(食傷格)으로 끝을 내는 것이다.

적(敵)과의 동침(同寢)인 것이다. 중화(中和)를 이루는 제일 좋은, 간단한 방법인 것이다.

정관(正官)에 대한 여러 경우를 생각하여보자. 식상(食傷)을 용신으로 하는 경우 말이다.

정관(正官)이 대응하는 여러 경우에 대한 운(運)의 변화(變化)를 보는 것이다.

● .인성(印星)운이 올 경우의 변화(變化).

정관(正官)이 강(强)하여 식상(食傷)을 대항마(對抗馬)로 한 것인데, 인수(印綬)운이 온 것이다. 뜻과는 반대의 운(運)이 온 것이다.

● 일간(日干)이 신약(身弱)한 것이다. 인수(印綬)나 비겁(比劫)이 없거나 무기력한 경우이다.

● 정관(正官)이 왕(旺)하다 보니 일간(日干)이 주눅이 들고, 이것저것 제약(制約)을 많이 받는다. 올바른 법(法)과 규칙(規則)도 지나치게 많으면, 편관(偏官)과 같아 차라리 없는 것이 나을 것 같다. 라고 생각이 들 정도

일 것이다.

- 왜 식상(食傷)을 용신(用神)으로 정(定)한 것일까?

- 다른 것을 용신(用神)으로 할 수가 있을 것인데, 굳이 식상(食傷)을 용신(用神)으로 한 것일까? 일단 환경(環境)을 살펴보자.

- 재성(財星)은 관성(官星)을 생(生)하는 역할을 하는 것이요,

- 식상(食傷)을 용신(用神)으로 한다는 것은 관성(官星)이 그만큼 강(强)하기 때문에 그 기운을 약화(弱化)하기 위한 방법인 것이다.

- 일간(日干)이 신약(身弱)한 것이다. 인수(印綬)가 무능한 것이고, 상관(傷官)의 기운(氣運)이 강(强)한 것이다.

- 존재(存在)의 유무(有無)를 살핀다면 식상(食傷)이 있는 것이요, 일간(日干)이 있는 것이요, 관성(官星)이 있는 것이요, 일단 셋은 기본적으로 갖추어져 있는 것이다.

- 그렇다면 다른 요소는 어떨까? 인수(印綬)를 살펴보자. 인수(印綬)가 있다면 식상(食傷)을 극(剋)한다. 그리고 일간(日干)을 생(生)하니 신약(身弱)에서 어느 정도 벗어나고, 관성(官星)이 인수(印綬)를 생(生)하니 흐름이 이어지는 것이다. 굳이 식상(食傷)을 용신(用神)으로 할 필요가 없는 것이다.

- 관성(官星)은 자체가 되는 것이고, 인성(印星)과 비겁(比劫)은 일간(日干)을 강(强)하게 하는 요소가 되는 것이니, 굳이 식상(食傷)을 택할 필요가 없는 것이다. 정리하여 본다면 신약(身弱)이요, 인성(印星)과 비겁(比劫)이 없거나, 무기력(無氣力)한 것이요, 식상(食傷)이 유기(有氣)한 것이다. 관성(官星)은 있는 것이고, 재성(財星) 또한 있는 것이다.

- 여기서 재성(財星)이 무력(無力)하거나, 없는 경우도 나온다. 그것이 오히려 더 나은 것이다.

- 재성(財星)이 있어 유력(有力)하다면 일간(日干)을 피곤하게 하는 것이요, 식상(食傷)의 기운을 설기(泄氣) 하는 것이요, 관성(官星)을 생(生)

하는 것이다.

- 재성(財星)은 이래저래 피곤한 존재(存在)인 것이다.
- 다만 식상(食傷)을 극(剋)하는 인성(印星)이 유기할 경우 억제(抑制)한다는 것이다.

✪ 인성(印星)은 식상(食傷)을 극(剋)한다.

식상(食傷)의 기운이 필요한 시점에서 인수(印綬)가 온다는 것은, 식상(食傷)의 존재를 무력화하는 것으로, 관성(官星)의 왕(旺)한 기운을 조절하기가 어려운 것이다.

인성(印星)이니 관성(官星)의 기운을 흡수하여 소진(消盡)시키는 것이니 좋을 것이다. 하여도, 관성(官星)의 일간(日干)을 극(剋)하는 면이 강(强)하여 직접적인 응징이 필요한 것이다.

관성(官星)의 기운을 직접적으로 극(剋)하는 식상(食傷)을 방해하니 결코 좋은 운이 아닌 것이다.

▷ 여기에서 인성(印星)은 오히려 흉(凶)으로 작용을 하는 것이다.

- **. 산길에 잎이나 가지가 지나치게 무성하면 앞으로 나가기가 더 힘들어지는 것이다.**

실전사주

乙	丁	辛	壬
巳	巳	亥	戌

곤명(坤命)

▷ 해(亥)월의 정(丁)화 일간이다.

　지지(地支)애는 사(巳)화를 놓고 있다.

⬆ 정(丁)화 일간(日干)의 사주이다. 해(亥)월의 정(丁)화 일간(日干)이라, 정관격(正官格)의 사주이다. 태어난 시기가 어려운 시절에 태어나서 일단 신강(身强)한 것이 좋은 것이다. 결혼(結婚)이 늦은 여성들의 특징이 그대로

나타나는 경우이다.

위의 사주 역시 결혼이 늦은 경우인데, 정관용정관격(正官用正官格)으로 볼 수도 있으나, 정관용식상격(正官用食傷格)으로 하여 기운의 중화(中和)를 만드는 것이 중요하다. 전반부는 재관이강하고, 후반부는 인(印), 비(比)가 강한 것이다. 여성(女性)에게는 나이가 들수록 자손(子孫)에게 의지(依支)한다기보다는 가정(家庭)의 중요성을 강조한 것이다.

● . **견겁(肩劫)운(運)이 올 경우의 변화.**

이 격(格)에서의 핵심은 관성(官星)의 지나치게 강(强)함이다. 인성(印星)이나, 비겁(比劫)이 없거나 무기력한 것이다.

견겁(肩劫)운이 온다는 것은 비겁(比劫)이 힘을 보태는 것이다.

관성(官星)의 간섭에서 ,규제에서 벗어나기 위한 몸부림을 하는 것이다.

식상(食傷)과 힘을 합하여 관성(官星)의 오만 방자함을 응징하는 것이다.

✪ 여기에서 인성(印星)이 유기(有氣)할 경우도 생각하여 볼 수도 있다.

인성(印星)이 유기(有氣)하다면, 관성(官星)의 기운을 흡수하여 일간을 보필(輔弼)하는데, 그 기운이 넉넉지가 않다는 설명인 것이다.

그래서 식상(食傷)을 선택하는 것이다. 재성(財星)은 선택권한이 없는 것이다.

☻ 독재정권에 대항하여 민주세력이 일치단결하여 대항을 하는 것이다.

☻ 불필요하고, 복잡한 허가사항을 간단하게 정리를 하는 것이다.

☻ 조례 및 법령을 개선하는 것도 이에 해당이 되는 것이다.

☻ 소비자 보호단체나, 인권관련 유관단체의 활동도 이에 해당한다.

● . **식상(食傷)운(運)이 올 경우의 변화.**

정관용식상격(正官用食傷格)에서 용신(用神)운을 만나는 것이다.

정 만사형통(萬事亨通)인 것이다. 중화(中和)를 이루어 흐름을 원만히 하도록 한다.

- 인성(印星)이나 견겁(肩劫)으로 인한 경우, 막혔던 통로가 뚫리는 것이다. 허가사항이 많이 단순화 하여지고, 간편하게 처리되는 것이다.

- 매사에 융통성이 없고, 답답하던 사람이 갑자기 사려가 깊고, 덕(德)으로 가득 찬 인물로 바뀌는 것이다. 오히려 더 정신이 없는 면도 나타나는 것이다. 물이 맑아 밑바닥까지 환하게 보이는 격이다.

- 봄날의 따뜻하고, 안락한 기운이 감도는 것이다.

- 신분에 알맞은 행동에 모든 것이 더 조심스러워진다.

● **. 재성(財星)운(運)이 올 경우의 변화.**

식상(食傷)이 용신(用神)인데, 재성운(財星運)이 오는 것이다.

정관용식상격(正官用食傷格)인데 재성이 오는 것이라, 식상이 도움을 받는 것이 아니라 오히려 허탈하여지는 것이다. 용신(用神)이 설기(泄氣)하는 것이다. 그런데 그 기운이 관(官)으로 흘러가는 것이다.

- 재성(財星)의 기운(氣運)이 관성(官星)에게 전하여 지니 일간(日干)이 피곤하여진다.

- 일간(日干)은 재성(財星)을 극(剋)해야 하니, 일간의 기력이 쇠(衰)하여진다. 일간(日干)이 강(强)하다 하여도, 재관(財官)을 능히 거느릴 정도면 참으로 대단한 것이다.

- 인성(印星)이 왕(旺)하여, 식상(食傷)을 용신(用神)으로 하였을 경우. 관성(官星)이, 인성(印星)에 의하여 무기력하게 변한 경우이다. 식상(食傷)과, 재성(財星)이 힘을 합하는 형태를 취하게 된다. 이 경우는 재성(財星)과, 관성(官星)이 용신(用神)이 되기도 한다. 재성(財星)이 인성을 극(剋)하여 인성(印星)의 기운을 약화(弱化)시킨다.

- 관성(官星)이 강(强)하여, 식상(食傷)을 용신(用神)으로 한 경우. 적(敵)

을 이롭게 하는 이적(利敵)행위(行爲)를 하는 것이다. 용신(用神)인 식상(食傷)의 기운(氣運)을 삭감(削減)하고, 관성(官星)의 기운(氣運)은 오히려 북돋워주는 것이다. 역(逆)으로 흐른다.

✪. 흐르는 물이 막히도록, 진흙이 쌓이는 격이다.

- 온갖 번뇌가 가시지 않고, 자꾸만 쌓이는 형상이다.
- 모래로 밥을 짓는 격이다. 아무리 하여도 효과가 없는 것이다.
- 물속에 가라앉는 형상이다.
- 일의 두서(頭序)가 없고, 뒤죽박죽으로 뒤엉키기만 한다.

● . 관성(官星)운(運)이 올 경우의 변화.

용 신(用神)인 식상(食傷)이 관성(官星)을 극(剋)하느라 심신(心身)이 피곤하여 지는 것이다.

⇨ 인성(印星), 견겁(肩劫)이 왕(旺)하여 식상(食傷)을 용신으로 한 경우.
관성(官星)이 인성(印星)을 생(生)하고, 식상(食傷)의 기운을 소진(消盡)시키니 식상(食傷)이 어지러워진다.

- 활동(活動)을 중지하고 휴식(休息)을 취하는 것이 최고인 것이다.
- 신약(身弱)할 경우는, 관성(官星)인 규제가 더 심하여진다.
- 혹 떼려다가 혹 붙이는 격이 되고 만다.
- 상(喪)중에 슬픔이 지나쳐, 몸이 너무 쇠하여지는 형국이다.
- 생각이 신중하지를 못하고, 어리석은 생각을 하게 된다.
- 갑자기 기력(氣力)을 잃고, 자리에 눕게 된다.
- 아무것도 모르면서 군중심리(群衆心理)에 끌려 필요 없는 행동을 하게 된다. 자신의 합리화를 자꾸 생각하므로 비굴하여진다.

● . 정관용재격(正官用財格).

● . 정관용재격(正官用財格)의 구성 및, 환경과 특성.

정 관격(正官格)에서 시작하여, 재격(財格)으로 끝이 나는 것이니, 격(格)보다 일단 후퇴(後退)하는 것이다. 그러나 그 후 까지를 살펴야 한다. 관(官)이 재성(財星)과 합(合)이 되어 재성(財星)이 될 경우도 이에 해당한다고 보는 것이다. 사주에서의 작용에 있어서 **돌고 도는 흐름**을 살펴야 한다.

● 관성(官星)이 우선인줄 알았는데, 결국은 재성(財星)을 추구 하는 것이다. 관성(官星)을 직장(職場)생활로 본다면, 재성(財星)은 개인(個人)사업(事業)이요, 금전(金錢)에 집착한다는 설명인 것이다. 항상 전진(前進)이라는 말이 있다. 그리고 전진(前進)을 위한 일보(一步) 후퇴(後退)라는 말도 있다.

실전사주

庚	戊	己	甲
申	辰	巳	寅

▷ 사(巳)월의 무(戊)토 일간이다.
지지(地支)에는 진(辰)토를 놓고 있다.

곤명(坤命)

⬆ 무(戊)토 일간(日干)의 사주이다. 무(戊)토 일간이 뿌리가 튼튼하다. 인수(印綬)인 사(巳)화로 시작을 하니 사주가 신강(身强)한 사주이다. 일간(日干)의 강(强)함을 달래주어야 한다. 인수격(印綬格)으로 시작을 한다.

식상(食傷)의 기운(氣運)도 만만치가 않다. 관(官)의 위치가 년주(年柱)에 있다. 천간(天干)으로 합(合)이요, 지지(地支)는 형(刑)이다.

여기에서 용신(用神)은 무엇이 될까? 흐름이 원만하다. 관인상생(官印相生)이 이루어진다. 식상(食傷)으로의 흐름까지 잘 이루어진다. 끝이 용신이다.

◆ 정관용재격(正官用財格).

ㅁ. 격(格)이 후퇴(後退)하는 경우를 살펴보자.

격 (格)이 후퇴(後退)한다는 것은 결코 바람직한 일은 아닐 것이다.
그러나 상황에 따라서는 그것이 역(逆)으로 변화(變化)할 수도 있
을 것이다. 격(格)보다 한 급이 낮아지니, 마치 어른이 다시 어린아이와 같은
동심으로 돌아가는 기분일 것이다. 발전(發展)이 아닌 퇴보(退步)라는 일면
(一面)도 나타난다. 그러나 그것은 항상 생각하기 나름인 것이다. 출신(出身)
의 격(格)이 항상 최고(最高)일 수는 없는 것이다. 오히려 낮추어 사는 것이
더 행복할 수도 있으니 말이다. 그것이 다시 관성(官星)을 생(生)하는 경우
도 되는 것이다. 각각의 경우를 비교하여보자.

● . 인성(印星)이 관성(官星)으로 용신을 선택하는 경우.
인성(印星)이 관성(官星)을 용신(用神)으로 하는 경우를 우리가 직접 현실
(現實)에서 찾아보자.

❖. 대학교수, 학자라 하는 사람들이 정치(政治)에 입문(入聞)을 하는 경우.
그들 중 성공하는 사람은 과연 얼마나 될 것인가? 학자(學者)가 탁(濁)한 정
치판에 끼어드는 것이다. 국민(國民)의 심리(心理)를 알고, 올바른 방향으로
인도(引導)한다는 거창한 구호일 것이다.
아픈 곳을 만져주고, 막힌 곳을 뚫어준다는 힘찬 의욕(意慾)과는 달리 별로
힘을 못 쓰고, 이리저리 왔다 갔다 하며 활동을 하다가 에이-! 하면서 결국
은 정치판을 떠난다. 어떤 이는 강단(講壇)으로 다시 돌아가고, 아니면 나름
대로 자기의 활동분야를 살려 다른 활동을 하기도 한다.

● . 관성(官星)이 재성(財星)을 용신(用神)으로 선택하는 경우.
관 성(官星)이 재성(財星)을 택할 경우 두 가지 측면으로 보아야 한다.
물론 다른 경우도 다 마찬가지인 것이다. 음(陰)과 양(陽)의 원리인

것이다. 일단은 후진(後進)하는 것에 대한 개념(概念)이고, 재탕(再湯)하여 새로운 것을 만든다는 것이다.

⇨ 결국은 다시 위로, 앞으로 향(向)하여 나아가기 때문인 것이다.

- 고정관념(固定觀念)을 버리고, 틀을 벗고 자유분방함을 선택하는 것이다.
- 요즈음의 음식은 휴전요리가 많다. 상식(常識)의 틀을 벗어나는 것이다.
- 가요계에도 음악의 장르가 다양해지는 것이다.
- 직장생활을 뒤로 하고 경제적인 활동을 위주로 하는 영리(營利) 추구(追求)요, 금전(金錢)만능(萬能)의 바다에 뛰어 드는 것이다. 규칙적(規則的)인 환경보다는 자유분방(自由奔放)한 환경을 택하는 것이다.
- 요즈음의 상황을 본다면 관성(官星)인 직장에서 밀려나 한 단계 아래인 재성(財星)의 마당으로 진출하는 것이다.
- 직장(職場)에서 명퇴로 물러난 뒤 자영(自營)업을 하는 것이요, 자격증(資格證)을 취득하여 경제활동(經濟活動)에 종사하는 것이 대표적인 예이다.
- 다시 직장생활을 하더라도 한 등급 아래인 예전만큼은 못하더라도 직장생활을 계속하는 경우도 있다.
- 운전기사(運轉技士)라는 직종(職種)의 예를 든다면?
- 고속버스에서 직행버스로, 마을버스로 내몰리는 것이나 같은 것이다.
- 똑같은 관성(官星)이라도 이미 마음속에서는 재성(財星)을 추구하기 위한 관성(官星)의 일보(一步) 후퇴(後退)인 것이다.
- 자기의 감정과는 다른 태도를 보이게 된다.
- 뼈를 부수니 가루가 되는 형상이다.
- 예의(禮義)가 까다로우면 도리어 문란(紊亂)하여지는 것이다.
- 정치도 돈이 있어야 하는 것이다. 공탁금도 돈이 있어야 할 것이 아닌가? 빌려도 결국은 갚아야 할 돈인 것이다.

◆ 정관용재격(正官用財格).

● . **재성(財星)이 식상(食傷)을 용신(用神)으로 선택하는 경우.**
관리(管理)에서, 생산(生産)하는 쪽으로 방향을 선회(旋回)하는 것이다.

🙂 업주(業主)에서 종업원(從業員)으로 신분(身分)이 바뀌는 것이다.
🙂 기술로 성공하여 사업을 하다가 관리(管理)능력(能力)의 부족(不足)으로
인하여 사업체(事業體)를 다 날리고, 다시 숙련(熟練)된 기술사(技術者)
로 되돌아가는 것이다.

● . **식상(食傷)이 견겁(肩劫)을 용신(用神)으로 선택하는 경우.**
사 람의 성격(性格)으로 친다면 항상 명랑(明朗)하고, 쾌활(快活)하던
사람이 갑자기 말이 없고, 침울하여지는 것이다. 이유는 무엇일까?
모든 환경(環境)과 여건(餘件)의 변화(變化)가 심한 것이다.

🙂 무엇인가를 하려고 하여도 그야말로 손발이 다 잘려나가는 상황이나 같
은 것이다. 소도 언덕이 있어야 비비는 것이다.
🙂 비겁(比劫)이 더 많아지니 먹고 살기도 힘들어지느니 것이다.
🙂 활동력(活動力)이요, 능력(能力)을 발휘(發揮)할 공간(空間)이 없어지니
자연 움츠리고, 위축(萎縮)이 되는 것이다.
🙂 비정규직(非正規職)도 없어서 못 들어가는 것이나 같은 것이다.

● .**견겁(肩劫)이 인성(印星)을 용신(用神)으로 선택하는 경우.**
🙂 생각만하고, 구상(構想)만 하다, 망설이다 세월(歲月)이 흐르는 격이다.
🙂 웃고 즐기는 사이에 중요한 시간이 다 지나가는 것이다.
🙂 탁상공론(卓上空論)이 지나친 것이다. 결론이 허공으로 날아간다.
🙂 지나치게 예의에 얽매인다. 지나치게 무릎을 꿇다보니 발이 저린다.
🙂 바뀌바뀌의 연속이다. 그러다 보면 전부다 바뀌야 한다는 이야기가 된다.

● 의심(疑心)은 의심(疑心)을 낳는 법이다.

● . **정관용재격(正官用財格)의 운(運) 에서의 변화.**
정관격(正官格)인데, 용신(用神)이 재성(財星)인 것이다.
중요한 것은 식상(食傷)을 동반(同伴)하여야 좋다는 것이 참고 사항이다.
격(格)이 용신(用神)의 생(生)을 받는 것이다. 관(官)보다 재(財)가 우선인
것이다. 내가 그렇게 안 하려 하여도 어쩔 수가 없는 것이다.
명예나, 직장, 남편 모든 것을 돈의 잣대로 계산을 하는 것이다.
⇨ 일단은 목구멍이 포도청인 것이다.

● 인수(印綬)가 왕(旺)하거나, 비겁(比劫)이 왕(旺)한 경우라 볼 수가 있
  다. 비겁(比劫)이 강(强)하여 관성(官星)을 필요로 하나, 관성이 무기력
  할 경우.

● 식상(食傷)과, 관성(官星)의 대립(對立)으로 인한 관성(官星)의 재충전이
  필요 할 때, 재성(財星)의 도움을 받는 것이다. 통관(通關)은 좋으나 일
  간에게는 하등의 보탬이 안 된다.

● 관(官)보다도 재성(財星)이 우선인 것이다.

● 남편감을 고를 때 재력(財力)을 우선하여 보는 것이나 같은 것이다.

● . **인성(印星)운이 올 경우의 변화(變化).**
한 길로 가는데, 방해(妨害)로 인하여 흐름이 일시 주춤하는 것이다.
재성(財星)이라 재물(財物)만을 탐한다고도 볼 수가 있는 것이다.
주변(周邊)에서 지나치게 재물(財物)에 집착을 하지 말라며 충고(忠告)를 하
는 것이다. 인간성(人間性)이 우선이라는 것이다.

● 용신(用神)을 병들게 하는 것이다. 관성(官星)을 도와주어야 하는데, 인
  성(印星)이 속을 썩이고 약을 올리는 것이다. 관성(官星)에게 자꾸 많은

것을 요구하는 것이다. 관성(官星)이 인수(印綬)로 설기(泄氣)가 되는 것이다.

- 재성(財星)의 입장에서 본다면 "밑 빠진 독에 물을 붓는 격"이 되고 만다.
- 재성(財星)을 어미라 본다면 관성(官星)은 자식인 것이다.
- 그렇다면 인수(印綬)는 시어머니가 되는 것이다. 시어머니가 손자버릇 잘못 들인다면서, 본인이 관성(官星)과 있는 시간을 더 갖도록 한다며, 시어머니의 관여를 용납하지 않으려는 것이나 같은 것이다.
- 여성(女性)으로 친다면 고부(姑夫)간에 갈등이 생기는 것이다.
- 사욕(私慾)과 색욕(色慾)을 억제한다.
- 재물(財物)과 출세(出世)지상주의(至上主義)를 표명하는 사람인데 그것이 살 길인 것이다. 남들은 집착(執着)한다 하여도 팔자(八字)인 것을. 이로 인한 갈등을 하는 것이다.

● . <u>**견겁(肩劫)운이 올 경우의 변화(變化).**</u>

견 겁(肩劫)이 용신(用神)인 재성(財星)을 극(剋)하니 참으로 답답한 지경이다.

용신(用神)을 두드려 패니 견딜 재간이 없는 것이다.

일단은 피하고 보는 것이 상책인 것이다. 관성(官星)이 보호(保護)를 하여 주어야 하는데, 관성(官星)도 기력이 약(弱)하니 못 믿을 자식이 되는 것이다. 아직 어리다는 설명인 것이다.

가정(家庭)으로 친다면 견겁(肩劫)이 아버지나 마찬가지인 것이다.

- 그래도 지아비라고 믿었는데 ─────────
- 견겁(肩劫)의 입장에서 보는 시각(視覺)은 다르다. 자식(子息)과 합세하여 나 몰래 무엇을 하였느냐며 닦달을 하는 것이다.
- 남의 물건을 훔치려 하는 것이나 마찬가지이다. 탈재현상이 나타나니 더

욱 그 기상(氣象)이 두드러진다.

- 선물을 보냈는데 너무나 보잘 것 없어, 오히려 핀잔을 받는다.
- 입을 다물고 말을 하지 않는 형상이다.
- 금전(金錢)의 출납(出納)을 헤아려 일을 처리한다.

● . 식상(食傷)운이 올 경우의 변화(變化).

용 신(用神)인 재성(財星)을 도와주니 반가운 것이다.

시집을 갔어도 그래도 자식(子息)이라고 친정어머니가 위로를 하여 주는 것이다. 그것도 시어머니인 인수(印綬) 몰래 말이다.

사위가 자기 아내인, 자식(子息)을 구박하니 사위가 야속한 것이다.

말로는 항상 잘한다고 하면서 견겁(肩劫)운에는 자식(子息)인 아내를 구박하는 것이다. 장모(丈母)만 보면 쩔쩔매면서도 없을 때는 항상 저런가보다 하고 생각을 하는 것이다.

- 좀 더 구체적으로 말한다면 남편(男便)이 아내에게 이혼(離婚)을 하자고 하면서 아내와 자식을 천덕꾸러기 취급을 하는 것이다. 걸림돌이 된다는 말이다.

- 기가 막힌 일이다. 친가 쪽인 할머니도 냉냉 하기만 하다. "우리 집안의 자식 이쁜 새끼!" 하면서 끌어안기라도 할 터인데, "누구 씨인 줄 어떻게 알아?" 하면서 온갖 모략을 한다.

- 관성(官星)의 입장에서 보면 재성(財星)이 용신(用神)일 경우, 외할머니가 야단을 칠 때는 무서워도 그래도 최고인 것이다. 용신(用神)인 어머니가 필요한 것이고, 그러려면 할머니가 어머니를 잘 도와주어야 자기도 편안한 것이다. 이렇게 어려운 경우가 발생하면 서로가 도움이 되어야 하는 것이다. 새장에 갇힌 새가 하늘의 구름을 그리워하는 형상이다.

- 갑작스런 폭우(暴雨)로 인하여 도로가 엉망이 되는 형상도 나타난다.
- 짝퉁 상품이 정품보다 더 잘 팔리는 격이다.

◆ 정관용재격(正官用財格).

● . 재성(財星)운이 올 경우의 변화(變化).

용 신(用神)운이 오는 것이니 겹치기 출연이 나타나는데, 중화(中和)를 이루어 매사 모든 것이 편안한 상태를 유지한다.

❖ **정신만복(精神滿腹)격이다.**

↳ 바른 정기가 온몸에 가득하니 정신력이 남보다 앞선다.

🔘 정력(精力)을 다하여 앞으로 전진 한다.

🔘 종시(終始)여일(旅逸), 종시(終始)일관(一貫)이다.

🔘 늙은 말이라 하여도 콩을 싫어하지는 않는다. 노목청춘 만개화인 것이다.

◼▶ **관성(官星)운이 올 경우의 변화(變化).**

어 쩔 수 없이 한 단계 내려가는 수순을 밟지만, 다시 원위치하여 자신의 본래 성향을 찾는다.

🔘 모든 것을 재점검하는 수순을 밟는다.

🔘 제2의 탄생이라는 각오로 새로운 기분으로 출발을 한다.

🔘 미궁(迷宮)에 빠졌던 일이 스스로 명백하게 밝혀진다.

🔘 자기의 일을 자기가 스스로 처리한다.

★.**정관(正官)과 재성(財星)의 관계.**

정관(正官)이 재성(財星)을 필요로 한다는 것은, 정관(正官)이 진정한 정관으로서 역할을 못하고 있다는 설명이다. 허울만이 정관이라는 것이다.

진상관 가상관식으로 구별을 한다면, 진정관이라도 기능을 제대로 못 할 경우는 가정관이 되는 것이요, 가정관이라도 정관의 구실을 톡톡히 한다면 진정관이나 같은 것이다. 월지의 정관을 진정관일 한다면 타주의 정관은 가정관인 셈이다. 꼭 진가(眞假)를 논한다는 것은 구별을 위한 것이다. 월지(月支)의 중요성인 것이다. 타 육친(六親)도 같은 원리인 것이다.

● . 정관용관격(正官用官格).

이 격(格)은 대체적으로 사주(四柱)가 신강(身强)한 경우가 대다수이다.
아닌 경우도 있지만, 그리 흔한 경우는 아니다.

● . 신강(身强)한 경우는 어떤가?

관(官)으로 시작하여 관(官)으로 끝나는 것이다. 관(官)은 일간(日干)을 다
스리고, 규제하고, 규범(規範)을 강조하는 것이다. 잔소리를 하는 것이다. 그
런데 그것이 먹히지가 않는 것이다. 아무리 잔소리를 하여도 안 되는 것이다.
잘못을 하였으면 그에 대한 반성도 하고, 스스로 깨우침이 있어야 하는데 거
부하는 것이다. 속내야 아무도 알 수가 없는 것이다.
신강(身强)한 사람들의 전형적(典型的)인 특징의 일부분이다.

실전사주

丙	己	丙	己
寅	巳	寅	未

⇨ 인(寅)월의 기(己)토 일간이다.
지지(地支)에는 정인(正印)인 사(巳)화다.

곤명(坤命)

⬆ 기(己)토 일간(日干)의 사주이다. 정관(正官)으로 시작하여, 정관(正官)으
로 끝내는 사주이다. 정관(正官)용 정관격(正官格)의 사주이다.
오로지 외길 인생이다. 흐름이 목(木)-화(火)-토(土)로 흘러간다.
관(官)에서 인수(印綬)로, 인수(印綬)에서 아(我)로 흘러간다.
관인상생(官印相生)이 이루어지는 것이다. 사주가 대단히 강(强)한 사주이다.
선장이 둘로 양분이 된 격이다. 사주가 둘로 쪼개진다. 실질적인 흐름의 용신
은 사(巳)중 경(庚)금을 택하는 것이 바람직하다.
사(巳)중 경(庚)금을 제외하고는 모두가 목(木),화(火),토(土)로 이루어진 사

주이다. 사(巳)화란 금국(局)을 형성하는데 일조(一助)를 하기도 하지만 여기서는 이중적(二重的)인 면에서 강자(强者)를 따라 가고는 있는 것이다.

오행(五行)을 고루 갖추지 않고도 잘 사는 사람들이 많다. 물론 성공도 한다. 그러나 빈 곳의 허무함은 그 무엇으로도 메울 수가 없는 것이다. 그래서 사(巳)중의 경(庚)금이 필요한 것이다.

실전사주

丁 庚 壬 庚
丑 申 午 申

⇨ 오(午)월의 경(庚)금 일간이다.

　지지(地支)에는 신(申)금을 놓고 있다.

곤명(坤命)

⬆ 경(庚)금 일간(日干)의 사주이다. 정관(正官)으로 시작을 하여, 정관(正官)을 용신으로 하는 것이다. 정관(正官)용 정관격(正官格)의 사주이다.

일간(日干)의 기운이 강(强)하여 관성(官星)으로 용신(用神)을 잡아야 한다.

시(時)에 묘(墓)가 있으므로 시묘격(時墓格)이 성립이 된다.

시묘격(時墓格)의 특징은 무엇일까? 자고(自庫)인 것이다.

용신(用神)이라고 하여 무조건 사주(四柱)가 다 중화(中和)가 되도록 만드는 것이 아니다. 다만 용신(用神)의 힘을 빌려 온갖 노력을 한다는 것 뿐 이다.

결과가 좋은 쪽으로 나온다면 삶이 편안하여 지는 것이요, 무진 애를 써도 결과가 흡족하지 않다면, 그만큼 애로사항이 많다는 이야기다.

정관(正官)이 외롭게 다 흩어져 있다. 운(運)이란 돌고 도는 것이라 결코 사주의 원국 그대로 평생을 가는 것이 절대로 아니다. 기회는 있는 것이다.

사람들은 그것을 제대로 알지 못하기 때문에 많은 고생을 하는 것이다.

알고도 지나치고, 모르고도 지나치고 팔자라고 하기에는 안타까운 것이다.

내가 모른다면 누구라도 옆에서 알려주어야 하는 것이고, 인도하여야 하는 것이다. 팔자라고 하기에는 딱한 일인 것이다.

▣ 신약(身弱)한 경우는 어떨까?

신약(身弱)일 경우는 식상(食傷)이 강(強)한 경우일 것이다.
식상(食傷)의 제압(制壓)이 지나친 것이다. 제살태과격(制殺太過格)
인 것이다. 견디기 위해서는 스스로 힘을 키워야 하는 것이다.
이 경우는 준동(蠢動)하는 폭도(暴徒)들을 법(法)으로 다스리지를 못하는 것
이나 같은 것이다.

▣ 신왕관왕(身旺官旺)한 경우는 어떤가?

신왕관왕(身旺官旺)한데 관(官)이 용신(用神)이 되는 것이다. 신왕(身旺)의
기준(基準)과, 관왕(官旺)의 기준에 따른 것이다. 약간 강(強)하여도 강(強)
하다는 표현(表現)을 하는 것이니, 이에 대한 구별이 있어야 하는 것이다.
❖ 둘이 있어도 강(強)한 것이요, 셋이 있어도 강(強)한 것이다.

실전사주

甲	乙	壬	己
申	卯	申	未

↦ 신(申)월의 을(乙)목 일간이다.
지지(地支)에는 록(祿)을 놓고 있다.

곤명(坤命)

⬆ 을(乙)묘 일간(日干)의 사주이다. 요즈음으로 치면 너무 늦은 것은 아니
지만, 여자(女子) 나이 30이 지나면 누구나 다 결혼(結婚)에 대한 관심(觀
心)이 고조되는 것은 당연한 것이다. 정관용(正官用)정관격(正官格)의 사주이
다. 흐름이 원만하다. 정관용정관격(正官用正官格)이라 자신이 추구하는 것에
대한 집착(執着)이 강한 것이다. 식상(食傷)기운이 약하다 보니, 적극적이지
못한 것이 흠이 되어 늦어진 것이다. 월지(月支)와 시지(時支)가 일지(日支)
를 양쪽에서 공격을 한다. 서로가 안방으로 들어오려고 난리다.
합(合)이 드는데 맛이 간다. 집토끼는 바람둥이요, 산토끼는 가정(家庭)을 버
리고 하산(下山)하여 온다고 난리다.

여기에서 팔자(八字)를 떠나서 용신(用神)을 택하는 방법에 신중함이 생기는 것이다. 물리적(物理的)인 면을 볼 것인가? 정신적(精神的)인 면을 볼 것인가? 힘의 논리적(論理的)인 면을 본다면 관(官)이 용신(用神)이 되는 것이요, 화합(和合)차원의 정신적(精神的)인 면을 본다면 식상(食傷)이 용신이 되는 것이다. 아직 미혼(未婚)인 여성인데, 장래의 남편감에 대한 걱정이 매우 많은 모양이다.

용신(用神)이란 삶의 지표(指標)요 나아갈 길이다. 과연 어느 편의 손을 들어주어야 할 것인가? 정관(正官)을 잊어야 하는 것이다.

그렇다고 남편을 버리라는 말은 아니다. 바람난 집토끼는 결코 가정(家庭)을 버리지는 않는다.

양다리 걸치는 상황이지만, 결국에는 아내의 품으로 돌아온다.

아내가 오히려 홧김에 서방질한다고 여성(女性)에게 문제가 생기는 것이다.

이별수가 있다고 볼 수도 있으나, 스스로 슬기롭게 헤쳐 나가면 되는 것이다.

2010년이면 반가운 소식이 있을 것 같은데, 좀 더 적극적인 자세가 필요한 것이다. 용신(用神)을 식상(食傷)으로 정하는 것이다.

삶의 방향을 어떻게 정하느냐에 따라 용신(用神)의 향배도 바뀌는 것이다.

그것이 삶을 사는 지혜(智慧)요, 명리(命理)를 아는 정도(正道)인 것이다.

인성(印星)이 천간(天干)에 근(根)하여 있으니, 학업욕심으로 인하여 늦어진 것이다. 사람이 인간성(人間性)은 좋으나 지나친 폐쇄성이 문제가 된다.

실전사주

辛	戊	癸	丁
酉	戌	卯	酉

⇨ 묘(卯)월의 무(戊)토 일간(日干)이다. 지지(地支)에는 술(戌)토를 놓고 있다.

곤명(坤命)

⬆ 무(戊)토 일간(日干)의 사주이다. 관성(官星)이 제자리를 지키지 못하고 심하게 방해를 받는다. 정관용정관격(正官用正官格)의 사주이다.

천간(天干)합, 지지(地支)합을 이루면서 년(年)의 천간(天干)과 지지(地支)로부터 충(沖)을 이루고 있다. 싱글로 지금도 혼자 살고 계시는 분이다.
관(官)이 식상(食傷)으로부터 지나치게 억압(抑壓)을 당하고 있다.
안 되는 줄 알면서도 그러는 것이 인간이다. 그래도 꿈을 안고 사는 것이다.

甲　乙　丙　丁　戊　己　庚　辛
辰　巳　午　未　申　酉　戌　亥　　➡ 관(官)이 들어갈 자리가 없다.
3　13　23　　33　43　53　63　73

여성에게 재성(財星)은 시댁(媤宅)이다. 시어머니도 되고 그러나 이 경우는 여성이 돈과 결혼(結婚)하여 사는 것이다.
생식기능(生殖機能)에도 이상이 있는 여성이다. 묘(卯)-유(酉)충(沖)이다.

🍂 정관(正官)의 파격(破格).
✪ 파격(破格)이라함은 격(格)이 파손(破損)을 당하여 상처를 입는 것이다. 귀격(貴格)이라면 천격(賤格)으로 신품이 중고가 되는 것이요,
✪ 중고일 경우는 아주 고물이 되는 것이다. 가치하락(價値下落)인 것이다. 차로 친다면 신차, 중고차, 폐차로 가는 것이다.
✪ 정관(正官)은 형충파해(刑沖波害) 기타 흉(凶)적인 상황을 싫어한다. 이것은 타(他)에 의하여 당하는 것이다.
✪ 상관(傷官) 역시 정관을 극(剋)하므로 같은 맥락인 것이다. 식신(食神) 또한 상관(傷官)과 마찬가지로 정관(正官)을 은연(隱然)중에 압박(壓迫)을 하고 괴롭히는 면이 있다. 다정도 병(病)이라고 자신을 돌보지 않고 인수(印綬)를 생하다보면 거덜이 난다. ✪ 인성이 지나치게 강하면 진액을 다 빨린다. 쭉쟁이가 되는 것이다. 의자에 앉아도 편안한 자리에 앉아야 되는 것이다.
✪ 사절(死絶)은 사절(謝絶)인 것이다. 바늘방석은 아닌 것이다.

● . 편관(偏官)격의 용신(用神).

편 관(偏官)격이나, 정관격(正官格)이나 그 개념(槪念)에 있어서는 용신(用神)을 찾는 방법이 일맥상통(一脈相通)한다.
중복이 되는 부분이 많아 내용을 삭제하고 실전(實戰)사주(四柱)를 예로 들면서 설명을 하기로 한자.
정관(正官)과, 편관(偏官)의 차이를 살피는 것도 하나의 재미일 것이다.

● 편관(偏官)격에서 용신(用神)을 정할 경우, 어떤 점에 주안(主眼)점을 두어야 할 것인가?

● 편관(偏官)이란 일단 칠살(七殺)이라, 흉(凶)으로 판단을 하는 경우가 대부분이다. 그러나 경우에 따라서는 길(吉)의 역할을 한다는 것도 기억을 하자.

● 편관(偏官)이 있는 사주는 일단 강(强)한 것이 좋은 것이다.

● 편관(偏官)은 인수(印綬)로 흡수(吸收)하여 순화(純化)하고, 올바르게 인도하여 귀하고, 존엄(尊嚴)함을 알도록 하여야 하고, 일간(日干)을 생(生)하면서 사주의 흐름에 있어 중화(中和)를 이루도록 하여야 한다.

일 간(日干)이 신약(身弱)할 경우.
편관(偏官)이 일간(日干)을 극(剋)하고자 하는 마음을, 인수(印綬)로 하여금 중간에서 개과(改過)를 시켜야 한다는 것이다.

● 편관(偏官)과, 정관(正官)이 혼합(混合)되어 혼탁(混濁)할 경우.

● 자중지란(自中之亂)이 발생한다. 판단이 흐려지는 것이다. 여기에 재성(財星)까지 가세(加勢)하여 관성(官星)을 생(生)할 경우, 더욱 비대하여

진 관성(官星)은 일간(日干)을 극(剋)하면서 그 쾌감(快感)에 도취(陶醉)하는 것이다. 이때 용신(用神)을 정하는 기준(基準)을 이러한 면에 집중하여야 하는 것이다.

● 인성을 활용하고, 식상을 활용하고, 재성(財星)은 하등의 도움이 안 된다.

● 편관(偏官)은 기질(氣質)이 원대(遠大)하다. 그리고 뇌물(賂物)도 좋아한다. 간혹 공직(公職)에 있는 사람들이 뇌물을 여과(濾過)없이 받아먹다가, 또는 금품(金品)수수(收受)하여 개망신을 당하는데 자신(自身)인 일간(日干) 즉 아(我)를 망각하고 잊어버리기 때문인 것이다. 그렇다면 다른 육친(六親)은 어떤가?

● 재성(財星)이 강(强)할 경우, 생(生)하여주는 식상(食傷)을 탐할 경우 어떤 변화(變化)가 올 것인가? 패가망신(敗家亡身)인 것이다. 재성(財星)은 식상(食傷)이 생(生)을 하여주니 욕심(慾心)이 극(剋)에 달한다.

● 재물(財物)이 넘쳐나는 것이요, 꽃밭에 묻혀 사는 것이다.

● 얼마 전 방송에 인간문화재(人間文化財)이신 명창 한 분이 나오셔서 많은 말씀을 하셨다. 한창 때 젊은 시절에 여색(色)과, 재물(財物)에 욕심(慾心)이 없으셨느냐? 고 말이다. 물론 사람이니 욕심이 없고, 탐하고자 하는 마음이 없었겠는가? 지금의 위치(位置)를 지키고, 아직껏 건강(健康)한 것이다. 그러한 것을 물리쳤기 때문이라고 말이다.

● 주색(酒色)을 멀리한 것이다. 자기의 일과, 가정(家庭)만을 선택한 것이다. 혹시나 하고, 이상한 것을 기대하던 진행자가 오히려 더 부끄러운 일인 것이다.

● 식상(食傷)이 왕(旺)한데, 견겁(肩劫)을 욕심(慾心)내면 어떨까?
식상(食傷)은 능력(能力)이다. 물론 다른 부분으로도 해석(解析)을 하지만, 한 가지를 예롤 들어보자. 재주가 지나치면 엉뚱한 생각을 하게 된다. 자신을 너무 과신(過信)하는 것이다. 과대망상도 나오는 것이다.

● 그러다보니 건방진 놈!, 안하무인이요, 제 멋대로! 라는 듣기 거북한 표

현만 나오는 것이다. 그런데 거기에서 일간(日干)의 기운을 더 갖고 온다면 자신(自身)이 쓰러지는 것이다. 겁 없이 설치고, 까불다가 스스로 서 있기조차 힘든 상황으로 내몰리는 것이다. 그러다보니 가는 곳이 주변과 격리가 되는 곳인 형무소요, 길거리인 것이다.

겁 겁(肩劫)의 기운(氣運)이 왕(旺)한데, 인수(印綬)의 기운(氣運)을 탐하면 어떤 결과가 올 것인가?

물이 지나치게 웅덩이에 오래 고여 있으면 어떨까? 당연히 썩는다.

부패(腐敗)로 인하여 악취(惡臭)가 진동(震動)을 하는 것이다.

오염된 물은 식수(食水)로 사용할 수가 없는 것이다.

당장 건강에 이상이 오고, 심할 경우는 기근에 목숨조차 담보하기가 어려운 지경에 몰리는 것이다. 배출구(排出口)가 필요한 것이다.

하루라도 빨리 서둘러 고인 물을 퍼내야 하는 것이다.

썩어서 고인 물에 깨끗한 물을 부어넣는다고 얼마나 깨끗하여 질 것인가?

제대로 먹지를 못하니 굶어죽는 것이요, 허덕거리는 것이다.

썩은 물이라도, 물은 많다고 자랑하는 것이다. 그러니 일이 안 되는 것이다.

● . **인성(印星)이 강(强)한데 관(官)을 탐한다면 어떨까?**

인성(印星)이 강(强)하면, 일간(日干) 역시 자연 그 도움으로 인하여 자연 강하여지는 것이다.

마른 비만(肥滿)으로 그 형태가 나타나는 것이다.

자연 식상(食傷)의 기운을 필요로 한다. 활로(活路)를 모색하는 것이다.

출구(出口)를 찾아야 하는데 오히려 더 어둠속으로 들어가는 격이다.

대표적인 예가 학자(學者)가 학문(學文)에 전념하지를 않고 정치(政治)에 개입을 하는 것이요, 도(道)를 닦는 사람이 세상사(世上事)에 지나치게 관여하는 것이나 같은 것이다.

● . 편관(偏官)격 에서의 변화.

❖ 편관용인격, 편관용견겁격, 편관용식상격, 편관용재격, 편관용관격.

● . 편관격(偏官格)의 그 외의 특징(特徵).

여기 논하는 것은 용신(用神)을 정할 때, 많은 사항을 참조하기 위함이다.

● 편관(偏官)의 궁극적(窮極的)인 목적은 무엇인가?

● 용신(用神)을 정(定)하는 기본적인 목적은, 일간(日干)을 중점으로 하여 중화(中和)라는 위치를 만들기 위함이다. 기준(基準)이 일간(日干)인 것이다.

● 각각의 요소들은 다 제각기 자기의 가고자 하는 근본적(根本的)인 목적지(目的地)가 있기 마련이다. 앞으로 행하는 것이 바로 목적지인 것이다.

● 관성(官星)일 경우는, 인성(印星)이 목적지(目的地)인 것이다. 여기서도 정(正),편(偏)이 나온다. 정(正)은 가는 속도가 느리다. 한 걸음 한 걸음 착실히 앞으로 나간다. 그러나 편(偏)은 다르다. 뛰고, 날아서 가는 것이다. 심하면 뜨기도 하는 것이다.

● 정관(正官)은 유약(柔弱)한 관(官)이요, 편관(偏官)은 터프한 관(官)인 것이다. 관(官)이 인성(印星)에 도달할 경우, 정관(正官)은 그 수명(壽命)이 오래가지만 편관(偏官)은 그 수명이 짧다. 어떤 이는 장관에 올라도 오래가는가 하면, 어떤 이는 불과 얼마 되지도 않아 그 반열에서 낙마하는 경우가 바로 그러한 것이다.

● 편관(偏官)은 인성(印星)으로 가고자 하는 욕망(慾望)이 더 강(强)한 것이다. 사주(四柱)가 강(强)하여 편관(偏官)도 강(强)할 경우, 비록 관(官)에 몸은 담고 있어도 명예(名譽)라던가, 남으로부터 추앙(推仰)을 받

◉ 편관격(偏官格)의 용신(用神).

고 싶어 하는 욕구(欲求)가 강한 것이다. 예를 든다면 무슨 행사(行事)다 하면, 자기가 나서서 간판노릇을 하고 싶어 하는 것이다. 자기의 권위(權威)를 내세워서 말이다. 남에게 알리고 싶어 하는 것이다. 여기서도 혼잡(混雜)이 문제가 되는데, 편관(偏官)외에 정관(正官)이 있으면 자연 혼잡(混雜)이 되어 일관성(一貫性)이 없어지므로 격(格)이 낮아진다.

전 관(偏官)만이 지나치게 왕(旺)하면, 즉 일간(日干)이 너무 신약(身弱)하면 관(官)의 기세에 억눌려 매사 하는 일이 박력(迫力)이 없고 술에 술탄 듯, 물에 물탄 듯 사람이 맥아리가 없다.

면접(面接)을 보아도 별 것도 아닌데 우물쭈물하다 떨어지는 것이다.

운전 면허시험을 보아도 담력(膽力)이 약하여 실기에서 몇 번 씩 떨어지는 사람이다. 이런 사람은 사주(四柱)를 보지 않아도 단번에 읽어낼 정도가 되어야 하는 것이다. 이것이 상법(相法)과 사주(四柱)의 연관성인 것이다.

● **. 편관(偏官)은 용신(用神)을 정할 때 무엇을 잘 보아야 할 것인가?**

🙎 거살유관(去殺留官)인가?

🙎 거관유살(去官留殺)인가? 를 잘 살펴야한다.

🙎 그리고 어느 것이 먼저이고, 어느 것이 나중인가? 에 따라서 상황이 달라지는 경우도 있다. 이에 대한 판단이 필요한 것이다.

실전사주

辛	甲	庚	癸
未	寅	申	卯

⇨ 신(申)월의 갑(甲)목 일간이다.
　　지지(地支)에 록(祿)을 놓고 있다.

건명(乾命)

⬆ 갑(甲)목 일간(日干)의 사주이다. 편관(偏官)격의 사주이다.

시작이 편관(偏官)인데, 관(官)의 기운이 만만치가 않다.

처궁(妻宮)이 그리 온화(穩和)한 편이 못 된다. 사주 전체의 기운은 금(金)-목(木)상전(相戰)이다.

- 용신(用神)은 무엇으로 선택하여야 할까? 앞을 이어야 할 것인가? 뒤를 이어야 할 것인가? 뒤가 강(强)한가? 앞이 강(强)한가? 내가 나서야 될 것인가? 앉아서 당할 것인가? 방어(防禦)를 할 것인가? 제삼자(第三者)를 이용할 것인가? 싸움이란 아예 사전에 방지하는 것이 좋은 방법이다.

- 내가 힘을 더 키우면 상대가 제풀에 스스로 포기를 하기 마련이다. 그것보다 더 좋은 방법은 서로가 상생(相生)을 하는 것도 또한 방법이 되는 것이다. 그도 여의치가 않다면 제삼자를 중간에 내세워 중화(中和)를 시도하는 것이다.

- 인수(印綬)를 용신(用神)으로 하는 것과, 식상(食傷)을 용신(用神)으로 하는 방법이 나올 것이다. 서로 간에 상생(相生)하는 방법을 택하는 것이다. 관(官)으로 시작(始作)하여, 인수(印綬)를 용신(用神)으로 하니 발전(發展)을 기약(期約)하는 것이다.

- 구성은 좋은데 움직임이 별로인 것이다. 흉(凶)이 지나치게 난립(亂立)을 하고 있는 것이다. 용신(用神)을 택하면서도 이러한 점을 염두에 두어야 한다. 운(運)과, 관(官)과의 관계를 살펴보면 답이 나온다.

80	70	60	50	40	30	20	10
壬	癸	甲	乙	丙	丁	戊	己
子	丑	寅	卯	辰	巳	午	未

대운(大運)을 살펴보니 40병진(丙辰)이요, 50을묘(乙卯)요, 60갑인(甲寅) 으로 흐른다. 목(木)운으로 흐르는 것이다.

관(官)에 대한 걱정은 없어도 되는 것이다. 기세가 그렇다는 말이다.

여기에서 인수(印綬)를 용신(用神)으로 한다면 기운이 점점 더 강화(强化)되는 것이다. 별로 나쁜 것은 없다. 허나 한 번 더 생각을 하여보자.

원국에서 인수(印綬)는 멀고, 식상(食傷)은 가깝다. 그리고 지나친 강함보다는, 강(强)하면서 견제(牽制)를 하면서, 골고루 사용하는 운용(運用)의 묘(妙)를 살려야 한다면? 시지(時支)의 미(未)중, 정(丁)화를 용신(用神)으로 택하는 것이다. 미래지향적인 방식을 택하는 것이다.

여기에서 통관(通關)이란 의미로 인수(印綬)를 택하지만, 흐름이 결국은 멈추는 상황으로 이어진다.

🍎 .편관(偏官)에 관한 여러 사항.

편관(偏官)은 다양하여 여러 작용을 한다. 다른 육친(六親)과의 관계를 살펴보는 것이다.

- .일간(日干)인 아신(我身)이 약(弱)하여 쇠(衰)한데, 편관(偏官)을 지지에 놓고 있다면 참으로 걱정스러운 것이다. 심각한 상황으로 이어질 확률이 높아진다.

- 편관(偏官)이 뿌리가 튼튼한데, 재성(財星)마저 많다면 일간이 지나치게 약하여진 형상이라 곤궁(困窮)함을 벗어나기가 힘들어진다.

- 살(殺)이 인(印)에 화(化)한다는 것은, 편관(偏官)이 인수(印綬)를 보면 생(生)하여 자신도 앞으로 나아감이라 발전이 있는 것이다. 공부 못하는 아이도 공부 잘하는 아이와 항시 어울리면 같이 공부하는 습관이 몸에 배여 덩달아 공부를 잘하는 것이다.

- 편관(偏官)은 살(殺)이라 화(禍)를 조장하기도 하는데 편관이 겹쳐있고, 형충파해(刑冲波害), 공망(空亡), 기타 흉(凶)이 겹쳐있으면 화(禍)가 나타나는 속도(速度)가 일반적인 경우보다 더욱 빨라진다. 그리고 그 강도(强度) 또한 상상을 추월한다.

● . 편관용인수격(偏官用印綬格)

전 관(偏官)에게는 인수(印綬)가 절대적으로 필요한 것이다. 그러나 신약(身弱)인가? 신강(身强)인가에 따라 약간의 변화는 생길수도 있을 것이다. 여기서는 인수(印綬)가 편관(偏官)에 어떤 작용을 하는가?

그리고 서로의 상관관계는? 전체적인 요구사항? 은 무엇인가?

용신(用神)이 인수(印綬)인데, 이 격(格)에서 필요로 하는 인수(印綬)의 장단점은 무엇인가? 이 격(格)에서 바람직한 상황(狀況)은 어떠한 것인가?

편관(偏官)격과 인수(印綬)의 연관관계를 살피면서 용신(用神)의 역할의 중요성을 살피는 것이다.

✪. 신강(身强)일 경우는?

신강(身强)일 경우, 굳이 인수(印綬)를 용신(用神)으로 택하지는 않는 것이다. 간단하게 생각을 하자는 것이다.

✪. 신약(身弱)일 경우는?

신약(身弱)의 경우를 여러 방면으로 생각을 하여보자.

⇨ 신약(身弱)하고, 상관격(傷官格)이고 편관(偏官)이 유기(有氣)한 경우다.

⇨ 편관(偏官)은 있는 것이고, 인수(印綬)도 있는 것이다.

여기에서 부터 시작(始作)을 하여보자.

● . 식상(食傷)의 기운(氣運)이 유기(有氣)할 경우.

식상(食傷)의 기운이 강하니 인수(印綬)가 나서야 하는 것이다.

식신(食神)일 경우는 특히 편관(偏官)을 응징하니, 편인(偏印)이 중간에 나서는 것이다.

▲ 편관용인수격(偏官用印受格).

편인(偏印)은 식신(食神)을 응징하여 관(官)을 보호하고, 식상(食傷)의 무지한 기운을 억제(抑制)하여, 일간의 소진(消盡)을 방지하고, 일간(日干)의 부족(不足)한 부분을 보완(補完)하는 것이다.

식신(食神)과 상관(傷官)의 기운의 차이는 약간 있으나 역할은 같은 것이다. 그것을 방어하는 것이 용신(用神)의 역할인 것이다.

편관(偏官)이 다듬어지고 길(吉)로 작용을 하는 것이다. 그러나 이 균형(均衡)이 이루어지지 않을 경우는 흉(凶)으로 작용을 한다.

편관(偏官)도 다듬어지면 정관(正官)과 같은 것이다.

● . **재성(財星)의 기운(氣運)이 유기(有氣)할 경우.**

재성(財星)은 관성(官星)을 생(生)하면서 일간(日干)의 발전(發展)을 저해(沮害)하는 것이다. 그것을 인성(印星)이 방지하여야 하는 것이다. 깨달음으로 인도하여야하는 것이다. 재성(財星)과 관성(官星)이 힘을 합하여 일간(日干)을 겁박(劫迫)하는 것이다.

월급을 제대로 받으려면 열심히 일을 하라는 말이나 같은 것이다. 그것도 쉬지 말고 말이다. 외국인 근로자를 학대하며, 혹사시키는 창피한 한국인과 같은 것이다.

사람이란 내가 당했으면 "나는 결코 그러지 말아야지! " 하지만 그것을 그대로 지키는 사람이 과연 얼마나 될까? 오히려 어떤 이는 그것을 경험으로 삼아 더 악랄하게 하는 사람도 있는 것이다.

● . **관성(官星)의 기운(氣運)이 지나치게 강(强)할 경우.**

관성(官星)이 지나치게 강(强)하면 편협(偏狹)되어 사리판단을 옳게 하지를 못한다. 관(官)이 강(强)하다는 것은, 관(官)으로서의 올바른 기능이 이미 상실 직전이라는 말이다.

규제(規制)를 지나치게 강(强)하게 하니 그것은 올바른 적법한 행위가 아닌 것이다. 이미 상식(常識)의 틀을 벗어나고 있는 것이다. 강압으로 흐르는 것이다. 때리는 것도 습관이 되면, 툭하면 손이 먼저 나가는 것이다.

● . **인수(印綬)는 재성(財星)을 두려워하는데, 이 격(格)에서의 역할은 어떤가?**

재 성(財星)은 인수(印綬)를 극(剋)한다. 많으면 많을수록 두려운 존재인 것이다.

당근과 채찍을 동시에 사용하는 것이다. 편관(偏官)에게는 생(生)이라는 당근을, 인수(印綬)에게는 극(剋)이라는 채찍을 사용하는 것이다.

● 식상(食傷)의 기운이 강(强)할 경우는 견딜 만하나, 인수(印綬)인 용신(用神)이 재성(財星)에 의하여 오히려 극(剋)을 받으니, 상황이 안 좋은 형국으로 흐르는 것이다.

● 관성(官星)이 강(强)하여 인수(印綬)를 용신(用神)으로 한 경우는, 역(逆)으로 관성(官星)이 더 강(强)하여지니 노력이 물거품으로 바뀌는 것이다.

● . **역(逆)으로 보는 인수(印綬)와, 재성(財星)과의 관계.**

인수(印綬)는 그렇다면 항상 재성(財星)에게 당하기만 하는 것일까?

결코 그렇지는 않다. 역류현상(逆流現象)이 나오는 것이다.

● 인수(印綬)가 뿌리가 튼튼하여 강인함을 보일 경우, 재성(財星)이 온다 하여도 오히려 그 재성(財星)을 포용(包容)하여 그것을 나의 것으로 만든다.

● 인수(印綬)와 재성(財星)이 서로 상반(相反)되거나 상전(相戰)을 하는 경우는 어머니와, 아버지가 서로 싸우는 격(格)이다.

▲ 편관용인수격(偏官用印受格).

● 인성이 강(强)하면 어머니가 아버지를 용서와 화해로 가정을 이끄나, 인성(印星)이 재성(財星)에 의하여 손상(損傷)을 입거나, 제 기능을 못 할 경우 는 가정(家庭)이 파괴되는 것이다. 그렇게 되면 자녀는 뿔뿔이 흩어지는 것이다.

● 자녀인 관(官)은 자연 재성(財星)으로 몰리는 것이다. 아버지를 따라 가는 것이다. 뒤로 흐르니 결코 바람직한 일은 아닌 것이다.

● 어머니와의 인연(因緣)이 약(弱)해지는 것이다. 헤어짐으로 이어진다. 특히 년(年)과 월(月)에서 이러한 현상이 나타난다면 어려서 불미스러운 일을 당하는 것이다.

● 일(日)과 시(時)에서 이런 현상이 나타난다면 부모가 이혼(離婚)을 하는데, 자녀가 어느 정도 성장을 한 후 발생(發生)하는 것이다.

● 황혼(黃昏)이혼(離婚) 이라는 것도 이러한 시기에 나타나는 것이다. 인수(印綬)는 지혜(知慧)와, 너그러움이요, 자비심(慈悲心)인 것이다.

● 재성(財星)이 강(强)하면 보시를 하지 않는다. 인수가 맥을 못 추니 그런 것이다. 동냥을 주지는 못 할망정 쪽박은 깨지 말아야 하는 것이다.

● 인수는 경사(慶事)인데, 관성은 자기 관리라 자기관리를 잘하여 좋은 일이 생겨야 되는데, 재성(財星)인 금전(金錢)으로 인하여 경사가 오히려 불상사로 바뀌는 것이다.

● 직무(職務)에 연관된 일로 하여 업자들을 만났는데 향응(饗應)을 받은 것이 문제가 되어 시말서(始末書)를 쓰는 등 불미스런 일이 발생하는 것이다.

● 이 격(格)에서 인성(印星)이 형, 충, 파, 해(刑沖破害)나, 재성(財星)의 커다란 저항(抵抗)을 받지 않는다면 무난히 자기의 직책(職責)을 준수(遵守)하고, 승승장구하여 복(福)을 누리는 것이다.

● 용신(用神)이 무난하게 지나간다는 설명이다.

丁	壬	戊	己
未	申	辰	未

건명(乾命)

▷ 진(辰)월의 임(壬)수 일간이다.
지지(地支)에 편인(偏印)을 놓고 있다.

⬆ 임(壬)수 일간(日干)의 사주이다. 용신(用神)은 무엇으로 정할 것인가?
관(官)인 토(土)의 기운이 강(强)하다. 관(官)이므로 인수(印綬)를 통하여
양동작전을 펴는 것이 올바를 것이다. 관(官)이 지나치게 강(强)하다.

- 편관(偏官)용 편인(偏印)격의 사주이다.

- 정편관이 혼합된 경우이다. 시간(時干)의 정(丁)화가 후(後)에 문제를 일
으킨다. 결코 바람직한 재성(財星)이 아니다.

- 관(官)을 충동질하여 일간(日干)을 더욱 괴롭히는 존재(存在)로 되는 것
이다.

- 일지(日支)의 신(申)금이 용신(用神)이 된다. 인수(印綬)가 일지(日支)에
있는 것이 문제가 되는데 무슨 연유일까? 정(丁)-임(壬)합(合)이 참 많
이 눈에 뜨인다. 목(木)으로 화(化)한다면 왕한 토(土)의 기운을 잠재우
는 것도 바람직하다.

- 시묘(時墓)격이요, 잡기재관(雜技財官)격도 성립되고, 편관(偏官)격도 된
다.

丁	乙	辛	癸
丑	丑	酉	丑

곤명(坤命)

⬆ 을(乙)목 일간(日干)의 사주이다. 관(官)이 왕(旺)하다. 시주(時柱)에 정
재(正財)가 있으므로 시상정재격(時上正財格)도 성립이 된다. 편관(偏官)격
이 성립이 된다. 편관(偏官)용 편인(偏印)격의 사주이다.

△ 편관용인수격(偏官用印受格).

⚉ 여기에서 용신(用神)은 무엇이 될까?

⚉ 재관(財官)이 왕(旺)하여 인수(印綬)가 용신(用神)이 되는 것이다.

⚉ 종(從)하는 것도 생각하여 봄직하다. 세력(勢力)에 종(從)할 것인가?

⚉ 재(財)와 관(官)이 판도(版圖)를 장악하고 있다. 인성(印星)이 살아있다.

● . <u>편관용인격(偏官用印格)의 운(運)에서의 변화(變化).</u>

전 관용인격(偏官用印格)에서의 운(運)에 따른 변화를 보는 것이다.
커다란 그릇의 자질(資質)을 갖고 있으므로, 모든 것을 올곧은 방향
으로 나아가기 위해 노력(努力)을 하여야 할 사람인 것이다. 총명성(聰明性)
을 찾는 것이다.

신약(身弱)한 것이 단점(短點)으로 자신의 자질을 개발하고, 쉬지 않고 노력
을 하여야 하는 사람인 것이다. 우군(友軍)이 약(弱)하여 운(運)의 변화(變
化)에 커다란 영향을 많이 받는 격(格)이다.

일간(日干)이 뿌리가 있는 가? 없는 가? 에 따른 성향이 문제로 대두된다.

● . <u>인수(印綬)운이 올 경우의 변화(變化).</u>

용 신(用神)운이다. 지나친 관(官)의 기운을 삭감(削減)하는 것이다.
일간(日干)을 보좌하는 용신으로써 제 역할을 충분히 한다.

다음에는 견겁(肩劫)운이 오므로 길(吉)의 시작인 것이다.

관운(官運) 다음에 오는 운(運)이므로, 고생(苦生) 끝에 낙(樂)이 온 것이다.

관(官)을 괴롭히는 식상(食傷)을 극(剋)하므로, 관(官)을 보호(保護)하는 면
이 나타난다.

⚉ 기나긴 시간 작업 끝에 드디어 결실(結實)을 보는 것이다.

⚉ 긴 병마(病魔)에서 회복(回復)세로 돌아서는 것이다.

⚉ 속만 썩이던 자식들이 정신(精神)을 차리기 시작하는 것이다.

⚬ 항상 불만(不滿)이 가득한 면이 많았지만, 악화(惡化)된 감정(感情)을 좋은 면으로 승화(昇華)를 시킨다.

⚬ 한 배안에 적의 첩자(諜者)가 있으나 발견하고, 응징(膺懲)을 한다. 이것을 하지 못한다면 다른 사람들의 동요가 따르는 것이다.

● . 견겁(肩劫)운이 올 경우의 변화(變化).

극적(消極的)인 자세에서 적극적(積極的)인 자세로 움직인다.

위축(萎縮)된 상태에서 적극적(積極的)으로 어깨를 펴고 활동을 하는 것이다.

인수(印綬)운에서 준비(準備)된 과정(過程)을 거쳐 본격적인 행보(行步)가 시작이 되는 것이다.

반대로 본다면 관(官)을 극(剋)하는 기운(氣運)이 생기므로, 부작용(副作用)도 발생이 된다. 관(官)은 직장(職場)인데, 직장(職場)을 그만 두는 것이다.

비겁(比劫)에 의한 것이므로 경쟁(競爭)에서 밀릴 수도 있고, 자발적으로 그만 두는 것이다. 명퇴도 되고, 구조조정으로 인한 상황인 것이다.

관(官)의 기운(氣運)이 강(强)할 경우는 그럭저럭 지나가나, 관(官)의 기운이 약(弱)할 경우는 피할 수가 없게 된다.

● . 양인(羊刃)이 올 경우는 어떨까?

인수(印綬)가 용신(用神)인데, 양인(羊刃)이 오면 편관(偏官)인 칠살(七殺)을 극(剋)하는 것이다. 한동안은 그에 시달렸는데 이번에는 오히려 편관(偏官)을 등에 업고 승승장구(乘勝長驅)하는 것이다.

⚬ 신약(身弱)일 경우 일간(日干)이 강하여지므로 그보다 더 좋을 수는 없을 것이다. 겁쟁이가 용기백배하여 과감하고, 터프하여 지는 것이다.

⚬ 식상(食傷)의 기운이 강(强)하여 인수(印綬)가 용신(用神)일 경우.

🌑 양인(羊刃)이 식상을 생(生)하니 인성이 식상의 저항에 맥을 못 추는 형상으로 전락한다. 용신(用神)이 제 역할을 못 하는 것이다.

🌑 편관(偏官)은 양인(羊刃)과 상관(傷官)을 좋아한다. 식신(食神)이 득세(得勢)를 한다면 편관(偏官)은 괴로워진다. 또한 편관(偏官)은 충(沖)을 두려워하는 것이다. 덩치가 큰 사람은 무조건 잘 싸울 것 같아도 실제 싸움에서는 맹감이다. 동작이 둔하고, 잽싸지가 못하기 때문인 것이다. 날씬하고, 강건(剛健)한 사람이 싸움은 잘하는 것이다.

🌑 편관(偏官)과, 인성(印星)이 둘 다 제 역할을 못 하는 것이다.

✪. 용천(涌泉)격이다.

⊨ 샘물이 용솟아 치는 것이다.

❖ 샘물이란 수원이 고갈되면 샘으로서의 가치가 상실된다.

⏩ 식상운(食傷運)이 올 경우의 변화(變化).

인 수(印綬)가 용신(用神)인데, 식상운(食傷運)이 오니 인수가 골병이 드는 것이다. 맞는 것이 아니고, 때리는 것이다.

편관(偏官) 또한 식상(食傷)의 기운을 앗아가니 이래저래 피곤한 상황이 이어진다. 일간(日干)의 입장에서는 신약(身弱)한데 식상운(食傷運)이 오니 더 피곤한 것이다. 한 편으로는 길(吉)로 작용(作用)하는 것도 있다.

🌑 거친 편관(偏官)의 억압에서 풀려나는 것이다. 그것이 다 식상(食傷)의 덕이다. 편관(偏官)이 얌전하여진다.

🌑 식상(食傷)이 편관(偏官)으로부터 일간(日干)을 보호하는 것이다.

🌑 거미줄처럼 갈린 복잡한 일들을 하나씩 정리하여간다.

🌑 관살(官殺)이 혼잡(混雜)일 경우, 거살유관(去殺留官), 거관유살(去官留殺)을 살피고 그에 따른 득실(得失)을 보아야한다.

🌑 일단 식상(食傷)이 관살(官殺)을 정리하는 면이 있어 좋은 것이다.

● 관살(官殺)의 기운이 인수(印綬)로 전달되는 통로가 차단이 된다.

✪. **무면도강(無面渡江)격이다.**

⇨ 강(强)을 건널 면목이 없음이다.

● 여기에서 강(江)이라는 의미는 나의 몸을 의탁(依託)하고, 정신적(精神的)인 안정(安定)을 취하는 곳을 말하는 것이다.

● 일의 실패로 인한 창피함과 서러움인 것이다.

● . **재성운(財星運)이 올 경우의 변화(變化).**

재성(財星)은 관(官)을 생(生)한다. 재성(財星)이 인성(印星)을 극(剋)하므로 용신(用神)이 상(傷)함을 당한다. 편관(偏官)은 원래 자기의 세력(勢力)이 강(强)하면 더욱 기승(騎乘)을 부리는 것이요, 오만방자함을 보인다. 가뜩이나 편관(偏官)의 기운이 강한데, 재성(財星)의 기운마저 보태지니 일간을 더욱 겁박(劫迫)하고, 탈취(奪取)하는 것이다.
심신(心身)의 황폐함으로 곤란(困難)이 극(剋)에 달한다.

● 편관(偏官)은 인수(印綬)로 하여 한 단계 위로 승화(昇華)시켜야 하고, 식상(食傷)으로 하여 다듬어야 명품(名品)으로 편관(偏官)이 다시 탄생(誕生)을 하는 것이다. 재성운(財星運)이 오니, 인성(印星)을 극(剋)하여 승화(昇華)하는 것을 방해하고, 식상(食傷)의 기운을 앗아가니 다듬는 것을 무뎌지게 한다.

● 편관(偏官)은 침착하지 못하고, 급한 편이라 사고력(思考力)이 부족하다. 거기에 횡폭(橫幅)한 기질이 있어 충(冲)이나 형(刑)이 겸(兼)하여 지면 흉(凶)으로 작용을 하여 많은 고난(苦難)을 안겨준다.

● 재성(財星)이 온다는 것은, 이 격(格)의 경우 간신배가 옆에 붙어 갖은 중상과 모략을 하는 것이다.

● 단순한 편관은 앞뒤 가릴 것 없이 그 잔악함을 드러내는 것이다. 모든 것

이 결국 흉(凶)으로 나타나는 것이다.

● . **부운예일(浮雲翳日)격이다.**

하늘에 떠 있는 구름이 햇볕을 가리는 격이다. 컴퓨터 앞에 앉아서 한동안 게임에 미치는 격이다. 화(火)인 정신이 허공(虛空)으로 날아가는 것이다. 아무리 잔소리를 하여도 듣지를 않는다. 청소년기에 이에 몰입하여 아까운 시간을 낭비하는 경우가 많은데 다른 것보다도, 사회에서는 절대로 이런 경력의 사람을 써주지 않는다는 것을 알아야할 터인데 그것이 문제인 것이다. 왜?

● . **관성(官星)운이 올 경우의 변화(變化).**

운 아들이 속을 썩이는데, 이번에는 작은 아들도 덩달아 속을 썩이는 것이다. 가뜩이나 관성(官星)이 문제를 일으키고 있는 중인데, 또 문제가 더 터지는 것이다.

🔵 송사(訟事)의 경우 형사사건(刑事事件)으로 문제가 끝나는 가 했더니, 이번에는 민사사건(民事事件)으로 연결이 되어 또 왔다 갔다 하여야 할 판이다. 사건의 연속인 것이다.

🔵 오랜 시간이 흐른 후에야 진흙탕 싸움이 끝이 난다.

🔵 결혼을 한 지 얼마 되지 않아 이혼(離婚)을 한 어느 부부(夫婦)가 수년간에 걸친 공방 끝에 결국, 둘 다 사회적으로 개망신을 당하면서 모든 것을 정리한 경우나 같은 것이다.

🔵 당시에는 서로가 억울하고 분하여 한 행동이지만 시간이 흐를수록 깨달은 것이다. 아, 이것이 정도(正道)가 아니구나! 하고 말이다.

🔵 옆에서 말리지는 못할망정 부추기고, 같이 진흙탕 싸움에 한 몫을 한 공로(功勞)인 것이다.

🔵 사람이란 감투를 너무 많이 갖고 있어도 불편한 것이다.

🔵 여기저기서 때만 되면 오라고 난리인 것이다. 그것도 빈손이 아니니 다

이용가치(利用價值)로 인하여 손해만 본다. 시간(時間)도 아까운 것이다.

실전사주

辛	辛	丙	壬
卯	巳	午	子

↳ 오(午)월의 신(辛)금 일간이다.
지지(地支)에 사(巳)화를 놓고 있다.

곤명(坤命)

⬆ 신사(辛巳) 일주(日主)의 사주이다. 오(午)화는 편관(偏官)이다.
병(丙)화인 정관(正官)이 투출하였으니 정관격(正官格)으로 대표한다.
편관(偏官)의 기운이 강(强)하다. 이루어질 수가 없는 사랑이다.
식상(食傷)의 기운도 유력(有力)하여 년(年)과, 월(月)에서 서로 지지고 볶
고 있다. 천(天)-충(冲), 지(地)-충(冲)이다. 여기에서 용신(用神)은 인성
(印星)을 택하여야 한다. 편관용인수격(偏官用印受格)의 사주이다.

↳ 자(子)-오(午) 충(冲)의 경우.

병(丙)-임(壬)충(冲)이요, 정(丁)-계(癸)충(冲)이라, 살아남는 것은 오(午)
중 기(己)토이다.

● .관살(官殺)이 있을 경우 용신(用神) 판단법(判斷法)의 요령.

● 우선 관살(官殺)의 기운(氣運)이 어느 정도 인가를 판단하여야 한다. 강
한가? 약한가를 먼저 감지하여야 한다. 적을 알아야 전쟁에서 승리를 하
듯 일단 목표물의 상황을 파악하여야 하는 것이다.

● 본체를 파악한 후 주변의 상황을 살펴본다. 상황(狀況)이란? 위해(危害)
하는 상황이 제일 먼저인 것이다. 극(剋)하는 관계를 보는 것이다.
정관과 편관과 식신과 상관의 관계를 보는 것이다. 여기에서도 음일 경우
와 양일 경우를 구별하여 관과 살의 거(居)와 유(留)의 관계를 살핀다.
식거선살거후(食居先殺居後), 살거선식거후(殺居先食居後)인가를 살핀다.

● . 편관용견겁격(偏官用肩劫格)

편 관용견겁격(偏官用肩劫格)의 환경을 살펴보자.
우선 편관(偏官)의 기운이 강(强)한 것이다.

견겁(肩劫)을 용신(用神)으로 한다는 것은 재성(財星)도 한몫을 하고 있다고 볼 수도 있는 것이다. 직접적(直接的)으로 타격(打擊)을 받고 있다.

매우다급한 상황인 것이다. 비겁(比劫)이 있는 경우이므로 아주 신약(身弱)한 경우는 아닌 것이다.

☆ 편관(偏官)을 인수(印綬)나 식상(食傷)으로 다룰 수가 없는 상황이다.
  핏줄은 끊을 수 없는 인간사슬인 것이다. 친구도 친구 나름이다.

☆ 견겁(肩劫)이라 하여 꼭 혈연(血緣)관계에 얽매일 필요는 없는 것이다.
  멀리 있는 친척보다, 이웃사촌이 낫다고 하지를 않던가?
  견겁(肩劫)에 대한 현대적인 해석의 변화인 것이다.

○ 재(財),살(殺)이 태왕(太旺)한 형상(形象)을 이루고 있다고 보는 것이다.

○ 다른 경우는 인수(印綬)가 없거나, 있어도 무력(無力)한 경우일 것이다.

○ 용신(用神)으로 견겁(肩劫)을 택하니, 비겁(比劫)이 있다는 설명이다.

○ 식상(食傷)의 존재(存在)가 미력(微力)하다는 설명이다. 어느 정도 쓸 만하면 용신(用神)으로 하는데 그 기상(氣相)이 불분명하다는 이야기이다.

● . 편관용견겁격(偏官用肩劫格)의 운(運)에서의 변화(變化).

편 관(偏官)과 양인(羊刃)은 서로가 원하는 사이이다. 궁합(宮合)이 맞는
다는 설명이다. 일간(日干)이 강(强)하여지면 편관(偏官)의 위력(威力)과 능력(能力)을 능히 활용할 수가 있다는 설명인 것이다.

● . 인수(印綬)운이 올 경우의 변화(變化).

꿩 대신 닭이다. 비겁(比劫) 대신 인수(印綬)가 온다하여 손해 볼 것이 없는 것이다. 오히려 왕(旺)한 편관(偏官)의 기운을 순화(馴化)시키는 역할을 하니 도움이 되는 것이다.

● 사형수도 집행할 때는 어머니를 찾는다. 그것이 천륜(天倫)이요, 인륜(人倫)인 것이다. 불효자(不孝子)를 용서하십시오! 하면서 말이다.

● 형편이 어려워 집을 구하지 못하고 있는데, 회사(會社)에서 사택(舍宅)을 사용하라는 연락이 온 것이다.

✪. 갈구이상(葛屨履霜)격이다.

여름에 신는 칡으로 만든 신발을, 해가 바뀌는 서리가 내리는 겨울에도 계속 사용하여 신는 것을 말한다. 그래도 없는 것 보다는 나은 것이다.

✪. 분주(奔走)하고 바빠진다.

고난(苦難)의 연속에서 일시적으로 탈피(脫皮)하는 것이다. 아직은 안정된 모습이 나타나지는 않는다. 정리하는 시기인 것이다.

❖ 관살(官殺)의 어지러움에서 잠시 벗어나 숨을 돌리는 것이다.

❖ 한 차례의 태풍이 지나간 것이다.

● . 견겁(肩劫)운이 올 경우의 변화(變化).

정 시(定時)에 때를 맞추어 도착(倒着)을 하는 것이다. 어렵고 어려운 상황인데, 기가 막히게 도움을 받는 것이다.

◐ 꽁꽁 묶였던 매듭이 풀리는 것이다.

양인(羊刃)이 올 경우는 편관(偏官)과 양인(羊刃)이 겸하여져 장수(將帥)가 칼을 갖추는 형상이라 길(吉)로 작용을 한다.

여기에 식신(食神)이 같이 한다면 그야말로 길(吉)중의 길(吉)이 된다.

❖ **주변(周邊)사람의 은공(恩功)을 잊어버린다.**

🔘 어려울 때 전전긍긍하고, 항상 찾아다니고 하다, 형편이 조금 나아진다고 잠시 잠깐 잊어버리는 것이다.

🔘 대체적으로 성공한다는 사람들을 보면 주변의 도움이 없이 홀로 자수성가 하는 경우도 있지만, 어느 정도는 가까운 사람들의 뒷받침을 받는 것이 대다수 일 것이다. 또 사람들이 그렇게 하여 성공을 하는 것이다.

🔘 음(陰)으로 양(陽)으로 헌신적(獻身的)인 노력과, 뒷바라지를 하는 사람들은 성공하도록 만들기 위해서 희생(犧牲)을 하는 것이나 마찬가지인 것이다. 주변의 희생이라는 값진 대가(代價)를 치르고 성공이라는 감투를 쓰는 것이다.

🔘 자기의 직무(職務)에 자신감(自信感)을 갖고 적극적(積極的)으로 임한다.

🔘 개성공단의 마비된 상태가 풀리는 것이다.

🔘 남, 북 간의 어려운 실마리가 풀리는 것이다. 여기에서는 협상이라는 매체를 통하여 막힌 숨통이 트이는 것이다.

🔘 **. 식상운(食傷運)이 올 경우의 변화(變化).**

식신(食神)과 상관운(傷官運)의 변화이다. 식신은 편관(偏官)을 극(剋)하므로 비겁(比劫)과 더불어 편관(偏官)을 응징(膺懲)하여 일간을 돕는다.

편관(偏官)이 식신(食神)에 의하여 다듬어지는 것이다. 오히려 길(吉)로 작용을 하는 것이다. 상관(傷官)의 경우도 식신(食神)만큼 그 기세(氣勢)가 강하지는 않지만, 편관(偏官)을 극(剋)하여 다듬는 것은 같은 작용을 하는 것이다.

❖ 어려운 환경(環境) 속에서도 자기의 본분(本分)을 잃지 않고 열심히 하여
　　"형설(螢雪)의 공(功)" 을 이루는 것이다.

● . 재성운(財星運)이 올 경우의 변화(變化).

겁 겁(肩劫)이 용신(用神)인데, 재성운(財星運)은 역(逆)으로 가는 것이다. 두 걸음 앞을 내다보면서 전진(前進)하고 있는데, 몸은 뒤로 일보 후진(後進)을 하고 있는 것이다.

- 불난 집에 부채질을 하고 있는 형상이다.
- 일부 권력층, 부유층 자제들의 탈선(脫線)에는 금전(金錢)이 풍족하게 돌아가는 것이 원인(原因)인 것이다. 재물(財物)이 없어보라, 어디 감히 그런 방자한 짓을 할 것인가?
- 못된 자식 더 버리려면 돈을 물 쓰듯 주라고 하였다.
- 금전(金錢)이 마약(痲藥)처럼 작용을 하는 것이다.
- 모든 원인에는 항상 재물(財物)이라는 요물이 버티고 있는 것이다.
- 권력(權力)과 금전(金錢)이 결탁(結託)을 하는 것이다. 정경유착(政經癒着)인 것이다.

✪. 절개(節槪)를 굽히고, 세력(勢力)에 붙어 아부(阿附)하는 형국이다.

- 스스로 탄식(歎息)을 하면서도, 환경(環境)에 순응(順應)을 하여야 하는 것이다. 내가 왜 이리 되었을까? 후회를 하지만 어쩔 수가 없는 것이다.
- 산소에 초목이 무성하나 기운(氣運)이 없어 그것들을 제거하지 못하는 것이다. 때로는 알면서도, 두 눈을 크게 뜨고서도, 당하는 것이다.
- 부평초(浮萍草)가 물위에서 서로 만나는 격이다.

● . 관성(官星)운이 올 경우의 변화(變化).

고 혈압(高血壓)으로 쓰러지는 것이다. 자기 성질에 못 이겨 스스로 죽음을 재촉하는 것이다. 편관(偏官)인데 또 다시 관운(官運)이 온다는 것은, 관살(官殺)이 혼잡(混雜)하여 나락으로 떨어지는 것이요, 중압감(重壓感)에 견디지 못하고 명줄(命줄)을 끊는 경우도 생기는 것이다.

- 대체적인 자살(自殺)이 이러한 경우에 발생(發生)한다.
- 사고를 당하여도 남들은 경상(輕傷)인데, 중상(重傷) 아니면 사망(死亡)이다. 관재수(官災數)에 횡액(橫厄)까지 겹치는 것이다.

✪. 평종미정 (萍蹤靡定)격이다.

부평초와 같이 사방으로 떠돌아다니며, 정해진 거처가 없는 형국이다.

- 일이 손에 잡히지도 않고, 허공에 든 마음이다.
- 어디론가 도피하고만 싶은 마음이요, 패배자의 쓰디 쓴 아픔이다.

●.편관의 효용성과, 정관과의 관계 용신의 선별기준.

- 정관(正官)이라고 항상 좋은 것이 아니다. 차라리 순수한 편관(偏官)이 나은 것이다. 칠살(七殺)이 순수한데 정관(正官)이 있으면 관살(官殺)이 혼잡(混雜)되어 오히려 탁(濁)해진다. 흉(凶)으로 작용을 하는 것이다.
- 편관(偏官)이 지나치게 강(强)하면 식신(食神)이 통제를 못한다. 이럴 경우는 식신(食神),상관(傷官)운이 와야 길(吉)로 작용을 하는 것이다.
- 편관과 식신의 기세가 비슷할 경우는, 일간의 강약을 살펴 그에 부합되는 용신을 택하여야 한다. 일간이 약할 경우는 힘을 배가(倍加)하는 인수(印綬)나 비겁(比劫)운이 길(吉)로 작용을 한다. 강할 경우는 재관(財官)운이 길(吉)로 작용을 한다. 상황에 따른 용신(用神)을 택하는 것이다.
- 제살태과(制殺太過)격이 되어 관살(官殺)이 지나치면 비겁(比劫)과, 식상(食傷)이 용신이 되는 것이요, 반대로 식신제살(食神制殺)격이 되면 관살(官殺)이 부활(復活)하여야 되니 자연 재관이 용신(用神)이 되는 것이다.
- 편관(偏官)이 약(弱)하여 재성(財星)의 도움이 필요할 경우, 도식(倒食), 겁재(劫財)는 기신(忌神)이요, 식상(食傷), 재살(財殺)이 희신(喜神)이요, 용신(用神)이 되는 것이다.

● . 편관용식상격(偏官用食傷格)

편 관용식상격(偏官用食傷格)의 구성의 환경적인 변화를 살펴보자.

편관(偏官)이란 총명(聰明)함을 갖추고 있는 것인데, 기울기가 심하면 그것이 엉뚱한 방향으로 흐르는 결과가 나오는 것이다.

시작은 편관(偏官)격인데, 마무리는 식상격(食傷格)이니 정반대(正反對)의 흐름을 추구하는 것이다.

인간사(人間史)의 변천(變遷)으로 살펴보자. 초등학교시절에는 공부도 잘하고 씩씩하던 친구가 세월이 흐른 후 만나보니 조촐한 모습으로 변화하였고, 몸도 많이 수척해보였다.

반면에 공부도 못하고, 맨 날 싸움만 하던 친구가 의젓한 모습으로 점잖게 앉아 있는 모습을 보이는 것이, 다 격세지감(隔世之感)인 것이다.

- 식신(食神), 상관(傷官)을 용신(用神)으로 한다는 것은, 인성(印星)이 왕(旺)하거나, 비겁(比劫)이 유기(有氣)한 경우일 것이다.

- 이 경우 재성(財星) 또한 용신(用神)이 될 경우도 생긴다.

- 인성(印星)이 지나치게 왕(旺)하여 편관의 기(氣)를 다 흡수하여 편관(偏官)을 무기력(無氣力) 하게 만든 경우.

- 편관(偏官)과 식상(食傷)이 서로 상전(相戰)을 하고 있는 형국이다.

- 삶이 참으로 피곤한 것이다. 강한 자 에게는 무조건 반발심이 생기는 것이다. 권력(權力)이 있고, 부유(富裕)한 사람만 보면 자신의 부족(不足)함은 생각지도 않고, 아무런 이유도 없이 반발감(反撥感)이 생기고, 증오심(憎惡心)이 생기는 것이다. 이른바 묻지마 사건의 원인이 되는 것이다.

- 관살(官殺)의 기운(氣運)보다 식상(食傷)의 기운이 부족(不足)할 때, 일간을 보호하기 위하여 자연 식상(食傷)의 기운이 강(强)하여야 하는 것

이다.

🔹 반대를 위한 반대를 하듯 하는 삶의 방식은 고쳐져야 할 사람인 것이다.

🔹 직장생활이 적성에 맞지 않아 새로운 출구를 찾기 위하여 퇴근 후에 자격증이라도 따기 위하여 학원에 다니거나, 자기의 능력을 개발하여 새로운 활로를 모색하여야 할 사람이다.

● . 편관용식상격(偏官用食傷格)의 운(運)에서의 변화(變化).

전 관(偏官)과 식상(食傷)의 관계에서 이루어지는 변화이다.

편관(偏官)에서 식상(食傷)을 추구하는 방법은 앞으로 가면 세 번째요, 뒤로 가면 두 번째이다. 가는 길이 먼 것이다. 과연 그 과정은 어떨까?

실전사주

己	戊	戊	庚
未	寅	寅	戌

⇨ 인(寅)월의 무(戊)토 일간(日干)이다.
지지(地支)에 편관(偏官)을 놓고 있다.

곤명(坤命)

⬆ 무인(戊寅) 일주(日主)의 사주이다. 편관(偏官)이 갇혀있는 형국(形局)이다. 나름대로 힘을 갖고는 있지만 사용을 하지를 못한다. 결정적(決定的)인 나이에, 운(運)이 금(金)운으로 흐르면서, 관(官)인 목(木)은 더욱 압박을 받는다. 관(官)이 견디지를 못하는 것이다. 편관격(偏官格)의 사주이다.

🔹 남편이 사망을 하였는데 보험에 가입된 액수가 많아 경찰의 수사를 받았던 사람의 사주이다. 일단 보험금은 수령하고, 한동안 거리를 활보하였던 사람이다. 관(棺)이 흙속에 묻힌 격이다. 관(官)이 관(棺)이다.

🔹 이미 애인(愛人)이 있던 여자이다. 관(官)이 붙어있으니 같이 가는 것이다. 외형상의 그림은 관(官)이 땅속에 갇혀 있는 상황이다.

🔹 운(運)에서 언제 관(官)이 나의 문서(文書)로 바뀔까? 문서란? 나의 소

유로 무엇인가를 만드는 것이다. 관(官)에서 한 단계 올라가니 들통이 나지는 않는다. 양심(良心)의 가책도 느끼지 않는 것이다. 그러나 재운(財運)이 오면 불어나는 것이 아니라 오히려 다 날려버리는 것이다.

🌑 오(午)운이 오면 지지가 불바다로 변한다. 관(官)인 남편(男便)은 불타 없어지는 것이다. 관이 형충이나 기타 흉살로 인하여 땅속에 묻혀 있다가 밖으로 나올라치면 자중지란(自中之亂)으로 갑경(庚)충(沖)으로 장작이 되고, 병신(丙申)합(合)이 되어 재성(財星)인 돈으로 변한다. 자신을 희생하고 아내에게 헌신을 하는 것이다.

🌑 . <u>인수(印綬)운이 올 경우의 변화(變化).</u>

제 일 먼저 앞으로 가는 길이다. 첫 발을 내딛는 것이다.

편관(偏官)이 기운을 모아 앞으로 나아가는 것이다. 그런데 가는 길이 잘못 되었다. 뒤로 가야 빠른데 앞으로 간 것이다. 첫 단추가 잘못 된 것이다. 일이 꼬이기 시작하는 것이다.

🌑 식상(食傷)이 부족하여 기운을 보충하여야 하는데, 거꾸로 택한 것이다.

🌑 식상(食傷)을 극(剋)하는 곳으로 길을 택한 것이다.

🌑 인수(印綬)가 왕(旺)하니 편인(偏印)은 식신(食神)을 극하는 것이요, 정인(正印)은 상관(傷官)을 패대기친다.

🌑 비만이라 다이어트를 하여야 하는데, 음식 냄새만 나면 침을 흘리는 사람이다. 계획이 빗나가는 것이요, 작전을 잘못 짠 것이다. 수렁으로 빠지는 것이다. 말로는 천리 길을 한 걸음에 가는 사람이다. 실천하지 않는 양심인 것이다. 수수방관에 자기 앞가림하기에만 열중하는 사람이다. 남의 불행이 나의 행복이라고 우기는 사람이다.

🌑 생산적(生産的)인 일에는 관심이 없는 사람이다. 있는 돈을 은행에 넣고서 이자만 받아도 먹고 산다는 사람이다. 더욱 확고하여지는 운이다.

🌑 경기가 불안정하니 위험한 투자는 절대 안한다는 사고방식으로 굳어진다.

● 가뜩이나 관(官)의 기운이 인수(印綬)로 흡수되어 불안한데 더욱 강력한 흡입이 시작된다. 다니던 회사(會社)가 자금난(資金難)으로 넘어가 그나마 직장(職場)마저 없어지는 것이다.

● . <u>견겁(肩劫)운이 올 경우의 변화(變化).</u>

식 상(食傷)이 용신(用神)인데 견겁(肩劫)운이니 용신(用神)을 생(生)하는 희신(喜神)과 같은 존재(存在)로 여겨지나 결코 그렇지만은 아닌 것이다.

일종의 희망(希望)사항으로 끝날 수가 있는 것이다. 반대로 제대로 맞아 떨어진다면 기가 막힌 운수(運數)로 길(吉)로 작용을 하는 것이다.

◆ 관살(官殺), 견겁(肩劫), 식상(食傷)이 갖추어지는 것이다.

◆ 편관(偏官)이 양인(羊刃)을 취하고, 합(合)을 하고, 식신(食神)을 갖추는 것이다. 셋이 어우러져 하나의 멋진 명품을 만드는 것이다.

● 장군이 현대화(現代化)된 무기로 병사들과 힘을 합하여 치밀한 계획(計劃)과 작전(作戰)으로 침투작전에서 혁혁한 전과(戰果)를 올리는 것이다.

● 기업(企業)에서 신상품(新商品)을 출시하는데 노사(勞使)가 한 몸이 되어 수년간 연구하여 땀 흘려 이룩한 제품을 성공리에 판매하여 막대한 수익을 창출(創出)하는 것이다.

● 외국에 출장(出張)도 가면서 주야(晝夜)로 열심히 회사(會社)를 위하여 일하는 줄 알았더니 기밀(機密)을 상대 경쟁기업에 유출(流出)하고 그 대가(代價)로 금품(金品)을 받고 달아난 것이다. 회사(會社)에 막대한 손실을 끼친 것이다.

● 저작권 및, 특허 등 지적재산권에 대한 관리 및, 사용에 주의가 필요한 것이다. 죽 쑤어 개주는 일은 말아야 하는 것이다.

● . 식상운(食傷運)이 올 경우의 변화(變化).

용 신(用神)운이 오는 것이다. 억눌렸던 삶에서 자유분방하게 삶을 사는 것이다.

세상 너무 원칙적으로 사는 것이 아니야 하면서 탈바꿈을 하는 것이다.

도시(都市)에서 살다가 전원생활(田園生活)로 생활(生活)의 터전을 바꾸는 것과도 같은 것이다.

법대를 졸업한 사람이 가수로 활동을 하는 경우를 우리는 보지를 않았던가?

집안의 반대를 무릅쓰고 자기가 추구하는 것을 향하여 매진을 한 것이다.

결국은 톱 가수의 반열(班列)에 오르는 것이다. 삶의 방향이 바뀌면 그만큼의 많은 노력도 필요하고, 가는 과정이 험난한 것이다.

● . 재성운(財星運)이 올 경우의 변화(變化).

식 상운(食傷運)을 추구하는데 재성운(財星運)이 오는 것은 용신(用神)을 허탈(虛脫)하게 하는 것이다. 버스 지나간 다음에 손을 흔드는 것이나 같은 것이다.

추운 겨울에 시달리면서 "따뜻한 남쪽 어느 섬에라도 가 보았으면 좋겠다!" 하고 바람을 말하면서도 김장준비를 하는 것이다.

이율배반적(二律背反的)인 행동(行動)을 하는 것이다. 겉 다르고, 속 다른 심사(心事)를 드러내는 것이다.

중간(中間)에서 이러지도 저러지도 못 하는 것이나 다를 바가 없는 것이다.

❖ 죽자니 청춘(靑春)이요, 살자니 고생(苦生)인 것이다.

● . 관성(官星)운이 올 경우의 변화(變化).

결국은 원점(原點)으로 돌아온 것이다. 애쓴 보람도 없이 말이다.

시 작시의 꿈은 원대하였는데, 결국 초라한 모습을 보이고 돌아서는 것이다. 또 다시 라는 생각을 하고 모든 것을 재점검(點檢)하는 시기(時期)로 삼아야 하는 것이다.

관성(官星)운 다음에는 인성(印星)운이 온다. 다시 시작을 하여도 험난한 길이 놓여 있는 것이다. 한 번의 실패(失敗)로 인한 휴유증(遺贈)은 대단한 것이다. 편관이 인수를 보면 좋은 작용을 하는데 식상이 용신일 경우는 그와는 상관이 없는 상황으로 전개된다. 용신을 극하는 기신의 역할을 하는 것이다.

● 편관(偏官)은 살(殺)이라 일단은 경계(警戒)의 대상이 된다. 그렇다고 무조건식인 흉(凶)으로만 볼 것도 아닌 것이다. 천간에서는 식신(食神)이 있어 잘만 다듬는다면 길(吉)의 작용을 하는 것이다. 여기에 지지(地支)에서 합화(合化)하여 변화(變化)를 이루면서 아신(我身)에 도움이 된다면 금상첨화(錦上添花)인 것이다.

● 편관(偏官)은 어디에 있는 것이 좋을 까? 편관(偏官)이 시상(時上)에 있고 다른 주(柱)에 편관이 없으면 보통 시상일위귀격(時上一位貴格) 이라고 하는데, 왜 시주(時柱)만을 더 좋게 보는 것일까? 특히 년(年)이나, 월(月)에 있으면 더욱 안 좋게 보는 것은 왜 일까?

● 일간(日干)이 강하여 능히 견줄만하면 문제는 덜될 것이다. 대체적으로 신약(身弱)이나, 중강(中强), 또는 관살(官殺)이나 재(財)가 많은 경우의 사주가 더 많다. 일찍부터 삶의 피곤함이 겹쳐지니 힘든 것이다. 시주(時柱)는 말년(末年)이라 능히 경험(經驗)이나, 연륜(年輪)이 쌓여 길(吉)로 화(化)할 능력이 생기는 것이다. 단점(短點)은 항상 "내 마음 같겠지" 하는 생각이다.

● 건강(健康)면으로 본다면 용신이 식상일 경우는 문제가 있다는 것이다. 신강(身强)일 경우나 신약(身弱)일 경우나 마찬가지로 지나치게 편협(偏狹) 된 것이다.

● . 편관용재격(偏官用財格)

편 관(偏官)이 재성(財星)을 용신(用神)으로 한다는 것은 한 걸음 뒤로 물러서는 것이다. 자신의 위치(位置)를 알고 행(行)하는 현명한 처신(處身)이라고도 할 수가 있는 것이다.

적(敵)이 강(强)하면 한 발 물러 설 줄도 알아야 한다는 것이다.

- 편관용재성격(偏官用財星格)의 구성(構成)과 환경(環境)을 살펴보면

- 편관(偏官)격으로 재성(財星)을 필요로 하는 경우인데, 인성(印星)이 과(過)할 경우 재성으로 다스려야 하고,

- 일간(日干)이 지나치게 강(强)할 경우 역시 재성(財星)으로 극(剋)을 하도록 하고, 편관(偏官)과 힘을 합치는 것이다.

- 식상(食傷)이 많을 경우, 기운을 소진하도록 하여야 하는 것이다.

- 관성의 기운이 부족(不足)할 경우는 재성이 관(官)을 생(生)하는 것이다.

- 이중에는 적극적(積極的)인 방법도 있고, 소극적(消極的)인 방법도 있을 것이다. 편관(偏官)이 재성을 용신(用神)으로 하는 것은 편관(偏官)이 기운이 부족(不足)한 것이다. 고로 일간(日干)이 강(强)하다는 설명이다.

▶ 편관용재격(偏官用財格)에서 일간(日干)이 강(强)하다는 것은 어떤 상황일까? 일간(日干) 자체가 강(强)하다는 것은 물론 똑같은 의미이다.

- 인성(印星)의 기운이 왕(旺)하여 후광(後光)으로 인하여 일간(日干)이 강(强)하여 지는 것이요, 이 경우, 관성(官星)의 기운(氣運)은 인성(印星)에 흡입(吸入)되어 기력(氣力)이 쇠(衰)하여진다.

- 인성(印星)이 있고, 일간(日干)이 있고, 비겁(比劫)이 있을 수가 있고, 편관(偏官)이 있는 것이다. 재성(財星)이 있으므로 재성은 당연히 있는 것

이고, 식상(食傷)도 있을 수가 있으니 결국 전부 다 있다는 이야기인데 그것은 아니다.

- 인성(印星)이 많으니 그만큼 다른 부분이 희생(犧牲)이 되는 것이다.

- 이 격(格)에서 제일 가능한 경우요, 많은 경우가 인성(印星)이 왕(旺)하고, 견겁(肩劫), 편관(偏官)이 있고, 재성(財星)이 있는 경우가 된다.

- 물론 다소의 차이는 있을 수가 있는 것이다. 식상(食傷)도 참여할 공간(空間)은 있는 것이다. 이런 경우는 실전(實戰)을 보면서 설명을 하자.

- 비겁(比劫)과 인성(印星)이 왕(旺)한 경우가 제일 많은 것이다. 특히 인성(印星)이 더 강(强)한 것이 재성(財星)을 택하는 이유인 것이다.

- 일간(日干) 자체가 강(强)하여 왕(旺)한 경우도 성립이 된다.

- 인성(印星)의 기운도 강(强)하고, 일간(日干)의 기운도 강(强)할 경우도 성립이 된다. 일간(日干)의 기운이 인성(印星)보다 강할 경우인데, 편관(偏官)을 기준으로 하는 것이므로 재관(財官)이 힘을 합하는 것이다.

- 편관용관격(偏官用官格)으로도 인연(因緣)이 이어진다.

● . **편관용재격(偏官用財格)의 운(運)에서의 변화(變化).**

일간(日干) 자체가 신왕(身旺)할 경우 재성(財星)은 관살(官殺)을 생(生)하여 돕는 것이요, 비겁(比劫)으로 하여금 설기(泄氣)토록 하는 것이고, 인성(印星)이 왕(旺)하여 신강(身强)하거나 할 경우는 재성(財星)으로 하여금 인성(印星)을 극(剋)하여 기운(氣運)을 억누르는 것이다.

다른 여러 경우도 발생(發生)하지만, 각각의 운(運)에 대한 그 대비(對備)책을 살펴보자는 것이다.

● . 인수(印綬)운이 올 경우의 변화(變化).

인 성(印星)이 왕(旺)하거나, 비겁(比劫)이 왕(旺)하여 강(强)하거나 결과는 같은 것이다. 일간(日干)이 더욱 비대(肥大)하여지니 관성(官星)은 더욱 맥을 못 추는 것이다.

- 용신(用神)인 재성(財星)은 인성(印星)의 강(强)함에 계란으로 바위를 치는 것과 같은 부담감을 느끼는 것이다.

- 주택(住宅)을 담보로 하여 대출(貸出)을 받는데, 이유는 또 다른 부동산(不動産)을 구입하기 위함이라, 돈이 자꾸만 잠기는 것이 큰 부담으로 작용이 된다.

- 관(官)의 기운을 흡수하니 관재수(官災數)가 잠복이 되는 것이요, 그것이 일간(日干)인 아(我)에 전달이 되니 탈재(奪財)가 되는 것이요, 가뜩이나 위축(萎縮)된 재성(財星)을 더욱 압박하는 결과로 나타나는 것이다. 그러나 관의 극이 일간에게 영향을 미치면, 일간은 재성을 극하지 못한다.

- 식상(食傷)의 기운(氣運)이 있다하여도 인성(印星)의 파괴(破壞)로 인하여 제대로 벌려보지도 못하고 문을 닫는 형상이 된다.

- 편인(偏印)의 도식(倒食)이 작용하는 것이다.

● . 견겁(肩劫)운이 올 경우의 변화(變化).

인성(印星)운과 비슷한 결과를 초래한다.

용 신(用神)을 극(剋)하니 용신(用神)이 상(傷)하는 것이다. 관(官)이 유기(有氣)할 경우, 일간(日干)은 쉽게 재성(財星)을 극(剋)하지 못한다. 관성(官星)이 견겁(肩劫)을 극(剋)하여 재성(財星)을 보호하기 때문인 것이다.

● . 식상운(食傷運)이 올 경우의 변화(變化).

인성(印星)이 왕(旺)할 경우 인성의 기운을 소진(消盡)시키고

■ 편관용재격(偏官用財格).

견겁(肩劫)이 왕(旺)할 경우는 견겁(肩劫)의 기운을 흡수(吸收)하니 어느 정도 관(官)의 입장에서는 편한 것 같으나, 식상(食傷)의 극(剋)을 받으니 그것도 할 짓이 못 되는 것이다.

용신(用神)인 재성(財星)을 생(生)하여 주니 그것은 고마운 것이다.

지금은 조금 힘들어도 이제는 희망이 비치는 것이다.

여기에서 인성(印星)도 쉽게 식상(食傷)을 극(剋)하기가 힘들어진다.

왜냐하면 재성이 식상을 보호하기 위하여, 적극적으로 나서기 때문인 것이다.

🔘 집세걱정, 공과금 걱정 자질구레한 일들에 대한 정산(定算)을 하고나니, 이제는 과태료(過怠料) 청구서가 날아온다.

🔘 . **재성운(財星運)이 올 경우의 변화(變化).**

용 신(用神)운이 오는 것이다. 관성(官星)의 어려움을 돕고, 일간(日干)의 병(病)을 고치는 것이다.

재관(財官)이 갖추어지니 흉(凶)이 길(吉)로 변하는 것이다.

🔘 . **관성(官星)운이 올 경우의 변화(變化).**

인성(印星)의 왕(旺)함은 다스리지를 못한다.

일간(日干)의 왕(旺)함은 다스리나 지나친 편협(偏狹)함으로 인하여 득(得)보다는 실(失)이 많은 쪽으로 흐른다.

🔘 천간(天干)으로 편관(偏官)이 나타나는데, 제화(制化)하는 기능이 나타나지 않으면 천방지축(天方地軸)이라 인격(人格)에 문제점이 나타난다.

🔘 편관(偏官)은 기본적으로 성향(性向)이 편굴(偏屈)하고, 급(急)하고, 반항적(反抗的)이고, 저항적(抵抗的)이라 관살의 기운이 강하여지면 절제(節制)가 힘들어진다. 엉뚱한 영웅심리가 발동하여 실수를 지지르기가 십상이다. 두고두고 후회(後悔)하는 경우가 생기는 것이다.

● . 편관용관격(偏官用官格)

편 관용관격(偏官用官格)에서 관(官)을 중복(重複)하여 원하는 이유는 무엇일까? 물론 관(官)의 부족(不足)함으로 인한 것일 것이다. 그리고 상대적으로 관(官)의 필요함에 의하여 선택(選擇)이 되는 경우도 발생을 한다. 그 원인을 찾아보자.

✪ 견겁(肩劫)이 지나치게 강(强)하여, 관(官)의 힘으로 제압이 안 될 경우.

⇨ 여기에서는 인수(印綬)가 왕(旺)할 경우, 비겁(比劫)이 많을 경우가 된다. 재성(財星)이 제대로 작용을 못 하는 경우인 것이다.

✪ 식상(食傷)이 강(强)하여, 지나치게 관(官)을 겁박(劫迫)할 경우.

🌑 일간(日干)과 식상(食傷)이 합작(合作)을 하여 관(官)을 억압하는 경우이다. 이때는 재성(財星)과 관성(官星)이 힘을 합한다.

🌑 가정(家庭)으로 보면, 아내, 자식이 남편을 구박(驅迫)하는 경우가 된다.

🌑 며칠 전에 이런 뉴스가 있었다. 나이 드신 아버지가 아들에게 자기가 빌려준 돈을 돌려달라고 하자 술을 먹고 들어와서 자고 있는 노인을 발로 밟고 구타를 하여 사망하도록 한 사건이 있었다.

🌑 식구들은 할아버지가 계단에서 실족사(失足死)한 것이라고 사인(死因)을 경찰에 알리고 사망신고(死亡申告)를 했단다. 경찰이 이상히 여겨 수사를 한 결과 아들이 아버지를 구타하여 사망하도록 한 것이 밝혀진 것이다.

🌑 이때 어머니는 아들이 잡혀가서 고생하는 것이 싫어서, 아니면 또 다른 이유도 있었을 것이다. 거짓으로 숨겼다는 것이다.

🌑 돌보아줄 사람이 없어서 그런 것일까? 결국 어머니도 아버지와 같은 일을 당하지 말라는 법은 없는 것이다.

🌑 여기에서 우리는 주객전도(主客顚倒)라는 말을 생각하여보는 것이다.

- 부모(父母)에게 자식(子息)은 관(官)이다. 여성의 경우는 식상으로 보지만, 역시 같은 맥락인 것이다. 커가면서 부모를 이끌고 봉양(奉養)하는 것이니 자연 주도권(主導權)은 자식이 갖는 것이다. 어머니는 쇄골이 빠지는 것이요, 아버지는 뭐가 빠지도록 자식을 키우는 것이다.

- 키우면서는 잘되라고 때리기도 하고, 야단도 치지만 나이가 들면 기력(氣力)이 약(弱)해지면 이제는 상황이 거꾸로 되는 것이다.

- 이 격(格)이 그런 상황을 당하기전에 열심히 하여야 한다는 것을 가르치는 것이다. 자식농사, 자신의 농사, 가정의 농사 모든 것을 잘 처리하여야 나중에 좋은 결말(結末)을 맞는다는 것을 가르쳐주는 격이다.

● . 편관용관격(偏官用官格)의 운(運)에서의 변화(變化).

◘. 인수(印綬)운이 올 경우의 변화(變化).

관 (官)이 필요한데 인수(印綬)운이 오는 것이다. 일반적인 생각은 관(官)의 기운이 인수(印綬)에게 흡수(吸收)되므로 용신(用神)이 설기(泄氣)를 당하는 것으로 생각한다. 물론 옳은 판단이다. 이차적(二次的)인 면으로 살펴보자, 여러 상황이 있으므로 다른 경우를 보자는 것이다.

- 식상(食傷)의 기운이 강하여 관(官)의 기운이 필요할 경우는, 인수가 식상을 극(剋)하므로 식상이 관을 극하지 못한다. 인성(印星)에 의하여 관(官)이 보호를 받는 것이다. 용신(用神)이 안전(安全)하여 지는 것이다.

- 여기에서 다른 면을 살펴보자. 이격의 상황은 관인상생(官印相生)이 되는 것인데, 관성이 일간을 극하지 않을까? 염려도 된다. 그러나 그것은 걱정할 필요가 없는 것이다. 인성이 관의 기운을 접수하고, 식상(食傷)이 관(官)을 극(剋)할 준비가 되어있으므로, 식상(食傷)의 견제(牽制)로 인하여 일간(日干)을 극(剋)하지 못하는 것이다.

🌑 원래 사돈 간에는 사이가 그렇다. 아들자식 있는 집안이 우월권(優越權)이 있는 것이다. 그래서 남성일 경우, 어머니가 장모님 보다는 한 수가 아닌, 세수가 위인 것이다. 따라오지 말라는 것이다. 극(剋)하는 것이다. 아래로 본다면 두 수가 아래인데, 한 수 아래는 자기의 자손(子孫)이다. 고로 지키기 위하여 극(剋)을 하는 것이다.

▶. 견겁(肩劫)운이 올 경우의 변화(變化).

관 살(官殺)운이 와야 하는데 견겁(肩劫)운이 오는 것이다.

옛날이야기 가운데 "호랑이와 곶감" 에 관한 이야기가 있다.

내용은 아이가 어느 날 하도 울고 그치지 아니하자, 아이의 어머니가 하는 말이 "계속 울면 호랑이가 잡아간다!" 고 하였는데도 아이는 멈추지 아니하고 계속 울고 있었던 것이었다. 그러자 어머니는 잠시 후 그럼 "곶감을 줄 터이니 울지 마라!" 고 하였다.

이러한 어머니의 말을 듣던 아이는 희한하게도 잠시 후 울음을 뚝 그치는 것이었다. 집 밖에서 이 이야기를 듣고 있던 호랑이가 가만히 생각을 한 것이었다.

"그럼 그 곶감이란 놈이 나보다 더 무섭단 말인가?" 지금 집안에는 호랑이인 자기보다도 더 무서운 존재인 곶감이 있다는 사실에 깜짝 놀란 것이고, 지체할 겨를도 없이 호랑이는 줄행랑을 친 것이었다.

여기에서 호랑이는 편관(偏官)인 관살(官殺)인데, 견겁(肩劫)이 지금은 곶감의 역할을 하는 것이다.

❖ 운전자가 갓길 운행을 자기 편의에 따라 당연시 하는 것이나 같은 것이다.

▶ .식상운(食傷運)이 올 경우의 변화(變化).

관 식투전(官食鬪戰)은 그다지 반가운 일이 아니다. 관(官)이 용신(用神)인데 관식투전(官食鬪戰)이니 어지러운 형국이다.

식신(食神)은 편관(偏官)을 극(剋)하고, 상관(傷官)은 정관(正官)을 극(剋)한다. 여기서는 편관(偏官)이므로 식신(食神)운이 온다면 편관(偏官)은 나자빠진다. 상관운(傷官運)이 와도, 강도(强度)는 작을지 몰라도 결국 영향(影響)은 같은 것이다. 식상운(食傷運)은 이래저래 골치 아픈 것이다.

- 법(法)보다 주먹이 앞을 서는 것이다. 인성(印星)이 있어 식상(食傷)을 견제하면 관(官)이 보호를 받는다. 부모님의 말씀을 잘 들어라.

- 편관(偏官)은 총명(聰明)함인데, 식상(食傷)인 술수(術數)가 앞을 서니 판단(判斷)이 흐려지고, 정신(精神)이 혼미(昏迷)해진다.

▶ 재성운(財星運)이 올 경우의 변화(變化).

재성(財星)은 항상 관성(官星)에 대하여서는 우호적(友好的)이다. 그 역할이 길(吉)이던 흉(凶)이던 상관하지 않는 것이다. 다른 존재들도 다 마찬가지인 것이다. 변하지 않는 성향(性向)인 것이다.

▶ 편관용관격(偏官用官格)에서 재성(財星)운이 오면 어떨까?

- 일간(日干)이 강(强)할 경우는 재관(財官)을 다 취하니 기쁜 일이요, 경사(慶事)다. 그러나 신약(身弱)일 경우는 식(食)재(財)관(官)이 합동(合同)으로 종횡무진(縱橫無盡) 일간(日干)을 괴롭히는 일 밖에는 없는 것이다.

- 인성(印星)은 괴인(怪印)이 되는 것이요, 재성(財星)의 극(剋)을 받고,

- 식상(食傷)의 왕(旺)한 기운을 잠식하니, 관성(官星)이 보호(保護)를 받고, 일간(日干)이 왕(旺)할 경우는 재성(財星)의 기운(氣運)을 취하니 즐겁다. 식(食)-재(財)-관(官)으로 흐르니 그 종착역(終着驛)은 관성(官星)이라 도움을 받으니 좋은 것이다.

✪. <u>온공자허(溫恭自虛)를 실현하여야 한다.</u>

- 자신의 본분을 공손히 그리고 조용히 행(行)하면서 스스로의 허물됨을 나타내지 않는 일인데, 항상 자만(自慢)하지 말고, 스스로 겸양(謙讓)의 미덕(美德)을 알아야 한다.

▣ **관성(官星)운이 올 경우의 변화(變化).**

꿈에도 그리던 기운(氣運)이다. 식상(食傷)과의 관계, 일간(日干)과의 강약(强弱)관계, 인성(印星)의 유무관계, 재성(財星)의 유무(有無)도 살펴야 할 것이다.

- 부족한 기운을 보충하니 흔들리던 것이 제자리로 돌아온다.

- 노조의 강한 의견이 노사화합으로 승화되면서 회사가 정상으로 돌아온다.

- 공권력이 무력화 되었다가 다시 제 역할을 한다.

- 준법정신(遵法精神)의 고취로 인하여 흩어진 질서의식을 재정립한다.

- 자식(子息)이 정신을 차리고, 다시 본업(本業)인 학업(學業)에 열중한다.

● . 기타 다른 격의 용신(用神).

여기에서는 그 외의 다른 격국(格局)의 관계를 살펴보기로 하였다.

정격(正格)으로 설명되지 않았던 많은 격국(格局)들은 그럼 어떻게 용신(用神)을 찾을 것인가?

이미 격국(格局) 편에서 많은 설명이 되었으므로 다시 한 번 또 한다는 것은 반복된 사항이 될 것 같아 실전(實戰)사주(四柱)를 위주로 하여 설명을 하기로 하면서 특수한 격이나, 많이 접해 볼 수도 있고, 또 드문 종류의 사주도 있을 것이다. 실전의 사주 감명이나 마찬가지이므로, 하나하나 내용을 분석하면서 살펴보면 많은 도움이 될 것이다. 깊고 자세한 설명은 **실전 사주 편**에서 하기로 하고 여기서는 격국(格局)과 용신(用神)만을 위주로 하여 설명하였음을 알려드리고, 중간 중간에 가능한 한 다른 부분도 설명하기로 한다.

□ 종격(從格).

　종아격(從兒格). 종재격(從財格). 종살격(從殺格).

　종세격(從勢格). 종왕격(從我格). 종강격(從强格).

□ 화기격(化氣格).

　합화격(合化格).

□ 일행득기격(一行得氣格)

　곡직(曲直)격, 염상(炎上)격, 가색(稼穡)격, 종혁(從革)격, 윤하(潤下)격

□ 양신성상격(兩神成象格).

□ 기타의 격국.

□ 잡격(雜格).

● . 종격(從格)의 용신(用神).

종격(從格)에 대한 사항을 보는 것이다. 일간(日干)이 무근(無根)하고, 유약(柔弱)하여 도저히 스스로 삶을 영위하기가 힘들 경우 남의 도움을 받거나, 의탁(依託)하여 살기 마련인 것이다.

이때 자신의 모든 것을 의탁(依託)하는 경우가 된다.

남의 집에 양자(養子)로 가는 것이다. 성(姓)까지 완전히 바뀌는 것이다. 지금도 가정(家庭)형편이 어려워 남의 집으로 양자(養子)로 가거나, 외국으로 입양(入養)이 되는 경우가 많다.

여기에서 중요한 것은 본인(本人)의 의사와는 상관이 없다는 것이다.

또한 스스로 판단(判斷)능력(能力)을 상실하고 있다는 것이다.

일간(日干)이 스스로를 상실하고 있다면, 사주 전체를 이끌어갈 대체할 존재가 필요한 것이다. 강(强)한 자만이 우뚝 서는 것이다.

여기서 전체를 천하통일(天下統一)하는 위업을 달성하는 것이다.

모두다 그 세력에 따르는 것이요, 사주 전체를 그 세력(勢力)이 차지하고 있는 것이다.

일간(日干)의 우유부단함은 그의 탓이 아니라 주변의 환경에 의한 것이라, 사람도 환경에 적응하여 살 듯 그리 사는 것이다. 그것에 대한 옳고 그름을 논할 필요는 없는 것이다. 다 팔자(八字)요, 운명(運命)인 것이다.

오히려 일간에게는 그것이 더 나은 삶일 수도 있는 것이고, 실질적(實質的)으로 그에게는 안락(安樂)함을 추구하는 길인 것이다.

일간(日干)이 변함에 따라 용신(用神)도 변하는 것이다.

용신(用神)도 그에 준(準)하여 행동을 하고, 나아가는 것이다

◉ 종격(從格)의 용신(用神).

➡ **기명(棄命)에 대하여.**

👤 **기(棄)** : 여기서는 버린다는 말이다, 포기하는 것이요, 폐기처분이요, 유보의 의미도 있지만 버려서 없앤다는 의미가 더 강한 것이다.

👤 **명(命)** : 자신의 운명(運命)이요, 팔자요, 목숨과도 같은 의미가 있는 것이다.

👤 기명종재(棄命從財)라 함은 일간이 자신의보든 기득권을 포기하고 재성에 종 한다는 것이다. 보통 기명(棄命)이라는 단어를 생략하고 종재격이라고 하기도 한다. 기명종살격(棄命從殺格), 기명종아격(棄命從兒格) 등등을 활용할 수가 있다. 상관(傷官)이 판치는 경우는 상관파진격(傷官破盡格)이 된다.

➡ **종격(從格)의 용신(用神)에 대하여.**

👤 정권(政權)을 잡으면 처음에는 자기의 세력(勢力)을 심기위한 시간이 필요하다. 일종의 수습(修習)기간인 것이다. 이후 안정(安定)을 찾으면 대항(對抗)하거나, 저항(抵抗)세력이 나타나면 눈에 가시처럼 여겨진다.

👤 기반(基盤)을 흔드는 행위이기 때문이다. 그래서 제일 싫어하는 것이다.

👤 그냥 방치(放置)하면 흔들리고, 망가지기 때문인 것이다. 이것은 다른 오행(五行)의 경우도 마찬가지인 것이다. 그래서 지키기 위한 편법(便法)도 동원이 되는 것이다.

용 신(用神)은 자기의 추종(追從)세력이요, 동지(同志)인 인성(印星)과 견겁(肩劫)이고, 기신(忌神)은 대항(對抗)세력은 관성(官星)이요, 저항(抵抗)세력은 재성(財星)인 것이다. 그렇다면 식상(食傷)은 이디에 해당이 되는가?

👤 자기의 수하(手下)요, 맹종(盲從)하거나, 권력(權力)에 야합(野合)하는 세력이다. 이들 세력은 정권(政權)을 유지(維持)하는데 없어서는 안 될 세력이다. 역성혁명(易性革命)의 공신(功臣)들인 것이다.

- 왕(旺)한 일간(日干)의 기운을 발산(發散)하여야 하니 꼭 필요한 세력(勢力)인 것이요, 기운(氣運)인 것이다. 언제든지 바꿀 수 있으며, 목적(目的)에 따라 이용(利用)하는 세력(勢力)이요, 내 칠 수도 있는 세력인 것이다.

- 용도(用度)에 따른 부침(浮沈)이 심한 세력인 것이다.

- 길(吉)로 작용을 할 경우는 흐름을 원활하도록 하여 막힌 곳을 뚫어주니 길(吉)로 작용을 하는 것이요, 흉(凶)으로 작용(作用)을 할 경우는 치명적(致命的)인 상처를 입히는 악재(惡材)로 작용(作用)을 하는 것이다.

- 대항하는 세력인 관살(官殺)과 야합(野合)을 하는 경우도 생기니, 그것은 배반을 하는 경우인 것이다. 내부(內部)기밀(機密)이 밖으로 유출(流出)이 되거나, 내부적(內部的), 외부적(外部的)으로 실수(失手)를 하여 대항 세력이나, 저항세력에게 빌미를 제공하는 경우인 것이다.

- 식상(食傷)이 관살(官殺)을 억제하여 일간(日干)을 보호(保護)하는 경우 와는 정반대(正反對)의 상황인 것이다.

● .종격(從格)과 용신(用神)과의 관계.

종격(從格)에서는 종격(從格)의 성격 파악이 중요한 것이다. 주체(主體)가 무엇인 가? 를 알아야 한다는 것이다. 사람도 그러하듯 재력(財力)과, 권력(權力)과, 명망(名望)이 높을 때는 눈에 보이는 것이 없는 것이다. 알면서도 제어(制御)가 안 되는 것이다. 아부하고, 충성하는 것만 보이는 것이다.

이미 돌아버린 사람인 것이다. 조금이라도 싫은 기색(氣色)이 보이거나 반항(反抗)을 한다면 용서가 없는 것이다. 단칼이다.

용신(用神)도 이에 준(準)하는 것이다. 손발이 안 되는 존재는 필요로 하지를 않는 것이다. 강한 세력을 기준하여 인성이 되어야 하고, 비겁이거나, 식상이 되어야 하는 것이다. 수입(收入)과 지출(支出)만 되면 되는 것이다. 막말로 한다면 먹고, 싸고 하면 끝이라는 것이다.

● . 종아격(從兒格)의 용신(用神).

종아격(從兒格)이란 ? 아(兒)에 종(從)하는 격(格)이다.

아(兒)란? 식신(食神)과 상관(傷官)을 포함하여 이른다.

여성에게는 자식(子息)을 의미한다. 일간(日干)인 아(我)가 생(生)하여 주는 존재(存在)인 것이다. 종족(種族)의 번식(繁殖)을 의미하는 것이다.

아(我)는 자기의 자식(子息)을 생(生)하여 준다 하였으니, 자식이 있는 부모임에는 틀림이 없는 것이다. 2세를 위하여 1세가 희생(犧牲)을 하는 것이다.

생(生)에는 조건(條件)이 필요 없고, 이유(理由)도 없고, 무조건(無條件)적인 것이다. 득실(得失)을 논(論)할 필요도, 생(生)과 사(死)도 필요 없는 것이다. 맹목적(盲目的)이고, 헌신적(獻身的)인 것이다.

인 간사(人間事)의 현실(現實)은 어떤가? 요즈음은 할 만큼 했으면 노후(老後)에는 자기 것은 자기가 갖고 쓰고, 활용(活用)을 하다가 있으면 주는 것이고, 없으면 마는 것이다. 어찌 보면 당연한 것이다.

● 그렇다면 자식은 어떤가?

부모(父母)의 은덕(恩德)을 입고 열심히 노력을 하여 그 은공(恩功)에 보답을 하는 것이다. 그것은 무엇인가? 자기의 앞가림이라도 똑바로 하는 것이다.

자식(子息)도 성장(成長)하여 부모가 되면, 자기 자식은 올바르게 풍족하지는 않아도 자식이 자라서 자립(自立)하는데 까지 불편함이 없도록 보살펴주는 것이 부모(父母)의 도리(道理)가 아닌가?

그 과정(過程)에서 자식(子息)은 자기 자식만을 돌보는 것이 아니라, 기력(氣力)이 쇠(衰)하여지는 부모(父母)에게 봉양(奉養)을 해야 할 책임이 생기는 것이다. 양쪽을 다 책임을 져야 하는 것이다. 책임(責任)이 막중한 것이다.

그것이 항상 대물림으로 이어지는 것이다. 이것이 인간사(人間事)인 것이다.

여기에서 슬기롭게 인생을 영위하기 위해 많은 사람들이 갖은 노력을 다한다.

개중에는 정도(正道)로 가는 사람도 있고, 편도(偏道)로 가는 사람도 있고, 사는 방법이 갖가지다. 각자가 가지고 있는 능력(能力), 처한 환경(環境)에 따라 변화가 생기는 것이다. 종아격(從兒格)을 논하면서 위의 관계를 연관시켜보자. 종아란 갖고 있는 음덕을 베풀면서 희생, 갱생을 하는 것이다.

❖ 종아격(從兒格)이란 ?

일단 신약(身弱)하여야 성립(成立)이 되는 것이다.

내가 기운이 강(强)하면 남에게 의지(依支)할 이유가 없는 것이다. 시골이라고 하지만 이제는 시골이라는 용어가 어울리지가 않는다. 그냥 지방이라고 하자.

▣ 지방(地方)에 계시는 부모님을 대도시에 사는 자식이 모셔서 같이 살기를 원한다고 한다하자.

부모님이 연로(年老)하시고, 기력(氣力)이 쇠하여 거동이 불편하시다면 생각해볼 문제이다. 또 그렇게 하여 서울로 올라가 사시는 분들도 많으니 말이다. 그러나 현실은 아니다. 내가 먹고 살만하고, 공기도 좋고, 구태여 무엇 하러 도시로 올라가 그 성냥갑 같은 아파트에서 사누? 하면서 거절을 한다.

- 일간(日干)인 부모가 강(强)하니 따라가서 안 산다는 것이다. 거기에 논, 밭, 집 등 인수(印綬)가 풍족하니 더더욱 안 가는 것이다.
- 자식(子息)인 식상(食傷)의 입장에서 부모님을 모시고 산다면 종아격(從兒格)이 성립이 되는데, 모시지 못하게 되어 종아격(從兒格)이 성립이 안 되는 것이다.
- 원인(原因)은 아직 건강(健康)하신 것이다. 그 다음은 인수(印綬)인 부동산이며 여력(餘力)이 충분(充分)하신 것이다. 종아격(從兒格)에는 기신(忌神)의 역할을 하는 것이다.
- 희신(喜神), 용신(用神)은 재성(財星), 식상(食傷), 비겁(比劫)을 보는데,

비겁(比劫)의 경우는, 그 기운(氣運)이 식상(食傷)으로 흘러간다.

● 인수(印綬)와 함께 온다면 생각할 여지(餘地)가 있지만, 결국에는 직접 오는 것이므로 크게 걱정할 것이 없다. 흐름에 막힘이 없는 것이다.

● 인성(印星), 관살(官殺)을 기신(忌神)으로 본다.

● 인성(印星)의 경우 식상(食傷)과는 극(剋)의 관계라 편인(偏印), 인수(印綬) 역시 식신(食神)이나, 상관(傷官)과는 대립적(對立的)인 관계이므로 흉(凶)으로 보는 것이요, 심할 경우는 극단적(極端的)인 경우도 생긴다.

실전사주

甲	癸	癸	乙
寅	亥	未	卯

▷ 미(未)월의 계(癸)수 일간이다.

지지(地支)에 해(亥)수를 놓고 있다.

곤명(坤命)

이 경우는 계(癸)수 일간이 식상(食傷)이 왕(旺)하여 종아격(從兒格)으로 변하는 것이다.

완벽한 종아격(從兒格)은 아닐지라도, 일간(日干) 자체도 스스로의 자존심을 지키면서 종아격(從兒格)의 형태를 취하고 있는 것이다.

서로의 위상을 세우면서 협력하여 나아가는 보기 좋은 종아격의 형태이다.

식상(食傷) 자체도 일간(日干)을 그리 우습게보지를 못하는 것이다.

비견과 비겁이 있어도 오히려 식상으로 화(化)하고 스스로의 권위(權威)를 그리 강조하지는 않는다. 그러나 항상 스스로의 기력은 지키고 있는 것이다.

완벽한 종격은 그리 흔치가 않다. 판단은 각자가 알아서 할 몫인 것이다.

여성(女性)의 사주인데 팔자라고 하기에는 안타까운 사주인 것이다.

모든 것은 생각하기 나름이라고 하지만 평온한 사주(四柱)란, 오행(五行)을 구비하고 여린 듯 하며 강하게 사는 것이 사람다운 삶을 사는 것이다.

지나친 배품으로 인하여 결국은 자신(自身)을 잃어버리는 것이다.

● . 종재격(從財格)의 용신(用神).

종 재격(從財格) 역시 재(財)에 종(從)하는 것을 좋아한다. 이것 역시 일간(日干)이 약(弱)하여야 성립이 된다.

◎ 식상(食傷)은 일간의 기운을 소진(消盡)시키는 역할을 하니 종재격(從財格)에서는 환영을 받는다.

◎ 식상(食傷)은 재성(財星)에게 한없는 생(生)을 하여 살찌우니 고마운 것이다. 결국 희신(喜神)이요, 구신(救神)이 되는 것이다.

◎ 인수(印綬)나, 비겁(比劫)은 재성을 극하려 하니 똥을 밟는 것이요, 벌집을 쑤시는 격인 것이다. 재성(財星)에는 가소로운 기신(忌神)인 것이다.

실전사주

戊	癸	丁	丁
午	巳	未	未

▷ 미(未)월의 계(癸)수 일간이다.

지지(地支)에 사(巳)화를 놓고 있다.

곤명(坤命)

⬆ 계(癸)수 일간(日干)의 편관(偏官)격 사주이다. 편관(偏官)이 변하여 재성(財星)으로 바뀐 것이다. 용신(用神)은 무엇일까?

오히려 강(強)한 재(財)의 기운(氣運)에 종(從)하여 종재격(從財格)으로 바뀌어버린다. 시간(時干)의 무(戊)토와는 무(戊)-계(癸)합(合)을 이룬다.

합화격(合化格)의 성립은 가능할 것인가?

시상정관격(時上正官格)이요, 편관격(偏官格)이요, 잡기재격(雜技財格)이요, 종재격(從財格)이 성립이 되는 것이다.

➡ 여기에 추가 한다면 합화격(合化格)도 떠올려진다.

시간(時干)의 무(戊)토가 연하(年下)의 남편(男便)이다. 시댁(媤宅)에서 하는 일을 같이 도우며 하고 있는데 무엇인가를 따로 하고 싶어 이것저것 하여

보려고 하여도 제대로 되지가 않는단다.

몇 번 시도를 하였다가 손해를 많이 본 것이다. 당연한 귀결(歸結)인 것이다. 여성에게 재성(財星)은 시집이요, 시어머니다. 재성(財星)의 기운이 강(强)하니 시어머니가 건강하시다. 같이 일을 하고 있단다. 식구들과 어울려서 일을 하면 잘되는데, 따로 하려면 항상 마(魔)가 낀단다. 그저 묵묵히 때가 오면 다 움직인다. 이것이 종재격(從財格)의 특징(特徵)이다.

억지로 벗어나려고 하면 안 되는 것이다. 차라리 섞여서 편안하게 밀고 나가는 것이 순리(順理)인 것이다.

◆ **종재격(從財格)에서 용신(用神)을 찾을 때 참고할 사항.**

- 종격의 용신 기본 사항은 일맥상통(一脈相通)한다. 일간(日干)인 아신(我身)이 신약(身弱)하고, 모두 재성(財星)에 속하는 경우가 성립이 되는데 기면종재, 종재에 해당하는 사항에 무리가 없어야 한다.

- 종재격(從財格)이므로 재성(財星)이 왕(旺)해야 한다. 종신(從神)인 재성(財星)을 생(生)하는 식상(食傷)운이나, 재성운이 좋고 거역하는 인성(印星)운이나, 비겁(比劫)운은 흉(凶)으로 작용을 한다.

- 여기에서 재성(財星)은 권신(權神)인 것이다. 권신에 도움이 되거나, 생(生)을 하여 권력(權力)이 더욱 강화되도록 도우는 운은 길(吉)이요, 희신(喜神)이요, 구신(救神)이고, 권신(權神) 자체가 용신(用神)이 되는 것이다. 독재(獨裁)자인 것이다. 이에 거역하거나 비협조적이요, 저항(抵抗)하는 기운은 흉(凶)으로 작용을 하니 기신(忌神)이요, 구신(仇神)으로 보는 것이다.

- 일간(日干)을 극(剋)하는 운은 좋으나, 생조(生助)하는 운은 흉(凶)으로 작용을 한다. 재성을 극(剋)하거나, 공망(空亡), 형충파해(刑沖破害)는 싫어하고, 흉(凶)으로 작용을 한다. 자연 용신(用神)과는 거리가 멀어진다.

● . 종살격(從殺格)의 용신(用神).

종살격(從殺格)은 가진 것도 없고, 배운 것도 없고, 의지할 곳도 없고 오직 관살(官殺)만이 판치는 세상인 것이다. 관살(官殺)이란 나를 통제하는 악법과도 같은 존재인 것이다. 악법(惡法)도 법인 것이다. 힘없는 자의 서러움인 것이다.

관성(官星)의 문제인데, 정관(正官)도 많으면 편관(偏官)의 구실을 하는 것이요, 편관(偏官)도 많으면 정관(正官)의 역할도 하는 것이다. 정관이든, 편관이든 일단 많으면 두 가지의 성향을 나타내는 것이다. 종관격(從官格), 종살격(從殺格)이라는 말도 나오지만 결국은 같은 의미로 변질(變質)이 되는 것이다.

일 간(日干)이 신약(身弱)하고 관살(官殺)이 많아서 그 세력(勢力)에 따라가는 것인데, 일간(日干)의 모든 것을 포기하고, 관살(官殺)의 모든 것과 같이 행동(行動)을 하는 것이다.

❀ 여기에도 진종(眞從)과 가종(假從)이 있다. 일단 음(陰)은 진종(眞從)으로 보고, 양(陽)은 가종으로 보는 것이 일차적(一次的)인 방법이다.

▷ 용신(用神)은 관살(官殺)과 재성(財星)이 된다.

● 주축이 되는 관살(官殺)과, 뿌리가 되는 재성(財星)이 된다. 관살과 같이 일간을 괴롭히는 존재이다. 식상도 일간의 기력을 소진(消盡)시키지만 관살(官殺)을 극(剋)하므로 제외된다. 기신(忌神)은 인성(印星)과 비겁(比劫)이 된다. 일간(日干)을 도와주는 인성(印星), 비겁(比劫), 관살(官殺)을 극(剋)하는 식상(食傷)이 종살격(從殺格)의 기신(忌神)이 된다.

실전사주

乙	乙	辛	乙
酉	丑	巳	巳

▷ 사(巳)월의 을(乙)목 일간이다.
지지(地支)에는 축(丑)토를 놓고 있다.

건명(乾命)

⬆ 을목 일간(日干)의 사주이다. 편관(偏官)이 월간(月干)에 투출(透出)을 하였다. 식상(食傷)이 변하여 관(官)으로 화(化)한 경우이다.

관(官)이 천간(天干)에서 참으로 고생이 많다. 을(乙)목이 의지할 곳이 없다. 왕한 관성(官星)의 기운에 종(從)하는데 문제가 많다. 지지에서 삼합(三合) 국(局)을 형성하였지만, 천간(天干)에서 제대로 역할을 못한다. 날이 부러진 칼이요, 흠투성이인 보석이다. 이런 사주에서는 어떤 경향이 나타날까?

사업을 하다 실패를 하고 실형을 선고받고 수형생활을 하다, 현재 기소중지 상태요, 아내와도 이혼(離婚)을 한 사람이다. 이 사람이 하는 사업도 엉뚱한 사업이다.

사회적으로도 많은 물의를 일으키는 일종의 다단계였었는데 망(亡)한 것이다.

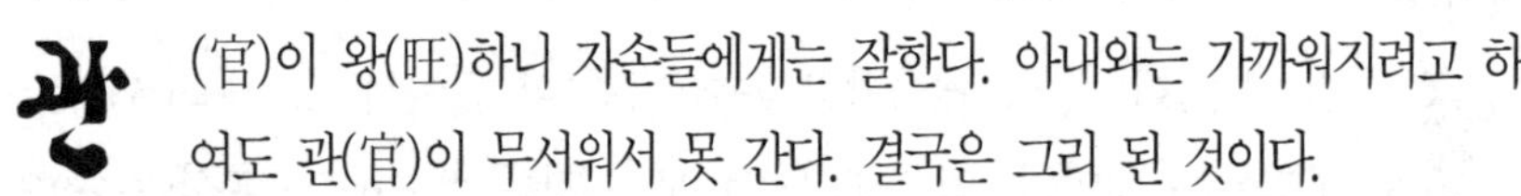

（官)이 왕(旺)하니 자손들에게는 잘한다. 아내와는 가까워지려고 하여도 관(官)이 무서워서 못 간다. 결국은 그리 된 것이다.

◉ 다시 재결합(再結合)을 시도 하지만 아내와는 영원히 먼 사람이다.

관(官)에 종(從)하여도 잘못되면 이런 경우로 돌변(突變)을 하는 것이다.

신(辛)금이 아니고 경(庚)금 이었으면 어떨까? 많은 차이가 날 것이다.

◆ .종살격의 용신과 특징.

종살격(從殺格)이란 적군(敵軍)에 투항하여 백기를 드는 것이다. 노예문서를 작성하는 것이나 다름이 없는 것이다.

여기에서도 음(陰), 양(陽)의 차이가 나타난다. 음(陰)은 순순히 종(從)하니 진종(眞從)이 되는 것이요, 양(陽)은 불만이라 가종(假從)이 되는 것이다.

길운(吉運)이 용신(用神)운이요, 흉(凶)운이 기신(忌神)운인 것이다.

♟ 길(吉)로 작용————————관살(官殺)을 강(强)하게 하거나, 돕는 운이요,

♟ 흉(凶) 작용————————일간(日干)을 강(强)하게 하거나, 도와주는 운.

● . 종세격(從勢格)의 용신(用神).

적 의 연합군에 의하여 완전히 포위가 된 것이다. 각각의 지분을 갖고 연합하여 일간(日干)을 공격하는 것이다. 혼자서 여럿을 상대하다보니 힘이 다 떨어진 것이다. 겨우 명맥(命脈)만을 유지하는 것이다.

❖ 일간의 기운을 앗아가는 세력은 식상(食傷), 재성(財星), 관살(官殺)의 세 세력이다. 아(我)를 도와주는 인성(印星)이 파괴되거나, 기력(氣力)이 미비(未備)한 것이다. 일종의 용도(用度)폐기(廢棄)인 것이다. 운(運)에서나 변수(變數)가 생겨야 쓸모가 생기는 것이다.

❖ 이제는 연합군에서 내분이 일어날 차례이다. 여기에서 내분이 일어난다면 식상과 관살이 다투는 것이다. 재성은 어디가 왕(旺)하여도 손해 볼 것이 없는 것이다. 처신(處身)에 그만큼 유리한 것이다. 그리고 재성(財星)이 없이는 연합이 유지되지가 않는다. 재성(財星)이 흐름을 관장(管掌)하기 때문인 것이다. 그러나 만약 다른 기운(氣運)이 강(强)하다면 할 수 없이 기세(氣勢)에 따르는 수밖에는 없는 것이다. 그러나 결코 오래가지를 못하고 또 바뀌는 것이다. 재성(財星)이 변화에 중추적(中樞的)인 역할을 하기 때문인 것이다. 운(運)의 바뀌는 주기(週期)가 있으므로 변화의 시간이 성립은 된다. 흐름이 항상 양쪽을 어우르기 때문인 것이다.

❖ 식상(食傷)이 강(强)하면 그것이 재성(財星) 까지는 이어지나, 관성(官星) 까지는 이어지지는 않는다. 힘이 미치지가 않고 대립관계 이기 때문이다.

❖ 금전(金錢)복(福) 까지만 준 것이다. 항상 시기(時期)를 잘 맞추어야 하는 것이다. 재성운(財星運)은 관성(官星)까지는 이어지나 인성(印星) 까지는 못 간다.

❖ 경제인(經濟人)은 정치(政治)에 발을 들이고, 정치(政治)에 입문(入門)하

여 어느 정도는 간다. 그러나 끝까지는 못 가는 것이다.

❖ 관성(官星)운은 그 자체에서 끝이 난다. 인성(印星)운은 일간(日干)을 돕고, 이미 식상운(食傷運)이 관성(官星)을 극(剋)하고 있는 중이다. 어느 정도 인성(印星)까지는 가나 흉내만 낼 뿐 곧 막을 내린다.

❖ 종세격(從勢格)에서 그래도 세력(勢力)의 유지기간이 가장 긴 것이 그래도 식상(食傷)이다. 인기스타들이 그래도 오래간다는 것이다. 왔다 갔다 하기도 쉽고, 재성(財星)이 항상 중간(中間)에서 역할을 하기 때문인 것이다.

❖ 움직이면 돈이 되기 때문이다. 성공한 케이스는 미국의 레이건 대통령인 것이다. 국내에서도 연예인들은 정계(政界)에 입문(入門)을 하고, 나온 후에도 열심히 활약을 하는 것이 그것을 증명하는 것이다.

❖ 정치인(政治人)들은 물러나면 그것으로 그만인 것이다. 경제인(經濟人) 역시 물러나도 경제인(經濟人)으로 갈수가 있는 것이다. 그러나 정치(政治)색이 짙은 경제인은 그것으로 끝나는 것이다. 자기가 갖고 있는 재물이 부족(不足)하기 때문인 것이다. 오너가 아닐 경우인 것이다.

❖ 그러나 이 모든 과정에서 정치에서 인성(印星)으로 가는 길이 있다. 그것은 출판(出版)이요, 강연(講演)이다. 인성(印星)에 해당하는 것이다. 이것도 큰 업적(業績)을 이룰 경우에 해당하는 것이다. 아무나 하는 것이 아니다.

실전사주

丙	庚	辛	乙
戌	午	巳	巳

⇨ 사(巳)월의 경(庚)금 일간이다.

지지(地支)에는 오(午)화를 놓고 있다.

곤명(坤命)

경(庚)금 일간(日干)의 사주인데, 관(官)의 기운(氣運)이 강(强)하다.

여 기서는 무엇이 문제일까? 여성(女性)의 사주이다.

사람이 결혼을 하여 서로 사랑하면서, 아끼고 살아도 다 못 사는 세상이다. 매를 맞고, 구타를 당했던 여성이다. 극(剋)이요, 충(冲)이요, 합(合)이요, 복잡다난(複雜多難)한 세상살이다. 남편의 의처증(疑妻症)으로 인하여 수모를 겪었던 사람의 사주인데, 기운이 말년(末年)까지 이어지니 문제인 것이다.

● 가난하고, 어려운 환경에 처하면 많은 사람들은 어서 빨리 이 곤란한 환경에서 벗어나야지 하며 온갖 노력을 다 한다. 어찌어찌하여 그 환경을 벗어나면 아! 이제는 해방(解放)이구나 하면서 그동안의 모든 괴로움을 잊어버린다. 물론 당연한 결과인 것이다. 그러나 문제는 그것이 아니다. 어려움을 당한 남을 볼 경우 자신의 과거를 잊고, 더 냉정(冷情)하여 진다는 것이다. 사람이 변(變)하는 것이다.

● 용신(用神)도 마찬가지인 것이다. 세력(勢力)에 종(從)하여 어려운 처지를 벗어나기 위하여 종(從)하고 나서, 운(運)이 변하여 스스로 살 길이 생길 경우, 가차 없이 배반(背反)을 한다는 것이다. 종세격(從勢格)이 변하는 것이다. 이때는 사주 전체의 판도를 다시 짜야 한다는 것이다. 여기에서 많은 실수가 나오는 것이다. 종세격(從勢格), 그 자체로만 안이하게 판단을 한다는 것이다. 변화하는 과정으로 착각을 한다.

● 사주가 완전히 다른 형태로 변한다. 인정사정 볼 것 없이 달라진다. 그대로 통변(通辯)을 한다면 낭패(狼狽)인 것이다. 새로운 사주(四柱)로 다시 보아야 한다는 것이다.

● 이런 유형의 사주가 변화가 심할 경우, 특히 지지(地支)에서 변화가 심한 사주의 경우는 용신(用神)의 변화(變化)에 집중을 하여야 한다.

● 널뛰기 하는 사주로 변한다.

● . 종강격(從强格)의 용신(用神).

여기에서 왕(旺)하고, 강(强)하고의 의미 구별이 필요하여진다.

강(强)하다는 것은 "도움으로 인한 것이요," "왕(旺)하다는 것은 자력(自力)으로 인한 것이다." 라고 구분을 하면 편할 것이다.

▶ 강(强)한 경우인 것이다.

많은 도움으로 인하여 형성(形成)이 되는 것이다. 특징은 재관(財官)이 없거나 무기력(無氣力)한 것이다.

여기서 문제가 되는 것이 있는데 인성(印星)이 많아 강(强)해진 경우가 대부분인데, 인성(印星) 자체는 많아도 결국 그것이 견겁(肩劫)이 아니라는 것이다. 일간(日干) 자체가 허약(虛弱)하다는 것이다.

비겁(比劫)이 어느 정도 있고, 인성(印星)이 있는 경우라 하여도 인성(印星)이 더 많은 것이다.

견겁(肩劫)이 많다면 종왕격(從旺格)으로 할 것이니 말이다.

▷ 용신(用神)은 비겁(比劫)과 인성(印星)이 된다.

▷ 기신(忌神)은 재성(財星), 관살(官殺)이 된다.

● .인성(印星)이 지나치게 강하면 어떤 결과가 나올까?

인성(印星)이 지나치게 강(强)하면 오히려 그것이 독(毒)으로 작용하는 경우가 많이 나온다. 항상 지나치면 화(禍)가 되는 것이다.

보살핌이 지나치면 안일하고, 게을러지고, 독립심이 약화된다. 한동안 화제(話題)가 되었던 반달곰의 야생환경 적응이 바로 그러한 결과인 것이다.

특히 많으면 식상(食傷)을 극(剋)하니 도식(倒食)도 되고, 인수(印綬)라 하여도 많으면 그 역시 좋을 것이 없는 것이다. 재성(財星) 역시 역(逆)으로 당하고, 관성(官星) 역시 무력하여 인성에 무조건 화(化)하는 것이다.

● . 종왕격(從旺格)의 용신(用神)

종왕격(從旺格)이란? 내가 왕인 것이다. 통, 반장 다 하는 것이다.

지들끼리 끼리끼리 다 해먹는 것이요, 한 집안에서 다 말아먹는 것이다.

해먹어도 남이 해 먹는 것 보다는 낫다고 생각을 하고 있는 것이다.

체적으로 종왕격(從旺格)일 경우 의지(意志)가 굳고, 적극적(積極的)이고, 과감(過感)하다고 하지만 반대로 생각도 하여보아야 한다.

자기 식구밖에 모르니 의지(依支)력이 매우 강(强)한 것이다.

🔵 내가 하다말면 누가 하겠지 인 것이다.

🔵 주변의 세력을 믿고 까불다가 항상 혼난다.

🔵 개뿔도 없는 주제에 있는 척은 다 한다.

🔵 손에 준 것도 없으면서 먹기는 왜 먹나?

🔵 무전(無錢)취식(取食)으로 철창행지는 사람들이 간혹 있다.

🔵 자존심(自尊心)은 강(强)하여 없을 때 손 벌리다가도 있으면 언제 그랬느냐는 식이다.

🔵 벌어서 먹고 쓰자는 주의이다. 미래에 대한 비젼을 별로 갖지를 않는다.

🔵 체격이 대체적으로 큰 편이다. 간혹 작은 경우도 있으나 적은 편이다.

🔵 힘을 쓰는 직종에 어울린다. 호운으로 흐르면 대길(大吉)이나 어려운 고비를 자주 넘겨야 한다.

▷ 용신(用神)은 비겁(比劫), 인성(印星), 식상(食傷)

▷ 기신(忌神)은 재성(財星), 관살(官殺)이다.

🔵 종왕격(從旺格)은 인성이 어느 정도 포함이 되는 경우도 성립이 되는 것이다. 다만 그 기운이 비겁에 비하여 매우 약소(弱小)하다는 것이다.

🔵 보통 종강격, 종왕격, 종강격등을 다 같은 맥락으로 보아 통틀어 공용(公用)으로 사용하는 의미도 있다.

◔ . 강왕격(强旺格)의 용신(用神)

강 왕(强旺)격은 종왕격(從旺格)과 종강격(從强格)의 특징(特徵)을 모두 갖고 있는 경우이다.

● 중간선이라는 기준이 약간은 애매한 면도 있으나, 인성(印星)과 견겁(肩劫)의 기운(氣運)으로만 가득 찬 경우가 되는 것이다.

● 여기에서의 용신도 종강격(從强格)이나, 종왕격(從旺格)이나 다를 바가 없다. 다만 한 쪽으로 기운이 기운 것이 아니라, 두 기운이 서로 전체를 장악하고 있는 것이다.

● 국회에서 제1당과 제2당이 의석수를 거의 다 차지하고 있는 것이다. 마치 싹쓸이를 하는 형국(形局)인 것이다. 제3당이나 제4당이 발을 디딜 곳이 없는 경우인 것이다. 양당(兩黨)의 합의(合議)로 모든 안건이 해결이 되는 것이다.

● 주체(主體)는 여당(與黨)이 되듯, 사주에서는 일간(日干)이 되는 것이다. 국회 에서는 여야가 서로 자기들의 주장을 굽히지 않고 자기들의 기득권을 주장하려 하지만 사주에서는 한 쪽으로 기운이 몰리는 것이다. 주체(主體)인 일간(日干)이 강(强)해져야 한다는 명제(命題)가 있는 것이다.

● 강왕격(强旺格)은 사주 전체가 일기(一氣), 또는 생(生)하는 기운(氣運)으로만 성립이 되어, 타(他)의 존립을 싫어하는 것이다. 자연 용신(用神)도 전체가 되니 어찌 보면 용신(用神)이 없는 것으로 보이기도 하는 것이다. 기운이 지나치게 강하다보니 타(他)의 영향 즉 관(官)의 제재도 개의치를 않는다. 정신병자나 노숙자 같은 경우는 마치 치외법권에 있는 듯한 착각을 일르키는 것이다. 그러나 자중지란(自中之亂)으로 인하여 화(禍)를 입는 경우가 있다. 무전취식으로 인하여 즉 겁재(劫財)의 현상으로 인하여 관재(官災)를 당하고, 건강(健康)도 망가지는 경우이다.

● . 화기격(化氣格)과, 합화격(合化格)의 용신(用神).

화기격(化氣格)과, 합화격(合化格)을 논(論)하기 이전에 일반적(一般的)인 극히 일반적(一般的)인 이야기를 하여보자.

- 색(色)을 혼합하는데 흑(黑)과, 백(白)을 혼합한다고 하자.
- 흰색에 검은 색을 섞는 경우이다.
- 적은 양을 섞어도, 이미 흰색은 바탕의 흰 깨끗함을 지킬 수 없다.
- 중화(中和)를 이루면 회색을 이룬다.
- 검은 색이 강(强)하여 농도(濃度)가 진하면 흰색을 잊어버린다. 즉 보이지가 않는 것이다. 흰색 본인의 의사(意思)와는 상관이 없는 것이다.

▶ 화기격(化氣格)과 합화격(合化格)의 차이는 무엇인가?

용신(用神)을 구할 때 화기격(化氣格)과, 합화격(合化格)의 구별이 필요하다.

✪. 화기격(化氣格)의 성격(成格).

일간(日干)이 월간(月干), 시간(時干)과 합(合)하여 다른 오행(五行)으로 변(變)하여 화(化)하는 경우를 말한다. 여기에서 필요한 사항은 월지(月支)가 화(化)한 오행(五行)이어야 한다는 것이다.

❖ 갑(甲)-기(己) 합(合)의 경우. -----토(土)로 변화(變化)한다.

일간(日干)이 갑(甲)과, 기(己)로 구분이 된다.

일간(日干)	갑(甲)일 일 경우	기(己)일 일 경우
월간(月干)	기(己)---월간(月干)	갑(甲)---월간(月干)
시간(時干)	기(己)---시간(時干)	갑(甲)---시간(時干)

☯ 화기격(化氣格), 합화격(合化格)의 용신(用神).

❖ **을(乙)-경(庚) 합(合)의 경우.-----금(金)으로 변화(變化)한다.**

일간(日干)	을(乙)일 일 경우	경(庚)일 일 경우
월간(月干)	경(庚)---월간(月干)	을(乙)---월간(月干)
시간(時干)	경(庚)---시간(時干)	을(乙)---시간(時干)

❖ **병(丙)-신(辛) 합(合)의 경우.-----수(水)로 변화(變化)한다.**

일간(日干)	을(乙)일 일 경우	경(庚)일 일 경우
월간(月干)	경(庚)---월간(月干)	을(乙)---월간(月干)
시간(時干)	경(庚)---시간(時干)	을(乙)---시간(時干)

❖ **정(丁)-임(壬) 합(合)의 경우.-----목(木)으로 변화(變化)한다.**

	을(乙)일 일 경우	경(庚)일 일 경우
월간(月干)	경(庚)---월간(月干)	을(乙)---월간(月干)
시간(時干)	경(庚)---시간(時干)	을(乙)---시간(時干)

❖ **무(戊)-계(癸) 합(合)의 경우.-----화(火)로 변화(變化)한다.**

	을(乙)일 일 경우	경(庚)일 일 경우
월간(月干)	경(庚)---월간(月干)	을(乙)---월간(月干)
시간(時干)	경(庚)---시간(時干)	을(乙)---시간(時干)

● . 화기격(化氣格)의 특징과, 조건(條件).

ㅁ. 특징(特徵).

각각 정관(正官)과의 합(合)이다. 음(陰)을 여성(女性)으로 보고, 양(陽)을 남성(男性)으로 보는 것이다. 부부(夫婦)의 합(合)인 것이다. 부부(夫婦)는 일심동체(一心同體)라고 하지를 않는가? 부부(夫婦)의 연(連)이 맺어지는 것은 어찌 보면 간단할 것 같아도 만만치는 않은 일이다.

용신(用神)을 설명하면서 이것을 다루는 것은 그만한 이유(理由)가 있기 때문인 것이다. 여기에서 많은 실수(失手)를 하기 때문인 것이다.

합 화격(合化格)은 변화(變化)가 많다. 특히 주변의 변화인, 운(運)의 변화에 대하여 세심한 주의가 필요하다.

✽ 성격(成格)이 되었다가, 파격(破格)으로 변하기도 하고, 파격(破格)이 되었다가도 성격(性格)이 되기도 하므로 많은 주의가 필요한 것이다.

✽ 변화가 무쌍한 것이다. 기신(忌神)이 희신(喜神)이 되기도 하고, 희신(喜神)이 기신(忌神)이 되기도 하는 변화가 자주 나오는 것이다.

● . 화기격(化氣格)의 조건(條件).

⇨ 천간(天干)에서의 조건.

천간(天干)에서 갖추어야 할 요건(要件)인 것이다. 무조건 합(合)이 되는 것이 아니다. 방해(妨害)자가 있는가? 환경(環境)이 적합(適合)한가? 각자가 자질(資質)이 충분한가? 여러 사항을 살펴야 하는 것이다.

일간(日干)을 중심으로 이루어져야 한다. 일간이 빠진 합(合)은 소용이 없는 것이다.

☯ 화기격(化氣格), 합화격(合化格)의 용신(用神).

일(日)과 시(時), 일(日)과 월(月)처럼 구성이 되어야 한다.

일(日)과 년(年)의 경우는 월(月)에서 중간에 있으므로 그 작용을 살펴야 한다. 화기격(化氣格)이 이루어지지가 않는다.

▶ **각자가 일대일(一對一)이 되어야 하는 것이다.**

부부(夫婦)는 각자가 한 사람씩이다. 어느 한 쪽이 더 많다면 이루어지시가 않는 것이다. 음(陰)과 양(陽)이 각각 일위(一位)씩 되어야 한다는 것이다. 여기에서 투합(妬合), 쟁합(爭合)이 나온다.

▷ 투합(妬合) : 여기에서의 투(妬)는 시샘하다, 질투하다. 라는 뜻이다.

▷ 쟁합(爭合) : 쟁(爭)은 다툼인데 물리적인 작용도 마다하지 않는 다툼과 도 같은 것이다. 경쟁(競爭)인 것이다.

▶ 투합(妬合)은 여성적(女性的)인 시샘이요, 질투요, 경쟁이고, 쟁합(爭合)은 힘을 앞세워서라도 취하고자 하는 남성적(男性的)인 다툼이다. 양(陽)에 대한 음(陰)의 다툼인 투합(妬合)이요, 음(陰)에 대한 양(陽)의 싸움인 쟁합(爭合)인 것이다. 파격(破格)으로 보며 합화(合化)가 성립(成立)이 안 된다.

▷ **지지(地支)에서의 조건(條件).**

각 각이 월지(月支)에서 갖추어야 할 요건(要件)인 것이다. 월지(月支)의 중요성(重要性)이 여기에서 나오는 것이다.

❀ 합(合)하여 화(化)하는 오행(五行)과 동일(同一)한 오행(五行)이어야 한다는 것이다.

🔮 **갑(甲)-기(己) 합(合) 일 경우.**

🔮 월지(月支)에 진(辰), 술(戌), 축(丑), 미(未)를 갖추어야 한다.

🔮 **을(乙)-경(庚) 합(合)의 경우.**

- 월지(月支)에 신(申), 유(酉) 혹은 사(巳), 유(酉), 축(丑)을 갖춘다.
- **병(丙)-신(辛) 합(合)**일 경우.
- 월지(月支)에 해(亥), 자(子), 또는 신(申), 자(子), 진(辰)이 와야 한다.
- **정(丁)-임(壬) 합(合)**일 경우.
- 월지(月支)에 인(寅), 묘(卯) 혹은 해(亥), 묘(卯), 미(未)를 갖추어야 한다. 그 중 왕기(旺氣)인 묘(卯)를 갖추는 것이 진(眞)인 것이다.
- **무(戊)-계(癸) 합(合)**일 경우.
- 월지(月支)에 사(巳), 오(午) 또는 인(寅), 오(午), 술(戌)이 갖추어져야 한다. 여기서는 오(午)화가 된다. 각각의 왕기(旺氣)가 진(眞)으로 취급된다. 병(丙)-신(辛)은 자(子), 을(乙)-경(庚)은 유(酉)이다.

● **. 파격(破格)이 되면 성립이 안 된다.**

파격(破格)은 어떤 경우 성립(成立)이 되는가?

▣ **갑(甲)-기(己) 합(合)**의 예를 본 것이다.

甲 己 己 ○,	己 甲 己 ○,	甲 己 甲 ○,	○ 己 甲 甲
○ ○ ○ ○	○ ○ ○ ○	○ ○ ○ ○	○ ○ ○ ○

일대일(一對一)의 조합(組合)이 이루어지지 않은 경우이다.

▣ 합화(合化)된 오행(五行)을 극(剋)하는 오행(五行)이 있으면 안 된다.

辛 辛 丙 戊	⇨ 신(辛)금 일간이다. 이대일(二對日)이라 불성립.
○ ○ ○ ○	무(戊)토가 합화(合化)된 수(水)를 극(剋)한다.

▣ 합화(合化)된 오행(五行)을 극(剋)하는 합(合)의 결정(結晶)이 있어도 파

격(破格)이 된다. 을(乙)-경(庚)은 금(金)이요, 무(戊)-계(癸)는 화(火)이다. 화(火)가 금(金)을 극(剋)하는 것이다.

庚	乙	戊	癸
○	○	○	○

⇨ 일(日)과 시(時)는 합(合)하여 금(金)이고,

월(月)과 년(瓜年)은 합(合)하여 화(火)이다.

⬇ 파격(破格)과, 성격(成格)의 관계는 항상 고정적(固定的)인 것이 아니다. 항상 운(運)에서의 변화(變化)를 살펴야 한다는 것이다.

⬤ . **합화격(合化格)에서의 진(眞),가(假).**

화기격(化氣格)에서의 진위(眞僞)를 논(論)하는 것이다.

❖ 진(眞)이 될 경우.

진 (眞)이 된다는 것은 화기격(化氣格)으로써, 진실(眞實)로 화(化)한 다는 것이다.

◆ 진(眞)의 조건(條件)은 월지(月支)에 화(化)오행을 갖추고, 화(化)한 세력이 왕(旺)하여야 하는 것이다.

실전사주

丙	甲	己	戊
寅	申	未	午

⇨ 미(未)월의 갑(甲)목 일간(日干)이다.

지지(地支)에는 편관(偏官)인 신(申)금이 있다.

건명(乾命)

⇨ 갑(甲)목 일주의 사주이다. 이 사주(四柱)의 특징(特徵)은? 재성(財星)이 식상(食傷)으로 변하였다. 정재격(正財格)의 사주이다.

재성(財星)이 식상(食傷)으로 변(變)하고, 다시 재성(財星)을 돕고 있다.

사주가 극히 약(弱)한 쪽으로 흐르는 것이다. 본인이 원치 않아도 어쩔 수가 없는 흐름인 것이다. 인성(印星)이 안보이니 본인이 직접 모든 것을 처리하여야 한다. 비겁(比劫)이 용신(用神)인 사주(四柱)인 것이다.

❖ 가(假)가 될 경우.

가(假)가 된다는 것은 진(眞)이 파(破)하여지는 것이다.
진(眞)의 일부분이 변질(變質)되거나, 훼손이 되는 것이다.

실전사주

戊	癸	丁	丁
午	巳	未	未

곤명(坤命)

➩ 무(戊)-계(癸) 합(合)이 보인다.
월지(月支)에 미(未)토가 편관(偏官)인데 재(財)로 변화(變化)한 경우이다.

계(癸)수 일간이다. 종재격(從財格)으로 취급을 하여 앞부분에 소개를 한 사주이다. 지지(地支)가 방합(方合)으로 화국(局)이다. 일간(日干)과 시간(時干)이 무(戊)-계(癸) 합(合)인데 정(丁)-계(癸)충(冲)이 눈에 거슬린다.
정(丁)화가 중복(重複)이 되어 어떤 영향을 미칠 것인가?
참고하여 한 번 살펴보자. 그리고 사오미(巳午未) 화국(局)을 형성하지만, 월령(月令)의 미(未)토가 원래는 관성(官星)이라는 것이 격(格)의 농도(濃度)를 낮추어주고 있다는 사실도 유념을 하자.
연하(年下)의 남편과 결혼을 하여 큰 문제점이 없이 살고 있는 여성이다.
문제는 남편이 무엇을 하여도 시원치가 않다는 것이다. 이것저것 여러 가지를 하여 보았지만 제대로 된 것이 없다는 사실이다. 이러한 사주의 한 단면이지만 특성(特性)이기도 한 것이다. 여성의 경우는 무엇인가를 하려고 하면 틀어지고, 하여도 잘 안 된다. 오히려 그냥 집에서 편안히 하는 일이나 돕는 것이 더 편안하고 일이 더 잘된단다. 시댁에서 개인 업을 하는데 시어머니가 그리 건강하시고 사업수완이 좋으시단다.

● . 화기격(化氣格), 합화격(合化格)에서의 용신(用神).

일 단 월령(月令)을 얻고, 기준(基準)에 준(準)하여 하자(瑕疵)가 없어야 할 것이다.

■ 용신(用神)을 정하는 방법은 화신(化神)을 생(生)해주는 오행(五行)이 용신(用神)이 되고, 극(剋)하는 오행(五行)은 기신(忌神)이 되는 것이다.

	변화(變化) 오행(五行)	용신(用神)	기신(忌神)
❖ 갑기(甲己)	토(土)	화(火)	수(水)
❖ 을경(乙庚)	금(金)	토(土)	목(木)
❖ 정임(丁壬)	목(木)	수(水)	토(土)
❖ 병신(丙申)	수(水)	금(金)	화(火)
❖ 무계(戊癸)	화(火)	목(木)	금(金)

🔹 화기격(化氣格)은 월지(月支)에서 만나고, 왕기(旺氣)를 득(得)하여야 화(化)하여도 진기(眞氣)를 얻는 것이다. 생월(生月)이 화(化)한 오행(五行)이 아닐 경우는 화기격(化氣格)으로 인정을 하지를 않는다.

🔹 생월(生月)에서 왕기(旺氣)를 얻어 화기격(化氣格)을 갖추어도 시(時)나 년(年)의 지지(地支)에서 화기(化氣) 오행을 극(剋)할 경우 파격(破格)으로 취급된다.

🔹 용신(用神)은 화(化)한 오행(五行)을 용신(用神)으로 한다.

🔹 기신(忌神)은 당연히 화(化)한 오행에 순응(順應)을 하지 않고 역행(逆行)을 하는 경우이다.

🔹 화(化)한 오행(五行)을 형충파해(刑沖波害)하거나 투합(妬合), 쟁합(爭合)은 기신(忌神), 구신(仇神)으로 된다.

 . 종오행격(從五行格)의 용신(用神).

오행(五行)에 종(從)한다는 의미인 것이다. 목(木), 화(火), 토(土), 금(金), 수(水) 하여 각 오행별로 나누는데, 이에는 다음과 같이 나누어진다.

● . 곡직격(曲直格)의 용신(用神).

곡직격(曲直格)은 글자를 살펴보면 나무를 의미한다는 것을 금방 알 수 있다.

- **곡(曲)** : 구부러지고, 휘었다. ---음(陰)을 의미하고, 작은 나무요, 풀
- **직(直)** : 곧고, 바르다. ------ 양(陽)을 의미한고, 큰 나무이다.

▶ 갑(甲),을(乙) 일간(日干)이 봄인 인(寅), 묘(卯)월에 출생(出生)하여 지지(地支)에 동방(東方) 목국(木局)을 형성하거나, 해(亥)묘(卯)미(未) 삼합(三合) 목국(木局)을 형성하여 목(木)의 기운(氣運)이 왕성하므로 대항(對抗)하거나, 저항(抵抗)하는 기운을 싫어한다. 오로지 추종(追從)세력만을 반기는 것이다.

❖ 삼합(三合)국에 대한 경우를 살펴보자.

이 경우는 다른 오행(五行)의 경우도 마찬가지인 것이다. 목(木) 일간(日干)이 월령(月令)을 얻는 다는 것은 인(寅), 묘(卯)인데 방합국(方合局)은 상관이 없는데, 삼합국(三合局)에서 문제가 나온다는 것이다. 더블어서 다른 오행(五行)도 같이 살펴보자.

- **해(亥)-묘(卯)-미(未)인 목국(木局)의 경우.**

- 해(亥), 묘(卯), 미(未) 인데 여기에서 목(木)은 묘(卯)뿐이다. 해(亥)는 수(水)요, 미(未)는 토(土)인 것이다. 인성(印星)과 재성(財星)인 것이다.

- **인(寅)-오(午)-술(戌)** 인 화국(局)의 경우.
- 인(寅)목은 인성(印星)이요, 오(午)화는 견겁(肩劫)이요,술(戌)토는 식상(食傷)이다. 화(火)의 경우는 목(木)과 화(火)가 희신(喜神)이다. 식상(食傷)의 경우도 희신(喜神)이 된다. 여기에서의 화(火)는 오(午)화인 것이다.

- **사(巳)-유(酉)-축(丑)** 금국(金局)의 경우.
- 사(巳)화는 관성(官星)이요, 유(有)금은 견겁(肩劫)이요, 축(丑)토는 인성(印星)이다. 금(金)의 경우는 토(土)와 금(金)이 희신(喜神)이다.

- **신(申)자(子)진(辰)** 수국(水局)의 경우.
- 신(申)금은 인성(印星)이요, 자(子)수는 견겁(肩劫)이요, 진(辰)토는 관성(官星)이다. 수(水)의 경우는 자(子)수 뿐이다.

- . **삼합(三合)국과 방합(方合)국의 차이.**

 행(五行)격 즉 일행득기격(一行得氣格)에서는 삼합(三合)국과, 방합(方合)국의 차이가 생긴다.

- 세력의 광범위한 면에서는 삼합(三合)국이 단연 우위다.
- 전천후적인 면을 과시하는 것이다. 여기서는 방합(方合)국이 앞선다.
- 넓은 것이 필요 없는 것이다. 한 우물을 파도 깊이 파는 것을 여기서 원하는 것이다.
- 삼합(三合)국과 방합(方合)국의 차이는 확연한 것인데, 용도(用度)에 따라 그에 대한 평가(評價)가 나오는 것이다.

● . 염상격(炎上格)의 용신(用神).

불 위에 불이 있으니 불길이 강(强)한 것이요, 방향(方向)이 위로 되어 있으니 솟구치는 형상(形象)이다.

● 불이란 타고 나면 없어지니 허무한 것이다.

불길이 있는 동안은 광명(光明)과 온화(溫和)함을 전하여 주지만 사라지고 나면 냉기(冷氣)가 더하여지고, 어둠이 더하는 것이다.

★ 주작(朱雀)의 화려(華麗)함과, 미(美)의 극치(極致)인 것이요, 발전(發展)의 기상(氣象)인 것이다. 전자문명의 극(極)을 이루는 것이요, 우주시대를 여는 것이다.

★ 염상격(炎上格)의 특징 및 세부적인 상황은 격국(格局)편을 참조하시기 바랍니다.

● . 용신(用神)의 선택(選擇).

가 준(基準)은 다른 오행(五行)격과 동일(同一)하다. 화(火)가 용신(用神)이고, 목(木)이 희신(喜神)인 것이다.

● 여기에서 토(土)는 화(火)토(土)는 동격(同格)이다. 라는 면이 강(强)하게 나타난다.

토(土)는 희신(喜神)으로 작용(作用)을 한다.

기신(忌神)은 관살(官殺)인 수(水)요, 구신(仇神)은 금(金)이 되는 것이다.

● . 가색격(稼穡格)의 용신(用神).

무(戊)기(己) 토(土)일생이 지지(地支)가 전부(全部) 진술축미(辰戌丑未)인 사고(四庫)를 갖추었을 때 성립(成立)이 되어 진다.

용신(用神)을 정할 때 확실한 기준을 알고 선택(選擇)을 하여야 하는 것이다.

● 즉 진, 술, 축, 미(辰戌丑未)월(月)에 출생(出生)을 하고, 지지(地支)에 3 개 이상의 토(土)가 갖추어지는 경우인 것이다. 즉 전부 토(土)라는 설명 이다.

● 재(財)와 관(官)인 수(水)와, 목(木)의 대항(對抗)과, 저항(抵抗)이 없으 면 성격(成格)이 되는 것이다.

재 (財)와 관(官)이 천간(天干)에 있어도 통근(通根)이 안 될 경우나, 기세가 무력(無力)하여 작용(作用)을 못 할 때도 가색격(稼穡格)으 로 취급을 한다.

그것은 바지사장과 같은 존재이므로, 신경을 안 써도 된다는 의미인 것이다.

● 가색격(稼穡格)에서는 지나치게 건조(乾燥)할 경우가 많이 발생을 한다.

● 인성(印星)이 화(火)이므로, 토(土)가 자연 조열(燥熱)하게 되는 것이다.

● 달구어진 화기(火氣)를 식혀주는 음(陰)의 기운(氣運)이 필요 한 것이다.

● 수(數)적인 면으로 본다면 지지(地支)에 4, 일간(日干)이 1 합하여 5가 되는 것이다. 나머지 3이 있는데, 여기가 금(金)이 되는가? 화(火)가 되 는 가? 에 따라 결정이 되는 것이다. 물론 다른 오행(五行)이 올 경우도 있다.

● 지지(地支)의 생(生)을 받는가? ⇨ 식상(食傷)이 되는 것이다.

● 지지에 기운을 설기(泄氣) 당하는가? ⇨ 인성(印星)이 되는 것이다.

□. 월지로 분석하는 용신(用神)성격(性格)의 분석(分析).

- 종오행격(從五行格)에서는 재성(財星)과 관성(官星)을 꺼린다.

- 가색격(稼穡格)에서는 어떨까?

- 토(土)는 조토(燥土)와, 습토(濕土)로 구분을 하는데 이에 대한 성찰(省察)이 약간은 필요한 것이다.

✪ 조토(燥土)의 경우

- 조토는 술(戌),미(未)인데 토(土)가 건조(乾燥)한 것이다. 각각 화(火)인 정(丁)화, 목(木)인 을(乙)목의 고(庫)이다.

- 건조(乾燥)할 경우는 습(濕)한 기운이 필요한 것이다. 그렇다면 습(濕)한 기운은 무엇이 될 것인가? 토(土)에서 금(金)으로 흐르는 것이 좋다.

- 식상(食傷)이 많은 것이 좋은 것이다.

✪ 습토(濕土)의 경우.

- 습(濕)한 것은 음(陰)의 기운이 강(强)한 것이다. 습토(濕土)는 진(辰)과 축(丑)인데, 각각 수(水)와 금(金)의 고(庫)이다.

- 음(陰)의 기운이 강(强)한 것이다. 양(陽)의 기운이 필요한 것이니, 인성(印星)인 화(火)가 많은 것이 좋은 것이다.

- 별것 아닌 것 같아도 여기에서 차이가 나는 부분은 무엇일까? 복(福)의 차이인 것이다. 길(吉)도 그 나름대로 차이가 있는 것이다. 제대로 갖추어지려면 이런 사항까지 갖추어야 제대로 발복(發福)을 한다고 보는 것이다.

● . 종혁격(從革格)의 용신(用神).

金 (金)의 기운(氣運)이 앞을 서는 것이다. 혁신이요, 개혁이요, 뒤집는 것이다.

- 경(庚),신(辛) 금(金)일간이 가을에 출생(出生)을 하여 지지(地支)에 금국(金局)을 형성하는 것이다.

- 사—유—축(巳酉丑)삼합(三合)과, 신-유-술(申酉戌)의 방합(方合)인 것이다. 용신(用神)의 선택은 인성(印星)과 식상(食傷)이 희신(喜神)이 되는 것이요, 재성(財星)과 관성(官星)인 목(木),화(火)가 기신(忌神)이 되는 것이다.

- 관살(官殺)인 화(火)가 천간(天干)이나 지지(地支)에 출현(出現)을 하면 파격(破格)이 된다. 그러나 무조건적인 것은 아니다. 천간(天干)에 나타나 있어도 기능(機能)을 상실하거나, 쓸모가 없을 경우는 무시해도 좋다는 것이다.

❂ 여기에서도 월지(月支)가 술(戌)토나, 축(丑)토, 사(巳)화가 있고 지지(地支)에 전체적인 금국(金局)이 형성 되었을 경우는 어떻게 해석을 할 것인가?

- 혈통으로 본다면 순수 토종(土鐘)이 아니 잡종(雜種)인 것이다.

- 토종보다는 무엇인가가 부족(不足)한 것이다. 항상 잠재(潛在)된 변종(變種)의 기능을 변화의 시기(時期)에 나타내는 것이다. 복록(福祿)도 자연 순수한 토종만은 못한 것이 정설(定說)인 것이다.

- 용신(用神)으로 정(定)한다고 하여도 언제인가는 변화(變化)를 나타내므로 운의 변화에 집중을 하여야 하는 것이다. 예를 들어 "시상(時上)편재격(偏財格)이면 길격(吉格)이다." 라고 한다면 무조건 다 그렇다는 것은 아니다. 약간의 차이가 생기는 것은 무엇인가 원인(原因)이 항상 있다는 것이다.

● . 윤하격(潤下格)의 용신(用神).

흐르고 흘러도 한없이 흐르는 것이다. 살아남는 자만이 계속 흐르는 것이다. 고이거나, 증발(蒸發)을 하거나, 퍼서 없어진다거나, 항상 위험은 존재(存在)를 하는 것이다.

윤 하(潤下)격은 물이 흐르듯 순리대로 흘러야 하는 것이다. 적시어 아래로 보내듯 빈곳을 채워서 넘기어 보내는 것이다. 그러하니 아래로 향(向)하여 가는 것이 순리(順理)인 것이다.

◆ 여기에서 한 단계 더 나아간다면 물이란 사방(四方)으로 흐르는 것이다. 종(從)과 횡(橫)의 구분이 없다는 것이다. 그리고 때로는 역류(逆流)도 하는 것이다. 아래에서 위로 흐르는 것이다. 성난 파도가 쓰나미로 변하듯 진동(振動)작용에 있어서 흐름을 순식간에 바꾸기도 하는 것이다.

◆ 형충파해(刑沖波害)의 변화란 바로 이러한 것에 기인(起因) 하는 것이다.

⚽ 물이란 차가운 것이니 항상 따뜻함을 원하는 것이다. 조후(調候)상으로는 화(火)가 용신(用神)이 된다는 것이다. 그러나 일행득기격(一行得氣格)에서는 순(順)하여야지 역(逆)하는 것이 아니다.

⚽ 윤하(潤下)격은 임(壬),계(癸) 수(水) 일간이 지지(地支)에 수국(水局)을 형성하는 것인데, 역시 삼합(三合)과 방합(方合)이 이루어지는 것이다.

⚽ 해(亥)-자(子)-축(丑)과, 신(申)-자(子)-진(辰)이 형성이 되는 것이다. 여기에서 축(丑)토와, 진(辰)토가 관(官)으로 나타난다. 관(官)이 변하여 비겁(比劫)으로 화(化)하는 것이다. 용신(用神)은 주체(主體)인 수(水)를 용신(用神)으로 하여 감명(感銘)한다.

❖ 축(丑)----　　　계(癸), 신(辛), 기(己)　　----금(金)의 고(庫)

❖ 진(辰)----　　　을(乙), 계(癸), 무(戊)　　----수(水)의 고(庫)

토(土)중 습토(濕土)인 것이다. ⇨ 음(陰)의 고(庫)이다.

양 기성상격(兩氣成象格)이라고도 한다. 사주에 두 기운(氣運)이 포진
하여 사주(四柱)를 구성(構成)하는 것을 말하는데 상생(相生)하는
경우, 상극(相剋)하는 경우로 나누어진다. 그리 자주 보는 편은 아니지만 참
고하여야 하는 것이다. 천간(天干), 지지(地支) 각 4중, 2을 차지하는 것이다.

☺. 상생(相生)하는 경우.

상생(相生)하는 경우는 서로가 생(生)하여 주고, 받는 관계에 있는 것이다.
상생(相生)의 원리(原理)를 생각하면 된다.

	용신(用神)	기신(忌神)
▷ 수(水)와 목(木)의 관계.	화(火)운	토(土),금(金)운
▷ 목(木)과 화(火)의 관계.	토(土)운	금(金),수(水)운
▷ 화(火)와 토(土)의 관계.	금(金)운	수(水),목(木)운
▷ 토(土)와 금(金)의 관계.	수(水)운	목(木),화(火)운
▷ 금(金)과 수(水)의 관계	목(木)운	화(火),토(土)운

❖ 용신(用神)은 흐름을 이어주는 운(運)이 된다.
❖ 기신(忌神)은 각각 극(剋)하는 오행(五行) 운(運)이 해당한다.

✪. 상극(相剋)하는 경우.

극(相剋)하는 경우인데 정복(征服)을 하려는 자와, 당하지 않으려는 자(者)의 관계인 것이다. 싸움은 말리는 것이 최고인 것이다.

	용신(用神)	기신(忌神)
▷ 수극화(水剋火)의 경우.	목(木)운	토(土), 금(金)
▷ 목극토(木剋土)의 경우.	화(火)운	금(金), 수(水)
▷ 화극금(火剋金)의 경우.	토(土)운	수(水), 목(木)
▷ 토극수(土剋水)의 경우.	금(金)운	목(木), 화(火)
▷ 금극목(金剋木)의 경우.	수(水)운	화(火), 토(土)

➡ 이 격(格)의 구성은 천간(天干)과 지지(地支)가 각각 같은 오행(五行)이 자리를 하기도 하고, 섞어 나타나기도 하고, 몰려서 나누어지는 형태(形態)로 나타나기도 한다. 중요한 것은 반씩 균형(均衡)을 이룬다는 것이다. 다른 기운이 섞여서는 안 되는 것이 조건(條件)이기도 하다.

길, 흉(吉凶)의 기복(起伏)도 대단히 심하게 나타난다.

잘되면 충신(忠臣)이요, 잘못 되면 역적(逆賊)인 것이다.

이인동심(二人同心)이라 하여 일심동체(一心同體)로 이루어지는 것이다.

결국은 순응(順應)을 하여야지 역(逆)하면 전체(全體)가 망가지는 것이다.

🔔 상극(相剋)을 하는 경우는 관통(貫通)을 하는 경우가 제일 좋은 것이다. 중간(中間)에서 중재(仲裁)역할을 하는 것이나 같은 것이다.

🔔 용신(用神)으로 친다면 통관용신(通關用神)인 것이다.

☺ 사위순전격(四位純全格)의 용신(用神).

● . 사위순전격(四位純全格)의 용신.

사 주(四柱)중에 지지(地支)가 사생격(四生格), 사정격(四正格), 사묘격(四墓格)을 이루는 것을 말하는데,

➕ 이때 용신(用神)을 어떻게 정하는 것이 합당한가? 를 살피는 것이다.

각각의 경우를 보면, 충(冲)이 작용(作用)을 하나 인정치를 않는다.

용신(用神)을 정(定)하려면 먼저 그 성향(性向)의 분석(分析)이 중요하다.

❶ 사정격(四正格)

사왕격(四王格)이라고 하는데, 오행의 왕(旺)한 기운(氣運)이 완전구비 된 경우를 말한다.

● 자, 오, 묘, 유 (子午卯酉)의 경우는 자오(子午)와, 묘유(卯酉)가 서로 상충(相冲)인 관계가 된다.

● 목(木), 화(火), 금(金), 수(水)의 왕(旺)한 기운을 다 간직하고 있다. 핵심적인 엑기스를 다 갖추고 있는 것이다.

● 예술(藝術)로 친다면 종합예술(綜合藝術)이다. 팔방미인(八方美人)인 것이다. 가히 기인(奇人)의 성향을 갖고 있다. 진정한 기인은 자기 자신을 다스리는데 기운(氣運)이 너무 지나치다보니, 완급조절이 잘 안 된다.

● 사방(四方)이니 팔다리라, 사지(四肢)가 항상 움직이고, 강(强)하니 항상 불안하고, 성격 또한 급하고, 괴팍하다. 여기에 양인(羊刃)이 더한다면 횡폭(橫幅)하여진다.

● 남성(男性)의 경우는 활동적(活動的)인 점이 감안 이 되나, 여성(女性)의 경우는 내적(內的)인 분출(奔出)을 시도하니 문제가 커진다.

● 남녀 공히 대체적으로 결과가 좋지가 않다. 과감(過感)하고 격렬(激烈)하여 항상 지나침이 과하기 때문인 것이다.

실전사주

丙	丁	壬	丁
午	卯	子	酉

↦ 자(子)월의 정(丁)화 일간(日干)이다.

지지(地支)에는 편인(偏印)을 놓고 있다.

곤명(坤命)

⬆ 정(丁)화 일주(日主)인데, 신강(身强)이다. 화기(火氣)가 강(强)한 사주이다. 화기(火氣)를 다스리는 것이 중요하다. 비겁(比劫)이 지나치게 강(强)하여 관(官)인 수(水)가 용신(用神)이 된다.

💧 대운(大運)이 별로 좋지가 않다. 35.무신(戊申)대운(大運) 까지는 좋았는데, 45.정미(丁未) 대운(大運) 부터는 걱정이다.

💧 격(格)으로 본다면 귀록격(貴祿格)이요, 정관(正官)이 투출하여 정관격(正官格)이다. 관(官)이 붕괴되니 더 큰 걱정이다. 이미 엎질러진 물이지만, 자손(子孫)으로부터 내침을 당하는 것이 더 괴로운 것이다.

💧 항상 품안의 자식이 아닌 것이다. 말년이 좋아야 실로 좋은 사주인 것이다. 건강도 걱정이 되고 하여튼 문제가 많은 사주이다. 사람이란 만 가지 복(福)을 다 가질 수는 없는 것이다.

❷. 사묘격(四墓格). 사고격(四庫格).

사묘격(四墓格), 사고격(四庫格)은 모두가 토(土)로 구성(構成)이 된다.

사고(四庫)이므로 모든 것을 갖고 있는 것이다. 창고(倉庫)가 많으므로, 무엇이든 간직하고, 보관할 수가 있는 것이다. 식(食),재(財),관(官),인(印),아(我)가 되는 것이다. 묘란 무덤이요, 관(棺)이다. 죽은 사람의 관 뚜껑을 열어보아야 무엇이 좋을 것인가? 창고는 열어야 하는 것이고, 관은 덮어야 좋은 것이다.고(庫)와, 묘(墓)의 차이점도 확실히 하고 넘어가야 할 것이다.

중요한 것은, 지나치게 한 쪽으로 오행(五行)이 모여 흐르는 점이다.

庚	丁	己	戊
戌	丑	未	辰

곤명(坤命)

⇨ 미(未)월의 정(丁)화 일간이다.

지지(地支)에 축(丑)토를 놓고 있다.

⬆ 정(丁)화 일주(日主)인데, 신약(身弱)이다. 대운(大運)이 참으로 흐르는 것을 방지하며, 운의 효용(效用)성을 발휘한다. 지나치게 흐르는 사주이다. 아직은 나이가 창창하므로 항상 심사숙고하는 자세로 인생(人生)을 개척하면 무난할 것이다. 식상(食傷)이 지나쳐 항상 염려가 따른다.

용신(用神)의 방향은 자기 기력(氣力)이 약(弱)함을 알고 스스로 분수를 지키고, 항상 배우는 자세로 인생을 살아야 하는 것이다. 인성(印星)이 용신(用神)인 것이다.

❸. **사맹격(四孟格).**

인신사해(寅申巳亥)를 갖춘 경우이다.

丙	己	丁	戊
寅	亥	巳	申

건명(乾命)

⇨ 사(巳)월의 기(己)토 일간(日干)이다.

지지(地支)에 인신사해(寅申巳亥)가 놓여있다.

⬆ 기(己)토 일주(日主)인데, 외력(外力)에 의존한다. 관성(官星)과 인성(印星)이 잘 구성 되어 있다. 스스로의 힘이 부족함이다.

스스로의 자력(自力)이 약(弱)한 것이 흠이다. 거기에 인성(印星)이 과(過)하니 여러 문제가 나타난다. 믿음의 종자(種子)는 많은데 발아(發芽)하지를 않는 것이다. 여기에서 용신(用神)은 무엇으로 삼아야 할 것인가?

인성(印星)의 기운을 감(減)하여야 한다. 재성(財星)이 용신(用神)이 된다.

⇨ 인신사해(寅申巳亥)를 오행별로 본다면 금(金),수(水),목(木),화(火)이다.

지지(地支)인 것이다. 천간(天干)과의 관계를 잘 살펴야 하는 것이다.

전부가 삼합(三合)의 첫 자(字)인 것이다. 맹(孟)에 해당하는 것이다.

음양(陰陽)이 고루 갖추어 졌으니 일단은 활달한 것이다. 심지에 불을 당기는 것이다. 치우치지 않으려면 일단은 신강(身强)한 것이 좋은 것이다.

기본적으로 삼형살(三形殺)을 갖추고 있는 것이다.

그것이 설사 와해(瓦解)된다고 하여도 근본 성향은 항상 있는 것이다.

인 신사해(寅申巳亥)를 놓고 있으면 남자는 부귀(富貴)를 누리고, 여성은 음탕(淫蕩)하여 안 좋다는 사고방식은 예전의 사고방식이다.

지지(地支)만 놓고 사주를 논한다는 것 자체가 문제가 있는 것이다.

물론 성향(性向)이 강(强)한 것은 인정(認定)을 한다.

그 자체로 염두(念頭)에 둔다는 것이지, 전부(全部)가 그렇다는 것은 아니다.

중요한 것은 천간(天干)의 배치(配置)인 것이다. 유관관계를 살펴야한다.

부침(浮沈)이 심한 경우가 많이 나타나는 것이다.

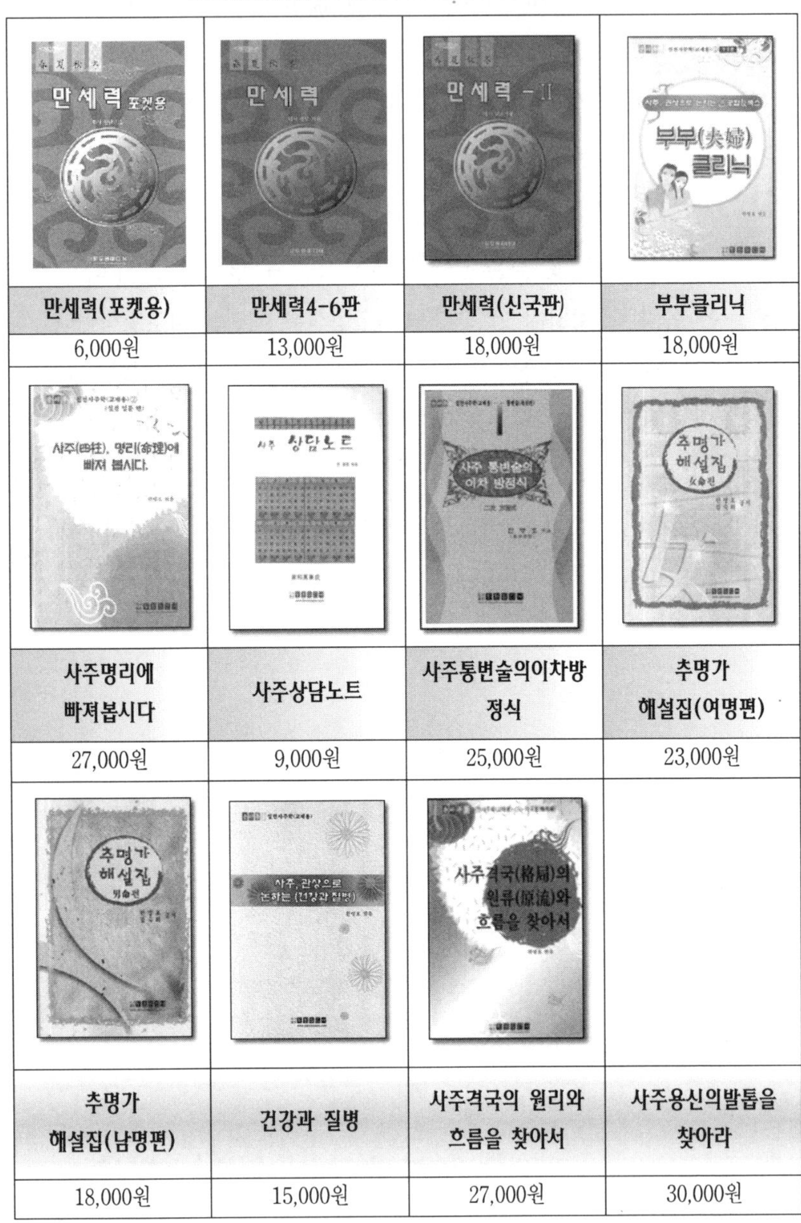

만세력(포켓용)	만세력4-6판	만세력(신국판)	부부클리닉
6,000원	13,000원	18,000원	18,000원
사주명리에 빠져봅시다	사주상담노트	사주통변술의이차방 정식	추명가 해설집(여명편)
27,000원	9,000원	25,000원	23,000원
추명가 해설집(남명편)	건강과 질병	사주격국의 원리와 흐름을 찾아서	사주용신의발톱을 찾아라
18,000원	15,000원	27,000원	30,000원

실전사주학 (교재용)──⑥

사주 용신(用神)의 발톱을 찾아라

지 은 이 / 법사원담

펴 낸 이 / 한원석

펴 낸 곳 / 두원미디어

판권 본사
소유 의인

강원도 춘천시 효자3동 749-1

☎ 033) 244-5612, 252-5612   FAX 033) 251-5611

Cpoyright ⓒ2010 , by Dooweon Media Publishing Co.

이 책의 내용은 저작권법에 따라 보호받고 있습니다.

판권은 본사의 소유임을 알려드립니다.

등록 / 1999. 08. 06 제041호

♣ 파본, 낙장본은 교환하여 드립니다.

♣ 블러그 : http://kr.blog.yahoo.com/doo1616

홈페이지: www.dooweonmedia.co.kr

:   www.internetsajoo.com

♣ E-mail : doo1616@yahoo.co.kr

1판 2쇄 2021.02.03. ISBN 978-89-964099-1-5

정가 30,000 원

너무나도 긴 시간이 흘렀다.

빨리 마무리가 될 줄 알았는데, 생각 외로 시간이 많이 흘러버렸다.

다 게으름의 소치이다.

좀 더 많이 그리고 자세히 하고 싶었는데, 아직도 부족한 면이 많은 것은 어쩔 수 가 없는 모양이다.

월령(月令)과 일간(日干)에 대하여 좀 더 자세한 설명이 필요한네 그것이 부족하였다.

앞으로 다른 부분의 설명을 할 때는, 그것을 위주로 하여 설명을 하여도 이제는 될 것이다. 초, 중급 부분을 위주로 하여 설명을 하다 보니 쳐진 것 같은 느낌도 들지만 그런대로 격국(格局), 용신(用神) 까지 어느 정도는 손질을 한 것 같다.

이제부터는 과감한 돌파로 설명을 하여도 될 것 같다.

그동안 미진한 부분과, 구석구석 파헤치지 못한 많은 부분을 설명하고 싶을 따름이다.

물이란 외면 받는 작은 틈새까지도 스며드는 특성이 있듯, 이제 부터는 흐름을 이어 소소한 영역까지 살펴보렵니다.

그동안 시리즈로 1-6까지 관심을 갖고 읽어주신 많은 분들에게 감사드리며 앞으로는 좀 더 자유분방한 내용을 선택하여 볼 까 합니다.

많은 기대와 격려, 가르침을 부탁드립니다.

성불하십시요!
법사 .원담 올림.